▲ 徐光冀先生（2022年5月）

▲ 1. 1955年冬在北京大学未名湖
左起：段一平、徐光冀

▲ 2. 1956年春在北京大学办公楼前

▶ 3. 1957年5月在北京大学未名湖
左起：李培浩、孙善德、徐光冀、王明哲

▲ 4. 1957年夏在河南洛阳实习（中国科学院考古研究所洛阳工作站门前）

▲ 5. 1959年1月在陕西西安大雁塔

◀ 6. 1979年4月在陕西西安召开的中国考古学会成立大会暨中国考古学会第一次年会上

▲ 1. 1961年7月考察内蒙古宁城县辽中京遗址
左起：汪义亮、徐光冀、刘观民、郑文兰、赵信、冯孝唐

▲ 2. 1976年夏在内蒙古敖汉旗大甸子遗址
中：徐光冀

▶ 3. 1979年10月在吉林集安市高句丽好太王碑前

◀ 4. 1981年12月在浙江杭州参加中国考古学会第三次年会后在西湖留影

◀ 1. 1961年秋在内蒙古巴林左旗调查
后排：徐光冀（左三）、汪义亮（右一）

▼ 2. 1980年11月在湖北荆州纪南城遗址考察

▼ 3. 1983年11月在河北临漳县邺城遗址合影
前排左起：郑绍宗、蒋忠义、徐光冀、陈凤祥；
后排左起：江达煌、罗平、任学恕

◀ 1. 1983年5月陪同夏鼐先生考察河南登封王城岗遗址

左起：安金槐、钟少林、夏鼐、徐光冀

▶ 2. 1989年10月4日祝贺苏秉琦先生八十寿辰

左起：丁伟志（常务副院长）、徐苹芳、高广仁、徐光冀、苏秉琦

▶ 3. 1988年10月中国社会科学院考古研究所徐苹芳与哈佛大学张光直签署合作意向协议书

左起：徐光冀、徐苹芳、张光直、乌恩、张子明

▲ 1. 1989年春在广西南宁召开的全国考古工作汇报会期间留影
左起：徐光冀、俞伟超、徐恒彬

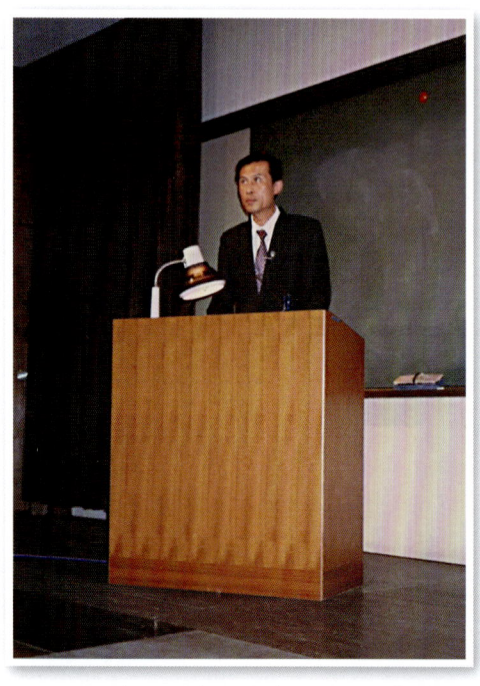

▲ 2. 1990年10月在日本奈良国立文化财研究所学术演讲

▲ 3. 1990年10月在日本奈良国立文化财研究所

▲1. 1991年5月在台湾大学人类学系做学术演讲

▲2. 1991年5月在台湾历史语言研究所学术演讲后与所内学者合影
邢义田（左一）、徐光冀（左三）、高去寻（左四）、石璋如（左五）、林素清（右三）、管东贵（右二）、臧振华（右一）

▲1. 1994年4月考察四川忠县汉代石阙

▲2. 2005年4月27日检查重庆奉节县永安镇考古工地时接受央视采访

◀ 1. 2001年2月1日在美国哈佛大学人类学系学术演讲后在校园留影

▼ 2. 2001年春在美国斯坦福大学艺术史系、东亚系做学术演讲
左为丁爱博教授

◀ 3. 2007年10月在加州大学洛杉矶分校学术演讲前
右为罗泰教授

▲1. 2005年6月在重庆中国三峡博物馆开幕仪式上剪彩

▲2. 2012年12月考察重庆市文化遗产研究院后合影

▲1. 2006年4月检查河北唐县南放水遗址考古工地与吉林大学师生合影
后排：信立祥（左四）、徐光冀（左五）、潘其风（左六）、张文瑞（右二）、朱永刚（右三）

▲2. 2008年7月检查河南淅川沟湾遗址考古工地与郑州大学师生合影
后排：王彬（左五）、信立祥（左六）、徐光冀（左七）、郝本性（左八）、张志清（右一）

▲ 1. 2013年9月27、28日考察辽宁北镇辽代帝陵合影

前排左起：华玉冰、孙丽媛、肖耀丽、刘潼；后排左起：万雄飞、郭大顺、徐光冀、陈星灿、吴炎亮、于志刚、司伟伟

▲ 2. 2015年8月2日祝贺宿白先生九十三岁寿辰

前为宿白先生；后排左起：黄景略、徐光冀、严文明、张忠培

▲ 1. 2015年10月10日在重庆万州召开的国务院三峡工程整体竣工验收委员会移民工程（含文物保护）验收组第二次全体会议后留影
左起：乔梁、王川平、徐光冀、关强、傅清远

▲ 2. 2011年9月在科学出版社《中国出土壁画全集》签字付印

▶ 3. 2018年6月5～7日在乌兹别克斯坦泰尔梅兹市召开的中乌联合考古工作会上的讲话

▲ 1. 2022年5月3日在"北京大学考古100年新中国考古专业教育70年"庆祝大会上被授予杰出院友奖
左起：杨泓、徐光冀、邱水平（北大党委书记）

▲ 2. 2023年7月8日在河北衡水市故城县召开的"大运河衡水段文化遗产保护传承项目专家论证会"上发言

▲ 1. 2023年9月22日在邺城国家考古遗址公园揭牌仪式上讲话

▲ 2. 2023年9月邺城考古队合影
左起：沈丽华、何利群、赵永洪、徐光冀、朱岩石、张子欣、郭济桥、俞乐琦

◀ 1. 2021年夏长子全家合影
左起：毛文娴（儿媳）、徐瑞莹（孙女）、徐峘（长子）

▲ 2. 2024年5月12日与次子全家合影
前排左：谢钟华（妻）；后排左起：杨宝坤（儿媳）、徐瑞琪（孙子）、徐峻（次子）

庆贺徐光冀先生九十华诞论文集

《庆贺徐光冀先生九十华诞论文集》编委会 编

科学出版社
北京

内 容 简 介

本书为庆贺著名考古学家徐光冀先生九十寿诞而作。书中收录了先生七十年考古生涯中的故旧、同事、学生、晚辈撰写论文45篇，内容涉及史前、夏商周、汉唐至宋元明等各时段考古学研究，还有革命文物研究、文化遗产保护、回忆散记等。

本书适合考古学、历史学和文化遗产保护等方面的专家、学者及相关专业大专院校师生、爱好者参考阅读。

图书在版编目（CIP）数据

庆贺徐光冀先生九十华诞论文集 /《庆贺徐光冀先生九十华诞论文集》编委会编. -- 北京：科学出版社，2025.6. -- ISBN 978-7-03-081863-8

Ⅰ. K870.4-53

中国国家版本馆 CIP 数据核字第 2025SJ1324 号

责任编辑：孙　莉 / 特约编辑：沈丽华 / 责任校对：郭慧卿
责任印制：肖　兴 / 封面设计：北京美光设计制版有限公司

科 学 出 版 社 出版
北京东黄城根北街16号
邮政编码：100717
http://www.sciencep.com

北京中科印刷有限公司印刷
科学出版社发行　各地新华书店经销
*
2025年6月第 一 版　　开本：787×1092 1/16
2025年6月第一次印刷　　印张：36　插页：9
字数：853 000
定价：380.00元
（如有印装质量问题，我社负责调换）

目　　录

田野考古的重要性及学科定位 …………………………… 赵宾福　李　萌（1）
文明之源与古今之变：文明起源的中国道路及其启示 ………… 段天璟　曹文哲（11）
洛阳古代都城建设与洛阳盆地水系若干问题的研究 ……………………… 严　辉（18）
台湾的考古学研究与南岛语族 ………………………………………… 臧振华（33）
香港屯门扫管笏遗址玦制作工艺实验研究 …………………………… 周振宇（40）
中国东北南部与韩国青铜文化关系浅析 ………………… 华玉冰　陈奕妍（56）
日本古代地方官署和佛教寺院遗址的考古发掘与研究
　　——以最北的陆奥国及出羽国为中心 ………………………… 佐川正敏（64）
他山之石：德国和法国盐业考古的启示 ……………………………… 李水城（82）
上古东北与"早期中国" ……………………………………………… 韩建业（96）
"圭璋"礼制初探 ……………………………………………………… 邓淑苹（104）
琮和他的世界：良渚玉器上神崇拜的再探索 ………………………… 方向明（120）
良渚文化与良渚古城 …………………………………………………… 刘　斌（133）
后沟南山遗址、大新井遗址田野考古及相关问题 ……………………… 朱延平（148）
江西早期国家探索 ……………………………………………………… 徐长青（153）
殷商石磬研究 …………………………………………………………… 杜金鹏（162）
大兴安岭西南端殷墟时期铜锡矿料的生产与流向 …………………… 王立新（189）
三星堆连山人物图玉璋新解 …………………………………………… 孙　华（198）
中国城市宫苑发展史视角下的龙湾章华台遗址 ……………………… 徐良高（211）
辽东地区战国晚期至西汉初期几批遗存年代辨析 …………………… 李新全（217）
成都平原秦至西汉墓葬反映的汉化进程之考古学观察 ………… 颜劲松　陈云洪（235）
薄太后南陵的考古发现及其相关问题 ………… 焦南峰　张婉婉　朱晨露（247）
河北满城汉墓随葬器物的相关问题 …………………………………… 刘兴林（258）
常山郡故城遗址考古勘查与研究 ………………………… 张文瑞　梅书林（276）
重庆地区汉阙图像的考古发现与研究 ………………………………… 邹后曦（289）
大漠遗珍——居延考古的新进展 ………………………… 魏　坚　郑　玉（308）
考古学与中华文明多元一体格局形成研究
　　——以云南江川李家山遗址为例 ……………………………… 白云翔（327）
师宗大园子墓地与漏卧古国的探索 …………………………………… 杨　勇（344）
东吴帝陵的考古学观察 ………………………………………………… 叶润清（356）
北魏平城碑刻墓志与石窟造像题记的发展轨迹 ………… 张庆捷　朱　丽（365）

谒帝承明庐 …………………………………………………… 杭 侃（379）
读新见墓志两则 ……………………………………………… 赵 超（386）
北朝晚期的末法思想与西方净土图像的构建 ……………… 何利群（393）
山东诸城犍陀罗风格石佛首发微 ……………………… 韦 正 王 倩（413）
陕西户县祖庵石棺四侧畏兽 ………………………………… 沈睿文（426）
一个考古人眼中的龙门石窟 ………………………………… 史家珍（438）
中外文明交流背景下中国佛舍利崇拜的形成 ……………… 杨效俊（441）
考古学视角下唐宋元泉州城规划营建的多元与包容 ……… 汪 勃（464）
略述北宋皇陵的营建与管理 ………………………………… 孙新民（474）
黑龙江辽金时期城址考古发现与研究 ………………… 赵永军 刘 阳（482）
北京古代城市中轴路的考古学观察
　　——兼论中轴路考古与中轴线考古 ……………………… 郭京宁（498）
中共三大会址考古与研究 …………………………………… 朱海仁（508）
条分缕析　述而不作
　　——记永乐宫迁建工程档案整理与研究 ………………… 查 群（519）
三峡文物保护巡礼 …………………………………………… 郝国胜（529）
徐光冀先生对先秦时期考古工作的重要贡献 ……………… 董新林（545）
邺城考古的开创者与奠基人
　　——忆徐光冀先生与邺城考古 …………………………… 沈丽华（552）

编后记 …………………………………………………………………（567）

Contents

The Significance and Disciplinary Positioning of Field Archaeology
.... Zhao Binfu　Li Meng　(1)
The Origin of Civilization and Transformation over Time: the Chinese Path to
　　Civilization Origins and its Implications .... Duan Tianjing　Cao Wenzhe　(11)
Research on the Construction of Ancient Capitals in Luoyang and Issues Related to the
　　Water System in the Luoyang Basin .... Yan Hui　(18)
Archaeological Research in Taiwan and the Austronesian .... Zang Zhenhua　(33)
Experimental Study on the Jade Jue Production Techniques at the So Kwun Wat Site at
　　Tuen Mun Township in Hong Kong .... Zhou Zhenyu　(40)
A Preliminary Analysis of the Relationship between the Bronze Cultures in Southern
　　Part of Northeast China and South Korea .... Hua Yubing　Chen Yiyan　(56)
Archaeological Excavation and Research on Ancient Japanese Local Government Offices
　　and Buddhist Temple Sites—Focusing on the Northernmost Regions of Mutsu and
　　Dewa Provinces .... Sagawa Masatoshi　(64)
Jade can be Polished with Stones from Other Hills: Lessons from German and French
　　Archaeology of Salt Production .... Li Shuicheng　(82)
Ancient Northeast China and "Early China" .... Han Jianye　(96)
A Preliminary Study on the Ritual System of "*Gui* and *Zhang*" .... Deng Shuping　(104)
Cong and the World beyond: A Further Exploration of Deity Worship in
　　Liangzhu Jade Artifacts .... Fang Xiangming　(120)
Liangzhu Culture and Liangzhu Ancient City .... Liu Bin　(133)
Field Archaeology and Related Issues of the Hougou Nanshan and Daxinjing Sites
.... Zhu Yanping　(148)
Exploring Early States in Jiangxi .... Xu Changqing　(153)
Research on the Stone Chime Bells (*Qing*) of the Shang Dynasty ....
.... Du Jinpeng　(162)
Production and Circulation of Bronze and Tin Ore from the Yinxu Period in the
　　Southwestern End of the Greater Khingan Range .... Wang Lixin　(189)
A New Interpretation of the Jade *Zhang* with the Continuous Mountain Pattern and
　　Human Figures from Sanxingdui .... Sun Hua　(198)

The Longwan Zhanghuatai Site from the Perspective of the Development of
    Palace Gardens in Chinese Cities ·· Xu Lianggao（211）
Analysis of the Dating of Several Cultural Remains in the Liaodong Region from the
    Late Warring States Period to the Early Western Han Dynasty ········ Li Xinquan（217）
Archaeological Observations on the Sinicization Process Seen in Qin and Western Han
    Burials in the Chengdu Plain ························ Yan Jinsong   Chen Yunhong（235）
The Archaeological Discovery of the Nanling Mausoleum of Empress Dowager Bo and
    Related Issues ····················· Jiao Nanfeng   Zhang Wanwan   Zhu Chenlu（247）
Issues Related to Burial Objects in the Mancheng Han Tombs of Hebei
    ·· Liu Xinglin（258）
Archaeological Survey and Research on the Ancient City Site of
    Changshan Commandery ································ Zhang Wenrui   Mei Shulin（276）
Archaeological Discoveries and Research on Han Que（Stone Gate Towers）Images
    in the Chongqing Area ·· Zou Houxi（289）
New Developments in Juyan Archaeology ···························· Wei Jian   Zheng Yu（308）
Research on the Formation of the Multi-Ethnic and Unified Structure of Chinese
    Civilization—A Case Study of the Lijiashan Site in Jiangchuan, Yunnan
    ·· Bai Yunxiang（327）
Exploring the Dayuanzi Cemetery in Shizong and the Ancient Kingdom of Louwo
    ··· Yang Yong（344）
Archaeological Observations on the Eastern Wu Imperial Mausoleums
    ··· Ye Runqing（356）
The Development Trajectory of Northern Wei Epitaphs and Stone Cave Inscriptions in
    Pingcheng Area ·· Zhang Qingjie   Zhu Li（365）
Paying Homepage at the Chengming Lodge of the Emperor
    ·· Hang Kan（379）
Reading Two Newly Discovered Epitaphs ······································· Zhao Chao（386）
The Decline of Dharma in the Late Northern Dynasties and the Construction of
    Western Pure Land Imagery ·· He Liqun（393）
A Brief Analysis of a Gandhara-Styled Stone Buddha Head from Zhucheng, Shandong
    ·· Wei Zheng   Wang Qian（413）
Four Guardian Beasts on the Stone Coffin of Zu'an, Huxian, Shaanxi
    ··· Shen Ruiwen（426）
A View of the Longmen Grottoes from an Archaeologist's Perspective
    ··· Shi Jiazheng（438）
The Formation of Sarira Worship in China in the Context of Civilizational Interaction
    ··· Yang Xiaojun（441）

Diversity and Inclusiveness in the Urban Planning of Quanzhou from the Tang to
　　Yuan Dynasties: an Archaeological Perspective ················Wang Bo （464）
A Brief Discussion on the Construction and Management of the Northern Song Imperial
　　Mausoleums ·· Sun Xinmin （474）
Archaeological Discoveries and Research on City Sites of the Liao and Jin Dynasties in
　　Heilongjiang ···Zhao Yongjun　Liu Yang （482）
An Archaeological Observation of Ancient Central Axis of Beijing—and the Archaeology
　　of the Central Axis and its Lineage ··································Guo Jingning （498）
Archaeology and Research on the Site of the Third National Congress of the
　　Communist Party of China ·· Zhu Hairen （508）
Detailed Analysis and Faithful Documentation—a Study on the Archival Records of the
　　Relocation of Yongle Palace ·· Zha Qun （519）
A Tour of Heritage Conservation in the Three Gorges··············Hao Guosheng （529）
Major Contributions to the Pre-Qin Archaeology by Professor Xu Guangji
　　···Dong Xinlin （545）
A Pioneer and Founder of the Yecheng Archaeology—Recalling Professor Xu Guangji's
　　Work on the Yecheng Site ·· Shen Lihua （552）

Postscript···（567）

田野考古的重要性及学科定位

赵宾福　李　萌

（吉林大学考古学院）

就考古学科自身而言，田野考古的地位和重要性应该是至高无上的。因为田野考古既是考古学诞生的标志，也是考古学区别于其他学科的标志，更是考古学获取资料的重要手段和可持续发展的重要基础。一般意义上讲，能否独立主持并科学地完成考古发掘、资料整理和报告编写工作，是界定是否为考古学家的一项重要标准。实际工作中，我们既不能因为有其他学科的学者运用田野考古发掘出土的材料研究了某些方面的问题就将他们视为考古学家，也不能因为考古学借用或吸收了其他学科的技术或方法而混淆了考古学与它们的区别。

对于埋藏在地下的古代遗存来说，开展科学的田野考古发掘尤为重要，更十分必要。因为只有通过发掘，才能够真正获得有层位关系和共存关系的考古材料。依据这样的考古材料，才能够从根本上解决遗存之间的时空关系、谱系关系，进而实现以物论史、透物见人的学科目的。

其实，田野考古之于考古学科而言，不仅是学科诞生的标志，也是学科发展的基础，更是学科交叉的前沿、人才培养的关键和公众关注的热点。

一、学科诞生的标志

发掘是田野考古的核心内容，无论是外国还是中国，考古学的诞生都是从发掘开始的，都是以田野考古为标志的。

1. 欧洲"古物学"的兴起与世界考古学的出现

考古学英文为 Archaeology，源于希腊文，是一个合成词。前半部分 Archae 是原始、古代之意，后半部分 ology 是学科、学问之意，合起来即为"考古学是关于古代学问、学科的意思"。其研究范畴，随着时代的不同，内容也有所变化。

在欧洲的古典时代，最早等同于"古代史"，后来变成了一个专门研究古代实物的学问，为古器物学，简称"古物学"。至14～17世纪的文艺复兴时期，欧洲掀起了古物学的热潮，主要侧重搜寻和研究地中海地区古代希腊、罗马的古迹古物，尤以艺术品为重点。至18世纪以后，伴随资本主义的扩张、冒险家的长途旅行，其研究范围才扩及欧洲以外的其他地区。

18世纪末，美国第三任总统托马斯·杰斐逊卸任后，为了解"土丘"的性质在弗吉尼亚州开展发掘，他发现层层叠压的骨架间存在时间差异，下层骨架应早于上层[①]。这是第一次在发掘中意识到堆积的地层关系，但此认识并未引起注意，也未对后期田野工作产生影响。

18世纪末~19世纪初，地质发掘几度发现人骨化石和人工制品与灭绝动物共存于古老地层的现象，表明人类的出现时间十分古老。万物进化的"均变论"理论逐渐取代"创世论"理论。1816年，威廉·史密斯发表《生物化石确定地层法》，提出地质学中的地层学可以确定相对年代的方法；1830~1831年，莱伊尔发表《地质学原理》，进一步阐述地层学断代法，首次把进化论思想运用于解释岩层证据所反映的生物进化[②]。

1819年，丹麦国家博物馆馆长汤姆森（Tomsen）在对外展出博物馆的馆藏文物时，第一次按照制造工具和武器材料的不同，将馆藏文物分成了石器、青铜器、铁器三个不同的展厅。并在编写的参观指南里指出，人类历史从早到晚很可能经历过石器时代、青铜时代、铁器时代三个阶段。在1836年出版的《北欧古物导论》一书中，他进一步阐释了自己的分期思想，即世界著名的"三期说"理论。"三期说"提出后迅速传播并产生了很大影响，但由于没有任何证据可以证明人类生产力的发展确实经历过从石器到青铜器再到铁器三个时代，因此仍仅为假说。

1840年，汤姆森的助手、学生沃尔赛（Worsaae）在丹麦的一个沼泽地区进行了田野考古发掘，第一次从层位上证明了石器、青铜器、铁器三种古物埋藏的早晚关系，实证了"三期说"的客观性和正确性。1843年，沃尔赛在《丹麦原始时代古物》一书中，详细报道了此次发掘的收获，并使"三期说"成了世界史前考古学的研究基础。不仅如此，沃尔赛在丹麦沼泽地的发掘，被视为世界考古学诞生的标志。

2. 北宋"金石学"的兴起与中国考古学的诞生

在中国古代文献里，"考古"二字最早见于北宋晚期一本专门研究古器物的书——《考古图》，由吕大临编著。该书是中国现存年代最早且较成系统的古器物图录，成书于1092年，共10卷。书中搜集了两百多件青铜器和玉器，每件器物不仅摹绘了图形和款识，还注明了尺寸、重量、容量、出土地点、铭文拓本和收藏者等。其后出现的多部书籍，也是按照《考古图》的模式和体例编排而成。由于这类书籍是以古代青铜器和石刻碑碣为主要研究对象，偏重著录和考证文字资料，因而被称为"金石学"。到了清代乾隆、嘉庆年间，因帝王偏爱，使得"金石学"发展到了"考证经史、注释说文"的鼎盛时期，并且出现了"乾嘉学派"。

不过需要注意的是，始见于北宋时期的"考古"这个词和"金石学"这种学问，与

---

① Jefferson, Thomas, Waldstreicher, David (EDT). *Notes on the State of Virginia*, Bedford/st Martins, 2002.
② 〔英〕莱伊尔：《地质学原理》，北京大学出版社，2008年。

今天所说的考古或考古学有本质区别，但和欧洲的"古物学"比较接近，均是以古器物为研究对象，以收藏、鉴赏、著录、考据为研究目标的学问。因而作为古器物学的"金石学"本身，同"古物学"一样无法自行发展成现代意义上的考古学。

1840年，第一次鸦片战争爆发，西方列强用坚船利炮打开了封闭的中国国门，列强纷纷瓜分中国领土，并进行疯狂的文化掠夺。正是依据这个历史事件，中国史学家将1840年定为中国古代史和中国近代史的分界点。

鸦片战争以后，许多西方的文化思想和理论技术等也传至中国，其中包括西方的考古学。起初，来自欧洲和日本的文化学者只是在西北、东北等地陆续开展田野调查，采集和征集地下文物和古生物化石。至20世纪初期，开始有针对性地选择古代遗址展开考古发掘。最早见于1921年春季瑞典学者安特生（Andersson）在辽宁省锦西县（今葫芦岛市）沙锅屯洞穴遗址的发掘，同年秋季安特生又发掘了河南省渑池县仰韶村遗址。沙锅屯遗址和仰韶村遗址的发掘[①]，拉开了中国考古学的序幕，表明以田野考古发掘为标志的西方考古学正式传入中国。由于河南渑池仰韶村遗址的发掘，正式定名了中国考古学上的第一个考古学文化——仰韶文化，并由此提出了中国文化的起源问题，在国内外影响较大，因此绝大多数学者将仰韶村遗址的发掘视为中国考古学的开端，将1921年视作中国考古学的诞生之年，将瑞典学者安特生视为中国考古学的创始人。

3. 以发掘为标识的田野考古是考古学诞生的标志

回顾欧洲考古学的出现和中国考古学的诞生，不难发现它们之间存在着一个共同的现象，那就是都经历了由"古物学"到"考古学"的过程。以前曾有学者把北宋时期开始出现的"金石学"，看作是中国考古学的前身，其实不然。中国考古学和世界考古学的出现是一样的，都是由"古物学"转变成"考古学"的，而这个转变的标志就是发掘。

在欧洲，"古物学"转变为"考古学"的标志是发掘。在中国，"金石学"（古物学）转变为"考古学"的标志是发掘。由于发掘是田野考古的核心内容，因此田野考古是考古学诞生的标志，也是考古学区别于其他学科的标志。

总之，1840年丹麦学者沃尔赛（Worsaae）在丹麦沼泽地区进行的考古发掘，标志着世界考古学的出现。1921年瑞典学者安特生（Andersson）在河南渑池仰韶村遗址开展的考古发掘，标志着中国考古学的诞生。以此计算，世界考古学距今已有180多年的历史，中国考古学也已经走过了100多年的发展历程。

[①] a. 安特生著、袁复礼译：《奉天锦西县沙锅屯洞穴层》，农商部地质调查所印行，1923年。

b. 安特生著，袁复礼译：《中华远古之文化》，《地质汇报》第五号第1册，农商部地质调查所印行，1923年。

c. J. G. Andersson, Prehistoric Sites in Honan, *Bulletin of the Museum of Far Eastern Antiquities*, No.19, 1947.

二、学科发展的基础

田野考古,不仅是考古学诞生的标志,也是考古学发展的材料基础、实证基础和理论基础。

1. 材料基础

田野考古是考古学研究的材料基础。考古学与狭义史学的区别,主要在于研究材料有本质的不同。狭义史学研究历史,靠的是文字记载,即古代的文献材料。考古学研究历史,靠的是地下出土的实物资料,即古代的物质遗存。而没有田野考古,就无法科学获取考古学的研究材料。

田野考古是为考古学研究收集资料的最主要的科学手段,其自身也是一种研究。具有明确时空关系的遗存,只能通过田野考古发掘获得,因此以田野考古发掘为标志的考古学的出现,为研究历史开辟了一个新的路径。通过获取有别于文献的全新的物质材料,拓宽了历史学的研究广度和深度,同时也增强了历史学的研究信度。

考古学研究常言"被材料牵着鼻子走",反映了开展考古科学研究的正确之路和成功之道。考古学的研究,必须以材料为基础,通过分析材料,从中发现问题,一切以材料为前提,实事求是,而非从理念出发、从模式出发。当然也存在从模式出发的研究,先假设一个前提,设定一种可能性,然后再去寻找资料论证这个前提的存在,证明这种假设或模式的正确。但是中国,绝大多数考古学家所从事的考古学探索,都是从材料出发,以材料为基础开展考古研究工作。

2009年,中国考古学会第五届常务理事会理事长张忠培先生,在哈尔滨召开的中国考古学会第十二次年会的开幕式上讲到,中华人民共和国成立以后的60年来,中国考古学已经取得巨大的进步,出现了翻天覆地的变化,其中最重要的就是考古材料的变化,尤其是考古新发现的积累速度与规模已远远超越了考古研究的速度与规模。这种考古研究能力滞后于考古材料及考古新发现的积累与规模的状况,显示考古材料及考古新发现已呈现出爆炸增长的趋势。

考古学研究离不开考古材料,考古材料的发现支撑着考古学的进步与发展。中国考古学的快速成长和取得的巨大成就,与考古发掘出土材料的快速积累和增长是分不开的。考古遗存和考古文献的增多,保证了考古学研究成果的数量和质量,使中国考古学在许多方面取得了前所未有的重大突破。特别是与中国考古学的早期发展阶段相比,现阶段的考古发掘项目越来越多,出土遗存和考古发掘报告的增量也在不断扩大,从而为考古学的进一步发展奠定了坚实的材料基础。

2. 实证基础

田野考古不仅是考古学的材料基础,也是探求百万年的人类史、一万年的文化史、五千多年的文明史的实证基础。通过田野考古获取实物资料，通过实物资料提取历史信息，从而达到写史、论史和证史的目标。

以田野考古写史，即以考古学构建没有文献记载的史前史。考古学是研究史前史的唯一手段，史前时期的考古学家即为史前史的历史学家，一切理论方法、研究结论、学术体系的形成与建立均依赖田野考古发现。自1918年安特生在周口店发现古人类牙齿化石[①]，1929年裴文中在周口店遗址发现了距今约50万年前的北京猿人头盖骨至今，通过田野考古将中国人类史不断前置，2020年最新测年数据显示，山西省芮城县西侯度遗址年代为距今约243万年，表明在直立人走出非洲之前，东亚地区已经存在利用砾石打制石器的早期人类。1931年，梁思永主持发掘河南安阳小屯遗址东部的后冈遗址，在田野考古发掘中通过对不同堆积之间层位关系的把握，正确辨识出小屯文化、龙山文化和仰韶文化自上而下的"后冈三叠层"，从根本上解决了"仰韶文化"和"龙山文化"早晚问题，为中国新石器时代考古建立了可靠的年代标尺[②]。1945年，夏鼐发掘甘肃省宁定阳洼湾遗址时，在一座齐家文化的墓葬填土中发现两块典型的仰韶文化彩陶片，根据"墓葬填土内遗物早于墓葬随葬品"得出仰韶文化早于齐家文化的结论，修正了安特生的六期说理论，并从根本上反驳了仰韶文化西来说，为建立黄河流域新石器时代文化年代序列打下基础[③]。

以田野考古论史，即以考古学辨析文献记载零星的上古史。有关上古史的文献记载零散且片段，本身具有较大争议，以文献本身或以文献引导考古发现难以构建科学可信的上古史。王国维提出"二重证据法"将地下出土文字资料与传世文献记载之间的互证，而后地下文字资料扩展为一切出土实物资料[④]。但史学界滥用"二重证据法"，将考古学直接装入古籍记载框架。田野考古与文献资料之间并非平行互证的证据关系，而是互为解读的对应交叉关系。田野考古能够获取传统史学所无法获知的历史信息，弥补传统文献记载的片面与空白，辨析传统文献记载中的争议和盲点。1899年甲骨文的发现和1928年安阳殷墟的发掘，证实了殷商的存在，安阳殷墟为商朝后期都城遗址，是中国历史上第一个有文献可考、并为考古学和甲骨文所证实的都城遗址，为《竹书纪年》所载"盘庚迁殷"的殷都；1959年，徐旭生先生在豫西调查"夏墟"，发现二里头遗址，拉开探索夏文化序幕[⑤]。以二里头遗址为代表的二里头文化是距今3800～3500年前后东亚地区的核心文化，但二里头遗址是否为夏都仍存在争议。

以田野考古证史，即以考古学推敲文献记载主观的中古史。文献记载无法避免主观性的影响，田野考古有助于纠正传统文献中的偏见和错误，为史学争论提供实证性

---

① Black D. On a lower molar hominid from the Chou Kou Tiende-posit. *Paleontologia Series D*, 1927, 7: 1～27.
② 梁思永：《小屯龙山与仰韶》，《梁思永考古论文集》，科学出版社，1959年。
③ 夏鼐：《齐家期墓葬的新发现及其年代的改订》，《中国考古学报》第3册，1948年。
④ 王国维：《古史新证》，清华大学出版社，1994年。
⑤ 徐旭生：《1959年夏豫西调查"夏墟"的初步报告》，《考古》1959年第11期。

的评判标准。如《秦始皇本纪》记载项羽"遂屠咸阳，烧其宫室"，又《项羽本纪》记载"项羽引兵西屠咸阳。火三月不灭。项王见秦宫室皆以烧残破"等，表明阿房宫毁于焚烧。但是，通过考古发掘和勘查，发现阿房宫基址及其周边没有发现被火烧过的证据，与之相反，在咸阳宫发现大片的红烧土与灰烬痕迹，可证实毁于焚烧。田野考古工作有力反驳了史书中火烧阿房宫的记录，但印证了"遂屠咸阳，烧其宫室"的记载。另有，晋张华在《博物志》中记载"蔡伦始捣鼓渔网造纸"，又南朝刘宋的盛弘之在《荆州记》中提及"伦始以渔网造纸，县人今犹多能作纸，盖伦之遗业也"，表明蔡伦于公元105年发明了世界上最早的纸。但20世纪50～70年代，考古学家先后在中国甘肃、陕西发掘出土一批西汉纸，将中国发明造纸术的时间向前推进了300年，从而改蔡伦发明造纸术为蔡伦改进造纸术。

3. 理论基础

理论源自实践，且必须在实践中检验和发展。田野考古为考古学科发展和进步提供理论基础，考古学基础理论的产生和发展、考古学理论体系的建立和完善都以田野考古工作为根底，并形成实践孕育理论、理论指导实践，实践创新理论的循环。

考古学基础理论，即考古地层学和考古类型学，是从田野考古实践中逐渐摸索、总结、完善的[1]。1930年梁思永在发掘昂昂溪遗址的过程中，初步形成按土质、土色区分堆积的理念[2]，并在1931年发掘后冈遗址时，一改以往按深度计层的发掘办法，首次采用依据土质、土色区分堆积和根据叠压打破关系判定早晚的方法，开创了中国考古地层学的先河[3]；1945年，夏鼐在发掘阳洼湾遗址时，提出"墓葬填土内遗物早于墓葬随葬品"的判定标准，形成堆积层位关系和内含物早晚关系的新理念，对梁思永考古地层学进一步补充[4]；新中国成立后，在大量田野考古工作的支持下，考古地层学进一步完善，1983年张忠培于《地层学与类型学的若干问题》中提出重视遗存的共存关系，探讨堆积间时间与空间，或纵与横的关系，并认为"层位学"才能更好地表达"地层学"的内涵[5]。1948年，苏秉琦以《斗鸡台沟东区墓葬》报告附录形式发表《瓦鬲的研究》，对材料进行了全面系统的"类、型、式"研究，首次将地层学与类型学紧密结合，实现了蒙特留斯"考古类型学"向中国"考古类型学"的转变，建立了中国考古类型学的概念体系[6]，之后苏秉琦、张忠培、严文明、俞伟超等人不断在田野工作中完善类型学体

---

[1] 赵宾福：《走中国道路：建设中国特色中国风格中国气派的考古学》，《考古》2021年第9期。
[2] 梁思永：《昂昂溪史前遗址》，《梁思永考古论文集》，科学出版社，1959年。
[3] 梁思永：《小屯龙山与仰韶》，《梁思永考古论文集》，科学出版社，1959年。
[4] 夏鼐：《齐家期墓葬的新发现及其年代的改订》，《中国考古学报》第3册，1948年。
[5] 张忠培：《地层学与类型学的若干问题》，《文物》1983年第5期。
[6] 苏秉琦：《斗鸡台沟东区墓葬》附录《瓦鬲的研究》，国立北平研究院史学研究所，1948年。

系[①]，将研究对象由遗物扩至遗迹，将研究目标由建立年代序列的纵向脉络扩至探讨空间关系的横向比对。

中国考古学理论体系的形成，即考古学文化定名理论、考古学文化区系类型理论、文明发生发展道路理论，是建立在田野考古学不断科学化和蓬勃化发展基础之上的。1959年夏鼐发表《关于考古学上文化的定名问题》，将柴尔德"考古学文化"理论引入到中国，并赋予其中国特色的定名原则和基本含义，通过对遗存进行分类与聚类的研究，达到对"人们共同体"或"族群共同体"的区分与界定，实现以物论史、透物见人的研究目标[②]。1979年苏秉琦在西安召开的"全国考古学规划会议"和"中国考古学会成立大会"提出"考古学文化区系类型理论"，强化了各地区考古工作的课题意识和学术意识，改变了中国考古研究的取向，是时至今日开展考古学文化研究的重要指导理论。同时在会议上，苏秉琦对如何探索原始社会解体和私有制、国家起源与形成发展问题提出建议。其后结合辽西及北方地区考古发现和认知，先后形成的以"古文化、古城、古国"为代表的社会发展理论，以"古国、方国、帝国"为代表的国家演进理论和以"原生型、次生型、续生型"为代表的文明模式理论，成了探索中华文化起源、中华文明起源、中华国家起源、中华民族起源及其形成和发展的重要指导理论[③]。

三、学科交叉的前沿

田野考古是考古学科和其他学科交叉合作的主要领域，以考古学理论为基础，以解决考古学问题为根本，有选择、有目的地将自然科学、人文科学和社会科学的方法和技术应用到田野工作、分析研究和实践教学中，多角度、多层次获取相关信息，实现信息的反复性和最大化提取，自微观至广域拓展考古研究领域，从而延伸历史轴线，增强历史信度，丰富历史内涵，活化历史场景。

遗存的存在方式，决定了进行田野考古发掘首先要求有地质学、地理学、环境学、测绘学等诸多相关学科的理论配合与技术合作。采用地球物理勘探、地球化学勘探、航空遥感与地学分析技术、卫星航片与图像处理技术等实现对地下和水下古代遗存的探查、分析和复原；通过动物化石、大植物遗存、孢粉、植硅体和淀粉粒等实现对古植被、古气候与古环境的复原。

---

① a. 苏秉琦、殷玮璋：《地层学与器物形态学》，《文物》1982年第4期。
　b. 张忠培：《地层学与类型学的若干问题》，《文物》1983年第5期。
　c. 严文明：《考古资料整理中的标型学问题》，《考古与文物》1985年第4期。
　d. 俞伟超：《关于"考古类型学"问题——为北京大学七七至七九级青海、湖北考古实习同学而讲》，《考古类型学的理论与实践》，文物出版社，1989年。
② 夏鼐：《关于考古学上文化的定名问题》，《考古》1959年第4期。
③ 苏秉琦：《在"全国考古规划会议"、"中国考古学会成立大会"上的发言》，《华人·龙的传人·中国人——考古寻根记》，辽宁大学出版社，1994年。

遗存的物质形式，决定了许多用于鉴定和检测的仪器设备在考古学中应用的可能性，亦是自然科学方法和技术在考古学中得以广泛应用的主要原因。通过放射性碳测年法、树木年轮断代法、钾氩法、铀系法、释光测年法等绝对年代测定，提高测年结果的准确性；采用元素成分分析技术，获取不同材质器物的成分信息，实现对原料来源、制造工艺、社会流通等问题的研究；利用古 DNA 分析获取古人类基因交流、母系和父系遗传、人群迁徙等信息，为动物驯化的起源和传播提供数据；通过碳、氮和锶同位素分析获得 C4 类、C3 类食谱结构，从而反映人类农耕、畜牧、养殖等生业模式的发展过程及文化交流[1]。

遗存的种类多样，决定了考古发掘出土的自然遗存可成为考古学以外的学科宝贵的研究资料，因而在自然遗存的采样、提取和鉴定方面需要相关学科的合作。为保障检测成果的顺利产出，在考古发掘过程中，交叉学科人员需定期前往发掘现场，指导提取和保存样本的方法，并了解发掘进度和遗存情况，有针对地阶段性提取样本，避免结果出现反叠压。阶段性检测出现失败，可对无效样本做再次提取。对于人类及动物骨骼、植物遗存、土壤标本，需交叉学科专业人员亲临现场提取、记录和保存，同时了解共存、叠压或打破的时空关系。

遗存的文化内容，决定了许多人文学科和社会学科参与考古学研究的可能。包括历史学、社会学、经济学、政治学、民族学、民俗学、宗教学、语言学、人类学、人口学、法学等，人文学科和社会学科相关理论的应用，可进一步推动探讨古代人口结构、社会制度、组织形态、精神意识、经济模式、生业形式、关系网络等问题。

遗存的记录要求，决定了田野考古工作中测绘、影像、图文等记录工作对现代科技手段的需要。使用全站仪、RTK 等多种测绘设备精准记录空间数据信息，利用无人机实时航拍和全息现场扫描系统阶段性建模，采用地理信息系统处理、编辑和分析数据信息，运用计算机观察、分析、研究、采集和储存各类考古学资料，运用田野考古发掘信息管理平台进行信息资料的保存、管理和分析并建立田野考古数据库，实现田野考古的数字化测绘、摄影、绘制、记录和存储。

四、人才培养的关键

田野考古是培养考古学专业型人才的关键，是培育田野考古一线力量的根基，是促进考古工作者成为考古领队的绝对环节。考古工作者是从田野中走出来的科学家，不懂、不会、不干田野考古不足以称之为考古工作者。

田野考古是"新兵营"，是考古专业高校培养学科人才、储备学术力量的必要环节。田野考古实习是高等院校本科教学体系建设和课程设置的重中之重，遵循理论教学和实践教学、专业教育和思想教育并重的方针，设计考古发掘、资料整理和编写报告的连续

---

[1] 李萌、方启：《交叉考古助力中国考古新发展》，《中国社会科学报》2023 年 11 月 28 日第 6 版。

环节，依托完备的田野实践教学基地、完善的田野考古实践教学大纲和全面的田野考古实习管理制度，培养学生形成系统的考古学理论架构，具备扎实的田野考古操作基本功，掌握现代田野工作的方法和技术，具有较好的领导管理能力和人际交往能力，成为推动中国考古学建设和发展的有生力量。

田野考古是"练兵场"，是考古文博单位培训业务人员、壮大工作队伍的重要环节。国家文物局自1984年起举办全国田野考古工作领队培训班，委托北京大学、吉林大学等高校选取代表性遗址承办，各省区市考古文博单位选派业务人员参加集中培训，以培养能够胜任新形势新任务、掌握新技术新技能的田野考古领队，带动提升考古工作整体水平。各省区市考古文博单位亦会依托地区内遗址发掘项目，开展田野考古技能培训班、调查勘探培训班等短期提升班，强化中国田野考古工作一线力量。

田野考古是"大课堂"，是所有考古工作者锤炼个人能力、突破个人水平的首要途径。田野考古是一门"学无止境"的学科，无论具备多么丰富的发掘经验和充分的知识储备，在面对新的遗址时，所有考古工作者均是这堂课的学生。始终保持敬畏、谦虚、认真的态度，通过田野考古工作不断夯实基本功，深化学术认识，创新研究思维，并从实践中升华、提炼、总结出新的理论方法，突破个人现有高度，使自己成为真正意义上的考古学家，成为建设中国特色、中国风格、中国气派考古学的践行者和推动者。

五、公众关注的热点

公众关注和认识考古学是通过田野考古实现的，关注点从考古新发现、到考古工作内容、再到考古工作者本身，已从田野考古出发扩展到整个专业学科。当前社会已掀起"考古热"和"博物馆热"，无论是传统媒体、新媒体还是自媒体平台，无论是文字、漫画、音频还是视频媒介，田野考古已成为公众关注的热点、焦点。

田野考古发现逐渐成为热点电视节目之一，可分为新闻报道、传统纪录片、直播回放及综艺节目。其中，纪录片最早出现，分为电影式纪录片和电视式纪录片。1957年，中央新闻纪录电影制片厂拍摄了记录明代定陵考古的中国第一部考古纪录片《地下宫殿》，至80年代，以中央新闻纪录电影制片厂和北京科学教育电影制片厂为主，各家电影厂摄制的考古纪录片约有40部[①]。随着电视的普及，家庭化的观影模式走向主流，以大量考古发现为题材的纪录片《走遍中国》和以考古纪录片为主体内容的《探索·发现》成为CCTV9固定节目。2016年的《我在故宫修文物》和2018年的《如果国宝会说话》创新纪录片形式，再次引发大众对考古的热议。2000年，中央电视台新闻综合频道东方时空特别节目进行了首次大规模考古发掘现场直播——《老山汉墓探秘》；随后，三星堆遗址发掘、抚仙湖水下考古、尉迟寺遗址发掘、吐尔基山辽墓开棺等考古工作均进行了电视直播，收获了高收视率。2019年中央广播电视总台文博探索真人秀节

---

① 高蒙河、崔淑妍：《公众考古传媒举要》，《中国文物报》2015年7月31日第7版。

目《国家宝藏》联手八家博物馆（院），通过梳理文物的前世与今生，演绎文物背后的故事与历史，向公众讲述考古故事、中国故事，让国宝活起来。

田野考古发掘现场和考古遗址公园成为公众参观的热地。田野考古发掘过程中，在不影响工作进度和质量的前提下，开设"公众考古开放日"，以普及考古知识，满足群众了解考古发现的需要。把博物馆搬到考古工地，将考古发掘现场视作动态化遗存展陈。周边群众自发前往发掘现场进行参观，了解考古工作过程和阶段性成果。为配合宣传，制作宣传展板，设计参观路线，撰写针对性解说词，并研发文创产品，增强考古宣传的趣味性和实物收藏性，让前来参观的群众不仅获得了无形的知识储备，也收获了有形的纪念品。公众通过参观观摩考古发掘现场，沉浸式体会考古工作的内容和目标，从根本上消除了对考古工作的误解，增强了文物保护法律意识，促使自发产生寻根热情，提升了民族自豪感和文化自信。此外，中小学校、各级党政机关工作人员主动组织参观发掘现场，深入学习考古产出和历史知识，直观了解考古工作的软、硬件需求，牢固树立了保护历史文化遗产的责任观念，积极为考古工作提供人力、物力、财力等方面的支持，为考古工作和文保事业创造良好条件。

年度"全国十大考古新发现"评选受到民众的关注。"全国十大考古新发现"的评选始于1990年，由国家文物局委托中国考古学会和中国文物报社举办，在全国范围内评选本年度的重大考古发现，其评选标准要求符合国家文物局的报批手续，保证发掘质量的同时，发掘内容要具有历史、艺术、科学价值且为中国考古学科提供新的信息和新的认识。"全国十大考古新发现"评选过程受到公众的强烈关注，群众在自发讨论、预测最终评选结果的过程中，潜移默化地学习了各年度入围项目的收获和意义，了解了中国考古工作的成果和贡献。

总之，对于考古学科来说，田野考古是至关重要的。它不仅是学科诞生的标志、学科发展的基础、学科交叉的前沿、人才培养的关键、公众关注的热点，而且是学科材料的源泉和学科前进的动力。从某种程度上说，田野考古发掘的水平直接关系到考古学研究的水平，田野考古的科学化和规范化直接关系到考古学的科学水准。因此，重视田野考古并不断提升田野考古发掘水平，是考古学健康发展和可持续化发展的前提基础和必由之路。

附记：本文为教育部哲学社会科学研究重大专项项目资助成果，项目批准号为2022JZDZ024。

文明之源与古今之变：文明起源的中国道路及其启示

段天璟　曹文哲

（吉林大学考古学院）

中国的历史发展进程已进入了新时代。"中国式"是中国建设现代化社会的标志性特征。中国式现代化与中华民族传统文化紧密结合，与中国文明起源与发展的道路紧密联系。从中国文明起源的角度，以大纵深的视角为探索建设中国式现代化的历史逻辑和"文化基因"提供启示，成为当今中国考古学研究和知识生产的重要任务。

在方法论上，将马克思主义同中国考古材料相结合，"建立起马克思主义的中国考古学的体系"[1]，是中国考古学的崇高追求。马克思、恩格斯研究和概括社会发展规律的伟大工程时，是从研究具体史实开始的。恩格斯也并不认为人类社会从野蛮进入文明和国家产生的道路全世界只有一条。正如苏秉琦指出，"考古学要想独立研究历史，探索出中华文化和文明的起源，就要建立本学科的方法论"[2]，"马克思主义的历史唯物论与考古学专业理论属于不同层次；发展中国考古学没有现成模式，只有开辟自己的路"[3]。从而达到为"如何建设同五千年文明古国相称的现代化文明"[4]服务的目的。

在实践中，文化演进和文明形成的研究是中国新石器时代考古研究的重要内容。1921年，北洋政府矿政顾问、瑞典学者安特生在河南渑池仰韶村进行了考古发掘，发现了新石器时代的仰韶文化等遗存，揭开了中国考古学和新石器时代考古的序幕。一百多年来，尤其是中华人民共和国成立以来，中国考古学就考古学文化、谱系研究、国家形成等众多问题，开辟出了具有坚实基础、深厚底蕴的研究之道[5]。

---

[1] 尹达：《组织起来，大家动手，编写"十年考古"——在编写"十年考古"座谈会上的发言》，《考古》1959年第3期。
[2] 苏秉琦：《中国文明起源新探》，人民出版社，2013年，第3、4页。
[3] 苏秉琦：《满天星斗》，中信出版集团股份有限公司，2016年，第8页。
[4] 苏秉琦：《文化与文明》，《辽海文物学刊》1990年第1期。
[5] 段天璟：《为坚定文化自信提供坚强支撑：努力建设中国特色中国风格中国气派的考古学》，《人民日报（理论版）》2019年11月19日第9版。

一、何以文明：中国文明起源研究的基础和重点

众所周知，恩格斯指出"国家是文明社会的概括"[①]。对于文明起源研究，苏秉琦在考察"八百里秦川"的仰韶文化社会发展时，将距今6000年作为一个重要的时间界标，并指出"我们之所以特别看重距今6000年这个界标，因为它是该区从氏族到国家发展的转折点"，"这并不是说距今6000年前，这里已出现了国家，而是说氏族社会发展到鼎盛，由此转而走向下坡路，进入解体时期，文明因素出现，开始了文明、国家起源的新历程"[②]。这意味着，文明起源研究的重点在于文明或国家出现之前的社会发展。文明起源的问题应与文明形成的研究有机地联系起来，进行系统的研究[③]。

怎样系统地进行文明形成的研究？苏秉琦以仰韶文化为例提出，"我们对仰韶文化的重新分析研究，所得到的也只是秦川八百里地域上由原始氏族公社到国家这一大转折前后的历史，它不能代替中国大地上各地的文明起源史，但它却是中国国家起源和中华民族起源史这座大厦中的一个擎梁柱。由此启发我们，在广袤的中华大地上，不知有多少这样的文化区系确确实实地存在过"[④]。

可见，我们应在中国新石器时代诸文化区系的基础上，考察不同文化区系的文明形成历程，从而探索文明起源的中国道路。这既体现了中国考古学探索文明起源的方法论，也渗透着探究中国文明起源的具体田野考古研究实践。

历史的"过去"连接着今天的"我们"。文化的演进历程表征着文明起源、形成与发展至今的全过程。研究文明中国起源的问题，应重点考察我国"上万年的文化史"与"五千多年的文明史"之间的时期。

从考古学遗存的特征来看，"公元前1万年左右，地球上的最后一次冰期消失了，人类历史进入了地质上的全新世时期。气候逐渐变暖，原始人群的生产活动也随之改变。旧石器时代结束了，开始向新石器时代过渡"[⑤]。考古学研究不断证明，"公元前三千二三百年，分布于黄河、长江中下游和燕山南北及辽河流域的诸考古学文化的居民，已跨过了文明的门槛"[⑥]。学界将这段时期的新石器考古学文化大致划分为前仰韶时代（或称查海时代、裴李岗时代）和仰韶时代[⑦]两个时期。

从考古学文化的面貌来讲，中国考古学界在苏秉琦区系类型理论和张忠培文化演进

[①] 恩格斯：《家庭、私有制和国家的起源·1884年第一版序言》，人民出版社，2018年，第195页。
[②] 苏秉琦：《中国文明起源新探》，人民出版社，2013年，第20页。
[③] 张忠培：《关于中国文明起源与形成研究的几个问题——在〈中原文物〉百期纪念暨中原文明学术研讨会上的讲话》，《中原文物》2002年第5期。
[④] 苏秉琦：《中国文明起源新探》，人民出版社，2013年，第20、21页。
[⑤] 苏秉琦、张忠培、严文明：《中国通史·第二卷》，上海人民出版社，1994年，第45页。
[⑥] 张忠培：《中国古代文明之形成论纲》，《考古与文物》1997年第1期。
[⑦] 赵宾福：《新中国考古学70年的成就与贡献》，《河北学刊》2019年第5期。

与国家形成学说的指引下,将现今人口分布密集地区的考古学文化分为"以燕山南北长城地带为重心的北方,以山东为中心的东方,以关中(陕西)、晋南、豫西为中心的中原,以环太湖为中心的东南部,以环洞庭湖与四川盆地为中心的西南部,以鄱阳湖—珠江三角洲一线为中轴的南方"六大区系,目前已发现或辨识出了九十多支属前仰韶和仰韶时代的考古学文化或遗存[①]。

二、究"天人之际":文化演进与文明起源的中国特征

在中国新石器时代的诸考古学文化中,从目前谱系关系较清晰的"黄河、长江中下游和燕山南北地区"来看,张忠培进一步概括出了以华渭、泰沂、燕山南北、江汉平原、长江下游地区为中心的五个亲族文化区[②],并提炼出在中华民族文化的形成与发展过程中起到重要奠基作用的五个考古学文化谱系[③]:

1)华渭地区:老官台→半坡→西阴→半坡四期→泉护二期→荆村┬→东关→三里桥
　　　　　　　　　　　　　　　　　　　　　　　　　　　　　└→客省庄

2)泰沂地区:磁山·裴李岗、后李→北辛→后冈一期→大汶口→龙山 [④]
　　　　　　　　　　　　　　　└→富河

3)西拉木伦河及燕山南北地区:兴隆洼┬→红山→小河沿
　　　　　　　　　　　　　　　　　└→赵宝沟

4)长江中游地区:彭头山┬→城背溪 → 大溪 ┬→屈家岭→石家河→后石家河
　　　　　　　　　　　└→皂市下层→汤家岗┘
　　　　　　　　　　　　　　　油子岭┘

5)长江下游:罗家角→马家浜→崧泽→良渚→钱山漾→广富林

纵观上述区域内各谱系诸文化的演进发展,我们或可对中国文明起源提出如下认识。

考古学文化的谱系特征显示,中国文明起源基于"延续不绝"的文化传承。

在华渭地区,具有鲜明国家特征的陶寺遗址的年代大约始自荆村文化时期,经历了东关文化和三里桥文化阶段[⑤]。在长江下游,良渚墓地[⑥]、古城、水坝等遗存均昭示着,良渚文化已进入了"政教合一"的"神王之国"。在泰沂地区,年代相当于大汶口文化

---

① 段天璟:《新石器时代考古——从上万年的文化研究到中华文明的起源与形成》,《中国考古纲要:百年发现与研究(1921—2021)》,吉林大学出版社,2021年,第67~80页。
② 张忠培:《关于中国考古学以物论史、透物见人的探索与思考——〈史学史研究〉王晖访谈记》,《史学史研究》1997年第3期。
③ 张忠培:《中国史前时代研究的一些认识》,《北方文物》1999年第4期。
④ 张忠培、乔梁:《后冈一期文化研究》,《考古学报》1992年第3期。
⑤ 段天璟、董霄雷:《陶寺遗址四种文化说——以襄汾陶寺为基础》,《江汉考古》待刊。
⑥ 张忠培:《良渚文化墓地与其表述的文明社会》,《考古学报》2012年第4期。

中晚期的焦家墓葬[1]及其城址显示出了类似国家形态的社会结构。在西拉木伦河及燕山南北地区，年代相当于仰韶时代晚期的红山文化形成了复杂的社会结构，神权进一步发展，王权正式形成，于红山文化晚期跨入文明时代[2]。在长江中游地区，近来的考古工作发现，石家河城始建于距今 5500 年面积约 26 万平方米，至距今 5000 年石家河建成了面积超 100 万平方米的大城，"是长江中游同期最大城，与长江下游的良渚古城规模相当"[3]。这五个考古学文化谱系的部分具体关系虽仍可能有进一步讨论的空间，但可以肯定的是，这些谱系的先民们均在"延续不绝"地传承文化传统的基础上，步入了文明社会。

考古学文化的演进过程说明，中国文明起源植根"推陈出新"的文化创新。

生产是人类发展的重要基础，文化创新决定着人类的发展。在"前仰韶时代"到"仰韶时代"的灿若星斗的诸考古学文化中，不断发生着推动历史进程的重要发明与创新。黄河中游的磁山遗址磁山文化灰坑中发现了大量炭化的粟米[4]，长江中游的湖南道县玉蟾岩发现的万年以上的稻作遗存和陶器等[5]，成为先民们对人类的重要贡献。玉器作为中国历史上的重要物质文化杰作，在文明起源的过程中于东北地区和长江流域、黄河流域等地被创造出来。地处乌苏里江西岸的小南山遗址 15M2、15M3 出土玉器的年代上限当早于公元前 6200～前 5600 年的兴隆洼文化早期[6]。长江下游的东山村遗址出土的崧泽文化和马家浜文化墓葬中，均发现有玉器和与加工玉器相关的遗存[7]，暗示着发达的良渚文化制玉工艺的来源。在黄河中游的山西夏县师村遗址亦发现有仰韶时代早期的玉环[8]。

考古学文化的交流互鉴证明，中国文明起源得益"丰富多彩"的文化融通。

中国大地上各谱系考古学文化间存在着不同程度的交流互鉴，使考古学文化形成了具有活力的"不同谱系的多元结构"[9]，诸文化在融通重组中凝练出了兼收并蓄的特征，不断为中国文明起源的历程碰撞出进步的火花。例如，黄河流域仰韶时代至少发生过两个重要的与文化融通相关的历史事件。其一，在作为"中华远古文化主根"的渭河流

---

[1] 山东大学考古学与博物馆学系等：《济南市章丘区焦家遗址 2016～2017 年大型墓葬发掘简报》，《考古》2019 年第 12 期。

[2] 高云逸：《中国东北地区公元前三千年前的文化演进与社会发展》，吉林大学博士学位论文，2021 年。

[3] 湖北省文物考古研究院等：《天门石家河城址及水利系统的考古收获》，《江汉考古》2023 年第 1 期。

[4] 严文明：《中国农业和养畜业的起源》，《史前考古论集》，科学出版社，1998 年，第 353 页。

[5] 张忠培：《二十世纪后半期中国新石器时代考古学的历程》，《中国考古学：走近历史真实之道（增订版）》，文物出版社，2022 年，第 70 页。

[6] 段天璟、高云逸：《小南山遗址与东北地区史前玉器的相关问题》，《考古与文物》2024 年第 1 期。

[7] 南京博物院等：《东山村：新石器时代遗址发掘报告》，文物出版社，2016 年，第 494 页。

[8] 吉林大学考古学院等：《山西夏县师村新石器时代遗址 2019～2020 发掘收获》，《文物世界》2021 年第 2 期。

[9] 张忠培：《研究考古学文化需要探索的几个问题》，《中国北方考古论集》，文物出版社，1990 年，第 260 页。

域,仰韶时代中期的西阴文化,向黄河上下游、长江流域和西拉木伦河流域急剧扩张,这些地区考古学文化的居民吸收了西阴文化因素,融入自身文化,呈现出了"诸考古学文化的大碰撞、大交流、大吸收和大融合","即使将其置于与其同时的世界,也找不到可与之比肩的另一谱系的考古学文化"①。其二,公元前第三千纪前后,源自大汶口文化的空三足器,在黄河流域快速地掀起了文化传播、融合、改造的浪潮,显示出黄河流域诸文化间的密切联系②。西阴文化的扩张或与相关区域居民进入到父系氏族制度相关,而空三足器的兴起和传播则很可能直接成了黄河流域诸文化的先民们跨入文明门槛的文化背景。在长江中游,公元前4300年前后,在位于环洞庭湖西岸的城头山遗址上,大溪文化的居民率先开始建筑城墙,将其原有的环壕聚落改变为筑有城墙的聚落形态③,至迟在公元前3100年前后,起自汉东地区的属油子岭文化—屈家岭文化这一谱系的居民④相继在城头山遗址,外扩了城墙、营建了护城河,使这个城墙聚落发生了重大变化⑤。这也成了长江中游地区不同史前文化碰撞融通、为文明起源和发展提供动力的重要证据。

三、通"古今之变":文明起源的中国道路和理论启示

在世界文明发展史上,各地进入文明的年代各不相同。例如,公元前3500年前后,在亚洲西部的苏美尔平原产生了城市文明,闪米特人萨尔贡一氏(约公元前2371~前2316年在位)建立了苏美尔地区的阿卡德王国。公元前2500年左右,在亚洲南部的印度河流域,古印度文明达到成熟期。虽该文明的文字至今仍无法解读,但在雅利安人入侵之前,古印度文明延续了约一千年。公元前3100年左右,非洲东北部的埃及进入了王朝时期⑥。公元前3000年左右,埃及建立了统一国家,经历了古风时代的早王朝时期(约前3000~前2686年),古典时代的古王国时期(前2686~前2125年),中央集权成熟的中王国时期(前2009~前1650年),国家全盛的新王国时期(前1550~前1069年)⑦。

在世界文明起源史上,各地文明起源的道路不一而足。如塞维斯指出,公元前5000~前3500年为西亚美索不达米亚地区文明的形成期,经营着旱地农业和畜牧业,且均以渔猎采集作为补充,随着时间的推移以两种不同经济为基础的文化逐渐分道扬镳,两种社会相互依存,而畜牧业社会显然具有一定军事优势。这成为公元前3500年

---

① 张忠培:《渭河流域在中国文明形成与发展中的地位》,《中国国家博物馆馆刊》2014年第11期。
② 张忠培:《黄河流域空三足器的兴起》,《华夏考古》1997年第1期。
③ 王震中:《中国古代国家的起源与王权的形成》,中国社会科学出版社,2013年,第181、182页。
④ 孟华平:《长江中游史前文化结构》,长江文艺出版社,1997年,第106、172页。
⑤ 郭伟民:《新石器时代溧阳平原与汉东地区的文化和社会》,文物出版社,2010年,第167页。
⑥ 斯塔夫里阿诺斯:《全球通史》,吴象婴、梁赤民译,北京大学出版社,2020年,第43~108页。
⑦ 《世界古代史》编写组:《世界古代史(上册)》,高等教育出版社,2016年,第120~135页。

左右，在美索不达米亚南部的苏美尔冲积平原产生文明的重要基础。在非洲东北部的尼罗河流域，在公元前4000～前3100年的古埃及文明"形成期"中，文明的起源并没有伴随着苏美尔那样的"城市革命"。这很可能是因为，尼罗河很早并很容易将埃及联系成一个较独立的经济体，而且史前埃及缺乏可以对抗合并的城市权力中心[①]。需要说明是，在塞维斯、萨林斯、弗里德等学者联袂确立的新进化论中，塞维斯将美索不达米亚、尼罗河等地的"形成期"归入了"游群、部落、酋帮和国家"四阶段中的"酋帮"阶段，并指出，"早期文明并非立足于经济的分层，而只能是基于政治权力不平等的分层"[②]。

中国文明起源的情形是如何的呢？中国新石器时代考古学文化表述的经济与社会发展呈现出，中国文明起源的历程在符合人类社会发展一般规律的同时，走出了与世界其他地区不同的具有自身文化传统特征的中国道路。

从经济发展来看，中国自旧、新石器过渡开始，萌生了采集渔猎型和农业型两类经济形态的新石器时代文化。进入文明时代之后，中国仍存在农业和牧业两类经济形态文明，农业文明的产生早于牧业文明，牧业文明或由农业文明转化或受其影响而产生的[③]。

从发展理论上讲，正如张忠培指出，塞维斯和弗里德的四阶段说均无法摆脱关于马克思主义人类早期社会"原始游团、氏族—部落、部落联盟、英雄时代、国家"的五阶段分期学说。而主张酋邦概念观察中国古代社会的学者，或不知、忽略了恩格斯提出的英雄时代；或认为由部落向国家过渡的进程中既有"酋邦模式"又有"氏族模式"，但酋邦的产生晚于典型部落时期的，而无法与属典型部落时期的"氏族模式"同时对应[④]。

在华渭地区，元君庙半坡文化墓地存在着以合葬墓为代表的家族，以成排布局的甲、乙两个墓区为代表的氏族，以墓地为代表的部落三级组织，妇女在生产中起重要作用、世系按照女系计算、存在母女相传的财产继承制，从而成为发达的母系氏族制即母权制时代的代表，此时即已存在立足于经济不平等的社会分层现象[⑤]。在半坡文化之后的西阴文化的强势推动下，"使此时期的史前中国腹地的诸考古学文化居民普遍地迈入了父系氏族制社会阶段，乃至在其晚期包括他自身在内的一些考古学文化居民还踏进了'英雄时代'的门槛"[⑥]。

中国早期文明中基于经济分层的权力分层现象十分明显，例如，长江下游的良渚文化墓葬出土存在着"较贫寒"的小墓和葬于人工土台上"玉殓葬"的差别说明，良渚文

---

① 埃尔曼·塞维斯：《国家与文明的起源》，上海古籍出版社，2019年，第207、226～228页。
② 陈淳：《国家与文明的起源》"中文版序"，上海古籍出版社，2019年。
③ 张忠培：《原始农业考古的几个问题》，《农业考古》1984年第2期。
④ 张忠培：《关于中国文明起源与形成研究的几个问题——在〈中原文物〉百期纪念暨中原文明学术研讨会上的讲话》，《中原文物》2002年第5期。
⑤ 张忠培：《元君庙墓地反映的社会组织》，Journal of Anthropologial Archaeology，1985（4）.
⑥ 张忠培：《渭河流域在中国文明形成与发展中的地位》，《中国国家博物馆馆刊》2014年第11期。

化居民在权利、财富和身份等方面存在明显的分化;"玉殓葬"中随葬的玉琮和玉钺分别暗示着墓主人掌握的宗教祭祀权和军权,此类墓葬中还有人殉的迹象,这类墓葬代表了社会中已出现了统治阶层[①]。

应指出的是,中国文明起源的"延续不绝"的文化传承、"推陈出新"的文化创新、"丰富多彩"的文化融通等特征,促进了中国大地上多元谱系的诸文化不断自发地为"多元一体"的共同体贡献智慧和力量。例如,源于西拉木伦河流域乃至松嫩平原的玉龙成为后世中华民族共同的龙图腾的重要源头,起自西阴文化的卜骨宗教至龙山时代时便已遍及黄河及淮河、汉水流域的部分地区,继而成为夏商周三代遍及长江、黄河和西拉木伦河流域的重要宗教传统。类似现象不胜枚举。

总之,正如苏秉琦指出,"重建的中国古史还应是一部超百万年以来中华民族的祖先历经无数次组合与重组,导致多元一体中华民族形成的历史"[②]。中国大地上兴起的不同谱系的诸新石器文化,在不断传承、碰撞、融通过程中,面对自然等方面的各种挑战和苦难,生生不息,延续不断,演进发展,孕育文明,在不断组合与重组中凝聚成了"多元一体"的文化和族群共同体,走出了"多元一体"的中国文明起源道路。

附记:本文得到"全国考古人才振兴计划"项目(项目编号:2024-265)和教育部哲学社会科学研究重大专项项目"边疆考古与中华早期文明研究"(项目批准号:2022JZDZ024)资助。

---

① 张忠培:《良渚文化的年代和其所处社会阶段——五千年前中国进入文明的一个例证》,《文物》1995年第5期。
② 苏秉琦:《满天星斗:苏秉琦论远古中国》,中信出版集团,2016年,第88页。

洛阳古代都城建设与洛阳盆地水系若干问题的研究

严 辉

（洛阳市考古研究院）

对于洛阳盆地古代水系的考察、记录由来已久。除了那些我们熟知的古代文献之外，近代尚有一部著名的著作，那就是1935年刊行的《洛阳古今谈》。这是一部现代意义的洛阳通史、洛阳文物志，该书不仅汇集正史、地方史志的记载，还对照了当时之状况，故称"古今谈"。本书的作者是即墨人李健人先生，他较早地关注了洛阳周边的古代水系。当时的洛阳尚未展开现代化的城市建设，古代的一些水道残迹依旧保留着，健人先生留下了许多珍贵的记述与考证。中华人民共和国成立以后涉及洛阳古代水系的考古调查和研究工作已经有许多，取得的成果丰硕。相关考古工作往往是围绕一个或者两个城址为中心展开，主要集中在洛阳八座古城中的偃师商城、汉魏故城、隋唐洛阳城等地。由于缺乏针对整个洛阳盆地水系贯穿性的考古工作；同样也缺乏文献研究对考古资料的诠释，有些问题仍有继续讨论的余地。在此结合洛阳古代城市建设，谨对洛阳盆地水系的若干问题进行探讨。一方面是对已有的考古工作和历史文献进行梳理，另一方面整体性的研究可能会对今后的水系考古调查工作提供可供参考的方向性的意见。

一、瀍水、涧水的方位与西周成周城选址

河洛地区的自然水系较早地见之于《尚书·禹贡》的记载。尽管《禹贡》形成文本的年代有西周说、战国说，但是它真实反映了早期中国的地理状况。《禹贡》记载河洛间的四条河流为"伊、洛、瀍、涧"。四河之间的关系是，"道洛自熊耳，东北会于涧、瀍，又东会于伊，东北入于河"。洛水出熊耳山，东北流合涧水、瀍水，涧水、瀍水由北向南流入洛水，随后又合伊水，最后东北流入黄河。这种描述虽然简略，但却是夏商、西周时期河洛地区河流的最初状态。从东周时期开始发生了重大变化，人工凿渠引涧水、谷水东流入瀍，然后再引涧水、谷水、瀍水东进至东周成周城（汉魏洛阳故城），并在偃师市（今偃师区）境内流入洛河。引水渠东进的线路在洛河以北、邙山以南，大致与洛河平行，为数个古代城市提供水源供给。此后很长一段时期内，涧水、瀍水不再向南流入洛，只是遗留下入洛的故道，后世文献称此瀍、涧南流入洛的故道为"禹贡故道""瀍涧故读"。隋唐之后，涧水、瀍水恢复南流的"禹贡故道"，随后沿袭至今。

西周初年营建雒邑，《尚书·洛诰》记载了周公卜定的西周王都的空间位置。《尚书·洛诰》记载说："予惟乙卯，朝至于洛师。我卜河朔黎水，我乃卜涧水东、瀍水西，惟洛，食。我又卜瀍水东，亦惟洛，食。"《逸周书·作雒解》也记载："及将致政，乃作大邑成周于中土。……南系于洛水，北因于郏山，以为天下之大凑。"新建的西周都城大邑成周位于涧水、瀍水的近旁，同时又靠近洛水北岸。所言的涧水、瀍水即今涧河、瀍河，后世的历史文献对它们的记载传承有序、绵延不绝，古今地理位置没有变化。当时的涧水、瀍水是南北向流入洛河的，故此占卜方能东西方向实施。50年代以来洛阳发现的西周早期遗址，集中分布在瀍河入洛河处的两岸以及涧河以东的地方，有贵族墓地、铸铜遗址、祭祀遗址等，越来越多的学者支持此即西周成周城遗址[①]。遗址的存在也印证了文献所记的瀍水、涧水的大致方位和流向。

近期有一项关于"全新世洛阳盆地的水系变迁"的自然科学研究。这项研究借用陆地卫星相片解译出古河道位置，利用历史文献和考古资料验证解译结果的正确性，并根据这些资料确定古河道的年代。研究表明，涧河、瀍河两岸的新石器时代遗址分布密度较高且保存较好，说明此时二河位置比较固定；西周时期涧河河道流行于现在的河谷位置处，北段位置基本稳定，没有大的改道。只在今中州路以南，河谷位置偏于现代涧河的西侧约100米，形成下部的含砾砂黏土沉积。灵王时由于人为改道，涧河在王城西至入河口一段成为干河谷。瀍河在这一时期内基本上在现代河道位置处流动[②]。据此也说明现代涧河、瀍河的河流位置和西周时期涧水、瀍水的位置大体相同。

叶万松等先生较早地提出西周雒邑成周位于瀍河两岸，但是对于涧河原始河道的位置和流向有自己的看法，他们认为："现今五女冢（王城西北）以下涧河河床很有可能是灵王二十二年以后逐渐冲刷而形成的，这段南注入洛的涧水在西周之时是不存在的。""西周之时涧水和谷水合流之后，径流东去与瀍水交汇、经千金碣与谷水汇流，最后流经今汉魏故城一带并注入洛河。"他们认为西周时期的涧河是东西流动的，这是最初的河道，而涧河向南注入洛的河道后来是东周时期冲刷形成的，时间为晚。他们的观点和上述自然科学对洛阳盆地古河道的研究不一致。除此，我们和叶万松等先生的主要分歧还在于，涧、谷水东进并至今汉魏故城一带的时间是西周还是东周，东进涧、谷水的河道是自然河流还是人工渠道（下详）。由于文献记载召公卜宅的"涧水"是南北流动的，所以他们又认为占卜之水不是东向的涧河而是史家沟涧水。"今老城北史家沟涧水便是西周初年召公来洛卜宅时所指的涧水。"其主要依据是东陡沟以东（史家沟以

---

① 蔡运章、俞凉亘：《西周成周城的结构布局及其相关问题》，《中原文物》2016年第1期；蔡运章、俞凉亘、蔡梦珂：《西周成周城的形制规模考辨》，《洛阳考古》2014年第4期。
② 张本昀、吴国玺：《全新世洛阳盆地的水系变迁研究》，《信阳师范学院学报（自然科学版）》，2006年第4期（河南省自然科学基金资助项目(0511020500)，河南省教育厅自然科学基金资助项目(200510480006)，河南省高校青年骨干教师资助项目(2005-182)）；许天申：《洛阳盆地古河道变迁初步研究》，《河南博物院落成暨河南省博物馆建馆70周年纪念论文集》，中州古籍出版社，1998年。

西）十华里之内未见任何时代的遗址①。史家沟涧水处于邙山和洛河北第三阶地的交汇处，是邙山上一条丘陵地带的冲沟，位置过高、距离洛河较远，距洛河的直线距离约2.5千米。据西周时期的文献记载，西周雒邑成周临近洛河，所谓"南系于洛水"（《逸周书·作雒解》），"太保乃以庶殷攻位于洛汭"（《尚书·召诰》）。今在瀍河两岸发现的西周早期遗址的主体位置靠南，距离洛河较近。史家沟涧水作为西周初年卜宅的"涧水"是有问题的。

西周成周城遗址位于瀍河两岸，虽有重要的考古发现，但是相关区域内属于这个时期的城市用水遗迹未见诸资料报道。东周平王避戎寇迁居雒邑，建王城于西周成周城故址的近旁，两座城邑相距不远。东周王城的建设理念延续西周的传统，构建都城于自然的两河交汇处，既有利于城邑的供排水又利于防卫。而王城内外的水道、沟渠在考古工作上则有较多发现。

二、东周王城对于涧水、谷水的改造和利用

涧水、谷水是与东周王城关系最为密切的二条河流，文献对它们的记载极其繁杂。《尚书·禹贡》《尚书·洛诰》中只有涧水而无谷水。谷水较早地出现在《山海经》《国语》之中。《山海经》《国语》一般认为文本形成于战国至西汉时期，《山海经》的内容可能会更早。《山海经》中既有涧水又有谷水。《国语·周语》所述"灵王二十二年，谷、洛斗，将毁王宫"，②则只有谷水而无涧水。

今人最易混淆涧水和谷水之间的关系，认为谷水即涧水，涧水即谷水，二者异名实同，均是指今洛阳涧河。实际上是完全错误的。《水经》记载：谷水出宏农黾池县南墦冢林、谷阳谷。涧水出新安县南白石山。《水经注·谷水》记载，谷水过汉函谷关，涧水注之。据此似乎可以理解为二水是一水，表面看是出源远近和分支流的关系。谷水源长是主流，涧水是其支流。但是，战国秦汉甚至更早的古人观念与此不同，他们认为涧水、谷水实际是两条河流。《汉书·地理志》中涧水、谷水分列弘农郡新安、渑池条下；汉桑钦的《水经》、北魏郦道元的《水经注》所记的涧水、谷水分列不同的卷，是其证明。今涧河发源于河南陕县（今三门峡市陕州区）观音堂，在洛阳市区瞿家屯流入洛河。古谷水大致对应王城遗址以西的涧河，从王城西北开始谷水与涧水分离，独自东流，因此王城北、东仍有一段水道也是古谷水。古涧水上源是今涧河的支流磁涧河，从函谷关东开始汇入谷水，从上源白石山一直到今涧河入洛河口的水流均对应古涧水。可以看出古谷水、古涧水从函谷关东到王城西之间有一段河道的重叠。除此之外他们的流向根本不同。

《水经注·谷水》记载，谷水过汉函谷关，涧水注之，"自下通谓之涧水，为谷水之

---

① 叶万松、张剑、李德方：《西周洛邑城址考》，《华夏考古》1991年第2期。
② （战国）左丘明：《国语》，上海古籍出版社，2008年。

兼称焉。故《尚书》《禹贡》曰：伊、洛、瀍、涧既入于河，而无谷水之目，是名亦通称矣"①。谷水、涧水汇合之后，合流水经东周王城城西的郏鄏陌。此地今在王城遗址以西，这里黄土深厚，上游河道与入洛河口之间的高差巨大，河床下切严重，河道呈现出蜿蜒曲折的自然峡谷状。《洛阳涧滨东周城址发掘报告》附图一，记录了在今王城公园处有一个点测，河床海拔 142.00 米，近旁河岸台地海拔 155.50 米，二地高差 13.5 米②。涧河许多地段河岸和河床的高差实际上远过于此。《说文》："涧，山夹水也"，涧谷合流之后被通称涧水正基于此。谷水因此得涧水之兼称，涧水成了谷水、涧水合流地段的通称。

涧、谷合流水行至河南王城西北，有堰三堤进行了分流：一部在王城西，沿原有的自然河道继续向南流，行禹贡道（即今涧河河道）。依旧是在峡谷中流动，文献继续称之为涧水，即《水经》所谓涧水"东南入于洛"者。东周之后此河道时而无水因称"死谷""涧水故渎"。另一部在王城北，沿王城北垣向东流，至城东后转向南流，注入洛河。这部东出的水流脱离峡谷，呈现的是地面水流形态，文献称之为谷水。即《水经》所谓谷水"又东过河南县北（郦注谓河南王城北），东南入于洛"者。通览文献王城之北东进的水流只称谷水，再无涧水之名，而南向的另外一部水流通常称涧水，间或偶称谷水。从王城西北开始，河流的性质发生了根本性的变化。东进过王城北的水流，实为一条人工开凿的水道，历史文献沿用了此前自然河流的称谓。直到汉魏故城一线均是此水。它或为城壕，或为输水渠道，或为城市供排水渠。直到隋唐时期这条东进的人工水道依旧被文献称为谷水③。《河南志》记载："自苑内分谷水东流，至城之西南隅（隋唐城）入洛水"当此。正因为沿用了自然水名，使后世产生诸多误解，掩盖了其本来面目和真实的价值（图1）。

综合历史文献的记载，东周王城的西面是涧水（今涧河），东面是瀍水，北面是谷水，南面是洛水。20 世纪 50 年代在涧河之滨发现了一座 10 余平方千米的大型东周城址，其空间位置与文献记载东周都邑王城符合，又据遗址的规模、年代、内涵，可以确定此为东周时期的都城王城遗址。东周王城是利用水的技术异常娴熟的一座古代城址，代表了当时城市建设已经达到了一个新高度。

东周王城城址西面是涧河，已经发现的西面垣墙北段沿涧河河道曲折行进。西面垣墙的形态反证，西侧的涧河河道在春秋中期之前即营建东周王城时已经存在，而蜿蜒曲折的形态正说明这是一条自然河道；南面垣墙临近洛水，其东段被后世东北流向的洛水冲毁，只保留西段一部。北面垣墙外有一条"干枯的渠道"，几乎和北面垣墙平行。50 年代调查、发掘东周王城时，干渠就暴露在地面之上。《洛阳涧滨东周城址发掘报告》称"干渠下层发现有似城外城壕的堆积，壕中有的地方已被近代挖水渠破坏，其堆

---

① 杨守敬、熊会贞疏，段熙仲点校，陈桥驿复校：《水经注疏》，江苏古籍出版社，1989 年。
② 考古研究所洛阳发掘队：《洛阳涧滨东周城址发掘报告》，《考古学报》1959 年第 2 期。
③ 隋唐建都洛阳，这条渠道仍然发挥着特殊的作用，历史文献仍称之为谷水。见《大唐六典》《河南志》《两京城坊考》。此谷水一支自王城北东流至隋唐城的陶光园、九州池；一支在王城东垣和隋唐城西垣之间，南流入上阳宫。

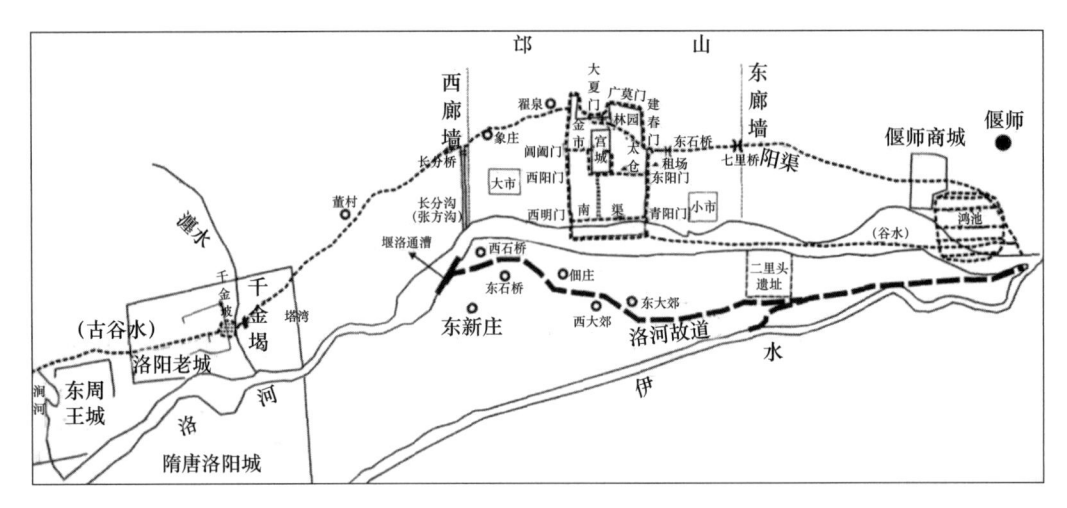

图 1　谷水流经示意图

（采自田莹硕士论文《隋唐洛阳水环境与城市发展的互动关系研究》图 1-12。原图来自：段鹏琦：《汉魏洛阳与自然河流的开发和利用》，《庆祝苏秉琦先生考古五十五年论文》，文物出版社，1989 年）

积最下一层的出土物皆早于唐代"[1]。50 年代以后又在干渠之上以及向东的延长线上陆续调查、发掘发现了多处埋藏在地下的河道遗迹。2018 年又发现通往瀍河的水口。这些地点可以连通在一起，是一处完整的一体的河道遗址，东西大致呈一条直线并可直通瀍河。发掘证实河道的年代早于汉代[2]。王城北到邙山一带目前没有发现其他的大型水道，因此这就是文献记载的王城之北东出的谷水。80～100 米的宽度很容易被误解，但是这种直线的水道绝非自然生成的而是一种人力所为。自然河道受地球自转偏心力以及地形、地势的影响，是无法直线流动的。从考古发掘情况看，其堆积主要是包含人类活动遗物的淤泥，无自然的河相堆积。所以它首先是东周王城的城壕或者引水入王城的沟渠，其次才是被后世改造的穿引谷水东进的河道。王城东面垣墙外侧也有一条沟渠，亦和东面垣墙平行，发掘者称之为"壕沟"。这条壕沟应和北面的干渠连通，由北面的干渠提供水源，壕沟内的水流由北向南汇入洛河。东面垣墙的内侧发现了另一条河道，南北向亦和城垣平行，最早起于汉代，唐代仍然使用。表明汉代和隋唐时期东进谷水及其分支仍在王城的东部被继续使用[3]。

北面干渠、东面的壕沟与城垣相互平行，构成一个完整的人工体系，其建筑年代应和城垣的始建年代同时或者稍晚，即《洛阳涧滨东周城址发掘报告》所提供的城垣的建筑年代在春秋中期前后。作为整个引水系统的源头，王城西北角人工实施的"堰三堤"

---

[1] 考古研究所洛阳发掘队：《洛阳涧滨东周城址发掘报告》，《考古学报》1959 年第 2 期。
[2] 洛阳市文物考古研究院：《近年来隋唐洛阳城水系考古勘探发掘简报》，《洛阳考古》2016 年第 3 期。发掘地点为中储股份 801 仓库办公楼工地。王炬：《谷水与洛阳诸城址的关系初探》，《考古》2011 年第 10 期。河道发现的地点分别是德众、中储、北关、九龙台。
[3] 郑州大学历史学院、洛阳市文物队：《洛阳东周王城东城墙遗址 2004 年度发掘简报》，《文物》2008 年第 8 期。

(《水经注》)用于抬高水位引涧、谷合流水脱离峡谷，堤堰的始建筑年代亦不应晚于上述干渠、壕沟的始建年代。许多学者误解了东进谷水水道的人工性质和晚期文献的时代局限，以自然河道为认知基点，认为"当王城营造之时，谷水正是东流入瀍的，所以营造者就把东去的谷水用做天然的护城河"[①]。"东周王城充分利用了河道的形势……北、西两城墙的走向明显受到河道走向的制约。"[②] 城垣和干渠之间的年代关系因此脱变成干渠早而城垣晚。这一观点忽视另外一种更大的可能，即同期产生了城垣和干渠，而随后干渠演变成东进的河道又被长期沿用（图2）。

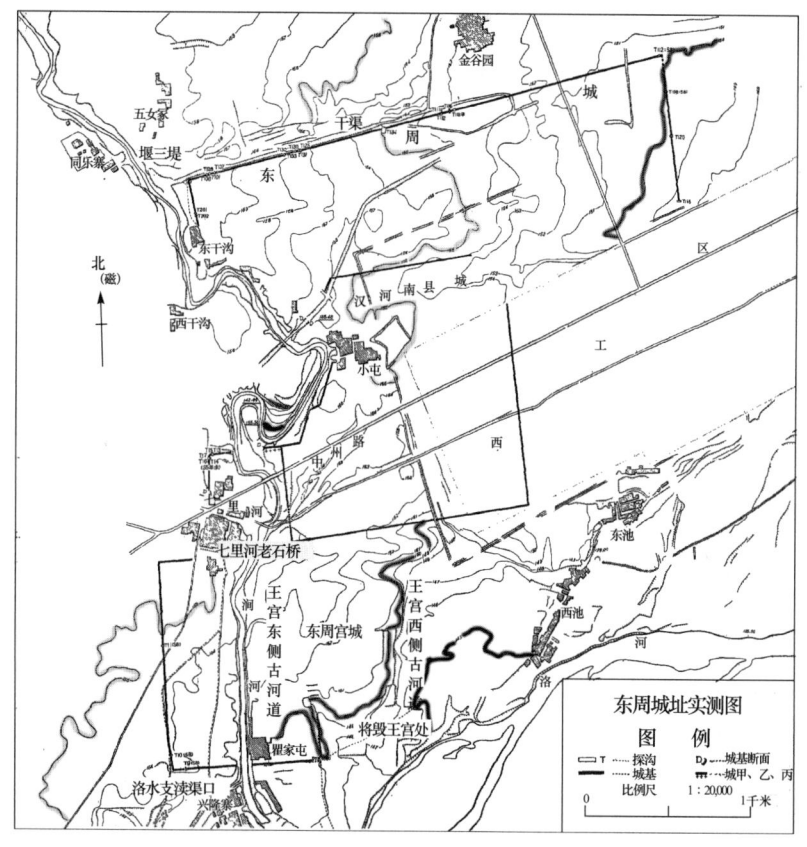

图2 东周王城遗址

（底图选自《洛阳涧滨东周城址发掘报告》，《考古学报》1959年第2期）

除了城垣四周的水系，东周王城内部也存在着密集的河道和沟渠。相关的考古发现非常丰富，河道和沟渠主要集中在宫殿区附近。东周王城的宫殿区位于王城遗址的西南部。一般认为春秋时期宫殿区北起行署路，南至瞿家屯村东周王城的南城墙，东起王城

---

① 孔祥勇：《北魏洛阳的城市水利》，《中原文物》1988年第4期。
② 王炬：《谷水与洛阳诸城址的关系初探》，《考古》2011年第10期。

大道，西至涧河；战国时期，宫殿区的范围有所缩小，分成东西两个部分[①]。东周宫殿区的北部有壕沟，东部、西部有古河道，再往西是涧河。东、西部的古河道宽度均超过100米，规模相当可观（图3）。两条古河道尚无考古资料证实其性质，但是以其功用为计，人工开凿或者人工改造旧有河道的可能性最大。由于涧、谷合流水在进入郏鄏陌之后一直行进在峡谷之中，城内河边的台地远远高于河床，其水源很难被直接利用。除了文献记载的"堰三堤"之外，王城近旁尚无其他水利设施的记载。因此上述河道、壕沟、沟渠的水源很可能来自王城北面垣墙之北的东进谷水。古人利用王城北高南低的地势，引东进谷水从北面流入上述河道、壕沟，然后再流回涧河、洛河，形成一个完整的城市供排水体系。其后的汉魏洛阳城与东周王城的地势特点和利用水的模式极其相似，均由城的西北凿渠绕城，然后自流到城内各处。汉魏洛阳城的前身是东周成周城，其间可能存在着某种联系，即东周成周城水的建设或是以东周王城为样板。

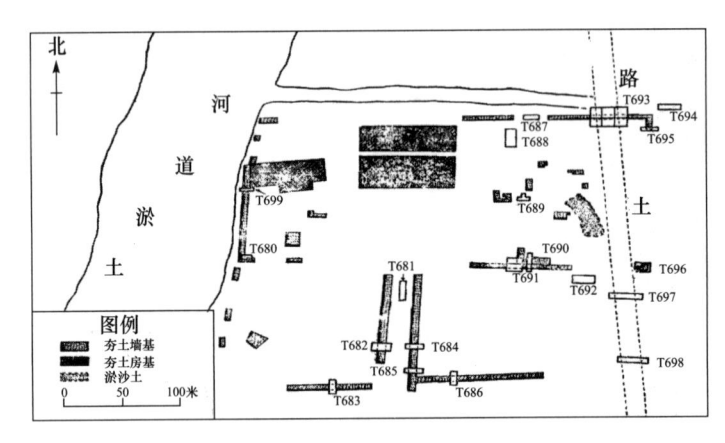

图 3　东周王城宫殿区
（选自《洛阳发掘报告》，北京燕山出版社，1989年）

三、"谷、洛斗，将毁王宫"和东周王城的内水道

《国语》记述了一个重要的历史事件"灵王二十二年，谷、洛斗，将毁王宫"事件。灵王二十二年即鲁襄公二十四年（公元前549年），这一年《左传》也记载："齐人城郏，穆叔如周聘，且贺城。"杜预注："郏，王城也。于是谷、洛斗，毁王宫。齐叛晋，欲求媚于天子，故为王城之。""齐人城郏"和"谷洛斗、将毁王宫"高度关联，"齐人城郏"是为了修复被"谷洛斗、将毁王宫"造成的对王都的毁坏，其意是齐人筑城的地方在郏，而郏地有周王的王都。王宫在谷、洛的交汇处，则王都也在近旁。《左传》《国语》参证构成了东周王城准确的空间概念，类似记载又是以王城周边的河道为参照的，其意义非凡。

[①] 徐昭峰：《试论东周王城的城市用水系统》，《中原文物》2014年第1期。

古人对"谷、洛斗，将毁王宫"事件有过激烈的论辩，现代学者亦如此。古今学者争论的主要焦点集中在涧水水道（南派谷水）和东进的谷水水道，谁是最初的故道[①]。三国韦昭的《国语》注对后世影响甚重，他说："谷、洛，二水名也。洛在王城之南，谷在王城之北，东入于瀍。斗者，两水激，有似于斗也。"既然谷水在王城北，何缘与城南的洛水相激？韦注解释说："至灵王时，谷水盛，出于王城之西，而南流合于洛水，毁王城西南，将及王宫，故齐人城郏也。"韦注失察，但后世不明多以此为据，认为王城北之东流的谷水是旧有的故道，而城西的涧水水道（南派谷水）后出。今人又据此进一步认为东出谷水在东周建王城之前乃至于西周时期已经存在。而王城西侧南流的谷水是周灵王二十二年洪水逐渐冲刷出来的[②]。熊会贞在《水经注疏》洛水注、谷水注中分别作长注，依据事实进行了澄清，他说："谷水出王城之西，而南合于洛水者，其故道也。"

　　除了王城西侧南流的涧河河道（南派谷水）是周灵王二十二年洪水冲刷出来的这一说之外，近期还有"洛水支渎说"。徐昭峰先生在一文中否定了王城西侧河道"洪水冲刷说"，认为"'谷、洛斗，将毁王宫'事件发生之前王城西侧即存在一条河道"，这条河道就是60年代发现的，"北起七里河村老石桥的东面，东行一段以后南转，一直南下入洛河"，"应该就是古涧河河道的一段"。认为"这条河道（指洛水支渎）自南向北从东周王城春秋时期的王宫西侧北注入谷水（指东出谷水），当是与其时的王宫用水有关"，"谷水与洛水暴涨，谷水所在地势较高而倒流入洛水枝渎"[③]。他的另一文中继续否认"洪水冲刷说"，又认为"涧河故道应是稍早的洛水枝渎，它在东周王城宫城的西侧北流入谷水"，"之前王城西有洛水枝渎的存在，才会在谷水暴涨时倒灌而形成水患"[④]。采用类似的说法还有方孝廉先生[⑤]。倘若是同一条河道何缘此前由南向北流，而此后由北向南流？洛水支渎何以穿越涧河到达宫城的西侧？谷水既倒灌到洛水支渎又何以接着倒灌到洛河，进而冲毁王宫？颠覆河道流向显然有悖于常理。他们虽然否定了"洪水冲刷"说，但是混淆了王城西侧涧水故道、洛水支渎、宫殿区西侧古河道3条河道不同的位置关系，将三者合而为一。

　　前述王城西侧涧水故道，即禹贡故道，是谷水、涧水在函谷关东合流之后，流经古郏鄏陌，最后南流入洛河的水道。是涧水的自然河道，行进在峡谷中。西周之前已经存在，即今涧河河道。50年代发现的春秋时期宫城区西侧的古河道，位于涧河的东侧、

[①] 古人对"谷、洛斗，将毁王宫"事件有论述，包括三国韦昭的《国语》注、郭缘生《述征记》、北魏郦道元的《水经注》、清代胡渭的《禹贡锥指》。民国的《水经注疏》熊会贞在洛水"又东北过河南县南"下，谷水"又东过河南县北，东南入于洛"下分别长注。
[②] 叶万松、张剑、李德方：《西周洛邑城址考》，《华夏考古》1991年第2期。
[③] 徐昭峰：《"谷洛斗、将毁王宫"事件的考古学观察》，《中原文物》2007年第4期。
[④] 徐昭峰：《试论东周王城的城市用水系统》，《中原文物》2014年第1期。
[⑤] 方孝廉：《洛阳东周王城城址相关问题研究》，《方孝廉考古文集》，中州古籍出版社，2014年。

宫城区西侧，即七里河老石桥东南的古河道，是一条地面水流，其年代是春秋时期[①]。洛水支渎位于涧水的西南侧，它在今宜阳县寻村乡引洛水，沿洛河北岸行进，流经三山、历乡、郏鄏陌，最后在王城西南注入涧水（南派谷水）。洛水支渎我们曾经做过考古调查，应是战国时期开凿的一条宽约100米的人工渠道，其年代并不早于东周王城的建造[②]。50年代的地形图记录了兴隆寨村北有一条小支流入涧河的渠口，此当支渎入涧的遗迹。由于高差的原因，从海拔135米上行到155米，洛水支渎断不能从洛河谷地上溯至王城西北，而应在涧河的下游注入涧河。文献所记的洛水支渎注入之谷水，当解为南派谷水（涧河），而非王城西北之东进谷水。洛水支渎穿越涧河并上行至王城西北与东进谷水对接，是对《水经注》的误解。

"谷、洛斗，将毁王宫"事件中更加关键的问题是，究竟哪条水道将毁王宫，以及将要摧毁王宫的位置？一般认为"谷、洛斗"的"谷"就是南派谷水，即涧、谷合流后南流入洛的水流，即今涧河。"谷、洛斗"就是"涧、洛斗"，洛水与涧水相激，将毁王宫的地点在洛水与涧水交汇处。当时涧水之名存在，河道也存在，既如此文献何以不记载成"涧、洛斗"？此"谷水"当另有深意，绝非是指涧水。东周王宫在王城遗址的西南部，此时的洛河在东周王城西南城垣以南1000米之外流动，而涧河又行进在峡谷之中，涧河入洛时的海拔只有135米。二水相激何以能跨越1000米，而毁坏位于海拔150米台地之上的东周王宫？况且洪水过后王城西南的原有的老城垣却安然无恙，又如何解释？因此此谷水不能理解为涧水，其很有可能是指沿北垣东进的谷水的南流分支，即宫城区东、西两侧的经人工改造的处于地表水流状态的古河道。它们靠近宫城区对宫殿的威胁更大。洛水在王城遗址的西南角，由西南向东北流，距王宫区东侧今王城大道附近南北向的古河道最近。这里地势最低，海拔只有145米，今王城大道和九都路交叉口附近至今仍然保留了大面积的低洼区域，其东侧是东、西下池，是洛阳历史上著名的洼地。此当"谷、洛斗，将毁王宫"的真实地点。谷洛水冲毁了这里，并造成了宫城东南部和王城南垣东段的毁坏。《水经注》引《述征记》所谓："今城（王城）之东南缺千步，世又谓之谷、洛斗处"，得其实（见图2）。

谷水的分支亦可以称谷水，汉魏文献中有实例，例如《水经注》。《国语》告诉我们此种文献习惯可上溯至东周。而此后隋唐时期的文献也未例外。《唐六典》记载上阳宫时说"西拒谷水"，50年代曾在今涧河两岸寻找唐上阳宫，没有发现遗迹，不得其实。《唐六典》等文献所记的唐代谷水当指东进谷水的南流的一个分支，其位于王城的东侧、隋唐城的西侧。隋唐皇城西南角唐上阳宫遗址的发现证明了此文献记载的正确性[③]。

[①] 中国社会科学院考古研究所：《洛阳发掘报告》，北京燕山出版社，1989年。"河道北起七里河村老石桥的东面，东行一段以后南转，一直南下入洛河。"
[②] 洛阳市考古研究院存资料。
[③] 中国社会科学院考古研究所洛阳唐城队：《洛阳唐东都上阳宫园林遗址发掘简报》，《考古》1998年第2期；姜波：《唐东都上阳宫考》，《考古》1998年第2期；王炬：《唐东都上阳宫问题再探讨》，《洛阳考古》2017年第3期。

四、谷水再东进与东周成周城的崛起

"谷、洛斗，将毁王宫"事件之后，《国语》记载"王欲壅之，太子晋谏曰：不可"，灵王不听劝谏壅塞了河道。当时壅塞的地点、程度，文献均无详细的记载，因此不能确定壅谷与涧水死谷的形成构成直接的因果关系。倘若"谷洛斗"的地点不在涧水水道上，则壅谷的地点也当不在涧水水道上，如此则涧水死谷的形成另有原因。熊会贞推测"至颖容所云死谷盖但记一时暴水之故迹"。《水经注》未直言，不过把几个事件放在一起叙述，暗示灵王壅谷的地点在王城西北。《水经注》记载"王将堨之，太子晋谏，王不听。遗堰三堤尚存"。灵王若用"堰"的办法来解决未免小题大做。堰，今俗称漫水坝，是古代一种复杂的水利设施。壅谷无需用堰，土石方即可直接解决问题，因此王城西北的"遗堰三堤"当与灵王壅谷无关。前文我们推测此堰应在春秋中期筑王城时已经存在，则更与灵王无关。

韦昭《国语》注："洛在王城之南，谷在王城之北，东入于瀍。"谷水在王城北而东流入瀍，是三国人所述的东周时的状态。传统的观点是，谷洛斗、将毁王宫事件之后，涧水水道被堵塞，谷水挟全部涧水汇入瀍水，所谓"壅谷入瀍"，南流的涧水河床无水，只遗留了故道。考古发现的王城北直线一体的东进谷水水道，也是直通瀍河的。东周修筑王城时，引谷水走城北，势必会引水流入东侧的瀍河。从泄洪和防止过多的水进入王城来看，应该是合理的；仅仅利用王城东垣东侧宽约20米的壕沟来为宽约百米的水道泄洪是远远不够的。因此推知谷水汇入到瀍河的年代很可能早到春秋中期前后。只不过当涧水"死谷"生成之时，全部的谷水、涧水一起东出流入瀍水。

周灵王之后，周景王二十五年（公元前520年）发生了王子朝之乱，周敬王逃往王城东郊的狄泉。敬王四年内乱暂时平定，王子朝奔楚，子朝的余党占据王城。周敬王为避乱，合诸侯之力在狄泉筑城，形成了一个与东周王城相对应的新的政治中心，后世称为东周成周城。战国开始称东周王城为河南，称东周成周城为洛阳，又称东西两周，并为东周的二京[①]。考古发现今汉魏故城的中部覆压一个西周中晚期的旧城，春秋晚期在这座旧城基础上向北扩展，扩展部分加上原有的旧城被认为构成了成周新城。成周新城扩建的原因：一是旧城规模太小，无法受王都，只有4.8平方千米的旧城，与10余平方千米的东周王城相比差强人意；二是当地没有足够水源，需要将城北的狄泉包纳在内。

东周成周城（汉魏洛阳故城）所在地的东部，是选择单一河流为水源的夏商都城区。夏商都城区位于洛河下游地势低平，这里没有大型的洛河分支流，没有明确的资料证明取水的路径，目前看城市用水只能依靠洛河和周边的小支流。成周城情况有所不同，它位于邙山、洛河间的二级阶地，距离洛河偏远，地势偏高。除洛河之外周边没有其他水源，当地的洛河河床的海拔是120米以下，成周城中部海拔125，北部海拔130

---

① 严辉：《洛阳盆地两个地理观念与成周雒邑考古疏证》，《中原文物》2020年第5期。

米。高差很大，洛河的水很难被直接从南向北引入城内。没有合适的水源，因此此地无法构建大型都邑。成周新城的营建事出偶然，没有经过重新规划和选址，只是利用西周晚期一个不大的旧城加以扩建而成。因此城市供水问题是一个巨大的难题，即便扩建之后包纳了狄泉也无法解决根本问题。而此时城址的上游以西约12千米的地方谷水已经到达瀍河，水流稳定充沛，将其引入城中成了最佳的选择。

此前的东周王城已经具备了先进的都城建设理念，城市供排水活动付诸了长期的实践，引大河的支流自流进入王城，或为城壕，或为供水渠。这种用水观念和实践活动都成为成周新城可资借鉴之处。与此同时，长距离输水技术业已出现并成熟起来。古人可以从大河的上游开渠引水，利用上下游的高差将水引到下游一定海拔高度的地方，同时借用堰的办法跨越不同的小支流，然后用于自流灌溉和城市供水。东周王畿内最著名的引水工程有东进谷水、洛水枝渎、伊水枝津和伊水枝渠等四条。根据《水经注》的记载这些河渠多有类似"周启""周公制之"的说法。尽管"周公制之"缺乏早期文献的支持，但是至迟在战国时期这种大型的远距离输水的人工渠道的实例已经出现。《水经注》言及伊水枝津时，引用了《战国策·东周策》的记载说："东周欲为稻，西周不下水"，道元指出"即是水（伊水枝津）之故渠也"。《水经注》所记的"周启"的洛水支渎，我们做过调查发掘，经过发掘确认是一条人工渠道。渠宽约百米，从引洛河的渠口到入涧河的水口，输水的直线距离长达36千米。相关的技术、实例以及需求都已产生，因此推知古人再次引谷水东进，穿越瀍河首次到达汉魏故城地的时间应该很早。其与成周新城的构筑紧密相关，大致在春秋晚期到战国时期。文献记载后世亦有从瀍河引水的活动，当与反复引水有关，不能因此否认东周的首创。谷水东进至下洛之阳，满足了成周新城作为都城的必要条件，这也是其后的秦、西汉、东汉放弃东周王城（河南），进而选择成周新城（洛阳）为大都邑的最基础的因素。

五、谷水继续东进与汉魏洛阳城堰洛通漕

谷、涧、瀍合流水以谷水为名跨越瀍河，继续凿渠东进，当在春秋晚期或者战国初期到达成周新城（汉魏洛阳地）。2021年我们在瀍河以东史家湾中原轨道产业园区工地内，发现早于汉代的东西向的大型输水渠道可能正是此渠[①]。除作者持有的这个观点之外，尚有两种传统的观点：其一，谷水在西周时期时已经到达洛阳地，其与周公营建下都成周城相关。主要依据较晚的文献所载的阳渠为"周公制之"。目前看周公营建西周雒邑只是一地一邑，其位置在瀍河两岸，汉魏洛阳地出现成周下都的时间是春秋晚期之后的事情，与周公无关。因此谷水东进至洛阳地的时间不能早到西周。其二，东汉王朝建都洛阳，从瀍河引谷水东进到达汉魏洛阳城。这一观点普遍被接受，但是仍有问题。

---

① 洛阳市考古研究院存资料。

东汉时期的凿渠活动见于《后汉纪》《后汉书》等文献。《后汉纪·光武皇帝纪》记载："初，梁为河南尹，穿渠引谷水，以注洛阳城下。渠成而不流，有司奏劾梁。"《后汉书·王梁》的记载类似：建武五年"代欧阳歙为河南尹。梁穿渠引谷水注洛阳城下，东泻巩川，及渠成而水不流"。这两段文字提供了一些重要的信息。其一，王梁穿渠引的是谷水。至于引何处的谷水的文献并未直言，这是后世极易造成误读的地方。通常最可能的地点有三：王城、瀍河（千金堨）、洛阳（建春门），因此有王城西南（今中州渠首）引水说、瀍河引水说以及作者持有的洛阳建春门引水说。谷水此前已经到达瀍河，则不必重新凿渠从王城引水再到瀍河，所以王城西南引水说难以成立。千金堨虽有"王、张故绩"，但是仍不足以说明王、张引谷水的地点就在千金堨，东汉维修固有渠道的可能性依旧存在。其二，凿渠水注洛阳城下。汉魏洛阳城北高南低、西高东低，"上"当城北、城西，"下"是城南和城东。"注洛阳城下"或指凿渠流动在城东、城南，抑或指目的地在城东、城南。其三，"东泻巩川"。巩地在洛阳城东，明示凿渠的位置在城东。王梁凿渠渠成而水不流，原因是谷水的补给不足，并不是通常认为的那样是引水技术的问题，对照随后张纯的做法就清楚了。

建武二十四年张纯再次引水。《后汉书·张纯传》记载："明年，上穿阳渠，引洛水为漕，百姓得其利。"当时的洛水在汉魏洛阳城的南部四、五里处，引洛水的位置必在洛阳城的南部，不可能远离洛城太远，否则没有意义。引洛水的目的是"为漕"，势必引水东去与下游的黄河相连，那么水渠的位置又当在城东部。故此张纯凿渠的位置，也既在城南又在城东，先上游的城南，后下游的城东，由城南绕到城东。二者之间需要有一段连接的渠道。"上穿阳渠，引洛水为漕"是一件完整的事件，当解为"引洛水上穿阳渠为漕"，其意为引洛水向北到达阳渠为漕。这段"上穿"的引水渠道正是连接城南、城东的渠道。它是向上、向北的逆向水流，故称上穿。堰洛后洛水补给甚大，所以顺利实现引水。

阳渠的位置成了问题的关键，阳渠何在？《水经注》《洛阳伽蓝记》等文献均称"建春门东去之水"为阳渠。其称谓与城西、城北、城内水流有明确的区别。《水经注》叙环城水流时皆称谷水，而只有阊阖门外一处称阳渠，是言阳渠和谷水为一系，并无他意。陆机《洛阳记》、刘澄之《永初记》、戴延之《西征记》所谓城四面之水皆为阳渠的说法，混同阳渠与谷水之间关系均不可采信。《水经注》将东汉王梁、张纯凿渠之事，记录在建春门东去之水的名下，无疑是有所指的。此建春门东去之水即《后汉书·张纯传》所记的引洛水通往之阳渠，并有可能是此前王梁所凿之渠。阳渠在建春门外连接的是环城谷水，那么王梁、张纯凿渠引谷水的地点就应该是洛阳建春门，而非他处。

王梁从建春门引绕城的谷水向东，水不流；张纯从洛城南引洛水过洛城东南，再向北到建春门为补给，渠成。除此《水经注》记载了洛城东南隅的另有一条东出之"谷水正枝"与引洛上穿的渠道交汇，"谷水正枝"很可能是更早的环城谷水的泄洪渠道。经东汉改造继续成为泄洪道或为另一条漕运水道。三条渠道相互交织构成一个完整的体系，当出自东汉。东汉王梁、张纯凿渠地点即在洛阳城东、城南，在洛阳城东建春门引谷水东出，在城南引洛水上行至建春门为补给。其前提是环城谷水此前已经存在，即谷水先期已经由瀍河到达了洛城的周围方能实施，否则无法实现在建春门外凿渠引谷水向东。既如此，环城水系到达洛阳城的时间应该要早于东汉。亦即为从瀍河出发到达洛阳故城西北、接着再环绕全城的这一段水流，当非东汉王梁、张纯所为。他们凿渠活动在城南、城东，与上述水流无涉。王梁、张纯开凿渠道的目的是为解决通槽和灌溉京都，并非为了解决洛阳的城市供水，这与更早时间的引合流水到洛阳城的目的有明显的区别。它们分明是性质、位置、开凿时间完全不同的两项工程。

考古调查、勘探已经发现了汉魏故城完整的水系。谷水从瀍河到达汉魏洛阳城西北，其分支流绕城流动。城北、城西和城东建春门以北的渠道宽18～28米[1]。城东建春门以南至洛河段，以及建春门东出的渠道在形制规模上，与上述渠道完全不同。城东建春门以南至洛河段，渠道宽59～64米，渠中心深为5.2米。渠底海拔113.67～113.68米，基本在同一水平上[2]。建春门外的东出的渠道，最宽处达100米，一般宽90米。其出外郭城后渠道仍宽度35～60米[3]。环城谷水和建春门东出、建春门以南的渠道之间形制规模的差别，代表其性质、用途乃至于年代的差别。就渠道的规模而言，单凭环城18～28米的渠水根本无法为建春门东出的百米之水提供有效的补给。引洛水增大流水量，这是张纯凿渠的动机和成功的根本原因。考古发现和文献相互参证，我们推测这两段渠道当为东汉开始新增的用于漕运的水道。城东南隅东出的谷水正支经过改造，有可能同样被用于漕运，只不过被后世北移的洛水重叠，今已经成为现代的洛河河道了，其情况无从得知（图4）。

谷水以洛河为补给跨越汉魏洛阳城继续东进，王梁、张纯凿渠为漕具有开创性质。其在洛城城南筑堰抬高洛水水位，引水沿洛城南垣、经城东南隅向北流入阳渠，接着再沿阳渠向东行进至鸿池陂；同时另一支在洛城东南隅东出（谷水正枝），也向东行至鸿池，二者形成环形的水路。其后二条水流合流注入洛河，然后再由洛河进入到黄河。建春门东出之阳渠，文献又称九曲渎，又名七里涧。考古发现其渠道规模最大，且临近太仓，当为东汉漕运的主渠道。魏晋以此为基础又开凿了新的运渠，西通至洛城东阳门，东达黄河。《水经注》记载："《河南十二县境簿》云：九曲渎在河南巩县西，西至洛阳。又按傅畅《晋书》云：都水使者陈狼（《读史方舆纪要》引作陈协）凿运渠，从洛口入，注九曲，至东阳门。"此运渠即《汉魏洛阳城东阳渠、鸿池陂考古勘察简报》中所记的"东段阳渠"[4]。至此从洛阳城至黄河的漕运全部实现了人工的开凿并得以贯通。

---

[1] 中国科学院考古研究所洛阳工作队：《汉魏洛阳城初步勘查》，《考古》1973年第4期。
[2] 洛阳市文物考古研究院：《洛阳汉唐漕运水系考古调查》，《洛阳考古》2016年第4期。
[3] 中国社会科学院考古研究所洛阳汉魏城工作队：《北魏洛阳外廓城和水道的勘查》，《考古》1993年第7期。
[4] 偃师市文物局：《汉魏洛阳城东阳渠、鸿池陂考古勘察简报》，《华夏考古》2011年第1期。

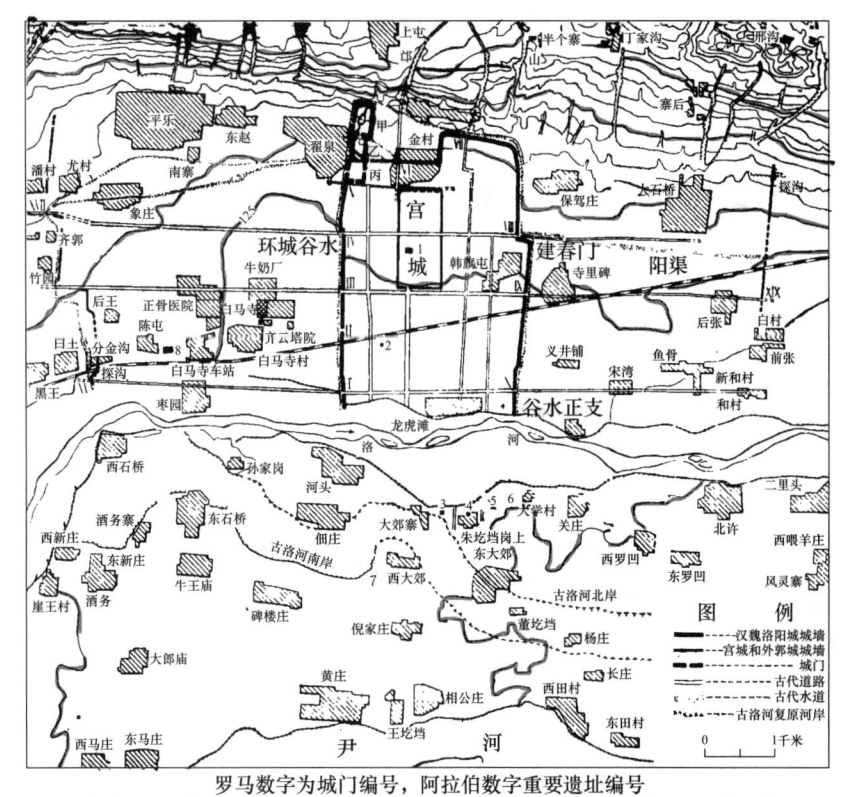

图 4 汉魏洛阳城遗址及地形图
（原图选自《北魏洛阳外廓城和水道的勘查》，《考古》1993 年第 7 期）

罗马数字为城门编号，阿拉伯数字重要遗址编号
1. 宫城 2. 永宁寺 3. 灵台 4. 明堂 5. 辟雍 6. 太学 7. 刑徒墓地 8. 东汉墓园

六、余　论

洛阳盆地的八座都城遗址在地理位置上可以分成东西两个区间：其一，东部的洛汭伊汭即下洛之阳，这里有夏商的都城二里头、偃师商城、东周成周城以及汉魏洛阳城；其二，西部的瀍涧之滨，有西周成周城、东周王城、隋唐东都城、宋金洛阳城。最初两地利用水的情况也不尽相同。夏商早期都城位于洛河下游，地势低平，周围无大的支流，当主要依靠洛水；西周成周城、东周王城构建都城于瀍涧之滨，地势高亢，开始利用洛河的支流瀍水、涧水。

西周营建都城雒邑成周于两河交汇处，这相对夏商都城来说是一种全新的建设模式。东周王城延续这种设计模式，依旧建都城于两河交汇之地，同时开始筑堰凿渠引水入城，城内、城外供排水系统相互贯通，城市用水的技术达到一个新高度；春秋晚期徙都下洛之阳，凿渠长距离输送水以供其用，弥补了当地水源的缺憾。充盈的涧谷瀍合流水到达了洛阳地，成为西汉、东汉、曹魏、西晋和北魏等王朝继续以此地为都的物质基础。隋代营建东都，再次回到水利条件优越的瀍涧之滨。隋唐城跨越洛水南北，展现了高超的驾驭自然的能力。在城的北部引谷水为洛北的宫城、皇城供水，同时瀍、涧水恢复禹贡故道；在城的西部西苑内围堰造海为漕渠做补给，"开通济渠，自西苑引谷、洛水达于河"；在城的南部引洛河、伊河水入里坊，为居民提供丰厚的水的供给。此后宋金陪都继续沿用隋唐旧制。随着隋唐移都，汉魏洛阳故城开始荒废。谷水不复东进，瀍河以东的谷水水道宋金之后淹没殆尽。

  洛阳的古代都城的营建、变迁与谷水的开凿关系最为紧密，《洛阳古今谈》所谓"与夫都城之东西变迁者，固无一而不与谷水息息攸关也"[①]。洛阳盆地内所有人工沟渠都无法与之相提并论，代表了洛阳都城建设的不断进步的历程。谷水凿渠东进在时间和空间上分成四个阶段：第一，春秋时期由王城西北到达瀍河；第二，战国初期从瀍河到下洛之阳；第三，东汉至魏晋南北朝从汉魏故城到达黄河；第四，隋唐时期覆盖宫城和皇城。

---

① 李健人：《洛阳古今谈》，民国二十四年十二月版。

台湾的考古学研究与南岛语族

臧振华

（台湾清华大学）

一、引　　言

台湾在南岛语族研究上的重要性，不仅在于目前拥有大约52万说南岛语的居民，同时也在于这些南岛语族的文化与台湾史前文化之间的可能连接。而这一连接，使得台湾被许多学者推认为有可能是南岛语族向东南亚岛屿和南太平洋扩散的源头之一。正是由于这个原因，台湾的考古学资料在南岛语族溯源问题上所扮演的角色，遂普遍受到研究南岛语族学者的关注。本文想利用为徐光冀先生祝贺耆寿的机会，概述台湾考古学的发展及其与南岛语族研究上的联结。

二、台湾考古学的发展架构

现代考古学的研究方法是日本据台之后所带进来的。关于日本学者所做的考古学研究，金关丈夫和国分直一将之分为三期：

第一期是从1896年国语学校教师栗野传之丞氏在台北市郊芝山岩采集石器开始，至1928年前台北帝国大学土俗人种学研究室成立为止，共22年。其间的考古工作，主要是环绕着圆山贝冢的发现而展开的。日本人类学家鸟居龙藏博士在调查了圆山贝冢后，对于这些遗物所属的人群，展现了高度的兴趣和关心。他在《东京人类学会杂志》13卷14号上所发表的《有关圆山贝冢的通信》一文，首先提出台湾石器时代遗物到底是谁所遗留，是不是马来人的遗留等疑问，成为最早论及台湾史前时代人类系统归属的一篇文章。

第二期是从1928年，前台北帝国大学土俗人种学教室创设开始，至1938年为止。在这十年中，台湾正式出现了有组织的考古发掘工作。这一期的台湾考古学研究，比较着重于资料的收集，现藏台湾大学人类学系的一些有关台湾考古的资料，即是在此一期间所搜集建立起来的。

第三期是从1939年以迄1945年日本战败。此期间，在台湾西部各地又陆续发现了许多重要的遗址，若干遗址出土的所谓"黑陶"和"彩陶"，促使学者开始注意台湾史前文化与大陆文化相关联的问题。在《台湾文化论丛》第一辑（1943）中，国分直一所发表的《有肩石斧、有段石斧与黑陶文化》，及金关丈夫所发表的《台湾先史时代受北方文化的影响》，即属有关这方面问题研究的两篇重要论文。

除此之外，1943年鹿野忠雄所发表《台湾先史代之文化层》，亦为这一时期的重要著作。他首先提出台湾史前文化是由绳纹陶、网纹陶、黑陶、有段石斧、原东山、巨石和菲律宾铁器等七个文化层所构成的假说。鹿野氏以为台湾史前文化的基底是中国大陆的文化，上述的绳纹陶、网纹陶、黑陶和有段石锛等文化层即代表此种文化曾数度波及台湾。其后，又受到中南半岛混有青铜器、铁器等金石并用文化的影响；最后，从菲律宾传入了铁器文化（金关丈夫、国分直一原著，陈奇禄、宋文薰译，1950）。

1949年国民党政府来到台湾，考古学在台湾的发展进入一个新的阶段，其间的发展大致分为四期：

第一期是从1949~1960年，一批中国考古学者于1949年随中央研究院历史语言研究所迁来台湾，使得战后濒临中断的考古学研究重新获得了生机。该所考古组主任李济博士，在台湾大学设立考古人类学系，接管前台北帝国大学土俗人种学研究室的遗产，得以立即开始培养台湾当地的考古人才，对尔后考古学在台湾的存续与发展，发挥了关键性的作用。这一期的考古工作，主要由石璋如教授所领导，最显著的成就在于：遗址层位的发现和确认及区域文化年代学的初步建立，为以后整个台湾史前文化年代学的建立，建立了良好的基础。

第二期的台湾考古工作是从1961~1970年，宋文薰和张光直在1964~1965年分别代表台湾大学考古人类学系与美国耶鲁大学人类学系进行了一个台湾史前史合作研究计划，其目的是要在台湾各地选择若干遗址进行调查和发掘，以获取更多有关台湾史前史的信息。这一时期中，另一项重要的考古贡献是旧石器文化的发现。1968年，由宋文薰和林朝棨领导的台湾大学考古队在台东县长滨乡八仙洞的海蚀洞穴中发现了一个非常丰富的"先陶文化"，李济博士将之命名为"长滨文化"。这不但是台湾首次发现的旧石器时代文化，而且经由这个文化的年代，也证明了台湾早在更新世的末期就已经有人类住居。

第三期考古工作从1971~1980年，以"台湾地区浊水大肚两溪流域自然与文化史科际研究计划"作为代表，系由台湾地区"行政管理机构科学委员会"和美国国家科学基金资助，张光直主持，自1972年7月开始执行。这个研究计划包含考古、民族、地质、地形、土壤、植物和动物七个学科，其目标是要运用科技综合研究的方法，去研究浊水溪与大肚溪流域的人地关系。这个计划最重要的意义是在于首次将文化生态学的概念带入了台湾考古学的研究之中，生态与文化之间的互动关系的研究，成为尔后台湾考古学研究诸多面向中的焦点之一。

第四期考古工作是从20世纪80年代延续至今。其间最重要的特色是考古学者大量涉入与文化资产保存或环境保护相关的事务，考古学的性质已经由纯粹学术的取向转变为兼具任务的取向，并因为考古数据保存与再利用的需求，促成数个与考古相关博物馆的诞生（臧振华，2006、2011）。

三、台湾考古学研究与南岛语族的联结

台湾考古学在过去一百多年中对于南岛语族与文化的研究有一些重要的成果，大致可归纳为以下四项：

（一）建立台湾史前人类与文化的年代学架构

迄今考古学者在台湾已经发现了超过2000处的考古遗址，广泛分布在台湾本岛各地，从2000公尺以上的高山到海滨，以及金门、马祖、澎湖、兰屿、绿岛和小琉球等离岛。依据这些遗址的文化内涵，考古学家目前已可将台湾史前时代的文化区分为四个主要的发展阶段：

最早的阶段，是以台东县长滨乡八仙洞遗址所出土长滨文化为代表的旧石器文化阶段，是狩猎采集的文化。最近，八仙洞遗址的考古工作显示，这个文化的上限大约可以早到3万年前（臧振华，2013）。

到了大约距今1.5万年前，八仙洞遗址出现了一个长达7000~10000年无人居住之时段，到了距今6000~5000年的时候，又有一批人类来到八仙洞，他们仍然是狩猎和采集者，使用打制石器，不会制造陶器，但是出现了极少数磨制石器和盘状打制石器。故此文化不归类为旧石器，而被称"先陶文化"。因为是以八仙洞潮音洞所发现之遗存为代表，臧振华将之命名为"潮音洞文化"，类似的文化也见于台湾东部海岸地带的其他几处遗址，包括台东县东河乡的小马和龙洞，以及屏东县鹅銮鼻的鹅銮鼻第二和龙坑等考古遗址。

大约在距今6000~5000年，台湾西海岸出现了新石器时代的农业、畜养，并兼渔猎的文化。这个文化与旧石器和先陶文化之间，从考古数据来看，显然没有演进与发展的关系，而是来自岛外的新进文化（臧振华，2015）。

台湾的新石器时代文化，按年代的先后，可区分早、中、晚三个期，各期文化又有地域性之差别。早期从距今6000多年前持续到4500年，以大坌坑文化为代表，分布在台湾北、中、南、东及澎湖群岛之海滨和河口地带，聚落数目稀少，面积也较小。中期出现在距今4500~3500年，在北部地区以讯塘埔文化为代表，在中部地区以牛骂头文化为代表，在西南部地区以牛稠仔文化为代表，在澎湖、兰屿和绿岛离岛上也有发现。此一时期的文化与前期有明显的传承关系，但是聚落已经从海滨向内陆河谷发展，数目增多、面积增大，人口增长，文化内容呈现丰富、精致和多元化。大约在距今3500~2000年，台湾的史前文化进入到晚期阶段，文化的地区性和多元性更为显著。北部地区以圆山文化、芝山岩文化和植物园文化为代表，中部地区以营埔文化为代表，西南部地区以大湖文化为代表，东部地区以卑南文化、麒麟文化和花冈山文化为代表。近年来，台南科学园区考古遗址群的调查发掘，以及台东卑南、花莲花冈山，台中惠来、彰化牛埔，台北市植物园等遗址的发掘，为这一阶段文化的研究提供了许多新资料。

第三个阶段为铁器时代或称"金属器时代",也称"金石并用时代",距今2000~400年,在台湾各地,地区性的文化持续蓬勃发展,较具代表性的有:北部地区,十三行文化、噶玛兰文化;中部地区,番仔园文化和大邱园文化;西南地区,茑松文化和西拉雅文化;东部地区,静浦文化和三和文化等。此一阶段的人类生活仍然延续新石器时代的农业、畜养,并兼及渔猎的生活方式,但是石器逐渐减少,铁器工艺技术开始发达,并与岛外有广泛的交易,在生活用品中出现玻璃珠、瓷器和中国唐、宋、明、清的铜钱等外来物品。近来,宜兰淇武兰、Blihun汉本、台东旧香兰、台南社内、大道公、道爷、五间厝和西寮等遗址的发掘,使我们对这一阶段的文化有了更多的认识(Tsang,2022)。

从上述这三个台湾史前时期的考古数据,并结合语言学的研究,考古学者普遍同意:南岛语族可能最早由新石器时代的人群,从大陆东南和华南沿海,分几波先后来到台湾,尔后在台湾各地发展出了铁器时代的文化,成为台湾现在一些民族的直接祖先。而旧石器文化与先陶文化的狩猎采集者,与南岛语族的祖源关系似乎有较大的距离,虽然有学者认为属于南岛语族的遗传基因在1万年以前已经出现在东南亚(Oppenheimer,1999)。

(二)南岛语族来源问题的探讨

目前在世界上南岛语族的人口,有4亿之多,包含了1200多种语言,在地理分布上,北到台湾,南到新西兰,东到秘鲁西边的复活节岛,西到非洲东岸的马达加斯加岛,涵盖了太平洋和印度洋约三分之一以上的广大水域。这些说南岛语的民族,在语言上呈现系统性之演化关系、在人种上大都同属于所谓"海洋蒙古种"、在文化上亦有许多共同之特质,显示可能有一个共同的来源,而且其扩散的时代,也不至于很久远。然而关于南岛语族究竟是从哪里起源?又如何扩散?始终是东南亚和太平洋人类历史上亟待解答的重要问题,近年来有不少的语言学者、考古学者、人类学者,甚至分子生物学者,试图进行探讨,并产生不同理论的争辩(臧振华,2012)。而在这些争辩中,台湾的考古资料,始终受到极大的关注。在过去一百多年中,台湾考古学者的研究成果,特别是近年来从台南科学园区所出土非常丰富的新石器时代早期遗址的数据,已经可以证明南岛语族是在5000多年前从大陆闽南到珠三角沿海一带来到台湾(Tsang,2022)。一些学者如夏威夷大学的Robert Blust及澳大利亚国立大学的Peter Bellwood等教授进一步认为这些来自大陆东南沿海的原南岛语族(Proto-Austronesian speaking people)后来又从台湾向菲律宾扩散,发展出马来—波利尼西亚语(Malayo-Polynesian languages),这群说马来—波利尼西亚语的人群,最终征服了整个太平洋(Blust,1988;Bellwood,1988)。这个论点当前已蔚为主流,但亦非全无争论(Spriggs,2011;Klamer,2019)。

（三）现代台湾土著居民与史前文化联系问题的研究

过去百年来，台湾的考古学者极为关注现代台湾土著居民与史前文化联系的问题，一点一滴地累积资料与证据；一方面寻求建立史前文化的发展脉络，试图与土著居民部落挂钩，另一方面透过对土著居民部落旧社的研究，向前追溯与史前文化的连接。虽然台湾的考古学者，从张光直先生以降，普遍认为年代在五六千年前的大坌坑文化人类，应就是现在台湾南岛语族最早的祖先，但是两者之间的联结关系，目前还说不清楚；以现有的考古数据来看，若干台湾南岛语族，例如，北部的巴赛族与噶玛兰族，中部的洪安雅族，南部的西拉雅族，以及东部的排湾族与阿美族等，可以从考古数据回溯到400~2000年前的铁器时代文化，代表性遗址包括台北的十三行遗址、台中的惠来遗址、云林的崁顶和雷厝遗址，台南的社内和大道公遗址、宜兰的淇武兰遗址，以及台东的旧香兰遗址等（臧振华，2006；Tsang，2022，图1）。

（四）台湾南岛语族历史资源的保存与维护

南岛语族在台湾的历史，虽然迄今仅能回溯到2000年前的铁器时代，但是距今5000~2000年前的台湾史前文化，虽然还不能厘清与个别台湾土著居民族群之间的联结关系，但是它们无疑仍是探究与厘清台湾南岛语族历史源流的重要信息来源，需要加以保存与维护，尤其是在没有任何历史文献可资佐证的情况之下。近年来，由于各种开发建设，大量史前文化遗址面临或遭受到毁坏湮灭，使台湾南岛文化仅存的历史资源面临快速消失的危机。台湾考古学家从20世纪80年代以后大量投入考古遗址的抢救与保存维护工作，对台湾南岛语族文化资源的保存与维护工作做出了重大的努力。

四、结　　语

考古学在台湾南岛语族与文化的研究中扮演一个重要的角色；这主要是因为现在台湾的土著居民，都是说南岛语的民族，他们的祖先可能是在很久以前即已经来到台湾，但是究竟是在多久以前来到台湾？来源地如何？在台湾的迁徙与发展过程又是如何？这些涉及源流的问题，对于我们要研究及了解台湾的南岛语族至关重要。而要为这些问题找到答案，考古学的实证更是必要的手段。总而言之，百年来台湾考古工作在台湾历史、文化的研究上发挥了重要的作用，不但建立起史前史的年代学架构、揭示了史前文化多面向的内涵，而且在南岛语族溯源的问题上，也提供了更为清晰的信息；然而，仍存在许多未解的问题，等待考古学家继续探究。

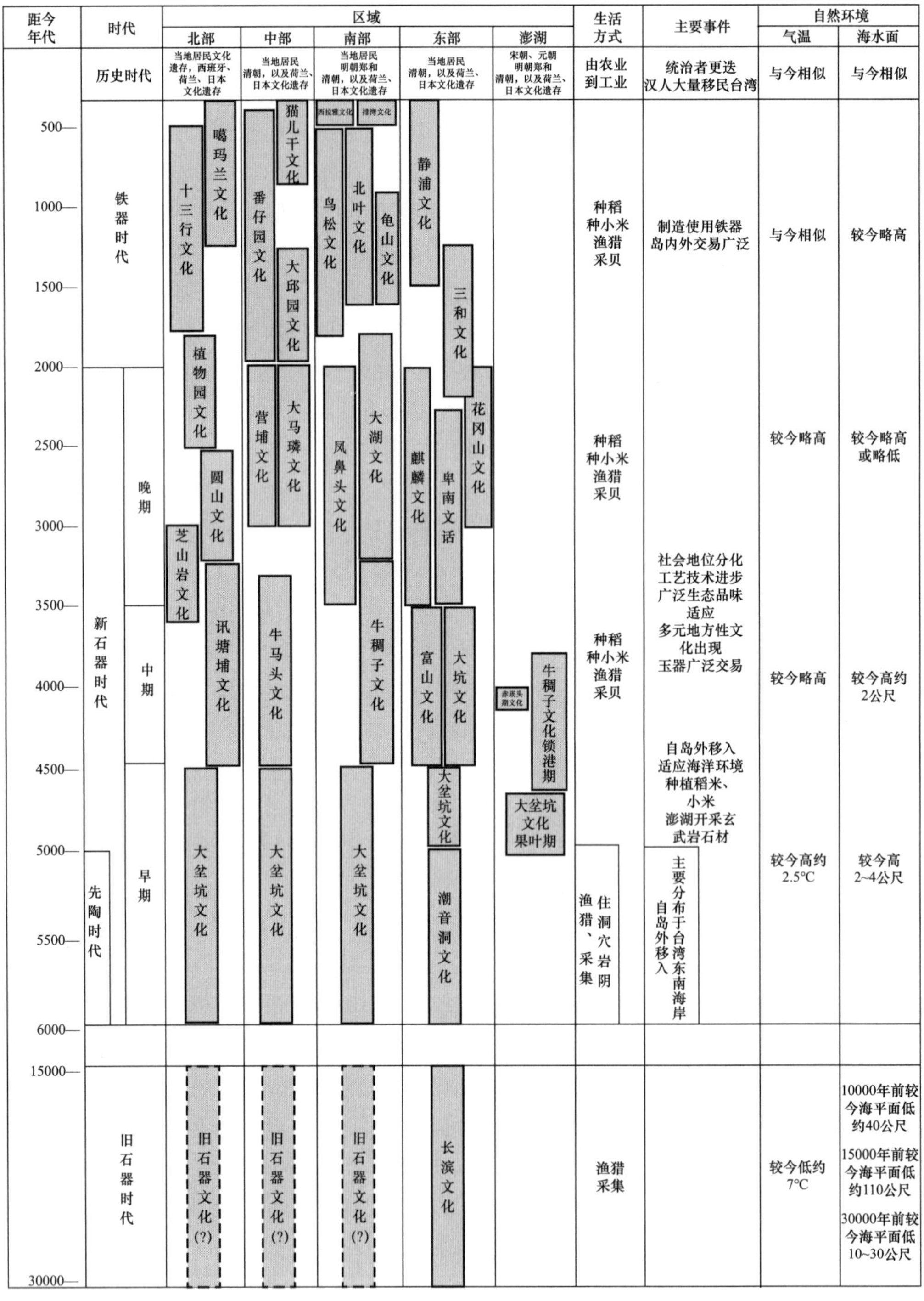

距今年代	时代	区域-北部	区域-中部	区域-南部	区域-东部	澎湖	生活方式	主要事件	自然环境-气温	自然环境-海水面
	历史时代	当地居民文化遗存，西班牙、荷兰、日本文化遗存	当地居民清朝，以及荷兰、日本文化遗存	当地居民明朝郑和清朝，以及荷兰、日本文化遗存	当地居民清朝，以及荷兰、日本文化遗存	宋朝、元朝明朝郑和清朝，以及荷兰、日本文化遗存	由农业到工业	统治者更迭 汉人大量移民台湾	与今相似	与今相似
500	铁器时代	噶玛兰文化 / 十三行文化	猫儿干文化 / 番仔园文化 / 大邱园文化 （西拉雅文化 / 排湾文化）	鸟松文化 / 北叶文化 / 龟山文化	静浦文化 / 三和文化		种稻 种小米 渔猎 采贝	制造使用铁器 岛内外交易广泛	与今相似	较今略高
1000										
1500										
2000	新石器时代 晚期	植物园文化 / 圆山文化 / 芝山岩文化	营埔文化 / 大马璘文化 / 牛马头文化	大湖文化 / 凤鼻头文化 / 麒麟文化 / 牛稠子文化	花冈山文化 / 卑南文化 / 富山文化		种稻 种小米 渔猎 采贝	社会地位分化 工艺技术进步 广泛生态品味适应 多元地方性文化出现 玉器广泛交易	较今略高	较今略高或略低
2500										
3000										
3500	新石器时代 中期	讯塘埔文化	牛马头文化	牛稠子文化	大坑文化	牛稠子文化 领港期	种稻 种小米 渔猎 采贝	自岛外移入 适应海洋环境 种植稻米、小米 澎湖开采玄武岩石材	较今略高	较今高约2公尺
4000						赤嵌头期文化				
4500					大坌坑文化	大坌坑文化 果叶期				
5000	先陶时代 早期	大坌坑文化	大坌坑文化	大坌坑文化	潮音洞文化		住洞穴岩阴 渔猎 采集	主要分布于台湾东南海岸 自岛外移入	较今高约2.5℃	较今高2~4公尺
5500										
6000										
15000	旧石器时代	旧石器文化(?)	旧石器文化(?)	旧石器文化(?)	长滨文化		渔猎 采集		较今低约7℃	10000年前较今海平面低约40公尺 / 15000年前较今海平面低约110公尺 / 30000年前较今海平面低10~30公尺
30000										

图 1　台湾考古文化年代表（臧振华制作）

参 考 文 献

金关丈夫、国分直一原著，陈奇禄、宋文薰译

   1950. 台湾考古学研究简史. 台湾文化，6（1）：9—16.

臧振华

   2006. 从考古学看台湾. 台湾史十一讲. 台北："国立"历史博物馆：7—33.

   2011. 战后六十年台湾考古学的研究与发展. 海峡两岸人文社会科学研究的回顾与展望（1949——2009）. 台北：台大出版中心：45—72.

   2012. 再论南岛语族的起源问题. 南岛研究学报，3（1）：87—119.

   2013. 八仙洞考古的新发现兼论台湾旧石器文化的相关问题. 第四届国际汉学会议论文集. 台北："中央研究院".

臧振华、陈文山、李匡悌、曾于宣

   2015. 台东县长滨乡八仙洞遗址调查研究计划（第四年度）期末报告. 台东县政府委托.

Bellwood Peter

   1988. A hypothesis for Austronesian origins. *Asian Perspectives*, 26: 1, pp. 107—117.

Blust Robert

   1988. The Austronesian homeland: a linguistic perspective. *Asian Perspectives*, 26(1): 45—67.

Klamer Marian

   2019. The dispersal of Austronesian languages in Island South East Asia: Current findings and debates. https://doi.org/10.1111/lnc3.12325

Oppenheimer S J

   1999. *Eden in the East: The Drowned Continent of Southeast Asia* 1988. Phoenix.

Spriggs Mathew

   2011. Archaeology and the Austronesian expansion: Where are we now? *ntiquity*, 85: 510—528.

Trejaut Jean, Chien-Liang Lee, Ju-Chen Yen, Jun-Hun Loo, Marie Lin

   2011. Ancient migration routes of Austronesian-speaking populations in oceanic Southeast Asia and Melanesia might mimic the spread of nasopharyngeal carcinoma. *Chinese Journal of Cancer*, 30(2): 96—105.

Tsang Cheng-hwa

   2022. Cross-Strait Migration during the Early Neolithic Period of Taiwan. In: *Taiwan Maritime Landscapes from Neolithic to Early Modern Times*, Edited by Paola Calanca, Liu Yi-chang & Frank Muyard, Études thématiques 34, École française d'Extrême-Orient, Paris: 87—102.

香港屯门扫管笏遗址玦制作工艺实验研究

周振宇

（中国社会科学院考古研究所）

实验考古，是通过可控条件下的模拟实验复原古人的行为及物质遗存的一种考古学研究方法。研究者可以借此认识并解读古人的生产、生活方式，探寻人类演化和发展的一般规律[1]。石器制作是人类系统行为的组成部分，石器生产是史前时代人类最重要的行为活动之一。石器的模拟打制实验被认为是研究石器制作流程、技术最为有效的手段。石器制作实验为我们检视出土石制品提供了直接的对比标本，由此才可能更深入地进行人类行为研究[2]。

玦为史前时代出现的一类装饰性器物，中国目前发现的玦饰呈现由北向南扩散发展的过程（图1）[3]。玦的制作，包括采集原料、打制、切割、磨制、抛光等一整套技术流程，

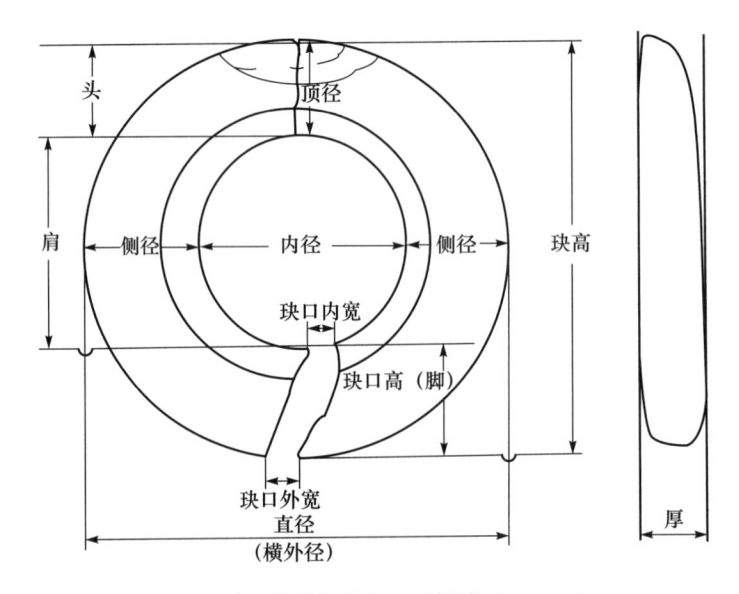

图 1　玦的测量指标图示（据邓聪，2000）

---

[1] 周振宇：《中国石器实验考古研究概述》，《考古》2020年第6期。
[2] Yerkes Richard, Kardulias P. Recent developments in the analysis of lithic artifacts, *Journal of Archaeological Research*, 1993, 1.
[3] 邓聪：《东亚玦饰的起源与扩散》，《邓聪考古论文选集》，香港中文大学中国考古艺术研究中心，2021年。

代表了相应的人类行为。制作过程中产生的不同类型的石制品是上述行为的物质反映。完整成器的玦仅能反映出加工最终阶段的制作工艺，为了全面了解香港扫管笏遗址玦的制作工艺，有必要进行模拟实验考古，更大程度地挖掘遗址出土石制品所蕴含的人类行为信息。

一、环珠江口区域玦的制作工艺研究回顾

珠江口区域玦饰的研究始于20世纪20年代韩义理（Heanley, C.M.）和肖思雅（Shellshear, J.A.）对香港南丫岛采集的玦的研究。此后的近90年间，中外学者通过对珠江口区域玦饰的研究，初步掌握了该地区环玦饰的制作工艺特点[1]，比如：制作原料主要为石英岩、页岩、板岩等；打制粗坯阶段主要使用硬锤锤击法和砸击法；玦的直径一般不超过5厘米；钻孔方式分单向和对向两种，推测钻孔工具为竹管辅以石英砂；切割玦口工具推测为石锯或麻绳辅以石英砂等。除此之外，学界对于玦制作流程的认识也大同小异，即：采集原料—打制粗坯—打制、琢制玦坯—磨制玦坯—钻孔—磨制玦饰—切割玦口—抛光[2]。

尽管上述研究已经在一定程度上解读了古代环珠江口区域的玦饰制作工艺，但大部分研究材料仅为采集、发掘获取的玦、环，针对制作工艺的研究仅依靠器物本身特征推测，缺乏有效的实证手段。本文以香港屯门扫管笏遗址出土的玦坯、玦饰及大量相关石制品为基础，进行模拟实验，探讨扫管笏的玦饰制作工艺。

二、香港扫管笏遗址出土玦的特征

扫管笏是香港最早报道有环玦饰的遗址，该遗址玦的研究始于20世纪韩义理和肖思雅在遗址采集的标本。他们辨识出圆饼（应为环、玦坯）、石刀等。但上述工作仍以描述性研究为主，缺乏对制作工艺的深入探讨。

此后，扫管笏遗址又经过多次发掘。本文所涉及的研究材料来自2008年11月至2009年7月，是扫管笏遗址历时最长、参加人数最多、发掘面积最大的抢救性考古发掘。

此次发掘获取的玦坯直径最小者1.5厘米，最大者10厘米，大多集中于3～6厘米；厚度集中于0.6～2.5厘米，最厚者3.8厘米；内径大多1.5～4厘米，侧径则多集中于0.7～2厘米。遗址还出土了大量玦芯，玦芯直径最小者0.5厘米，大多集中于1～5厘米，最薄者0.15厘米，大多集中于0.3～1.5厘米。

---

[1] 邓聪：《环珠江口考古的崛起——玉石饰物作坊研究举隅》，《邓聪考古论文选集》，香港中文大学中国考古艺术研究中心，2021年。
[2] 黄韵璋：《环珠江口玦饰制作工艺探讨——以香港白芒遗址为例》，厦门大学硕士学位论文，2009年。

出土标本中可见玦制作钻孔残留的最外环（T1313④表：71），直径7.6厘米，内径5.7厘米，该件标本外缘处可见明显的打制修理痕迹，内径处则有明显的管钻痕迹。玦和环的成形器物数量较多，例如一件完整玦，直径4.1厘米，内径1.4厘米，侧径2.7厘米，厚1.1厘米；一件完整环，直径8厘米，内径6厘米。

玦坯多以片状毛坯打制而成，主要原型为石片、断片或片状断块，少数直接以扁平砾石为原料。除部分毛坯已有平坦面外，其余多进行两面修理、去薄，毛坯多打制修理成近圆形，后进行磨制。遗址中大部分玦坯未经过磨制，推测在打制阶段被废弃。大多数毛坯打制修理较为规整，横截面形态以长条形为主，其次为透镜体，少量为三角形或不规则四边形。

根据玦的内径形态和玦芯外侧形态可知，钻工工序主要使用管状物对钻，部分也采取单面钻。由于钻具很可能为竹管，磨制过程中竹子磨面不断耗损，因此钻孔横截面难以平直，多呈梯形。

综上，扫管笏出土石制品的类型代表了玦制作的流程，也基本反映了遗址作为石器加工场的性质，这为我们进行模拟实验提供了良好的考古背景素材。

三、实 验 方 案

根据珠江口区域玦饰的研究成果，以及对环玦饰的制作构成推测，结合扫管笏遗址出土环玦饰的特征，本研究的模拟实验按照采集原料—打制粗坯—打制、琢制玦坯—磨制玦坯—钻孔—磨制玦饰—切割玦口的流程进行：

1）采集原料。实验所用原料主要为粉砂岩、页岩、凝灰岩、砂岩、石英岩等。大部分原料为河滩砾石，部分石英岩为块状岩脉。有意选择扁平砾石为部分实验原料，以利于下一流程的修坯成型。

2）打制粗坯。块状原料剥取块状或片状毛坯并修理边缘使其近圆形，扁平状原料则直接修理边缘呈近圆形，打制方法为硬锤锤击法和砸击法。

3）打制、琢制玦坯。粗坯备好后，需要将其打制成制作玦饰所需的两面平坦且平面近圆形，打制方法仍为硬锤锤击法和砸击法，并辅以琢制。

4）磨制玦坯。使用砺石磨制玦坯两面及边缘，以两面平坦、边缘近圆形为工作目标，砺石选用红色砂岩。

5）钻孔。目前学界大多认为史前钻孔工具为竹管，本实验使用单向管钻法钻取玦芯，对于玦坯直径在10厘米以上的标本可进行多次钻孔，获取多个大小不一的石环，钻孔工具为干燥和新鲜的竹管，实验所用竹管的内径从1.5～7厘米不等。遗址出土玦芯外侧形态表现出明显的不对称性，推测是由于手工钻孔，旋转力度不均所致，因此本次实验均为手工钻孔，未使用辅助器械。

6）磨制玦饰。对钻取的石环进行精磨，去除器体的瑕疵。

7）切割玦口。使用制作的石刀进行切割玦口，以制取完整的玦。

四、实验过程

1. 准备原料

本次实验共准备原料 53 件，其中石英岩 29 件，页岩 10 件，灰岩 5 件，凝灰岩 5 件，粉砂岩 2 件，泥岩 1 件，粉砂质石英岩 1 件。因玦的形态特性，原料以扁平片状为佳，受条件所限，石英岩原料全部为块状，其余则呈扁平片状（图 2）。

图 2　部分实验原料

石锤，近 20 件，以石英岩、灰岩、石英砂岩等硬质砾石为主。石锤平面形状和横截面多为长条形和椭圆形，长度多为 10～18 厘米（图 3）。

啄锤，共 5 件。原料为石英岩、灰岩、砂岩砾石。长度在 5～7 厘米（图 3）。

图 3　部分石锤和啄锤

砺石，共 10 件，全部为砂岩。多为扁平形，砺石都具有良好磨面且易于固定。其中 4 件在打制粗坯过程中也作为石砧使用（图 4）。

图 4　部分砺石

竹管，分为新鲜竹和干竹两种。新鲜竹以坚硬、薄壁为挑选标准，实验前一天砍制，截取成约 20 厘米的长度，竹壁厚约 1 厘米，直径约 5 厘米。干竹从市场买回，依同上标准选择，竹壁厚约 0.5 厘米，直径约 2 厘米（图 5）。

石英砂，河边沙滩获取，在室内筛选出粒径 1 毫米左右的细砂用于钻孔磨制（图 6）。

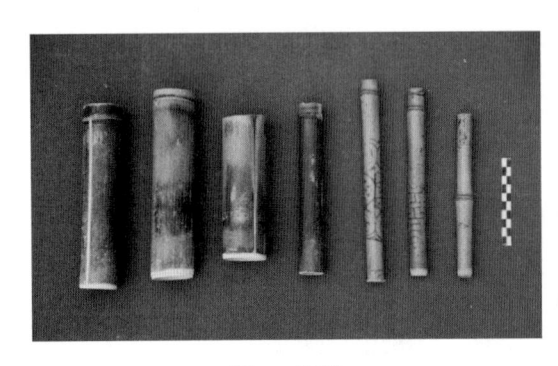

图 5　竹管 　　　　　　　　　　　图 6　石英砂

2. 打制粗坯

该流程以获取近圆形、薄且扁平的粗坯为目的，主要使用硬锤锤击法和砸击法。53 件原料共获取粗坯 65 件，其中 12 件原料打制出多件粗坯，石英岩 7 件，其余岩性 5 件，平均耗时 6.2 分钟，最长耗时 16 分钟，最短耗时 1 分钟。打制粗坯分手持锤击、垫砧锤击和垫砧砸击三种方法。对于片状毛坯，首先打制去除原料较厚的部位，此时实

验者合理利用原料本身的节理提高去薄效率,两面平整后修理边缘,此时使用砸击法可以更有效地获取厚钝边缘。实验过程表明,垫砧锤击、砸击可产生更大的打击力度,剥取符合实验要求的石片,对于扁平原料而言,垫砧打制也较容易获取厚钝边缘(图7、图8)。

图 7　打制过程

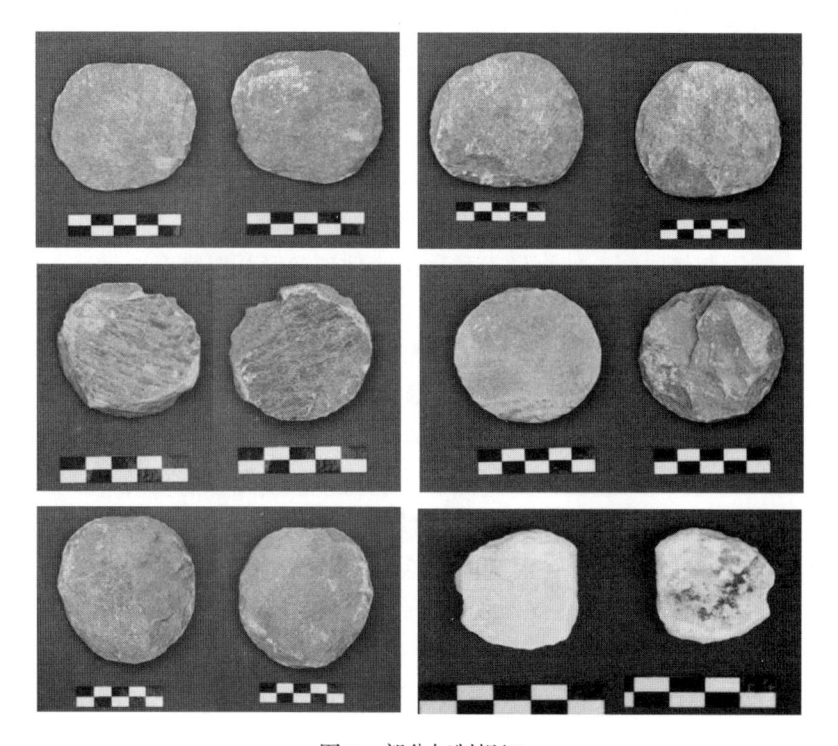

图 8　部分打制粗坯

3. 打制、琢制、磨制玦坯

粗坯需经过打制、琢制修理后，磨制成两面平坦、周边圆滑方可用于钻孔制作石玦。65件粗坯中27件经过上述工序磨制成符合要求的玦坯（图9），成功率为42%。

图9　部分磨制玦坯

此流程中，打制和琢制均使用体积较小的石锤，长度在5～10厘米。磨制砺石以砂岩为主。实验初期，通过磨制去除粗坯两面不平整的部位，但效率低下，改为琢制后再行磨制，大大缩短制作时间。使用砸击和琢击修理边缘使其厚钝、圆滑。

磨制时，实验者一手持标本，置于砺石上，另一手辅以向下压力，纵方向运动研磨（图10）。玦坯磨制完成所耗时间平均为115分钟，最长者423分钟，最短者20分钟。由于石英岩硬度较高，因此该材质玦坯在磨制阶段花费时间较长，平均为165分钟，其余原料磨制时间相对较短，平均为89分钟。

由于本次实验选择的石英岩大多颗粒较为粗糙，部分存在明显的节理裂隙，因此实验过程中废弃的粗坯多为石英岩质，仅有1件凝灰岩和1件粉砂岩因破裂废弃。废弃原因包括：琢制过程中断裂、修理后形态不符合继续制作的要求。

4. 钻孔

单个实验者手持竹管进行钻孔。实验初期，分别使用新鲜青竹竹管和干竹竹管直接钻取，管口短时间内耗损严重且玦坯表面无磨损痕迹（图11），改为辅以石英砂和水

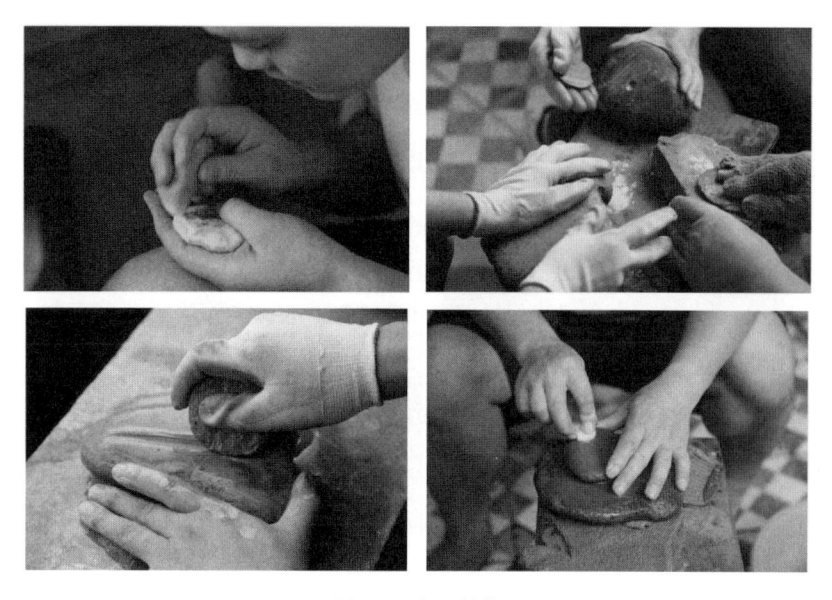

图 10　玦坯制作

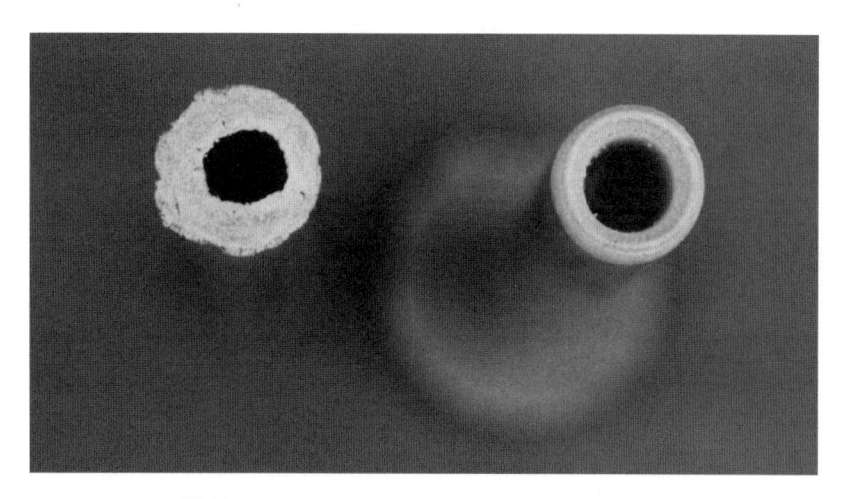

图 11　不同管钻方式对比（左：直接钻孔，右：辅以石英砂和水钻孔）

进行钻孔，效率大为提升（图12）。钻孔内壁可见明显的螺旋纹，纹路清晰、不连续、同向、近平行。

手持竹管钻孔初期，由于工作面平坦，不易固定，因此旋转速度慢、施加力度小。经过120～180分钟钻制后，大多标本会形成一圆形浅槽，此后钻孔难度较小，持续性向下施力旋转即可，耗时300～400分钟即可钻通。

5. 抛光、切割玦口

为完整记录玦表面的制作痕迹，上述成品需在实验室显微镜下进行细致的观察和拍照，因此抛光和切割暂未进行。

图 12 钻孔过程

五、典型试验标本

玦 1（图 13）。本次实验共耗时 555 分钟，其中打制粗坯耗时 9 分钟，磨制玦坯耗时 149 分钟，钻孔耗时 397 分钟。

原料为近方形青色灰岩石片。首先使用砸击法和垫砧锤击将原料去薄，同时将周边修理成圆形，边缘厚钝；后对边缘进行琢制，去除突出部分使其圆滑；该原料一端较薄另一端较厚，因此花费 149 分钟磨制使其平滑规整，最后磨制边缘，玦坯制作完成。

使用新鲜竹管单向钻孔，竹管长 23.4 厘米，外径 4.2 厘米，内径 4 厘米。钻至 182 分钟后表面出现凹槽；360 分钟后凹槽较深，接近贯穿；397 分钟完全钻通。

钻孔获取外环直径 6.2 厘米，厚 0.9 厘米；一面内径 4.6 厘米，侧径 0.8 厘米，另一面内径 4.2 厘米，侧径 1 厘米。孔壁可见较为清晰螺旋纹。玦芯横截面呈梯形，顶面直径 0.6 厘米，底面直径 1.3 厘米，侧边可见清晰螺旋纹。玦芯一面直径 4 厘米，另一面直径 3.3 厘米，厚 0.8 厘米，横截面呈梯形，可作为玦坯继续制作，玦芯侧面可见清晰螺旋纹。

竹管在磨制过程中耗费 3 厘米。

玦 3（图 14）。本次实验共耗时 688 分钟，其中打制粗坯耗时 16 分钟，磨制玦坯耗时 331 分钟，钻孔耗时 341 分钟。

原料为扁平青灰色凝灰岩石片，一端略厚，一端薄。首先使用砸击法和垫砧锤击将其周边修理成圆形，边缘厚钝，对边缘进行琢制后对两面及边缘磨制使其两面对称、平整，玦坯制作完成。

使用新鲜竹管单向钻孔，竹管长 19.5 厘米，外径 5.2 厘米，内径 4.2 厘米。钻至 103 分钟后表面出现凹槽；303 分钟后凹槽较深，接近贯穿；341 分钟完全钻通。

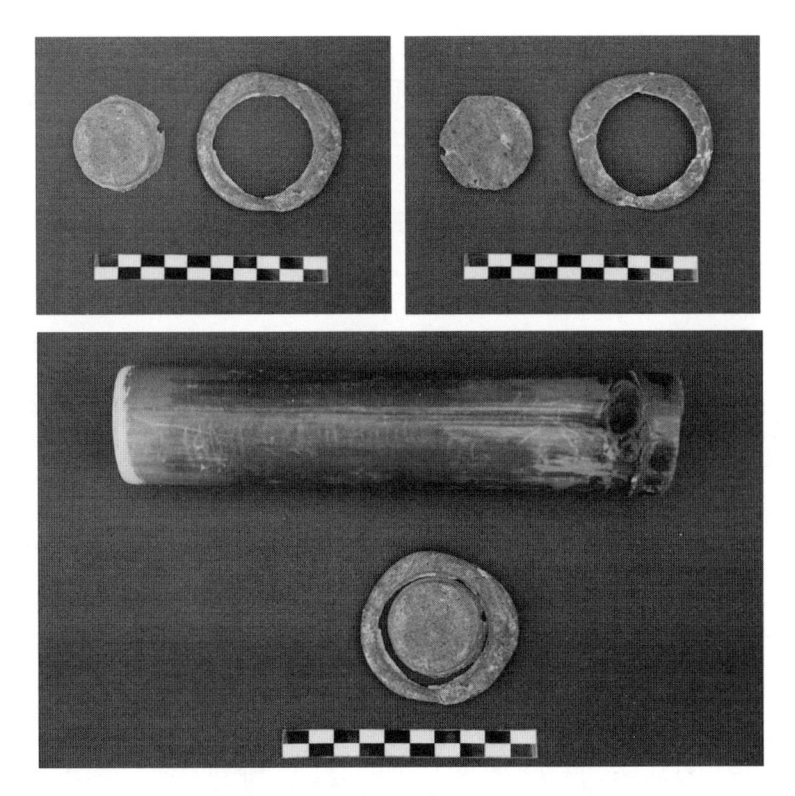

图 13　玦 1

图 14　玦 3

钻孔获取外环直径8.2厘米，厚0.8厘米；一面内径5.6厘米，另一面5厘米。孔壁可见较为清晰螺旋纹。玦芯横截面呈梯形，顶面直径4.1厘米，底面直径4.6厘米，可作为玦坯继续制作，侧边可见清晰螺旋纹。

竹管在磨制过程中耗费3.5厘米。

玦5（图15）。本次实验共耗时684分钟，其中打制粗坯耗时6分钟，磨制玦坯耗时138分钟，钻孔耗时540分钟。

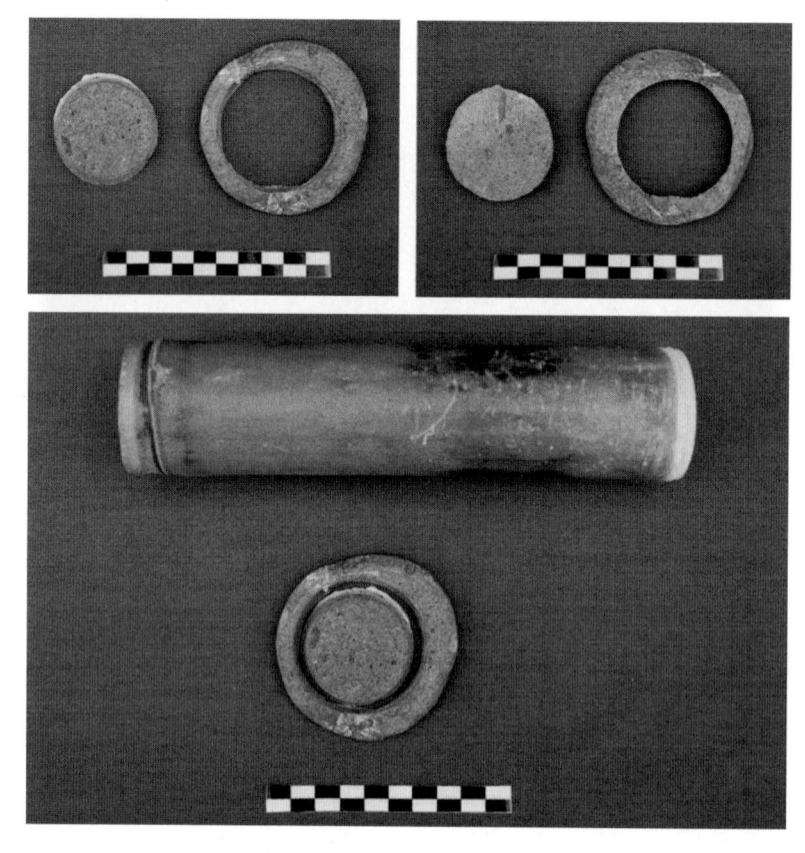

图15　玦5

原料为扁平青灰色凝灰岩石片，一端略厚，一端薄。首先使用砸击法和垫砧锤击将其周边修理成圆形，边缘厚钝，对边缘进行琢制后对两面及边缘磨制使其两面对称、平整，玦坯制作完成。

使用新鲜竹管单向钻孔，竹管长24.9厘米，外径5.2厘米，内径4.4厘米。钻至210分钟后表面出现明显凹槽，540分钟完全钻通。

钻孔获取外环直径7.5厘米，厚0.9厘米；一面内径5.6厘米，另一面5.1厘米。孔壁可见清晰螺旋纹。玦芯横截面呈梯形，顶面直径4.1厘米，底面直径4.6厘米，可作为玦坯继续制作，侧边可见清晰螺旋纹。

竹管在磨制过程中耗费3.9厘米。

玦 10（图 16）。本次实验共耗时 341 分钟，其中打制粗坯耗时 22 分钟，磨制玦坯耗时 28 分钟，钻孔耗时 291 分钟。

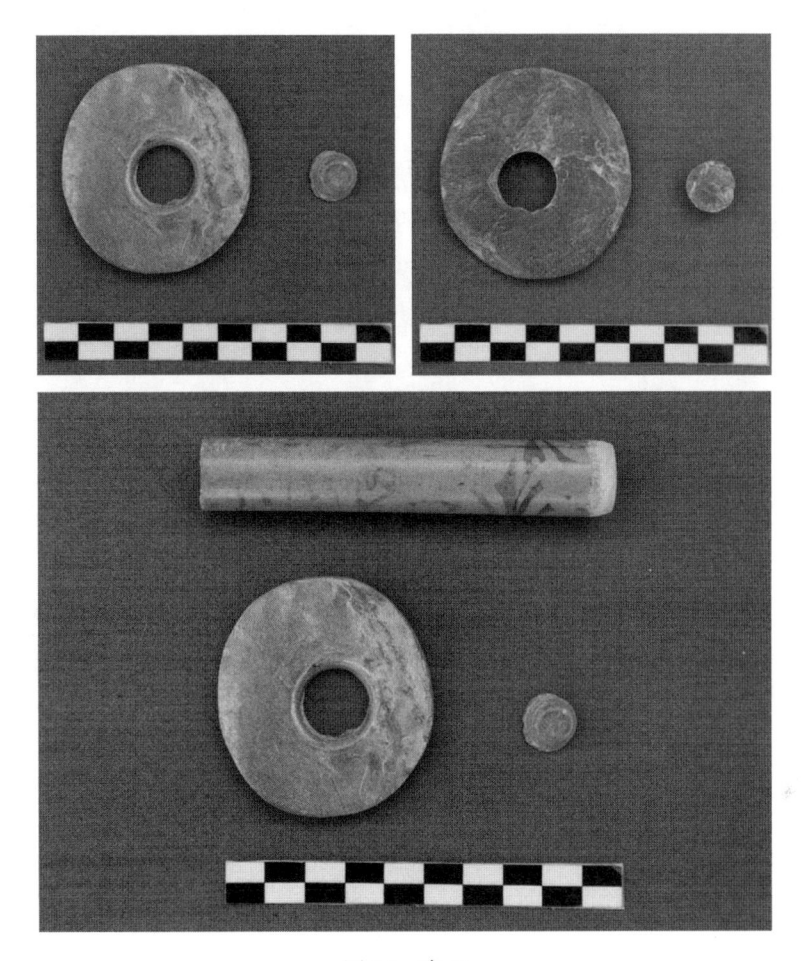

图 16　玦 10

原料为灰色扁平梯形页岩。首先使用砸击法和垫砧锤击将原料修薄，同时将原料周边修理成圆形，边缘厚钝。因两面修理较为平整，大大缩短了磨制时间，仅对边缘进行琢制后对两面及边缘磨制使其平滑，28 分钟，玦坯制作完成。

使用干燥竹管单向钻孔，竹管长 10.8 厘米，外径 1.7 厘米，内径 1 厘米。钻至 75 分钟后表面出现凹槽；275 分钟后凹槽较深，接近贯穿；291 分钟完全钻通。

成型器直径 5.9 厘米，厚 0.8 厘米；一面内径 2.3 厘米，另一面 1.7 厘米。孔壁可见较为清晰螺旋纹。玦芯横截面呈梯形，顶面直径 0.8 厘米，底面直径 1.4 厘米，侧边可见清晰螺旋纹。

竹管在磨制过程中耗费 0.8 厘米。

玦 13-3（图 17）。本次实验共耗时 367 分钟，其中打制粗坯耗时 4 分钟，磨制玦坯耗时 22 分钟，钻孔耗时 341 分钟。

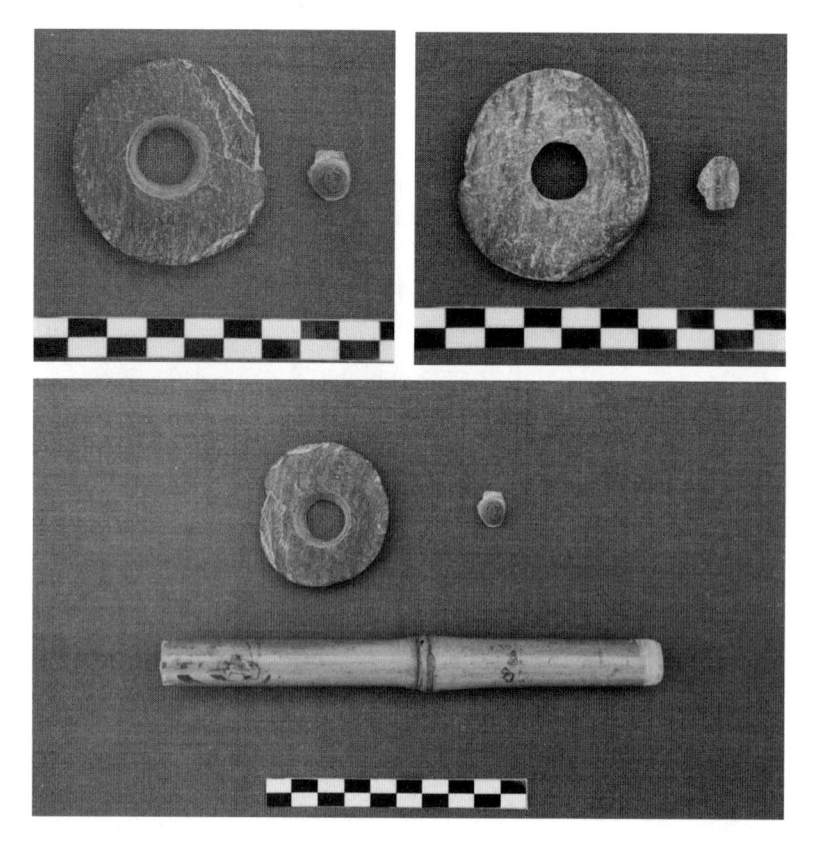

图 17　玦 13-3

　　原料为长条形扁平黑色页岩砾石，可见平行纹理。为最大化利用原料，在其下垫石砧，将原料从中部一分为二，该件标本即由其中一块原料制成。
　　首先使用石锤将原料周边修理成圆形，边缘厚钝。该原料两面原本较为平整，因此仅对边缘进行琢制。后对两面及边缘磨制使其平滑。
　　使用干燥竹管单向钻孔，竹管长19.5厘米，外径1.6厘米，内径1厘米。钻至103分钟后表面出现凹槽；320分钟后凹槽较深，接近贯穿；341分钟完全钻通。未进行玦口切割。
　　成型器直径5.2厘米，厚0.8厘米；一面内径2厘米，侧径1.6厘米，另一面内径1.4厘米，侧径1.9厘米。孔壁可见较为清晰螺旋纹。玦芯横截面呈梯形，顶面直径0.6厘米，底面直径1.3厘米，侧边可见清晰螺旋纹。
　　竹管在磨制过程中耗费1厘米。
　　玦33-2（图18）。本次实验共耗时469分钟，其中打制粗坯耗时3分钟，磨制玦坯耗时125分钟，钻孔耗时341分钟。
　　原料为白色扁平粉砂质石英岩。原料本身扁平，两面较为平整，首先使用砸击法和垫砧锤击将其周边修理成圆形，边缘厚钝，对边缘进行琢制后对两面及边缘磨制使其平滑，玦坯制作完成。

图 18　玦 33-2

使用干燥竹管单向钻孔，竹管长 19.5 厘米，外径 1.6 厘米，内径 1 厘米。钻至 103 分钟后表面出现凹槽；303 分钟后凹槽较深，接近贯穿；341 分钟完全钻通。

钻孔获取外环直径 3.4 厘米，厚 0.8 厘米；一面内径 2.2 厘米，另一面 1.8 厘米。孔壁可见较为清晰螺旋纹。玦芯横截面呈梯形，顶面直径 1 厘米，底面直径 1.5 厘米，侧边可见清晰螺旋纹。

竹管在磨制过程中耗费 1 厘米。

六、结　　论

通过针对扫管笏遗址出土环玦饰及相关石制品的模拟实验研究，我们取得了以下初步认识：

1）厚薄均匀的原料是高效生产玦的首要条件，硬锤锤击法产生的石片大多台面厚、远端薄，并不适用。因此在剥坯阶段使用砸击法或垫砧锤击法等施力角度大于等于 90° 的加工方式，有效产片率更高。打制修理阶段，使用长条形石锤的侧面砸击同样会更加有效地加工出厚钝的边缘，此阶段对突出部位进行有效的琢制可以大大缩短后期磨制玦坯两面的时间。

2）实验过程中，有相当一部分粗坯形态不规整，如厚薄不均，导致需要过长时间的琢制和磨制，而被废弃。扫管笏遗址中出土大量粗坯，其横截面形态同样不规则，这些标本可能不是待用的玦坯，而是已废弃的原料。

3）玦的制作在打制和成坯阶段均会残留大小不等、数量庞大的断块、碎片。遗址中此类遗物较为少见，而成型的粗坯及玦坯较多，由此推测玦坯的制作发生在遗址发掘区之外，遗址内主要进行玦的磨制与钻孔。

4）管钻过程显示，竹管的主要作用是依靠其纵向纤维带动石英砂以起到切割的效果，石英砂在钻孔过程中起到主要的磨蚀作用。单独使用竹管无法对石质原料达到钻孔效果。钻孔时间随与竹管直径成正比，同种竹材，竹管越粗，管壁相应越厚，与石材接触面越大，所需摩擦力增强，因此耗费时间相应增加。玦的钻孔平均磨损竹管0.8~3厘米，消耗量较小，1根20厘米的竹管可反复使用。

5）管钻孔壁内可见的清晰螺旋纹，这种特征以及玦孔周边形态与扫管笏遗址出土石玦类似，实验获取的玦芯外部特征也与考古遗物近乎一致，初步推断生活于此的史前人类使用竹管辅以石英砂和水进行钻孔，制作石玦、环。

曾有学者认为，石器管钻需多人协同进行，而孔壁螺旋纹的出现则指示了应用简单机械（如轴承、固定杆等）才能达到的高速转动[1]。本文所有钻孔实验均为单人手持竹管和玦坯进行，辅以自然石英砂及水，无任何辅助器械，且除石英岩外，石玦制作全流程所耗费时间平均仅为591分钟。由此，原有依靠出土遗物观察推测得出的钻孔方式值得商榷。由于对比标本有限，探讨不同遗址的钻孔工具与方式仍需要进行更深入的实验。现有实验结果表明，扫管笏遗址出土石玦通过简单的竹管钻孔即可获得。

6）遗址出土部分玦芯的侧边出现两面不对称现象，实验过程中我们发现，这种情况是由于实验者在钻孔时使用力度不均造成，力度较大一侧磨制较深，而力度较小侧则相反。这也进一步印证了扫管笏玦的制作是由人工手持竹管进行的。

7）实验结果表明，石英岩相比其他原料，需要更多的时间进行磨制和钻孔，制作石英岩石玦需耗费较大的人力资源。同时，优质石英岩颜色雪白、晶莹剔透。因此我们有理由推测，石英岩石玦代表了一种珍贵的古代饰物，其拥有者可能在当时具有较为高级的社会地位。

本研究通过实验重建古代玦饰的制作工艺，详细了解扫管笏先民如何使用原始工具和技术，重构史前场景和制作过程。模拟实验揭示技术过程和工艺演变。我们可以通过实验观察不同制作方法的效果，了解史前人类如何使用技术、提高生产效率，这有助于揭示古代工艺的技术演变过程。同时，我们还可以详细观察不同材料（如石英岩）和工具（如竹管）的实际效果。这不仅有助于了解古代工艺中材料的选择标准，还可以揭示不同工具在玦饰制作中的实际作用和效率。

---

[1] 邓聪:《东亚史前玉器管钻技术试释》，《邓聪考古论文选集》，香港中文大学中国考古艺术研究中心，2021年。

玦饰作为古代社会的重要装饰品，其制作工艺和材料选择可以反映出社会结构、经济状况和文化价值。通过模拟实验，研究人员能够探讨特定玦饰的制作是否需要特定的社会组织或经济资源，从而更深入地了解古代社会的生产力水平和社会结构。

附记：本文是在傅宪国先生指导下完成，付永旭、彭小军提供有益探讨，蒋兴荣、张小波、郑云峰、顾小峰参与模拟实验。

中国东北南部与韩国青铜文化关系浅析

华玉冰　陈奕妍
（辽宁大学历史学部考古文博学院）

韩国青铜文化墓葬类型以支石墓为主，且所见都属于"棋盘型"或"盖石型"。同时，有多处村落遗址与支石墓存在年代重合，表明在青铜时代这里的人类有着稳定的定居生活。

在中国东北，与支石墓类似的石棚分布范围限于辽河以东，西流松花江以南，图们江、鸭绿江以西，南至黄、渤海的范围内，这一区域可泛称为"辽东"。辽东石棚的类型，粗略可分为石棚墓与盖石墓两种，两者共同特征是有巨大的顶石。其中，石棚墓指墓室高出原来地表的，类似"桌子型"支石墓。盖石墓的墓室则建于地表以下，类似"盖石型"支石墓。

为便于比较，以下均采用支石墓的分类名称。辽东"桌子型""盖石型"支石墓多见于同一分布密集区，盖石型所见范围更广，表明两类墓葬拥有者的关系很密切，其他区域文化在借鉴过程中有取舍。遗憾的是，与上述两类支石墓相关的遗址发现很少，堆积较薄，且都未发掘过，因此其社会生活状态一直不清楚。

辽东地区与韩国青铜文化墓葬，同类墓葬有相似之处，但也有很大的不同，其中"桌子型"支石墓就极为少见，有学者称之为"支石"，与祭祀有关，非墓葬。从石筑墓葬的形态及相关遗物的共性特征等方面看，其相似性的形成原因比较复杂，既有来自相邻地区文化传播的因素，也有跨区域人群往来的背景。

一、支石墓形态观察

辽东与韩国的支石墓，从各墓葬分布状态及单体墓葬形态看有诸多共同特点，也有不同之处，可以作为研究墓地年代及社会发展状况的参考。

辽东地区桌子型支石墓集中见于辽东半岛及辽北吉南地区。有的单独存在，壁石裸露，如盖州石棚山石棚[1]等；也有墓地，多成排分布，因墓葬棺室用石块等封盖起来，所以外观上看和盖石型支石墓类似，只是墓室建于地表之上，如盖州伙家窝堡石棚墓地[2]等。其中单独存在的桌子型支石墓规格都很大，成群分布的都相对较小，相对年代都有早晚，从某种程度上反映了支石墓社会已有了等级分化与共同的文化信仰。

---

[1] 辽宁省文物考古研究所编：《辽东半岛石棚》，辽宁科学技术出版社，1994年。
[2] 许玉林：《辽宁盖县伙家窝堡石棚发掘简报》，《考古》1993年第9期。

辽东地区盖石型支石墓的顶石都是扁平的，不像韩国同类支石墓顶部多见巨大的块石，目前也没有见到顶石下面有小块石作为支石的情况，大多都是顶石直接盖在墓室之上。基本都是成排分布的，较典型、经过发掘的例子是本溪新城子大片地墓地[①]。年代较早的占地面积较小，盖石可以覆盖整个墓室，如凤城东山盖石墓地[②]；也有的拥有很大的范围，多为圆形墓域，如新宾旺清门龙头山盖石墓[③]等，年代都较晚。个体墓葬内部有的为土坑，如普兰店碧流河流域发现的支石墓[④]，有的为石棺，也有棺范围不清楚的，如桓仁冯家堡子 HFM5[⑤] 等。

总体看，辽东地区墓室为土坑、石棺的年代较早，墓室范围不清晰用块石堆砌的出现年代晚。

韩国支石墓从墓地布局看，个别有围绕一座墓葬呈环状分布的，如内村里所见；但成排分布的居多，如贵谷洞大村等。就单体墓葬来说：有的占地面积较小，盖石覆盖了整个墓室，比如贵谷洞大村1号等；有的拥有很大的范围，见有方形或圆形的墓域，盖石不能覆盖整个墓域，如晋州大坪里1号，大坪里玉房5号等，有的还有明显的域界，如耳谷里17号、30号等。从个体墓葬内部形态看：有的为规整的石棺，如内村里1-5号等；有的以石块围出大致的范围，如耳谷里30号等；有些支石墓地周边有石棺墓，如大坪里10号等[⑥]。

值得关注的是内村里所见环状分布的墓地，"盖石型"支石墓居中，周边则为石棺墓，或许体现了不同墓葬形式的等级关系。辽东支石墓地也有多种墓葬共存的现象，如普兰店双房墓地[⑦]，有"桌子型""盖石型"支石墓及石棺墓等，支石墓也是处于居高的位置。

从韩国不同墓地布局看，有从环状布局到成排分布再到以单体为主的趋势，个体墓葬占地范围也有从小到大的趋向，与社会生产力发展意识的改变有关，从这一点看，与辽东有较强的一致性。

二、遗物比较

韩国与辽东地区支石墓出土遗物差别较大，类似的器物不多。就辽东支石墓而言，不同区域支石墓出土遗物组合、形态也不同，每个区域墓葬出土遗物尽管年代有早晚，

---

① 辽宁省文物考古研究所等：《辽宁本溪县新城子大片地青铜时代墓地发掘》，《考古》，2010年第9期。
② 许玉林、崔玉宽：《凤城东山大石盖墓发掘简报》，《辽海文物学刊》1990年第2期。
③ 肖景全、李荣发等：《新宾旺清门镇龙头山石盖墓》，《辽宁考古文集（二）》，科学出版社，2010年。
④ 旅顺博物馆：《辽宁大连新金县碧流河大石盖墓》，《考古》1984年第8期。
⑤ 辽宁省文物考古研究所、本溪市博物馆、桓仁县文物局：《辽宁桓仁县冯家堡子积石墓群的发掘》，《考古》2016年第9期。
⑥ 国立罗州文化财研究所：《韩国支石墓》，罗引出版社，2012年。
⑦ 许明纲、许玉林：《新金双房石棚和石盖石棺墓》，《辽宁文物》1980年第1期；许明纲、许玉林：《辽宁新金双房石盖石棺墓》，《考古》1983年第4期；许玉林、许明纲：《新金双房石棚和石盖石棺墓》，《文物资料丛刊（7）》，文物出版社，1983年。

但是有联系的，表明各自保持着自身的文化传统，也有交流。韩国支石墓乃至其他墓葬出土遗物不同于辽东诸区域，自身特点有延续性，文化也有突变。

总体来看，韩国支石墓中有诸多遗物，如石剑等，在辽东地区是不见的。而有些陶器、铜器等，与辽东地区同类遗物有相似性，表明两地间有文化交流，但并不限于含支石墓的文化，与同期其他文化也有联系，其中的原因有待探讨。

（一）陶器

韩国支石墓出土陶器基本是无纹饰的。在中国，进入青铜时代以来，各地生活用陶器绝大多数都有纹饰，只有辽东是个例外，这也是中国辽东与朝鲜半岛青铜文化陶器的最大共性特征。

辽东的无纹陶器主要见于与支石墓有关的遗存，也有非支石墓遗存，与朝鲜半岛青铜文化有联系的主要有以下几种。

1. 筒形陶器

在朝鲜半岛无纹陶器众多器类中，最普遍、最早出现、流行时间最长的是"深钵形陶器"，在晋州大坪里玉房2地区发现的居住址中比较多见[1]。这种陶器多存在底部周围用手指压塌，外形似带有圈足的情况。

辽东地区类似陶器被称为筒形罐，是新石器时代普遍发现的器类。青铜时代主要见于图们江流域的兴城—柳庭洞文化，其他文化极少见。兴城—柳庭洞文化中虽然没有发现支石墓，但在邻近以支石墓为主的宝山文化中也能见到类似陶器。

兴城文化以吉林和龙兴城遗址[2]命名，清理了21座房址，这也是辽东青铜时代诸考古文化中唯一发现有成批、成排房址分布的聚落址。各房屋面积大多在30平方米左右，均为圆角长方形斜坡状深地穴式，居住面规整，内有灶址，多无门道，推测是用梯子出入的。生活陶器以筒形罐为主，还有鼓腹罐、瓮、钵、碗等。测年数据多集中在公元前19～前17世纪，个别晚至公元前12世纪。在吉林延吉长白县新龙[3]发现有属于该文化的墓地，清理了8座墓葬，为多人、多次火葬，顶部铺砌数层石块，随葬陶器只有钵、杯两种。

柳庭洞文化是以吉林延吉柳庭洞遗址[4]命名的，陶器多直口或敞口，无卷（折）沿，平底。以筒腹罐、钵为大宗，鼓腹罐、豆、假圈足碗等数量较少。早期陶器素面无耳，晚期绝大多数陶器的口沿下置有对称的乳丁状小耳。早期年代与兴城文化接续，约公元

---

[1] 庆尚大学校博物馆：《晋州大坪里玉房2地区先史遗迹》，晋州东亚印刷出版社，2001年。
[2] 吉林省文物考古研究所等：《和龙兴城——新石器及青铜时代遗址发掘报告》，文物出版社，2001年。
[3] 侯莉闽：《吉林延边新龙青铜墓葬及对该遗存的认识》，《北方文物》1994年第3期。
[4] 延边博物馆：《吉林延吉柳庭洞发现的原始文化遗存》，《考古》1983年第10期。

前12世纪，晚期遗存延续至公元前3世纪前后。此后，该文化的筒形罐依然在辽东东部地区延续，年代稍晚疑似沃沮的团结文化[1]就含有其文化因素。

兴城—柳庭洞文化在辽东一直是独立发展的，很少受到其他文化影响。在朝鲜东北部会宁五洞、雄基松坪洞和西浦项等地也发现有相关遗存，它们应属同一种文化。

朝鲜新石器时代文化中平底深钵形器比较发达，韩国则多为圜底器。至青铜时代较早时期，在支石墓及相关遗址中，普遍发现的陶器几乎都是平底深钵形器，但西北朝鲜的平安南道、黄海道除外。由此可以推测，这类与兴城—柳庭洞文化类似的器物在韩国出现可能是通过东北朝鲜地区传入的，并持续对整个朝鲜半岛文化施加影响。

值得注意的是，兴城文化墓葬顶部遍铺石块，与某些支石墓的填石形态极为接近，只是没有顶石，也可作为两地两种文化系统间交流的重要线索。

2. 高领壶

在韩国晋州大坪里1号居住址中，出土有高领垂腹有彩纹的壶，还有一种高领、鼓腹、磨光的素面壶。类似的两种壶在辽东马城子—新城子文化中都有发现。

马城子文化以辽宁本溪的一批洞穴墓[2]命名，主要分布于辽宁东部太子河、浑河中下游至鸭绿江中下游地区，有火葬习俗，随葬陶器以罐、壶、碗类为主，相关遗址材料匮乏。墓葬测定数据集中在两个阶段，年代较早的在公元前19～前17世纪，较晚的在公元前14～前10世纪。晚期出现了石棺墓，偶见有盖石型支石墓。在马城子文化新宾东升洞穴墓[3]中发现一种"茄子纹"陶壶，与"彩文壶"的图案较为相像。中国东北目前发现此类遗物较少，在朝鲜半岛却比较多见，这种技术的传播关系尚不明确，从竖领较细高的情形看，马城子文化发现者年代似乎要早一些。

新城子文化[4]以辽宁本溪东营坊镇新城子村发现的一处盖石墓地[5]得名，分布范围较大，除马城子文化分布区外，在辽宁北部铁岭一带都有发现，墓葬形式为石棺墓、盖石型支石墓，典型随葬陶器为壶与钵的组合，上限年代与马城子文化接续，下限年代不详。

新城子文化标志性陶器为弦纹壶，在西北朝鲜鸭绿江下游至清川江一带也有发现，称为美松里型陶器，清川江下游平安南道价川郡墨房里支石墓随葬品中也有类似的器形，可见两地文化的联系是很密切的。此外在平壤一带陀螺形陶器群中也有饰弦纹者，属于其变体形式。

---

[1] 林沄：《论团结文化》，《北方文物》1985年第1期。
[2] 辽宁省考古研究所等：《马城子——太子河上游洞穴遗存》，文物出版社，1994年，第282页。
[3] 抚顺市博物馆等：《辽宁新宾满族自治县东升洞穴古文化遗存发掘整理报告》，《北方文物》2002年第1期。
[4] 华玉冰、王来柱：《新城子文化初步研究——兼谈与辽东地区相关考古遗存的关系》，《考古》2011年第6期。
[5] 辽宁省文物考古研究所、本溪市博物馆、本溪县文物管理所：《辽宁本溪县新城子青铜时代墓地》，《考古》2010年第9期。

其实，与弦纹壶共存还有一种素面壶，也是新城子文化的特色陶器，与韩国晋州大坪里出土者极为类似，不排除也受到了新城子文化的影响。

总体看，马城子与新城子文化对朝鲜半岛文化的影响主要集中于西北朝鲜地区，向南部传播仅限于技术层面。

3. 赤色高领展沿壶

韩国支石墓或石棺墓中普遍发现赤色研磨陶器，可分为矮领与高领两种。主要见于临津江以南地区，在晋州、清原、堤原等地区有较多的发现。如晋州大坪里 1 号居住址、全州如意洞遗址、咸安礼谷里遗址、堤原黄石里支石墓[①]等。

从陶器的造型与制作技术看，在辽东支石墓分布区内基本不见，却与辽东周边两种青铜文化的同类器物相像。

其一是辽河平原区的高台山文化，流行年代为公元前 20~前 12 世纪。发现长方形半地穴式和圆形地面式房屋，墓葬均为长方形土坑竖穴墓。居址所出陶器有少量细砂质红衣陶，墓葬所出陶器以夹细砂红褐陶为主，火候较高，器表常施红色陶衣，其中某类壶具有赤色陶器风格。

其二是松嫩平原区的小拉哈文化、白金宝二期文化、白金宝文化、汉书二期文化。四种文化属同一谱系，先后承接。前三种均发现有居住址，为方形、圆角方形的半地穴式建筑。其中以黑龙江肇源县小拉哈遗址第二期遗存[②]为代表的小拉哈文化，年代为公元前 20~前 15 世纪，居址出土陶器多黄褐色，出土有类似韩国发现矮领的壶。陶器以砂质黄褐陶为主，居址出土的展沿束颈高领壶，与韩国支石墓出土者接近。

上述两种文化炊器都是鬲，陶器种类很多，与韩国支石墓出土同类器物的相似性只能解释为某种技术或器形的相互借鉴，也许是各自创造的。

值得注意的是，在朝鲜半岛汉江流域多发现"孔列纹"陶器，如束草朝阳洞 5 号居住址、襄阳浦月里 4 号居住址、首尔驿三洞居住址、渼沙洞居住址、水原西屯洞居住址[③]等。此外，在晋州大坪里玉房 1 号居住址也发现有类似的陶器，可能也与松嫩平原所见"珍珠纹"陶器有关，只是戳孔深度不同，整个朝鲜半岛"孔列纹"陶器口沿部位多为穿透式的孔样。

4. 叠沿罐与黏土带陶器

在朝鲜半岛支石墓中，有把口沿部加厚、加固成双重口沿的陶器，主要分布在平安南道和黄海道，这一区域不见深钵形陶器。较晚时期，朝鲜半岛发现"黏土带陶器"，

---

① 韩国国立博物馆、国立光州博物馆：《韩国的青铜器文化》，汎友社，1992 年。
② 黑龙江省文物考古研究所等：《黑龙江肇源县小拉哈遗址发掘简报》，《北方文物》1997 年第 1 期；黑龙江省文物考古研究所、吉林大学考古系：《黑龙江肇源县小拉哈遗址发掘报告》，《考古学报》1998 年第 1 期。
③ 韩国国立博物馆、国立光州博物馆：《韩国的青铜器文化》，汎友社，1992 年。

口沿部肥厚、断面呈圆形或三角形，主要分布在中部汉江流域及以南地区，如牙山南城里石棺墓，大田槐亭洞遗址，保宁校成里3号居住址，三千浦1、2、8号居住址[①]等，其中半岛中"黏土带陶器"口沿部断面多为三角形，晋州地区则多为圆形。

在辽东，双重口沿类陶器主要见于辽东半岛青铜时代的伙家窝堡—双房文化，以桌子型支石墓为主，也有盖石型者。辽宁盖州九寨镇三道河子村伙家窝堡[②]调查发现石棚20多座，发掘了5座，为火葬。石棚内发现的随葬品多在铺底石的周边，出土遗物有石斧、石凿、石锛、石镞、双重口沿筒形陶罐、陶壶等，年代较早。双房文化也主要见于辽东半岛，桌子型支石墓中也多见叠沿罐。此外，这类陶器在马城子文化早期遗存中也有发现，更早的可以追溯至新石器时代晚期的北沟文化，应该发源于辽东。

"黏土带陶器"以郑家洼子青铜短剑墓[③]为代表的文化类型中较为常见，年代约公元前8世纪。在辽西含青铜短剑遗存中也有发现，如朝阳袁台子79M1[④]出土的双鋬耳罐及钵上都有圆形双重口沿，年代更早一些。在朝鲜半岛都发现过形态极为类似的器物。这类陶器在辽东延续的时间更长，可至公元前2世纪。

上述广泛见于辽东、辽西的遗物都与"东北系铜剑"遗存有关，朝鲜半岛出土的相关遗物应源于辽东，不排除由辽西传入的。

（二）铜器

朝鲜半岛与辽东共有的铜器主要有"东北系铜剑""几何纹铜镜""双胡戈"等。但两地完全一样的不多，朝鲜半岛同类器有自己的发展序列，并影响到日本。以下重点说明一下东北系铜剑。

这类剑分布以中国辽宁为中心，北至黑龙江省南部，最远达内蒙古呼伦贝尔鄂温克旗；西至努鲁尔虎山以西，西南越燕山达河北中部。

在朝鲜的平安南道、平壤、黄海南道、平安北道、黄海北道，韩国的全罗南道、庆尚北道、庆尚南道、京畿道、忠清道、江原道等地都有发现，且铜剑多与多纽铜镜共出，如礼山东西里石棺墓、扶余松菊里石棺墓、莲花里石棺墓[⑤]等。

对这种铜剑起源时间，中国学者一般笼统地认为是在公元前10～前8世纪。起源地通常有辽西、辽东两种看法，个人依据沈阳北崴遗址的最新发现认为起源于辽河平原区的可能性更大。这类剑在辽东消失的时间，大约在公元前3世纪。

朝鲜半岛发现的东北系铜剑几乎涵盖了辽东所见同类剑除了最早与最晚的各个型式，分布地域也并非很有规律，显然是文化传播的结果，不排除有人群流动。

---

① 韩国国立博物馆、国立光州博物馆：《韩国的青铜器文化》，汎友社，1992年。
② 许玉林：《辽宁盖县伙家窝堡石棚发掘简报》，《考古》1993年第9期。
③ 沈阳故宫博物院等：《沈阳郑家洼子的两座青铜时代墓葬》，《考古学报》1975年第1期。
④ 辽宁省文物考古研究所等：《朝阳袁台子》，文物出版社，2010年。
⑤ 韩国国立博物馆、国立光州博物馆：《韩国的青铜器文化》，汎友社，1992年。

三、相 关 认 识

中国东北南部与韩国青铜文化交流以前者单向为主，具有阶段性与持续性特征。

（一）阶段性重要影响

辽东不与韩国接壤，但青铜文化有交流，而与辽东接壤的朝鲜，不同地区在文化面貌上与辽东有着程度不一的相似性。因此，首先应该考虑朝鲜这一中转地，但同时也不排除存在跨区文化传播的渠道。因为从朝鲜半岛与辽东类似陶器及制作技术看，并非均来自朝鲜半岛北部地区，也见于辽西、松嫩平原的因素，这些文化因素的传播既保持持续性，更有阶段性。

1. 第一阶段（公元前 11～前 8 世纪）

图们江流域、松嫩平原早期青铜文化对韩国青铜文化产生起到了重要作用。对日用陶器、农业经济生活影响较大。

这一时期辽西地区的夏家店下层文化衰落，与北方青铜器、"花边鬲"相关的北方、西方族群深入辽西、辽河平原乃至辽东。同时，源于贝加尔湖地区文化抵达松嫩平原，原有稳定的文化格局被打破，诸文化重组，并逐渐形成一些新的不同文化共同体。

韩国相关诸青铜考古学文化大抵也塑形于该时期，所以能够看到即将消亡的高台山文化、马城子文化、兴城文化及新兴的白金堡文化、柳庭洞文化因素。需要说明的是，上述文化都不流行支石墓，但却有稳定的定居生活。

公元前 10 世纪以后，以努鲁儿虎山为界，辽西西部为夏家店上层文化分布区，以东包括辽河平原、辽东半岛等地则为"含东北系铜剑文化集团"所占据。此阶段韩国所见相关文化因素主要来自后者，包括东北系铜剑等各类铜器流入，黏土带陶器出现等，但不足以改变本地已有的文化传统。

2. 第二阶段（公元前 3～前 1 世纪）

随着中国燕、秦、汉势力逐步向辽西、辽东推进，并设置郡县，辽东的文化格局再次发生了一个大的改变。含东北系铜剑集团的一部分开始向辽东北部及朝鲜半岛迁徙，大量土著居民、中原遗民迁往朝鲜半岛，直至南部地区，原有"支石墓文化"发生改变。随着汉在辽东文化圈设立四郡，韩国也建立起来三个国家，即马韩、辰韩和弁韩，也与中原移民有关。

（二）持续性影响

中国东北南部对韩国青铜文化的影响主要源于"辽东青铜文化圈"。这一文化圈地域范围跨朝鲜半岛北部，在新石器时代相关文化就有联系。

其影响路径主要有两个方向，一是辽东半岛文化跨海影响至大同江流域，并向南延伸；二是辽东山地文化跨江到清川江流域向南延伸。

"辽东青铜文化圈"的发展可分为三个阶段：西周中期文化圈形成，春秋晚期达到鼎盛，战国晚期衰落。辽东文化圈很可能与朝鲜侯国有关，而汉设四郡则是基于中原文化根基，汉郡辖域也是其后高句丽的重要发展方向。

日本古代地方官署和佛教寺院遗址的考古发掘与研究
——以最北的陆奥国及出羽国为中心

佐川正敏
（日本东北学院大学文学部历史学科）

一、日本古代地方官署遗址和佛教寺院遗址的发现与保护

在日本的古代（飞鸟时代至平安时代：6～12世纪），乙巳之变（大化改新）发生后的646年，中央政府将本州岛的东北地区南部至九州岛逐渐地划分为陆奥国、萨摩国等国，国内设置评/郡、乡、里级行政区划，征收租庸调等税收并直接统治全国。明治时代19世纪晚期以来，根据古代瓦件的分布与"郡山"等地名，以及对发掘出土的木简等带有文字资料的遗物进行考证，发现古代的国与郡的官署国衙、郡衙遗址与佛寺遗址（国分寺、尼寺及郡寺等）已经开始与《日本书纪》和《续日本纪》等史料中记载的官署对应，其中不乏遗址登录进国家史迹（相当于国家保护单位）、受到保护。

1964年东京首次举办的夏季奥林匹克运动会的开幕促进了日本全国范围内新干线、高速道路与工业区等大规模项目的进一步开发。在此期间，官署遗址与佛寺遗址、官营作坊遗址等陆续被发现。为此，全国各县、市、町、村都成立了文物考古部，进行发掘、保护工作，推进了土地的公有化、建筑遗迹的复原等维护工作，并用于历史教育及文化活动等公众考古的基地。此外，一些遗产也经过市民的保存运动得到了其价值的重视和保护。

下面，笔者关于大部分中国学者知道得并不多的古代日本北部边境陆奥国和出羽国的国府相关遗址、代表性郡衙遗址、官营作坊遗址及佛寺遗址的考古发掘情况要做报告。

二、东北地区南部的古代官署遗址与佛寺遗址的特征

1. 官署遗址的特征

笔者居住的东北地区南部（现今福岛县、宫城县、山形县、秋田县、岩手县），相当于古代的陆奥国与出羽国，中央政府设置了古代官署的郡衙［日语是"郡家（Guuke）"］

及佛寺。虽然这一地区是日本古代的最北端，中央政府将其以北的东北地区北部及北海道农业不发达地区的土著人带有偏见地称为"虾夷（Emishi）"，但是这里产出住在平安京与平安京等贵族珍爱的熊皮与羽毛箭所使用的鹰羽，古代的陆奥国和出羽国也是与虾夷贸易的基地[①]。与此同时，中央政府遵循唐代传入的华夷思想，于奈良时代将北部边界从现今福岛县扩大到宫城县，设立了新的郡（701 年前为评）与作为官署的郡衙，也举行了虾夷臣服的仪式。根据《日本书记》的记载，659 年，虾夷随同遣唐使来唐，谒见唐高宗时同席而坐，这是为了向唐表明日本政府也征服了异民族的虾夷，并接受了虾夷的朝贡。同时，称为"栅户（Sakko）"的移居者屡次进行新建立评郡衙和新开发稻田等活动，引发了与当地土著人虾夷之间的冲突，战争一再发生[②]。后来，陆奥国北部边境线在平安时代扩大到岩手县南半部。

因此，现今宫城、山形和秋田县的官署遗址不仅具备行政性的礼仪空间与实务空间，而且往往依丘陵而建，外郭城墙附有护城壕，架设多座瞭望台和箭楼等。这反映出与虾夷对抗中强化防御的性质，由此被称为"城栅（Jousaku）"[③]。这种情况是现福岛县以南的官署遗址中完全无法辨认的特征。这还与日本东北学院大学亚细亚流域文化研究所和中国社会科学院考古研究所于 2023 年 2 月举办的"中国都城考古新进展 3：秦汉都城与周边地区城市考古的新进展"[④] 中所提到的，秦汉帝国的统一与扩大进程中在周边地区营造新县城、与匈奴等周边民族之间的冲突与战争、为防御所营建的长城等，在性质上是相似的。

2. 官营作坊等生产遗址的特征

上述与虾夷对抗的防御性质，在东北地区南部沿太平洋地区官署附属的官营作坊等生产遗址中得以证实，尤其是发现了用于铁刀、矛和镞等锻造武器的大规模炼铁遗址地点。发现炼铁炉遗迹与木炭窑址的同时，还发现了作坊遗迹与大量废弃的铁渣[⑤]。遗址内并没有出土武器的铸模，但是发现了锻造用的石砧与飞溅的铁粒，这证明大部分武器都是用锻造法制作的。

其他发现包括官署与佛寺用的陶瓦窑遗址和制盐遗址等。

---

① a. 熊谷公男：《古代の蝦夷と城柵》，吉川弘文馆，2004 年。
　 b. 古代城栅官衙遗址检讨会 第 50 回事务局：《第 50 回古代城栅官衙检讨会 资料集》，2024 年。
② 熊谷公男编：《蝦夷と城柵の时代》，吉川弘文馆，2015 年。
③ a. 熊谷公男：《古代の蝦夷と城柵》，吉川弘文馆，2004 年。
　 b. 熊谷公男编：《蝦夷と城柵の时代》，吉川弘文馆，2015 年。
④ 日本东北学院大学アジア流域文化研究所、中国社会科学院考古研究所：《特集中国都城考古学の最前线 3：秦汉都城と周边地区都市考古学の新进展》，《アジア流域文化研究》XIV，东北学院大学アジア流域文化研究所，2023 年。
⑤ 饭村均：《律令国家の对虾夷政策：相马の制铁遗址群（改订版）》，新泉社，2023 年。

3. 佛寺遗址的特征

在奈良时代中期 741 年以后，陆奥国至萨摩国的全国各地都创建了国分寺、尼寺，这些佛寺所在地已经确认，并进行了发掘[①]。仙台市文物部门也主持陆奥国分寺遗址的大部分发掘工作，和尼寺遗址的部分发掘工作，同时正在推进陆奥国分寺遗址的全面公有化与佛寺中心的维护工作。

发掘结果表明，在国分寺创建之前，日本各国的郡中已经开始建造附属寺院的郡寺。陆奥国中也在郡衙遗址附近发现了设柱础和铺瓦的佛寺遗址。笔者推测，在 7 世纪后半，日本为使佛教镇护国家，全国上下都推行了建造佛寺的政策。笔者将这样的郡寺布局称作第一次镇护国家之网络。郡寺先于国分寺建造的原因尚不明确，但应该是参考和引进了隋文帝和唐武则天等在全国州县设置仁寿舍利塔和大云经寺等佛寺的制度。然而，在向日本传播佛教的百济，考古学上仍搞不清楚地方佛寺的实际情况[②]。新罗也是如此，直到 9 世纪才在全国建立了 9 个国立禅宗寺院（九山）。朝鲜半岛的古代地方佛寺情况需要进行进一步研究。

三、陆奥国与出羽国的国府相关遗址

1. 陆奥国的国府相关遗址

（1）宫城县仙台市的郡山遗址

为扩大在宫城县中部仙台平原与北部大崎平原的统治范围，中央政府于 7 世纪后半叶在流经仙台市的广濑川与名取川交汇处建造了郡山遗址 I 期官署作为政治和军事基地[③]。7 世纪末又建造了郡山遗址 II 期官署，由 428 米（1400 尺）见方的原木头排列建成外郭，其中央为政厅区域，规则地排列着正殿与几个配殿（图 1）。东侧有方形的石框水池，与奈良县明日香村的石神遗址水池十分相似，由此推测，这里是虾夷举行归顺仪式的场所。而且，官署外郭为正方形，其外侧挖有间隔 50 米的双层壕沟，这点与 7 世纪末的首都藤原京宫城十分相似。此外，外郭外侧的西南部还建有观音寺式伽蓝布局的寺院，即郡山废寺遗址。这与后文多贺城废寺遗址布局相同。根据上述情况，可以认为郡山遗址 II 期官署正是搬到多贺城之前的最初陆奥国府。

（2）宫城县多贺城市的多贺城遗址

新国府多贺城由大野东人创建于 724 年[④]。南北道路连接外郭正门的南门与政厅，

[①] 吉川真司编：《古代寺院》，岩波书店，2019 年。
[②] 佐川正敏：《考古学から見た古代東アジアの鎮護国家政策の展開と意義》，《東アジアの王宮・王都と佛教》，勉誠社，2023 年。
[③] 长岛荣一：《郡山遗址—飞鸟时代的陆奥国府址》，同成社，2009 年。
[④] a. 高仓敏明：《多贺城址—古代国家の東北支配の要衝》，同成社，2009 年。
　　b. 进藤秋辉编：《東北の古代遗址—城栅・官衙と寺院》，高志书院，2010 年。
　　c. 古代城栅官衙遗址检讨会 第 50 回事务局：《第 50 回古代城栅官衙检讨会 资料集》，2024 年。

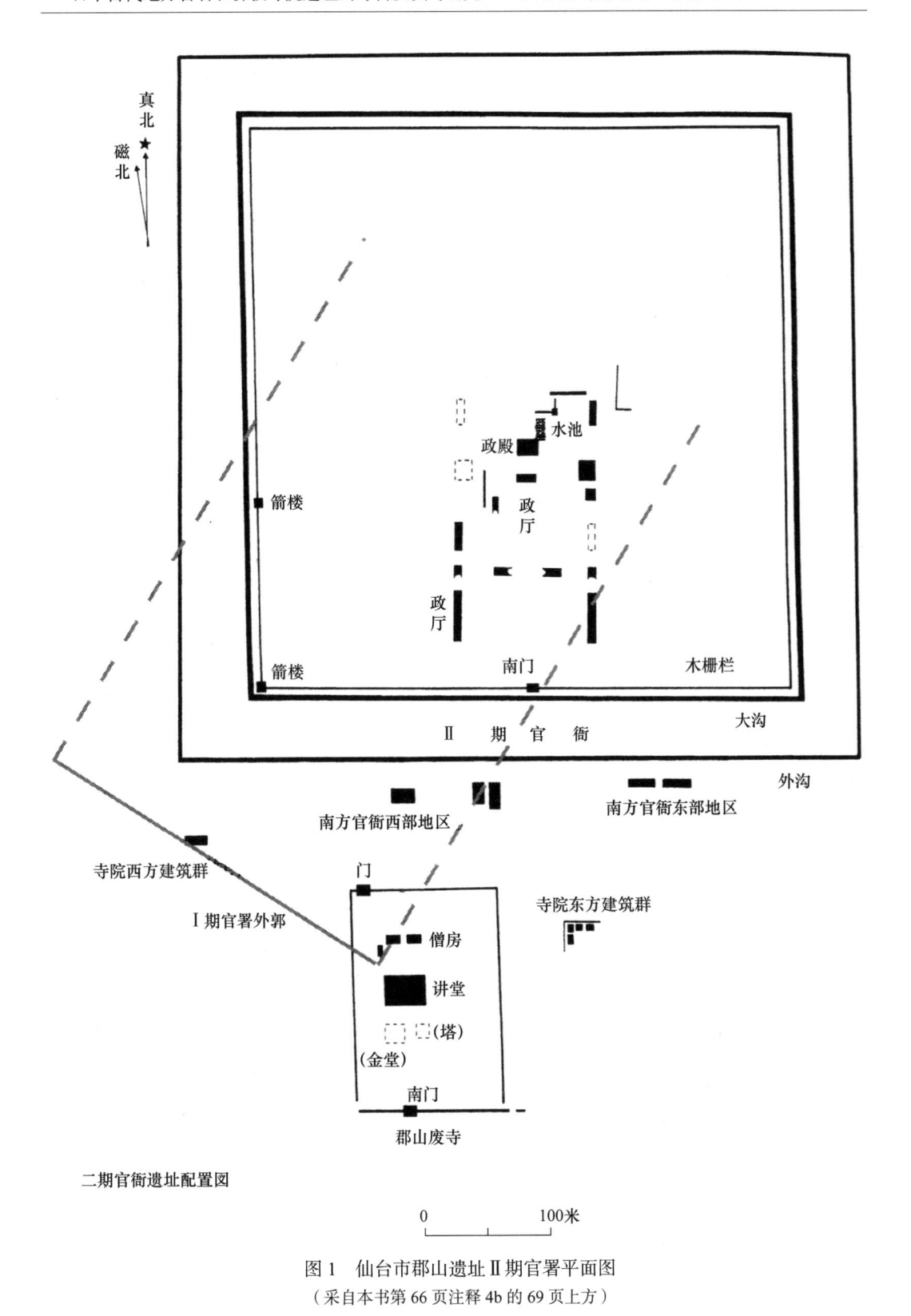

日本古代地方官署和佛教寺院遗址的考古发掘与研究——以最北的陆奥国及出羽国为中心

图 1　仙台市郡山遗址 II 期官署平面图
（采自本书第 66 页注释 4b 的 69 页上方）

其东侧立有多贺城碑，碑文记载了此事。多贺城与郡山遗址不同，建于丘陵地带。这是为了抵御720年虾夷大叛乱有意选地和设计的。1963年以来的发掘调查显示：多贺城外围绕着边长为670~1000米不规则的方形外郭，外郭上设有南、东和西等城门与箭楼（图2）；国府由8世纪使用至11世纪；政厅区域与外郭因762年的大规模修建，780年的虾夷叛乱引发的火灾和869年的大地震经历过三次重建（图3）；政厅区域由配置了南北两门的夯土墙包围，其内部由正殿与后殿、配殿与广场组成；外郭内还有多个实务官署与作坊；在8世纪晚期至10世纪期间，外郭南面已经形成了纵横的街路（见图2）；已经建成了国司的宅邸、陆奥国内的郡办事处及大型仓库等。特别是连接外郭正门与政厅的南大路东侧的城前官署区域，那里出土了7世纪中期的木简，表明曾建有作为应对虾夷的军政机关的镇守府相关的建筑。

（3）岩手县奥州市的胆泽城遗址

虾夷叛乱在陆奥国北部（现宫城县东北部至岩手县南半）频频出现，尤其是780年虾夷出身的栗原郡守杀死陆奥国长官后，烧毁了多贺城，因此中央政府不时派出军队镇压[①]。

胆泽城建于平安时代初期的802年，由征夷大将军坂上田村麻吕在陆奥国北部（现岩手县南半）讨伐虾夷时所建[②]。到808年，多贺城所有的镇守府功能已转移到胆泽城，9世纪中期以后成为陆奥国北部军事和政治的重要基地。1954年以来的发掘调查显示：胆泽城由边长668.2米（2200尺）的方形外郭环绕，设置了南门与北门，四边均在间隔约66米（220尺）的位置设置箭楼；政厅区域位于外郭中心稍偏南的位置，四周建有城墙，至少配备了南门和东门；政厅区域内部由正殿、配殿与广场组成，周围有官署区域及兵营的半地穴房子（图4）；外郭南面也有宅邸等建筑。

此外，坂上田村麻吕于803年在岩手县盛冈市营建了陆奥国最北的具有军政性质的志波城[③]。志波城的外郭边长为840米（2800尺），是陆奥国规模最大的城址。志波城都与胆泽城的平面结构比较相似，包括政厅区域，尤其是政厅区周围也分布着多个用作兵营的竖穴住居。但志波城外郭北部的雫石川频繁决堤，于是812年志波城被废弃，在其南方又修建了德丹城[④]。德丹城的平面结构与志波城类似，但外郭边长仅356米（1200尺），规模小于志波城。德丹城使用至848年，其针对虾夷的军政功能被并入作为镇守府的胆泽城，而陆奥国北部的虾夷统治与同化政策也在逐步展开。

上述三城均建于抗击虾夷的前线，且位于平坦地带，其选址与多贺城及后文建造在陆奥国中部（现今宫城县中北部）丘陵上的有郡官署功能的城栅不同。利用南北走向流经北上平原的北上川可以与完全统治下的陆奥国中部相连。重视这种水运的同时，正方形城址也选用了大型城门，建造巨大的外郭夯土墙、配备排列整齐的箭楼，以此从视觉上对虾夷人彰显中央政府的权威。

---

① 铃木拓也编：《三十八年战争と虾夷政策の転换》，吉川弘文馆，2016年。
② 进藤秋辉编：《东北の古代遗址—城栅・官衙と寺院》，高志书院，2010年。
③ 西野修：《志波城德丹城址—古代陆奥国北端二城栅》，同成社，2008年。
④ 西野修：《志波城德丹城址—古代陆奥国北端二城栅》，同成社，2008年。

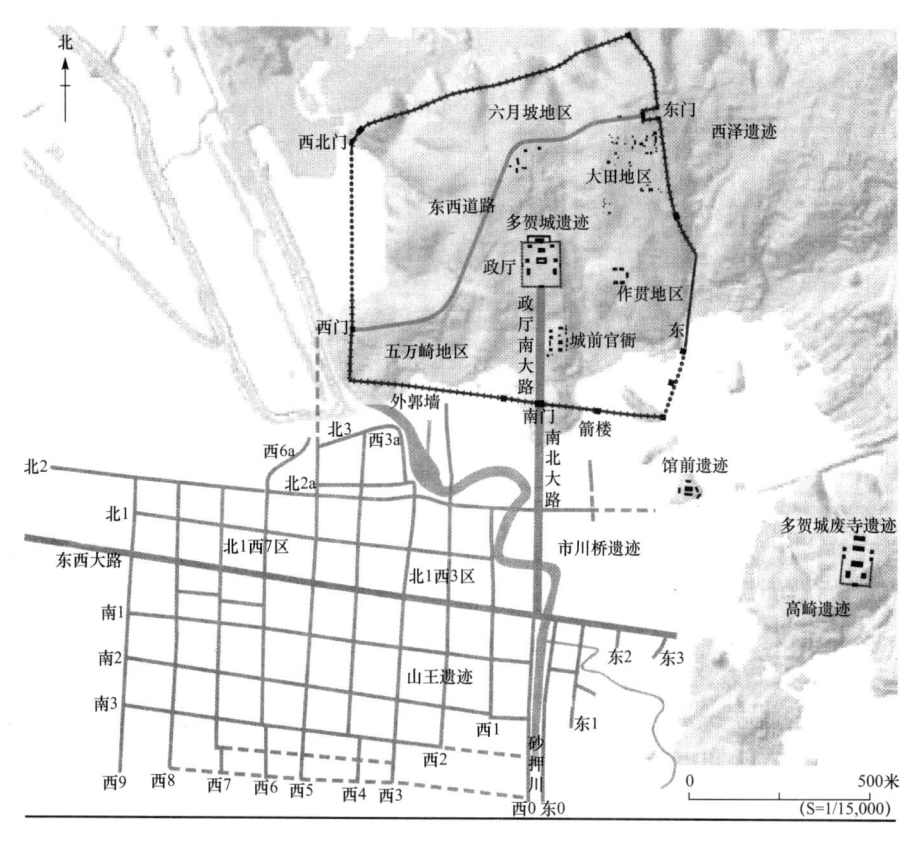

图 2　宫城县多贺城遗址Ⅳ期平面图
（采自本书第 66 页注释 4c 的 92 页上方）

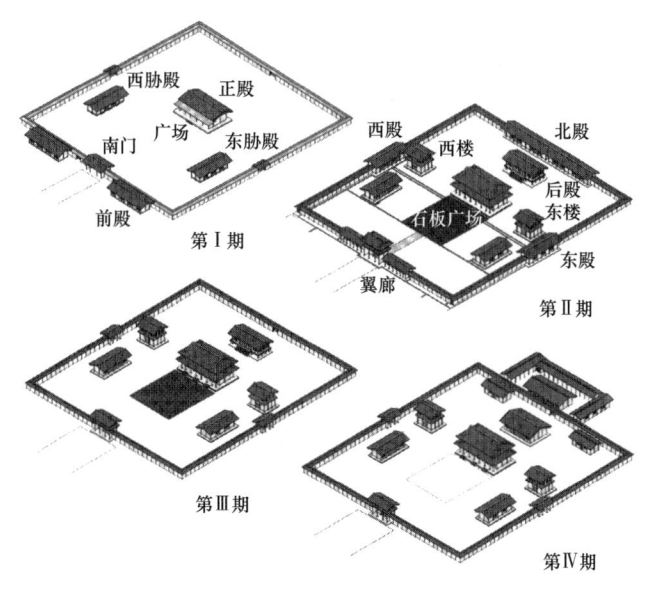

图 3　多贺城遗址政厅四个阶段复原示意图
（采自本书第 65 页注释 1 的 100 页）

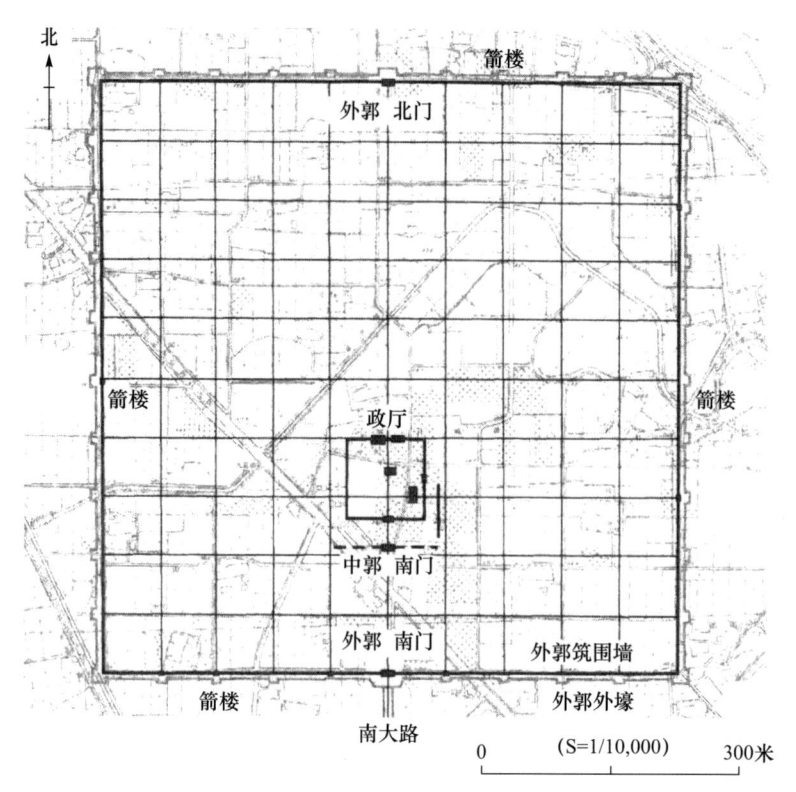

图 4　岩手县胆泽城遗址平面图
（采自本书第 66 页注释 4c 的 118 页左上方）

2. 出羽国的国府相关遗址

（1）山形县酒田市的城轮栅遗址

以 709 年在东北地区山形县酒田市设立的出羽郡出羽栅为政治和军事的基地，国家的领土也向日本海一侧展开扩张，并在 712 年设置了出羽国。这一最早的出羽栅和出羽国府极有可能是城轮栅遗址[①]。1931 年以来，国家与酒田市陆续进行发掘调查，发现了边长约 720 米（2400 尺）的外郭设施与门和箭楼，中央的位置为政厅区域，围有边长约 115 米（380 尺）的夯土墙，内部有正殿、配殿、广场与后殿等建筑。在其遗址东方还发现过和佛寺有关的遗址。

（2）秋田县秋田市的秋田城址

出羽栅于 733 年移设至城轮栅遗址向北约 100 千米的秋田县秋田市雄物川河口东边的丘陵。这里就是秋田城址[②]。鉴于此处是渤海早期的登陆点，也是与北海道南部虾夷人进行贸易的场所等原因，统治范围得以迅速向北扩张。自 1959 年以来，国家和秋田

---

① a. 古代城栅官衙遗址检讨会 第 50 回事务局：《第 50 回古代城栅官衙检讨会 资料集》，2024 年。
　 b. 进藤秋辉编：《东北の古代遗址—城栅・官衙と寺院》，高志书院，2010 年。
② 伊藤武士：《秋田城址—最北の古代城栅》，同成社，2006 年。

市文物部门进行了持续不断的发掘。调查发现了东西长约550、南北宽约550米的不规则方形外郭设施,到10世纪中期,该外墙设施由铺瓦夯土墙变为非铺瓦夯土墙,再变为材木列墙,最后变为大型壕沟(图5)。外郭中央有东西约94、南北约77米长方形的政厅区域,内有正殿、配殿、广场等。外郭内外均有官署、仓库、作坊及佛寺、冲水式厕所。根据上述情况,有观点认为秋田城址就是后来的出羽国府或国府级官署。

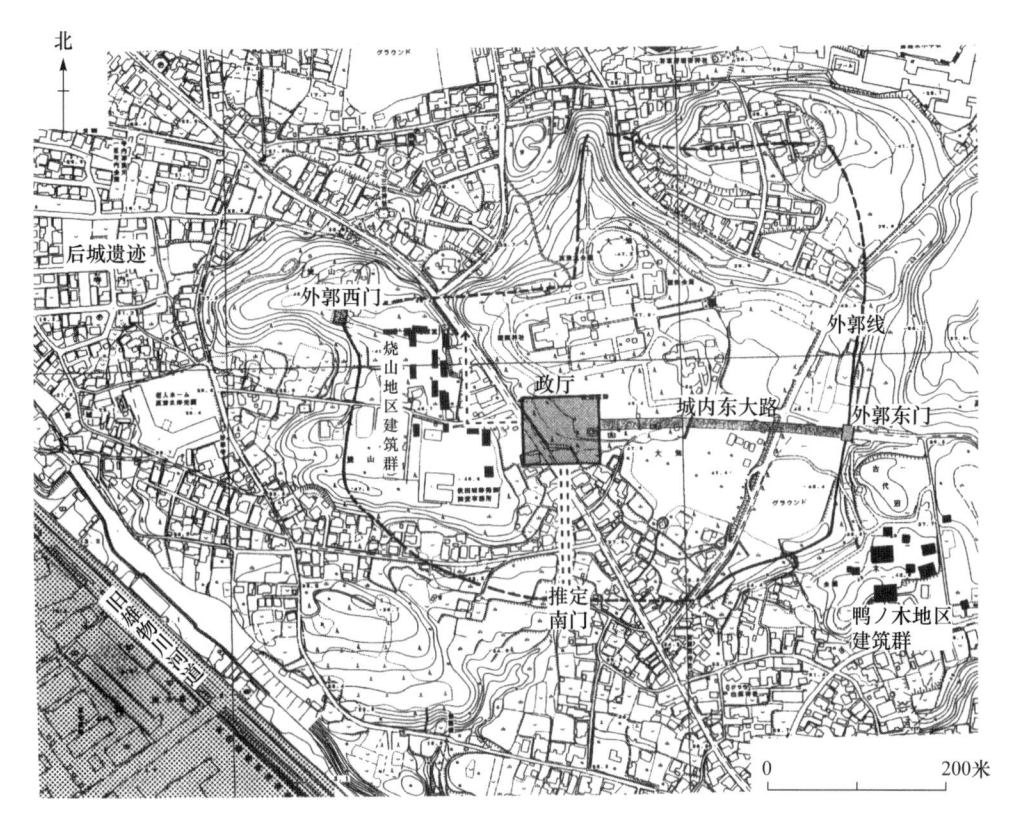

图5 秋田县秋田城遗址平面图
(采自本书第70页注释2的174页)

四、陆奥国南部和中部的代表性郡官署及城栅

645年在现今奈良县的飞鸟宫发生的乙巳之变(大化改新)以前,陆奥国南部(现今福岛县)受到了古坟文化的影响,已经有了一种行政区"国造"制度。中央政府从646年以后,将全国的国造再编成为评,从701年将评改为郡。在陆奥国南部的平坦地区设置了评及其官署,同时在陆奥国中部(宫城县)仙台平原设置了郡山Ⅰ期遗址,开始扩大国家北边的领土[①]。在7世纪末期,中央政府将郡山Ⅰ期遗址改造为Ⅱ期遗址

---

① 熊谷公男编:《蝦夷と城柵の时代》,吉川弘文馆,2015年。

而作为初次陆奥国府（见图 1），同时开始设置新的郡衙。尤其是在陆奥国中部郡衙都在丘陵上建造的城栅，强化了对北部虾夷的军事功能。以下是具有代表性的两个例子。

1. 福岛县南相马市的行方郡衙——泉官署遗址

福岛县南相马市文物部门持续进行的发掘调查显示，泉官署遗址从注入太平洋的新井田川北岸向西，依次整齐设有郡守（日语是郡司）的住宅地区（馆院）、仓库地区（正仓院）、运河和码头地区、政厅地区（郡厅院）与郡寺地区，能全面地了解郡衙遗址是目前在日本罕见的（图 6）[1]。泉官署遗址被认为是在原来没有国造之地新成立的行方评和郡中心，新成立的背景也许和在陆奥国的制铁中心有一定关系。虽然包围郡署整体的外郭情况不明，但从陶器和莲花瓦当的年代判断，这里在 7 世纪末期至 10 世纪之间投入使用。郡厅院大致上重建过两次，每次都由东西长 44～55、南北宽 50～68 米的木栅栏包围。与其他许多郡厅一样，这里也配置有非础石式、非铺瓦的正殿、后殿、配殿，还有石头铺设的广场。正仓院周围由木栅栏和大型壕沟环绕，内部整齐排列着铺防火用板瓦的干栏式仓库。在这还出土了炭化的大米，说明在这发生过火灾而且重建

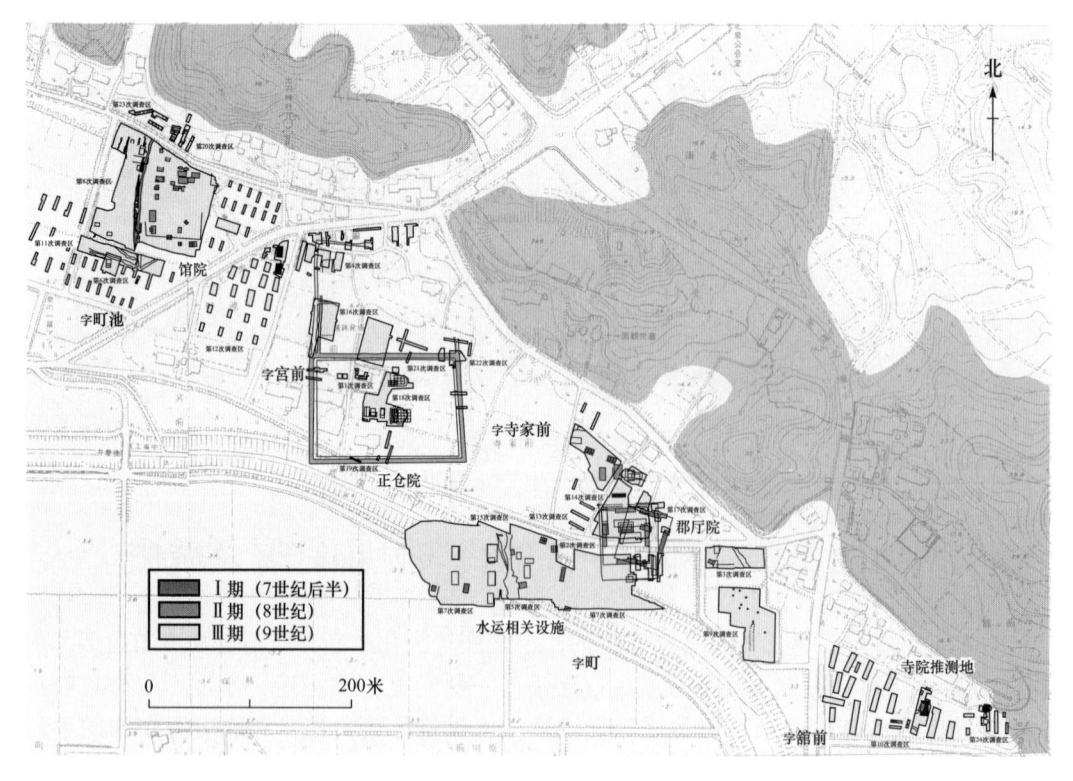

图 6　福岛县泉官署遗址平面图
（采自本书第 72 页注释 1 的 12、13 页）

---

[1] 藤木海：《南相馬に躍動する古代の郡役所—泉官衙遺跡》，新泉社，2016 年。

过一次。虽然在郡厅院遗迹的东方没有发现过佛寺的台基和柱础等遗迹，但是根据笔者对瓦当的研究，可以分出三个不同时代的多种瓦当，因此可以复原出三个不同时期都有佛殿和塔等不同建筑的伽蓝[①]。

2. 宫城县加美町的加美郡衙——东山官署遗址

东山官署遗址与宫城县大崎平原上东西排列的几座城栅相同，都建在丘陵上[②]。自1986年以来，宫城县多贺城址调查研究所发掘调查显示，外郭是沿着东西约300、南北约250米的丘陵边缘建立夯土墙而建成的；其内部由南北向的大型壕沟分成东西两部分，东部为政厅院与馆，西部有个较大的正仓院；政厅院由边长约50米的方形圆木头墙环绕，其中有正殿、配殿与广场等，8～10世纪初重建过四次（图7）。其遗址被认为是加美郡衙。

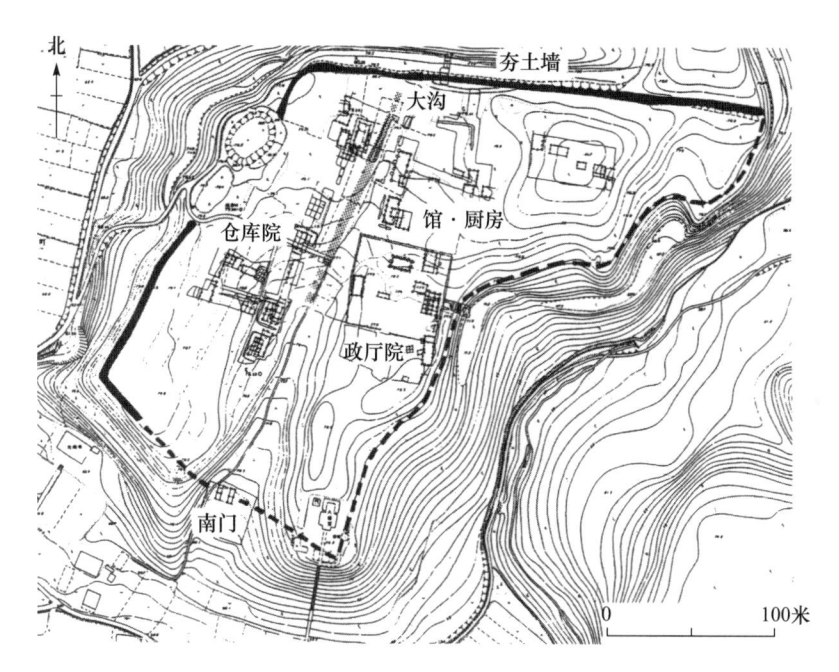

图7 宫城县东山官署遗址平面图
（采自本书第70页注释1b的101页上方）

值得注意的是，东山官署遗址南侧的平地上，在东西2、南北1.5千米的范围（坛之越遗址）内出现了一片带有纵横道路的方格土地区划（图8）[③]。道路以南北向、东西向大路为中心，其中还有另一个由夯土墙与圆木头栅栏包围的空间。年代在8世纪中期

---

① 佐川正敏：《福岛县原町市泉废寺址出土轩が瓦る语古代行方郡衙郡寺样相》，《东北学院大学东北文化研究所纪要》第36号，2004年。
② 熊谷公男编：《蝦夷と城栅の时代》，吉川弘文馆，2015年。
③ 熊谷公男编：《蝦夷と城栅の时代》，吉川弘文馆，2015年。

至 10 世纪前半。正史《续日本纪》中记载，737 年曾修建从陆奥国跨越奥羽山脉直通出羽国秋田城的道路。由此推断，坛之越遗址可能是这个大路的城址关设施与联络道路遗迹（相当于东西大路）。这个打通道路的计划由于出羽一侧的大雪障碍而放弃，但在 759 年才能建成了通往秋田县横手市雄胜城的通道。

图 8　宫城县坛之越遗址平面图
（采自本书第 73 页注释 2 的 103 页）

此外，据《续日本纪》的记载，737 年的陆奥—出羽通道开凿计划之际，在陆奥、出羽两国长官兼任的大野东人在士兵的护卫下亲临现场直接指挥中，圣武天皇的皇后光明子之四哥藤原麻吕作为天皇任命的持节大使进驻国府多贺城。为了防备宫城县北部到岩手县一带的虾夷入侵，横贯大崎平原的加美郡到牡鹿郡的几座城栅和郡衙加强了士兵守备，构筑起国家北边的防御线。可以说这正是日本的小长城。

五、陆奥国南部和中部的生产遗址

1. 制铁遗址

陆奥国南部太平洋沿岸的现福岛县南相马市（陆奥国行方郡）、相马市（宇多郡），宫城县亘理町（亘理郡），以及陆奥国中部宫城县多贺城市、利府町（宫城郡）中都发现了**制铁遗址**①。这是由 7 世纪后期至 10 世纪前半用于熔化铁砂以生产铁铸锭的炼铁炉遗迹和生产木炭以将炼铁炉加热至高温的木炭窑址组成的，在这些遗址附近还丢弃着大量的铁渣（图 9）。由于在炼铁遗址中几乎都没有发现铸件，因此产品应该是通过锻造生产的。在福岛县，到 8 世纪下半叶，炼铁遗址从沿海迁移向内陆地区，并改用了生产效率更高的熔炉。这些炼铁遗址旨在生产铁制武器，如箭镞、弩机、矛和刀，以用于与虾夷人的战争。据推测，每个郡都有生产兵器的制铁厂，并由陆奥国府多贺城等严格管理和分配。

图 9　福岛县南相马市金泽地区制铁遗址的踏板式风箱和炼铁炉遗迹
（采自本书第 75 页注释 1 的 34 页上方）

2. 瓦窑遗址

在日本，瓦件生产很少在官署或佛寺内进行。7 世纪末期至 8 世纪初期陆奥国府还在郡山 II 期官署遗址时，陆奥国南部及中部的郡衙和城栅的政厅基本没有用瓦，但附属佛寺的屋顶几乎都是铺瓦的。这些瓦件都产自各郡内或郡附近。由于它们与关东地区现群马县（古代的上野国）、栃木县（下野国）、埼玉县（武藏国）和千叶县（上总国）等郡寺的瓦当的图案和制作工艺相似，因此被认为是关东地区各郡分别支援此处时制作的②。

724 年左右新陆奥国府多贺城创建阶段（多贺城 I 期）使用的瓦件是在当时陆奥国最北部现宫城县大崎平原新建的城栅与郡衙附近生产，再搬运到距离窑址以南 45 千米的多贺城③。因为 720 年虾夷人大叛乱在大崎平原发生，被镇压后，很快便开始恢复城栅和郡衙及兵士驻屯基地，还需要新建造郡衙和其附属佛寺，所以在大崎平原附近陆续制作窑，先生产了地方需要的陶器和瓦件，然后在多贺城的创建施工下还继续使用大崎平原附近的瓦窑。

而 8 世纪中期陆奥国分寺创建阶段和多贺城第一次重建阶段（多贺城 II 期），以及到之后的平安时代 9 世纪晚期（多贺城 IV 期），窑址就搬到接近多贺城的宫城县利府町及仙台市的丘陵地带了（图 10）。瓦窑的

图 10　仙台市与兵卫沼窑址的 9 世纪晚期龙窑（笔者摄影）

---

① 饭村均：《律令国家の対虾夷政策：相马の制铁遗址群（改订版）》，新泉社，2023 年。
② 熊谷公男编：《蝦夷と城柵の時代》，吉川弘文館，2015 年。
③ 进藤秋辉编：《東北の古代遺跡—城柵・官衙と寺院》，高志书院，2010 年。

结构始终是龙窑（日语是窖窑或登窑），基本上没有采用平城京或平安京等都城中使用的平窑。

此外，在多贺城Ⅰ期和Ⅱ期的瓦件上经常有包括关东地区古代郡名或几何图案符号的戳印，可以理解在多贺城直属的制瓦作坊工人组织和工人故地及其管理[①]。

六、陆奥国中部和南部的佛寺遗址

1. 宫城县多贺城市的多贺城废寺遗址

多贺城废寺遗址位于陆奥国府多贺城东南约1千米处，讲堂西南侧是朝东的佛殿（日语是金堂）、东南侧为佛塔，是一座观世音寺式伽蓝布局的寺院，菱田哲郎推测在朝东佛殿供奉是西方净土教主的阿弥陀如来（图11）[②]。多贺城前身的仙台市郡山遗址Ⅱ期官署的附属佛寺郡山废寺也采用了这种伽蓝布局。此外，九州福冈县太宰府市的大宰府与郡山遗址Ⅱ期官署及多贺城相同，也是面对统一新罗和唐朝的异民族之大宰府附属佛寺观世音寺也同样采用了这种布局。大宰府的观世音寺建于7世纪末，还是这种伽蓝布局名称的由来。这表明日本在国策上十分重视东西两端的国府。另外在创建国分寺以前，各个地方都没有建立国家佛寺，郡寺营造最初的目的是镇护国家。

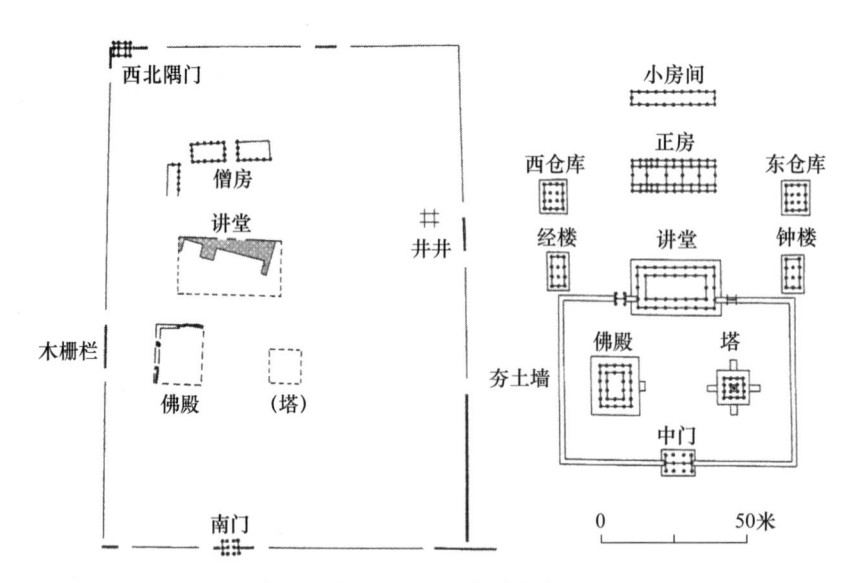

图11 宫城县郡山废寺和多贺城废寺遗址平面图
（采自本文第75页注释2的163页）

---

① 宫城县教育委员会、宫城县多贺城址调查研究所：《多贺城址—政厅址》，1982年。
② a. 宫城县教育委员会、多贺城町：《多贺城址调查报告Ⅰ—多贺城废寺址》，吉川弘文馆，1970年。
　b. 吉川真司编：《古代寺院》，岩波书店，2019年。
　c. 进藤秋辉编：《东北の古代遗址—城栅・官衙と寺院》，高志书院，2010年。

2. 宫城县仙台市的陆奥国分寺遗址

奈良时代 741 年，圣武天皇下旨在全国开始建立国分寺与国分尼寺。由此，笔者认为是第二次国家镇护网络建设的开始。据《续日本纪》中 747 年的记载，佛寺建得非常慢，中央政府批评各国长官的玩忽而督促营建国分寺。1955 年以来东北大学和仙台市文物部门对陆奥国分寺的发掘调查显示，寺域有东西约 240 米（800 尺）、南北 240 米以上的长方形外郭；中门、佛殿、讲堂和食堂排列在同一轴线上，位于寺域的中心，安置在回廊内；其东侧另有一个以七重塔为中心的塔院（图 12）[①]。日本进入奈良时代后，佛塔逐渐放置在了作为寺院中心的回廊之外侧，也很少用来供奉佛舍利。这与安置佛像的佛殿成为寺院中心，塔的功能发生重大变化有关。塔开始供奉"法舍利"佛典，而非佛舍利，在东大寺等金堂的台基下开始埋藏类似于佛舍利的镇地用具了。由此，日本的塔转变为各国与各郡的标志性建筑。

3. 福岛县至宫城县的郡寺遗址

陆奥国南部现福岛县白河市的借宿废寺遗址及福岛县磐城市的夏井废寺遗址已经通过发掘调查阐明了其伽蓝布局。借宿废寺遗址是白河郡衙关和久官署遗址西南的郡寺[②]。经白河市文物部门 2003~2007 年的发掘调查确认，寺院东侧为佛殿、西侧为塔，二者北侧为讲堂，是日本最北端的法隆寺式伽蓝布局（图 13）。夏井废寺遗址是磐城郡衙根岸遗址北部的郡寺，经磐城市文物部门的发掘确认，此处为观世音寺式伽蓝布局的变种（图 14）[③]。

陆奥国中部现宫城县加美町的菜切谷废寺是如上所述的加美郡衙东山官署遗址东方的郡寺，宫城县大崎市的伏见废寺遗址是 713 年建成的丹取郡和 728 年改称为玉造郡的郡衙名生馆官衙遗址南方的郡寺，两者都发现了一座佛殿的台基[④]。虽然有仅佛殿一堂存在的看法，但由于在伏见废寺遗址发现了不同时期的多种瓦当，笔者认为这里有几座堂塔布局[⑤]。如上所述，在日本，除了九州西部和南部的现长崎县、宫崎县与鹿儿岛县以外，在国分寺建造之前的 7 世纪晚期至奈良时代早期，几乎无一例外地都建造了郡寺，即使在当时日本最北部的丹取郡也是如此。

[①] a. 陆奥国分寺址发掘调查委员会编：《陆奥国分寺址》，财团法人河北文化事业团，1961 年。
　　b. 斋野裕彦：《最北の国分寺虾夷社会—仙台平野からみた律令社会》，敬文舍，2023 年。
[②] a. 铃木功：《白河郡衙遗址群—古代东国行政の一大中心》，同成社，2006 年。
　　b. 熊谷公男编：《蝦夷と城柵の时代》，吉川弘文馆，2015 年。
[③] a. いわき市教育委员会：《夏井废寺址—陆奥国磐城郡古代寺院址の调查》，2004 年。
　　b. 熊谷公男编：《蝦夷と城柵の时代》，吉川弘文馆，2015 年。
[④] 进藤秋辉编：《东北の古代遗址—城柵・官衙と寺院》，高志书院，2010 年。
[⑤] 熊谷公男编：《蝦夷と城柵の时代》，吉川弘文馆，2015 年。

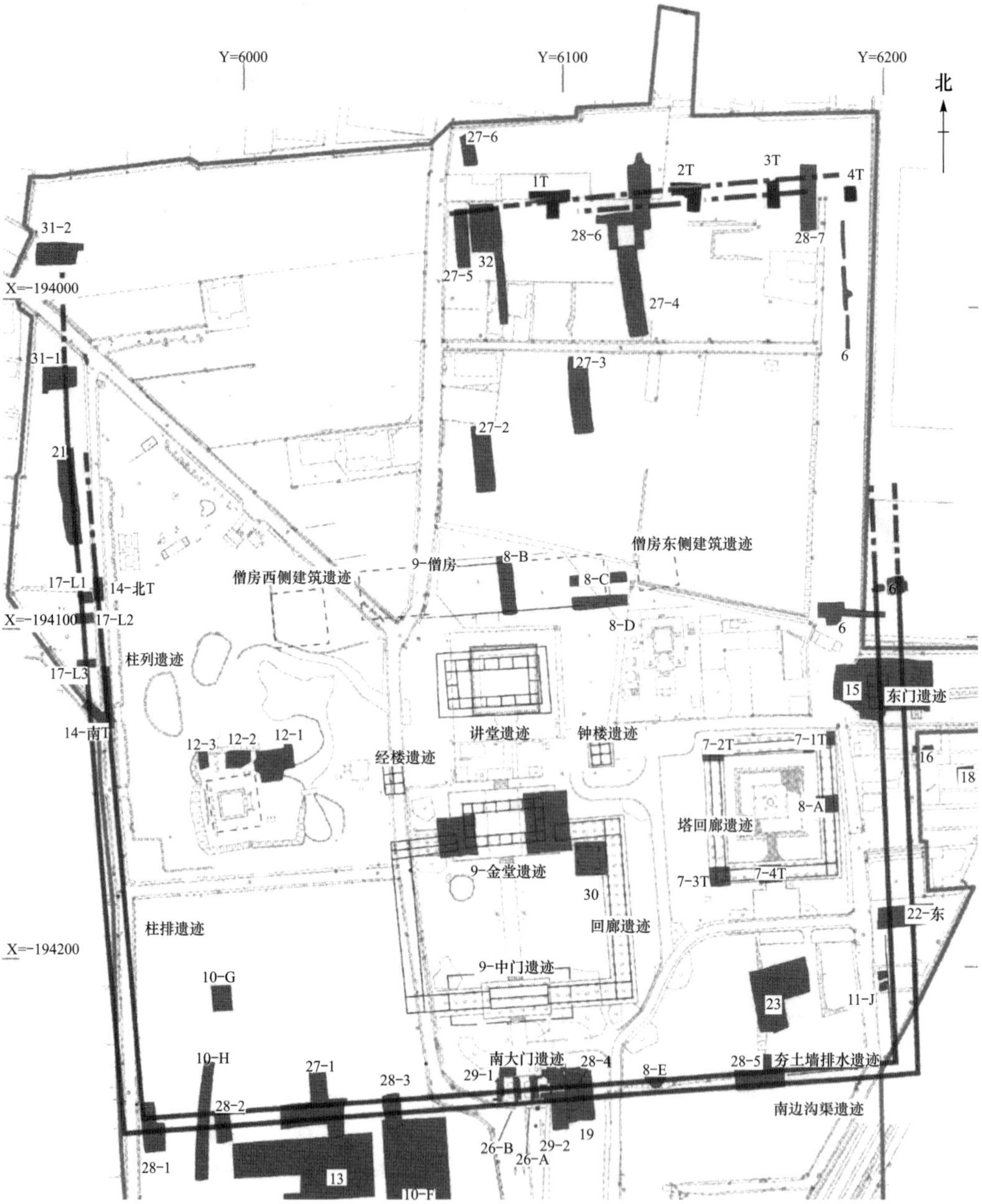

图 12　仙台市陆奥国分寺遗址平面图

（采自本书第 70 页注释 1a 的 31 页）

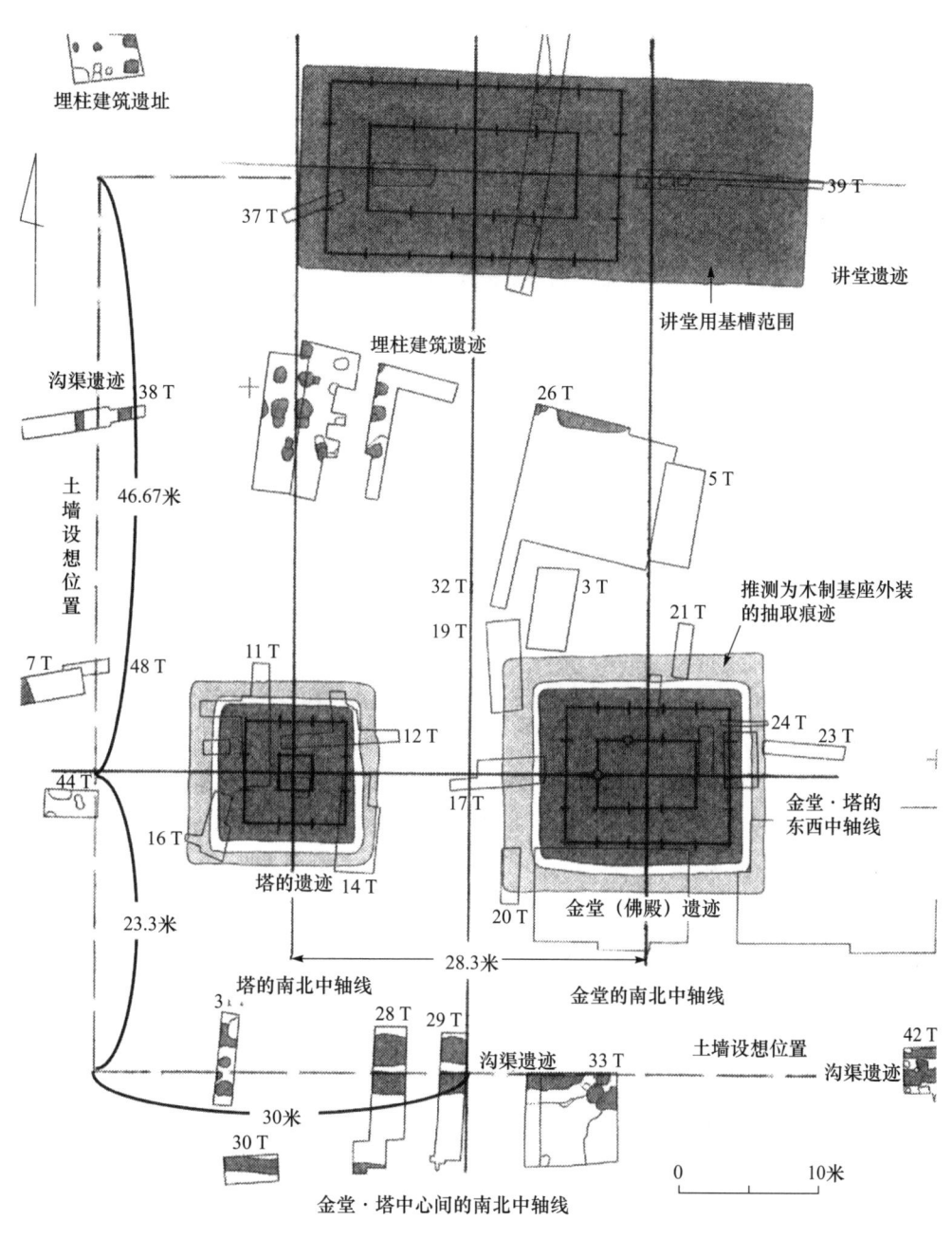

图 13　福岛县借宿废寺遗址平面图
（采自本文第 77 页注释 2b 的 169 页）

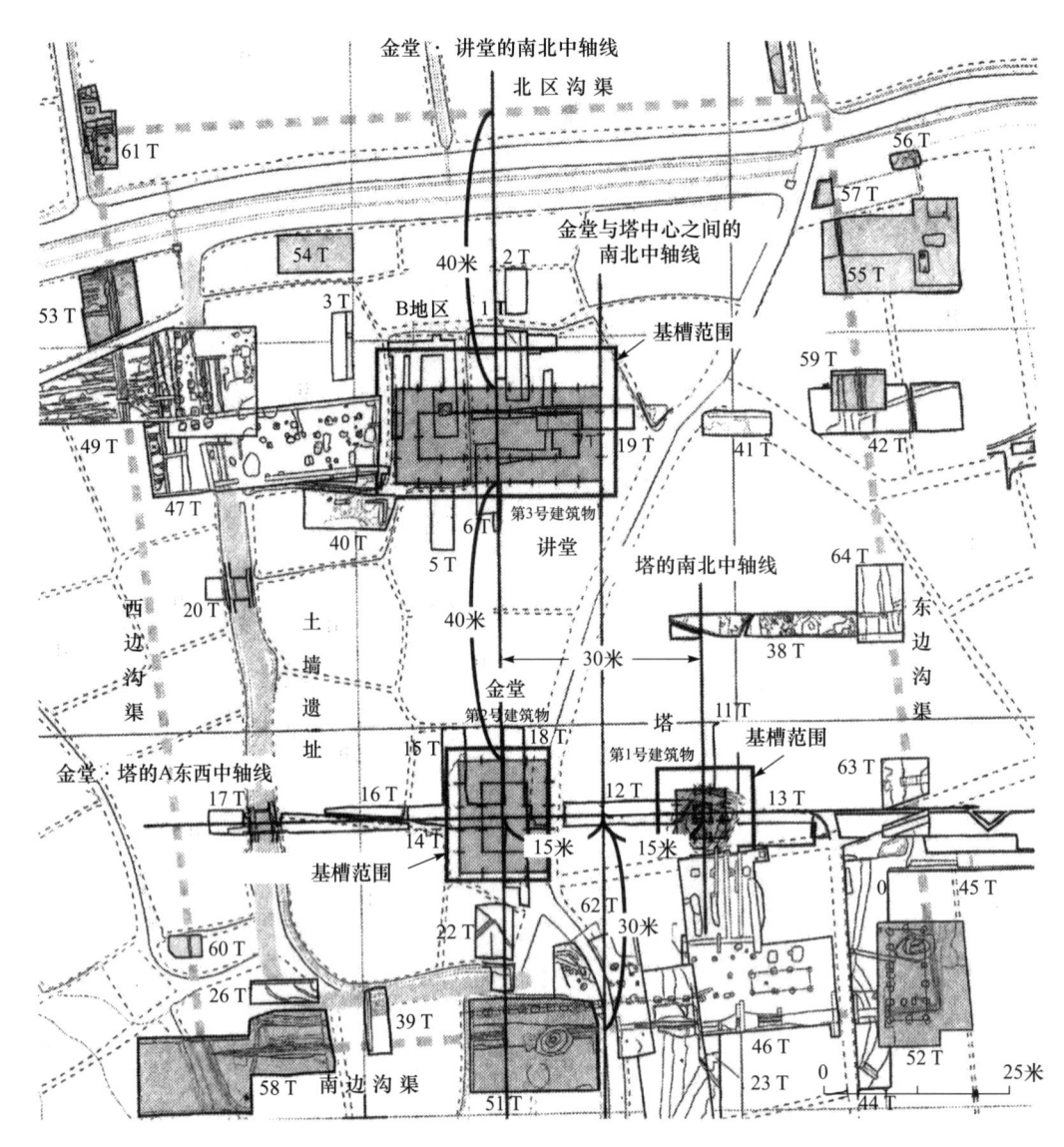

图 14　福岛县夏井废寺遗址平面图
（采自本书第 77 页注释 3b 的 168 页）

七、结　　语

上述位于古代日本最北端的陆奥国及出羽国中的相当于国府的遗址、具有郡官署功能城栅的遗址、其辖下的锻铁和瓦窑生产遗址，以及国分寺和郡寺遗址，都是建立在与虾夷对抗的基础上的。许多中国学者都对都城藤原京、平城京及平安京并不陌生，但可能是第一次接触日本地方上的考古学情况。

部分学者认为在古代日本最西端的九州，大宰府的南侧有一个建有棋盘式里坊的城市空间[1]。唐及统一新罗等先进国家的使节访日时,在现福冈市的博多靠港后下榻于迎宾馆鸿胪馆,再访问大宰府。这可能是为了表现国府外观所建的配套城市空间。除了现宫崎县的日向国、鹿儿岛县的大隅国和萨摩国之外,九州其他各国都建立了郡衙和郡寺。但在九州最南端的日向、大隅、萨摩三国目前都没有发现过郡衙,郡寺和相当于陆奥国及出羽国的城栅遗址。这是因为当地居住着被称为"隼人(Hayato)"的土著人,他们时常反抗中央政府[2]。三国中最早建立的佛寺是8世纪中期的国分寺。

中国社会科学院考古研究所和东北学院大学亚细亚流域文化研究所于2023年3月召开的学术研讨会"中国都城考古新进展3:秦汉都城及其周边地区的城市考古新进展",在徐光冀老师的弟子朱岩石先生的强力支持下,从地方城市、周边城市和包括匈奴在内的周边国家的角度开展了学术讨论[3]。在2024年3月召开的"中国都城考古新进展4:隋唐都城及其周边地区的城市考古新进展"会议中,继承并进一步拓展了这一重要视角。笔者也从2024年10月突然逝世的朱岩石先生的这一视角考察了日本古代的地方统治及其机关,并做了简要介绍。此文章是对研讨会"中国都城考古新进展4:隋唐都城及其周边地区的城市考古新进展"中发表的内容部分修改而成的。

笔者与徐光冀老师初次见面是在1982年,当时在裴文中老师的追悼会上,笔者向他做了自我介绍。1980~1982年,笔者作为日本第一批高级进修生在北京大学历史系考古专业留学,学习和研究了中国史前考古,所以经常看《考古》和《考古学报》等杂志,也学习和参考过徐光冀老师在内蒙古工作队时写过的富河沟门遗址等文章。1986~1998年,笔者在日本奈良国立文化财研究所发掘过平城宫等都城和佛寺遗址,并开始从事日中都城和佛教考古的比较研究。徐光冀老师到奈良国立文化财研究所来访问时,笔者曾三次做过他演讲的翻译,还陪同他与他同行学者一起参观了奈良周边和全国各地的不少考古遗址和博物馆。1998年,笔者在老家仙台的东北学院大学开始工作以后,前往中国河北省临漳县邺城遗址和内蒙古巴林左旗辽上京遗址参加学术研讨会时,会见过徐光冀老师。虽然他已经80多岁,但仍可以每次单独乘坐高铁或者飞机,身体非常健康,会议讲话也有深入内容和独特的考古精神。衷心祝贺徐光冀老师90华诞,同时希望还能经常得到徐光冀老师的教导和鼓励。

附记:本文在中文翻译中,得到东北学院大学研究生院博士研究生杨雪雁同学的协助。

---

[1] 杉原敏之:《远の朝廷—大宰府》,新泉社,2011年。
[2] 中村明藏:《隼人の古代史》,吉川弘文馆,2019年。
[3] 日本东北学院大学アジア流域文化研究所、中国社会科学院考古研究所:《特集中国都城考古学の最前线3:秦汉都城と周边地区都市考古学の新进展》,《アジア流域文化研究》XIV,东北学院大学アジア流域文化研究所,2023年。

他山之石：德国和法国盐业考古的启示

李水城

一

1871年，普法战争结束后，此前被割让给法国的阿尔萨斯－洛林（Alsace-Lorraine）地区重归德国[①]。1901年，梅斯（Metz）博物馆馆长（德国人）主持发掘了塞耶（Seille）河谷马萨尔城堡南侧的制盐遗址，这一历史事件也成为盐业考古诞生的标志。

德国蕴藏有丰富的盐业资源，是欧洲最早开展盐业考古的国家之一。在德国西南部巴登－符腾堡（Baden Württemberg）州的地下蕴藏有一条大型盐矿带，从东北向西南一直延伸到瑞士。在这条矿带的西面和北面出露的浅层地下卤水形成密集的盐泉，位于矿带北面的海尔布隆（Heilbronn）、施瓦比施哈尔（Schwäbisch Hall）就是两座因盐而兴的城市。

1903年，海尔布隆市博物馆馆长施立兹（Alfred Schliz）为解决当地史前盐井的开凿和制盐工艺，遂以两年前在塞耶（Seille）河谷考古发掘出土的制盐器具为蓝本，对史前时期的制盐炉灶进行了复原[②]。实际上该博物馆当时就收藏有一批德国出土的制盐陶器，但无人能识，并一直误认为是冶炼金属的坩埚。

德国有一大批史前时期的盐产区。据考古发现，已知重要的有北部平原下萨克森（Niedersachsen）州境内的威悉（Weser）河谷[③]及其下游的黑尔戈兰湾地区[④]；

[①] 阿尔萨斯－洛林是法国东部大区，包括上莱茵、下莱茵和孚日、摩泽尔省等。17世纪前这里属于神圣罗马帝国，居民为德语民族，后成为哈布斯堡家族领地。30年战争后，根据维斯特伐利亚和约割让给法国。普法战争后归属德国（1871）。1919年"一战"德国战败，割让给法国。"二战"中被德国夺回，战后归还法国。

[②] Schliz Alfred (1903). Salzgewinnung in der Hallstattzeit mit Bezugnahme auf die mutmasslichen Verhältnisse in Württembergisch-Franken. *Zeitschrift für Ethnologie*, 35, 642～650; Hees, Martin (1999). Vorgeschichtliche Salzgewinnung: Auf den Spuren keltischer Salzsieder. In Jacob, Christina and Helmut Spatz (eds.). *Schliz-ein Schliemann im Unterland? 100 Jahre Arehäologie im Heilbronner Raum, Anläßlich der gleichnamigen Ausstellung der Städtischen Museen Heilbronn, 17, September 1999 bis 9. Januar 2000*. Pp.154～173. Verlag: Heilbronn.

[③] 威悉（Weser）河由威拉（Werra）河与富尔达（Fulda）河汇流而成。威拉河源于德国西部的中德山区，西北流，在汉明登（Hann.Münden）附近与富尔达河汇合，流入北德平原，经北莱茵—威斯特法伦州、下萨克森州，最后在不来梅州的哈芬注入北海黑尔戈兰湾，全长733千米。

[④] Först Elke (1988). Briquetage-Funde im Weser-Ems-Gebiet. *Archäologisches Korrespondenzblatt*, 18, 357～364.

西部莱茵（Rhine）河下游[1]和北莱茵－威斯特法伦（Nordrhein-Westfalen）州的韦尔（werl）市[2]；中部萨克森－安哈尔特（Saxony-Anhalt）州萨勒（Saale）河谷附近的哈雷（Halle）市[3]及萨克森（Sachsen）州东部与波兰和捷克交界区域[4]；中西部黑森（Heessen）州的巴特瑙海姆（Bad Nauheim）[5]；西南部巴登－符腾堡州的施瓦比什哈尔[6]等。各主要盐产区发掘出土的制盐陶器有喇叭口圈足杯、圜底小罐（杯）、板瓦状器、直口厚胎圜底小罐、假圈足碗、平底浅腹盘、圜底钵、高圈足碗、细高柄杯、厚胎尖底罐，以及圆柱或方柱状的支脚等（图1）。

据德国学者研究，德国东部的制盐遗址均属于青铜时代，其他地区的大部分遗址晚到铁器时代，威悉河谷的制盐遗址一直延续到罗马时期，这个现象反映出中欧内陆地区的制盐产业逐步向沿海扩散的趋势。还有一点就是，进入中世纪后，德国各地开始使用金属器具制盐。

公元1~3世纪（罗马时代）的文字资料能够为了解德国内陆和沿海两类盐产区的生产和贸易提供一些帮助，但对于前罗马时期的盐业生产主要还得依赖考古学。已知巴特瑙海姆和哈雷是德国早期两个最重要的盐产区，但相对于法国东部塞耶河谷的产业规模，它们还是要逊色很多[7]。

德国考古学家很早就尝试对施瓦比什哈尔考古发现的古代制盐炉灶进行复原，最初

---

[1] Simons Angela (1987). Archäologischer Nachweis eisenzeitlichen Salzhandels von der Nordseeküste ins Rheinland. *Archäologische Informationen*, 10(1), 8~14.

[2] Mesch, Herrmann (2001). *Das Briquetage Europas mit besonderer Berücksichtigung des westfälischen Briquetage*. Münster: Lit.

[3] 哈雷是萨克森－安哈尔特州萨勒河畔的大城市。Halle 的地名意味着盛产食盐，这个城市也因盐而兴。

[4] Šaldová Vera (1981). *Westböhmen in der späten Bronzezeit: Befestigte Höhensiedlungen, Okrouhlé Hradiště*. Praha：Archeologický ústav；Bönisch, Eberhard (1993). Briquetage aus bronzezeitlichen Gräbern der Niederlausitz. *Arbeits- und Forschungsberichte zur sächsischen Bodendenkmalpflege*, 36, 67~84.

[5] Süß Lothar (1973). Zur latènezeitlichen Salzgewinnung in Bad Nauheim: Versuch einer Deutung einiger wichtiger Briquetage-Typen. *Fundberichte aus Hessen*, 13, 167~180; Kull, Brigitte (2003). Die Erforschung des Salinenareals seit 1837. In Kull, B (ed.) *Sole und Salz schreiben Geschichte: 50 Jahre Landesarchäologie, 150 Jahre archäologische Forschung in Bad Nauheim. Archäologische und Paläontologische Denkmalpflege Landesamt für Denkmalpflege Hessen*. Pp.156. Mainz; Philipp von Zabern.

[6] Hees Martin (1999). Vorgeschichtliche Salzgewinnung: Auf den Spuren keltischer Salzsieder. In Jacob Christina and Helmut Spatz (eds.). *Schliz-ein Schliemann im Unterland? 100 Jahre Arehäologie im Heilbronner Raum，Anläßlich der gleichnamigen Ausstellung der Städtischen Museen Heilbronn, 17, September 1999 bis 9. Januar 2000*. Pp.154~173. Verlag: Heilbronn.

[7]〔法〕奥利维（Laurent Olivier）、〔英〕科瓦西克（Joseph Kovacik）：《法国洛林塞耶河谷的制盐陶器：欧洲铁器时代盐的原始工业生产》，《南方文物》2008年第1期。

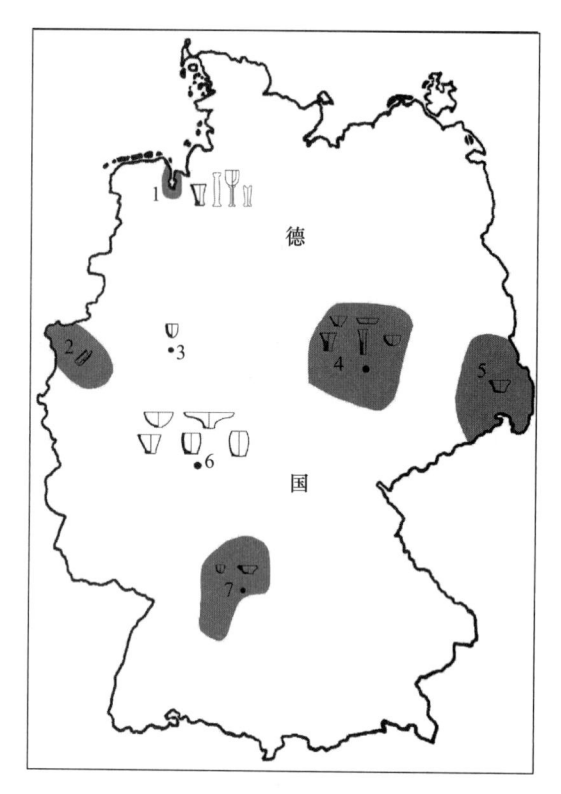

图 1　德国史前时期主要盐产区及制盐器具
（据《中国盐业考古》2，科学出版社，2010 年）

1. 1 号盐产区［下萨克森（Niedersachsen）州境内］　2. 2 号盐产区［莱茵（Rhine）河下游］
3. 3 号盐产区［北莱茵－威斯特法伦（Nordrhein-Westfalen）州］　4. 4 号盐产区［萨克森－安哈尔特（Saxony-Anhalt）州］　5. 5 号盐产区［萨克森（Sachsen）州］　6. 6 号盐产区［黑森（Heessen）州的巴特瑙海姆（Bad Nauheim）］　7. 7 号盐产区（巴登－符腾堡州的施瓦比什哈尔附近）

是想帮助海尔布隆市巴特－弗里德里希斯哈尔（Bad Friedrichshall）镇[①]的现代制盐工场陈列室提供展示。最初的复原按霍麦尔（Hommel）的构思进行[②]。此人曾参加 1940 年的考古发掘，但其复原思路深受中世纪和近现代盐场的炉灶形态影响，试图包容不同历史时期的盐灶元素，以至于最后的复原成了一个大杂烩，混淆了铁器时代和中世纪的不同元素。但这个复原模型是什么样子，并不清楚。

科赤（Robert Koch）通过对出土遗物的研究指出，施瓦比什哈尔至少存在两种形态的盐灶，并在不同阶段采用不同的制盐器具。青铜时代晚期至铁器时代早期采用的是胎内掺细砂和谷壳的小型夹砂筒形圜底罐，这是一种模制的小罐，外表粗糙，内壁较光

---

① 这是德国西南部巴登－符腾堡州海尔布隆市的一个小镇，位于海尔布隆市以北 10 千米处的 Jagst 河和 Kocher 河交汇处。
② Hommel Wilhelm (1939/40). Keltische und mittelalterliche Salzgewinnung in Schwäbisch Hall. *Württembergisch Franken*, 20/21, 129～144.

滑。器高18、口径15、壁厚2.5厘米。与小罐配套使用的是顶部有分叉的陶支脚，高20~25、直径4~8厘米[①]。

1999年，海尔布隆市博物馆在组织展陈设计时，赫斯（Hees）博士等人按照科赤的研究再次对施瓦比什哈尔的制盐炉灶进行复原。鉴于1939~1940年的考古发掘仅出土了部分遗迹和遗物，他们参照本地考古发现的制盐陶器和民族志资料，并添加了一些新的元素，试图让新的复原更符合施瓦比什哈尔青铜时代晚期（Späthallstatt）到铁器时代早期（Frühlatènezeit）的盐灶结构。最终复原的盐灶平面为正方形，在地表用黏土堆砌出盐灶的四壁，一侧留有火口。制盐陶器选用夹砂圜底筒形小罐，先在灶底等距离摆放数排顶部有分叉的陶支脚，在支脚顶部放置小罐，罐口的位置与盐灶四周炉壁的高度相等（图2）。

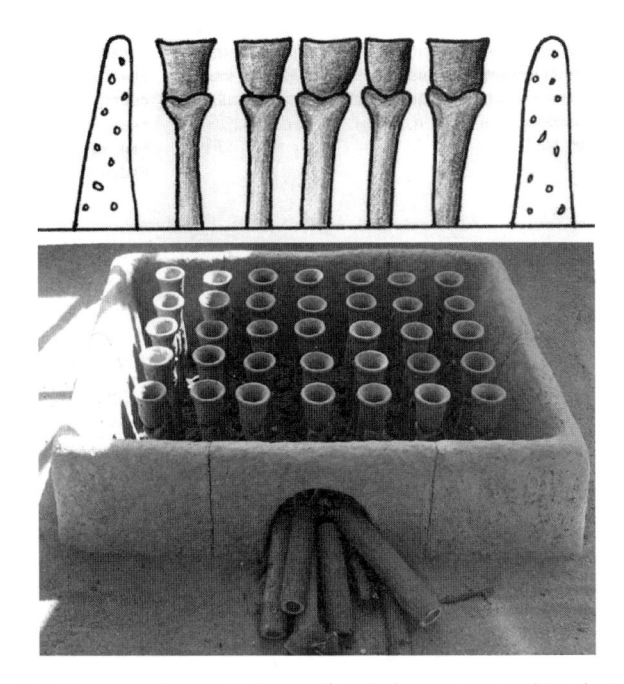

图2 青铜时代晚期—铁器时代早期复原的盐灶和制盐陶器

考古学家用这座复制品进行了模拟实验。由于缺乏经验，加之对炉温掌控不当，燃烧火力过猛，过于沸腾的卤水使得部分陶器出现破裂，但最后结晶的盐还是部分填满了小罐，可以说是部分取得了成功[②]。通过实验，考古学家发现经过熬煮制盐的陶罐表面

[①] Koch Robert (1971). Siedlungsfunde der Latène-und Kaiserzeit aus Ingelfingen (Kr. Künzelsau). *Fundberichte aus Schwaben*, n.s., 19, 124~174.

[②] Hees Martin (2002). Prähistorische Salzgewinnung: Der Beitrag der Ethnographie zu ihrer Erforschung. *Ethnographisch-Archäologische Zeitschrift*, 43(2), 227~244.

产生的磨损痕迹与铁器时代的近似[①]。今天,这座复制模型放置在海尔布隆博物馆展出,但某些细节还需要进一步完善。

施瓦比什哈尔铁器时代中晚期的制盐陶器形态增多,科赤认为这个阶段的制盐器具主要采用一种橙红色或灰褐色夹砂陶钵,特点是器形肥矮,表面非常粗糙,内壁较光滑,方唇,口沿内敛,乃至向内卷,敛腹,平底。器高5～7、直径15～25、壁厚1.5厘米[②]。

2000～2001年,德国考古学家根据新的考古发现对施瓦比什哈尔铁器时代中晚期(Mittle-/Spätlatènezeit)的盐灶进行了复原。复原所依据的盐灶基本保存完好,平面呈圆角长条形,盐灶的周壁保持了一定的高度,炉灶内壁由于长期火烧呈坚硬的红色。炉灶底部平整,遗留大量的黑色炭灰,底面的中间隐约可见当初放置制盐器具和圆形痕迹。在炉灶的长边一侧中部设有一个火口。盐灶整体不是很大,长约2.5、宽约1.2米[③](图3)。

图3 铁器时代中晚期的盐灶遗迹

考古学家选用的制盐器具是铁器时代中晚期的敛口陶钵,与之配套的辅助用具是一种形态粗矮的短圆柱状陶支座,平顶平底,高度与直径为6～8厘米。根据考古发现的炉灶底部保留的印迹,先是将一排支座等距离摆放在盐灶的底部,再将陶钵放在支座上,碗口的位置与灶壁的高度大致相等(图4)。

---

① Hees Martin (2002). Neue Experimente zur latènezeitlichen Salzgewinnung: Das Briquetage von Schwäbisch Hall. Experimentelle Archäologie, Bilanz 2001. *Archäologische Mitteilungen aus Nordwestdeutschland*, supplement 38, 27～32.

② Koch Robert (1971). Siedlungsfunde der Latène-und Kaiserzeit aus Ingelfingen (Kr. Künzelsau). *Fundberichte aus Schwaben*, n.s., 19, 124～174.

③ Kreuz Angela, Nicole Boenke · Hirsebrei, Feigen und ... Landwirtschaft, Umwelt und Ernährung im Bad Nauheimer Raum//Kull, B. · *Sole und Salz schreiben Geschichte: 50 Jahre Landesarchäologie, 150 Jahre archäologische Forschung in Bad Nauheim. Archäologische und Paläontologische Denkmalpflege Landesamt für Denkmalpflege Hessen* · Mainz:Philipp von Zabern, 2003.

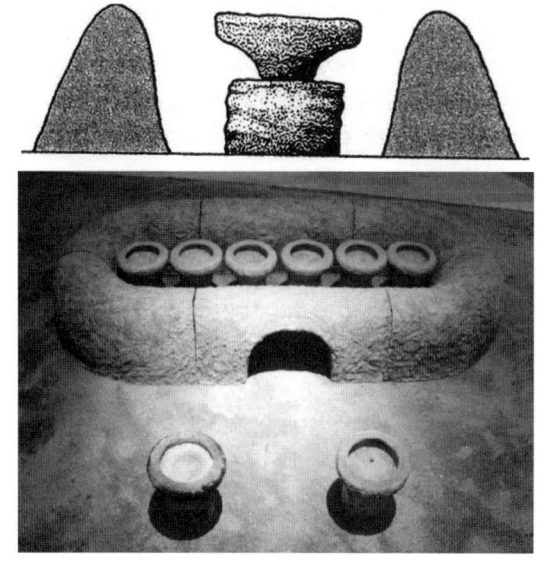

图 4　复原的铁器时代中晚期盐灶及陶器结构

考古学家利用这座复原的炉灶进行了模拟实验，尽管对炉温的掌控依旧是个难题，但实验结果还比较理想。在熬煮卤水的过程中，仍有部分陶器出现了破裂。但由于陶钵的口径比较大，加之内卷的口缘大大降低了卤水沸腾时的外溢，最终煎煮的结晶盐填满了容器，并在碗口的中心留下一个凹陷的小窝[①]。

不过，也有德国学者并不认同这座盐灶被复原成开放的灶面结构，认为盐灶表面应该是被封堵起来的，仅将制盐陶钵口部外露。严格地讲，这种密封的盐灶结构上更为合理，它不仅利于炉温的掌控，也大大减低了灶内燃料产生热力的流失（图5）[②]。

实际上，这种密封式的盐灶德国考古学家早有复原。1963 年，北莱茵-威斯特法伦（Nordrhein-Westfalen）州韦尔城的药剂师莱丁格尔（W. Leidinger）在当地一座疗养院的工地看到挖出了大批的古代陶器残片。后来，这位业余考古学家便和他的妻子一同发掘了这个遗址，挖出大量破碎的陶棍棒和直口厚胎的圜底小罐。通过对这些陶器进行

[①] Süß Lothar (1973). Zur latènezeitlichen Salzgewinnung in Bad Nauheim: Versuch einer Deutung einiger wichtiger Briquetage-Typen. *Fundberichte aus Hessen*, 13, 167～180; Kull, Brigitte (2003). Die Erforschung des Salinenareals seit 1837. In Kull, B (ed.) *Sole und Salz schreiben Geschichte：50 Jahre Landesarchäologie, 150 Jahre archäologische Forschung in Bad Nauheim. Archäologische und Paläontologische Denkmalpflege Landesamt für Denkmalpflege Hessen*. Pp.156. Mainz：Philipp von Zabern.

[②] Kreuz Angela and Nicole Boenke・Hirsebrei, Feigen und ... Landwirtschaft, Umwelt und Ernährung im Bad Nauheimer Raum//Kull, B.・*Sole und Salz schreiben Geschichte: 50 Jahre Landesarchäologie, 150 Jahre archäologische Forschung in Bad Nauheim. Archäologische und Paläontologische Denkmalpflege Landesamt für Denkmalpflege Hessen*・Mainz: Philipp von Zabern, 2003.

研究，莱丁格尔复原了一座灶面被严格密封起来的盐灶。结构是在灶内摆放陶棍棒支脚，在支脚的顶部放置煮盐的小罐，再将小罐器口间的缝隙加以封堵，形成仅出露罐口的灶面结构（图6）。

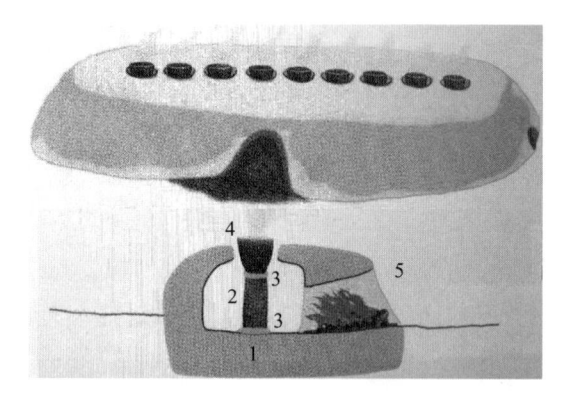

图5　封闭式盐灶示意图

图6　封闭式盐灶和陶器结构复原

从热力学的角度看，灶面完全敞开的炉灶在熬煮卤水过程中的热力会大半流失，既耗费燃料，也不利于炉温的掌控。灶面密封的盐灶解决了开放式盐灶的上述缺陷，但封堵陶器之间的缝隙也加大了工作量，如果陶器出现破裂，修补的难度也会加大。目前，德国考古学家对于当时到底采用开放式炉灶还是封闭式盐灶，还无法给出明确的结论。不过，德国考古学家也意识到，通过一系列的复原研究和模拟煮盐的实验表明，尽管陶器制盐工艺始终遵循了同一原理，但在具体的技术细节上可能存在相当大的差异，不同结构的盐灶在制盐工艺流程中各有千秋[①]。

---

① Reina Ruben E, John Monaghan (1981). The way of the Maya: salt production in Sacapulas, Guatemala. *Expedition*, 23(3), 13～33.

二

德国的盐业考古和盐灶复原研究对我们是富有启示和参考价值的。根据国内现有的盐业考古发现，在陶器制盐阶段也使用了开放式和封闭式两种结构的盐灶。前者以内地长江上游的重庆忠县中坝遗址为代表，后者以黄河下游鲁北莱州湾的制盐遗址为代表。

考古发现和研究证实中坝是一处历史悠久的专业化制盐遗址。先秦时期，该址的制盐陶器出现了三个大的阶段性变化：即新石器时代晚期使用花边口尖底或小平底陶缸，商末至西周使用尖底陶杯，东周时期改用花边口圜底陶罐。

中坝遗址仅在新石器时代晚期发现个别的制盐炉灶遗迹。在中坝发掘报告中介绍了一座平面不规则的圆形灶（编号：Z5），开口直径3.6、深10厘米，底部堆积厚3～5厘米的红烧土。从其形状和结构看，还很难确定其功能和用途。另在报告中还发表了6座下挖而成的"陶窑"，平面长条形或近长方形，窑体较平或略倾斜，窑内堆积灰白色火烧黏土、红烧土，其间夹杂有炭屑、烧土颗粒和碎陶片等，无结构或功能上的区分[1]。这些所谓的"陶窑"不见操作间，也无火口、窑床和烟道，应该不是烧制陶器的窑。考虑到中坝遗址的产业性质，以及这类遗迹坑内的壁面和底部残存有质地较硬、断续的青灰色或灰白色烧结面（从灶底向上硬度逐渐降低），最大可能是熬煮制盐的灶。以编号为15号的灶为例，平面圆角长条状，长10、宽1.4～1.7、深0.4米（图7）。

在新石器时代晚期，中坝遗址的制盐陶器为厚唇花边口尖底或小平底缸。此类器

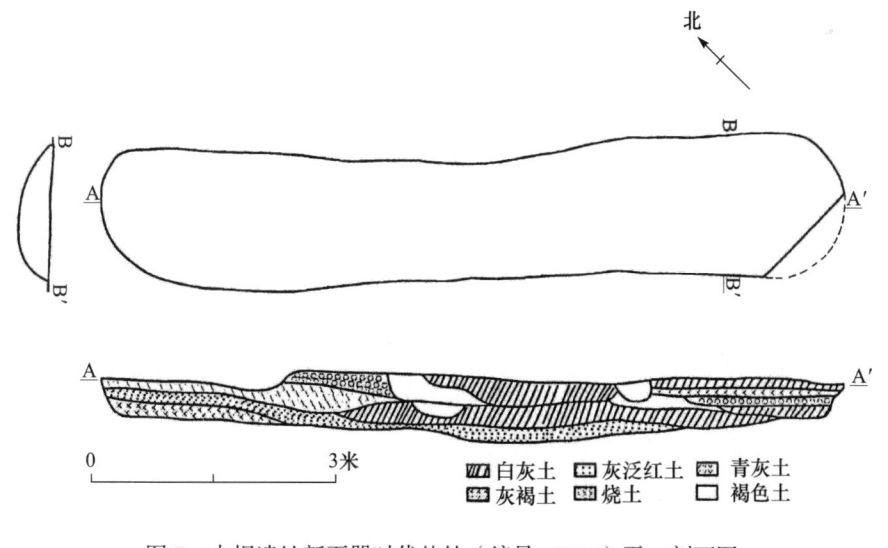

图7　中坝遗址新石器时代盐灶（编号：Y15）平、剖面图

---

[1] 重庆市文物局、重庆市水利局编：《忠县中坝》，科学出版社，2020年，第1～1885页。

出土量很大，可占到同时期陶片总量的68.48%。其质地以夹砂红褐陶为主，做工粗糙，器表色泽不匀，普遍滚压稀疏浅绳纹，器内壁有刮抹痕。特点是口缘普遍捏塑波浪状花边，口部和底部胎体厚重，腹部胎很薄，故普遍从腹部断裂，所见皆残片，无完整器（图8）。

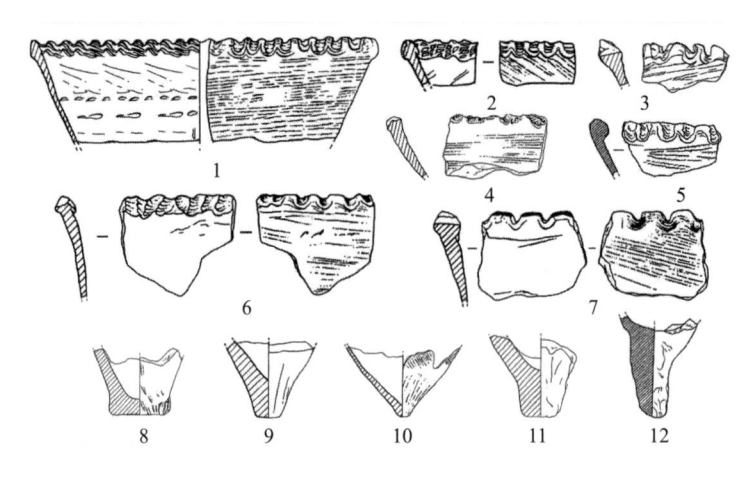

图8 中坝遗址新石器时代晚期花边口缸残片

1~7. 口缘残片（T0406⑯：75、T0406⑱：63、T0406⑭：20、H634：21、T0202：56、H633：20、H634：24）8~12. 器底（H644：24、H636：35、H638：39、H641：44、T0202（35b））

统计结果表明，花边口缸口缘残片和器底的数量比为13.5：1，通过复原研究，此类器的口径和器高均在40厘米上下，腹部斜直，下收为小平底或尖底，少量还带一截短圆柱足（图9，1）。上述口缘残片与器底的悬殊比例符合大口小底器皿的特点。有趣的是，我们复原的此类器竟然与日本爱知县沿海松崎贝冢古坟时期的制盐容器神似，不同的是后者器底的圆柱实足根更长（图9，2）。据日本学者研究，松崎贝冢这种制盐器具的容积基本恒定[①]。

早年我们曾根据德国学者的复原推测，中坝遗址新石器时代晚期的制盐工艺是将尖底缸依次放入灶坑，尖底器在灶底形成的空隙利于炉火燃烧，煎煮制盐。但中坝的盐灶底部都不平，有的断面为弧形。如此，尖底缸是无法在灶内摆放的，可见这一推测有问题[②]。不过，在英国和法国等地都发现有下挖的长条坑式盐灶，在法国的塞耶河谷还有"U"形和"W"形坑式盐灶。这类炉灶在煮盐时，坑内放置燃料，在地面的灶口间隔摆放陶棍、陶砖形器等辅助器具，制盐容器可放在辅助设施的缝隙处，利用下面坑内燃料产生的热力煎煮制盐或将结晶的湿盐烘干（图10）。

---

① 〔日〕岸本雅敏：《古代日本食盐的流通》，《中国盐业考古——环球视野下的比较观察》（第二集），科学出版社，2006年，第66~135页。

② 李水城：《渝东至三峡地区的盐业考古》，《东亚考古学的再思——张光直先生逝世十周年纪念学术研讨会文集》，台北"中央"研究院历史语言研究所，2013年，第379~412页。

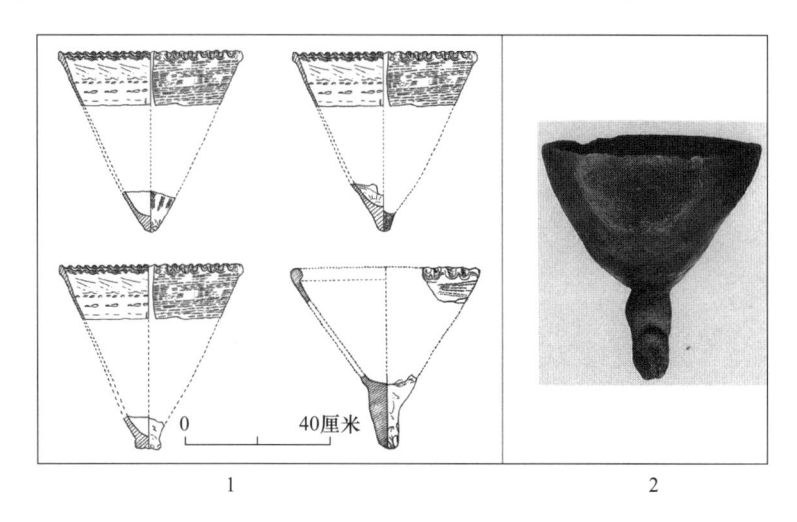

图 9 中坝遗址复原的尖底陶缸与日本松崎贝冢制盐陶器对比
1. 中坝遗址复原的尖底陶缸（T0406⑯:8、T0406⑫:2、T0406⑰:2、T0202-35b）;
2. 日本松崎贝冢古坟时期的制盐陶器

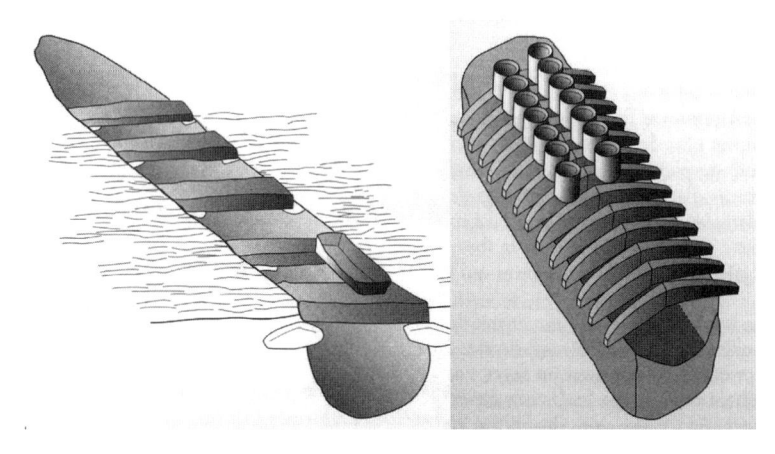

图 10 法国高卢时期下挖式地沟式盐灶的复原

　　中坝遗址新石器时代晚期的炉灶很可能使用与英法等国类似的制盐工艺。但在中坝从未发现陶棒、陶砖等辅助类遗物，推测当时有可能在灶口放置木棒一类器具，将尖底陶缸固定其间煎煮制盐。由于煮盐仅需60~70℃的炉温，使用木棍类辅助设施应该可行。

　　山东北部莱州湾沿海发现大批商周时期的制盐遗址。每个遗址包含数量不等的制盐作坊，少则数十，多则上百，形成遗址群。每个制盐作坊占地面积在1000~2000平方米。商周时期的制盐器具为盔形器，依年代早晚分为圜底、尖圜底和尖底三大类，特点是器形制作规范、大口、深腹，器高20~22、口径16~19厘米，胎厚1~2厘米，有的器底厚近3厘米（图11）。

　　商周时期鲁北地区制盐作坊布局是以下挖的浅穴盐灶为中心，周边建构蓄卤坑池、

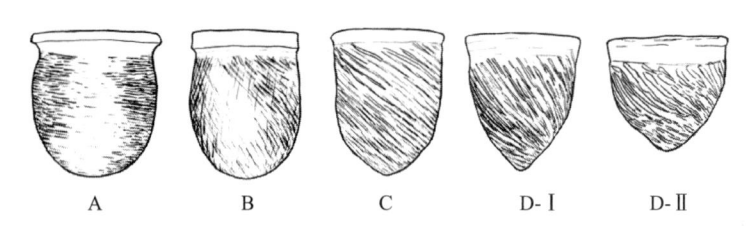

图 11　莱州湾沿海的盔形器及形态演变

过滤用涂泥圆坑、卤水浅池和废弃垃圾区等。山东大学在广饶南河崖遗址发掘出一座西周时期的盐灶（编号：YZ4）。灶的平面为亚腰葫芦状，前面伸出两个烟道，呈"丫"字状，形若张开的蝎钳。盐灶的操作间被破坏，其余部分基本保存完好，包括火口、灶膛、火道、烟道和烟囱。盐灶现存长 13、宽 3.75、深 0.2~0.8 米，面积约 30 平方米。

盐灶的火口端面弧形，较窄，两侧平直，微凹的底部经长期烧烤非常坚硬，呈黑褐色。火口东缘有 10 余枚文蛤，外侧有一周涂抹的灰色黏土带，系修补加固所为。灶室为椭圆形，袋状，两侧壁面烧成浅红色，局部贴附若干倒扣的盔形器加固。灶内堆积大量红烧土和少量草木灰，形成叠压的薄水平层，在浅红色的沙土薄层表面普遍有厚约 1 厘米的灰白或灰绿色硬面。灶室前部略收窄呈亚腰状，此处用沙土堆筑两个长方土台，将灶膛分为前后两部分。土台两侧和中间形成三个通道，两侧与烟道相连，中部连通灶室前部。前灶室空间狭窄，前端有一用于加固灶背的弧形墙体，下部为红烧黏土台，上部内外两侧用黏土砌筑窄墙，窄墙间填有细沙、盔形器残片和残存下部的盔形器。前灶室堆积的红烧细沙土中插立有十余件酥解的盔形器，并用草拌泥围护。两侧烟道向前延伸，由宽变窄，底部渐高，堆积草木灰和细沙。烟道尽头是近圆形的烟囱。北烟囱下部周边有一圈红烧土台，围绕土台嵌贴 20 余件倒扣的半截盔形器，堆积有草木灰、细沙及少量的盔形器残片。烟囱北侧地表有盔形器残片堆积，系烟囱倒塌所致。南烟囱周壁砌筑黏土坯块，堆积草木灰和烧红的细沙，外围也有大片倒塌烟囱的堆积（图 12）[①]。

诸多考古发现表明，商周时期莱州湾一带的制盐工艺，是工匠们将盔形器一个个放入盐灶固定。在寿光双王城调查时，曾在 SL9 地点发现 2 座残破的盐灶。其中，在一座残存部分灶室的底面遗留了摆放的十余件被压碎的盔形器，可以清晰地看出这些盔形器当时在盐灶内是如何摆放的，在陶器的下面还发现有草拌泥层的遗迹（图 13）。

鉴于盔形器均为圜底或尖底造型，当时人们是如何将它们固定在盐灶内的？这是首先需要解决的问题。在挖掘寿光双王城 SS8 作坊遗址时，在灶室的底面曾发现一坨坨的草拌泥烧土堆。另在广饶南河崖 4 号盐灶的灶室地面发现有插立在沙土中的盔形器，有的周围还用草拌泥围护。另在双王城 014B 作坊 2 号蓄卤坑底出土了一批盔形器，有的器底还保留有贴敷的红烧黏土（图 14，下左）；有的器底可见贴敷黏土脱落的痕迹

---

① 山东大学考古系、山东省文物考古研究所、东营市历史博物馆：《山东东营市南河崖西周煮盐遗址》，《考古》2010 年第 3 期。

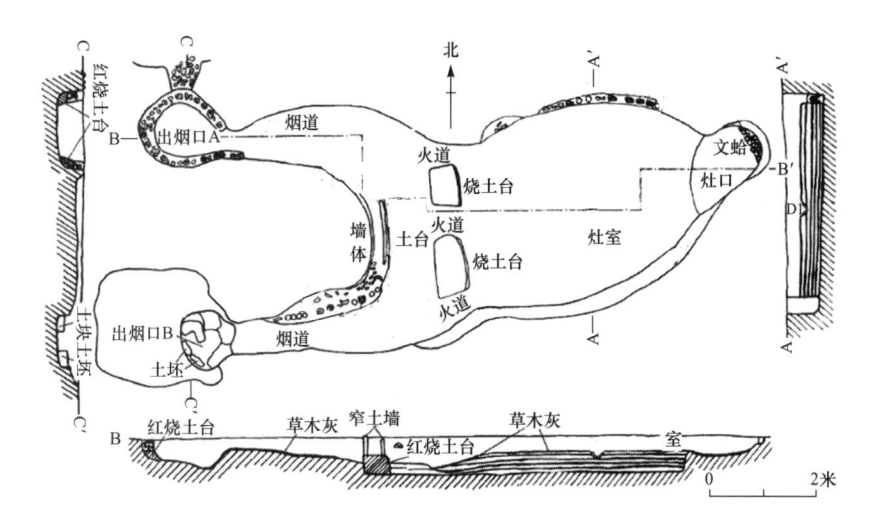

图 12　南河崖遗址第一地点盐灶
（据山东大学考古系等，2010 改制）

图 13　双王城 SL9 盐灶灶室内摆放的盔形器

（图 14，下中）；还发现有从盔形器底脱落的红烧土泥块，烧土的凹面清晰地印有盔形器底部的绳纹（图 14，下右）。上述发现表明，盔形器在放入盐灶时，需要在每件器物的底部涂抹一坨湿泥，一方面是为了将其稳固，另一方面就是利用泥坨将盔形器的位置抬升，在盔形器下面形成一定空间。此外，还发现有大量盔形器底部二次过火氧化破裂的现象（图 14，上）。

搞清楚盔形器在盐灶内是如何摆放和固定这一点后，还需要了解盔形器在炉灶表面的结构。非常幸运的是，在双王城 014B 作坊的 2 号蓄卤坑底出土的 10 余件完整盔形器中，有一组 4 件盔形器极其珍贵地保留着相互组合在一起的形态，这几件器物口部之

图 14　盔形器二次过火及底部黏附烧土的现象

图 15　双王城 014B 蓄卤池 2 及遗存

间的缝隙全都用盔形器残片填塞封堵,形象地再现了当时盔形器在盐灶表面是如何结构的（图 15）。①

上述考古发现为我们深入了解鲁北地区商周时期的制盐工艺提供了难得的实证。即每个制盐作坊的建造程序是,先下挖出亚腰葫芦状的浅穴盐灶,从后向前依次为操作间、火口、灶室、烟道和烟囱。将一个个的盔形器底部放置泥坨,依次放入灶内固定,再将放入灶内的盔形器口之间的缝隙用陶片填塞封堵,估计在封堵的陶片表面还要涂泥,以达到完全密封的效果。如此一来,整个盐灶的表面除裸露出一个个盔形器口外,整个灶面被全面封堵。放置在灶内的盔形器底被涂抹的泥坨稳定,并抬升架空,在灶底

---

① 山东省文物考古研究所、北京大学中国考古学研究中心、寿光市文化局：《山东寿光市双王城盐业遗址 2008 年的发掘》,《考古》2010 年第 3 期。

形成空间，有利于燃烧的炉火向炉灶前方扩散，有效地掌控了炉温，也避免了热力的流失。

鲁北莱州湾商周时期的盐灶设计非常科学，其奥妙之处在于，燃烧的火力产生的温度在灶室前后差异较大，靠近火口的前灶室温度较高，放置在这个区域的盔形器主要用于熬煮卤水。灶室前面被土台隔断的后部温度逐渐降低，此区域铺有细沙，盔形器插入沙土固定，周围再用草拌泥围护，此区域的盔形器可用于预热卤水或烘烤结晶的湿盐。

鲁北莱州湾商周时期的制盐器具和结构除了没有使用较长的陶棍棒支脚支撑、灶底形成的空间不是很大外，其制盐工艺与德国青铜—铁器时代的封闭式盐灶基本相同，类似的工艺今天在非洲尼日尔的曼嘎地区仍能看到[1]。可见这一独特的陶器制盐技术有着多么悠久的历史和顽强的生命力。

---

[1] Gouletquer Pierre Louis, Dorothea Kleinmann (1978). Die Salinen des Mangalandes und ihre Bedeutung für die Erforschung der prähistorischen Briquetagestätten Europas. *Mitteilungen der Anthropologischen Gesellschaft in Wien*, 108, 41-49.

上古东北与"早期中国"*

韩建业
（中国人民大学历史学院）

上古东北或者新石器时代以来的"东北文化区"①，以东北三省为主体，西边还包括现在的内蒙古东南部，西南至少延伸到冀西北和京津等地。东北文化区自有特点，比如长期流行筒形罐、细石器，最早使用玉器，存在偶像崇拜，偏重渔猎（狩猎）采集等，但最终还是成了"早期中国"的重要组成部分，并且深度参与了中华文明和中华民族的形成过程。本文拟对这一过程略作梳理。需要说明的是，笔者这里所说的"早期中国"有文化上和政治上的双重含义，先有"文化中国"，后有"政治中国"：文化上的"早期中国"指秦汉以前囊括现在中国全部或大部地域的文化共同体，也可称之为"早期中国文化圈"或"早期中华文化圈"；政治上的"早期中国"指秦汉以前囊括现在中国大部疆域在内的"大一统"国家②。

一

距今1.5万年前后乌苏里江流域已出现半地穴式房屋和陶器③，距今1.2万年前后嫩江流域也有了陶器④，距今1万年前后已有玉器⑤。如果不把农业作为新石器时代必不可少的要素，那么这些包含陶器并趋于定居的文化就可大致归入新石器时代初期和早期。经历过距今8200年前后的气候干冷期之后，相对干旱的西辽河流域终于也迎来了较好

---

* ［基金项目］本文系郑州中华之源与嵩山文明研究会重大课题"早期中国文明起源的区域模式研究"的阶段性成果。

① 严文明：《中国古代文化三系统说（摘要）——兼论赤峰地区在中国古代文化发展中的地位》，《中国北方古代文化国际学术研讨会论文集》，中国文史出版社，1995年，第17、18页；郭大顺：《论东北文化区及其前沿》，《文物》1999年第8期。

② 韩建业：《文化上和政治上早期中国的起源与形成》，《学术前沿》2023年第12期。

③ 李有骞：《小南山遗址2019～2020年度考古发掘新收获》，《中国文物报》2021年3月19日第5版。

④ 王立新：《后套木嘎新石器时代遗存及相关问题研究》，《考古学报》2018年第2期。

⑤ 吉林大学边境考古研究中心、吉林省文物考古研究所：《吉林白城双塔遗址新石器时代遗存》，《考古学报》2013年第4期；黑龙江省文物考古研究所、饶河县文物管理所：《黑龙江饶河县小南山遗址2015年Ⅲ区发掘简报》，《考古》2019年第8期。

的发展机遇，出现了生机勃勃的兴隆洼文化，进入新石器时代中期。兴隆洼文化在多个方面已经表现出和黄河流域甚至长江流域的共性。

1）生业方面。兴隆沟等遗址已有黍作农业①，而最早的栽培粟、黍发现在北京东胡林遗址②，距今8000多年粟、黍栽培已经广见于黄河中下游地区。

2）聚落形态和社会方面。兴隆洼③、白音长汗④、查海⑤等不少聚落都有环壕，房屋排列有序且中央房屋较大，社会很有秩序。这与黄河流域裴李岗文化"族葬"习俗体现出的秩序感如出一辙⑥，而和亚欧大陆西部的情况有很大不同。

3）祭祀习俗和宇宙观方面。查海聚落中央广场有石块堆砌的长龙，塔尺营子遗址石牌上有獠牙神龙形象⑦，特别是后者与湖南高庙文化白陶祭器上的獠牙飞龙形象很近似。兴隆洼文化和磁山文化都有精美的玦、匕等玉器⑧，以及石、骨、蚌、陶等质地的面具形器。龙形象、玉器、面具形器等应当都与祭祀和沟通天地有关⑨。

4）丧葬习俗和观念方面。兴隆洼文化基本都是仰身直肢葬，和黄河流域裴李岗文化、白家文化、后李文化等的葬式一致。仰身直肢葬最早发现于东胡林遗址⑩，其伸展的姿态和较长的墓坑，像是逝者的"永久居所"，体现出"入土为安"的观念。而亚欧大陆西部早期则长期流行屈肢葬，其蜷曲的姿态、短小的墓坑，体现的似乎是一种在地下"暂住"的观念。西亚等地的火葬、天葬更是追求灵魂纯洁而非"入土为安"。

可以看出，新石器时代中期西辽河流域和黄河、长江流域的共性主要集中在思想观念方面，也就是说都有一样的"敬天法祖"观念，存在"一元"的宇宙观、伦理观。这或许与社会巫觋阶层或"上层"的彼此交流有一定关系⑪。笔者曾提出距今8000年左右

---

① Z. Zhao. New Archaeobotanic data for the study of the origins of agriculture in China, *Current Anthropology* 52(s4), 2011: S295-306.
② 赵志军、赵朝洪、郁金城等：《北京东胡林遗址植物遗存浮选结果及分析》，《考古》2020年第7期。
③ 中国社会科学院考古研究所内蒙古工作队：《内蒙古敖汉旗兴隆洼遗址发掘简报》，《考古》1985年第10期；中国社会科学院考古研究所内蒙古工作队：《内蒙古敖汉旗兴隆洼聚落遗址1992年发掘简报》，《考古》1997年第1期。
④ 内蒙古自治区文物考古研究所：《白音长汗——新石器时代遗址发掘报告》，科学出版社，2004年。
⑤ 辽宁省文物考古研究所：《查海——新石器时代聚落遗址发掘报告》，文物出版社，2012年。
⑥ 韩建业：《裴李岗时代的"族葬"与祖先崇拜》，《华夏考古》2021年第2期。
⑦ 滕铭予、吉迪、苏军强等：《2015年辽宁省阜新蒙古族自治县塔尺营子遗址试掘报告》，《边疆考古研究》（第25辑），科学出版社，2019年，第1~52页。
⑧ 北福地遗址的玉器主要出土于祭祀场。河北省文物研究所：《北福地——易水流域史前遗址》，文物出版社，2007年，第155页。
⑨ 韩建业：《中国新石器时代的祀天遗存和敬天观念——以高庙、牛河梁、凌家滩遗址为中心》，《江汉考古》2021年第6期。
⑩ 北京大学考古文博学院、北京大学考古学研究中心、北京市文物研究所：《北京市门头沟区东胡林史前遗址》，《考古》2006年第7期。
⑪ 李新伟：《中国史前社会上层远距离交流网的形成》，《文物》2015年第4期。

已因交流而有了文化上"早期中国"的萌芽[1],中华文明和中华民族都开始起源[2],现在看来西辽河流域至少已可纳入这个萌芽状态的文化圈之内。

二

约距今 7000 年进入新石器时代晚期,兴隆洼文化发展为赵宝沟文化,下辽河流域、辽东和松花江流域分别形成新乐下层文化、小珠山下层文化、左家山下层文化等。黄河流域则进入仰韶文化初期和北辛文化阶段。该阶段东北地区和黄河流域已出现一些日用陶器方面的交流。仰韶文化初期下潘汪类型的细泥质红陶浅腹平底钵、盆、壶、勺等,已经较多见于北京、冀东北的赵宝沟文化当中[3],泥质钵、盆、釜还渗透进西辽河流域的赵宝沟文化[4],甚至远达松花江流域的左家山下层文化[5]。此外,江浙地区河姆渡文化、马家浜文化等当中玦、璜等玉器的出现当为受到东北文化区影响的结果[6]。

约距今 6500 年,仰韶文化后冈类型对西辽河流域产生强烈影响,西辽河流域出现较多钵、盆、小口双耳壶、口沿外带指甲纹的圜底釜等后冈类型因素,红色斜线纹彩也与后冈类型近似,这些因素融入赵宝沟文化而形成红山文化[7],以赤峰魏家窝铺早期遗存[8]和西水泉 F17[9] 为代表。约距今 6000 年以后庙底沟期仰韶文化通过冀西北—内蒙古中南部等地,对红山文化的转型产生影响[10],使红山文化出现不少装饰黑彩的泥质红陶钵、盆、壶类,大重鳞纹(或平行弧线纹)、菱块纹等彩陶则属于仰韶文化和当地传统的合璧;红山文化范围也扩展至大凌河流域,进入以牛河梁第五地点中期、第一地点"女神庙"及其上部建筑群[11]为代表的红山文化中期,"女神庙"上部建筑群可能已具有

---

[1] 韩建业:《裴李岗文化的迁徙影响与早期中国文化圈的雏形》,《中原文物》2009 年第 2 期。
[2] 韩建业:《裴李岗时代与中国文明起源》,《江汉考古》2021 年第 1 期。
[3] 北京市文物研究所、北京市平谷县文物管理所 上宅考古队:《北京平谷上宅新石器时代遗址发掘简报》,《文物》1989 年第 8 期。
[4] 内蒙古自治区文物考古研究所:《白音长汗——新石器时代遗址发掘报告》,科学出版社,2004 年;中国社会科学院考古研究所内蒙古工作队:《内蒙古敖汉旗小山遗址》,《考古》1987 年第 6 期。
[5] 吉林省文物考古研究所:《吉林农安县元宝沟新石器时代遗址发掘》,《考古》1989 年第 12 期。
[6] 邓聪:《东亚玦饰的起源与扩散》,《东方考古》(第 1 集),科学出版社,2004 年,第 23~35 页。
[7] 张星德:《后冈期红山文化再考察》,《文物》2015 年第 5 期。
[8] 塔拉、曹建恩、成璟瑭等:《内蒙古赤峰魏家窝铺遗址 2011 年发掘成果》,《中国文物报》2012 年 2 月 10 日第 4 版。
[9] 中国社会科学院考古研究所内蒙古工作队:《赤峰西水泉红山文化遗址》,《考古学报》1982 年第 2 期。
[10] 苏秉琦以"华山玫瑰燕山龙"的诗句,形象地揭示出了庙底沟期仰韶文化和红山文化在冀西北等地的交会、融合。苏秉琦:《中华文明的新曙光》,《东南文化》1988 年第 5 期。
[11] 辽宁省文物考古研究所:《牛河梁——红山文化遗址发掘报告(1983~2003 年度)》,文物出版社,2012 年,第 469~479 页;刘国祥:《红山文化研究》,科学出版社,2015 年,第 18~20 页;王芬、栾丰实:《牛河梁红山文化积石冢的分期和年代》,《中原文物》2016 年第 4 期;高云逸:《牛河梁遗址"女神庙"与积石冢年代的再认识》,《边疆考古研究》(第 26 辑),科学出版社,2019 年,第 63~74 页。

中轴对称结构①。而红山文化典型的重鳞纹彩陶罐也出现在了蔚县三关遗址。偏东区域，东北地区的筒形罐等因素出现在山东长岛北庄大汶口文化遗存②，之字纹甚至见于潍坊地区；而大汶口文化的釜形鼎、鬶、盉、豆、杯等文化因素也大量出现在辽东半岛，使该地区出现小珠山中层文化③。

新石器时代晚期东北地区和黄河流域的共性主要体现在物质文化尤其是日用陶器方面，表明彼此间存在全方位的日常交流，且明确存在人群来往。至少东北南部和华北地区已经初步呈现出我中有你、你中有我的交融局面。距今6000年前后是仰韶文化东庄—庙底沟类型强烈外扩并交融形成文化上"早期中国"的关键时期，中华文明起源进入第二个阶段④，东北南部地区由此成为最早的文化上"早期中国"的重要组成部分。值得注意的是，此时东北地区和更遥远的江浙地区的交流仍停留在玉器所代表的祭祀习俗和思想观念层面。

三

约距今5300年仰韶文化、红山文化大致同时进入晚期⑤，红山文化对外交流显著加强，大致分为三个层次⑥。

第一个层次，红山文化的之字纹陶筒形罐以及鳞纹、填充斜线的三角纹、相对双勾

---

① 中国社会科学院考古研究所、辽宁省文物考古研究院、牛河梁遗址博物馆：《辽宁凌源市牛河梁遗址第一地点西南建筑群发掘简报》，《考古》2024年第5期。
② 北京大学考古实习队、烟台地区文管会、长岛县博物馆：《山东长岛北庄遗址发掘简报》，《考古》1987年第5期。
③ 辽宁省博物馆、旅顺博物馆、长海县文化馆：《长海县广鹿岛大长山岛贝丘遗址》，《考古学报》1981年第1期；中国社会科学院考古研究所、辽宁省文物考古研究所、大连市文物考古研究所：《辽宁长海县小珠山新石器时代遗址发掘简报》，《考古》2009年第5期。
④ 韩建业：《庙底沟时代与"早期中国"》，《考古》2012年第3期；韩建业：《早期中国——中国文化圈的形成和发展》，上海古籍出版社，2015年。
⑤ 赵宾福和任瑞波最近提出"小河沿文化"的早、中期和红山文化的中、晚期相互对应，实际上是一个考古学文化，重合时间长达1000年左右，牛河梁等属于红山文化的"贵族墓地"，大南沟墓地等属于"平民坟茔"（赵宾福、任瑞波：《从分立到一体：红山文化与"小河沿文化"整合研究》，《吉林大学社会科学学报》2024年第1期）。这种新认识有合理之处，但年代上还存在一定问题。该文划分在"小河沿文化"早期的出自大南沟石棚山M67等墓葬的高颈壶（辽宁省考古研究所、赤峰市博物馆：《大南沟——后红山文化墓地发掘报告》，科学出版社，1998年，第37页），形态与焦家M57大汶口文化中期同类器基本一致（山东大学考古学与博物馆学系、济南市章丘区城子崖遗址博物馆：《济南市章丘区焦家遗址2016～2017年大型墓葬发掘简报》，《考古》2019年第12期，第30页），因此"小河沿文化"早期只能与大汶口文化中期对应，或者说只能和红山文化晚期对应，而不能早到大汶口文化早期或者红山文化中期。年代也就约在距今5300～4700年，而不能早到距今6000年前后。
⑥ 韩建业：《晚期红山文化南向影响的三个层次》，《文物研究》（第十六辑），黄山书社，2009年，第61～66页。

纹、棋盘格纹、连续菱块纹、条带纹等彩陶因素，传播到邻近的内蒙古中南部、山西、河北等地，对仰韶文化海生不浪类型、义井类型、大司空类型和雪山一期文化的形成起到重要推动作用[1]。反过来，仰韶文化海生不浪类型、雪山一期文化等的双耳小口高领罐、双耳鼓肩罐等也北向进入西辽河流域。内蒙古中南部初期海生不浪类型的岫岩玉璧、玉料[2]，应当为从西辽河流域直接输入。

第二个层次，红山文化的半重环鳞纹、多重折线纹、成组斜线纹等彩陶因素，以及直口或微敛口折腹钵等，渗透进山东北部的广饶五村、傅家[3]和章丘焦家[4]等遗址。其圆角方形璧和联璧等玉器则影响到山东邹县野店、泰安大汶口、平阴周河、胶州三里河、曲阜尼山，以及江苏新沂花厅和小徐庄、安徽亳州富庄等[5]遗址，范围则已到苏北皖北地区。两地玉器不但形态、做工、色泽和红山文化更加接近，而且都主要使用透闪石玉料，来源则都主要是辽宁岫岩玉矿带[6]。像邹县野店M22出土的小玉璧、双联璧和四联璧等甚至有直接从红山文化输入的可能[7]。反过来，大汶口文化中期的高颈壶、敛口豆、白色陶衣以及石钺、石环、石璧等因素，也进入冀西北、北京至西辽河流域的雪山一期文化、小河沿文化或者红山文化晚期当中[8]，大南沟石棚山等墓葬的双口壶、异形壶等不过是高颈壶的变体。小河沿南台地遗址陶尊、器座上面的八角星纹[9]也当来自大汶口文化，因为八角星纹早就出现在大汶口文化早期，最早的源头在高庙文化。这意味着八角星纹所承载的四方五位、八方九宫的宇宙观可能也被红山文化晚期或小河沿文化人群所接受。

第三个层次，红山文化的双联璧、圆角方形璧、箍形饰、丫字形器、玉龙、玉人等典型玉器，影响到安徽含山凌家滩遗址玉器[10]。双联璧、三联璧、四联璧、圆角方形璧

---

[1] 韩建业：《中国北方地区新石器时代文化研究》，文物出版社，2003年。
[2] 内蒙古文物考古研究所、北京大学中国考古学研究中心"聚落演变与早期文明"课题组：《岱海考古（三）——仰韶文化遗址发掘报告集》，科学出版社，2003年，彩版一五、彩版一六。
[3] 山东省文物考古研究所、广饶县博物馆：《山东广饶新石器时代遗址调查》，《考古》1985年第9期；山东省文物考古研究所、广饶县博物馆：《广饶县五村遗址发掘报告》，《海岱考古》（第一辑），山东大学出版社，1989年，第61~123页。
[4] 章丘市博物馆：《山东章丘市焦家遗址调查》，《考古》1998年第6期。
[5] 田名利：《凌家滩遗存与红山文化》，《文物研究》（第十五辑），黄山书社，2007年，第79~90页。
[6] 赵朝洪、员雪梅、徐世炼等：《从玉器原料来源的考察看红山文化与大汶口文化的关系》，《红山文化研究——2004年红山文化国际学术研讨会论文集》，文物出版社，2006年，第456~463页。
[7] 山东省博物馆、山东省文物考古研究所：《邹县野店》，文物出版社，1985年；杨美莉：《试论新石器时代北方系统的环形玉器》，《中国北方古代文化国际学术研讨会论文集》，中国文史出版社，1995年，第268~281页。
[8] 韩建业：《论雪山一期文化》，《华夏考古》2003年第4期。
[9] 辽宁省博物馆昭乌达盟文物工作站、敖汉旗文化馆：《辽宁敖汉旗小河沿三种原始文化的发现》，《文物》1977年第12期。
[10] 安徽省文物考古研究所：《凌家滩玉器》，文物出版社，2000年；安徽省文物考古研究所：《凌家滩——田野考古发掘报告之一》，文物出版社，2006年。

等红山式玉器还见于江苏海安青墩、南京浦口营盘山等和凌家滩墓地大体同类的遗存当中，西南甚至还远达湖北黄梅塞墩遗址。反过来，红山文化的石钺应当来自凌家滩文化，玉龟也可能是受凌家滩文化影响产生。两地还都有明确的祀天仪式和敬天观念[1]。此外，在大地湾遗址发现一件红山文化式的墨玉璧[2]，显示"红山古国"和陇山附近仰韶文化晚期之间也存在意识形态方面的交流。

距今5000年左右的铜石并用时代正是中华文明形成的关键时期[3]，辽西是最早进入文明社会的区域之一，当时应已出现一个以牛河梁为核心的"红山古国"[4]。可以看出，前两个层次是全方位的交流，不排除伴随着一定数量人口的迁移，其中第一个层次重点是陶器体现的日常交流，冀西北、北京等地不排除本身就是"红山古国"的组成部分[5]；第二个层次是"红山古国"和海岱古国之间的交流。第三个层次主要是玉器方面的"上层"交流。通过这些不同层次的交流互动，东北尤其是其南部地区在文化上"早期中国"的地位进一步稳固坚实。

四

距今5000年后红山文化就衰亡了。已发表的十几个红山文化测年数据绝大部分标品为木炭，年代下限大约距今5000年。人骨测年标品只有两个，敖汉五道湾的一个校正后为公元前3039～前2894年[6]，半拉山的一个为距今5305～5045年[7]。考虑到木炭样品一般年代偏晚，人骨样品更接近真实年代，则红山文化的下限就很有可能晚至距今4900年甚至更晚。有研究认为，距今4800年后的气候干冷化，可能是导致红

---

[1] 韩建业：《中国新石器时代的祀天遗存和敬天观念——以高庙、牛河梁、凌家滩遗址为中心》，《江汉考古》2021年第6期。
[2] 甘肃省文物考古研究所：《秦安大地湾——新石器时代遗址发掘报告》，文物出版社，2006年，图版二七三，8。
[3] 韩建业：《中华文明的起源和形成》，《中华民族共同体研究》2022年第4期。
[4] 从敖汉旗元宝山积石冢来看，其最高等级的一侧多层台阶式墓葬（内蒙古自治区文物考古研究院：《内蒙古敖汉旗元宝山红山文化积石冢考古发掘取得重大收获》，《中国文物报》2024年10月11日第5版），和牛河梁第二等级墓葬基本相同，推测这里是仅次于牛河梁的祭祀中心。在红山文化分布区还有其他一些等级低于牛河梁的祭祀中心。仅从祭祀遗存来看，当时应当存在一个以牛河梁为核心的"红山古国"。
[5] 宣化郑家沟等地也发现红山式的积石冢，表明冀西北地区也应当存在红山式礼仪，可能也属于"红山古国"。但从附近赤城七里河、上西沟窑等遗址的调查情况看（张家口市文物考古研究所、赤城县博物馆、河北大学历史学院：《河北赤城县新石器时代遗址2018年考古调查》，《北方文物》2022年第1期），陶器显示的文化面貌属于雪山一期文化。可见"红山古国"的范围不限于红山文化区。
[6] 刘国祥：《红山文化研究》，科学出版社，2015年，第18～20页。
[7] 辽宁省文物考古研究所、朝阳市龙城区博物馆：《辽宁朝阳市半拉山红山文化墓地》，《考古》2017年第7期。

山文化复杂社会趋于衰落的主要原因①。但也不排除其他直接原因。我们观察到距今4700多年的庙底沟二期兴起之际，不但红山文化衰亡，而且陕北以东的内蒙古中南部、山西中北部、河北大部、河南中部地区文化都发生巨变，双槐树等中心聚落衰落，彩陶全面趋于消失，出现了较多与陕北有关的篮纹、方格纹等新因素，夯土墙白灰面房屋甚至扩散到豫北地区。与其形成对照的是，陕北地区文化连续发展、聚落爆发式增多，陕北特有的石城遗址向东延伸到内蒙古中南部甚至张家口地区。这一文化巨变很可能对应传说中的"涿鹿之战"事件②。因此，涿鹿之战很可能直接导致了"红山古国"的灭亡。按照《史记·五帝本纪》记载，轩辕黄帝的统治范围包括了中国大部地区，而且还拥有军队，设官监察"万国"，俨然是跨区域国家社会的气象。尤其"北逐荤粥，合符釜山，而邑于涿鹿之阿"，东北方可能已占有西辽河、大凌河流域。从这个意义上来说，庙底沟二期或者轩辕黄帝时期，已经出现了中国历史上最早的雏形状态的"王朝"，进入了萌芽状态的跨区域的"王国"时代，政治上的"早期中国"至少已经萌芽。东北地区南部是最早纳入这个萌芽状态的政治上"早期中国"的地区之一。

距今4100年后已进入青铜时代早期，夏禹征伐三苗、划分"九州"，建立起初步具有"大一统"政治王权的夏王朝③，政治上的"早期中国"正式形成，中华民族也应初步形成。夏禹所分"九州"很可能具有真实历史背景④，其中"冀州"往东北方向已涉及西辽河流域。在西辽河流域夏家店下层文化的形成过程中，来自河北、北京等地的后冈二期文化、雪山二期文化起到了关键作用⑤，这些文化北上的时间差不多正好是在夏代建立初期。因此夏家店下层文化的出现，很可能体现夏王朝对西辽河流域的政治影响和控制。夏代晚期在大甸子墓地随葬爵、鬶、盉等二里头式的仿造陶礼器⑥，是西辽河流域仍然属于夏王朝"方国"的重要证据。青铜时代的辽西地区还有可能是夏商王朝锡

---

① 靳桂云：《燕山南北长城地带中全新世气候环境的演化及影响》，《考古学报》2004年第4期。
② 韩建业：《中国北方早期石城兴起的历史背景——涿鹿之战再探索》，《考古与文物》2022年第2期。
③ 王震中所说夏商周时期的"复合制王朝国家"，实质就是"大一统"政治中国的早期阶段。王震中：《夏代"复合型"国家形态简论》，《文史哲》2010年第1期。
④ 李民：《〈禹贡〉与夏史》，《史学月刊》1980年第2期；邵望平：《〈禹贡〉"九州"的考古学研究》，《考古学文化论集（二）》，文物出版社，1989年，第11~30页；朱渊清：《禹画九州论》，《古代文明》（第5卷），文物出版社，2006年，第55~70页；韩建业：《从考古发现看夏朝初年的疆域》，《中华读书报》2021年6月30日第13版。
⑤ 王立新、卜箕大：《对夏家店下层文化源流及与其他文化关系的再认识》，《青果集——吉林大学考古系建系十周年纪念文集》，知识出版社，1998年，第179~187页；韩建业：《北京先秦考古》，文物出版社，2011年，第99页。
⑥ 中国社会科学院考古研究所：《大甸子——夏家店下层文化遗址与墓地发掘报告》，科学出版社，1996年。

原料的重要来源地①。甚至夏家店下层文化线状分布的石城堡②，也可能具有保卫夏商王朝东北方边境的"长城"功能③。

此外，距今 4000 年左右辽东地区的小珠山上层文化等和海岱龙山文化有密切交流，之后的高台山文化和夏家店下层文化关系密切④，鬲、甗、豆等陶器追根溯源都与黄河流域有关；弧腹鬲甚至一度向东北渗透到嫩江流域⑤。这些都是东北大部分地区在夏商时期至少属于文化上"早期中国"的重要证据。

综上所述，东北地区上古时期就和黄河、长江流域存在物质、精神、制度等方面的交流，并伴随着人群之间程度不同的交往交融，其纳入"早期中国"的过程可分三个阶段。第一阶段，距今 8000 年左右东北地区南部初步纳入萌芽状态的文化上"早期中国"，和中华其他地区一样共享"敬天法祖"的"一元"的宇宙观、伦理观。第二阶段，距今 6000 年前后东北地区南部正式成为文化上"早期中国"的组成部分，距今 5300 年前后与黄河、长江流域的交流范围进一步扩大、交流层次进一步加深。第三阶段，距今 4700 多年东北地区南部最早纳入萌芽状态的政治上"早期中国"，距今 4100 年后夏王朝建立，广义辽西地区已属夏朝冀州，正式进入政治上"早期中国"范畴，东北大部地区在夏商时期至少属于文化上"早期中国"范畴。

---

① 李延祥、席光兰、李辰元等：《辽西青铜时代早期矿冶遗址考察报告》，《北方民族考古》（第 3 辑），科学出版社，2016 年，第 279~298 页；李辰元、李延祥、王立新等：《内蒙古克什克腾旗哈巴其拉遗址出土矿冶遗物分析》，《江汉考古》2023 年第 4 期。
② 徐光冀：《赤峰英金河、阴河流域石城遗址》，《中国考古学研究——夏鼐先生考古五十年纪念论文集》，文物出版社，1986 年，第 83、84 页。
③ 苏秉琦：《象征中华的辽宁重大文化史迹》，《华人·龙的传人·中国人——考古寻根记》，辽宁大学出版社，1994 年，第 92 页；韩建业：《试论作为长城"原型"的北方早期石城带》，《华夏考古》2008 年第 1 期。
④ 赵宾福：《高台山文化再论》，《华夏考古》2012 年第 3 期。
⑤ 黑龙江省文物考古研究所、吉林大学考古学系：《肇源白金宝——嫩江下游一处青铜时代遗址的揭示》，科学出版社，2009 年，第 30 页。

"圭璋"礼制初探

邓淑苹

（台北故宫博物院）

一、史前华夏大地玉文化的早期发展

从考古发掘资料可知，今日中国境内，约在公元前7200～前6600年，黑龙江省饶河县乌苏里江畔的小南山文化第二期遗存，已出土用闪玉（nephrite）制作的斧、小璧、管、珠等[①]。大约在公元前6200～前5400年，内蒙古东部至辽宁西部的西辽河、大凌河流域的兴隆洼文化，出土闪玉制作的管、斧、锛、凿外，还有耳饰玦、匕形饰、弯条形玉饰[②]。可以说中国东北的松（花江）黑（龙江）地区与辽西地区，形成中国最早的制玉、用玉文化圈。在表1中，以虚线框及（1）标示。

大约公元前5000～前3800年的仰韶文化早期，黄河上中游的大地湾遗址、龙岗寺遗址出土的闪玉器，除了小佩外，主要有锛、凿、斧、钺、铲等带刃器[③]，成为史前华夏大地上第二个制玉、用玉文化圈。在表1中，以虚线框及（2）标示。

长江下游太湖北部地区，约在公元前4000年的马家浜文化晚期，东山村遗址的大墓中出土闪玉及玉髓制作的耳饰玦、管以及成组玉璜佩，学者据以推测：当时玉器已有

---

① 黑龙江文物考古研究所、饶河县文物管理所：《黑龙江饶河县小南山遗址2015年Ⅲ区发掘简报》，《考古》2019年第8期。年代数据依据2021年6月11日，发掘主持人李有骞研究员在故宫博物院演讲后的报道。
② 杨虎、刘国祥：《兴隆洼文化玉器初论》，《东亚玉器》，香港中文大学，1998年；杨虎、邓聪、刘国祥：《玉器起源探索：兴隆洼文化玉器研究及图录》，香港中文大学中国考古艺术研究中心，2007年；辽宁省文物考古研究所、辛岩编著：《查海：新石器时代聚落遗址发掘报告》，文物出版社，2012年。
③ 甘肃省文物考古研究所：《秦安大地湾——新石器时代遗址发掘报告》，文物出版社，2006年；陕西省考古研究所：《龙岗寺》，文物出版社，1990年；杨亚长：《陕西史前玉器的发现与初步研究》，《东亚玉器》，香港中文大学中国考古艺术研究中心，1998年，第208～215页。龙岗寺发掘主持人魏京武也撰文讨论这批数据，将26件中的4件请西安地质学院专家作了显微镜观察鉴定。推测玉料来源可能是四川汶川。见：魏京武：《龙岗寺遗址出土的仰韶文化玉质生产工具》，《海峡两岸古玉学会议论文专辑》，台湾大学地质系，2001年，第129～135页。

了昭示墓主身份地位的功能[①]。公元前3600～前3300年,太湖西侧巢湖地区的凌家滩文化更出土闪玉制作的环镯、小璧、龟壳、玉版、人、鸟等[②]。形成史前华夏大地上第三个制玉、用玉文化圈,在表1中,以虚线框及(3)标示。

表1大致统计了华夏大地在公元前7000～前1500年,各地区制作玉器的类别情

表1 公元前7000～前1500年各地区制作玉器类别

公元前(年)	分期	蜀	青、宁、甘、陕	晋、豫西	豫中、豫东	鄂、湘	海岱	江淮、太湖、岭南	辽西、松黑	辽东
7000	新石器时代								环、小璧、管坠、珠、锛、凿、斧、耳饰玦、匕形饰 ---(1)	
6500										
6000										
5500										
5000										
4500			小佩、锛、凿、斧、钺、铲						---(2)	
4000								耳饰玦、管、璜、环镯、小璧、龟壳、人、鸟、玉板	---(3)	
3500			璧、原始琮、斧、钺、铲						环、斜口筒形器、鸟、龙、方圆形璧、猪龙、勾云形器、龙纹璜	
3300							龙首饰、龙首环、小璧、冠状器、璜、三叉形器、锥形器、管、镯、方镯、大璧、高琮			
3000										环、连璧、锛、凿、锥形器
2500							环、镯、璧、连璧、锥形器、琮、斧、铲、钺、刀、神祖纹圭			
2300										
2070	夏		璧、矮琮、斧、钺、铲、大璧、高琮、联璧、喇叭管、刀、牙璋、有领璧	璧、琮、铲、刀、镯、联璧、牙璧	牙璋、钺、戚、柄形器		鸟纹笄、虎、蝉、鸟神祖纹玉器			
1800					长刀、戈					
1600		牙璋、有领璧、璧、琮								
1500										

[①] 杨晶:《东山村遗址出土玉器形态研究》,南京博物院、张家港市文管办、张家港博物馆:《东山村新石器时代遗址发掘报告》,文物出版社,2016年。

[②] 安徽省文物考古研究所:《凌家滩——田野考古发掘报告之一》,文物出版社,2006年。

况。其实第 2 个与第 3 个用玉文化圈，正是公元前 4000 年左右，由于社会结构分层化，有的社会里（如陕西龙岗寺）以玉质带刃器及体大精磨的石斧作为拥有者身份的象征。也有的社会里（如江苏东山村）以成套的"组玉璜"作为拥有者身份的象征。

换言之，公元前 4000 年左右，玉器已非单纯的工具与饰品，而具有象征身份的"瑞器"功能。

大约再过 500 年，随着文化的复杂化，先民逐渐用特殊纹饰或造型的玉器祭祀神祇祖先，希望得到福佑；玉器被赋予沟通人神的"祭器"功能。

检视东亚的地理与生态即可知，大兴安岭—太行山—巫山—雪峰山的山脉链将远古时散居华夏先民的大地区隔为低平湿润的东部与高亢干燥的西部。再分析考古出土玉器即可知，东部史前先民相信鸟、虎、龙以及某些昆虫的灵性可协助巫觋沟通人神。所以东北地区在兴隆洼文化末期白音长汗类型（约公元前 5200～前 5000 年）[1]及松黑地区的左家山文化二期时（约公元前 3800～前 3500 年）[2]，"动物精灵崇拜"（后文简称"物精崇拜"）可能已萌芽。所以出现图 1、图 2 这样昆虫幼虫与哺乳类动物胚胎造型的玉石雕品，后者目前俗称"猪龙"。

图 1　兴隆洼文化末期玉蝉蛹
（高 3.55、宽 1.2 厘米，白音长汗出土）

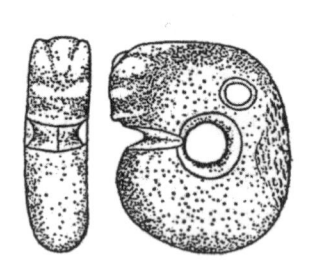

图 2　左家山文化二期石雕虎胚胎[3]
（高 4.4、宽 3.8 厘米，左家山出土）

公元前 3500～前 2300 年，东部地区的红山、凌家滩、崧泽、良渚等文化，出现以闪玉制作虎的胚胎以及神灵动物中的龙，也常出现弯弧形玉璜，器表雕琢似龙的纹饰（图 3，1～6）。

公元前 2300～前 1600 年，西部地区的齐家文化、石峁文化等相当强势，源起西部的夏族势力扩及中原，所以这段时期华夏大地上少见物精崇拜的痕迹。

商族是东部大族，约公元前 1600 年占据中原，公元前 1250 年进入商晚期后，动物

---

[1] 内蒙古自治区文物考古研究所：《白音长汗：新石器时代遗址发掘报告》，科学出版社，2004 年；索秀芬、郭治中：《白音长汗遗址出土玉器》，《边疆考古研究》（第 2 辑），科学出版社，2004 年。
[2] 左家山文化年代数据依据：赵宾福：《东北新石器时代的时空框架及文化系统》，《庆祝宿白先生九十华诞文集》，科学出版社，2012 年。
[3] 引自：赵宾福：《吉林省出土的史前玉器及相关问题》，《东亚玉器》，香港中文大学，1998 年。

母题玉雕大盛,其中尤多如图 3 中的 7、8 这样以虎、龙为母题的胚胎造型玉器。图 3 中的 9 是略晚一点的双龙首璜[①]。

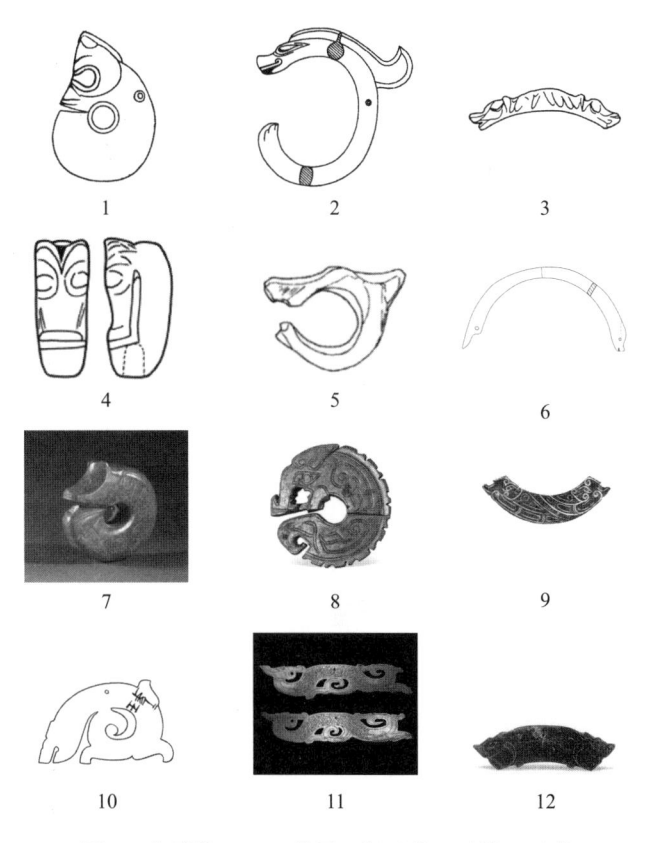

图 3　公元前 3500~公元 8 年玉琥、玉龍、玉璜
1~3. 红山文化晚期　　4~6. 崧泽、凌家滩、良渚文化　　7~9. 商晚期至西周　　10~12. 战国至西汉

周族源起自渭水流域,是西部大族,建立了周王朝,经东征后控制整个黄河流域。此期间东部地区楚、越文化长期潜沉。但是当公元前 770 年,王室东迁,势力衰微时,长江流域古老的物精崇拜再度勃兴;约公元前 5 世纪以来,楚墓里随葬"楚式绿玉"制作的璧、成对的大璜以及今日俗称"S 龙"的玉器,应是专门制作的"葬玉"[②]。从望山

---

① 图 3 中的 7、8,出自安阳殷墟妇好墓。图分别引自:中国玉器全集编辑委员会:《中国玉器全集·2》,河北美术出版社,1993 年;中国社会科学院考古研究所、深圳博物馆编:《玉石之魂——中国社会科学院考古研究所发掘出土商周玉器精品》,文物出版社,2013 年。图 3 中的 9 为台北故宫博物院藏品拓片。
② "楚式绿玉"是一种镁质大理岩变质的草绿色系闪玉,参考:邓淑苹:《楚式礼玉——远古"物精崇拜"与"天体崇拜"的融合创新》,《湖南省博物馆馆刊》(第十四辑),岳麓书社,2018 年。

楚墓出土楚简上的文字可知，如图 3 中的 11 形似龙的玉器，应是楚文化里的"琥"[①]。图 3 中的 10 是河北中山王墓出土这类玉器，光素无纹，器表还墨书"琥"字[②]。从战国楚简可知，"琥""璜"是楚人献祭的礼器[③]。图 3 中的 12 玉璜，出自西汉武帝时期祭祀坑[④]。

总之，夏、商、周、汉的统治阶层，轮替崛起自西部、东部。每当东部文化兴盛时，如商代、战国时期，就是"琥""璜"的流行期。战国时《周官》一书的作者，除了熟知周文化圈的历史文化外，也熟悉楚文化，所以他所建构的祭祀用六种玉器"六器"，就有楚文化圈的"琥"与"璜"。

中国西部地区疆域广袤，目前考古资料显示，陕西、甘肃渭水流域的仰韶文化庙底沟类型（庙底沟文化），应是璧、琮、圭、璋"四器"的萌芽区[⑤]。近代考古学家夏鼐或受《仪礼·聘礼》等文献影响，认为"六器"里璧、琮、圭、璋"四器"才是礼器，"璜"与"琥"只是"装饰品"[⑥]。夏氏 40 年前的误判，成为当代学术界的桎梏，宜尽早破除之。

陕西西安市高陵区杨官寨遗址（公元前 3637～前 2920 年）发现 1 件石璧、2 件石琮的残块，3 件分 3 个独立坑埋藏[⑦]。这是正式考古发掘的成果。

结合考古发掘、征集资料，以及大量传世器与可靠的流散品可知：史前西部地区先民，可能是"天圆地方宇宙观"与"同类感通哲理"的创发者，他们将玉石制作成带中孔的圆片、方片（或方筒），也就是圆璧与方琮，用以祭祀天神、地祇。但因为西部先民将祭祀过的璧与琮直接掩埋，坑中既无人骨，也无陶器等"俗物"，以致悠悠历史中，多被乡民无意破坏；古老的玉石质璧与琮，或被当玉料改制，或藏于各博物馆。

在庙底沟文化之后，公元前 2900～前 2300 年，璧琮文化应继续在六盘山周围发

[①] 湖北省文物考古研究所：《江陵望山沙冢楚墓》，文物出版社，1996 年，第 163 页。有关竹简中"璜""虎""琥"资料解读，见报告所附：朱德熙等：《望山一、二号墓竹简释文与考释》，第 278、300 页。图 3 中的 11 引自：古方主编：《中国出土玉器全集·10》，科学出版社，2005 年。

[②] 河北省文物考古研究所：《罍墓：战国中山国国王之墓》，文物出版社，1996 年。图 3 中的 10 引自：张守中：《中山王罍器文字编》，中华书局，1981 年。

[③] 晏昌贵：《巫鬼与淫祀——楚简所见方术宗教考》，武汉大学出版社，2010 年；孙庆伟：《从葛陵楚简看楚地的祭祷用玉》，《夏商时期玉文化国际学术研讨会论文集》，科学出版社，2018 年。

[④] 西安联志村、芦家口两批祭祀用玉器曾被定为战国至秦代。梁云的考证认为两处都是西汉的遗址，见梁云：《对鸾亭山祭祀遗址的初步认识》，《中国历史文物》2005 年第 5 期。图 3 中的 12 出自芦家口，图引自：刘云辉：《陕西出土汉代玉器》，文物出版社，2009 年。

[⑤] 《仪礼·聘礼》："凡四器者，唯其所宝，以聘可也。"郑玄注："言国独以此为宝也，四器谓圭、璋、璧、琮。"

[⑥] 夏鼐：《商代玉器的分类、定名和用途》，《考古》1983 年第 5 期。

[⑦] 王炜林：《庙底沟文化与璧的起源》，《考古与文物》2015 年第 6 期；杨利平：《试论杨官寨遗址墓地的年代》，《考古与文物》2018 年第 4 期。杨官寨现任发掘主持人杨利平副研究员告知这三件是分开埋藏，特此申谢。

展壮大①。图 4 是陕西宝鸡市陈仓区贾村镇陵后村东北 1 千米的"土梁"上，出土的一对玉料非常相似的玉璧、玉琮②；根据琮的射口极短浅现象，将其暂归为先齐家阶段，客省庄文化玉礼器。经测试，璧的中孔可套在琮的浅射口外。射口的出现可能是为了稳固在举行仪式时的这种套合关系。

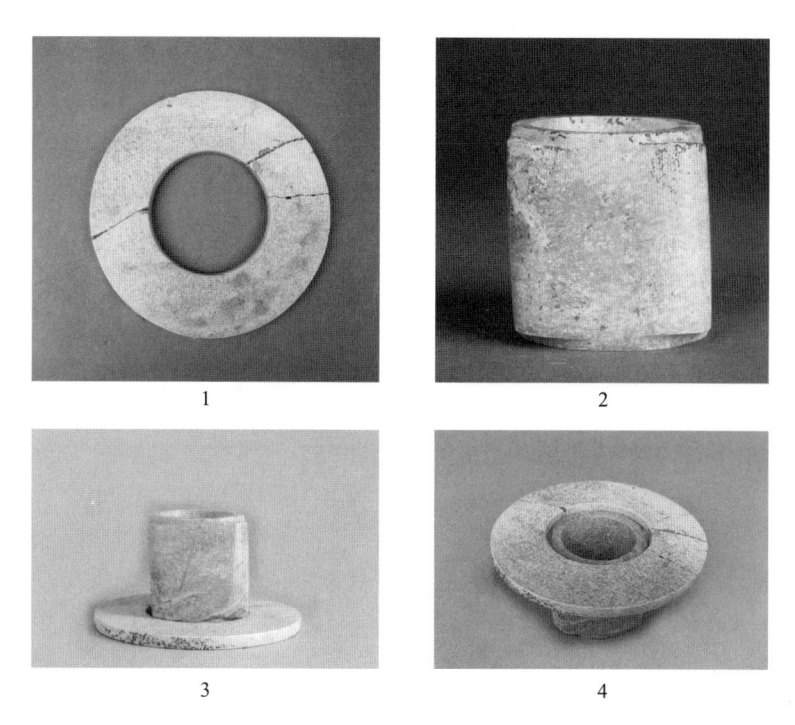

图 4　客省庄文化玉璧、玉琮（陵后村出土）

（璧外径 21.6、孔径 10.7、厚 0.7 厘米；琮高 7.1 厘米，射口外径约 6.4、高 0.46 厘米）

经过先齐家阶段的发展，到了齐家文化时（公元前 2300～前 1500 年），文化发展相当旺盛，留下大量不同尺寸、基本素面的圆璧、方琮③。

20 世纪 80 年代太湖地区良渚文化早期遗址，如瑶山、反山等遗址，出土的玉器多

---

① 这段时间散居在六盘山周围的常山下层文化、菜园文化、半山文化、客省庄文化多出有圆璧、方琮，笔者统称此段为"先齐家文化阶段"。
② 此组璧与琮第一次由王桂枝发表于《文博》1987 年第 6 期。1995 年再由高次若撰文《宝鸡市博物馆藏玉器选介》，《考古与文物》1995 年第 1 期。清楚说明此组璧与琮单独出于宝鸡贾村镇陵厚村东北土梁上。图 4 中的 1、2 由宝鸡青铜博物院提供，3、4 由陕西省文物局刘云辉前副局长提供，特此申谢。
③ 邓淑苹：《史前至夏时期"华西系玉器"研究（上）》，《中原文物》2021 年第 6 期；邓淑苹：《史前至夏时期"华西系玉器"研究（中）》，《中原文物》2022 年第 1 期；邓淑苹：《史前至夏时期"华西系玉器"研究（下）》，《中原文物》2022 年第 2 期。

为巫觋集团穿戴的行头：笄、梳背、管、璜、镯等，其器表多雕琢当时先民心目中"神祇·祖先·神灵动物"三位一体的图像。

但当时考古学家被清末金石学家吴大澂、端方误导，将玉镯错误地命名为"琮"。事实上，良渚文化早期至中期前段，张陵山、赵陵山、瑶山、反山前期等遗址中，并没有具祭祀神祇意义的圆璧[①]，那些用作腕饰的圆镯、方镯也不可能是祭祀神祇的"方琮"。良渚文化发展到中期后段，或是受到来自黄土高原地区文化影响[②]，才逐渐发展出大璧、高琮的礼制[③]。

良渚文化早中期是单纯的动物精灵崇拜的社会，根本没有圆璧、方琮存在，这是不争的事实，却因最初的错误命名，造成学术界近30多年的大混淆，还有待理性梳理。

二、文字史料所见与"圭"有关的礼制

目前古文字学界隶定"𦍒"字为甲骨文的"圭"字，隶定"圭""璋"为金文的"圭""璋"二字。近数十年来，从甲骨文、金文中隶定玉器器名与用玉情况的论文不少，但因为当下学术界对史前至商周玉器的命名，本即存有颇多误区，"玦""琮""璋"三种，都存在20世纪末考古学家被晚清金石学家误导而错误定名的问题[④]。但是不懂玉器的古文字学家又深信甲骨、金文多"象形字"，而常凭"形似"为第一准则做了想当然的推测。所以，这些古文字学方面的论述仅具参考价值[⑤]。

---

① 当时遗址里只有串饰性质的小圆牌及可套作腕饰的大孔环璧。

② 浙江省文物考古研究所的王宁远研究员演讲时述及："近年日本学者用稳定同位素方法检测良渚遗址出土人骨，发现其中或有从陕西一带迁徙而来的可能。此一科技检测资料，说明当时江南地区与黄河上中游极可能已有文化交流。"

③ 良渚中期晚段文化发生突变，出现不能被当作人体装饰品的小孔大璧与多节高琮，笔者认为是该文化从"动物精灵崇拜"蜕变为"次生形天体崇拜"。见拙文《"六器"探索与"琮"的思辨》，《中原文物》2019年第2期；《曙光中的天人对话——中国玉礼制的史前探源》，《玉韫·九州：中国早期文明间的碰撞与聚合》，陕西师范大学出版社，2023年。

④ 有关"玦"的定名错误，见：林巳奈夫：《中国古代的祭玉、瑞玉》，《东方学报》第40册，1969年；收入：杨美莉译，林巳奈夫：《中国古玉的研究》，台湾艺术图书公司，1995年。有关"璋"的定名错误，见：夏鼐：《商代玉器的分类、定名和用途》，《考古》1983年第5期；邓淑苹：《牙璋探索——大汶口文化至二里头期》，《南方文物》2021年第1期。近年来笔者多篇论文指称良渚文化早期至中期前段，雕有神祖灵纹的玉镯、玉方镯被误称为"琮"，当时良渚文化毫无"天体崇拜"迹象，也无圆璧存在。比较完备的论述见邓淑苹：《曙光中的天人对话——中国玉礼制的史前探源》，《玉韫·九州：中国早期文明间的碰撞与聚合》，陕西师范大学出版社，2023年；邓淑苹：《中国玉文化的材质与谱系：远古至夏》，《礼仪与奉献》，上海书画出版社，2024年。

⑤ 资料比较周详的论文见：杨州：《甲骨金文中所见"玉"资料的初步研究》，首都师范大学博士论文，2007年；杨岐黄：《甲骨卜辞所见玉器及相关问题研究》，《文博》2022年第5期。

不过先秦文献及商周金文中颇多与"圭""璋"有关的资料。分析之，可知周代礼制有："璧圭""命圭""圭璋"三个制度，都与"圭"有关。

（一）文字史料所见"璧圭"玉礼制

1)《尚书·金縢》："公乃自以为功，为三坛同墠。为坛于南方，北面，周公立焉。植璧秉珪，乃告太王、王季、文王。……尔之许我，我其以璧与珪，归俟尔命；尔不许我，我乃屏璧与珪。"①

以上文字记录周公为病重的武王祈祷时，在三个祭坛上各竖植一件玉璧，用以依附三代祖灵；双手秉持象征主祭者身份的玉圭，向三代祖灵祈求：希望自己能代替武王生病。由此可知"璧圭礼制"是周族原创的礼制，"植璧秉圭"为执行该礼制时的具体仪式。璧是依附神祖之灵的"祭器"，圭是表彰主祭者身份的"瑞器"。而且祭祀后要把璧与圭送给受祭者。

2)《诗经·大雅·云汉》："靡神不举，靡爱斯牲。圭璧既卒，宁莫我听。"②

此段文字记录西周宣王时大旱灾，天子用成组"圭璧"多次祭祀，因为祭祀后要把圭璧致送给受祭者，所以"圭璧"都快用完了。

3)《诗经·卫风·淇奥》："有匪君子，如金如锡，如圭如璧。"此段记录"圭"与"璧"并称，可用以赞美君子的美德。

（二）文字史料所见"命圭"玉礼制

1)《诗经·大雅·崧高》："锡尔介圭，以作尔宝。往近王舅，南土是保。"记载周宣王派王舅申伯去保卫南方疆土时，赐他以"介圭"作为信物。

2)《诗经·大雅·韩奕》："韩侯入觐，以其介圭，入觐于王。"

3)《礼记·郊特牲》："大夫执圭而使，所以申信也。"

铜器铭文中有很多关于"命圭"礼制的记录，师遽彝、召伯虎簋、毛公鼎等，都是常被征引的资料。

（三）文字史料所见"圭璋"玉礼制

1)《诗经·大雅·卷阿》："颙颙卬卬，如圭如璋，令闻令望，岂弟君子，四方为纲。"此即记录用"圭""璋"歌颂君子品德纯洁，名声威望传四方。"璋"是排在"圭"的后面。

---

① 屈万里：《尚书今注今译》，台湾商务印书馆，1971年。
② 马持盈：《诗经今注今译》，台湾商务印书馆，1971年。

2）四十三年逨鼎铭之："逨拜稽首，受册，佩以出，返入觐圭。"记载作器者"逨"接受了天子的册命与赏赐后走出了门，然后再回来送"觐圭"行纳觐之礼。

3）膳夫山鼎铭之："山拜稽首，受册，佩以出，返入觐璋。"记载作器者"山"接受了天子的册命与赏赐出门，然后再回来送"觐璋"行纳觐之礼。

类似的"返入觐璋"的记载，还见于颂鼎、颂壶、颂簋。

以上均是记录西周时诸侯觐见天子时，按诸侯身份高低，回送天子"觐圭""觐璋"的礼节。

4）《左传·昭公五年》："朝聘有圭，享觐有璋。"①

5）《礼记·聘义》："以圭璋聘，重礼也；已聘而还圭璋，此轻财而重礼之义也。"

以上第4、5条东周史料说明："圭"与"璋"分别是诸侯"朝见"天子，以及诸侯之间"聘问"时，执拿以象征身份的玉礼器。

《左传》《礼记》的记录显示"璋"是与"圭"有关，但地位较低的玉礼器。

总之，在周代以"玉圭"为核心的玉礼制至少有三：

其一，与玉璧组配，用作沟通神祇、祖先的礼器。"璧"用以依附祖灵，"圭"作为主祭者的权力象征。

其二，单独作为天子授权完成某项使命时的"命圭"。

其三，与"璋"组配，是诸侯"朝见"天子以及诸侯之间"聘问"时，执拿以象征身份的玉礼器。

三、学术界中"平首圭""尖首圭"确认的历程

虽然从文献可知"圭"是重要的礼器，但是对其造型确认有一段历程。

18世纪的乾隆皇帝、20世纪的考古学家夏鼐，都认为"圭"的形状就是一端有三角尖的长方片。

有关乾隆皇帝对古玉的认知，笔者曾出版专书详论之，他认知的玉圭，上端有三角尖②。夏鼐在他1983年《商代玉器的分类、定名和用途》一文中，花了颇长篇幅讨论什么是"圭"。他认定"……圭，作扁平长条形。下端平直，上端作等边三角形。""没有圭角，不能算是圭。"对于《说文》中有"圭，上圆下方"的记载，直接批为："如果圆字不是误字，当指把尖端削去，形成弧形，并非正圆。"③

但19世纪末金石学家吴大澂出版《古玉图考》，明言："今人不知古圭有与方椎相似者，辄以药铲目之。"④书中13件"圭"，只有1件上端有所谓"圭角"，其余刃端或平直或圆弧，也有作内凹弧的，大致多为玉质斧钺铲类。

---

① 李宗侗：《春秋左传今注今译》，台湾商务印书馆，1972年。
② 邓淑苹：《乾隆皇帝的智与昧——御制诗中的帝王古玉观》，台北故宫博物院，2019年。
③ 该文发表于《考古》1983年第5期。有关"圭"的论证见第458页。
④ （清）吴大澂：《古玉图考》，上海同文书局，光绪十五年（1889年）。

1977年，笔者撰文排比考古出土资料，提出："平首圭""尖首圭"的二分观点。认为从史前到商代，主要使用由斧钺类发展的"平首圭"；周代时，由于铜戈是实用的兵器，所以发展出"阑"和"胡"以增加绑缚在长杆上的稳定度。玉戈用作身份象征，不讲求杀伐力，所以中脊与刃线，以及戈身与戈柄的分野都逐渐消失，发展成上端带三角尖的长方版，也就是礼制上的"尖首圭"了（图5）[①]。

2012年，笔者撰文统计商晚期至西周早期未经盗扰的较高级墓葬中这类玉器的出现情况，发现：直到殷墟三期（公元前1200~前1090年），"平首圭"与"尖首圭（玉戈）"在墓葬中数量似乎平分秋色，摆放位置也相似；但从殷末西周初（公元前1046年前后），"尖首圭（玉戈）"才取得数量上的优势[②]。

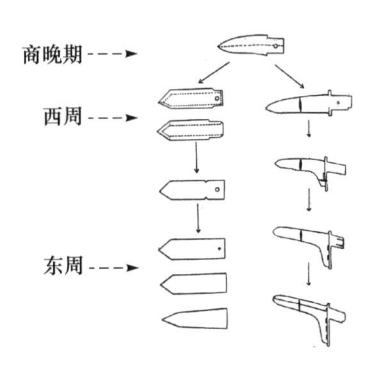

图5 商晚期至东周玉戈→圭（左）与铜戈（右）形制演变图

四、考古所见"平首圭""尖首圭"的发展

（一）平首圭的形成与发展

平首圭礼制的形成，与史前社会的复杂化有关。

史前先民在打磨石料制作工具、武器的经验中，认识到闪玉的坚韧特质与莹润色泽，随着社会逐渐复杂化，美观又坚韧不朽的玉质斧、钺，自然被氏族领导者垄断作身份的表征。但是大部分的墓葬中，多见玉质斧钺绑在木柄上随葬，木柄腐朽后，玉斧钺多"横置"于墓主胸腹部的一侧。

郭大顺指出，约在庙底沟文化（或称为"仰韶文化庙底沟期"）晚期，墓葬中出现斧钺不装木柄，直接"竖置"于墓中的情况，也就是与墓主身体平行放置，刃端与墓主头端一致[③]。前者见于约公元前3300年的陕西华县泉护村M701[④]，后者见于约公元前3000年的河南灵宝西坡遗址[⑤]（图6、图7）。

据统计西坡墓地随葬的16件玉斧除个别放置在脚坑以外，有明确出土状态的9座墓12件都不是通常所见作为斧钺正常放置状态的横置，而为竖置，对此，发掘报告

---

① 邓淑苹：《圭璧考》，《故宫季刊》1977年第11卷第3期。
② 邓淑苹：《解析西周玉器文化的多源性》，《赫赫宗周——西周文化特展》，台北故宫博物院，2012年。
③ 郭大顺：《大甸子墓葬玉器再分析》，《玉魂国魄——中国古代玉器与传统文化学术讨论会文集（六）》，浙江古籍出版社，2014年。
④ 北京大学考古系著、中国社会科学院考古研究所编：《华县泉护村》，科学出版社，2003年，第74页。
⑤ 中国社会科学院考古研究所、河南省文物考古研究所：《灵宝西坡墓地》，文物出版社，2010年。

解释为"不带柄随葬"①。西坡出土的玉石钺刃部均无使用痕,其中9件经过硬度检测,再由地质专家肉眼观察鉴定,公布其中1件为白色大理石,8件绿色蛇纹石②。笔者于2018年申请检视这批资料,认为鉴定得非常正确③。蛇纹石虽非闪玉,但也是色泽美、硬度高的矿物,所以笔者称之为"玉石"。

目前的资料显示,庙底沟文化晚期(公元前3300~前3000年)是玉石质斧钺礼制化,发展出"平首圭"的时间点。郭大顺对史前斧钺类研究深入,他认为:"平首圭来自玉斧,竖置的玉斧就是向玉圭演化的前奏。而圭既是玉礼器中的重器,又是传承力最强的玉礼器;所以圭的出现是玉器发展史上具标志性的事件;中原地区可能是圭起源最早的地区。"④

仰韶文化晚末期在黄河上中游萌芽的"平首圭"礼制,到龙山时期就普及于整个黄河流域。约于公元前2300年以后,山东龙山文化不但盛行平首圭礼制,还流行在柄端两面雕琢神祖灵纹。图8是征集自山东日照两城镇的一件玉圭,经检测质地是既硬又韧的闪玉⑤。该件刃部有明显的破碴与磨蚀沟,可以用以砍伐,但是从器身两面雕琢神祖灵纹的方向可推知,祭祀时应是不装木柄,用手捧执,纹饰才是正面向着执拿者。

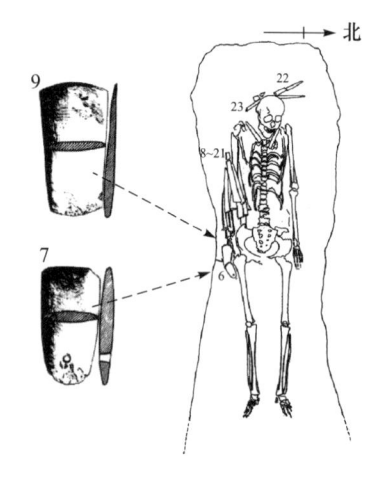

图6 庙底沟文化晚期泉护村M701出土2件不装木柄的石斧钺
(长13~14.6厘米)

图7 庙底沟文化晚期西坡M11出土3件不装木柄的玉石钺
(长16.2~17.2厘米)

图8 山东龙山文化两城镇出土玉圭
(高17.8厘米)

---

① 郭大顺:《仰韶文化与红山文化关系再观察》,《郑州大学学报(社会科学版)》2017年第4期;收入《汇聚与传递:郭大顺考古文集》,文物出版社,2021年。

② 马萧林、李新伟、杨海青:《灵宝西坡仰韶文化墓地出土玉器初步研究》,《中原文物》2006年第2期。

③ 承蒙马萧林院长同意,特此申谢。

④ 郭大顺:《从史前考古研究成果看古史传说的五帝时代》,《中原文化研究》2020年第6期;收入《汇聚与传递:郭大顺考古文集》,文物出版社,2021年。

⑤ 承蒙山东大学王强教授告知,特此申谢。

传世器及考古征集品中共有 9 件类似的神祖灵纹玉圭，笔者已综合论述之[1]。与其他类似雕纹玉圭相较可知，图 8 这件可能曾被切去纹饰下方的一截，致使它缺少带圆孔的柄端[2]。

如前所述，商晚期平首圭仍居主流地位，妇好墓出土多件，花园庄 M54 墓主头两侧也各出土 1 件平首圭[3]。直到两周之交，芮国 M502 墓主胸前还是放置平首圭[4]。

（二）尖首圭的形成与发展

如前所述，尖首圭源自玉戈，但玉戈的源头迄今不明。

郭大顺认为，陕西汉中市南郑区龙岗寺遗址，出土 2 件报告中称为"刀"的玉器，有中脊与边刃，柄端有可安装木柄的穿孔[5]（图 9），"已具备了戈的雏形"[6]。不过龙岗寺属仰韶文化早期（公元前 5000～前 3800 年），与下文要讨论的石峁征集和二里头出土的玉戈，年代差距达 2000 多年。

陕北神木石峁曾征集 2 件玉戈[7]，分别长 21、29.3 厘米（图 10、图 11）。笔者目验应为闪玉[8]，前者较古朴，但仍磨出锋利的尖刃，后者已有戈身和柄部的区分，无中脊[9]。石峁文化年代约公元前 2300～前 1800 年，但正式考古发掘尚未出土玉戈[10]。

---

[1] 邓淑苹：《龙山时期"神祖灵纹玉器"研究》，《考古学研究（十五）·庆祝严文明先生九十华诞论文集》，文物出版社，2022 年。

[2] 朱乃诚最先在其论文中提出此一观察，见朱乃诚：《关于夏时期玉圭的若干问题》，《玉魂国魄——中国古代玉器与传统文化学术讨论文集（五）》，浙江古籍出版社，2014 年。

[3] 中国社会科学院考古研究所：《安阳殷墟花园庄东地商代墓葬》，科学出版社，2007 年。

[4] 陕西省考古研究院等：《梁带村芮国墓地：二○○七年度发掘报告》，文物出版社，2010 年。

[5] 陕西省考古研究所：《龙岗寺——新石器时代遗址发掘报告》，文物出版社，1990 年。

[6] 郭大顺：《渤海湾北岸出土的铜柄戈——远河文明巡礼之五》，《故宫文物月刊》总号 218，2001 年；收入《郭大顺考古文集》（下册），辽宁人民出版社，2017 年。郭大顺：《仰韶文化与红山文化关系再观察》，《郑州大学学报（社会科学版）》2017 年第 12 期；收入《汇聚与传递：郭大顺考古文集》，文物出版社，2021 年。

[7] 1976 年戴应新赴神木石峁征集 128 件玉器，全入藏于陕西历史博物馆。1993～1994 年首次分六篇连载完整发表为：《神木石峁龙山文化玉器探索》，《故宫文物月刊》总号 125～130，1993 年 8 月至 1994 年 1 月。

[8] 2011 年春，承蒙刘云辉局长安排，在陕西历史博物馆库房检视实物，特此申谢。

[9] 图 10、11 引自：中华玉文化中心等：《玉魂国魄——玉器·玉文化·夏代中国文明》，浙江古籍出版社，2013 年。笔者 2011 年拍摄的图发表于两篇论文中，可看到图 10 玉戈的另一面。邓淑苹：《龙山时期四类玉礼器的检视与省思》，《玉魂国魄——中国古代玉器与传统文化学术讨论会文集（六）》，浙江古籍出版社，2014 年，图 1、图 2；邓淑苹：《万邦玉帛——夏王朝的文化底蕴》，《夏商都邑与文化（二）》，中国社会科学出版社，2014 年，图 11。

[10] 孙周勇、邵晶、邱楠：《石峁遗址的考古发现与研究综述》，《中原文物》2020 年第 1 期。由于这两件玉戈是征集所得，征集品中也见其他地区玉器被带至陕北者，暂时无法确定其文化类别。

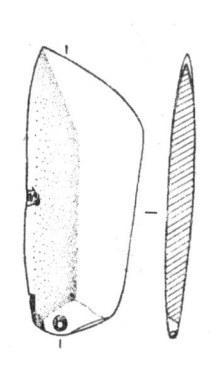

图 9　仰韶文化早期玉戈（？）
（龙岗寺出土）
　　　　图 10　玉戈 
（石峁征集）
　　　　图 11　玉戈 
（石峁征集）

不过值得注意的是，山西陶寺出土 2 件编号分别为 M1700：3 与 M3032：2 的玉石器，考古报告中命名为"玉圭"[①]，其实前者无中脊、边刃，后者只是件残器，都不是真正的尖首圭。

河南偃师二里头可能是夏王朝晚期的都邑遗址，已出土 3 件玉戈，是目前正式考古出土年代最早的玉戈，其中 2 件玉戈都有改制的痕迹[②]，只有 1 件看似用玉料制作的新器，出于二里头三期（公元前 1610～前 1560 年）[③]，全长 21.9 厘米，接近戈尖的器表有一段中脊[④]（图 12）。

换言之，至少从公元前 1610～前 1560 年的二里头三期，已有发展颇成熟的玉戈，但当时还是平首圭的流行阶段。

前文已说明，直到殷墟三期（公元前 1200～前 1090 年），"平首圭"与"尖首圭（玉戈）"在墓中数量相当，摆放位置也相似；但从殷末西周初（公元前 1046 年前后），"尖首圭（玉戈）"才取得数量上的优势。

"璧圭礼制"与"圭璋礼制"盛行于黄河流域的"周文化圈"，西周晚期晋国、虢国等姬姓大诸侯及其夫人墓葬中盛行用商中期至商晚期的"超大型玉戈"随葬，与之匹配的玉璧也常是古物，它们可能是西周初年受周天子分封立国时"分器"所得[⑤]。

[①] 中国社会科学院考古研究所、山西省临汾市文物局：《襄汾陶寺：1978～1985 年考古发掘报告》，文物出版社，2015 年，彩版四三。

[②] 该两件均无中脊，器表局部刻有成组平行阴线，在刻阴线部分的器身两侧并不平顺，多不规则凹凸，暗示它们可能从牙璋改制。

[③] 二里头分期年代依据：仇士华：《^{14}C 测年与中国考古年代学研究》，中国社会科学出版社，2015 年。

[④] 中国社会科学院考古研究所：《偃师二里头：1959 年～1978 年考古发掘报告》，中国大百科全书出版社，1999 年，图版 118-3。

[⑤] 孙庆伟：《俘玉与分器——周代墓葬中前代玉器的来源与流传》，《故宫文物月刊》总号 354 期，2012 年 9 月。

"圭璋"礼制初探 · 117 ·

从文字史料确知西周贵族礼仪中有名为"璋"的玉器，但当时的玉璋是什么样子呢？孙庆伟考证：西周的璋可能是扁平长条形的玉版①。张天恩在《梁带村芮国墓地：二〇〇七年度发掘报告》中认为上端没有三角尖的长条玉版就是"璋"②（图13）。若然，笔者怀疑：是否当尖首圭取得礼制上的优先地位后，反而将早一个阶段流行的平首圭称作"璋"？也值得考察。

图12　二里头文化玉戈
（二里头出土）

图13　西周玉璋
（高21厘米，出自芮国墓地502号外椁顶中北部）

圭璋制度延续至东周，但出现一些改变。

春秋晚期以后，周文化圈各诸侯国士大夫阶层兴起，僭越之风盛行，卿大夫墓葬中玉圭、石圭普及率高，且随葬的件数趋多，尺寸趋小。许多墓葬随葬数量很多的小型石圭。这一葬俗也流行在渭水流域的秦国。可知秦国虽非姬姓，但认同周人此一礼制③。

到战国中期，秦国有了法家思想支持的"商鞅变法"（公元前356～前347年），墓葬中不再流行随葬大量小尺寸的尖首圭。但是战国晚期秦孝文王的如夫人夏姬，以太后身份埋葬时，因为她本出自姬姓家族，所以墓中随葬41件尖首圭、17件上端偏锋的玉璋（图14、图15）④。

西汉武帝时（公元前141～前87年）河间献王购得《周官》一书献给朝廷，可能导致武帝时制作合于书中"六器"的玉器用于祭祀。如西安北郊联志村出土的一大批祭祀用玉器，就合于《周官》一书中的"六器"制度。其中既有具三角形"圭角"的"圭"，也有偏刃的"璋"（图16）。从图15、图16可知，记载于东汉成书的《说文》中的"剡上为圭，半圭为璋"的制度，可能始于战国。

---

① 孙庆伟：《周代用玉制度研究》，上海古籍出版社，2008年。
② 陕西省考古研究院等：《梁带村芮国墓地：二〇〇七年度发掘报告》，文物出版社，2010年。
③ 孙庆伟：《周代用玉制度研究》，上海古籍出版社，2008年，第211～213页。
④ 陕西省考古研究院：《陕西长安神禾原战国秦陵园大墓发掘简报》，《考古与文物》2021年第5期。

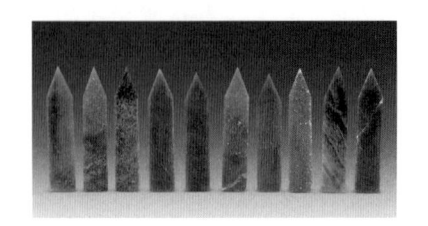

图 14　战国末年成组小玉圭
（秦陵园大墓出土）

图 15　战国末年玉璋
（秦陵园大墓出土）

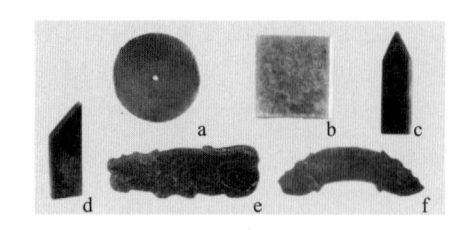

图 16　西汉祭祀用六器
（西安北郊联志村出土）

至于长江流域楚国崛起，并吞吴越，楚文化圈墓葬中极少用圭[①]。

五、结　　语

行文至此，拟以"尾语"对学术界提出诚挚的呼吁。

如众所周知，目前考古学界称龙山时期至夏代，在山东多处、陕北石峁、河南新砦和二里头出土的，如图17这般的带刃器为"牙璋"[②]。这是20世纪晚期，考古学家参考清末吴大澂《古玉图考》中的线图所做的不适当命名。夏鼐曾建议称为"刀形端刃器"[③]，但未能被大家接受。

四川盆地有相对独立的地理位置，笔者推测可能最初陕北石峁文化沿着半月形传播带，将制作牙璋、多孔长刀的特殊玉礼制传入广汉月亮湾地区，发展出"月亮湾文化"[④]。根据牙璋风格以及有领璧风格，该文化兴盛于公元前16～前14世纪，约当中原的夏晚期至商中期[⑤]。

自1986年起，广汉的三星堆陆续发掘出8个埋藏坑，距离

图 17　石峁文化牙璋
（高30厘米，1976年戴应新征集，编号SSY18）

---

① 孙庆伟：《周代用玉制度研究》，上海古籍出版社，2008年。
② 图16引自：中华玉文化中心等：《玉魂国魄——玉器·玉文化·夏代中国文明展》，浙江古籍出版社，2013年。
③ 夏鼐：《商代玉器的分类、定名和用途》，《考古》1983年第5期。
④ 邓淑苹：《牙璋探索——大汶口文化至二里头期》，《南方文物》2021年第1期。1927年时，在四川广汉月亮湾燕家院子出土一批玉石器，其中以牙璋、有领璧最具特色。日本的林巳奈夫教授及笔者持续关注此批资料，笔者于2014年论文《万邦玉帛——夏王朝的文化底蕴》（许宏主编：《夏商都邑与文化》，中国社会科学出版社，2014）首度提出"月亮湾文化"一词，认为不应该轻率将之并入"三星堆文化"。此说近年获得部分学者的认同。见许宏《三星堆之惑》，郑州大学出版社，2022年。
⑤ 由于近年公布湖北盘龙城出土商中期刻有同心圆纹有领璧资料，可印证月亮湾文化的年代可能与盘龙城同期。见邓淑苹：《中国玉文化的材质与谱系——商至清》，巫鸿《材料与谱系》，上海书画出版社，2024年，第39～132页。

不远的成都金沙也出土大量被掩埋的器物。这两处除了出土玉石质牙璋、多孔刀之外，还有不少铜器、象牙、金器等。经过学术界多年研究，目前较多学者倾向统称两处为"三星堆—金沙文化"，主要年代约为中原的商末至西周（公元前1200～前771年）[1]，年代下限约延至春秋早期（公元前650年）[2]。从图18等牙璋造型可知[3]，三星堆—金沙文化并非直接承袭月亮湾文化，但二者可能有文化传承关系，尚待研究。

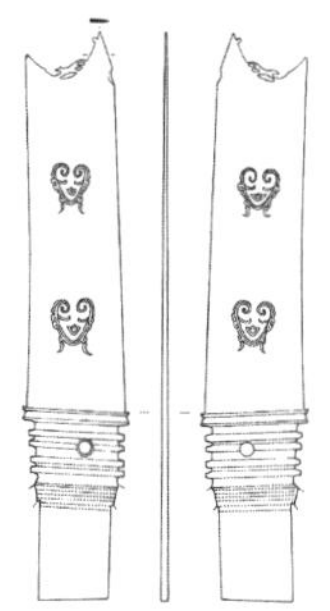

图18 金沙遗址牙璋
（高38.6厘米）

事实上，当黄河中游进入商王朝后（公元前16世纪），商族统治者基本上已不使用牙璋，少数前朝遗留品常被改制为玉戈等。约公元前1046年以后中原进入周王朝，周族虽重圭璋礼制，但周文化圈所用的"璋"，也与当今考古学界所称的"牙璋"毫无关系。

将图17、图18玉器称为"牙璋"，虽是20世纪考古学者被清末金石学家误导下的错误命名，如果大家继续沿用"牙璋"一词，虽不正确，也不至更进一步制造混淆。但是四川的学者们率先正式称三星堆、金沙出土这类玉器为"璋"[4]。甚至有少数学者还在论述中将其与周代时的礼制相比拟，那就会对中国玉礼制史的研究造成更大的误导。

---

[1] 许宏：《三星堆之惑》，郑州大学出版社，2022年。所引资料中较重要有：四川省文物考古研究院等国家文物局考古研究中心与北京大学考古文博学院考古年代学联合实验室：《四川广汉三星堆遗址四号祭祀坑的碳十四年代研究》，《四川文物》2021年第2期；成都文物考古研究所：《金沙——21世纪中国考古新发现》，五洲传播出版社，2005年；施劲松：《论三星堆—金沙文化》，《考古与文物》2020年第5期。

[2] 根据成都金沙遗址博物馆官网公布资料。

[3] 图18引自：成都文物考古研究院、成都金沙遗址博物馆：《金沙遗址祭祀区出土文物精粹》，文物出版社，2018年。

[4] 四川省文物考古研究所：《三星堆祭祀坑》，文物出版社，1999年。

琮和他的世界：良渚玉器上神崇拜的再探索

方向明

（浙江省文物考古研究所）

玉琮是良渚文明最具代表性的重器，是良渚文化研究的重要内容。最近几年，关于琮的研究有不少新认识和新进展。邓淑苹认为史前华东原本弥漫的是"物精崇拜"，史前黄河上中游则是非常发达的"天体崇拜""同类感通"，"黄河上中游史前玉琮文化来自长江下游良渚文化的传播"这样的认识是肤浅的，良渚玉琮是黄河上中游"天体崇拜"信仰与"璧琮组配"礼制，通过"上层交流网"的传播形式影响良渚文化，良渚早期器壁呈弧形的玉方镯定名为"琮"是被19世纪末金石学者所误导[1]。何弩提出良渚玉琮的上、中、下三界以及宇宙山是有一定具象的宇宙模型，同装饰艺术化的神徽图像，构成了象征图形符号的规范的、正式的表达内质与形式[2]。关于神像的读识，李新伟认为其核心主题是神鸟驮负神兽，巫师（应该也是统治者）在萨满的状态下与神鸟沟通结合，成为"人面神鸟"[3]。邓聪等还出版了琮的工艺研究，认为琮的制作还是使用轮轴机械[4]。笔者也曾写了一些琮和神像的文章[5]，本文研读牟永抗《良渚玉器上神崇拜的探索》一文[6]，进一步讨论良渚玉琮的内涵和意义。

---

[1] 邓淑苹：《绝地天通——早期中国"六器"玉礼制的形成》，《玉润中华：中国玉器的万年史诗图卷》，江苏凤凰文艺出版社，2023年，第431～433页。原文发表于徐州博物馆：《汉代玉文化国际学术研讨会论文集（2018中国·徐州）》，科学出版社，2019年。
[2] 何弩：《良渚文化玉琮所蕴含的宇宙观与创世观念——国家社会象征图形符号系统考古研究之二》，《南方文物》2021年第4期。
[3] 李新伟：《良渚：撞击与熔合的文明结晶》，上海古籍出版社，2024年，第102页。
[4] 邓聪、朱章义主编：《金沙玉工Ⅱ：玉石琮工艺研究》，四川人民出版社，2023年。
[5] 方向明：《良渚文化琮璧扩散至于齐家文化轨迹的探讨》，《玉器考古通讯》2015年第2期；方向明：《维系良渚社会稳定的唯一标识——良渚玉器神像的源起和含义》，《中国文物报》2017年11月3日第5版；方向明：《反山大玉琮及良渚琮的相关问题》，《东方博物》第七十三辑，中国书店，2019年；湿地稻作农业社会的发生与文明的形成—1万年前的上山から5千年前の良渚を例に（久保田慎二訳），中村慎一編著：《中国文明起源の考古学》，雄山閣，2024年。
[6] 《庆祝苏秉琦考古五十五年论文集》编辑组：《庆祝苏秉琦考古五十五年论文集》，文物出版社，1989年。

一、琮源于良渚

中华玉文化已逾八九千年的历史，距今5500年前后，"中华古文化直根系"[1] 红山文化、"中华文明先锋"[2] 凌家滩文化的用玉达到了新石器时代晚期的第一波高潮，太湖平原崧泽文化—良渚文化早期用玉深受凌家滩文化和红山文化的影响，良渚玉琮的形制明显与凌家滩刻纹玉版的图像结构高度契合，崧泽晚期出现的玉龙则是红山玉龙的迷你缩小版。距今5300年前后，以玉琮和"神祖"[3] 图像出现为标志，崧泽文化演进为良渚文化，在良渚遗址群所在的良渚文化中心区域周边的山前坡地，高等级聚落如雨后春笋般突然汇聚，如吴家埠、北村、官井头、庙前、瑶山等，良渚遗址群东北面积逾5400平方米的回字形祭台和高等级墓地复合遗址瑶山，成为良渚遗址群崛起"早期良渚"的中心。

关于"早期良渚"阶段玉琮出现的时间，瑶山M9最具代表性，随葬陶器和小琮是主要证据。瑶山M9：80豆盘外壁装饰圆和弧边三角组合纹样[4]，保留崧泽文化的遗风，豆盘形制与良渚庙前遗址第一期晚段豆M7：10完全一致[5]。庙前第一期晚段M7：10、M29：5所代表的两类豆，与湖州毘山崧泽文化晚期假腹盘相衔接，与良渚遗址群南部大雄山南麓的官井头遗址崧泽文化晚期墓葬M62一致[6]。最为重要的是瑶山M9出土了形制和纹样完全与典型良渚玉琮完全一致的5件"小琮"，其中M9：11、M9：12小琮还是玉钺杖的装置件。5件小琮，完全具备了大琮的基本形制：四角方柱体，外壁弧凸，小射孔，复式的节面，节面雕琢简约的神祖纹，M9：50小琮神祖纹刻划脸庞线，M9：72小琮的复式节节面纹样仅省略为三组弦纹。以至于瑶山M9：4琮是"镯式琮"还是"琮式镯"，就不那么重要了[7]（图1）。

所以，琮源自良渚，绝对年代在距今5300年前后。

---

[1] 郭大顺：《为什么说红山文化是中华古文化的"直根系"？》，《辽宁师范大学学报（社会科学版）》2016年第2期。
[2] 严文明：《序》，《凌家滩——田野考古发掘报告之一》，文物出版社，2006年。
[3] 邓淑苹提出"神祖面纹"是"表达古人观念中，神祇、祖先、神灵动物三位一体可相互转型的宗教信仰"的那类花纹。参见：邓淑苹：《考古出土新石器时代玉石琮研究》，《故宫学术季刊》第6卷第1期，1988年；邓淑苹：《雕有神祖面纹与相关纹饰的有刃玉器》，《刘敦愿先生纪念文集》，山东大学出版社，1998年，第135页；邓淑苹：《再论神祖面纹玉器》，《东亚玉器》，香港中文大学中国考古艺术研究中心，1998年。
[4] 浙江省文物考古研究所：《瑶山》，文物出版社，2003年，第129页。
[5] 浙江省文物考古研究所：《庙前》，文物出版社，2005年，图二五六。
[6] 浙江省文物考古研究所：《良渚官井头遗址崧泽文化遗存》，《浙北崧泽文化考古报告集》（1996~2014），文物出版社，2014年，第355页。
[7] 插图采自赵晔：《官井头——大雄山丘陵史前文化的一个窗口》，《东方博物》（第四十八辑），浙江大学出版社，2013年。

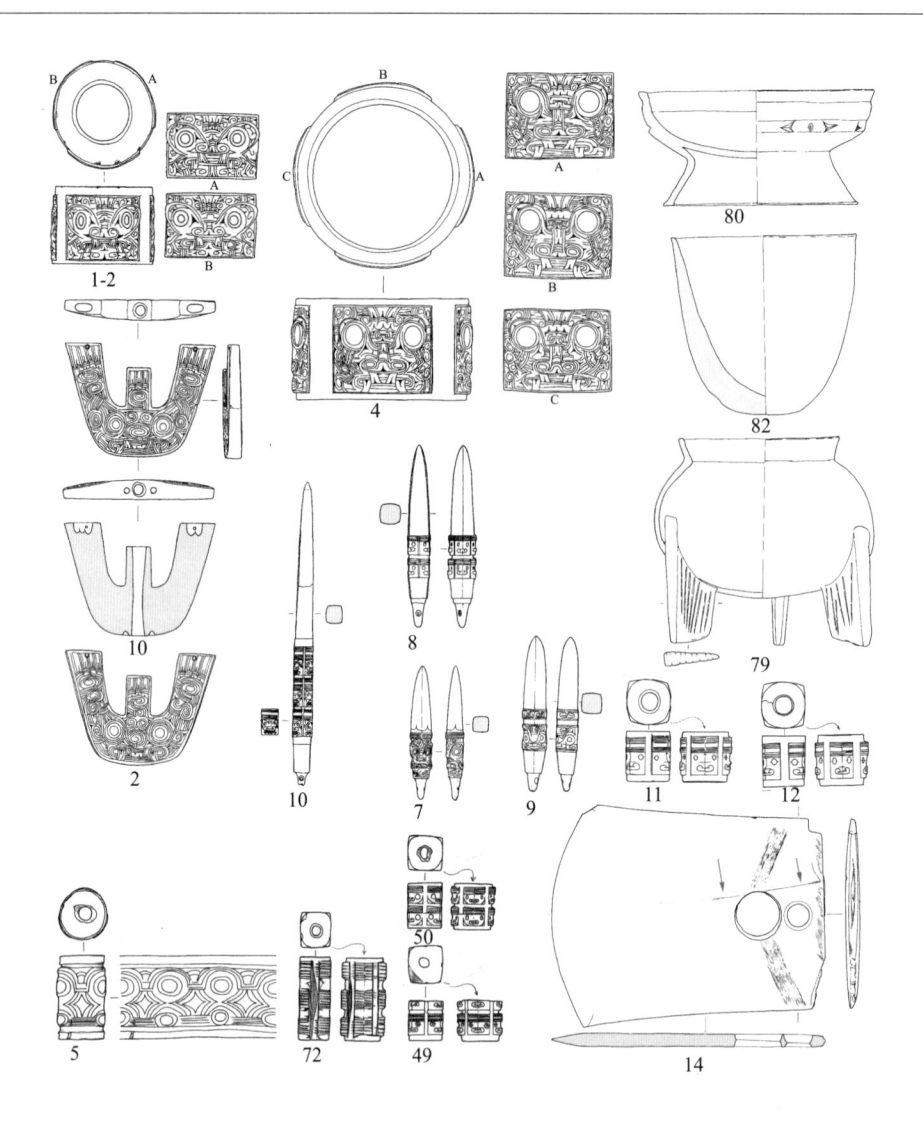

图 1　瑶山 M9 出土的部分玉器和陶器

当然，在"早期良渚"阶段，龙首纹玉器还占据相当的比例。如瑶山、官井头、北村等。官井头 M64、M65 豆盘同瑶山 M9，官井头 M64：4 冠状器半圆形顶部的两侧为相向的龙首纹；M65：10 璜两端动物，似猪似虎，风格接近凌家滩；M65：20 还是一件圆雕龙[1]。北村 M106 豆同湖州毘山 M56、M58、M60 等墓组[2]，M106 出土了神兽纹冠状器、龙首纹镯、羽线纹玉蝉等[3]。玉龙是红山文化重要的代表性玉器，平面展现

---

[1] 浙江省文物考古研究所：《杭州市余杭区官井头遗址良渚文化遗存》，《考古》2023 年第 1 期。
[2] 浙江省文物考古研究所、湖州市博物馆：《毘山》，文物出版社，2006 年，第 207 页。
[3] 浙江省文物考古研究所、杭州市良渚遗址管理区管理委员会：《杭州市余杭区北村遗址北村南地点 2020～2021 年良渚文化遗存发掘简报》，《考古》2024 年第 6 期。

的勾云形玉器与圆雕玉龙关系密切，从巴林右旗勾云形玉器一侧造型的猪形吻部来看，玉龙造型更多地具有猪的元素①。太湖平原能接受玉龙并发展为神兽像，这与这一区域从河姆渡、马家浜，到凌家滩、崧泽等普遍的猪崇拜有关，也反映了良渚文明崛起阶段文明的结晶确是融合过程中的创造（图2）。

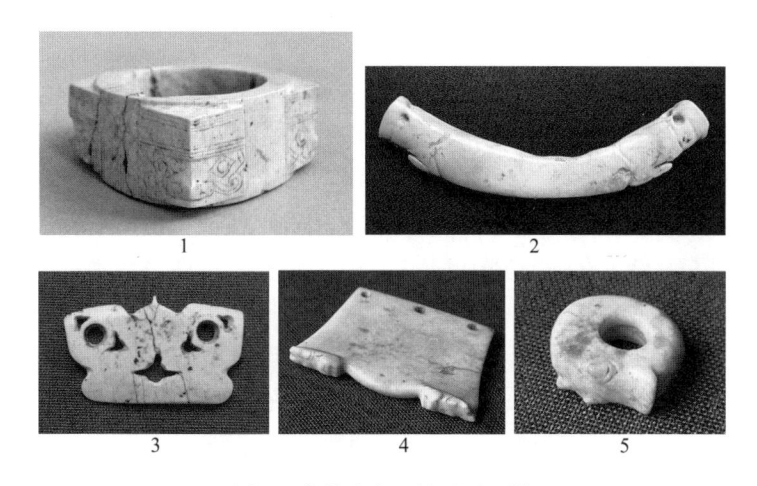

图2　官井头出土的重要玉器
1. 刻纹玉琮（M37∶12）　2. 兽首璜（M65∶10）　3. 镂空牌饰（M21∶6）
4. 龙首纹梳背（M64∶4）　5. 龙首饰（M65∶20）

二、琮的母体

"琮是内圆"，这仅是俯视或仰视的平面效果，如果把琮的四角剥离，那么琮的母体就是中通的筒状物②，而且这个中通的筒状物还做成上大下小的形制，堪称"神柱"，中通的筒状物是讨论玉琮内涵的重要切入口。

中通的筒状物，小的有玉管，扁平的如环璧③，高大的有筒状环镯、柱形器等。另外，圆牌（小型环璧）的成形工序，就是利用中通的圆柱体进行切割（瑶山M11∶56、M11∶53-4、M11∶53-1、M11∶53-3、M11∶55），工艺流程中圆牌的背后母体不可忽视。

圆柱形的筒状物加工，管钻是重要手段，利用管钻和管钻芯制作玉器，在红山、凌家滩和崧泽文化时期就已经出现了，如果算上制玦，年代还可以上溯到兴隆洼文化时

---

① 方向明：《玉雕龙和勾云形玉器构图和展示方式的初步研究》，《中国考古学会第十二次年会论文集》，文物出版社，2010年。
② 牟永抗：《关于琮璧功能的考古学观察——良渚古玉研究之一》，《东方博物》（第四辑），浙江大学出版社，1999年。
③ 如果把普通玉璧的厚度拉长，也就是"中通的筒状物"，璧孔也如同琮的射孔。如此，反山墓地所见脚端堆叠的玉璧，邱承墩墓地所见的墓主一侧的"列璧"，都是同样的道理。

期。作为臂穿的玉镯，管钻成形是主要工艺，这一工艺也使扁平状、环条状的玉镯可以增加高度，原先成组叠穿的环镯只需要由一个或几个筒形玉镯代替就可以了。

双向管钻成形的环镯外壁如果不加修治，就呈弧凸的腰鼓形，牛河梁、凌家滩、瑶山出土的均如此。但与此同时，良渚早期还出现了外壁再进行修治的筒形环镯（又称"筒形器"），这类也作为臂穿的筒形器外壁，原先双向管钻的弧凸面被修治为直壁，甚至还有意地微微内凹，如此耗工费时的流程，无非表明就是要加工成一个中通的圆柱状。

崧泽晚期遗存中有发现对这类环镯外壁再进行有意打磨的现象。海宁小兜里M21：12 环镯，有意在外壁等分修治了四个平整面[1]，这是迄今发现的最早把环镯外壁有意修治为四等分的玉器，与之前的环镯完全不同，似为琮的一种原始或简朴形式。从遗址聚落演变和随葬陶器特征看，小兜里 M21 相对年代要比出土素面琮的昆山赵陵山M77 早，后者已是良渚文化，赵陵山 M77：59 琮也仅是一件琮半成品[2]（图 3）。

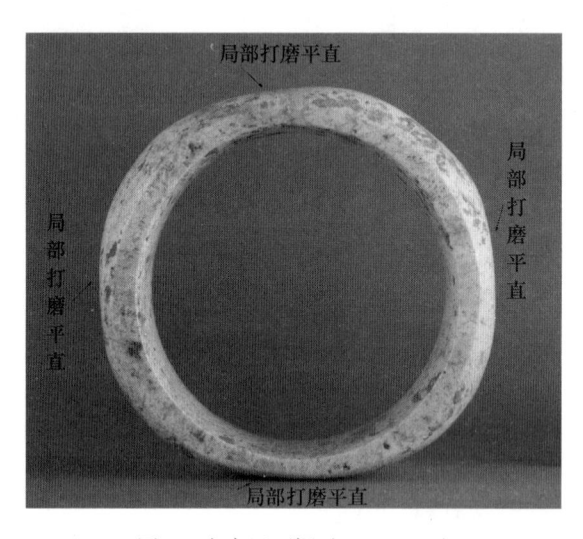

图 3　小兜里环镯（M21：12）

红山、凌家滩、良渚高等级墓葬的葬仪中，除了中通的筒形器环镯作为臂穿之外，那些作为胸饰纵向串系的被分割的圆牌只是换了一种形式，如果把它们竖叠起来，也是"中通的筒状物"。在凌家滩墓地中，成组的环镯、环玦、环璧等套合和横向串系的两端"棺饰"如 07M23，它们的竖叠也是"中通的筒状物"，甚至还包括如凌家滩 87M15 作为颈饰呈环状串系的多璜，瑶山 M11 墓主多璜串和原始组佩也同样，他们的叠加也是"中通的筒状物"。如果把牛河梁第二地点 N2Z1M21 从头到脚的多件璧形器叠加起来，其实也是"中通的筒状物"。这样从形制到使用场合，各类中通的筒状玉器所反映的葬仪，就是把墓主套在或者置身于"中通的筒状物"之中，意义就不言自明了（图 4）。

---

[1] 浙江省文物考古研究所、海宁市博物馆：《小兜里》，文物出版社，2015 年，第 166 页。
[2] 南京博物院：《赵陵山：1990～1995 年度发掘报告》，文物出版社，2012 年，第 141 页。

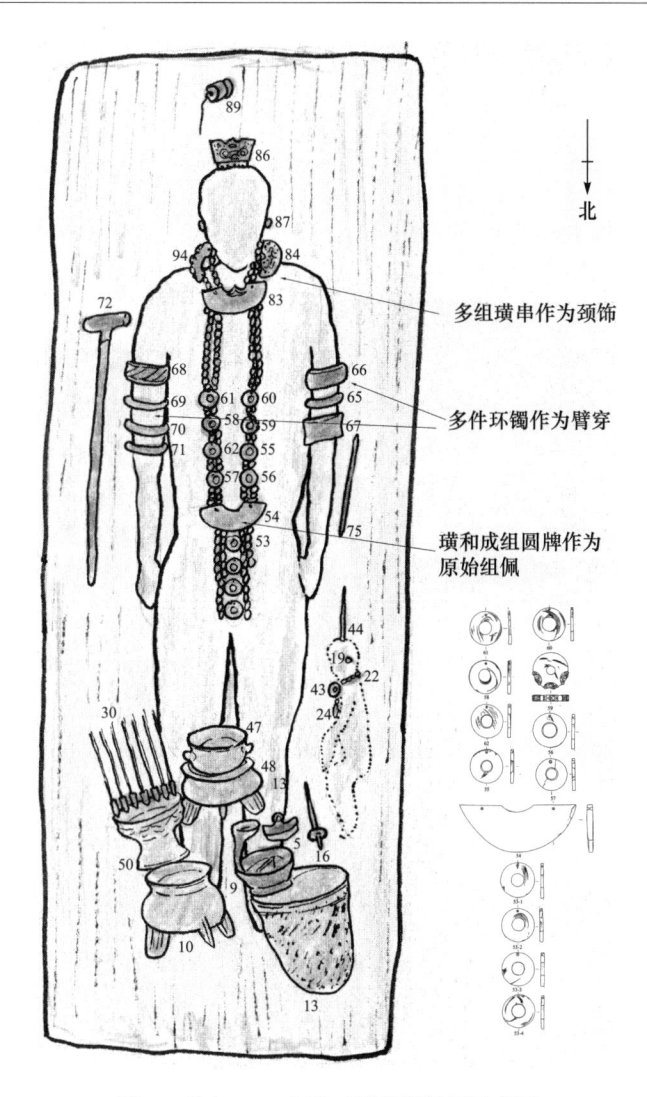

琮和他的世界：良渚玉器上神崇拜的再探索 ·125·

图 4 瑶山 M11 主要玉器葬仪复原示意图

良渚早期高等级墓葬新命名的玉"柱形器"，反山简报描述：外形为圆柱体，中部有一贯通的小圆孔，大多位于棺盖之上，部分位于棺底，似为葬具上的某种附件。反山 M20 柱形器种类和数量最为丰富，有置于棺盖上的一组 3 件琮式柱形器，有被成组半圆形器的"王冠"所叠压的带盖柱形器，以及分置于墓室的其他高矮各不相同的 6 件柱形器。这些柱形器的外径 3.7~4.6 厘米，高 1.8~8 厘米，尤其是 M20：42 柱形器，外径 3.7、高 8 厘米，与反山墓地的琮孔，以及这一时期琮孔完全对不上，说明不是琮芯的再利用，而是管钻成形的重要玉器。反山 M12：98 大琮是唯一的 1 件射孔内径仅 3.8 厘米的小射孔玉琮，同墓出土的 M12：102 柱形器和 M12：87 刻纹柱形器外径和高度也与此不符，后者显然也是有意管钻成形的重要玉器。

良渚分节玉琮的节的分界，分节线的底缘均保持着与射口相适应的圆形，说明良渚玉琮只是在这类"中通的筒状物"外壁附加了等分的四角和四直槽。为了进一步讨论与琮母体密切相关的"中通的筒状物"的环镯、柱形器等，以下选取解读4件形制和纹样特别的玉器。

1. 瑶山 M11：68 绞丝镯

瑶山 M11：68 是目前仅见的一例"绞丝镯"，外壁有 13 道斜向凸棱纹，与春秋战国常见的绞丝环镯如出一辙。关于"绞丝"的含义，牟永抗认为瑶山 M11：68 绞丝镯上下两端的阴线与单节式的琮射口有些相似，斜向凸起的弧曲线条就是好川文化的立面 S 形玉器，他们的 S 形螺旋状向上旋转设计理念一脉相通[①]（图5）。

环镯成了表达螺旋上升的载体，那么这类斜向的弧曲线条会不会还有另外的含义呢？澄湖崧泽文化晚期图画陶罐上的"神鸟破蛹而出"[②]部分是一个启发，斜向凸起的弧曲线条确实可能与飞鸟羽毛造型有关，而且预示着如此"抟扶摇直上"（《庄子·逍遥游》）的动力就是古人心目中的神鸟（图6）。

图 5 瑶山 M11：68 绞丝镯

澄湖7WCHJ127：1

『神鸟破蛹而出的状态』

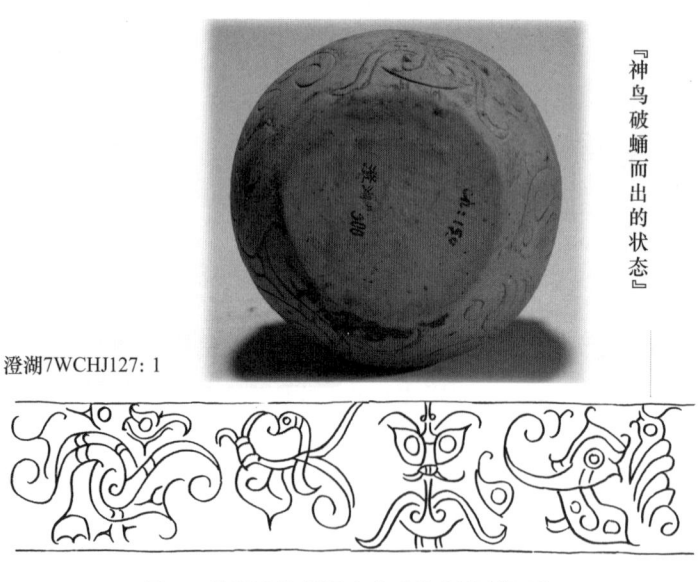

图 6 苏州澄湖崧泽文化晚期刻纹罐图像

---

① 牟永抗：《光的旋转——良渚玉器工与艺的展续研究》，《良渚玉工》，香港中文大学中国文化研究所、中国考古艺术研究中心，2015 年，第 100、101 页。
② 李新伟：《中国史前昆虫"蜕变"和"羽化"信仰新探》，《江汉考古》2021 年第 1 期。

2. 反山 M12：87 神像错落旋转的柱形器

反山简报没有发表 M12：87 神像和神兽图像错落旋转的柱形器，1990 年《良渚文化玉器》图录第 71 将其归属于柱形器①，但良渚发现五十周年时，牟永抗《论良渚》中把反山 M12：87 柱形器作为良渚琮三式中的圆筒形琮体 I 式②。后来临平横山 M2 又出土了一件类似刻纹的柱形器，也位于墓主头端部位③。

这类神像错落旋转形式布置的柱形器，就是一柱动态旋转的宇宙中轴，如果视之为琮母体"中通的筒状物"的实体，也就说明良渚琮除了具有上下和四面八方的视角，他本身还是一个动态旋转的器物。

反山 M12：87 柱形器神像的两种形式说明存在没有神人的单独神兽像。单独神像见于冠状器，如反山 M17：8，还多见于镯式琮长方形凸块的适合图像，如瑶山 M9：4，说明单独神兽在良渚早期的琮体上同样承担了神人兽面像的角色。良渚晚期青浦福泉山吴家场 M207：61 象牙豪华权杖，神人兽面像之间还间杂着神兽像，橄依旧是神兽像和神鸟共存。反山 M12 豪华权杖原先还置放在琮"中通的筒状物"射孔中，变成了琮培育的"神树"，赋予了琮中通的射孔又一特别的含义。三星堆三号祭祀坑出土玉琮神树纹描绘在琮的外壁④，应该也是同样的目的（图 7）。

3. 瑶山 M9：1 带盖柱形器

带盖柱形器仅见于良渚遗址群及其周边地区，瑶山 M9：1 带盖柱形器出土时盖体位于柱体下方，柱体图纹正置。带盖柱形器如何使用还不清楚，从反山 M20 一组 4 件半圆形器叠压带盖柱形器来看，带盖柱形器与墓主头部玉器饰件密切相关。反山 M12 带盖柱形器盖体分离，盖体极有可能是对应柱体小的那一头，不知是否有意。

无论带盖柱形器如何使用，盖体有穿系的隧孔，说明这类"中通的筒状物"的圆柱体还可以连接一个弧凸的"盖体"，并通过穿孔和丝束引向与墓主头部装饰有关的部位（一些盖体隧孔过于细小，麻葛类线束无法穿透），这也给琮射孔内未发现任何穿系物以启发，琮射孔不仅是中通的"通道"，或许暗示"中通的筒状物"的下方，还有弧凸形朝下的物体，意味深长⑤（图 8）。

---

① 浙江省文物考古研究所、上海市文物管理委员会、南京博物院：《良渚文化玉器》，文物出版社、两木出版社，1990 年。
② 牟永抗：《论良渚》，《牟永抗考古学文集》，科学出版社，2009 年；刘斌：《良渚文化玉琮初探》，《文物》1990 年第 2 期。
③ 浙江余杭市文管会：《浙江余杭横山良渚文化墓葬清理简报》，《东方文明之光——良渚文化发现 60 周年纪念文集》，海南国际新闻出版中心，1996 年。
④ 四川省文物考古研究院、上海大学文化遗产与信息管理学院：《三星堆遗址祭祀区三号坑出土神树纹玉琮》，《四川文物》2023 年第 1 期。
⑤ 反山 12：68 嵌玉圆凸器、瑶山 M5：1 半球形隧孔珠与瑶山 M5：2 圆牌（小环璧）组合，说明还有一类玉器以表现弧凸形朝上的。半球形或弧凸面朝上、朝下，颇有中国古代宇宙浑天的意味。

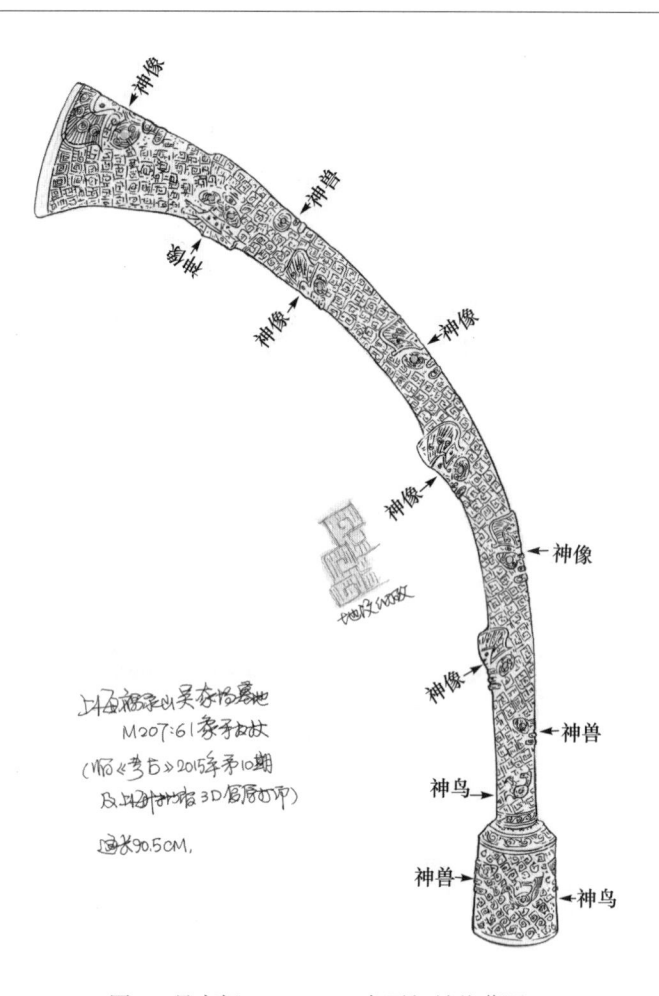

图 7　吴家场 M207∶61 象牙权杖临摹图

图 8　瑶山 M9∶1 带盖柱形器

4. 反山 M20 一组 3 件的琮式柱形器

瑶山、反山等高等级墓葬的棺盖上往往置放一组 3 件玉器，有镯形器、柱形器等。反山 M14 棺盖上一组 3 件柱形器为圆角方形，反山 M20 棺盖上的一组 3 件柱形器做成琮的样子，应该也是有意为之。良渚后杨村、临平玉架山、桐乡姚家山均有一组 3 件体型比一般琮小的"琮"出土，性质也应该一样。汇观山 M4 棺盖上仅 2 件"琮"，说明到了良渚晚期用玉的规制上有了变化。良渚晚期如金山亭林 M16 等位于其他随葬品之上的复式节高琮，也极有可能原先置放在棺盖上。

置放在舟形棺的棺盖上的琮、琮式柱形器是墓主驶向另一个世界过程中的重要装置，均为"中通的筒状物"。

所以，琮母体的"中通的筒状物"，实体是一个可以"抟扶摇直上"的神柱，非实体是神树培育的所在。琮母体"中通的筒状物"上大下小是天地的写照，如此，神祖像布列在琮母体"中通的筒状物"的四方和四隅，也就是所谓的"八维""八柱"，这就是良渚宇宙观的真实写照。

三、琮的制作工序和结构

对琮半成品、成品，以及不同形制琮的工序和结构进行分析，同样也可以分析琮的内涵。

1. "中通的筒状物"加对称弧边四角

制琮第一步是先切割出方柱体。1973 年余杭瓶窑吴家埠山头出土一批玉石器，其中 1 件琮半成品[①]，孔壁已经修治，两端留有内外两圈同心圆和外弧边的打样线，内外两圈同心圆是为了准确地钻取琮孔和切割射口，外弧边是为了切磨琮四边的弧凸面，是形成琮节面和直槽前的工序（图 9）。

图 9 瓶窑吴家埠玉琮半成品的拓片

---

① 王明达：《介绍一件良渚文化玉琮半成品——兼谈琮的制作工艺》，《史前琢玉工艺技术》，台湾博物馆，2003 年，第 88 页。

琮射孔的双向管钻取芯，可以做到几乎无缝对接。反山 M12：98 琮，射孔外径 5、内径 3.8 厘米，两面对钻没有什么台痕，足见测量和管钻技术的精准。良渚琮均有意把四边切磨为弧凸边，笔者曾提出这是以直槽为中心观看时，可以让直槽两侧节面纹样有更大的展示面[1]。现在看来，直槽是琮外壁四边最弧凸的部位，直槽两侧面的减低，其视觉效果与琮外壁齐平肯定不一样，直槽弧凸面的保持，就是保持未被琮四角遮盖的"中通的筒状物"的琮的母体。

切割射口成就琮的基本形制。反山 M23：126 是 1 件未完成的琮，四角的射口部位保留有片切割的痕迹。反山 M12：92 琮，角射口面留有弧形的切割痕迹。可见琮射口的成形是通过纵向的片切割和横向的线切割，纵向片切割后，还需要进一步的修治打磨，才可以如同玉璧一样去角为圆。

2. 先分割节面再切蹭直槽

制琮第二步便是节面的分割和直槽的形成。节面分割前也进行了精准测量，对寺墩 M3 出土高琮进行过测量统计，如 M3：16 琮 15 节，每节高控制在 1.8～2 厘米，其他高琮的节高误差也基本在 0～0.2 厘米[2]，加上切割时的误差，当时打样分割一定极为精准。

琮节的分割因为要保持与射口的圆弧度，也使得以角为中心的视角更加凸显，加上琮坯的外壁呈弧凸状，在切割时自然也不会顾及"直槽"的区域。制作直槽只是来回切蹭两侧边，中间仍旧保持弧凸面，甚至一些小琮也同样。反山 M23：26 琮直槽可以清晰地辨识出纵向加工痕迹叠压射口外壁的横向加工痕迹，说明在制作直槽时，确实保证了"中通的筒状物"直槽部位的完整，直槽是琮的重要结构，而不仅仅只是琮四角的分割而已（图 10）。

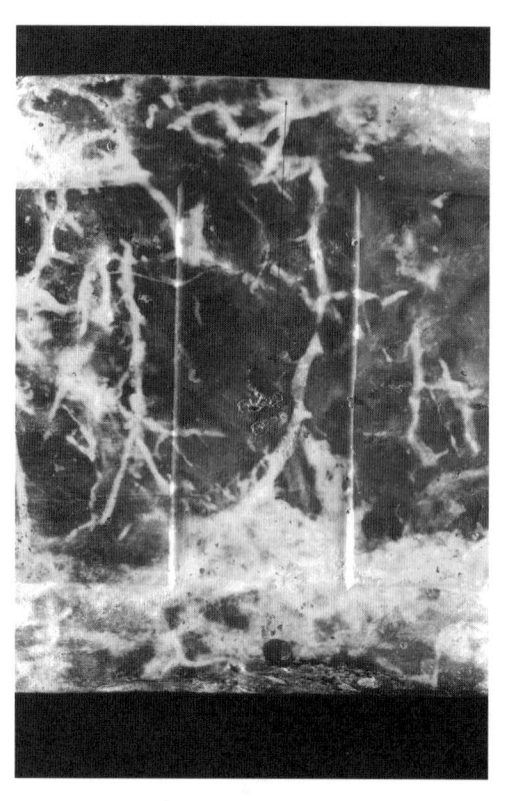

图 10　反山 M23：26 琮直槽加工痕迹叠压射口横向加工痕迹

反山 M12：98 大琮直槽雕琢与四角神祖纹对应的完整神祖形象，良渚晚期一些高琮直槽的上部往往刻划鸟立高台或飞鸟形的图符，可见琮直槽就是神祖所在的重要场所或活动的重要通道。

---

[1] 方向明：《良渚文化的神人兽面像——玉器时代观念形态和美术形式的个案研究》，《"中央研究院"第四届国际汉学会议论文集：东亚考古新发现》，"中央研究院"，2013 年，第 183 页。

[2] 南京博物院：《1982 年江苏常州武进寺墩遗址的发掘》，《考古》1984 年第 2 期。

琮上大下小的"中通的筒状物"的母体，外壁附加四角、四直槽，形成上下射口和射面，构成了琮的主体结构，神祖的图像和图案化的神祖纹样（节面）就成为四角、四直槽的唯一内容。

四、琮和神祖："天人合一"和"绝地天通"

关于神人兽面像或神祖，也就是祖先神的结构和层次、元素和图意，已多有研究。神兽可以单独表明，有龙、猪、虎、鹰等元素，神兽大眼直接源自崧泽文化流行的圆和弧边三角组合图案，神兽大眼的弧边三角位于重圈大眼的斜上下，神人小眼的弧边三角对称位于重圈小眼的两侧，邓淑苹称之为的"小眼面纹"[①]成为良渚晚期高琮的唯一纹样。虽然良渚晚期完整的神祖图像还在，但除了矮琮还继续保留神兽纹节面，高琮上的神兽纹再也不见了，这说明神祖驾驭的神兽被省略了，只剩下一个一个重复的"小眼面纹"，某种程度上也可以说只剩下一个一个叠加的、可以无限重复的神祖头像。

良渚神像是祖先神、神祖，这一人形神的出现，就意味着祖先崇拜的产生，把祖先描绘成太阳神的模样，既可以"无极复无极"，也可以通过形和纹样的结合在不同种类的玉器、同一种类的玉器上进行局部或元素的展现，达到了祖先神崇拜无处不在的氛围。祖先神上肢形态为耸肩、平臂、弯肘、五指平张叉向腰部，这样的姿势定格首见，但却是之前牛河梁、凌家滩玉人的双臂屈肘举至胸前并五指张开姿势的演变，凌家滩玉人下肢有跪坐、蹲踞、直立三种，良渚祖神下肢的姿势只是在驾驭神兽的过程中的某个姿势的定格（图11）。

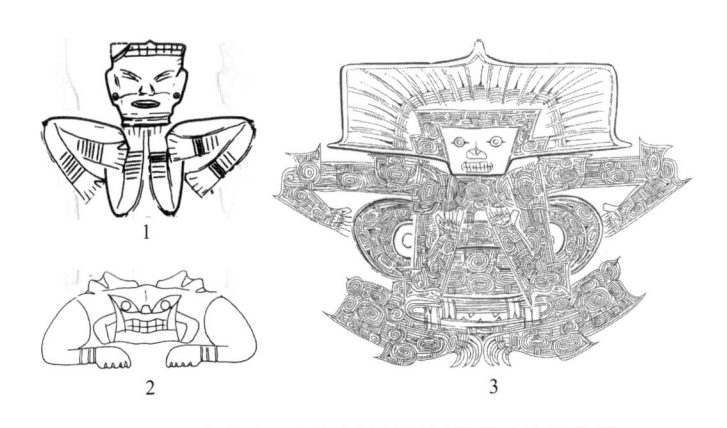

图11 凌家滩玉人和良渚神祖图像的动态示意图
1. 凌家滩玉人（87M1：1） 2. 凌家滩虎头璜（87M8：25） 3. 反山玉钺（M12：100）

[①] 邓淑苹：《考古出土新石器时代玉石琮研究》，《故宫学术季刊》第六卷第一期，1988年。

琮是良渚塑造的宇宙观模型，上大下小和四角四直槽形成的天和地、四面八方的八维和八柱，以及围绕着中通射孔的旋转[1]，与商代四方—中心的三维时空宇宙观、中国古代的浑天说宇宙观，都有很强的连续性。如果说神像就是祖先神，那么展现在琮宇宙观上的神祖就反映了中国传统的道法自然、"天人合一"[2]、敬天法祖的观念已经初步形成。神祖雕琢在豪华安柄玉钺的玉钺本体上，神祖"抟扶摇直上"雕琢在豪华权杖上，如果豪华玉钺、豪华权杖象征王权，那就说明王权授之于神祖，这不一定是神权高于王权，而是神祖为王权披上了合乎法统的祖先崇拜的原始宗教外衣，王权神授（君权神授）这是古代社会统治者普遍采用的法则，也可以解读为这是最早的"帝"、最早的"天"。把琮形容为可以"移动的宗庙"[3]，把神人兽面像称为"良渚文化唯一的宗神"[4]，都是非常贴切的认识。

远古时代经典史籍有颛顼"绝地天通"的原始宗教改革，根据《尚书·吕刑》《国语·楚语下》的记载，"古者民神不杂""民神杂糅""民神同位""乃命重、黎，绝地天通，罔有降格""无相侵渎"。绝地天通并不是彻底隔绝地天的沟通，而是把地天通的权力高度集中到统治者的手里，达到"能知山川之号、高祖之主、宗庙之事、昭穆之世、齐敬之勤、礼节之宜、威仪之则、容貌之崇、忠信之质、禋洁之服"，"能知四时之生、牺牲之物、玉帛之类、采服之仪、彝器之量、次主之度、屏摄之位、坛场之所、上下之神、氏姓之出"。如果把琮读识为地天通的宇宙观的载体，把地天通的唯一主角读识为祖先神，那么"绝地天通"后描绘的场景与良渚琮、良渚文明的特征高度契合。孙庆伟认为五帝时代确实存在拥有"通天"本领的巫觋，"绝地天通"表象上是"通天"权力的垄断，本质上是后世君权神授的渊薮，这在中国文明的形成和发展历程中具有特殊的重要意义[5]。

这也是本文再次讨论良渚玉琮内涵的目的。

谨以此文庆祝徐光冀先生九十华诞。

2024 年 9 月 27 日于中山大学学人馆定稿

---

[1] 邓淑苹介绍1947年比利时人密舍尔用牙璧（所谓"玉璇玑"）配以玉琮（所谓"衡"）观星象，并得到了李约瑟等的承认（所谓"璇玑观天说"）。参见邓淑苹：《古玉图考导读》，台北艺术图书公司，1992年，第44、45页。

[2] 李零不赞同"天人合一"，认为绝地天通是"天人分裂"。参见李零：《中国方术考续》，中华书局，2006年，第6页。

[3] 2022 年 12 月王明达在中华玉文化中心第七届年会暨第九届中国古代玉器与传统文化研讨会上的发言。可参见"良渚古城"微信公众号 2022 年 12 月 16 日。

[4] 严文明：《中国史前艺术》，文物出版社，2022 年，第 108 页。

[5] 孙庆伟：《"绝地天通"的意涵与意义》，《华中师范大学学报（人文社会科学版）》2024 年第 3 期。

良渚文化与良渚古城

刘 斌
（浙江大学艺术与考古学院）

一、引 言

2019年7月6日，良渚古城遗址顺利列入《世界遗产名录》，标志着中国良渚真正走向世界，中华五千多年文明史得到了国际社会的广泛认可，成了全人类共同的文化遗产。

良渚所处的年代约为公元前3300~前2300年，这是中国史前文化发展的特殊时期，经历了黄河流域的庙底沟文化、大汶口文化，长江流域的油子岭文化、崧泽文化以及北方地区红山文化扩展与融合的大发展之后，各个地区的考古学文化逐渐走向一段稳步而快速的发展阶段，良渚文化是其中最为典型的一支。良渚文明存在的时期，也正是古埃及、苏美尔、哈拉帕文明开始出现的年代，是中国乃至世界文明诞生及发展的重要时期。

北纬30°是一个神奇的地带，造就了许多伟大的自然景观和人文景观，古埃及文明、苏美尔文明、哈拉帕文明所处的尼罗河流域、两河流域及印度河流域均大致位于该纬度带附近。良渚文化的核心分布区——长江下游环太湖流域，位于东经119°10″~121°55″、北纬30°~32°之间，与这些世界著名的古代文明发源地所处的纬度大致相当。环太湖流域西依茅山和天目山山地，北、南分别以长江和钱塘江为界，东濒东海，总面积约3.69万平方千米，这里依山傍水，土地肥沃，河流纵横，湖泊星罗棋布，非常适宜人类的生存繁衍。

中国长江下游环太湖流域的古文化发展序列清晰，是一个具有自身特色的独立的文化区，从公元前5000年至公元前2000年，先后经历了马家浜文化、崧泽文化、良渚文化、钱山漾文化和广富林文化等发展阶段。

二、良渚文明的内涵

（一）良渚文明的都城——良渚古城

1. 地理位置、结构、年代与工程量

良渚古城遗址是整个良渚文化的核心，是良渚文明的都城，它与良渚玉器等一同构成良渚文明最具代表性的物质遗存。良渚古城遗址位于浙江余杭地区，位于一处面积达 800 平方千米的 C 形盆地北部。古城南北分别峙立着大遮山和大雄山，西部散布着一系列低矮山丘，这三处山体均距古城约 2 千米，向东则是敞开的平原，总体有一种以山为郭之感。东苕溪自西南向东北蜿蜒流过，最终向北注入太湖。古城所在的区域有着广阔的腹地、优越的自然环境，由此带来丰富的资源和便利的交通条件（图 1）。

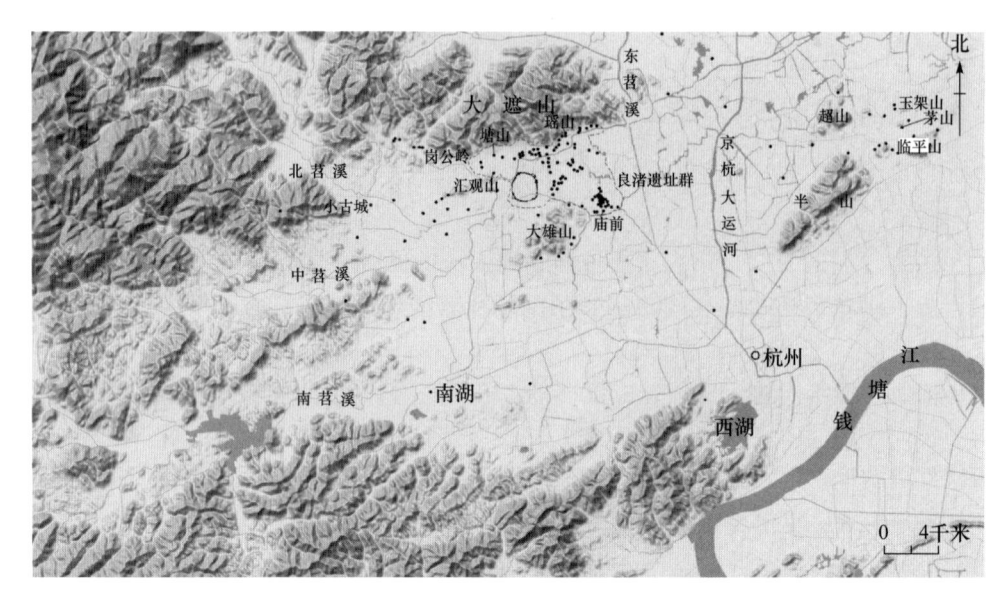

图 1　C 形盆地与良渚文化遗址分布图

良渚古城的核心区可分三重，最中心为面积约 30 万平方米的宫殿区，其外分别为面积约 300 万平方米的内城和面积约 600 万平方米的外郭城，堆筑高度也由内而外逐次降低，显示出明显的等级差异，形成类似后世都城的宫城、皇城、外郭的三重结构体系，这是中国最早的三重城市格局。同时古城北部和西北部还分布着规模宏大的水利系统和与天文观象测年有关的瑶山、汇观山祭坛，在古城外围也存在着广阔的郊区，良渚古城核心区、水利系统、外围郊区总占地面积达到 100 万平方千米，规模极为宏大。另外，宫殿区及其他城内的台地、城墙、所有组成外郭的台地、外围水利系统、郊区的部分遗址均为人工堆筑而成，工程可谓浩大，据统计整个古城及外围水利系统的土石方总量达 1000 多万立方米，如此巨大的工程量，无疑需要调动大量的人力才能完成。

2. 城墙、宫殿区、外郭等基本概况

良渚古城略呈圆角长方形，正南北方向，古城南北长 1910、东西宽 1770 米，总面积近 300 万平方米。利用凤山、雉山两座自然山丘为西南角与东北角，城墙总长约 6 千米，宽 20～150 米，保存最好的地段高约 4 米。城墙底部普遍铺垫了一层厚 20～40 厘米的石块作为基础，可起到加固的作用，墙体则以取自山上的黄土夯筑（图 2）。除南城墙无外城河外，其余三面城墙均有内外城河，形成夹河筑城的模式。

图 2 北城墙、南城墙解剖
1. 北城墙 2. 南城墙

目前共勘探发现 8 座水城门，四面城墙各有 2 座，与内外水系连通，水城门宽 10～60 米，南城墙中部还设计了一座由 3 处小型夯土台基构成的陆城门。

良渚人在规划修筑城墙的同时，对城内进行了统一的规划和建设，其中莫角山宫殿区位于古城城内正中心，紧邻莫角山宫殿遗址西北角为反山王陵区，此外还有许多人工堆筑的台地。除了沿着城墙的城河之外，在城内共发现古河道 51 条，构成完整的纵横交错的水路交通系统，整个良渚古城犹如一座水城。据勘探情况，这些河道以及内外城河绝大多数均为人工开挖而成，总长度达 31562 米。根据台地、河道等迹象之间的叠压关系，我们大致将城内的台地分为早、晚两期。早期城内台地略少、河道较多，随着时间的推移，许多河道被生活垃圾所填埋，有些地方又在垃圾层上铺垫黄土，形成新的生活区，因此在良渚晚期城内减少了许多小河，居住地范围则大大扩增。晚期由于人口数量增加，在扩大居住地的同时，四面城墙上也居住了大量的人口。在城内扩大居住区的同时，也在城外的北面、东面、南面和西南面，修筑居住地，形成外郭（图 3）。

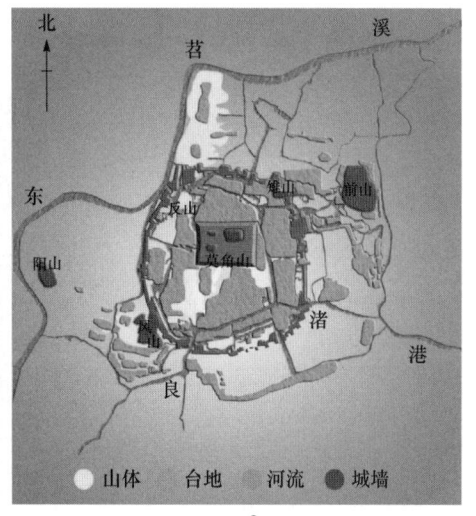

图 3 城内外早晚期地貌变化
1. 城内外早期地貌 2. 城内外晚期地貌

莫角山宫殿区位于古城的正中心，是目前中国发现的最早的宫城。它是一处人工营建的长方形土台，呈覆斗状，台底东西长约630、南北宽约450米，面积近30万平方米。勘探显示，莫角山土台堆筑时，其西部利用了一座自然山体，首先以取自沼泽的青淤泥将山体东部的低洼地填高，形成莫角山土台的大基础，其上再堆筑黄土，东部的人工堆筑层厚度10～12米，西部的人工堆筑层厚度为2～6米。在莫角山宫殿区上还分布有大莫角山、小莫角山、乌龟山等三个小型土台，应为主要的宫殿基址。其中大莫角山是面积最大最高者，台底东西长约180、宽约97米，呈长方形覆斗状，人工堆筑厚度约16.5米，相对高度5～6米。

在良渚古城的外围，分布着扁担山—和尚地、里山—郑村—高村、卞家山及东杨家村、西杨家村等长条形高地，均为人工堆筑而成，宽30～60米，人工堆筑高1～3米，这些长条形遗址断续相接，围绕古城城墙分布，基本形成外郭的形态，合围面积达8平方千米（图4）。在这些遗址和城墙之间还分布着美人地、钟家村、周村等长条形居住地。外郭的存在显示当时古城外围一定范围内是经过规划的居住区，是良渚古城的整体组成部分，其建筑和使用年代为良渚文化中晚期。

图4 古城外郭结构 DEM 图

近年来经过调查和试掘，已确认在良渚古城的西北部存在一个更大范围的治水体系，目前已发现 11 条水坝遗址，主要修筑于两山之间的谷口位置，可分为南北两组坝群，分别为塘山、狮子山、鲤鱼山、官山、梧桐弄等组成的南边的低水坝群，及由岗公岭、老虎岭、周家畈、秋坞、石坞、蜜蜂垄组成的北边的高水坝群，分别构成前后两道防护体系[①]。整个水利系统将在良渚古城北部和西北部形成面积约 13 平方千米的储水面（图 5）。良渚申遗之后又在良渚古城北部的许多山谷口都发现了良渚文化的水坝遗址。我们从大的角度观察，推测这个系统可能兼有防洪、运输、用水、灌溉等诸方面的用途[②]。中国水利史一般从距今 4000 多年的共工、鲧及大禹治水的传说开始讲起，而此前现存最早的大型水利工程遗迹晚到春秋战国时期，良渚遗址的塘山和岗公岭等水利设施年代能追溯至距今 5000 年前后，是中国最早的大型水利设施。在同时期的其他古文明中，古埃及是较早建筑水坝的，公元前 2650 年的古王国初期，在开罗东南约 30 千米的杰赖维干河（Wadi Garawa）上修建了异教徒坝（Sadd el Kafara Dam），作用是将东部冬季的山洪拦蓄成一座永久性水库，该坝长 113、高 14 米（一说坝长 108、高 12 米），库容量 50 万立方米，建设工期长达 8~10 年，其体量约与良渚古城水坝系统中的岗公岭水坝相当。

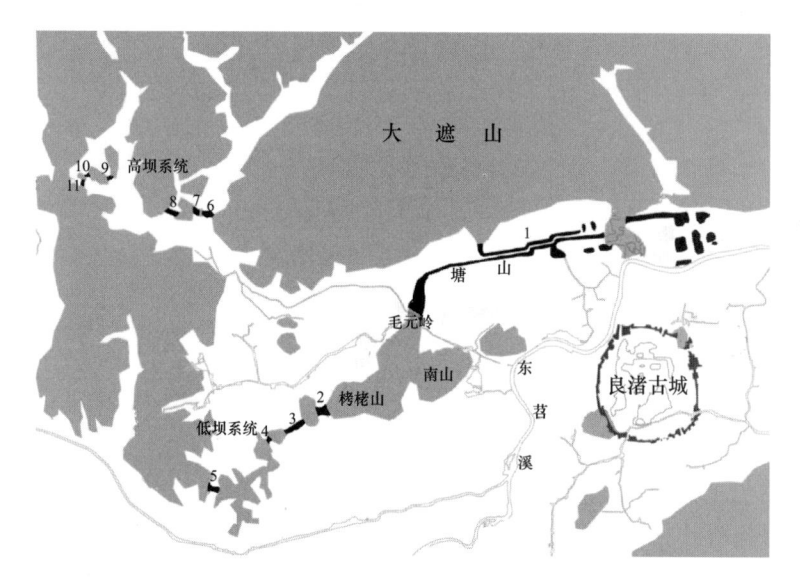

图 5　良渚古城外围的水利系统

低坝系统：1. 塘山　2. 狮子山　3. 鲤鱼山　4. 官山　5. 梧桐弄
高坝系统：6. 岗公岭　7. 老虎岭　8. 周家畈　9. 秋坞　10. 石坞　11. 蜜蜂垄

---

① 浙江省文物考古研究所：《杭州市良渚古城外围水利系统的考古调查》，《考古》2015 年第 1 期。
② 王宁远、闫凯凯：《良渚先民的治水实践与上古治水传说》，《禹会村遗址研究：禹会村遗址与淮河流域文明研讨会论文集》，文物出版社，2014 年。

良渚古城的外围还分布着瑶山、汇观山等祭坛遗址和贵族墓地。瑶山是一座海拔约35米的自然山丘，位于良渚古城东北约5千米。1987年在瑶山山顶上第一次发现了良渚文化的祭坛[1]，祭坛的西边和北边是覆斗状的石头护坡，祭坛顶部平整，在顶上以挖沟填筑的方式，做出规则的回字形灰土框，由内而外形成红土台、灰土框和砾石台面三重结构，祭坛上共清理打破祭坛的13座良渚大墓，分两排埋在祭坛的南侧。汇观山位于良渚古城西边约2千米，是一座海拔约22米的自然小山，发掘出一座形制与瑶山十分相似的祭坛[2]，在祭坛的西南部发现清理了4座良渚文化大墓（图6）。对瑶山、汇观山两处人工营建的祭坛的性质，经过多年的观察研究，发现日出的方向与祭坛的四角所指方位具有惊人的一致性，由此推测其功能应是用于观测太阳进行测年的，通过观察，可以准确地观测确定一个回归年的周期[3]。

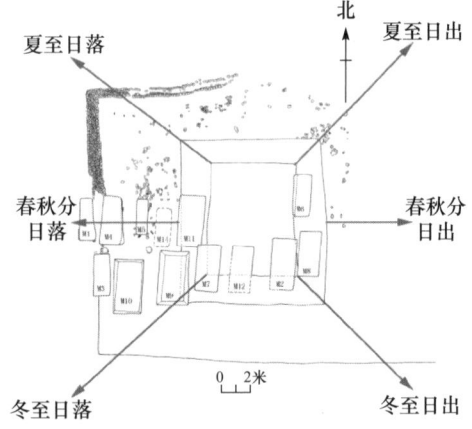

图6 瑶山祭坛及贵族墓地的观象示意图

良渚古城核心区之外共有两片遗址密集分布的区域，分别是位于以荀山为中心的良渚镇一带及古城东北部的大遮山山前地带，这是良渚古城最主要的郊区。以荀山为中心的良渚镇一带集中分布有近30处遗址，古城东北部大遮山的山前地带则已发现近40处遗址。良渚古城的腹地——整个C形盆地约800平方千米内，也分布有不少良渚文化遗址，部分呈集群状分布，如东距良渚古城约30千米的临平一带，陆续调查出近20处良渚文化遗址，被称为临平遗址群[4]，近些年相继发掘了茅山和玉架山遗址，其中茅山

---

[1] 浙江省文物考古研究所：《瑶山》，文物出版社，2003年。
[2] 浙江省文物考古研究所、余杭市文物管理委员会：《浙江余杭汇观山良渚文化祭坛与墓地发掘简报》，《文物》1997年第7期；浙江省文物考古研究所：《良渚文化汇观山遗址第二次发掘简报》，《文物》2001年第12期。
[3] 刘斌：《良渚文化的祭坛与观象测年》，《浙江省文物考古研究所学刊第八辑——纪念良渚遗址发现七十周年学术研讨会文集》，科学出版社，2006年。
[4] 赵晔：《浙江余杭临平遗址群的聚落考察》，《东南文化》2012年第3期。

遗址揭露出一处典型的依山傍水的聚落，包括良渚文化的稻田区、墓葬区和居住区等多个功能分区结构[1]。玉架山遗址面积约15万平方米，由六个环壕共同组成一个良渚文化的完整聚落，是良渚文化聚落考古的重要发现，并发掘出等级较高的贵族墓葬[2]。

另外，近年来在相距良渚古城东北约20千米的德清雷甸中初鸣一带，发现了面积100多万平方米的良渚制玉作坊群，这些良渚晚期以加工玉器为主的遗址，应该与良渚古城有着密切的关系[3]。

（二）良渚文化的聚落集群及区域中心，高度发达的社会分化

在环太湖流域共发现良渚文化遗址近千处，在良渚古城以外形成多处聚落群及等级低于良渚古城的区域中心，其中遗址分布最集中的区域有三处，即太湖东南部的嘉兴地区、太湖东北部的苏沪地区、太湖北部的常州地区。这三处遗址群都发现等级比较高的遗址，如太湖北部的寺墩、罗墩等遗址，太湖东北部的福泉山、张陵山、赵陵山、草鞋山等遗址，太湖东南部的浙江桐乡姚家山、海宁荷叶地等遗址，这些遗址也都是人工营建的大型土台，其上均发现有随葬玉琮、玉钺、玉璧的良渚文化贵族墓葬。可见良渚文化的聚落分化已达到惊人的地步，在高等级聚落中心周围凝聚着数量众多的面积从数千到数万平方米不等的中小型村落遗址。

从良渚文化丰富的墓葬材料中我们可直观地认识到良渚文化社会阶层的分化状况。著名考古学家张忠培先生在其新作《良渚文化墓地与其表述的文明社会》一文中，指出良渚文化的墓地可分为6个等级，第一等级以瑶山墓地为代表，随葬玉琮、玉璧等，是手握军权和王权的权贵阶层；第二等级以福泉山第三阶段墓葬为代表，随葬玉琮、玉钺和石钺，除掌管神权与军权的人，还有亦工亦军者；第三等级以福泉山第二阶段墓葬为代表，随葬玉钺、石钺，而不见玉琮，应是掌管军权和亦工亦军者；第四、五等级以福泉山第一阶段墓葬和马桥M3、M8、M9、M10为代表，只随葬石钺，墓主是具有战士身份的人，依据是否有玉器随葬分为第四、五等级；第六等级以马桥M4~M7等为代表，仅随葬少量陶器甚至无随葬品，代表了社会最贫困的阶层[4]。

（三）高度发达的玉器，神权与王权的象征

玉文化是中华文明的重要文化基因之一。中国缺乏使用铜器的传统，而是充分利用

---

[1] 赵晔：《临平茅山的先民足迹》，《东方博物》第43辑，2012年。
[2] 楼航等：《浙江余杭玉架山遗址——发现了由六个相邻的环壕组成的良渚文化完整聚落》，《中国文物报》2012年2月24日第4版。
[3] 浙江省文物考古研究所、德清县博物馆：《浙江德清县中初鸣良渚文化制玉作坊遗址群的发掘》，《考古》2021年第6期。
[4] 张忠培：《良渚文化墓地与其表述的文明社会》，《考古学报》2012年第4期。

了另外一种珍贵的材料——玉。距今 8000~7000 年的兴隆洼文化先民就已经开始较为广泛地使用阳起石—透闪石软玉制作一些装饰品和生产工具。随后经过 1000 余年的发展，逐渐形成一些比较重要的用玉文化，如凌家滩文化、红山文化、崧泽文化、良渚文化、齐家文化等，其年代主要集中于距今 5500~4000 年，这一时期玉器的种类从以早期的装饰品和工具为主，发展出成套的玉礼器，标志着中国进入玉器时代[1]，这一时期也正是中国各区域文明形成和发展的第一个高峰。良渚玉器是史前时期中国玉文化的最高峰。

良渚人创造一套以琮、璧、钺、冠状饰、三叉形器、璜、锥形器为代表的玉礼器系统，同时不仅许多玉器上雕刻有神徽图案，而且琮、冠状饰、钺柄端饰等许多玉礼器的构形都与表现这一神徽有着直接的关系。玉礼器系统及神徽在整个环太湖流域的良渚玉器上表现得极为统一，是维系良渚社会政权组织的主要手段和纽带，显示良渚文化有着极强的社会凝聚力，且存在统一的神灵信仰。良渚文化的玉器与崧泽文化相比，在数量、体量、种类以及雕琢工艺上都有了很大发展，似乎有些一蹴而就的感觉。这种跳跃式的发展也正是伴随着王权兴起而产生的一种现象。良渚国王和权贵通过一整套标志身份的玉礼器及其背后的礼仪系统，达到对神权的控制，从而完成对王权、军权和财权的垄断。以大量玉礼器随葬的良渚文化的大墓，集中体现了王者的高贵以及男女贵族的分工。良渚文化所创造的玉礼器系统以及君权神授的统治理念，也被后世的中华文明吸收与发展。

从良渚古城的考古发现和良渚玉器的研究可知，在良渚文明中，神权至高无上，神权与王权是紧密结合的，总体而言良渚文明是一种以神权为纽带的文明模式，与古埃及的文明模式极为一致。

下面简要介绍几种良渚文化最具特色的玉器类型。

1. 玉琮

良渚文化中极富特征的玉琮均施刻有神徽图案，玉琮形态的起源与发展，即是对神徽直接表现的产物。玉琮只是神徽的载体，在许多装饰品与实用器上，也衍生出许多仿琮形的玉器，如琮式玉管、琮式玉柱形器及方形的玉锥形器等，都是从方形玉琮的象征意义中衍化出的对神徽的表现形式。从玉琮与神徽的紧密关系可知，玉琮应是作为直接的祀神礼器，为少数巫师和首领所拥有，而首领可能也正是巫师（图 7）。

2. 玉钺

玉钺一般一座墓中只出土一把，是王或者首领的权杖。林沄先生在《说王》中指出，甲骨文中"王"字即是以钺为蓝本创造出来的[2]，因此玉钺可以作为王权和军权的

---

[1] 牟永抗、吴汝祚：《试论玉器时代——中国文明时代产生的一个重要标志》，《考古学文化论集（四）》，文物出版社，1997 年。
[2] 林沄：《说"王"》，《考古》1965 年第 6 期。

图 7　反山 M12 出土的"玉琮王"及其上刻画的完整神徽

重要象征。在目前所知良渚文化中等级最高的墓葬反山 M12 出土的玉钺上，两面对称地刻有两个神徽图案，显示着神权与王权是紧密结合的，而玉钺端饰的构形正是冠状饰从中间对折的形态。在玉钺的前端装上这种代表神冠的冠状饰，正是"君权神授"的表征，君权与神权的结合，使玉钺超脱了兵器的范畴，而成为一种权杖[①]（图 8）。

3. 玉璧

玉璧也是良渚玉礼器系统中的大型器物。玉璧的用料一般与其他玉器的质料不同，多呈现斑杂结构，表面往往肉眼可见纤维状组织。玉璧在当时应是作为"以玉事神"的一种祭品。随着玉礼器系统的逐渐完善和发展，玉璧越来越被重视，在良渚晚期的玉璧上有的还加刻了隐秘的祭台与神鸟的图案（图 9）。

图 8　反山 M12 出土的"玉钺王"　　图 9　反山玉璧（M23∶23）

除了琮、璧、钺之外，良渚玉器中比较重要和有特色的玉器还有冠状饰、三叉形器、璜、锥形器等。

---

① 刘斌：《神巫的世界》，杭州出版社，2013 年。

（四）刻画符号的大量发现

良渚文明尚未破译文字，但已发现大量的刻画符号。新近出版的良渚博物馆编著的《良渚文化刻画符号》一书，共收入"带有刻画符号的器物共计554件，其中陶器536件、石器11件、玉器7件"[①]，累计刻画符号计632个，这是目前对良渚文化刻画符号的最完整的收录。其中部分陶器或石器上刻画多个有联系的图符，虽然还无法进行释读，但已显示出这些刻符有作为文字使用的可能性，如苏州澄湖遗址出土的刻有5个符号的贯耳壶（J127∶1），余杭南湖遗址采集的刻画有一组连续图画的圈足罐（图10），庄桥坟刻画有多个连续图符的两件石钺（T101②∶10、H41∶1）等。

图10 南湖遗址采集圈足罐上的刻画符号摹本

此外，少量玉璧、玉琮等玉器还刻画有鸟立高台等形态特殊的图符，这样的玉器共7件，发现符号共10例。鸟立高台图符主要由鸟形及高台两部分组成，鸟与高台间或刻有鸟杆，多数高台图形的内部都刻有似人似鸟的图形，可能表示巫师的形象（图11，1~3）。值得注意的是，鸟立高台图符与古埃及文明中的国王名字颇为近似。古埃及早王朝和古王国时期的王名一般由鸟形（或鸟兽形）外加台形组成，鸟形表示荷鲁斯神，而台形表示宫殿，台形内部则刻有国王的名字，如古埃及早王朝时期第一王朝杰特的名字（图11，4）。

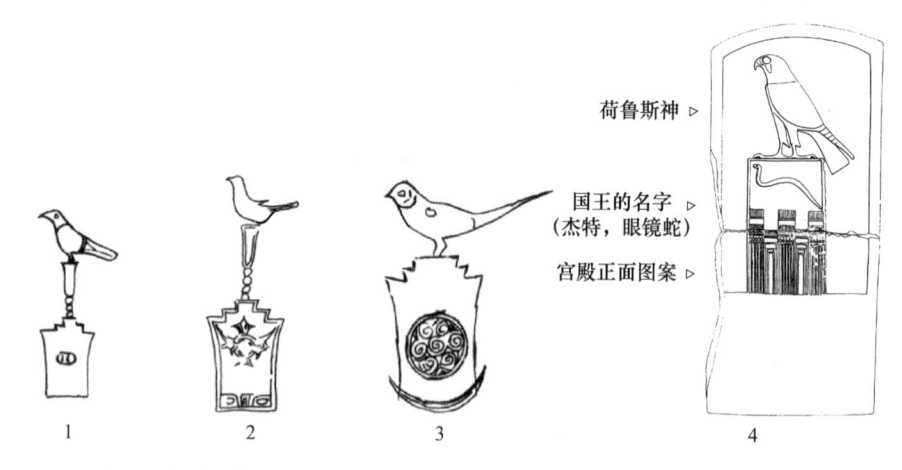

图11 良渚文化玉器上的鸟立高台图符及古埃及第一王朝杰特名字的对比
1~3. 弗利尔美术馆藏玉璧上的鸟立高台类图符 4. 杰特的"蛇王墓碑"

[①] 张炳火主编，良渚博物院编著：《良渚文化刻画符号》，上海人民出版社，2015年。

（五）发达的农业、手工业及高度的社会分化

我们知道，位于两河流域的面积约 2.5 平方千米的乌鲁克遗址据推测有 4 万人口[①]，而印度河流域的摩亨佐达罗城址的面积与乌鲁克遗址相同，据估计也有 3 万～4 万人，根据这些发现，我们认为良渚古城核心区 8 平方千米范围内居住的人口也不会少于这两处遗址。

大量的人口必然有发达的农业来支撑。长江流域（主要指长江中下游地区）是目前所知的稻作农业的原产地，稻作驯化始于 1 万多年以前。发展到良渚文化时期，稻作农业已达到很高的水平。在良渚文明的核心区环太湖流域，并未发现黍、粟等旱作农业品种，稻米是良渚先民唯一的主食，这是良渚文明区别于中国及世界其他文明的重要特征之一，因此，探讨良渚文明的经济发展状况首先就必须探讨稻作农业。

在 2010～2012 年莫角山东坡的发掘中，在莫角山土台的边坡以东清理了一个编号为 H11 的大型灰坑，是本次发掘非常重要的收获之一。坑内的填土可分 3 层，其中第 1 层和第 3 层均为灰黑色土，包含大量木炭、炭化稻米、红烧土块、草木灰和少量草绳、灰烬等，浮选出大量炭化稻谷遗存，经分析该灰坑中共填埋约 1.3 万千克稻谷（图 12）。如此大量炭化稻谷的集中出土实属罕见，很可能是粮仓失火后倾倒烧毁稻谷、灰烬等废弃物的场所，从灰坑的填土分层可知，这样的失火事故共发生了两次。2016 年，在莫角山宫殿的南面池中寺区域，发现了面积 1 万平方米左右的粮仓遗迹，这应该是失火后被就地填埋，被烧毁的稻谷按照千粒重测算，约有 20 万千克。大量的粮食储备是良渚文明的支撑。

图 12　莫角山东坡 H11 浮选出的炭化稻谷

2010 年以来，在美人地、莫角山等遗址进行发掘的同时，我们在古城遗址内外进行了专门的稻田钻探和调查，但并未发现任何水稻田的迹象。这一现象说明，居住在城内及外郭的人是不生产水稻的，这些水稻应是由古城郊区的居民以及良渚遗址群以外的居民提供的，当时必然产生了类似贡赋的制度。

临平遗址群中茅山遗址良渚文化水稻田的发现为我们了解当时小型村落中的农业生产状况提供了重要资料。茅山遗址是一处典型的坡地形遗址，揭露出居住区、墓葬区和稻田区，其中稻田区位于山麓南侧的低地，经调查，稻田的面积达 56000 平方米，合

[①] 杨建华：《两河流域：从农业村落走向城邦国家》，科学出版社，2014 年，第 189 页。

83亩。良渚文化中期的稻田规模并不大，呈面积不大的条块状，每个稻田面积从1~2平方米到30~40平方米不等。发展到良渚晚期，则形成面积达83亩的超大稻田区，经发掘发现5条南北向的红烧土田埂和2条东西向的河沟，这些田埂长17~19米，将整个稻田区分为许多面积约1000~2000平方米的大田块[①]（图13）。

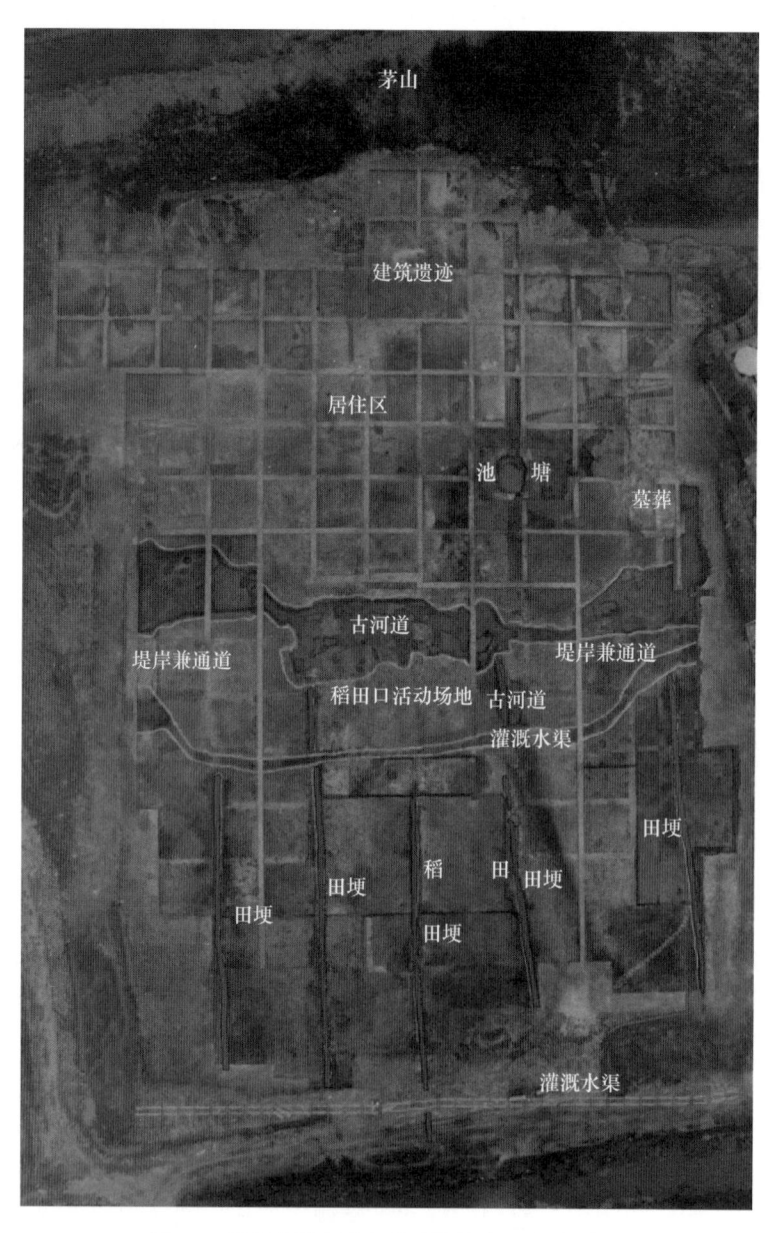

图13 茅山遗址良渚文化晚期的大面积水稻田

---

① 王宁远：《从村居到王城》，杭州出版社，2013年。

2020年浙江省文物考古研究所又在余姚施岙遗址发现了总面积超过10万平方米的大型良渚文化水稻田遗迹。

发达的农业为良渚古城和良渚文明的出现奠定了坚实的基础，并由此出现从农业中脱离出来的手工业者，从事玉石器、漆木器、陶器、纺织品等制作，社会分工达到很高的程度。以此为基础，创造出丰富多彩的艺术形式，出现大量艺术精品，包括精美的玉器、漆器（图14）、刻纹陶器（图15）等。而且部分高端手工业为贵族所垄断成为"官营"手工业，如玉器制造业。

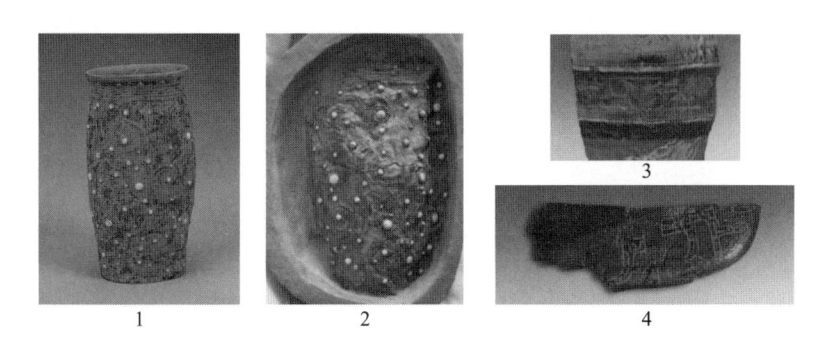

图14　良渚文化漆器
1.反山M12漆杯复原照　2.反山M12漆盘　3.卞家山漆觚细部　4.卞家山彩绘漆器

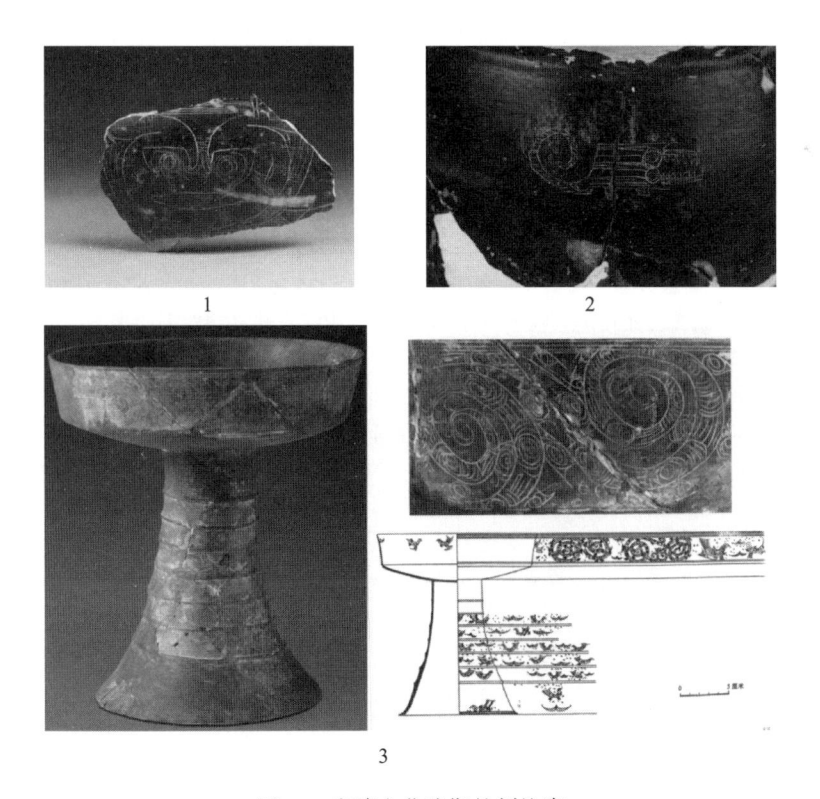

图15　良渚文化晚期的刻纹陶
1.葡萄畈出土的兽面纹　2.葡萄畈出土的鳄鱼纹　3.福泉山遗址出土的刻纹豆（M101∶90）

三、良渚文明对中华文明形成的影响

在良渚文化的内部材料不断丰富和深入研究的同时,在良渚文化对同时期文化的影响以及良渚文化因素对中华文明形成的影响的研究方面也都取得了许多新的进展。

良渚文化对同时期文化的影响,主要表现在苏北的大汶口文化和广东的石峡文化。在良渚文化向北的扩展中,江苏新沂花厅遗址表现最为突出,花厅遗址的墓葬中存着大汶口文化陶器与良渚文化陶器共存的现象,同时还随葬着不少良渚玉器,在这里发现了目前发现良渚文化最长的一件锥形器,以及琮、璧、钺、冠状饰等良渚文化典型的玉礼器[①]。在更远距离的广东石峡文化也有多处遗址发现了较多良渚文化的琮、璧、钺、锥形器等玉器,石峡遗址出土的陶器中,也有双鼻壶、贯耳壶等少量良渚文化陶器[②]。

良渚文化的玉石器对稍晚的龙山时代诸文化也产生了极大的影响。在山西的陶寺遗址[③],以及陕北的延安芦山峁、神木石峁等龙山时代的遗址中,出土和采集有良渚式的玉琮,及玉钺、玉璧、玉璋和V字形石刀等[④]。此外,甘青地区的齐家文化中,也发现数量不少的玉琮、玉璧、玉钺等良渚式玉器。

另外在二里头、殷墟等许多夏商时代的遗址中,也都发现了源自良渚文化的玉琮、玉璧,以及良渚文化或长江与黄淮下游地区其他史前文化的玉钺等玉器[⑤]。良渚式的玉琮、玉璧和玉锥形器等还发现在四川广汉三星堆以及成都金沙等商周时代的遗址中[⑥]。

---

① 南京博物院:《花厅——新石器时代墓地发掘报告》,文物出版社,2003年。
② 杨式挺:《广东史前玉石器初探》,《东亚玉器》,香港中文大学中国考古艺术研究中心,1998年;广东省博物馆、曲江县文化局石峡发掘小组:《广东曲江石峡墓葬发掘简报》,《文物》1978年第7期。
③ 中国社会科学院考古研究所山西工作队、临汾地区文化局:《山西襄汾县陶寺遗址发掘简报》,《考古》1980年第1期;中国社会科学院考古研究所山西工作队、临汾地区文化局:《1978~1980年山西襄汾陶寺墓地发掘简报》,《考古》1983年第1期;广东省文物考古研究所、广东省博物馆、广东省韶关市曲江区博物馆:《石峡遗址:1973~1978年考古发掘报告》,文物出版社,2014年。
④ 姬乃军:《延安市发现的古代玉器》,《文物》1984年第2期;戴应新:《神木县石峁龙山文化玉器》,《考古与文物》1988年第5、6期合刊;王炜林、孙周勇、邢福来:《陕西神木新华遗址》,《1999中国重要考古发现》文物出版社,2001年;陕西省考古研究所:《陕西神木新华遗址1999年发掘简报》,《考古与文物》2002年第1期。
⑤ 中国社会科学院考古研究所:《殷墟妇好墓》,文物出版社,1980年;中国科学院考古研究所洛阳发掘队:《河南偃师二里头遗址发掘简报》,《考古》1965年第5期。
⑥ 四川省文物考古研究所:《三星堆祭祀坑》,文物出版社,1999年;成都市文物考古研究所、北京大学考古文博院:《金沙淘珍》,文物出版社,2002年。

从鼎、豆、壶，琮、璧、璜等礼器系统中，我们都可以看到青铜时代与之后统一的中华文明对良渚文化的吸收和继承。

  附记：自笔者1985年到浙江省文物考古研究所工作以来，有缘常常能在工作中见到中国考古界的大师前辈们，聆听他们的现场指导和教诲，感受他们在做学问、为人处世中的真知灼见与大家风范。2007年良渚古城发现之后，直到2019年良渚申遗成功，良渚考古更成为中国考古的焦点。与此同时随着每年全国十大考古新发现的评选活动，及中华文明探源工程的开展，中国考古的重大发现层出不穷，全国考古的互动也更加紧密，因此与前辈交流的机会也就更多了。古人有云：一日为师，终身为父。如今中国考古界如我辈同仁，许多人都是在先生们的教导关怀下成长起来的，因此他们已不仅仅是我们许多人的老师，也早已成为了我们的亲人。值此徐光冀先生九十华诞之际，谨以此文为先生贺寿！祝徐先生健康快乐，寿比南山！

后沟南山遗址、大新井遗址田野考古及相关问题

朱延平

（中国社会科学院考古研究所）

中国社会科学院考古研究所内蒙古工作队于1987、1988年分别在内蒙古自治区赤峰市的喀喇沁旗、翁牛特旗开展了田野工作。因所获资料几经辗转，相关人员岗位变动，整理工作遂被搁置。作为当初的参与者，拟简要介绍其中的后沟南山遗址、大新井遗址这两项田野考古的主要收获，并提出与之相关的一些认识。

一

后沟南山遗址发现于1987年6月。其时，在刘晋祥先生的主持下，工作队进驻喀喇沁旗锦山镇锡伯河东南的小府河南村，旨在调查锦山镇附近区域锡伯河沿岸的先秦时期遗址。6月下旬，一场大雨过后，我们登上锦山镇锦东村附近锡伯河右岸的山梁，该地略低于西南600米处的锦山镇电视发射塔所在之山顶。山梁东南为临河的陡坡，因修建水泥厂，坡体下部已被削成垂直的断壁。山梁的西北坡缓斜下倾，其下是一条向东北汇入锡伯河的河沟，称老太太后沟，此沟已干涸，沟之西北岸的村庄与沟同名。遗址即位于此山梁的西北坡，上部接近梁脊，下限止于坡中偏上处，坡面倾角10°～20°。这一带地表以抛荒的耕地居多，其间散布着少许陶器残片，根据这些陶片的分布范围，估测遗址现存面积4000余平方米，西北距沟之彼岸的老太太后沟村400多米（图1）。从切削的几处断面可知，遗址已见不到古代原生堆积，无从进行考古发掘。但这些陶片颇具特色，超出了既往的认知，当属一种有待揭示的考古学文化。此即2003年出版的《中国文物地图集·内蒙古自治区分册》收录的后沟南山遗址[①]。

后沟南山遗址的陶片虽较残碎，但仍可判断其原型俱属一种敞口平底而腹壁略直的筒形罐，外形酷似兴隆洼文化的筒形罐。烧成火候较低，陶质不坚，这一点也和兴隆洼文化筒形罐相似。但两者的差异十分明显：此遗址的筒形罐外表皆是素面，不像兴隆洼文化的筒形罐那样普遍加施纹饰；此遗址筒形罐的陶土为不加任何掺合料的夹砂陶，

[①] 国家文物局主编：《中国文物地图集·内蒙古自治区分册》，西安地图出版社，2003年，上册156页、下册174页。

图 1　后沟南山遗址位置示意图

（白圈为遗址范围，西北侧村庄为老太太后沟村，东南山坡下为锡伯河）

而典型的兴隆洼文化筒形罐的陶土中往往掺混着砸碎的灰黑色石渣。从这些比较来看，后沟南山的陶片很可能代表了一种和兴隆洼文化有着密切关系的考古学文化，其年代应大体不出兴隆洼文化存续的时间范围。具有这种文化内涵的遗址在辽西地区或许不如兴隆洼文化遗址数量之多和分布之密集，然其代表性不容低估。有了这样的认识，继续寻找同类遗址就增加了几分把握。

二

1987 年 7～8 月，内蒙古工作队由杨虎先生主持的队组，会同调查后沟南山遗址的部分成员，发掘了敖汉旗孟克河流域的小河西遗址，出土的 3 处半地穴房址内的陶器残片与后沟南山遗址所见无大差别[1]。基于此次发掘，杨虎先生将这类遗存命名为"小河西文化"[2]。此类遗存在敖汉旗的发现源自 1984 年，时值第二次全国文物普查，敖汉旗文博系统同仁在牛古吐乡千斤营子村西北的山梁上找到一种素面夹砂陶筒形罐的陶片，标志着"一种有别于辽西地区已知的新的新石器时代考古学文化类型"。不久，在木头营子乡和玛尼罕乡亦发现类似遗存，遂称之为"千斤营子类型"[3]。

1988 年 6 月，刘晋祥先生主持的队组进驻翁牛特旗黄谷屯村，围绕少郎河流域展开调查。7 月发掘了黄谷屯村附近的小善德沟、大新井等遗址[4]。

大新井是当初广德公乡的一个行政村，村治大新井。属此行政村的小麻杖子村位于

---

[1] 杨虎、林秀贞：《内蒙古敖汉旗小河西遗址简述》，《北方文物》2009 年第 2 期。
[2] 杨虎：《敖汉旗榆树山、西梁遗址》，《中国考古学年鉴（1989）》，文物出版社，1990 年。
[3] 邵国田：《千斤营子遗址与小河西文化》，《敖汉文物精华》，内蒙古文化出版社，2004 年。
[4] 刘晋祥：《翁牛特旗大新井村新石器时代遗址》，《中国考古学年鉴（1989）》，文物出版社，1990 年。此文中的"大新井子村东的山顶上"应改为"大新井子村西的山顶上"。

大新井村西约 600 米，该村南濒少郎河，村北为两冲沟间夹持的一座由北而南益渐低矮的缓丘，此丘遍布育林坑，坡顶及其周边的坑里已窜出新绿，在接近南端顶的东坡中部，一些育林坑周边散见兴隆洼文化陶片，故知这是一处规模不大的兴隆洼文化遗址。此即小麻杖遗址[①]（图2）。

小麻杖遗址以东，隔过冲沟为一道高耸若屏的山梁，自遗址东望，山梁上凸显着北高南低的4个山头，南山头下即少郎河河床。南山头的顶部裸露着基岩，其下的西坡自上部开始，土层渐厚，育林坑亦很密集。这里的上坡的坡度为20°左右，个别育林坑的断面显示现代土层下有遗迹存留，清理发掘后，最终仅获两座残破的半地穴房址，编号为F1和F2。南山头东距大新井村约500米，为和小麻杖遗址相区别，考古队将此遗址命名为大新井[②]（图3、图4）。

图2　小麻杖遗址
（自东向西摄）

图3　小麻杖遗址、大新井遗址位置示意图
（虚线圈为小麻杖遗址、白圈为大新井遗址，两遗址西南的村庄为小麻杖子）

图4　大新井遗址及其西邻之小麻杖遗址所在缓丘
（自西向东摄，白圈为大新井遗址）

---

① 国家文物局主编：《中国文物地图集·内蒙古自治区分册》，西安地图出版社，2003年，上册152页、下册163页。
② 国家文物局主编：《中国文物地图集·内蒙古自治区分册》，西安地图出版社，上册152页、下册163页，2003年。此书上册152页图中的大新井遗址位置有误，应西移1千米（图中1厘米）。下册163页介绍大新井遗址位于"大新井村东""1989年清理"，应改为"大新井村西""1988年清理"。

大新井遗址 F1 和 F2 的平面为方形或长方形，室内结构不详。两遗迹出土的陶片各自可以拼合成 1 件夹砂陶筒形罐。这两件罐体量相近，皆厚胎，平底，腹壁斜直，敞口，烧成火候不高，质地较酥松，内壁黑褐、器表黄褐色，光素无纹，口下有多道凸出于器表的短泥条。F1 筒形罐的短泥条为斜向，平行排列，复原后当有七八条。F2 筒形罐的短泥条为横向，呈一字形横绕器身周围，复原后推测有 4 条（图 5）。从后沟南山的调查到小河西的发掘，直至大新井的揭示，这类文化遗存完整的典型器体终于现出真容。

10～11 月，杨虎先生发掘敖汉旗榆树山、西梁（即千斤营子）两遗址，又先后揭示了一批与此文化相关的遗存[①]。

图 5　大新井遗址 F2 的素面夹砂陶筒形罐

三

其后的白音长汗等遗址的发掘，为进一步认识这类文化遗存的内涵提供了重要资料。目前，对此类遗存的称谓，学界多沿用"小河西文化"之名，并据白音长汗和查海遗址的发掘，认为此类遗存早于兴隆洼文化[②]，甚至是兴隆洼文化的前身[③]。

如果以兴隆洼遗址 F3②：48 这件筒形罐[④]作为兴隆洼文化早期的参照标准[⑤]，则白音长汗遗址打破第一期遗存的 BF63 的兴隆洼文化陶器[⑥]无疑比这要晚，因此，白音长汗的第一期遗存未必早于最早阶段的兴隆洼文化。另外，前已述及，此类遗存陶器的重要特点之一是不像兴隆洼文化的筒形罐那样有掺和碎石渣的陶土，而查海遗址的筒形罐和兴隆洼文化一样，其陶土大多掺和碎石渣，即便该遗址早期的"素身"筒形罐也莫不如此，且这些"素身"筒形罐"口部外叠宽带沿或近口部附加堆纹带，带面均压饰右斜线纹"[⑦]，小河西等遗址的这类陶器未见口部外叠宽带并戳压细密斜线纹的做法，故不宜

---

① 杨虎、林秀贞：《内蒙古敖汉旗榆树山、西梁遗址房址和墓葬综述》，《北方文物》2009 年第 2 期；杨虎、林秀贞：《内蒙古敖汉旗榆树山、西梁遗址出土遗物综述》，《北方文物》2009 年第 2 期。
② 索秀芬：《小河西文化初论》，《考古与文物》2005 年第 1 期。
③ 赵宾福、杜战伟、薛振华：《小河西文化检析》，《中国国家博物馆馆刊》2014 年第 1 期。
④ 中国社会科学院考古研究所内蒙古工作队：《内蒙古敖汉旗兴隆洼遗址发掘简报》，《考古》1985 年第 10 期，第 868 页，图五，1。
⑤ 朱延平：《辽西区新石器时代考古学文化纵横》，《内蒙古东部区考古学文化研究文集》，海洋出版社，1991 年。
⑥ 内蒙古自治区文物考古研究所：《白音长汗——新石器时代遗址发掘报告》，科学出版社，2004 年。
⑦ 辽宁省文物考古研究所：《查海——新石器时代聚落遗址发掘报告》，文物出版社，2012 年，第 559 页。

将查海遗址的早期纳入"小河西文化"。况且,《查海——新石器时代聚落遗址发掘报告》报告也不认可将查海遗址早期与小河西等遗址出土的以素面夹砂陶筒形罐为特征的遗存相提并论[1]。

尽管目前尚不明确在辽西区此类遗存的起始与兴隆洼文化是否同步,但它和兴隆洼文化在较长时段内平行并存则是可以肯定的。大新井的筒形罐和兴隆洼文化筒形罐的外形相似,尤其是兴隆洼遗址 F170 的 1 件交叉纹筒形罐[2]与前面提到的大新井 F2 的筒形罐皆在口下加贴一周横向短泥条,短泥条的位置和数量亦很接近,表明二者的时期大体相同。榆树山 F9 的关联探方 T6 出有"菱形纹"陶片,据纹饰拓片[3],疑为兴隆洼文化筒形罐习见的凹弦纹[4](多匝压划凹线)及其下交叉纹,打破 F9 东侧边缘的 F11 所出陶片也有近似于兴隆洼文化戳印坑点纹的,这些迹象显示榆树山的"小河西文化"和兴隆洼文化或许有过平行共存的时段。

其后新石器时代的辽西地区仍可见到此类遗存的孑遗,这一点也和兴隆洼文化的余绪相似。如白音长汗红山文化房址 BF67 出土的 BF67②:4 素面夹砂陶筒形罐,高 14.8 厘米,"器表黄褐色,内壁黑褐色。圆唇,微外凸弧腹。内壁平整。器表凹凸不平。口沿下饰四个圆形花乳钉纹"[5],器表颜色和口沿下 4 个泥钉皆与大新井 F2 的筒形罐相类,罐形和泥钉的形态及位置则近若小河西 F3②:3[6]。可见此类遗存在辽西地区的一些地方延续得很晚,推测至少在兴隆洼文化最晚阶段仍有存留。

综上所述,大新井遗址的发掘为厘清此类遗存的时空框架及其与兴隆洼文化的关系提供了线索。像大新井这样的山丘型遗址究竟有着怎样的实际功能,则是此项发掘提出的另一重要问题,解读此题,也将使探明其与兴隆洼文化的关系更具实际意义。

---

[1] 辽宁省文物考古研究所:《查海——新石器时代聚落遗址发掘报告》,文物出版社,2012年,第676页。

[2] 见于敖汉旗博物馆展陈(2014年12月)。

[3] 杨虎、林秀贞:《内蒙古敖汉旗榆树山、西梁遗址出土遗物综述》,《北方文物》2009年第2期,图三,9。

[4] 考古文献多作"凹弦纹"(中国社会科学院考古研究所内蒙古工作队:《内蒙古敖汉旗兴隆洼遗址发掘简报》,《考古》1985年第10期;内蒙古自治区文物考古研究所:《白音长汗——新石器时代遗址发掘报告》,科学出版社,2004年)。

[5] 内蒙古自治区文物考古研究所:《白音长汗——新石器时代遗址发掘报告》,科学出版社,2004年,第438页,图三四八,3;图版九四,4。

[6] 杨虎、林秀贞:《内蒙古敖汉旗小河西遗址简述》,《北方文物》2009年第2期,第5页;图五,6。

江西早期国家探索

徐长青
（江西科技师范大学）

中国考古学的百年发展历史中，依靠大量的田野考古和各类考古发现，实证了中国远古历史，并重新构建起中国历史脉络，极大地丰富了中华文化的内涵，并形成了具有中国特色的考古学理论体系。夏鼐在《中国文明的起源》中指出，中国文明有它的个性、它的特殊风格和特征。根据考古学上的证据，中国虽然不完全与外界隔离，但是中国文明还是在中国土地上土生土长的[1]。苏秉琦将中国史前文化区分为六大区块的理论，对中国境内的考古学文化区进行了总体性构建。同时，苏秉琦认为，中国文化是自我一体的，中国古代文化又是多元的。通过区内文化间的交汇、撞击、相互影响、相互作用，不断地组合、重组，得到不断更新，萌发勃勃生机，并最终殊途同归，区域融合[2]。1985年，苏秉琦提出了"古文化、古城、古国"的文明起源三历程学说，之后又发展成中国国家形成的三部曲：古国、方国、帝国，由此开启了立足中国考古实际，从中国考古资料出发，揭示中国文明起源过程、中国文明阶段性及文明起源不同模式，提供了实事求是地构建中国社会历史的成功范例[3]。

一、文明探源历程

中华文明探源，一直是考古学家追求的最重要事业。1989年开始，中国社会科学院考古研究所率先成立了文明起源的课题组。之后，陆续开始了夏商周断代工程、中华文明探源工程以及考古中国等层面的考古研究，中华文明探源工程层层递进，时空范围不断拓展，取得了一系列的重大成果。江西考古也在不同时期为中华文明探源默默努力。

1947年10月，饶惠元先生在清江县（今樟树市）筑卫城遗址的调查揭开了江西田野调查的序幕。45处遗址的发现，启蒙了清江盆地史前考古，成为江西史前区域调查、史前考古和文明探源的发端[4]。

---

[1] 夏鼐：《中国文明的起源》，文物出版社，1985年。
[2] 苏秉琦：《关于重建中国史前史的思考》，《考古》1991年第12期。
[3] 余西云：《中国考古学的理论体系》，《中国考古学百年史》（王巍主编）第一卷上册，中国社会科学出版社，2021年。
[4] 徐长青：《江西史前区域调查和聚落考古历程》，《文物天地》2020年第10期；饶惠元：《江西清江的新石器时代遗址》，《考古学报》1956年第2期。

中华人民共和国成立后，20世纪五六十年代，江西的史前考古活动主要集中在赣北、赣中地区，17个县区发现史前遗址，清江营盘里、修水山背、万年仙人洞等遗址的调查发掘，成为江西史前考古的重要标杆。20世纪70年代，吴城遗址的发现，以及筑卫城、樊城堆遗址的发掘，促进了史前至青铜时代考古研究。20世纪80年代，第二次全国文物普查，江西各地发现了众多文物线索，考古工作得以有针对性地展开，并开始注重系统性地探讨和研究，考古学区系类型与文化谱系研究逐渐成熟。"樊城堆文化"[1]"筑卫城文化"[2]"拾年山文化"[3]"社山头文化"[4]"郑家坳文化"[5]"老虎墩文化"[6]等考古学文化概念陆续进入学术视野。

新世纪，第三次全国不可移动文物普查全面启动。江西史前考古调查、发掘与研究稳步开展，新思路、新方法、新技术纷纷引入。结合陶器文化序列编年和陶器谱系研究，考古遗址的时空框架与聚落形态考察研究相应展开。史前考古学术方向逐渐指向文明起源与早期国家形成。

2010~2018年，"中华文明起源过程中区域聚落与居民研究"课题组对清江盆地赣江东岸边缘丘陵山地进行了调查[7]，范围36平方千米，与早年饶惠元先生调查区域基本相同。新发现遗址27处，复查、核实遗址11处。其中新石器至商周遗址10处，商周遗址27处。对筑卫城遗址进行全面密集勘探，对国字山东周墓葬群进行勘探和发掘，厘清了清江盆地东岸自新石器时代晚期至周代各时期遗址连续不断的演变和发展历程，再次确认该区域从新石器时代末期龙山时代起即是一处以筑卫城城址为核心，周围密集环绕37处不同等级遗址的大型聚落中心，并在东周时期成为赣江中下游地区雄霸一方、具有早期国家特征的大型城邑。

2009年以来，考古人员在赣西北靖安县潦河流经的高湖—水口—双溪等三个乡镇约15千米狭长地带，配合直升机数字影像，调查发现80余处从新石器时代到商周时期的古文化遗址[8]。郑家坳-陈家山遗址群、李家村-松山遗址群、寨下山遗址群、九里岗城址等，揭示出靖安县南河流域史前至商周时期聚落发展脉络，展现了一条由距今

---

[1] 李家和等：《樊城堆文化初论》，《江西历史文物》1986年第1期。
[2] 彭适凡：《江西通史》（先秦卷），江西人民出版社，2008年；唐舒龙：《试论筑卫城文化》，《南方文物》1996年第2期。
[3] 徐长青：《赣北新石器时代文化类型研究》，《南方文物》1998年第4期。
[4] 江西省文物考古研究所等：《江西广丰社山头遗址发掘》，《东南文化》1993年第4期；江西省文物考古研究所等：《江西广丰社山头遗址第三次发掘》，《南方文物》1997年第1期。
[5] 江西省文物工作队：《江西靖安郑家坳新石器时代墓葬清理简报》，《东南文化》1989年第4、5期；江西省文物考古研究所等：《靖安郑家坳遗址第二次发掘》，《考古与文物》1994年第2期。
[6] 江西省文物考古研究所等：《江西靖安老虎墩史前遗址发掘简报》，《文物》2011年第10期。
[7] 张弛、陈星灿、邓振华：《区域、社会与中国文明起源：国家科技支撑计划课题"中华文明起源过程中区域聚落与居民研究"成果集》，科学出版社，2019年。
[8] 徐长青、刘新宇：《湮灭的王国》，江西人民出版社，2012年。

8000年的普通聚落（老虎墩下层文化）逐渐演变到距今2500年的高等级聚落中心甚至是中心城址（九里岗城址）或早期国家性质的区域政治、文化中心的轨迹。

2014~2016年，考古人员对抚河流域先秦遗址区域开展考古调查[①]，范围达到4000平方千米。发现先秦遗址337处，其中新石器环壕遗址100余处。有的环壕遗址周围分布不同规模的山岗类遗址，有的地方发现多个小型环壕遗址围绕更大型遗址的迹象。山岗类遗址和遗址群、环壕类遗址和聚落群，各类遗址、聚落星罗棋布般分布，体现了区域内新石器时期人类处理人地关系的多元性和复杂性。对金溪县釜山遗址的发掘，出土了樊城堆文化、龙山时代至商周时期遗物。表明早在5000多年前，赣江流域就与抚河流域关系密切，同属于一个大的文化区的不同阶段。对宜黄县锅底山遗址的发掘显示，遗址周边还发现同时期的山岗类遗址9处，它们对锅底山环壕遗址向心拱卫布置。由此推断，此区域应是以锅底山环壕遗址为中心的聚落群。

2016年中华文明探源工程课题组对以樊城堆为核心的周边区域进行了考古调查，发现各时期遗址51处[②]。最为关键的是，在对樊城堆遗址重新清理时，清晰地发现该遗址同样拥有环壕，因而其同属于环壕遗址。它与周边50余处遗址构成了一处高等级的聚落群，而樊城堆遗址则是该聚落群的核心遗址。

系列探索与发现，为我们勾勒出在赣江中下游地区，以及赣江、抚河两河下游的赣抚平原一带，从新石器晚期到龙山时代及商周时期颇具特色的文化面貌。在这一广袤的区域内，广泛分布着这一时期的环壕遗址和聚落群。这是江西迄今史前遗址分布最为密集的区域，也是新石器晚期樊城堆文化、龙山时代筑卫城文化分布的核心区域。对这一类型遗址的综合研究将有助于对江西文明起源模式的探索。

从单个遗址的调查，到一定区域相关遗址的调查和流域内遗址群的全覆盖研究，从遗址文化编年和谱系研究，到聚落形态和人地关系的综合考察，对古代遗址的时空关系更深层次地探讨，江西史前考古、文明探源研究与中华文明探源愈加紧密。

二、江西早期国家

江西史前—先秦时期文明绵延不断。从万年仙人洞出土距今2万年世界上最早的陶器，到8000年前靖安老虎墩的彩陶及环壕遗址，再到6000~5000年前抚河流域-赣江流域大型环壕遗址和聚落群，最后到4000年前筑卫城的高等级核心城址，以及樟树吴城商代南方方国都邑和新干大洋洲南方青铜王国，赣江-鄱阳湖平原新石器时代晚期古国文明至夏商时期王国文明的演进历史脉络清晰，是江西古代文明形成和发展、逐步融入华夏文明大家庭、并为中华文明起源做出重大贡献的见证。

[①] 江西省文物考古研究所等：《江西抚河流域先秦时期遗址考古调查报告》（Ⅰ），文物出版社，2015年。

[②] 张弛、陈星灿、邓振华：《区域、社会与中国文明起源：国家科技支撑计划课题"中华文明起源过程中区域聚落与居民研究"成果集》，科学出版社，2019年。

（一）古国文明阶段

靖安老虎墩遗址①，是目前江西继万年仙人洞之后最早的一处新石器时代遗址，上限距今有8000多年。发现了距今8000多年江西最早的彩陶、最早的人工栽培稻，距今8500年。最近的发掘，还揭示出距今8000多年的环壕，证实老虎墩遗址是江西最早的环壕遗址。

在距今6000～5000年前，抚河流域、赣江流域出现大量环壕聚落和环壕聚落中心，显示出各区域内部开始出现社会分化，区域性中心萌芽，各地陆续进入古国时代。抚河流域发现的新石器环壕聚落100余处，环壕形式丰富，有方形、长方形、圆形等②。环壕具有防护功能，也能更好地保护遗址中心的人群，是高等级聚落特征。也反映出他们等级更高，阶层分化更加明显。这种体现较为复杂社会关系的遗址群，在赣江流域也大量存在。樊城堆遗址周边就有50余处不同等级的遗址环绕，并构成以樊城堆为核心的高等级聚落群。

与这种较为复杂的社会层级关系相印证的考古材料是各地较普遍出现的人工土台及墓葬群，距今5000～4000年。老虎墩遗址上层发现了人工修筑的两座土台，土台上有墓葬110多座，非常密集。墓葬长方形，长80～100厘米，墓葬排列有序，相互打破关系较少。说明墓地经过规划，是有组织的。墓葬埋葬方位相同，反映了共同的风俗，共同的理念，以及有共同维系家族纽带的血缘系统。从墓葬随葬品看，随葬物品4～5件，说明氏族社会关系比较平等，没有大的社会分化。但是祭祀坑中出土的蛋壳黑陶瓠，非常精美。这些器物要么是专门为特定贵族生产的，要么是贸易交流来的。因而反映出社会存在一定的阶层分化。与此基本同时期的赣江流域清江盆地，是江西新石器时代文化最发达的区域，也代表了江西新石器时代晚期的文化主体面貌。其中的新余拾年山遗址③，距今5000年左右，发现了130多座小型墓葬，墓壁经过精心火烤，具有防潮作用，或具有某种神秘的宗教意义。随葬玉器、猪下颌骨。普遍随葬鼎、豆、壶等陶器。每座墓葬都随葬这类特定器物，并逐渐成为江西地区墓葬随葬品组合的固定模式。或许可以认为，江西古代墓葬随葬的礼制系统在此发端，即表明阶层分化更加明显，以鼎、豆、壶为组合的随葬礼制成型预示着国家文明的萌芽。

当然，更明显反映层级关系的，是樟树筑卫城城址。它是反映距今4500～4000年江西进入文明阶段最高层级的城址。筑卫城城址使用年代，大致分为两个阶段，第一阶段即新石器时代晚期，距今4500～4000年；第二阶段大致在周代，东周时期为巅峰时

---

① 江西省文物考古研究所等：《江西靖安老虎墩史前遗址发掘简报》，《文物》2011年第10期。
② 江西省文物考古研究所等：《江西抚河流域先秦时期遗址考古调查报告》(Ⅰ)，文物出版社，2015年。
③ 江西省文物考古研究所等：《江西新余市拾年山遗址》，《考古学报》1991年第3期；李家和、徐长青、王强、李小平：《新余拾年山遗址第三次发掘》，《东南文化》1991年第5期。

期。城墙高出地面约 20 米，城内面积 14 万平方米，外有环壕，有 6 座城门，城内发现大型的宫殿遗址。遗址无论规模，还是结构，或是保存状况，都是南方地区史前遗址保存最好、级别最高的一处。周边发现的古遗址 37 处，它们如众星捧月般环绕在筑卫城周边[1]。表明筑卫城城址是这些聚落的核心，它与周边不同等级的遗址，共同构成了清江盆地东岸规模最大、等级最高、形态最丰富的高等级聚落群。

概括来讲，在新石器晚期阶段，距今 6000~4000 年，江西地区古遗址呈现出由简单到复杂、从低等级到高等级的演变过程，并逐渐进入古国时代。樟树筑卫城遗址是距今 4500~4000 年江西地区最具有都邑性特征的聚落中心，它是江西地区新石器时代晚期龙山阶段复杂社会的代表，是江西古国时代的巅峰。在这个时期，在赣江流域（包括吉泰盆地）、抚河流域、锦江流域、修水流域、潦河流域都出现过大大小小的聚落遗址。它们为江西青铜文化的发生奠定了基础。在如此丰富的聚落群中，具有都邑性质的高等级核心城邑已经出现，早期国家已经出现。

（二）王朝文明阶段

对于江西来说，早期国家王朝文明阶段的核心无疑就是以南方青铜王国为代表的青铜文明。南方青铜王国是我国南方分布面积最广、受到中原商文化影响最深刻、文明程度最高的青铜文明。其核心就在今清江盆地的樟树市、新干县一带，整个赣中、赣北区域都在它的分布和影响范围内。

青铜王国最核心区域，从新石器时代晚期的樊城堆遗址、筑卫城遗址，到商代的吴城遗址、牛头城遗址和新干大洋洲商墓，共同构成了江西南方青铜王国的主体框架和核心内涵。

1. 吴城遗址

位于樟树市。分布范围 4 平方千米，城址的面积为 60 万平方米。城址里面，功能区域分布清晰，有祭祀区、居住区、墓葬区、窑业区。城墙局部宽度有 20 米，城墙外面有环壕。1995 年发掘，在环壕里 2 平方米范围内发现 22 个人骨标本，其中 19 个头颅骨骼[2]，头骨上都有砍伐的痕迹，应与战争有关。由鹅卵石、陶片铺就的道路，通往最高处的祭祀区域；祭祀区域有密集分布的柱洞，或许是图腾柱的遗存。考古发现了青铜鼎、青铜斝等具有明显商文化因素的礼器，也发现了 300 多件铸造青铜器的石范，说明青铜器风格受到商文化影响，却有自身技术特点，可能为本地铸造。发现 14 座各种类型的窑炉，能够烧制 1300℃ 的原始瓷器。还发现有 100 多个文字刻符。

总体分析，吴城遗址发现的巨大的城址、高耸的城墙、分区清晰的功能区、铸造铜

---

[1] 张弛、陈星灿、邓振华编：《区域、社会与中国文明起源：国家科技支撑计划课题"中华文明起源过程中区域聚落与居民研究"成果集》，科学出版社，2019 年。
[2] 黄水根、周广明：《江西樟树吴城商代遗址西城墙解剖的主要收获》，《南方文物》2003 年第 3 期。

器的作坊、高品质的原始瓷器、较高等级的贵族墓葬，以及复杂的文字体系等，不但说明吴城遗址属于高等级城邑，具有方国都邑的特征，也说明该遗址已经进入文明状态，属于早期国家较高形态。一系列研究"证明吴城城址已具备了城邑同阶层分化相结合的国家的形态，毫无疑问，应可称之为吴城都邑遗址，是商时期长江下游地区跨入文明门槛的古代方国之一"[①]。

2. 牛头城城址

位于新干县。与吴城遗址相距28千米，隔赣江相望。内城和外城，城内还有内河，城外有护城河，城内面积50万平方米[②]。东城墙还有半椭圆形瓮城。城内由起伏的小山丘组成，内城最高处有大型建筑基址，约5000平方米，基址上有密集分布的柱洞，可能属于宫殿或者高等级贵族居住区域[③]。城内还有烧制陶瓷器的马蹄形窑炉，以及人工筑成土堆营建的墓地，均有较严格的区域分布。1976年，在毗邻城墙的中棱水库修建过程中，发掘墓葬一座[④]。墓葬中出土一批青铜器，计有青铜鼎5件、簋1件，以及爵、觚等，时代接近商代中期，青铜鼎具有典型商文化风格。这是江西迄今发现的时代最早的青铜器墓葬，也是规模仅次于新干大洋洲商墓的墓葬，属于高等级贵族墓葬，墓主人应当是牛头城城址区域最高统治者。近年，在城内还清理了两座小型长方形土坑墓，其中一座出土戈、锛、斨等5件青铜兵器和工具，与大洋洲商墓出土同类器一致。墓葬位于人工堆土坡地上，跟良渚文化高台墓葬营建方式类似，即先堆好土堆，然后再在上面挖墓穴，这是非常高级别的贵族才使用的埋葬方式。因而，墓葬主人也应属城址内高等级贵族。

3. 大洋洲商墓

大洋洲商墓位于新干县赣江东岸一片沙地，距离牛头城约3千米。在面积约30平方米范围内，出土商代青铜、陶瓷、玉器等文物1374件，其中青铜器475件。这是一座带有二层台、葬有一棺一椁的长方形土坑竖穴墓葬。种种迹象显示，3000多年前，这里曾经历过一场盛大的葬礼。在一个遗迹单位内，一次出土如此数量的青铜器，南方地区仅存，全国罕见。因而被专家们誉为"南方青铜王国"[⑤]。

---

① 江西省文物考古研究所、樟树市博物馆：《吴城——1973~2002年考古发掘报告》，科学出版社，2005年，第425页。
② 朱福生：《江西新干牛城遗址调查》，《南方文物》2005年第4期。
③ 彭适凡、樊昌生：《神秘的南方青铜王国》，《故园寻踪》，江西人民出版社，2011年。
④ 江西省文物工作队：《新干牛头城遗址调查》，《江西历史文物》1977年第6期。
⑤ 新干青铜器命名定位有诸多提法。有"江南青铜王国""长江中游的青铜王国""长江流域青铜王国""南方青铜王国"等，本文取"南方青铜王国"。詹开逊：《长江中游的青铜王国——新干大墓》，《手铲下的文明—江西重大考古发现》（孙家骅、詹开逊主编，江西人民出版社，2004年）；彭适凡：《吴城文化与青铜王国》，《中国文物报》1998年7月1日第2版；彭适凡、樊昌生：《神秘的南方青铜王国》，《故园寻踪》，江西人民出版社，2011年；徐长青、王意乐：《南方青铜王国在华夏多元一体文明体系中的历史贡献》，《文物天地》2023年第10期。

大洋洲墓葬随葬品数量最多，等级高。迄今为止，同一遗存出土数百件青铜器的只有三个地区。一是河南殷墟妇好墓，其为商王武丁妻子的墓。在不足 30 平方米的墓穴内，出土了 468 件青铜器。二是四川三星堆遗址，发掘了 2 座祭祀坑，也发现了数百件青铜器（近年又继续发掘，出土各类珍贵文物超过 1 万件）。三是江西新干大洋洲商墓，出土了 475 件青铜器。青铜器不但数量多，等级也非常高。代表其显赫地位的青铜礼乐重器多达 52 件，在商代墓葬中绝无仅有。这些青铜器具体年代早晚跨度较大，早期的具有郑州二里冈期青铜器特点，晚期约相当于安阳殷墟早中期，其间相距达数百年之久，大部分器物具有殷墟早中期特征。对墓葬青铜器烟炱进行 ^{14}C 测年可知，为距今 3360 年 ± 160 年[1]。墓中随葬一件重达 11.4 千克的青铜钺，被誉为钺王。对比现有考古发现，商代同一墓葬出土成对青铜大钺的，只有河南安阳殷墟的商王武丁之妻"妇好"墓、山东益都苏埠屯的某方国国王"亚醜"之墓。因而推测，新干大墓的墓主应该是赣江流域某方国国王。

大洋洲墓葬青铜器，既有中原商文化特色，又具有地方特色。其中方卣、分裆圆肩鬲、三足提梁卣、甗、壶、鸟耳夔形扁足鼎、柱足圆鼎、四羊罍和瓿、瓒等，以及众多的青铜兵器、生活用具，玉琮、玉瑗、玉璜、玉戈等，在器物类别、造型、装饰纹样方面具有典型殷商文化特征[2]。而柱足圆鼎、方鼎、虎形扁足鼎、瓿形鼎、鬲形鼎、甗、鱼形扁足鼎、联裆圆肩鬲、假腹豆等，以及翘首刀、方内钺、玉柄形器、玉羽人等，在整体造型上与中原同类器接近，但局部有所改变或者纹饰有变化，表现出特有的地方风格，这种青铜器被称为"融合式"。此类青铜器，数量最多。还有一些具有鲜明的地方特色，如装饰纹样燕尾纹等，与中原青铜器具有很大区别；如伏鸟双尾虎和双面神人像、青铜镈钟等，这类青铜器很有特色。青铜镈纹饰精美，体量巨大，声音浑厚响亮，号称"镈王"，是江西西部和湖南东部一带最典型的单件打击乐器。四足立鹿甗，号称"甗王"，是蒸煮食物的一种食器，属于贵族举行重要活动时使用。青铜双面神人像，阔嘴凸目大耳，透露着神秘、诡异的气息，是巫师举行祭祀活动的一件通天地的法器。还有伏鸟双尾虎，张口咧齿，獠牙外露，凸目狰狞，四足卧伏作欲纵之状，背栖小鸟，尖喙圆睛，惬意安详，处处透露着神秘的氛围。虎鸟和平相处，极具特色，这是商代体量最大的一件虎形器物。这些随葬品在商代都是独一无二的存在，具有强烈的地域特色。

那么，大洋洲商墓的主人究竟是谁？可谓众说纷纭。据统计，在新干大洋洲商墓中，不但有硕大的单体老虎形象，在最具礼器特征的鼎耳、鼎足上，青铜兵器的把柄、杖首上，以及玉饰件上，林林总总，居然有 56 个老虎形象。这种使用虎形象装饰，同样出现在樟树吴城遗址及其周边[3]。有的写实，具体而生动；有的写意，惟妙惟肖。以大量卧虎形式装饰的青铜鼎为江西所独有，丰富的虎形象在全国也少见，表现了当地独

---

[1] 江西省文物考古研究所等：《新干商代大墓》，文物出版社，1997 年。
[2] 江西省文物考古研究所等：《新干商代大墓》，文物出版社，1997 年。
[3] 清江县博物馆：《吴城商代遗址新发现青铜兵器》，《江西历史文物》1979 年第 1 期；江西省博物馆、清江县博物馆：《近年江西出土的商代青铜器》，《文物》1977 年第 9 期。

特的虎崇拜。据文献记载，古有虎方，其最早是以虎为崇拜的氏族，形成于黄帝时期。商代发展为虎方，并见诸甲骨文。商代后期，南迁到江汉。殷之南，虎方国，彭蠡以西，洞庭以东，继三苗而起虎方。因而，商晚期虎方可能到达洞庭湖至鄱阳湖之间[1]。从青铜器上大量使用老虎的造型、图案等虎元素分析，这里与文献记载的虎方地理位置十分吻合。大洋洲墓葬很可能属于虎方的最高首领或虎王之墓，南方青铜王国可能就是虎方国或虎国。

在充分认识南方青铜王国的核心内涵之后，还需要深入分析作为早期国家——南方青铜王国，它的分布范围、影响区域，以及支撑其繁衍发展的战略资源。显然，赣江下游至鄱阳湖平原广大区域都是其考察重点。

从以清江盆地为核心的大洋洲商墓、吴城遗址、牛头城遗址出土青铜器的造型特点、装饰风格等分析，商代中期前后，江西地区的青铜器一经出现，就达到很高的高度。这种现象与区域内铜矿和锡矿的大规模开采密不可分。众所周知，开采、冶炼、铸造，是古代青铜器生产的三个环节。在矿山开采，就地冶炼，可以节约成本。一般来说，在矿山开采并铸成铜锭之后，经过运输，到达使用地点。商王朝使用的应该多在中原铸造。吴城遗址发现300多件铸造的陶范、石范，说明吴城也有一定规模铸造，但是铸造大件青铜礼器的陶范并未发现。所以铸造地点尚需探索。

位于长江中游南岸江西最北端的瑞昌铜岭铜矿是迄今中国境内发现的一处时代最早、最重要的铜矿采冶遗址之一。发掘的采铜、炼铜遗存，有露采坑、矿井、巷道、选矿场、工棚等百余处，其采冶时代从商代中期延续至战国早期[2]。近年来最新的发掘，又陆续发现了商代到春秋的炼炉、灰坑、生活区等遗迹，陶器年代可以早至商代前期[3]。可见在先秦时期，瑞昌铜岭铜矿的开发规模之大，时间之久。与瑞昌邻近的德安县有丰富的锡矿资源，虽还未发现商周矿冶遗存，但遍布于德安、永修的商代和西周的遗址，特别是陈家墩遗址，1993年曾发掘出10余口密集分布的大型水井，出土大量商周时期的陶质汲水用具、木质提升器械，以及深厚的夹炭灰土层，都显示与同时期的矿产资源利用有关。

始于2014年的赣北博阳河流域的矿冶遗存考古调查和发掘，为探索江西青铜冶铸的起源提供了新的材料。九江荞麦岭遗址是一处重要的夏商遗址[4]，距瑞昌铜岭铜矿只有数十千米。出土夏商时期遗物有陶器、青铜器等。陶器有鼎、甗、鬲、斝、簋、爵、觚、盘、盉、大口尊、大口缸、假腹豆、折肩罐、盉形罐、坩埚等，时代最早可以到二里头四期，主体文化面貌与湖北黄陂盘龙城遗址十分接近。考古发现炼铜矿渣，部分遗

---

[1] 彭明瀚：《商代虎方文化初探》，《中国史研究》1995年第3期；郭静云：《江南对虎神的崇拜——兼探虎方之地望》，《百越研究》(第四辑)，厦门大学出版社，2015年。
[2] 刘诗中、卢本珊：《江西铜岭铜矿遗址的发掘与研究》，《考古学报》1998年第4期。
[3] 崔涛、刘薇：《江西瑞昌铜岭铜矿遗址新发现与初步研究》，《南方文物》2017年第4期。
[4] 徐长青、王意乐：《南方青铜王国在华夏多元一体文明体系中的历史贡献》，《文物天地》2023年第10期。

迹和遗物也和冶炼有关。该遗址的发掘,将江西青铜文化发生的时间提早到了商代早期甚至更早,以铜矿资源开发利用为背景的商文化从赣北向赣中腹地扩张的线路,也为南方青铜王国的来龙去脉增添了广阔的时空研究思路。

通过对考古材料的分析,我们看到了南方青铜王国的历史画像。南方青铜王国在吸收本土樊城堆文化、筑卫城文化等区域性古国文明的精华基础上,形成了规划超大城邑、营建大型墓葬的管理机构和社会组织力,设立了专为贵族服务的青铜铸造、玉器制作和高等级原始瓷器烧造的部门。刻画符号甚或文字系统为文明互动架起了桥梁,神人图腾与虎形图像崇拜为国家意志提供了文化标识和精神追求。它的政治统治覆盖整个江西清江盆地核心,至赣江—鄱阳湖平原广袤空间,经济文化影响则跨越长江两岸,并与中原夏商文化圈产生深度交融互动。因而,它是青铜时代南方地区规模最大、级别最高的区域性地方政权核心,是江西早期国家王国时代的代表。得益于中原夏商文明的强烈影响,青铜制作技术高度发达,形成了独具特色的青铜文化,促进了长江文化与中华文明的共同进步,并步入早期国家文明殿堂。其文明顶峰发生在商代中期,延续至商代晚期甚至周代前期,可能长达四五百年之久。

殷商石磬研究

杜金鹏
(中国社会科学院考古研究所)

一、甲骨文所见磬

殷墟甲骨文中"磬"字,有多种书体,其基本体写作󰀀、󰀀,省作󰀀,或异化为󰀀、󰀀,再增耳即为"聲"字󰀀(图1)[1]。

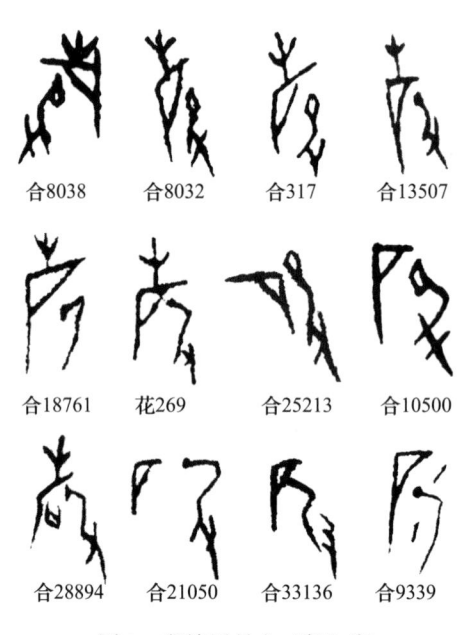

图1 殷墟甲骨文"磬"字

合8038　合8032　合317　合13507

合18761　花269　合25213　合10500

合28894　合21050　合33136　合9339

罗振玉首释此字为磬。"《说文解字》:'磬从石,象悬虡之形。籀文'磬'省作殸,古文作𥉡。'卜辞诸字从屮,象虡饰,󰀀象磬,󰀀持󰀀,所以击之,形义已具。其从石者,乃后人所加,重复甚矣。"[2] 王国维也说:"《说文解字》石部:'磬,乐石也。从石殸

---

[1] 本文所用殷墟甲骨文摹本,采自刘钊主编:《新甲骨文编》(增订本),福建人民出版社,2014年。
[2] 引见于省吾主编:《甲骨文字诂林》(以下简称《诂林》),中华书局,1996年,第2218页。以下引文如已见于该书摘录者,为节省文字就只标注为《诂林》页码,恕不一一注明原始出处。

象悬虡之形。殳击之，古者毋句氏作磬，㲋，籀文省。'按殷墟卜辞磬作㲋，与籀文大略同，丨即《说文》广字，许云'广，岸上见也'，实则屮磬饰，卜象悬磬。"① 陈梦家则说磬字"古文作硁。磬、至古音同"。引《说文》"陉，山绝坎也"、《元和郡县志》等，云太行山有八陉，太行陉在今河南沁阳市以北清化镇一带。从而认为"邢、陉、磬实是同源异作"②。姚孝遂按语："罗振玉释磬是对的。卜辞皆以为地名。卜即石，古悬石为磬，故称磬为石乐。殷墟出土之磬多见，均为石制，形亦近卜。或省作卜、㲋，亦为磬字。"③ 姚孝遂说㲋"字从石从殳，隶可作'硁'。当为'磬'之省"④。

卜辞中，磬字皆为名词。常用作地名、器名、人名（职官名）。

1）贞……王㲋（循）磬，若　《合》13507⑤

2）其㲋（斃）磬　《英》2293

3）癸酉㲋（甗）于磬，十牛，㲋（舭）　《合》8031

㲋，学者释循、德、省。屈万里等隶为循，谓字义乃"巡视也"。史景成亦谓"循有巡视或巡察之义"⑥。赵诚说有两种意义：一为巡视，当是本义；一为观察，系本义之引申⑦。罗振玉释德，谓"德，得也。故卜辞中皆借为得失字。视而有所得也"⑧。王襄释省，谓卜辞"省方"即《舜典》巡守之礼⑨。可见，学者隶定虽异，但字义大同，皆为巡视、观察之义。

㲋、㲋皆生僻字，通观之当与祭祀相关。上举三辞中的磬，为名词可定。解为器物名、地名皆可。但磬地为商王田猎之地（详后），前往巡视、祭祀之，似有不通。如此，则为器名更妥。辞谓商王视察制磬，祭祀中以磬为献或为新磬举行祭祀仪式。

4）"戊辰卜：子其以磬妾于妇好，若？一二三四五"；"庚午卜：子其以磬妾于妇好，若？一二三"　《花东》265.3

子向妇好进献"磬妾"，当是进献善于石磬演奏的女官。复合名词中的磬，为器名。说明当时有石磬专业演奏员。

5）丁亥，俎于磬京羌……卯……　《合》318

6）……[俎]于磬京羌三十，卯……牛　《合》317

---

① 《诂林》第2219页。
② 《诂林》第2219页。
③ 《诂林》第2219页。
④ 《诂林》第2218页。
⑤ 本文引用甲骨文资料，书名皆用简称：《合》——郭沫若主编：《甲骨文合集》，中华书局，1978~1982年；《屯》——中国社会科学院考古研究所：《小屯南地甲骨》，中华书局，1980~1983年；《英》——李学勤、齐文心、艾兰：《英国所藏甲骨集》，中华书局，1985年；《花》——中国社会科学院考古研究所：《殷墟花园庄东地甲骨》，云南人民出版社，2003年。
⑥ 《诂林》第2253页。
⑦ 《诂林》第2254页。
⑧ 《诂林》第2250页。
⑨ 《诂林》第2251页。

7)……贞其俎于磬京，不……　　《合》8034
8)贞翌辛亥，呼妇姘俎于磬京　《合》8035
9)……迺雨……尊俎……磬……　《合集》15807
10)……王贞……㓞……　　《合》20292

京字乃高台建筑之象形。磬京，顾名思义应为悬挂石磬之高台建筑。俎祭乃祭祖之礼，则磬京应为宗庙、宫室建筑之名。㓞，应是"磬京"之省文。

1973年在殷墟小屯村北洹河南岸高地上，出土一件精美的龙纹石磬。殷墟考古学家指出："它是一件久经使用的乐器。石磬是在以小屯为中心的殷代王宫建筑遗址的范围内出土的，毫无疑义，它当属于殷代奴隶社会最高统治者王和大奴隶主所享用。"在附近发掘出土一些殷代陶水管（大型建筑排水管）、红烧土块以及牛羊猪骨。应是重要的宫室建筑分布区①。近年的考古工作证实，这里是殷墟宫殿区大型水池北岸的半岛式高地，分布有许多晚商时期的大型建筑基址②。或即"磬京"所在地。

商王俎祭之处还有义京（《合集》388、390正）。

11)于㪇伐　　《合》33136
12)甲午卜于㪇　《合》33137③

㪇从殸从亯（即享，后同），应为"磬亯"合文。亯亦高台建筑象形，与京字义近，唯二者建筑形式有所不同。卜辞有"俎于亯京"（《合集》32051）。

另外，商王有建筑名殸闁：

贞：今祼于殸闁　《合》15844

闁从门，殸闁应如磬京类似，是涉磬建筑。

13)……往逐磬㣇，弗其擒　《合》10500
14)戊申卜，贞：王田磬，不遘雨，兹御　《合》37727
15)戊申卜，贞：今日王田磬，不遘……　《合》37728
16)惟磬田无灾　《合》18894
17)……其田磬，擒　《英》2291
18)王惟磬田……　《英》2291

磬，地名，商王田猎之地。

田猎之磬又写作㓞：

"叀（磬）田，亡戋"　《合》18894

---

① 中国科学院考古研究所安阳发掘队：《殷墟出土的陶水管和石磬》，《考古》1976年第1期，图三；线图见中国社会科学院考古研究所：《殷墟的发现与研究》，方志出版社，2007年，第338页，图二一九。
② 中国社会科学院考古研究所安阳工作队资料。
③ 该字《殷墟甲骨刻辞类纂》摹作㪇，认为从石从肆为碑。沈建华指出其误（参见何景成编撰《甲骨文字诂林补编》（以下简称《诂补》），中华书局，2017年，第557页），认为应是从殸从亯。笔者从之。

姚孝遂说“为地名。与磬同字”[①]。

此外，商王还有田猎地名叫𣪠（𢧵），在滴水北：

戊戌卜，贞：王其田𢧵，无灾 《合》33556

王其田，涉滴，至于𢧵，无灾 《合》28883

王其涉滴，射𢧵鹿，弗擒 《合》28340

王其涉滴，射𢧵鹿，无［灾］ 《屯》256

𢧵字，罗振玉隶定为㲃。饶宗颐、姚孝遂谓𢧵、㲃同字，在卜辞为地名[②]。其字从殸从戌从亥，应该是田猎场“磬”的专用名。

综上，卜辞所见磬，为重要乐器，其生产为商王所重视，有专门的演奏人员。涉磬建筑，皆系重要的宗庙、宫室建筑，商王常于此进行卜、俎、祼、伐等宗教祭祀活动。涉磬地方，为商王田猎之地，在滴北。不知是否与石磬生产有关。

二、殷商石磬的考古发现

（一）石磬的发现

在历年殷墟考古工作中，发现数量可观的石磬。最早发现的一批，是第二次世界大战前“史语所”在宫殿区和王陵区所获。中华人民共和国成立以来，殷墟各处又陆续出土一些石磬。兹择其要者，分述如下（为叙述方便，先将石磬各个部位名称图示如图 2）：

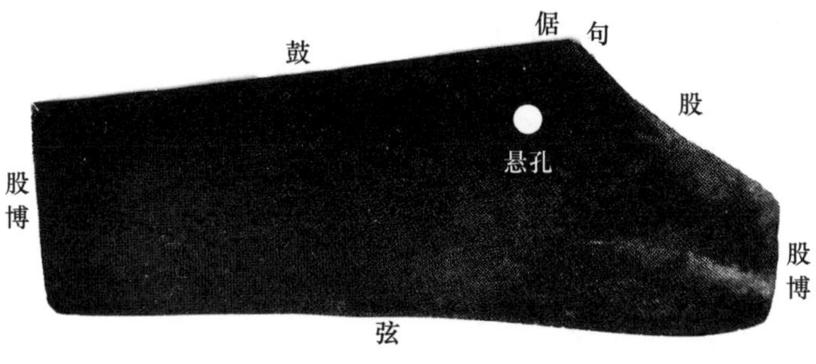

图 2 石磬各部位名称示意图

1. 殷墟核心区（图 3）

（1）小屯村北

1973 年在小屯村北洹水南岸采集到一件石磬，完整无缺。灰色岩石，呈不等边三角形，磨制精致。上部有一个两面对钻的悬孔。磬之两面都雕刻虎纹，线条刚劲流畅。

---

① 《诂林》第 2222 页。

② 《诂林》第 2220、2221 页。

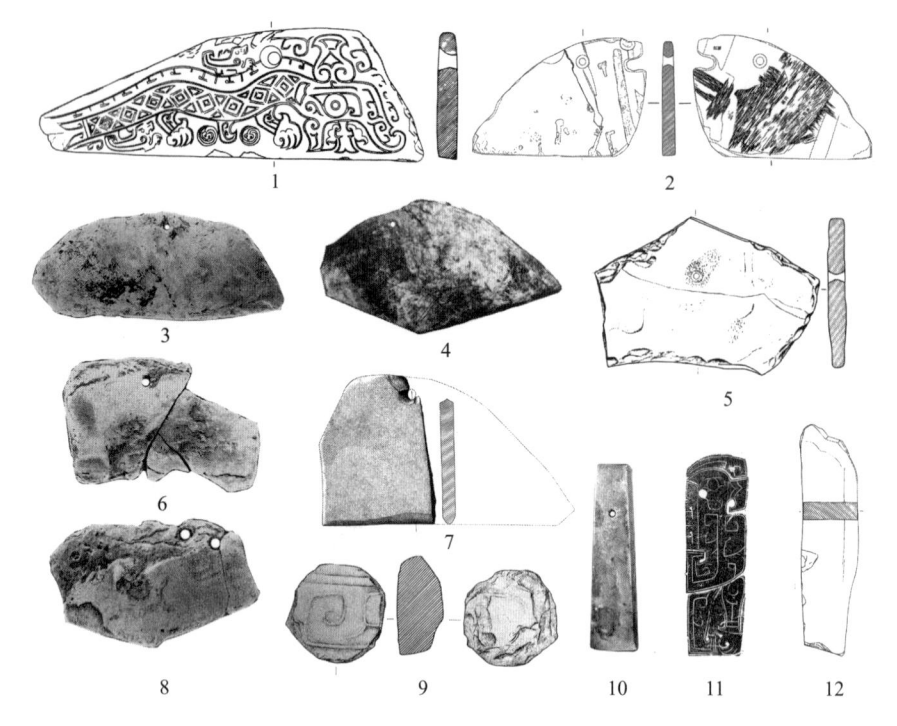

图 3　殷墟核心区出土石磬（比例尺不统一）
1. 小屯村北采集　2. 花园庄 M54：207　3. 小屯 M5：332　4. 小屯 GM258　5. 小屯 M1：14
6. 小屯 M5：1596　7. 小屯 M331　8. 小屯 M5：1595　9. 宫殿区"大连坑"　10. 小屯 M5：316
11. 小屯 M5：（2）　12. 小屯 H116：16

叩之音调清婉。器长88、高28、厚4.2~4.6厘米。悬孔外径3.5~4.5、内径2.5厘米。由悬孔上侧的磨损痕迹和磬面上的敲击痕迹，可知这是一件久经使用的乐器[1]。

（2）小屯M331

该墓出土石磬1件，大理石质，出土时断为两截，相距26厘米，为打断后分别放入墓中。整体近三角形，光素无纹，鼓中部有一对钻悬孔。"击之发清脆声。"运往我国台湾地区的一半（右半，即有图像资料者。左半无图像资料），尺寸为长55.5、高31.5、残宽24厘米。悬孔直径1.5~4.5厘米[2]。

此外，与小屯M331东西并列的M362中也发现石磬残件，三角形，长20、高34厘米。因该墓被盗严重，随葬品损失殆尽，石磬原状不得而知[3]。

（3）小屯M5

该墓即"妇好墓"，出土石磬5件。2件小磬在墓室，3件大磬在椁室内。标本

---

[1] 中国科学院考古研究所安阳发掘队：《殷墟出土的陶水管和石磬》，《考古》1976年第1期，第61、62页，图三。

[2] 石璋如：《小屯·第一本·遗址的发现与发掘·丙编·殷墟墓葬之五·丙区墓葬（上）》（以下简称《丙区墓葬·上》），"中研院"历史语言研究所，1980年，第131、132页，图版玖玖、图版壹零零。

[3] 《丙区墓葬·上》第27页，插图八。

316，青灰色碳酸盐岩，长条状，两端磨薄，近顶端有一悬孔，孔径1.8厘米，孔上有长期悬挂而形成的磨槽。一侧面刻有"妊竹（或释冉）入石"四字，发掘者解释为"妊冉入贡之石"。长44、宽8.5～12、厚2.4～3.2厘米。测音结果为 $^\#a^2-11$ 音分。标本M5：2，褐色石灰岩，扁平长条状，上端微弧凸，下端齐平。两面雕刻站立鸱鸮纹，鸱鸮眼角处有悬孔，孔径1厘米。长25.6、宽6.7～8、厚1～1.6厘米。标本M5：332，白色泥质灰岩，系利用岩石的自然层理制成。悬孔直径3.3厘米，孔上有磨损痕。鼓、股较明显，下沿近平直。长97、宽42、厚4厘米。标本M5：1595，白色泥质灰岩，上缘近直，一侧并排有二孔，孔径3厘米，上有磨损痕。一端稍残。残长51.5、宽32、厚4厘米。标本M5：1596，白色泥质灰岩，悬空直径3厘米，上有磨损痕。一端残缺。残长47、宽30、厚4.2厘米。发掘者观察认为，标本M5：332、M5：1595、M5：1596，石料相同，大小依次递减，可能是编磬[1]。

（4）花园庄M54

该墓出土石磬M54：207，灰白色石质，磨制光滑，大体呈三角形，鼓部一侧有豁口，推测是原磬断裂后悬空残豁，重新钻孔后继续使用。两孔上部皆有使用磨损痕。三边长度分别为79、59、46厘米，厚3.3～4.6厘米。重24.8千克[2]。经测试，该磬的音高为C5+37音分[3]。

（5）小屯西M1

该墓出土石磬M1：14，通体磨光，一端有残，鼓部有一悬孔。弦边长36.6、高35、厚3.2～4.4厘米。悬孔直径1.4～2.6厘米[4]。

（6）小屯西GM258

该墓盗洞中出土一件石磬。青灰色，略呈菱形，顶部有一悬孔，孔径2厘米。单面磨光。最长55、高42、厚2.6厘米[5]。

（7）大连坑

殷墟宫殿区甲组建筑基址西南部"大连坑"手工业作坊遗址，出土1件石磬残件。标本号R15731，作不规则圆形，两面均见有浅浮雕"勾连纹"[6]。

---

[1] 中国社会科学院考古研究所：《殷墟妇好墓》，文物出版社，1980年，第198、199页，图七五：1，图九九，图版一七○，图版一七。
[2] 中国社会科学院考古研究所：《安阳殷墟花园庄东地商代墓葬》，科学出版社，2007年，第92、212页，图一五一，彩版五四：3。
[3] 刘新红：《对M54出土编铙、石磬的考察报告》，《黄钟（中国·武汉音乐学院学报）》2006年第2期附录六。
[4] 中国社会科学院考古研究所安阳工作队：《河南安阳市殷墟小屯西地商代大墓发掘简报》，《考古》2009年第9期。
[5] 中国社会科学院考古研究所：《殷墟发掘报告1958—1961》，文物出版社，1987年，第256页，图版七一：18。
[6] 李永迪：《史语所安阳大连坑发掘所见的王室手工业生产活动及其相关问题》，《纪念殷墟发掘八十周年学术研讨会论文集》，"中研院"历史语言研究所，2015年，第61页，图七（下）。

2. 殷墟王陵区（图4）

（1）侯家庄 M1001

翻葬坑（早期盗掘毁墓土坑）出土石磬残块16件，经拼合可能是3件石磬之残块。标本 M1001：7888，灰色石灰岩。由7块残片拼成，其中包括 M1004 翻葬坑、M1550 翻葬坑出土石磬各1块。此乃磬之左半，悬孔尚存。制作精工，厚薄均匀，两面平整。以减地阳文雕虎纹。周缘雕有平行凸棱。残存弦边长51.5、高32.8、厚3.8厘米。标本 R7886，灰色石灰岩，风化严重。约存全器之左半，由5块碎片拼成，有悬孔之右半部分无存。以阴线双勾雕刻虎纹。此磬选料不佳，做工亦欠佳，但表面打磨光滑。现存弦边长41.2、高28.6、厚3.7厘米。标本 R7887、R7909，皆各由3小块残片拼成，灰色石灰岩。均有雕纹但技法不同。残甚，所属磬之部位不明[①]。

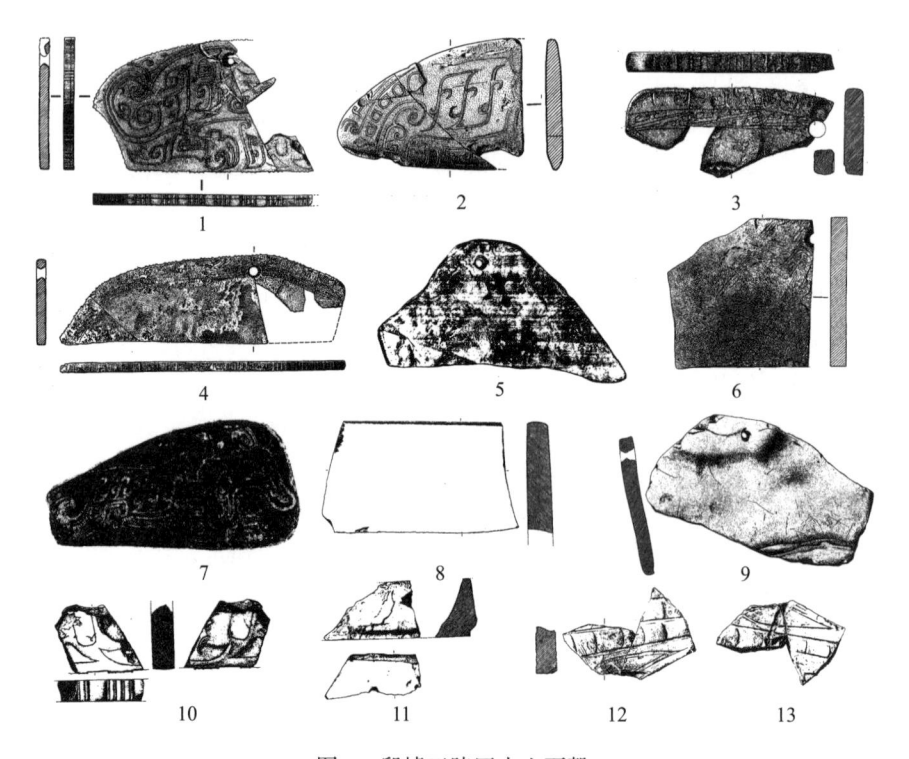

图4　殷墟王陵区出土石磬

1、2. M1001：R888、M1001：R7886　3、6. M1002：R1232、M1002：R4917　4. M1003：R11194　5、12、13. M1004：R22124、M1004：R8015、M1004：R8358　7. WGM1　8、10、11. M1550：R8442、M1550：R7888、M1550：R8441　9. M1217：R1754

（2）侯家庄 M1002

在翻葬坑出土7件石磬残件，发掘者认为原属3件石磬。标本 M1002：R1232，系

---

① 梁思永、高去寻：《侯家庄·第二本·1001号大墓》（以下简称《1001号大墓》），"中研院"历史语言研究所，1962年，第95、96页，图版玖陆，图版玖玖。

由 4 块残件拼合而成，属于磬上部一角，残留悬孔之一半。其两面皆阴线雕刻云雷纹带，边棱雕有平行凸棱。磨制光滑。残件长 30.5、宽 12.8、厚 2.9 厘米。据报告，这件拼合件可与 M1003 石磬残件拼为一体，同属一磬。标本 M1002：R8477，灰色石灰岩。系磬之中部残件，制作精致，厚薄均匀，棱角圆化处理。一面见有刻纹。其悬孔尚存一半，孔径 2.4～4 厘米。据认为与 M1004 石磬形制相同。残长 31.5、宽 31.9、厚 3.4～3.65 厘米。标本 M1002：R4917，灰色石灰岩，仅存一个磬角。残存长 9.8、宽 5.2 厘米。另有一件标本，已遗失，详情不知[①]。

（3）侯家庄 M1003

标本 M1003：R11194，出土时破碎，现存 6 块可拼合出大体形状。其中右端 4 小块出自 M1002 翻葬坑，左端 2 块出自本墓翻葬坑。灰色石灰岩，表面风化较甚。形如石镰，制作精工，厚薄均匀。两面皆沿着鼓部边缘阴线雕刻带状卷云纹，鼓部周缘浮雕有凸齿装饰。现存长 85、宽 24.5、厚 2.9、悬孔经 2.4～3.6 厘米[②]。

（4）侯家庄 M1004

出土完整石磬 1 件，另有 2 件残片。标本 M1004：R22124，完整，绿色石灰岩，带灰斑。略呈三角形，鼓顶部有一悬孔。自悬孔至磬顶有悬绳磨出的浅槽。"可见悬挂时间之久。扣之铿然，极悦耳。""打磨极光滑，似又经长期之摩挲，极润滑。"弦长 81.4、高 40.4、厚 4.6、悬孔径 4.9～5.4 厘米。标本 M1004：R8015，深灰色石质，残件，磨光。长 12.6、宽 11、厚 4 厘米。标本 M1004：R8358，灰色石灰岩。残件，两面皆有阴线雕刻动物纹。残长 23.5、厚 3.6 厘米。据观察，此片之石质色泽、厚度及纹饰线条，皆与 M1001 出土石磬 M1004：R7909 极其相近，可能同属一器，惜不能拼合[③]。

（5）侯家庄 M1217

该墓出土石磬 1 件，编号 M1217：R1754，基本完整，深灰色石灰岩制，近四边形，倨句角度较大，鼓部有悬孔，鼓尾截断成博，鼓背微隆，股微弧。悬孔在鼓缘下方，双面钻，留有悬绳摩擦痕。"扣之铿锵作金声"。长 62、厚 4.2 厘米[④]。

（6）侯家庄 M1550

翻葬坑出土石磬残片 3 件，相互不能拼合，但其中 1 片可与 M1001 出土磬片拼合。R8442，深灰色石质，硬度 4.5°，现状呈长方形，两面光滑。残长 31、宽 18、厚 4.3 厘

---

① 梁思永、高去寻：《侯家庄·第三本·1002 号大墓》（以下简称《1002 号大墓》），"中研院"历史语言研究所，1965 年，第 26、27 页，插图十二，图版贰零、图版贰壹。
② 梁思永、高去寻：《侯家庄·第四本·1003 号大墓》（以下简称《1003 号大墓》），"中研院"历史语言研究所，1967 年，第 44、45 页，图版贰叁，图版贰肆：2。
③ 梁思永、高去寻：《侯家庄·第五本·1004 号大墓》（以下简称《1004 号大墓》），"中研院"历史语言研究所，1970 年，第 47、48 页，图版肆零：2、4，图版肆壹：3 图版肆贰、图版肆叁。
④ 梁思永、高去寻：《侯家庄·第六本·1217 号大墓》（以下简称《1217 号大墓》），"中研院"历史语言研究所，1968 年，第 31 页，图版叁壹、图版叁贰。

米。R8441，灰色石质，仅存鼓尾部分，残长 10.7、宽 4.1、厚 6.2 厘米。R7888，黄灰色大理石，可与 M1001 残磬块拼合。残长 16.7、宽 12.4 厘米[1]。

（7）武官村 M1

出土石磬系用青色岩石制成。正面雕刻虎纹，线条既刚劲又柔和，富有壮美之感。背面光平，但也有几处涂红色与小部分纤细刻纹，似乎是尚未完工。轻轻敲击，声音悠扬清越，近于铜声。长 81、高 42、厚 2.5 厘米。发掘者说它"是这座墓葬中出土的最可贵的一件东西，也是中国现存的最古最完整的一件乐器"[2]。测音结果为 $^\#c^1+1$ 音分[3]。原藏故宫博物院，现藏中国国家博物馆。

（8）武官村北 M260

传"司母戊鼎"出自该墓。石磬 M260：03，残，石质灰黄色，长 25.5、残宽 24、厚 2.5 厘米。无图像资料，形制不明[4]。

3. 殷墟西区（图 5）

（1）殷墟西区 M93

南二层台上发现石磬 4 件，北二层台上发现石磬 1 件（M95：20）。标本 M93：2，灰白色，形近半圆状，弧弦。一端绘有白色人物图案。有 2 个悬孔。通长 68、高 37、厚 3.8、大悬孔径 0.8～4.7、小悬孔径 0.4～0.8 厘米。重 18.7 千克。标本 M93：3，灰白色，鼓博平直，股博圆弧。鼓部有 1 个悬孔。一面绘制白色动物纹。通长 53、高 28、厚 3、悬孔径 0.6～3.5 厘米。重 9.4 千克。标本 M93：5，灰白色，呈六边形，悬孔在鼓部。一面绘制白色动物纹。通长 58、高 32.5、厚 2.4、悬孔径 0.8～3 厘米。重 8.65 千克。标本 M93：6，灰白色，悬孔在近倨句处。一面绘制白色动物纹。通长 61、高 33、厚 3.5、孔径 0.8～4.5 厘米。重 13.25 千克。标本 M93：20，青灰色，外形近六边形，倨句冲下，悬孔在弦部。素面。通长 56、高 28、厚 4、孔径 1～2.8 厘米。重 11.8 千克。经测音，有 4 件磬可发两个清晰乐音。分别是：M93：3—f^2, b^2；M93：5—$^\#a^1$, $^\#g^2$；M93：6—f^2, c^3；M93：20—e^2, $^\#g^3$[5]。有专家说，这组石磬的出现，"表明此时的石磬已可演奏旋律了"[6]。

---

[1] 梁思永、高去寻：《侯家庄・第八本・1550 号大墓》（以下简称《1550 号大墓》），"中研院"历史语言研究所，1976 年，图版贰陆：4、5，图版贰捌：1、2，图版叁壹：2，图版叁叁：1。

[2] 郭宝钧：《一九五〇年春殷墟发掘报告》，《中国考古学报》第五册，1951 年，第 25 页，图版捌。

[3] 袁荃猷主编：《中国音乐文物大系・北京卷》（以下简称《音乐文物大系・北京卷》），第三节，磬 2，大象出版社，1996 年。

[4] 中国社会科学院考古研究所安阳队：《殷墟 259、260 号墓发掘报告》，《考古学报》1987 年第 1 期。

[5] 中国社会科学院考古研究所安阳工作队：《1969～1977 殷墟西区墓葬发掘报告》，《考古学报》1979 年第 1 期；《音乐文物大系・河南卷》石磬 -9。

[6] 赵世纲：《河南音乐文物综述》，《音乐文物大系・河南卷》。

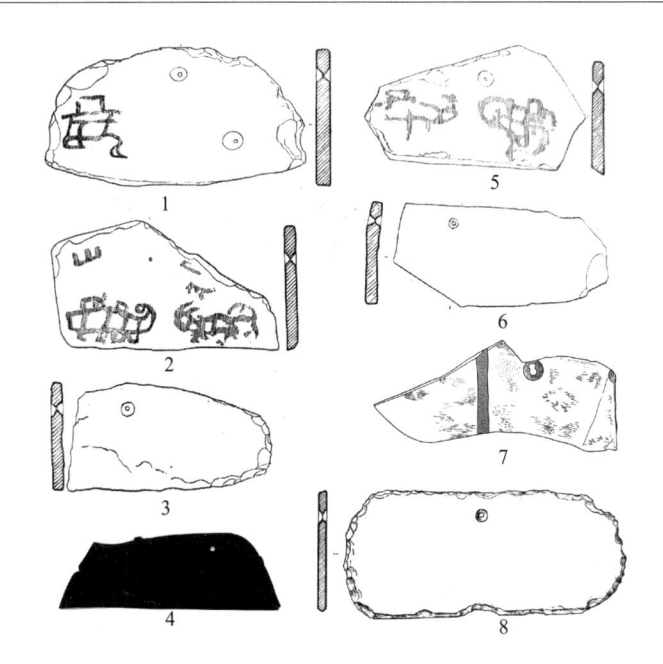

图 5　殷墟西区出土石磬
1～3、5、6.殷墟西区 M93：2、M93：6、M93：3、M93：5、M93：20　4.殷墟西区 M1769：1
7.孝民屯 M42：3　8.殷墟西区 M701：72

（2）殷墟西区 M701

出土石磬 1 件，M701：72。灰色砂岩，周缘有凿痕，外形呈长圆形，鼓中部有 1 悬孔。磬长 76、宽 34、厚 1.8 厘米[①]。

（3）孝民屯 M42

椁内东北角遗留石磬 1 件，M42：3。灰白色石灰岩，略呈三角形，单面磨光。悬孔有磨损痕，孔径 1.7 厘米。从悬孔位置看，鼓边应有残缺。弦边 22.3、鼓边 10.5、两博边 7.2～13、厚 1.1 厘米[②]。

（4）殷墟西区 M1769

出土石磬 87AGM1769：1，青灰石，保存完好，雕作侧面鱼形。两面阴线雕刻鱼纹，悬孔在鱼头后近背部。通长 19.2、宽 9、厚 1.1、孔径 1 厘米。重 0.35 千克。音质优美，音高为 a^2+24 音分[③]。

[①] 中国社会科学院考古研究所安阳工作队：《1969～1977 年殷墟西区墓葬发掘报告》，《考古学报》1979 年第 1 期，图七八，图版拾伍：3。
[②] 中国社会科学院考古研究所：《安阳孝民屯（四）殷商遗存·墓葬》中册，文物出版社，2018 年，第 740、741、1067 页，图 2-413G，图 9-47：7。
[③] 《音乐文物大系·河南卷》磬-8，图 1·5·5。笔者按：该书误将大司空 M539 磬与殷墟西区 M1769 石磬相混淆（《音乐文物大系·河南卷》图 1·5·5 应与图 1·5·8 对调），其相关数据不知有误否。

4. 殷墟南区（图6）

（1）郭家庄 M160

该墓出土石磬 M160：6，灰白色石质，近似梯形，两侧端磨光，鼓边偏一侧有一悬孔，孔径 1.5～3.8 厘米。鼓边 51.5、弦边 29.5、高 33.4、厚 2.9 厘米[①]。

（2）戚家庄 M4

石磬 M4：2，灰岩，近三角形，有残缺。长 42.7、厚 1.5 厘米[②]。

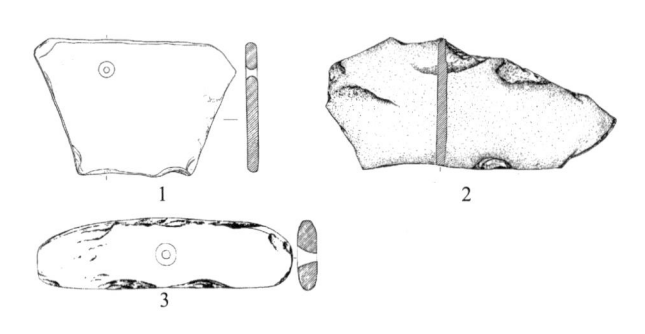

图6　殷墟南区出土石磬
1. 郭家庄 M160：6　2. 戚家庄 M4：2　3. 文源绿岛 M5：30

（3）郭家庄东南文源绿岛 M5

石磬 M5：30，青色石，扁平长条状，中央有悬孔。表面遗留切割痕，局部磨光。通长 27.2、宽 7.2、厚 2.2 厘米，重 815 克[③]。

5. 殷墟东区（图7）

（1）大司空 M539

石磬 M539：11，深灰色石质，器形完整，整体作鱼形。阴线雕刻鱼纹。通长 19.2、宽 9、厚 1.1、孔径 0.8 厘米。经测音，可发两个乐音 g^3+23, d^4-2[④]。

---

① 中国社会科学院考古研究所：《安阳殷墟郭家庄商代墓葬1982年～1992年考古发掘报告》，中国大百科全书出版社，1998年，第120页，图97-1，图版56-4。

② 安阳市文物考古研究所：《安阳殷墟戚家庄东商代墓地发掘报告》，中州古籍出版社，2015年，第155页，图一八六，彩版二五：2。

③ 安阳市文物考古研究所：《河南安阳市殷墟郭家庄东南五号商代墓葬》，《考古》2008年第8期；安阳市文物考古研究所：《安阳殷墟徐家桥郭家庄商代墓葬——2004～2008年殷墟考古报告》，科学出版社，2011年，第58页，图三一：8。

④ 中国社会科学院考古研究所安阳工作队：《1980年河南安阳大司空村M539发掘简报》，《考古》1992年第6期（以下简称《M539发掘简报》），图版肆：5，图一三：3；《音乐文物大系·河南卷》磬-5，图1-5-5。

（2）大司空 M991

石磬 90ASM991：20，白褐色石质，保存完好，形近椭圆形。通长 62.5、宽 29.5、厚 3、孔径 1.4~3 厘米。重 1.36 千克。测音结果有两个较强频率为 $^{\#}c^2-42$，g^2-13[①]。

（3）大司空 M303

石磬 M303：164，灰白色粗砂石，长条状，形如铲锛，上部有一孔，下端双面磨薄似刃。长 35、宽 7.8~8.4、厚 1.4 厘米。该器与妇好墓石磬 M5：316 形制完全相同[②]。

6. 非考古出土品（图 8）

1）1935 年殷墟一"坑"（墓？）出土 3 件一套编磬（早年为于省吾收藏，现藏故宫博物院），黑色沉积岩磨制，倨句约 130°，各有一个管钻悬孔。三件石磬造型基本一致，磬体上分别有刻文"永启""永余""夭余"。悬起时倾斜角约 45°，发音清越。测音结果为"永启" ↑ $^{b}b^2$，"永余" c^3，"夭余" ↑ $^{b}e^3$[③]。专家认为它们当时是按照一种三声调组合[④]。有学者解释，石磬上刻文"永启"意思是歌唱开始时的节奏；"永余"是歌唱徐缓时的节奏；"夭余"是舞蹈舒缓时的节奏[⑤]。

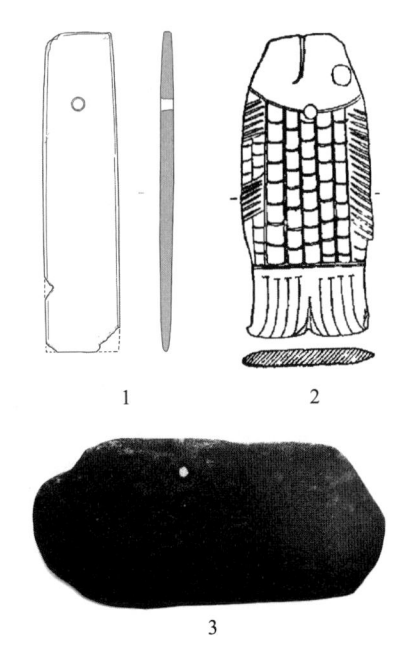

图 7　殷墟东区出土石磬
1. 大司空 M303：164　2. 大司空 M539：11
3. 大司空 M991：20

2）安阳博物馆征集品之一。白色石质，磨制光滑，保存完整。通长 70.5、高 35、厚 2.6 厘米[⑥]。

3）安阳博物馆征集品之二。浅绿色石质，磨制光滑。通长 53、宽 15.5~21、厚 1.8、孔径 1.5 厘米。孔上方见有悬绳磨蚀形成的浅槽。发声优美，击鼓上角、鼓中，可发两个乐音[⑦]。

4）河南博物院藏品一，传安阳出土。青石质，外形似鱼。通长 79.4、高 61、厚 1.4~2.3、孔径 2.8~3 厘米。倨句 120°。音质清越，可发两个乐音：$^{\#}c^1+41$、a^1+31[⑧]。

[①]《音乐文物大系·河南卷》磬 -6，图 1-5-6，图版 6。
[②] 中国社会科学院考古研究所：《安阳大司空——2004 年发掘报告》，文物出版社，2014 年，第 439 页，图四〇八，彩版一一〇：4。
[③]《音乐文物大系·北京卷》磬 4，图 1-3-4。
[④] 李纯一：《中国上古出土乐器综论》，文物出版社，1996 年，第 45 页。
[⑤] 刘再生：《中国音乐通史简明教程》，上海音乐学院出版社，2006 年。
[⑥]《音乐文物大系·河南卷》附 2，图 1-5-22。
[⑦]《音乐文物大系·河南卷》附 3，图 1-5-23。
[⑧]《音乐文物大系·河南卷》附 4，图 1-5-24。

图 8 非考古发掘殷商石磬
1、2.安阳博物馆藏品 3、4.河南博物院藏品 5~7.故宫博物院藏品（比例尺不统一）

5）河南博物院藏品二，传安阳出土。青石质，表面风化泛白。器作长条状。上端有悬孔。两面阴线雕刻虎纹。通长 30.8、宽 13、厚 0.5、孔径 1 厘米[①]。

6）另，罗振玉《殷墟古器物图录》中著录 6 件据传出自殷墟墓葬中的石磬，兹不引录。

（二）石磬的类型

殷商石磬，按照不同的分类方法和标准，可作如下分类：

1. 用法分类

按照传统习惯，单独使用者称为特磬；2 件或 2 件以上编组使用者叫作编磬。目前看，商王一般皆用编磬，王室高级成员，编磬、特磬皆见使用。只是商王陵墓和妇好墓、殷墟西区 M93 出土石磬，虽然有 3~5 件同时并存，但从音律角度说是否属于编磬，现在还无法确认[②]。

2. 功用分类

大型磬，主要是祭祀场所用器，可能更多为宗庙之器。殷墟卜辞常见的磬京、磬

---

① 《音乐文物大系·河南卷》磬-7，图 1-5-7。
② 高蕾：《河南省出土石磬初探》，《中原文物》2001 年第 5 期；王秀萍：《殷墟出土石磬音乐文化因素分析》，《交响——西安音乐学院学报》2012 年第 2 期。

言、殷閟等，均属于与磬相关的高台建筑物，商王在此行祼祭、俎祭和伐祭等，多与祭祖礼仪活动有关。

小型磬，如妇好鸮纹磬、铲形磬以及其他墓中鱼形磬等，可能主要是娱乐之器。《周礼·磬师》云："磬师掌教击磬、击编钟。教缦乐、燕乐之钟磬。凡祭祀，奏缦乐。"郑氏注曰："（缦乐）谓杂声之和乐者也。《学记》曰'不学操缦不能安弦'。燕乐，房中之乐，所谓阴声也。"贾公彦疏："郑注云操缦杂弄即今之谓辞曲，若不学调弦则不能安意于弦也。云燕乐房中之乐者，此即关雎二南也。谓之房中者，房中谓妇人后妃，以风喻君子之诗，故谓之房中之乐。"周礼如此，殷礼亦当类似。

3. 形制分类（图 9）

根据其形制和装饰，笔者将殷商石磬大致分为九型。

A 型　外形为不规则四边形而近于三角形，以小屯村北"龙纹磬"、武官村 M1"虎纹磬"为代表。根据倨句角度大小、鼓股长度比例，可分为四式：

1 式：倨句圆滑，鼓弧凸，鼓尾有窄博。股无博。如龙纹磬、虎纹磬。

2 式：倨句尖锐，鼓长股短，鼓股皆有短博。如"永启"编磬。

3 式：鼓博如厨刀状，弧弦。如孝民屯 M42：3、戚家庄 M4：2。

4 式：鼓股相当，倨句圆滑，形状近等腰三角形。如侯家庄 M1004：R22124。

B 型　外形作五边形（或六边形），鼓股比例约 2：1，鼓股皆有博。以殷西 M903、小屯西地 M1 磬为代表。

1 式：外形不够规整。如殷墟西区 M903：3、M903：5、M903：6。

2 式：形似 1 式，但悬孔在倨句弦边。如殷墟西区 M903：20、小屯 M5：1595。

3 式：鼓股长短相近。可能是 1 式磬之鼓部残断后之形状。如小屯西 M1：14。

C 型　四边形。

1 式：长方形，一端宽一端窄。如侯家庄区 M1217：R1754。

2 式：梯形。如郭家庄 M160：6。

D 型　状如石镰，弓鼓，短股，直弦，磬体窄长。以 M1003 磬为代表。

E 型　外形近似 D 字形，鼓部隆凸，弦微弧。

1 式：体高，双悬孔。如殷墟西区 M93：2。

2 式：体扁，单孔。如妇好墓 M5：332。

F 型　外形作长圆形，以殷墟西区 M701：72 为代表。

1 式：体宽，悬孔居上部。如殷墟西区 M701：72。

2 式：体窄，悬孔在中央部位。如文源绿岛 M5：30。

G 型　鱼形。整体雕琢成鱼形，连鳞纹也刻画完整。

1 式：形为整鱼俯视图。如大司空 M539：11。

2 式：形为整鱼侧视图。如大司空 M1769：1。

H 型　近似菱形。如小屯 M258 磬为代表。

I 型　长条状，形如。分二式：

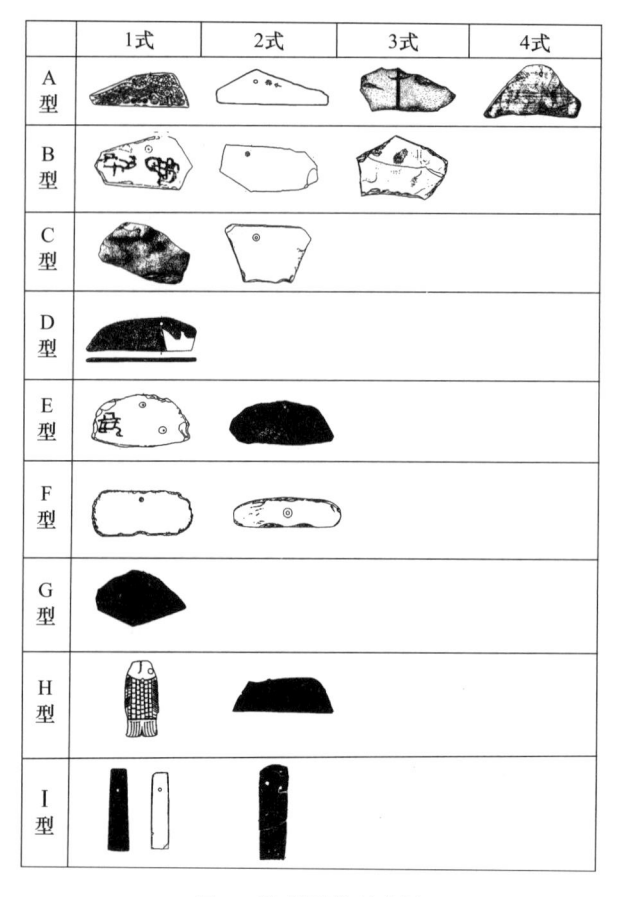

	1式	2式	3式	4式
A型				
B型				
C型				
D型				
E型				
F型				
G型				
H型				
I型				

图 9　殷商石磬型式图

1 式：形如锛圭，下端有刃。如妇好墓 M5：316；
2 式：长方形体，上有动物纹样。如妇好墓 M5：2。

部分石磬出土时已经破碎，不能探知原状。因此其型式无法确定。有的石磬现状为残断后状态，不能代表其原始型式。

（三）石磬的装置和使用

商代石磬是如何使用的？考古发现证明，商代石磬系用丝绳悬挂于木制髹漆磬架上，磬架由十字架底座、立柱、横梁、梁端饰等构成。这种木质磬架即所谓筍虡（又作笋虡），横梁为筍，立柱为虡[①]。击磬有磬槌，有的磬槌以玉为柄。

第二次世界大战前发掘的小屯 M331 中，首次发现木磬架，髹红漆，木质已朽，仅

---

① 《周礼·春官·典庸器》："及祭祀，帅其属而设筍虡，陈庸器。"郑注："设筍虡，视瞭当以悬乐器焉。……横者为筍，纵者为鐻。"《管子·霸行》："桓公起，行笋虡之间。"

存灰痕（报告所谓"木器残痕"三、四）。现存遗迹为磬架底座，系由两块约10厘米见方的方木扣合成十字架形，中央有方形立柱榫眼。磬架横梁尚存2段，分别与两只石鸟关联①。石鸟均有残缺。牙黄色杂深褐色，类似田黄石。雕制精美，光润如玉。据观察，系雄雌成双。腹下两腿间有沟槽，槽前端有圆形孔洞，可纳木件。鸟腹又有一孔与前述槽孔贯通，应是销孔。标本R10556：1，长10.8、残高8.6厘米。出自墓室中部偏北；标本R10556：2，残长8.1、残高10.1厘米。出自墓室南端两半石磬之间。两鸟出土时相距1.3~1.4米。石璋如认为："这一对石鸟很可能为一根横棍的两端饰"，"所谓横棍可能就是磬架上的横梁用以悬磬者"②。石璋如根据M1217出土笱虡而把它们复原了③（图10）。

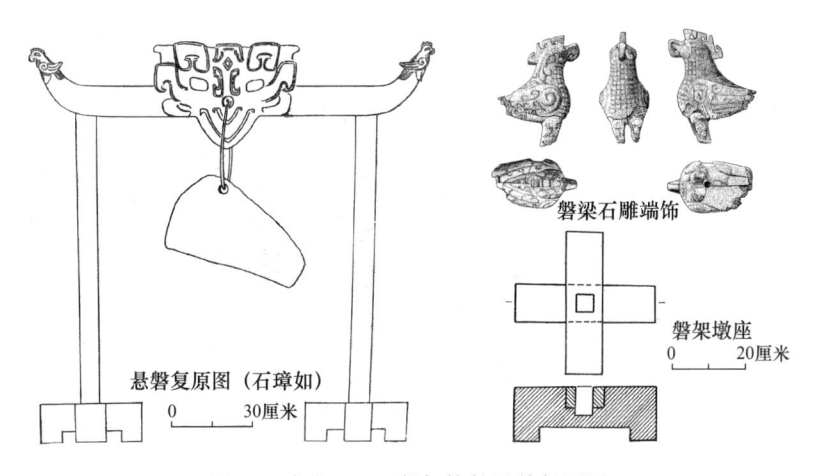

图10 小屯M331磬架构件及其复原图

小屯村西M1二层台上发现两副木质磬架。架座呈十字架状，架之中心有径约8厘米的圆孔，应是立柱的榫眼，柱高不少于1米。两架座相距约1米。其中，西二层台上的一对磬架座两侧各有一椭圆形漆器，可能是磬架上面的装饰物。二层台西南角的一对磬架座，与前述磬座类同。而二层台西北角的一个木质十字架，则是鼓架，旁边发现若干根黑漆木棍，发掘者怀疑是鼓槌。根据现场遗迹现象，发掘者绘制了磬架悬磬之复原图④（图11）。

侯家庄M1217磬架为木质，横梁长2.26、宽0.35、厚0.25米；两根圆立柱高约1.3、直径0.1米；磬架墩座呈十字架状，座木长0.7、宽0.18、厚0.25米。与石磬伴出

---

① 《丙区墓葬·上》第145~148页，图四十九，图版贰捌~图版贰玖。
② 《丙区墓葬·上》第132、133页，图五十，图版壹零壹~图版壹零肆。
③ 石璋如：《小屯殷代的石鸟、石磬与笱虡》，《"中研院"成立五十周年纪念论文集》（第二辑），1978年，第365~386页。
④ 中国社会科学院考古研究所安阳工作队：《河南安阳市殷墟小屯西地商代大墓发掘简报》，《考古》2009年第9期。

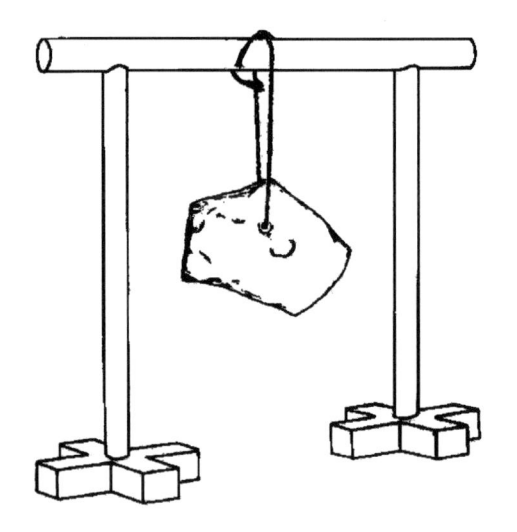

图 11　小屯西 M1 磬架复原图

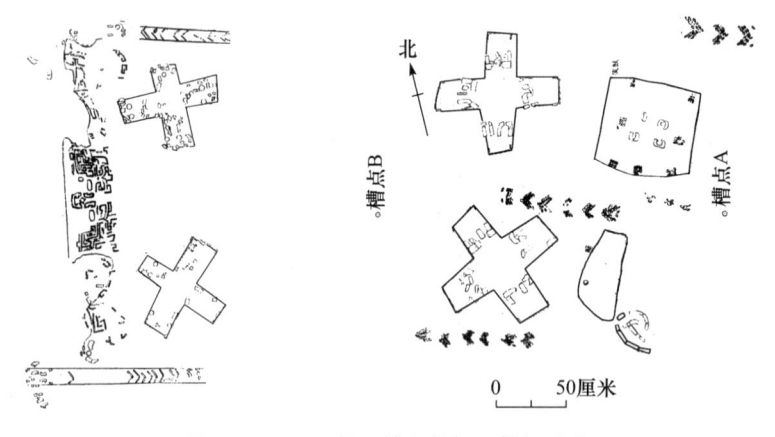

图 12　M1217 磬、鼓和磬架、鼓架遗迹

图 13　M1004 石磬槌玉柄

一面木鼓，也有悬架，结构与磬架相同[1]（图 12）。与此相同的磬架遗迹，在 M1001 也曾发现过。

侯家庄 M1004 石磬出土时，上面放置有一枚玉柄，深绿灰色，硬度 7°，磨制精细，前端未加磨制，有切割痕，末端残断，其上沾染有朱红色。长 8.4、粗径 1 厘米，重 13 克。梁思永先生怀疑它是磬锤，高去寻先生则说应该是磬锤之柄，磬锤应为木质，涂有朱漆[2]。高说为是（图 13）。

我们看甲骨文"磬"字中磬槌之形象（见图 1），为曲柄、球状槌头，很适合石磬演奏。

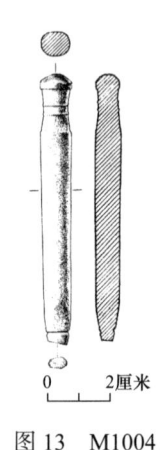

---

[1]《1217 号大墓》第 25 页，图版壹伍，图八。
[2]《1004 号大墓》第 82 页。

三、石磬生产

　　殷墟石磬有来自外地进贡者，譬如妇好墓"妊竹"磬。更多的应该是产自当地。殷墟是商都，有发达的玉石手工业，这是制磬业的社会需求基础和生产技术基础。幸运的是，我们已经可以在殷墟寻得一点制磬业线索。

　　在殷墟王陵和妇好墓等王室高级成员墓葬中，出土一批大理石制品，包括礼器、建筑构件和艺术品等，表明殷人对于石制品有着独特的热爱，其制石技术空前发达[①]。早年在宫殿区的考古发掘中，曾在手工业作坊区的窖坑里，发现3640多件石刀，一坑藏刀达百件以上者有7坑。甚至还发现一批石刀坯子，李济先生由此认为这些石刀都是在当地制造的[②]。与之相伴的，还有一些诸如人物雕像、建筑构件、礼器、饰件等大理石制品，同时有石料和半成品石器，以及石质钻头等工具，证明附近应有石器加工作坊。可喜的是发现一件石磬残块（R15371），据观察分析，这是利用石磬残块，欲改制为其他器物时的半成品[③]。据此有理由推测，这里很可能曾有石磬生产作坊。

　　殷墟戚家庄遗址是一处殷商时期玉石手工业作坊、工匠墓地遗址[④]。随葬石磬的戚家庄M4是一座普通小型墓，与M8平行并列，属同一家族。M8随葬有石钻砣、石刨、石棒、磨石等生产工具，有蚌环133枚、蚌条4枚，还有货贝114枚、文蛤110对，墓主应是一个富裕的玉石手工业者[⑤]。因此M4主人，应该也是玉石手工业者，依其社会地位，原本无缘随葬石磬，可能是由于其本身为石磬制造者，便近水楼台用上了石磬。该磬尚未钻孔，应该是半成品。这进一步印证了墓主人为玉石工匠的推测，或即所谓"磬氏"。按《考工记》之手工业分类，制磬与制玉，同属"刮摩之工"，可合称玉石手工业。因此在制玉手工业家族墓地出现"磬氏"墓，毫不违和。

　　殷墟西区七区M93随葬5件石磬，在殷墟是个特例。

　　笔者发现，在殷墟商墓随葬青铜器和玉器方面，存在着三种模式，即单独使用青铜器（A类）、单独使用玉器（B类）以及同时使用铜器和玉器（C类）。其反映的社会背景是：在祭祀鬼神和宴飨宾客时，青铜器是礼器而玉器是礼物，二者的身份和作用迥异。青铜器主要用于彰显人们的身份地位，玉器则更多地体现人们的财富水平。但同时，喜欢使用铜器或喜欢使用玉器，也与死者生前的职业密切相关。笔者把这种现象称为商代

---

① 关于殷人发达的制石业，笔者在拙稿《说商》（待刊）中曾经罗致若干考古资料，可参见。
② 李济：《殷墟有刃石器图说》，《"中研院"历史语言研究所集刊——傅斯年先生纪念文集》（23辑下），1952年，第590页。
③ 李永迪：《史语所安阳大连坑发掘所见的王室手工业生产活动及其相关问题》，《纪念殷墟发掘八十周年学术研讨会论文集》，第61页。
④ 拙文：《殷墟戚家庄商代制玉手工业遗存及相关问题》，《中原文物》2022年第2期。
⑤ 安阳市文物考古研究所：《安阳殷墟戚家庄东商代墓地发掘报告》，中州古籍出版社，2015年，图一九，表二。

随葬制度的"双轨制"。通过对殷墟核心区和东区、南区、西区主要墓葬群中500多座未被盗扰的随葬铜器、玉器的商墓资料的统计分析，发现殷墟A类墓、C类墓占比各约35%，B类墓占比30%左右。这是整个殷墟的平均数值[①]。

在殷墟西区（东部）随葬铜器、玉器且未经盗扰的160座商墓中，单纯随葬铜器者约占墓葬总数的17%。单独使用玉器者约占54%；同时随葬铜器、玉器者约占29%。可见，殷墟西区商墓中，随葬玉器占比远远高于殷墟商墓平均数值。这从一个侧面表明，殷西商墓群中，可能玉工比例较大，简言之，死者中相当多的人生前从事玉石手工业。笔者曾根据随葬手工业工具和玉石边角料情况，推断以下墓葬可能是玉工墓：BM10、BM20、BM22、BM104、BM110、M532、M367、M861、M395、M774、M845、M846、M847、M849。以陶器和工具随葬的M445、M845、M98、M158、M1014等，很可能也是工匠墓。部分仅有少数陶器，甚至连陶器也没有的小型墓，却随葬优质玉器、宝石器和石质礼器，显示出职业特点，如M497、M91、M128、M623、M295、M706、M332、M334、M620、M719、M726、M849、M202、M203、M194、M1049、M1082、M45、M46、M1119、M1120、M1147等。

上述墓葬中，不仅用玉随葬，多数墓同时还随葬贝，其中拥有5～10枚者59例，11～15枚者16例，16～20枚者6例，20枚以上者12例，100～350枚者4例。尤其值得注意的是，这当中绝大部分属于不享受青铜礼器的陶器墓。显示这个区域墓主人的社会地位较低但财富水平很高，这是殷商时代手工业者社会地位的写照[②]。上述墓葬绝大部分分布在M93附近一带，故M93应属于玉石手工业家族成员。虽然它是本家族中地位最高者，但是享用5件成套的"编磬"，依然有点"逾制"——即便是王陵或妇好墓，也没有达到享用5件成组的"编磬"水平。合理解释，应是该墓主人作为玉石手工业家族首领，"破格"享用自家生产的多件磬——虽然其磬之精美度无法与商王磬相比，但数量之多以及独具一格的彩绘装饰，体现了特殊的身份和地位。据李纯一先生研究，这组石磬中，"同叠的M95：5、6二石保持一个相当不错的纯五度。但M95：3、6二石同度，M95：20一石又与之相差半音，颇为费解。这究竟是由于风化所致，还是因为它们本非同组，一时难以究明，有待于进一步研究。若对照出土位置、型式、石色和倾斜度等项情况来看，好像同叠的M95：2与3、5与6各自成编，20为特磬"[③]。这从音乐专业角度，排除了上述5磬为同套编磬，也为其主人拥有超乎自身身份的石磬，给出了令人信服的答案。

当然，殷墟西区玉石手工业家族的主业，应该还是制玉。因此，殷商时期的"磬氏"大概包含在"玉人"范畴内。

《周礼·考工记》："磬氏为磬，倨句一矩有半。其博为一，股为二，鼓为三。叁分

---

① 拙作：《殷墟商墓随葬铜器玉器之"双轨制"现象探析》，《中原文化研究》2022年第3期。
② 拙稿《殷墟西区玉工和商贾墓探析》，待刊。
③ 李纯一：《中国上古出土乐器综论》，文物出版社，1996年，第45页。

其股博去一以为鼓博,叁分其鼓博以其一为之厚。已上则摩其旁,已下则摩其耑。"郑注:"必先度一矩为句,一矩为鼓,而求其弦。既而以一矩有半触其弦,则磬之倨句也。磬之制有大小,此假矩以定倨句,非用其度也。""博,广也。""郑司农云:'股,磬之上大者;鼓,其下小者,所当击者也。'玄谓:股外面,鼓内面也。假令磬鼓广四寸半者,股长九寸也。鼓广三寸、长尺三寸、厚一寸。""郑司农云:'磬声大上,则摩鑢其旁。'玄谓:大上,声清也。薄而广则浊。大下,声浊也。短而厚则清。"贾疏:"先郑云股之上大者、鼓其下小者,以其股面广鼓面狭,故以大小而言之也。玄谓股外面也者,以其在上故以为外。鼓内面也者,以其在下故以为内。""声浊由薄,薄不可使厚,故摩使短,短则形下,形小则厚,厚则声清也。"这里比较详细地阐述了石磬制作的技术规范。

宋林希逸《鬳斋考工记解》:"巳上巳下,论厚薄也。……调其长短厚薄,欲使其声清浊得所也。过厚则就大小增减,过薄则就长短增减,此作磬之法也。"并绘制了磬之尺寸规制图和悬磬图[①](图14,1)。

清戴震《考工记图》绘制有石磬规制图,其鼓长而狭,股短而宽,相较林希逸图,更加科学可取[②](图14,2)。

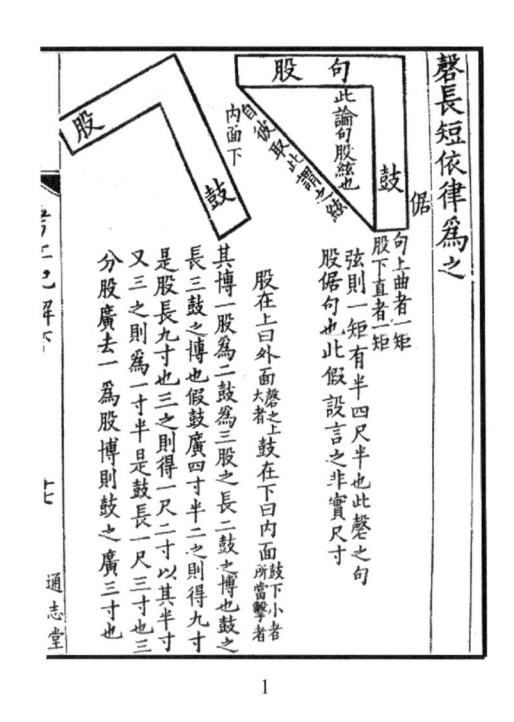

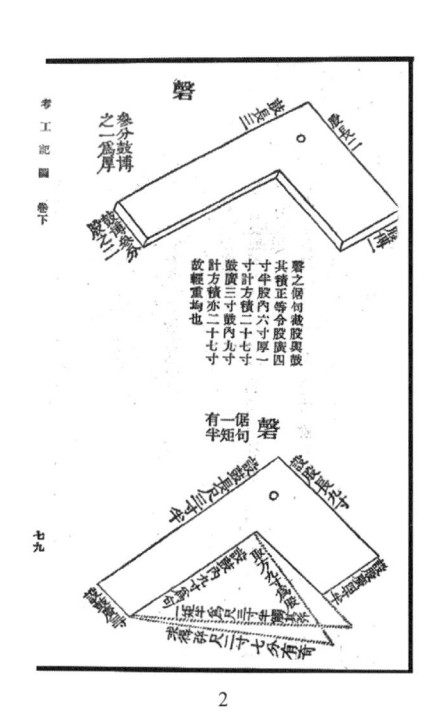

图14 宋、清代学者复原古代石磬尺度规范图
1.（宋）林希逸《鬳斋考工记解》 2.（清）戴震《考工记图》

---

① （宋）林希逸:《鬳斋考工记解》,文物出版社,2020年,第188~191页。
② （清）戴震:《考工记图》,商务印书馆,1955年,第79页。

《考工记》所记石磬制作方法，显然是商代之后的技术规范，但殷墟石磬制造，业已体现出某些类似技术特点。

比较规范的"标准化"商式石磬，应该是 A、B 型磬，外形近似三角形或五边形，其"倨句"角度皆为钝角，因此，其鼓、股、弦皆具，一般都有鼓博，股博则未必俱全。即便股博、鼓博皆具，其尺寸比例也并不固定。根据现有测音资料[①]，石磬型式与音分之间，并无明确和固定的对应关系。正如有学者所说，商代制磬，大概还处于"石磬的选材及制作仍以'以声就材'或'以材就声'为主，而不同于两周时期的'以声计材'"[②]。至于其他型式石磬，因其造型不规范，音准肯定无法预定，大概是只求有声即可。部分石磬残断后仍在使用，或经过改造继续使用，也充分证明当时对于石磬的音准并无严格要求。当然，这并不否定商代石磬制作遵循着某种技术规范、追求特定音乐效果[③]。

就现有考古资料看，《考工记》所说制磬技术规范，在商代尚未真正形成。

四、殷商磬文化

1. 磬的社会特性

按照制作水平，我们大致可以把殷墟大型石磬划分为三个等级。

一级磬，造型规整，磨制，有精美雕纹。

二级磬，造型规整，磨制，光素无纹饰。

三级磬，造型不甚规整，打制或经初步磨制。

依照墓葬规模、随葬品，殷墟正常墓葬大体可分为六个等级[④]：

Ⅰ级，四条墓道大墓，主要为王陵。

Ⅱ级，二条墓道大墓。

Ⅲ级，一条墓道大墓。

Ⅳ级，墓室面积 10 平方米以上无墓道大型土圹墓。

Ⅴ级，墓室面积 5~10 平方米无墓道中型土圹墓。

Ⅵ级，墓室面积 5 平方米以下无墓道小型土圹墓。

根据笔者对殷墟出土石磬墓葬之统计（见表 1），我们可以看出，殷商石磬主要见

---

① 殷商石磬测音资料，参见：《中国音乐文物大系》河南卷、北京卷；《殷墟花园庄东地商代墓葬》附录六；李纯一《中国上古出土乐器综论》表 8、表 10；高蕾《河南省出土石磬初探》表五。

② 高蕾：《河南省出土石磬初探》，《中原文物》2001 年第 5 期；此前李纯一先生指出：殷墟西区 M93 石磬型式各异，"当时由于制磬者对石料的掌握能力有限，较多地依靠因声就材这种比较原始的技术所致"（《中国上古出土乐器综论》，文物出版社，1996 年，第 44 页）。

③ 据统计分析，殷商石磬常见音分为 $^\#c$、$^\#g/{}^\flat_a a$、a，可能代表了殷商石磬"标准"音分（高蕾：《河南省出土石磬初探》，《中原文物》2001 年第 5 期，第 70 页，表 5）。

④ 参见胡进驻：《殷墟晚商墓葬研究》，北京师范大学出版社，2010 年，第 30~67 页。

于高级墓（Ⅰ～Ⅲ级墓）和部分中级墓（Ⅳ～Ⅴ级墓），低级墓（Ⅵ级墓）则罕见用磬者。一级磬主要见于王陵中和宫殿区礼仪建筑基址。二级磬多见于中级墓葬。总之，墓葬等级（墓主人社会地位）越高，用磬比例越高，石磬等级也越高。可见，石磬是当时人们社会地位的象征物。

此外，石磬的使用有时也从一个特定角度反映了人们的职业特点。如：

殷墟西区 M93、M701 和戚家庄 M4 为玉石手工业家族成员，因为职业原因突破了石磬使用制度（社会规则）。孝民屯 M42 为铸铜手工业家族成员，虽然并非本家族最高地位者，却唯独享有石磬，应该有其特殊理由，不排除系赏赐之物。

大司空 M539 铜盘有铭文"出簋寝"等字，铜爵有"寝出"，簋有"簋寝出"，斝有"亚"字（图 15）。杨锡璋先生认为该墓主人"为'出'族人，担任了'寝'的职务，并有'亚'的爵位"[①]。可以肯定的是，该墓主人是商王后宫官员，"寝"为其职官，"出"是其私名（族名），"簋"则可能是其执事，即后宫主管膳食之官。因系商王近臣（"出"还是商王御用贞人），获得了一些特殊赏赐，如石磬和具有北方草原风格的青铜兵器等。

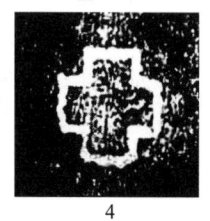

图 15　殷墟大司空 M539 铜器铭文拓片
1. 簋　2. 爵　3. 盘　4. 斝

2. 石与磬之关系

在商人心目中，石与磬之间具有非常密切、不可割裂的关系。

妇好墓出土石磬上刻有"妊冉入石"，而此"石"即磬也。

己亥卜，内贞：王有石，在麓北东，作邑于之；王有石在麓北东，作邑于之　《合》13505 正

王其侑于滴，在有石燎，有雨　《合》28180

上辞是说商王有"石"之产地（得名"有石"），在麓地东北（滴水附近），因而专

---

① 《M539 发掘简报》第 517 页，图五：6、7，图八：4、5。

门在此设邑据守①。

"丁亥卜……岳石有从雨？

贞……䇂石有从雨？……雨" 《合》9552

……午卜，争……取岳石 《合》14466

取保石 《合》21494

上辞所谓取岳石、取保石，取䇂石，应皆属到这几个产"石"之地征集"石"②。

己丑卜，妇石燎爵于南庚 《屯》2118

戊午卜，贞：妇石力，十三月 《合》22099

此妇石是否来自"有石"之族？不能排除。

贞，雀以石伐；雀不其以石 《合 6952 正》

乙丑卜，㱿贞：甲子㞢乙丑王梦牧石，糜不惟囗惟佑 二告；

贞：甲子㞢乙丑王梦牧石，糜不惟囗惟佑三月 《合》376 正

丙申卜，争贞：戉有石一橐其㞢 《合》7694

贞，戉有石一橐…… 《合》7697

辛卯卜，永贞：今三月汒㦰至……十石 《英》126

上辞之"以石伐""王梦牧石"，石似为地名。而"有石一橐""十石"，石与数量词组合，应为物名。

有学者指出，甲骨文"石"和"磬"字之初形，跟竖起来的古磬形状完全相同。因为磬为石质，所以在卜辞中也用来书写"石"这个词。磬是经过人工加工的具有一定形制的乐器，且为大家所熟知，用来记录语言中的磬和石，人们比较容易理解。"所以我们说'石'的形状像磬，一定取形于磬。""本来'磬''石'都用ᄀ形来表示。后来则增加偏旁使其分化"，"厂、ᄀ最初也是一形两用的，它既代表'磬'，亦代表'石'"③。

在古代文献中，石与磬，也往往相通：

《尚书·益稷》："予击石拊石"，孔疏解为"我大击其石磬，小拊其石磬"。

《周礼·春官·大师》："大师掌六律六同……以八音金石土革丝木匏竹。"郑注："石，磬也。"

《礼记·乐记》："石声磬磬"，孔疏："经明石声磬者，石磬也。"

在夏商周三代中，唯有商人非常喜欢用大理石制作礼器和艺术品，因此在殷墟发现大量大理石制品。甚至商族的"商"字，也可能与制石业密切相关④。所以，商王特别关

---

① 姚孝遂说："谓鹿地之东北有石，可于此地建城邑。"《诂林》第 2195 页㦰，滴北地名，字作𤿁，从声、方、戉，或与"有石"相关。

② 姚孝遂说："'石'均假作'祏'，谓祭于'岳'或'䇂'之祏以祈顺雨。"《诂林》第 2195、2196 页。不完全可通。

③ 徐宝贵：《甲骨文字考释两篇》，《古文字研究》（第 26 辑），中华书局，2006 年，第 85~89 页。《诂补》第 550、551 页。

④ 拙稿《说商》，待刊稿。

注石材，特别重视石材产地，便非常容易理解。作为石制品中几乎唯一的乐器（M1550出土有石埙），磬就是特殊之"石"。

表 1　殷墟出土石磬墓葬统计表

墓号	墓圹面积 长 × 宽（米，平方米）	墓道数量	葬具	殉葬	随葬品	墓葬等级	石磬 数量	石磬 型式	石磬 等级	墓葬现状
侯家庄 M1001	18.9×21.3 =403	4	棺椁	人152、人头73、犬9、马12	部分佚失。现存器物（史语所数据库信息）：青铜器145、金器11、玉石器856、陶器456、甲骨7、骨器3534、角器58、牙器737、贝66等	I	3	A	一	盗毁
侯家庄 M1002	19×18 =342	4	棺椁	人头骨10	骨角牙器5758、蚌制品及贝296、残铜铃1、铜器残片253、金叶6、玉石器1145、陶器17、陶器残片5444	I	3	AA	一	盗毁
侯家庄 M1003	18.1×17.9 =324	4	棺椁	人1、人头骨1	玉石器770（其中绿松石片282）、骨角牙器7782（其中骨镞5651、猪牙嵌片1152）、蚌器169、铜器及残片801（其中铜泡86、铜锈块58）、金叶25、陶器残片2928（其中白陶片333）、鲸鱼骨20、贝122	I	1	D	一	盗毁
侯家庄 M1004	17.9×15.9 =285	4	棺椁	人头骨十余	发掘时统计早期盗掘坑内出土人工遗物有1万多件。现存器物（史语所数据库信息）：青铜器1074、金器5、玉石器540、陶器31、甲骨、骨角牙器272、贝26	I	3	A4	一	盗毁
侯家庄 M1217	18×18 =324	4	未清理到底	已清理部分未发现	墓道内残留石磬1、木鼓1、蚌饰木架1、大理石石眼2。扰土及盗掘坑出土有：玉石器506、蚌饰及蚌器共计1253、骨牙器658、牙饰48、铜镞101、铜衔1、铜刀1、铜泡13、金叶10、完整陶器38、陶片575、白陶片208等	I	1	C1	一	盗毁

续表

墓号	墓圹面积 长×宽（米，平方米）	墓道数量	葬具	殉葬	随葬品	墓葬等级	石磬数量	石磬型式	石磬等级	墓葬现状
侯家庄 M1550	17×13.6 =231	4	棺椁	人5、人头243、羊腿骨1、牛腿骨1	墓葬出土器物：陶器223、骨牙器224、蚌贝器456、石玉器2322、金属器391件（片）。殉坑中出土有玉戈8、铜鼎1、爵2、觚2、盘1、铃2、矢3、镞1、斧1、玉雕1、蛙1、笄2、璧2、玦1、鱼1、柄形器1、兽面带刃玉器1、贝4、骨笄若干、绿松石圆片等	Ⅰ	3	?	一	盗毁
武官村 M1	14×12 =168	2	棺椁	人79、马27、犬11、猴3、鹿1、其他禽兽15	墓主人随葬品残留有石盂1、盘1、皿1、柱头2、兽面1、斧1、柄形器1、玉刻刀1、璧1、白陶罍2、尊1、卣1、皿2、盘2、硬陶缶1等。殉葬人还有大量铜礼器、武器、工具、车马器、骨器等	Ⅱ	1	A1	一	盗掘
小屯西 M1	(8~9)×4.8 =40.8	2	?	8人6犬	陶器6、铜器33、玉器8、石器6、骨器42	Ⅱ	1	B3	二	盗掘
武官村北 M260	9.6×8.1 =77.8	1		人10、人牲28、牺牲若干	陶器、白陶器、青铜礼器、武器、石器、玉器、骨角牙器、蚌器、木器。传"司母戊鼎"出自该墓	Ⅲ	1	?	?	被盗
殷墟西区 M93	5.4×4.1 =22.1	1		1人	残存随葬品有铜尊、觚、爵、戈、矛、镞、车马器、漆器、陶器、蚌器等	Ⅲ	5	B1 B2	三	完好
殷墟西区 M701	4.6×3.1 =14.3	1		12人	遗留随葬品包括硬陶罐、白陶罐、铜镞、铜戈、铜铃、铜面具、玉戈、玉环、玉鸟虎象猪兔、石铲璋以及骨器、蚌器、贝螺等280多件	Ⅲ	1	F1	三	被盗
小屯 M5	5.6×4 =22.4	无	棺椁	人16、犬6	随葬品1928件，铜器468、玉器755、石器63、宝石器47、骨器564、象牙器5、陶器11、蚌器15、红螺2、货贝6820枚	Ⅳ	5	B2 E2 I1 I2	二、三	完好

续表

墓号	墓圹面积 长×宽（米，平方米）	墓道数量	葬具	殉葬	随葬品	墓葬等级	石磬数量	石磬型式	石磬等级	墓葬现状
花园庄 M54	5×3.3 =16.5	无	棺椁	5人、15犬	青铜器265、玉器222、石器6、陶器21、骨器60、象牙器2	Ⅳ	1	A4？	二	完好
郭家庄 M160	4.5×3 =13.5	无	棺椁	4人、3犬	共计353件，铜器291、玉器33、石器6、陶器16、骨器4、象牙器1、漆器1、竹器1件	Ⅳ	1	B？	二	完好
大司空 M303	4.25×2.05 =8.7	无	棺椁	4人、4犬	陶器20、铜礼器39（鼎7、簋2、甗1、觚6、爵10、斝2、尊2、卣2、壶1、盉1、罍1、觯1、盘1、斗2），铜铙3、玉14、石器6，还有若干铜兵器和车马器	Ⅴ	1	I1	二	
小屯 M362	4.4×2.5 =11	无	棺椁	11人、3犬	残存铜器有鼎、斝、矛、戈90件（块），玉石器29件（片），骨角器34，蚌贝器34，陶器（灰陶、白陶、硬陶）5，豆盘、瓿、觚、盉、皿、几等木器18	Ⅴ	1	？	？	盗扰
小屯 M331	3.1×2.2 =6.8	无	棺椁	5人、2犬	随葬品412，包括铜器26、玉石器278、贝2组约70枚，还有木器残件5	Ⅴ	1	A1	二	完好
小屯西 GM258	3.2×1.8 =5.8	无	棺椁	4人	遗留铜觚3，还有陶豆、纺轮	Ⅴ	1	G	三	盗掘
文源绿岛 M5	2.9×1.9 =5.5		棺椁	人1、犬1	青铜器40、玉石器8、陶器6、骨器2、货贝6，虽然铜觚爵只有1套，但铜鼎4，为列鼎	Ⅴ	1	F2	三	完好
大司空 M539	3.3×1.5 =5	无	棺椁	人1、犬1	青铜礼器14（鼎甗簋盘罍卣斝觯斗簸形器各1，爵觚觚2），兵器68、工具4。陶器2，玉石器5	Ⅴ	1	H	二	？
孝民屯 M42	2.9×1.2 =3.5	无	棺椁	犬2	残留铜铃1	Ⅵ	1	A3	三	被盗
戚家庄 M4	2.7×1.3 =3.5	无	单棺	无	残留有陶爵1、铜铃1、玉柄形器1	Ⅵ	1	A3	三	被盗

续表

墓号	墓圹面积 长×宽 (米，平方米)	墓道数量	葬具	殉葬	随葬品	墓葬等级	石磬数量	石磬型式	石磬等级	墓葬现状
殷墟西区 M1769	小型土圹墓，尺寸不详	无	?	?	陶器2、玉器1、石磬1、蚌饰	?	1	H	二	被盗
大司空 M991	小型土圹墓，尺寸不详		单棺		鼎、尊、戈等青铜器11、陶器6、玉器等	?	1	F1	三	?

大兴安岭西南端殷墟时期铜锡矿料的生产与流向

王立新

（西北大学文化遗产学院）

1933年，李济在总结殷墟前五次发掘所获青铜兵器和工具的原料来源时就曾推测："（原料）大约来自南方；黄河流域一带无锡矿，这是已经调查出的事实。所以最近的供给只有南方了"[1]。迄今为止，长江中游地区和晋南中条山地区已相继发现了商代铜矿产地，但是，不仅黄河流域尚未发现商代锡矿，就是长江流域也还未发现确切的商代锡矿产地。所以，继续寻找商代铜、锡矿料的产地，尤其是锡矿料的产地，已成为商代考古一项重要的学术目标。

2009年以来，吉林大学边疆考古研究中心与北京科技大学冶金与材料史研究所等单位合作，陆续在大兴安岭西南端一带复查并确认了内蒙古克什克腾旗喜鹊沟、伊和沃门特、哈巴其拉、翁牛特旗尖山子等铜、锡矿与冶炼遗址，并对其中的喜鹊沟铜锡多金属采矿遗址、哈巴其拉冶锡遗址进行了正式发掘。初步分析认为，这一地区在殷墟时期（约公元前1300～前1050年）[2]就已成为安阳殷都一个重要的铜、锡矿料的产地。其中锡矿料的生产对安阳殷都可能具有更为重要的意义。

一、近年大兴安岭西南端殷墟时期矿冶遗址调查与发掘的主要收获

喜鹊沟与伊和沃门特遗址均属于采矿遗址。前者位于克什克腾旗达来诺日镇官地嘎

---

[1] 李济：《殷墟铜器五种及相关问题》，《李济文集》卷三，上海人民出版社，2006年，第441～458页。
[2] 本文所称"殷墟时期"是指殷墟文化所代表的时期，其分期从中国社会科学院考古研究所安阳队郑振香先生的四期划分方案。其中第一期分早晚两段，早段包括以洹北三家庄东M3、M4为代表的遗存（约当安阳队此后划分出的花园庄期）和邹衡所分殷墟文化第一期单位，晚段相当于以往所分大司空村一期（郑振香、陈志达：《殷墟青铜器的分期与年代》，《殷墟青铜器》，文物出版社，1985年，第27、28页；郑振香：《论殷墟文化分期及其相关问题》，《中国考古学研究——夏鼐先生考古五十年纪念论文集》，文物出版社，1986年，第116～127页）。本文认为洹北商城的主体遗存属于殷墟文化一期早段，相当于商王盘庚、小辛、小乙时期。该城是安阳殷都的重要组成部分。因而，所谓殷墟时期，也可理解为商王朝以洹北商城和"洹水南殷墟"先后为都的时期。

查喜鹊沟沟口处，地处一南北走向的马鞍形山脊之上，西望贡格尔草原。该遗址于20世纪80年代初调查发现，文化属性曾被判断为夏家店上层文化[①]。2011年6~7月复查发现，该遗址尚存古矿坑6处（编号K1~K6）、石墙2处（编号Q1、Q2）、石砌建筑址1处（编号J1）。此次发掘了矿坑1处（K5）。另在遗址南部清理出被现代矿槽破坏的2座房址。其中F2打破F1。从形制与结构来看，均系简易的工棚。出土大量亚腰形石锤，以及石钎、石球、石研磨器、石碾盘等，还发现少量石镞、骨锥等狩猎或手工工具。两座房址中出土较多陶器残片，以夹砂灰褐陶或红褐陶为主，流行装饰绳纹，部分绳纹模糊。可辨器形以高领、口部有附加堆纹条带的陶鬲（俗称"花边鬲"）为主，另有少量罐、盆残片。从出土陶器特征看，这类遗存与以往归入魏营子类型的喀左后坟陶器群特征相似，而与流行夹砂素面红褐陶为主的夏家店上层文化大相径庭。显然，最初对该铜矿遗址的年代判断是错误的。我们从清理的两座房址和T3的地层堆积中选取了7例木炭样品，经北京大学考古文博学院加速器质谱实验室检测，并经树轮校正，年代大约为公元前1290~前910年（置信度为95.4%）。数据区间的主体落在晚商的年代范围内，下限或可进入西周早期[②]。

伊和沃门特遗址西南距喜鹊沟遗址约50千米，位于克什克腾旗黄岗梁北侧一处东西向山坡之上。地表可见30余处早期露天开采矿坑，规模大小不一。地表散布大量亚腰形石锤、石碾盘等石器。在一处被现代矿槽打破的古矿坑中采集到绳纹花边鬲的残片，特征与喜鹊沟遗址出土同类器相似，年代也应相近。该遗址所见矿石多为锡多金属共生矿，推测在此开采的主要目的即是为了获得锡矿[③]。

哈巴其拉与尖山子遗址均属冶炼遗址。前者位于克什克腾旗宇宙地镇大营子村哈巴其拉自然村西南侧的低矮坡岗上，西北距伊和沃门特锡矿遗址40千米。2020年夏，吉林大学边疆考古研究中心等单位合作，对该遗址进行了抢救性发掘。实际发掘面积为256平方米，共清理房址2座、灰坑14座、墓葬2座。出土遗存可分两个时期。其中第一期遗存包括房址1座（F1）、灰坑5座（H1~H3、H12、H14）。多见饰细绳纹和蛇形堆纹的鬲、甗残片，陶器特征与喜鹊沟遗址出土同类器相似。采自H2、H3堆积中的3例木炭样品 ^{14}C 数值均已进入或接近夏家店下层文化的年代范围。初步判断，这3例炭样可能出自有多年树龄的用于冶锡的老木，故而导致其年代检测数据偏早。而采自H1堆积中的1例兽骨，经检测年代约为公元前1393~前1210年（置信度为95.4%），则与我们以往判断的喜鹊沟类遗存的年代比较接近。位于发掘区中南部的

[①] 克什克腾旗文物志编委会：《克什克腾旗文物志》，内蒙古人民出版社，1993年，第42、43页。文中将"夏家店上层文化"误写为"夏家店下层文化"。
[②] 吉林大学边疆考古研究中心、内蒙古自治区文物考古研究所：《内蒙古克什克腾旗喜鹊沟遗址发掘简报》，《考古》2014年第9期。
[③] 李延祥、席光兰、李辰元、韩立新、李波、陈利、陈建立、王立新：《辽西青铜时代早期矿冶遗址考察报告》，《北方民族考古》（第3辑），科学出版社，2016年，第22页。

H1~H3、H12，在残余的堆积中出有矿石、炉渣和炉壁残块，H2坑底局部还残存红烧土面，表明这一区域曾经存在过冶炼活动。而位置偏北的F1和H14，活动面和堆积中仅见生活废弃物，未见与冶炼相关的遗存，表明这一区域可能属于生活场所[①]。经检测，发现炉渣中既有典型的冶锡炉渣，又有含锡的多金属冶炼炉渣，表明这一区域曾经存在过以冶锡为主的冶炼活动[②]。这是迄今中国境内发现的年代最早的冶锡活动地点。

尖山子遗址位于翁牛特旗梧桐花镇崔家营子村东4千米处的一孤立圆丘之上。遗址所在的山丘东南坡在20世纪60年代曾开采过浅表氧化铜矿。在现代采矿范围内虽未发现古代矿坑迹象，但地表采集炉渣与矿石的检测分析表明，该处冶炼地点很可能是使用了当地产出的铜锌共生氧化矿石，以还原冶炼法生产红铜[③]。从地表采集的绳纹、附加堆纹陶片和鬲足看，亦与喜鹊沟类型陶器特征一致。该遗址补测的一例 ^{14}C 数据约是公元前1263~前1065年（置信度为95.4%），也落在殷墟时期范围内。

二、大兴安岭西南端铜锡矿料的生产与流向

由上述4处矿冶遗址的调查和发掘所获信息可知，大兴安岭西南端一带殷墟时期的铜锡矿料生产包含采矿、矿石粉碎、矿砂分选、冶炼、运输等多个环节，而且已形成明显的采、冶、铸分离的产业格局。

1. 铜锡矿开采与冶炼环节的分离

大兴安岭西南端及其附近区域之所以会发现多处殷墟时期的矿冶遗址，是与这一地区蕴藏的丰富铜锡矿产资源密不可分的。这一带已探明的黄岗梁－孟恩陶勒盖成矿带是中国北方最大的锡多金属矿带[④]。已确认的4处殷墟时期矿冶遗址中，喜鹊沟遗址局部虽发现过少量炼渣，但与整体开采体量不符，应属试炼环节的遗存，遗址主体功能应为铜锡多金属矿石的开采。伊和沃门特遗址目前看主要应是开采和加工锡矿砂。上述两地点留存下来的矿坑大小、深浅不一，形状亦不规则。结合出土矿石来看，基本都是开采浅表埋藏的氧化矿。哈巴其拉遗址则主要是冶炼锡矿砂的作坊址所在。这些现象的存在，表明大兴安岭西南端一带铜锡矿的开采和冶炼环节在殷墟时期已基本处于分离状态。

---

① 吉林大学边疆考古研究中心、内蒙古自治区文物考古研究院、北京科技大学冶金与材料史研究所：《内蒙古克什克腾旗哈巴其拉遗址发掘简报》，《江汉考古》2022年第6期。
② 李辰元、李延祥、王立新、马晟、林森：《哈巴其拉遗址出土矿冶遗物分析》，《江汉考古》2023年第4期。
③ 李延祥、董利军、李丽辉、杨菊：《内蒙赤峰翁牛特旗尖山子冶炼遗址考察》，《有色金属（冶炼部分）》2011年第7期。该简报当时将采集陶片的文化属性误断为夏家店下层文化。新补测 ^{14}C 数据为李延祥教授提供。
④ 冯建忠：《内蒙黄岗梁－孟恩陶勒盖多金属矿床同位素地质特征》，《辽宁地质》1992年第2期。

采矿遗址一般位于海拔较高、距水源较远、基岩裸露的矿脉出露处，不适合长期定居，多应为季节性开采和临时生活场所[①]。而像哈巴其拉遗址 A、B 两处地点的冶炼遗存，则位于山麓的缓坡之上，有黄土沉积，距水源较近，适合长期定居。铜、锡矿的开采与冶炼活动在空间上分离，但相距并不遥远，体现出一种铜、锡采冶矿业的内部分工与生产格局，表明当时的金属矿业可能存在一套较为成熟的管理机制。尖山子地点距大兴安岭西南端主矿脉较远，周边有大片洼地，是一处孤立的山丘，在同一地点开采和冶炼，也不失为一种合理的选择。

2. 产出矿石的粉碎与矿砂分选

在以开采铜、锡矿为主要功能的喜鹊沟和伊和沃门特遗址中，除大量见到采矿工具石锤和石钎之外，也常见石球、石研磨器、石碾盘等矿石粉碎加工工具。在已清理的喜鹊沟采矿坑 K5 坑口外的尾矿堆积中出有石研磨器 2 件、石碾盘 2 件。遗址地表采集到的石研磨器和石碾盘也多集中分布于 K1、K2、K3 坑口外不远处的尾砂扇面上，表明当时粉碎矿石、获取矿砂的工作，就是在采矿坑的外围就地进行的。由此可以推断，当时所采矿石大多是被加工成矿砂，再通过畜力或人力输送到他地进行冶炼的。经粉碎筛选处理后的矿砂运输，会大大减少运输成本，提高生产效率。值得注意的是，在林西大井夏家店上层文化采矿遗址中，虽发现有数以千计的石锤、石钎等采矿工具，却至今未见一件石碾盘，从工具组合上看明显缺少矿石粉碎环节[②]。所以，在大井遗址就地冶炼或输出他地进行冶炼的，最大可能就是采下的块状铜锡砷共生矿石。与此相比，殷墟时期喜鹊沟遗址矿石的开采和粉碎加工，就显示出更为先进的一种生产方式。这不仅可以最大限度地减轻运输的压力，而且可将矿砂输送到更远的地方进行冶炼。由殷墟时期的喜鹊沟类型到西周至春秋中期的夏家店上层文化，在铜锡矿的开采技术上似乎出现了一定程度的倒退现象。其中原因，耐人寻味。

粉碎矿石的目的，除了减少运输成本的考虑之外，实际也与通过水选分离铜、锡矿砂有密切关系。铜、锡矿砂分离，会更好地服务于冶炼和铸造需求，显然是矿冶生产技术趋于成熟的表现。喜鹊沟和伊和沃门特这两处采矿地点距离目前所见的山下稳定水源都比较远，均在 20 千米之上。因而推测，粉碎筛选后得到的矿砂最有可能是运到冶炼地点再行分选。翁牛特旗头牌子敖包山窖藏曾出土 3 鼎 1 甗。出土时两件鼎内尚盛满锡矿砂，经初步鉴定是含锡量达 50% 的一种高锡金属矿砂[③]。这显然是经过粉碎和分选

[①] 王立新、付琳：《论克什克腾旗喜鹊沟铜矿遗址及相关问题》，《考古》2015 年第 4 期。
[②] 李延祥、韩汝玢：《林西大井古铜矿冶遗址冶炼技术及产品特征初探》，《边疆考古研究》(第 1 辑)，科学出版社，2002 年，第 204～213 页。
[③] 苏赫：《从昭盟发现的大型青铜器试论北方的早期青铜文明》，《内蒙古文物考古》1982 年第 2 期。此文披露翁牛特旗头牌子地点出土 1 甗、2 鼎，经查询核实，实际应为 1 甗、3 鼎。其中 1 鼎现存中国国家博物馆，余 1 甗、2 鼎现存翁牛特旗博物馆。

之后的矿砂。不过，从哈巴其拉遗址调查采集及发掘所获仍有未粉碎的矿石情况看，不排除部分矿石也是要运到冶炼地点后再行粉碎和分选的。

3. 冶炼技术特点

哈巴其拉遗址调查采集和出土过带有斜向鼓风孔的炼炉残块。炉壁厚度、炉体大小、鼓风孔方向及孔径均与辽宁建平牛河梁一带夏家店下层文化冶铜遗址群出土同类冶铜用具相似。李延祥曾对牛河梁第十三地点出土的泥质带孔的炼炉残块进行过拼对复原，认为此类冶炼用具整体近敞口筒腹状，口内径 18～20、外径 21～24 厘米。腹壁中上部带有上下两排斜向穿孔，用于鼓风。每排各有 6 孔，孔内径 3.4～4 厘米。炼炉下部结构不明[①]。从 2022 年我们最新发掘的辽宁建平小北山遗址[②]出土的大量夏家店下层文化炉壁残块观察，这种器类的下部应为圜底。差热分析结果显示，该类炼炉可以达到 1200℃左右的冶炼温度。系以木炭和矿砂混合，以内热法在炉体内冶炼铜锭或锡锭。在冶炼过程中，木炭既是燃料，也是还原剂。因矿砂融化后形成的铜锭、锡锭不易提取，炼炉在取出成品后多会被人为打碎，故炉具替换率高。在已经发掘的牛河梁第十三地点和小北山冶铜遗址中都曾发现成层的炉壁残块堆积。推测殷墟时期的情况也当如此。

4. 铜锡矿料及初级产品的流向

前已述及，从两处采矿遗址中开采出来的矿石大多应是经过就地粉碎筛选处理，将铜、锡矿砂外运到冶炼地点。但不排除仍有部分矿石是就近外运到附近的冶炼地点处理的。不过，若想远距离输送大兴安岭西南端所开采的铜锡矿料，分选好的铜、锡矿砂或经初步冶炼的初级成品铜锭、锡锭，才是最经济、最高效的输送物。

已有研究显示，夏家店下层文化（公元前 2000～前 1400 年）消亡之后，西辽河与大小凌河流域步入了一个多元文化并行的时期。该区域现已识别出主体年代为晚商时期的遗存就包括喀左后坟类遗存、向阳岭遗存、柳南墓葬类遗存和喜鹊沟类遗存（后改称喜鹊沟类型）4 类[③]。但是，迄今为止，已发现的各类遗存的遗址点均十分稀少。其中，已知的喜鹊沟类型遗址点散布于西拉木伦河流域和老哈河流域，靠近大兴安岭西南端铜锡矿产地。各遗址点面积大小虽有差异，但看不出明显的聚落分级现象，且所能观察到的遗迹分布均较稀疏，也缺少高级别建筑物或墓葬的发现，表明当地社会的复杂化程度可能有限。这一范围内可判断为本地生产的金属产品仅有极少量器形简单的兵器、工具等，与当地丰富的铜锡矿资源和产量相比并不相称。很有可能，大兴安岭西南端铜锡矿料的生产，是与更遥远地区的青铜器冶铸业密切相关的。其实，就在喜鹊沟类型的分布

---

① 李延祥、韩汝玢、宝文博、陈铁梅：《牛河梁冶铜炉壁残片研究》，《文物》1999 年第 12 期。
② 吉林大学边疆考古研究中心、辽宁省文物考古研究院、北京科技大学科技史与文化遗产研究院：《辽宁建平小北山夏家店下层文化遗址发掘简报》，《文物》2024 年第 8 期。
③ 付琳、王立新：《夏家店下层文化消亡后的辽西》，《考古》2015 年第 8 期。

区之内，由北向南就曾发现过克什克腾旗天宝同[①]、翁牛特旗头牌子敖包山[②]和赤峰松山区西牛波罗[③]3个出土殷墟时期大型青铜甗、鼎的地点。以往苏赫曾对这3个地点发现的其中5件大型青铜容器的分范和铸造迹象进行过观察，认为可能是当地夏家店下层文化人群所仿制的商式青铜容器[④]。不过，通过我们近期的重新观察，这几件器物从形制、纹饰，到分范方式，都与殷墟早期（一、二期）阶段的同类器颇为一致。浇不足及补铸现象在同期的安阳地区青铜容器生产中也属常见现象，并不能就此认为这些器物是当地仿制品。从目前日益精细的文化谱系研究来看，这些产品也不大可能是夏家店下层文化时期的产品。天宝同铜甗出土地点当时就曾采集到喜鹊沟类型的陶器残片，我们在该地点附近还调查确认了存在喜鹊沟类型堆积的河套遗址B地点[⑤]。因而，将这几件大型青铜容器判断为喜鹊沟类型阶段，应该是一种合理的选择。此外，巴林左旗三山村曾出土1件铜鼎[⑥]，口稍内敛，深腹微鼓，上腹饰简化兽面纹，形制特征接近安阳殷墟西北岗HPKM1550铜鼎[⑦]，但其高柱足内侧较平的特点显示出略晚于后者的特征，年代约当殷墟二期。曹大志业已指出，安阳应是此类饰简化兽面纹铜鼎的源头[⑧]。该鼎的出土地，也属喜鹊沟类型的分布范围，且与天宝同铜甗同属殷墟青铜容器迄今所知最北的发现地点。

如果将前述4个殷墟早期青铜容器出土地点连线，就会发现这正好是一条连接赤峰南北地区的重要交通路线。再往南，在辽宁朝阳地区也曾收集到年代可定为殷墟一期偏早阶段（也有学者称为"洹北期"）的商式青铜鼎[⑨]。继续向南通过辽西走廊或滦河流域，连接冀北地区，即可到达殷墟文化分布的核心区。渤海湾西北岸的辽西走廊，东汉以后称为傍海道，无疑很早即是连接华北与东北地区的交通要道。但因这条道路夏秋季节多有泥泞难行之时，有车马运输之需的军旅或商队也不得不改道而行。有学者考证，汉武帝元狩二年张骞、李广出右北平北击匈奴左部，以及曹操北征乌桓所经，皆为溯滦河（古濡水）及其支流青龙河或瀑河北上，出卢龙塞而至辽西、右北平北边辖境的另一

---

① 克什克腾旗文化馆：《辽宁克什克腾旗天宝同发现商代铜甗》，《考古》1977年第5期。
② 苏赫：《从昭盟发现的大型青铜器试论北方的早期青铜文明》，《内蒙古文物考古》1982年第2期。
③ 刘冰主编：《赤峰博物馆文物典藏》，远方出版社，2006年，第36页。
④ 苏赫：《从昭盟发现的大型青铜器试论北方的早期青铜文明》，《内蒙古文物考古》1982年第2期。
⑤ 朱永刚、王立新、塔拉主编：《西拉木伦河流域先秦时期遗址调查与试掘》，科学出版社，2010年，第7、8页。
⑥ 唐彩兰：《辽上京文物撷英》，远方出版社，2005年，第12页。
⑦ 李济、万家保：《殷虚出土鼎形器之研究》，"中研院"历史语言研究所，1970年，图版5。
⑧ 曹大志：《贸易网络中的黄土丘陵（BC1300—1050）》，北京大学出版社，2021年，第75页。
⑨ 辽宁省博物馆文物工作队：《概述辽宁省考古新收获》，《文物考古工作三十年》，文物出版社，1979年，第89页。此鼎折沿近平，腹略鼓，圜底，扁锥状足上部中空，上腹饰弦纹，形制特征接近洹北三家庄东M3：2鼎（见中国社会科学院考古研究所安阳工作队：《安阳殷墟三家庄东的发掘》，《考古》1983年第2期）。

条重要古道①。冀北丰宁黄旗镇二道桥子②、北京平谷刘家河③、韩庄④等地点均曾出土过殷墟早期的青铜容器。其中二道桥子出土一件带铭铜鬲，形制特征与殷墟郭家庄东南M5∶8⑤相近，年代约当殷墟二期。韩庄出土铜鬲形制与纹饰特征接近河南伊川坡头寨商墓出土同类器⑥，唯三足较后者略显粗矮，年代应为殷墟一期。刘家河M1出土铜器文化因素较为复杂，年代也有早有晚，墓葬年代也当属殷墟一期。以往学者多将其归入夏家店下层文化，也有将其归入围坊三期文化者⑦，都还缺乏切实证据。单就该墓所见随葬品来看，正如杨建华先生所说，这类遗存应属商文化与本地文化因素融合形成的新文化类型⑧。冀北与北京地区的这些地点，大致处于辽西铜锡矿产地与商文化核心区之间。不过，丰宁铜鬲的出土地点并不在前述卢龙古道上。很有可能在卢龙古道以西，辽西区与商文化核心区之间同样存在其他重要的交通路线。

综合以上因素，可以认为，大兴安岭西南端出产的铜锡矿料在殷墟早期业已具备向商王朝及其他铸造锡青铜器的地区输出的条件。考虑到殷墟早期典型商式青铜容器向北分布触及大兴安岭西南端铜、锡矿产地，喜鹊沟、伊和沃门特这类遗址出产的矿砂，以及哈巴其拉这样的冶炼地点生产的铜锭、锡锭，应当就与中原商王朝对该地区矿产资源的需求有密切关系。大兴安岭西南端铜锡矿的采、冶分离，应当就是商王朝青铜器生产采、冶、铸分离管理体系中的有机组成部分。这一时期，通过技术与资源上的互动，大兴安岭西南端一带的铜锡矿料生产，很可能已经纳入商王朝青铜器生产的产业链条之中，处于这一链条的上游。

值得关注的是，在前述翁牛特旗头牌子地点出土的铜甗内壁有铭文两字（图1）。其下一字，多释为"埔"。"埔"上一字，形作"中"。此字以往多释为"贮"或"宁"，而李学勤力主释"贾"，即"商贾"之"贾"⑨，得到裘锡圭支持⑩。早期金文多系族徽性质，其中一类主要功能即是标识职事。而带"贾"字铭文的青铜器远在商文化分布区之外的赤峰北部地区出现，应该就与商王朝管理之下的商贸行为有关。当然，也无法排除当地权贵因向商王室贡赋而得到馈赠的可能。大量的铜、锡矿料通过贸易或贡赋等途径

---

① 王绵厚、朴文英：《中国东北与东北亚古代交通史》，辽宁人民出版社，2016年，第102～115页。
② 白瑞杰、张汉英：《丰宁文物志》，内蒙古人民出版社，1998年。文中将该器称作鼎，第214页。
③ 北京市文物管理处：《北京市平谷县发现商代墓葬》，《文物》1977年第11期。
④ 《北京文物精粹大系》编委会、北京市文物局：《北京文物精粹大系·青铜器卷》，北京出版社，2002年，第49页。
⑤ 安阳市文物考古研究所：《河南安阳市殷墟郭家庄东南五号商代墓葬》，《考古》2008年第8期。文中将该器定为C型鼎。
⑥ 宁景通：《河南伊川县发现商墓》，《文物》1993年第6期，图一：2。
⑦ 刘绪、赵福生：《围坊三期文化的年代与刘家河M1的属性》，《苏秉琦与当代中国考古学》，科学出版社，2001年。
⑧ 杨建华：《燕山南北商周之际青铜器遗存的分群研究》，《考古学报》2002年第2期。
⑨ 李学勤：《鲁方彝与西周商贾》，《史学月刊》1985年第1期。
⑩ 裘锡圭：《释"贾"》，《裘锡圭学术文集》（第三卷），复旦大学出版社，2015年，第440～443页。

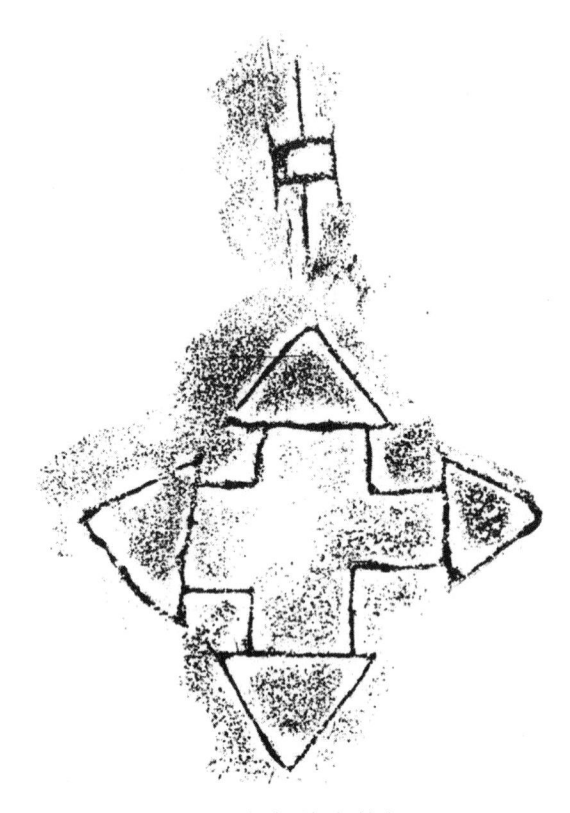

图 1　头牌子铜瓿铭文

从矿产富集地区的土著群体流入商文化中心区，而部分商王朝的青铜礼器产品，也反向输送到当地精英或代理人手中。

需要指出的是，至殷墟晚期（三、四期），典型的成组商式青铜容器在冀北地区的蓟县（今天津市蓟州区）张家园[①]、卢龙东阚各庄[②]、滦县陈山头[③]、后迁义[④]等多个地点均有发现。辽西大凌河流域也有部分窖藏或墓葬单位中的少量青铜容器可早至商代中晚期。但殷墟晚期的青铜容器在燕山以北的老哈河、西拉木伦河流域却迄今未见。针对这一现象，曹大志指出，这或许与冀北、辽西大凌河流域此时社会复杂化程度加剧，当地社群精英充当了中原与更北地区交流的中间人角色，"此时最北边的社群已经没有丰富的贸易机会"[⑤]。这是有道理的。或许，正是因有"中间人"的存在，殷墟晚期商王朝可能已改变对大兴安岭西南端一带铜锡矿料的控制与经营方式。不过，由殷

---

① 天津市历史博物馆考古部：《天津蓟县张家园遗址第三次发掘》，《考古》1993年第4期。
② 唐云明：《河北境内几处商代文化遗存记略》，《考古学集刊》（第2辑），中国社会科学出版社，1982年。
③ 孟昭永、赵立国：《河北滦县出土晚商青铜器》，《考古》1994年第4期。
④ 张文瑞、翟良富主编：《后迁义遗址考古发掘报告及冀东地区考古文化研究》，文物出版社，2016年。
⑤ 曹大志：《贸易网络中的黄土丘陵（BC1300~1050）》，北京大学出版社，2021年，第237~244页。

墟早期所开启的燕山南北地区技术—经济一体化的历史进程，客观上却为此后燕山以北地区逐步加强与中原王朝的经济与文化互动，并最终于战国后期纳入中原王朝的政治版图，奠定了坚实基础。

以上我们对大兴安岭西南端及邻近区域发现的4处铜锡矿冶遗址的年代、文化属性、遗存特征进行了梳理。在此基础上，对这一区域殷墟时期铜锡矿的开采、矿石粉碎、矿砂分选、冶炼、运输等多个环节做了初步分析。结合对相关青铜容器及铭文资料的探讨，认为在殷墟早期阶段，商王朝已通过贸易或贡赋手段从大兴安岭西南端一带获取铜、锡矿料，实际上已将这一地区纳入自身采、冶、铸分离的青铜器生产链条中的上游环节。尤其是这一区域生产的锡矿料，很可能在殷墟时期的铜器生产中起到了至为关键的作用。

附记：本文系中国科技部"科技基础资源调查专项课题"之"北方地区先秦两汉时期矿冶遗址综合调查"项目成果（项目编号：2022FY101502）。张振腾博士为本文的资料收集和绘图提供了帮助，特此致谢！

三星堆连山人物图玉璋新解

孙 华
（北京大学中国考古学研究中心、北京大学考古文博学院）

三星堆二号器物坑曾经出土一件有雕刻图案的玉璋（标本 K23：201-4），因璋上刻有相连的山形图案和排列的人物图案，故笔者将其称作"连山人物图玉璋"。璋为薄板状墨玉制成，上为较宽的斜端，端缘未像通常玉璋那样开刃（故有学者又将玉璋称作"端刃器"），往下逐渐收窄，在整个器长五分之四处略微折转，急收为柄。器身与柄之间未见凸齿状栏，只是在栏下的位置有一个圆孔璋为斜刃，无凸起扉牙，柄部略折。有学者经过仔细观察实物发现，该玉器可能是带有端刃和带栏的旧玉璋改制而成，图案是改制时雕刻[①]。玉璋长 54.2、宽 6~8.8、厚 0.8 厘米[②]。

该玉璋的璋身两面有相同的阴线刻图画：图画分为大致相同的上下两部分，两部分画面基本相同，但方向相反，即上部图画的山峦和人物都为头上足下的正向，下部图画的山峦和人物都是头下足上的反向，两部分之间有较宽的空白。每个部分又都分为上下两层，上层三个立人站在两个山峦图形之上（只是下部画面所在的柄部较窄，不够三立人宽度，故只刻了两个人），下层三个跪人跪在两个山峦图形之上，上下层之间有单元颇大的云雷纹带分隔。在上层两山图形两侧各有一下垂的手臂形图案，两山之间有一个船形或盘形图符；在下层两山图形两侧各立有璋的图形，两山之间还有一尖端朝下的角状物（图1）。

图1 三星堆山形人物图玉璋

三星堆山形人物图玉璋是三星堆玉器中唯一雕刻有多个人物和场景形象的玉器，杨建芳就曾这样评说："（三星堆玉器）最特别的是一件边璋，其上雕有人物、山岳、牙璋、云气等形象。这些作法可能都有一定的用意，却与中原牙璋及边璋全为光素无纹饰的特点不符。"[③]

---

① 朱乃诚：《三星堆祭祀坑出土"祭祀图"牙璋考》，《四川文物》2017 年第 6 期。
② 四川省文物考古研究所：《三星堆祭祀坑》，文物出版社，1998 年，图一九七 -1、图版一三八 -3、彩图 90（本文以下注释中皆简称《三星堆祭祀坑》）。
③ 杨建芳：《早期蜀国玉雕初探——商代方国玉器研究之一》，《三星堆与巴蜀文化》，巴蜀书社，1993 年，第 164、165 页。

玉器雕刻弧形线条的图形并不容易，当时三星堆的人们不怕麻烦，在这件玉璋两面都雕刻复杂的图案，具有某种功能目的和象征寓意是完全可能的。正由于这个原因，这件玉璋是目前三星堆单件玉器中最受关注的一例，已有多位学者对该玉璋及其图案进行过论述。不过，在该玉璋图案的研究上，仍然存在论证不够全面或有待深入之处。有鉴于此，笔者草拟此文，对该玉璋图画再作一些分析，希望能够加深对该玉璋图画的理解，并有助于三星堆宗教礼仪的研究。

一、连山人物图玉璋诸说分析

连山人物图玉璋出土后，三星堆器物坑发掘者和报告作者陈德安最早关注到这件玉璋图案。他将该玉璋称作"边璋"，将璋面上每部分的上下两层图案分别视为上界（天界）和下界（地界），将山形图案视为后面的"大山"和前面的"小山"，山上的带点圆圈纹及其两侧对称的纹样分别为日、月、云气，山旁的璋形图案就是祭祀山川的玉璋，角状图案是具有祭祀作用的象牙，手臂图案是司地之神"黎"的巨手，船形图案是亡魂的"魂舟"，下界跪着的人物是祭祀神山的巫祝一类的人物，上界站着的人物则是山神一类的神灵。玉璋这些图形组合在一起具有对应关系，其总体含义是：

> 我们在前面把下组图案的主要内容释作代表现实世界中的神山和主持祭祀神山山神的巫祝之类人物的假设如果能够成立的话，那么，上组图案则描绘的是上界中的仙山、仙人接受下界祭祀的另一世界场面。而这两组图案之间的几何形云雷纹隔带，则是代表下界通往上界的空间过渡地带。据此我们可以推测，这件"边璋"不是作为一般的祭祀用品而制作的，可能是用于巫祝之类的人物为祈求神灵助佑、进行经常性的祈祷活动而使用的咒术用具[1]。

陈德安将该玉璋图案解释为古蜀人祭山场景的抽象表达，这当然可以自成一说。不过他关于图案的一些图形单元的解释，却显然存在一些问题。例如，如果将图案的连续弧形解释为山的程式化图形的话，就不应该将山上部中央的圈点图形解释为日和月，因为天空中的太阳和月亮不可能嵌在山上[2]。再如，图案中站立的人和跪着的人，他们可能存在身份的不同，但这两类人的图形，除了帽子和耳饰有所不同外，其余部分完全相同，将立人解释为神而将跪人解释为巫，总觉得有些牵强。从三星堆的铜像来看，三星堆人心目中的神

---

[1] 陈德安：《浅释三星堆二号祭祀坑出土的"边璋"图案》，《南方民族考古》（第3辑），四川科学技术出版社，1991年，第85~90页。

[2] 关于这一点，吕星明已经指出，"如果'☉'是出现在山上，悬在半空的话，那祭祀太阳的说法确实很有说服力。可仔细观察第五排的山，并结合悬在山顶的象牙来看，会发现'☉'是在山里"，但太阳是不可能在山里的。参看吕星明：《山、鸟与祖先：三星堆玉璋图案祭祖祈年仪式探究》，《农业考古》2023年第6期。

都是凸目尖耳，耳朵上没有戴耳环的穿孔；人的耳目同普通人，且都有戴耳饰的穿孔。玉璋图案所有的人都具有相似的特征，将其中一部分解释为神，恐怕未必恰当。

黄剑华基本认同陈德安对山形人物图的山形、山形内部图案单元以及山形间多数图符的解释，只是认为把倒梯形图符"解释为船上有人，则未免牵强"，因而将该图符另解释为两山相对如阙门的天门，"天门即为群神之阙，是进入天国的入口"。该图表现的不是燎祭，而是祭祀山川，玉璋置于山腰就是证明。黄先生将该玉璋的山形和人物与三星堆二号铜神树座进行了比较，认为"神树底座三面跪坐的小铜人像，其残断的双手很可能也是这种执握玉璋奉献于神灵的姿势。在它们身后那穹隆状的树座，显然就是玉璋图案中所刻画的神山造型，而且采用阴刻纹饰与凸雕透雕等方式，铸造出了山峦重叠和云气缭绕之状"（图2）。黄先生进而阐述对于山形人物图含义的认识：

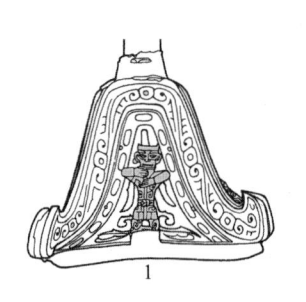

图 2　玉璋山形人物与二号铜神树座比较
1. 三星堆二号铜神树座子（K2第2层：194）
2. 三星堆山形人物图局部（K2第3层：201-4）

> 这些山形与青铜神树座上的山形造型一致，风格相同，具有相似的象征含义，应是古代蜀人崇拜的神山或灵山。显而易见，图案中的画面描绘的是祭祀神山的情景。可知玉璋图案与神树底座所表达的神山祭祀是古蜀国一项非常重要的祭典[①]。

黄先生认为该玉璋图案的山形人物与三星堆二号铜神树山形座和跪人表达的是同一个事物，这是很有见地的发现；只是如果这种山形图案和树座是象征山峦的话，二号大铜树树座的三位跪着的人就在山下，而玉璋图案跪着的人就在山上，二者还是有所差别。至于将倒梯形图符解释为天门，这也有点勉强。如果要表现门形，完全可以用近似门的图形来表达；如果是用神灵的大口来代表天门，那么，嘴形图符应该表现上下交错的獠牙，但该倒梯形图符上面只有四至六条短线，且其中一个倒梯形图符两侧的短线不是外撇而是内勾，也不像胡须的形象。该图符解释作天门应该是有问题的。

陈宗祥认同原报告对玉璋图案中山、日、月图形的解释，认为古蜀人属于氐羌族系，将图案中的人解释为氐羌妇女，山的图形是氐羌崇拜的层峦叠嶂的山峦，钩状图形解释为象牙代表月亮，玉璋的图形是"山羊图腾玉璋"，而手臂图形应如陈德安所说，是正在"把地竭力朝下按"的火正黎的巨手。玉璋图案整体上表现的是以女性为中心的祭祀场景，其中山是氐羌等山地族群物产之所出，山羊则是这些物产中的大宗，故作为图腾受到特别的崇拜。陈先生的观点如下：

---

① 黄剑华：《三星堆玉璋图案探讨》，《四川文物》2000年第5期。

怀疑站立的三位妇女可能代表始祖母或祖母的亡灵，而加以祭祀。至于三位跪坐的妇女积极地参与祭祀神山，可能为巫祝之类的人物了。祭祀的对象除日、月、星、大山之外，就是表示羌（包括蜀、濮、庸）人的山羊图腾玉璋[①]。

陈先生基于中国西南民族志材料，并结合历史文献等多种信息，认为玉璋图案是三星堆妇女祭祀日、月、星、山和山羊图腾等多种神灵场景的某种表达。但玉璋图案中的人物并没有明显的性别特征，将其认定为女性还缺乏图像上的证据。而根据目前的考古资料，三星堆人的确与成都平原西北山区的新石器末期的人们有某种渊源关系，但三星堆人的构成并不单一，还有来自长江中游和黄河中游地区的人群加入，仅用现代藏羌族群的民族志材料论述三星堆人的宗教信仰，有以偏概全之嫌。再说，三星堆连山人物图玉璋已经没有刃部和栏部的扉牙了，用玉璋扉牙似羊角论述该器主人及其所属族群以山羊为图腾，也给人以缺乏关联证据的感觉。

霍巍认为将三星堆连山人物图玉璋的连山形图案解释为神山的观点，具有合理性，大体可从；但他同时指出，这个山形图案也可能与三星堆大铜神树和铜"神坛"下的山形座一样，就是一个座子。那些或站或跪的人们，不是三星堆人崇拜的神，而是正在仪式场合中的人。神山旁的图符，除了倒梯形图符含义不明外，钩形图符与璋形图符配套使用，可能如《周礼·春官·典瑞》所说的"牙璋以起兵旅，以治兵守"，是"某种代表军事力量的神秘兵器"；而那些手臂图符则是反映设璋祭祀后另一个时间片段——"上天之神得到祭享之后，从天而降，将其神力施之于人间"。整幅刻画图案表现的是：

> 这件玉璋上出现的上、下两组人物，从总体上观察，都具有相同的'仪式背景'——他们的脚下都有与神树树座极其相似的图案，这应当是表现祭祀场所和背景的标志，而在他们的手中，都有捧持的某种器物，拱抱于胸前，显示出的共性均是向神灵供祭的祭祀者身份，而看不出他们是接受供祭者的迹象[②]。

霍先生没有解释倒梯形图符，他对钩形器不是象牙而是某种特殊的兵器的解释，在三星堆出土实物中也缺少可以类比的兵器作证据（在陕西汉中地区商代铜器中倒有大量的钩镰形铜器），但他认为这些图案表现的是三星堆人的祭祀场景，人物是祭祀者，山形是祭祀场所的神山或神树座，山旁符号具有军事力量和神力的意义等，其对于解释三星堆人物连山图玉璋图案颇有启发。

吕明星不认同三星堆连山人物图玉璋的人物为女性的人和神，他将山丘图形中的图案解释为男性生殖器的象征物，将山形旁下垂的手臂图形解释为"播种"的手，将⛰

[①] 陈宗祥：《试论三星堆玉璋图案的意义》，《西南民族大学学报（人文社科版）》2005年第6期。
[②] 霍巍：《广汉三星堆二号器物坑出土带刻画图案的初步观察》，《三星堆研究》第五辑（三星堆与世界上古文明暨纪念三星堆祭祀坑发现三十周年国际学术研讨会论文集），巴蜀书社，2019年，第281～287页。

图形解释为"简化的船型容器中的植物嫩芽",认为"在三星堆,'山'已明确成为阳具象征物,并和鸟、先祖紧密结合起来",象牙和玉璋的图形与种子发芽也都有关(玉璋有的形态也"很像刚出土的植物嫩芽")。玉璋上的祭祀图表现的是三星堆人春季在山上举行的祭祀鸟形祖先神的祈年仪式。

> 玉璋图案仪式模拟了'播种—发芽'的植物生长过程,并使我们有机会了解初民社会农业祈年仪式中祭祀者仪态和祭器摆放位置。仪式中,沟通神灵的主祭者代表鸟祖象征性播种后,和助祭者一起以丰产手势祈年,山间配置的嫩芽、象牙及牙璋,则是祭祖祈年的神物……三星堆文化更强调男性生殖力在农业祈年中的重要作用[①]。

吕先生将连山图形视为山与阳具和双鸟的结合体,其中所谓阳具的图形过于抽象,三星堆人是否能够有如此思维,令人怀疑。牙角形图如果是具有植物嫩芽意义的象牙,也应该是如同玉璋形图一样,尖端向上而不应该是尖端向下,植物嫩芽用这样的方式表达,其可能性是很小的。

在上述研究者对三星堆连山人物图玉璋图案的研究论作中,其解释和认识尽管存在不少差异,但有一个结论却是相同的,即都认为该图案表现的内容与宗教祭祀有关——或祭祀山神,或祭祀多种自然和亲族神,或祭祀鸟形祖先神,以至于朱乃诚讨论该玉璋的论文尽管没有涉及该图案,也径直称该玉璋图案为"祭祀图"。无论祭祀对象和祭祀目的是什么,其表现祭祀行为和场景是目前该玉璋图像的研究者所能达成的一个共识。

二、连山人物图玉璋图像分析

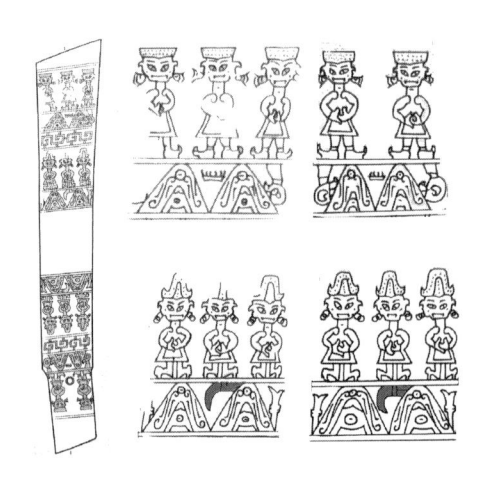

图 3　连山人物图玉璋的人物图像

连山人物图玉璋的图案有上下两个部分,每个部分又有上下两组,每组又是由上下两层图像组成,每层图像还有主体单元和附属单元即图符(图3)。在讨论该玉璋图案的整体含义之前,需要先对每类图像或符号单元进行释读,然后对这些图符单元之间的关系进行分析,最后才能解释整幅图画的功能意义。原报告描述这些图像单元说:

> 每幅又以带状云雷纹分隔为上下两段。上、下段图案均以人居上,其下

---

① 吕明星:《山、鸟与祖先:三星堆玉璋图案祭祖祈年仪式探究》,《农业考古》2023年第6期。

为山，人与山之间用平行线分隔。两山为一组。下段山上有云气纹和"○"形符号。"○"应代表日。两山之间悬一弯钩状物，弯钩基部似有套。两山外侧各立一璋……下段山上跪坐三人，各戴穹隆形帽，帽上有刺点纹，耳饰为两环相套，若无袖衫，短裙，双手揖于腹前。上段两山外侧有两手握拳按捺于山腰上，可能和"黎抑下地"（《国语·楚语》）的传说有关[①]。

在上述图符中，明显分为三类：第一类是具有主题含义的人物和山形图案，它们占据画面的主体，且运用连续和重复的构图技法，使之具有韵律的装饰意味；第二类是具有分隔含义的云雷纹带，这种几何纹样当然也具有装饰作用，在其他铜器和玉器上有时也用做主题纹样；第三类是插在第一类主题纹样两侧及其之间的图形或符号，其装饰意义较弱，却可能具有指示或说明的意义，值得关注。下面主要就第一、三类图像进行分析。

首先我们分析人物和山形图案。

该玉璋的11个人物形象，按照每部分的上下分为上排立人和下排跪人两类，他们的手势相同，都是右手置于左手上，两拇指相对。人们的服饰也大同小异，相同处都是下身着腰部窄下摆宽的短裙，应当扎有腰带；上身是否着衣不清，即便穿有上衣，也该是无袖的坎肩，因而人的两肩处才都有曲线将手臂与胸部分开。相异处是立人头戴上大下小的平顶冠，而跪人头戴中间高两侧翘起的山形冠，立人耳垂喇叭形耳饰，而跪人耳戴套环形耳饰，立人脚穿翘头鞋，而跪人是否穿鞋还不能确认。

上排立人所戴冠有无顶（平顶）筒形帽或盆形帽两种可能，无顶筒形帽见于三星堆铜人头像戴的帽子（如K2②：90）[②]，其顶部边缘

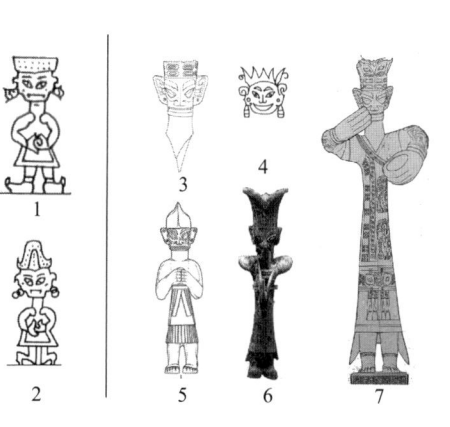

图4 玉璋人物服饰与三星堆铜人像的比较
1、2. 人物山形玉璋人物 3. 辫发铜人头像（K202：90）4. 金杖图案（K1：1）5. 尖帽小铜立人（K3qw：100）6. 持杖辫发铜立人像（K8⑨TQ：666+127）7. 大铜立人像

为内折的平沿，中空，头顶可以露出。（图4，3）。三星堆大铜立人像（K2②：149、K2②：150）头戴双眼冠[③]，其下部也与无顶筒形冠很相似，只是冠的筒壁顶端前缘有对称的双眼形装饰（图4，7）。如果筒形帽的周边为上大下小，就变为无顶盆形了。立人双耳所垂的喇叭形耳饰，在三星堆还见于金杖图案的人头像[④]，该人头像头戴锯齿形光芒的花冠，可知不是普通人物的形象（图4，5）。从三星堆铜人像来看，立人所穿的

[①] 《三星堆祭祀坑》第358页。
[②] 《三星堆祭祀坑》第177页，图九五。
[③] 《三星堆祭祀坑》第162页，图八二。
[④] 《三星堆祭祀坑》第60、61页，拓片七、图三四-1。

翘脚鞋有单纯的翘脚鞋和鸟爪两种可能，如果是后者，该立人像就应该具有超现实的某种神性（或打扮得具有某种神性），就如同三星堆罍座倒立顶尊托人鸟足神像一样[1]。

下排的跪人除了帽子和耳饰外，其余与上排立人基本相同。跪人的帽子也有两种可能，一种就是山形翘角帽，一种是船形尖顶帽。山形翘角帽的形状就如同头上顶了一个山形座，这类座见于三星堆大铜神树下面（K2②：94、K2②：194），也见于三星堆新出翼虎背上[2]。船形尖顶帽由内部的尖顶帽和外围的船形檐组成，三星堆人戴尖顶帽例子如三星堆铜拱手小立人K3qw：100[3]（图4，4）；如果在尖顶帽（包括尖脊帽）外面再加一圈上大下小、前有缺口的帽檐，就形成船形尖顶帽，这是三星堆高级贵族戴的帽子，那位高高站在鸟足小神头顶铜尊盖上的辫发立人，推测可能是三星堆国王的形象，他戴的帽子就是尖顶船形帽（图4，6）。玉璋图案下排跪人不可能是国王，他们戴的帽子应该与国王不同，第一种可能性应该大些。值得注意的是，所有的人物都有下勾的尖耳朵（或尖角），而三星堆的铜人像都不是尖耳朵，只有三件凸目尖耳的大铜神面像和那些长獠牙的小铜神像耳朵才是尖的，玉璋人物无论立人还是跪人都应该具有某种神性（或装扮得有点神性）。不过，三星堆的凸目尖耳大铜面像耳垂没有穿孔，应该不戴耳饰；三星堆所有铜人像耳朵都有穿孔，应该都戴耳饰。玉璋人物这种介于人神之间的二重性，普遍见于三星堆那些被笔者称为"小神"的身上，如罍座倒立顶尊立人鸟足神像、方座四人跪抬神兽三人四联觚器座上的四神像等[4]。玉璋人物究竟是人还是"超人"，值得关注。

该玉璋的山形图案共8个，整体形象近似山丘，认为这是山峦的模式化表现，这当然是可能的，但也不能排除花瓣的可能性。在三星堆青铜器中，有神像或神鸟站在花朵上的例子，而花朵的花瓣就形同所谓的山形图案。在三星堆器物坑铜器中，出土有被称作"铜神树圆座"的铜器盖（K2③：55），器盖下为相接的下大上小两层圆台，台上是三段式觚形尊样式的纽座，纽座上站着一只鸟或鸟足的神，但鸟足以上部分已经残损，无法确认[5]（图5）。山形图像分内外两层。

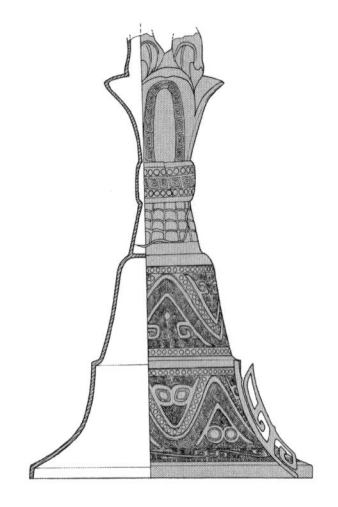

图5 三星堆尊座鸟足纽重台铜器盖

---

① 童芳、肖林：《跨越3000年，三星堆鸟足曲身顶尊神像再"合璧"》，新华社：2022年06月16日，http://www.ncha.gov.cn/art/2022/6/16/art_1027_175090.html；朝闻天下：《三星堆新发现：驮神树四翼生风，三星堆神兽添新丁》，CCTV节目官网-CCTV-13_央视网(cctv.com) 2022年08月16日。
② 《三星堆祭祀坑》第220页，图一二一。
③ 三星堆遗址祭祀区考古工作队、四川省文物考古研究院、北京大学考古文博学院等：《四川广汉市三星堆遗址祭祀区》，《考古》2022年第7期。
④ 孙华：《三星堆的组合铜器》，《中国国家博物馆馆刊》2023年第9期。
⑤ 《三星堆祭祀坑》第230页，图一二八。

外层弧带顶端是"日"字形,两侧各有一反转勾云纹,这种构图的图案见于三星堆两棵大铜神树(K2②:94、K2②:194)的弧形斜撑上①,也见三星堆双兽四人顶方尊形铜熏主体方尊(K2③:296)的连山形圈足上②(图6),而反转勾云纹更是三星堆器物坑组合铜器的常见纹样。这种纹样有三种变异形态:一是"日"字形首部与反转勾云纹身部相连;二是"日"字形首部与反转勾云纹身部脱离;三是无"日"字形首部而只有反转勾云纹身部。笔者在论波带纹起源时已论证过这类纹样以三星堆文化最早,反转勾云纹是反首侧身鸟纹(或龙纹)的简化和抽象,"日"字纹是鸟首的简化,反转勾云纹是鸟身的简化③。其说应该可以成立。那么,该玉璋的山丘形图的外层,尽管已高度简洁化和程式化,但仍可看出,它应属于第二种身首分离的鸟纹,且左右二鸟纹共用一个鸟首。弧形波带应该是表现相向的双鸟的图案。

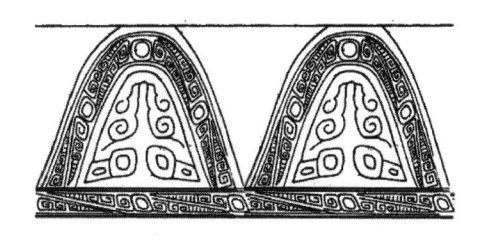

图6 玉璋山形图像外层纹样与三星堆相近纹样的比较

　　内层图案如外层图案一样高度简化,该图案本身就是要填充波带下面的弧顶三角形空间,故纹饰的轮廓也呈这个形态,只不过将应该分离的几个图形单元压缩在一起了(图7,1)。要理解内层这个图案,不妨从三星堆那些单元较大的青铜器波带纹图案入手进行分析。与玉璋连山纹造型最相似的是双兽四人方尊形铜熏连山形器座(K2③:296),它的波曲内的纹样是下面是双耳,中间是双眼,下面是鼻子的倒置兽面图案(图7,2);这种兽面纹的简化就是铜尊形纽器盖(K2③:55)的双层圆台上的波带纹,在该波带的波曲内填充的纹样除双眼外,只有双眉和嘴尖还能看出兽面的模样④(图7,3);这种兽面纹的进一步简化,可能就是上面提到的双兽四人顶方尊形铜熏器盖的盖纽座上的波带纹,该纹样波曲内的两只眼睛被省略成一只,嘴尖等也都被省去,其中盖纽座侧面波带纹波曲内的眼睛形态就与玉璋波带纹内的眼睛纹非常相似(图7,4)。据此,该山丘图形的内层应该表现动物的头部形象,可以将其简称作"兽面纹"。

　　接着我们分析第三类图符。

　　三星堆连山人物图玉璋的连山纹两边和中间的图符共四种,除了一眼就可以辨认的玉璋图形和大家都认为是手臂的图形外,其余两种都存在辨识和认定的问题,需要分析和讨论。

---

① 《三星堆祭祀坑》第211~220页,图一二〇、图一二一。
② 《三星堆祭祀坑》第231~235页,图一二九。
③ 孙华:《铜器波曲纹的构成与来源——三星堆、十二桥文化与周代波曲纹的关系》,《四川文物》2021年第1期。
④ 《三星堆祭祀坑》第227页,图一二八,拓片一四。

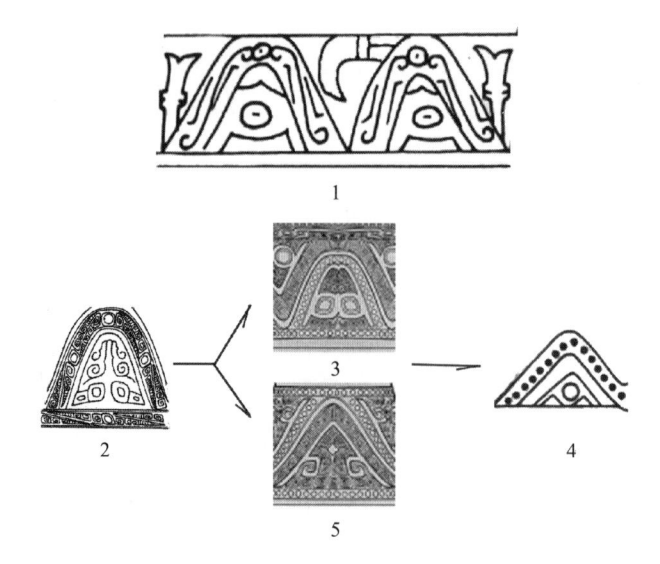

图 7　玉璋山形图像内层纹样与三星堆铜器相关纹样的比较
1. 人物连山图玉璋　2、5. 双兽四人方尊形铜熏（K203：296）　3、4. 铜尊形纽重台器盖（K203：55）

  一是与玉璋图形相间排列的钩状图形，它应该属于与玉璋类似的具有礼仪用途的某种器物，但在牛角和象牙的两种意见中，象牙说显然更合理一些。因为在三星堆—金沙文化体系中，我们看到大量使用象牙和玉璋的现象，在金沙玉璋上还有跪着的人扛着象牙的图像（2001CQJL10：16）[①]，却没有看到使用牛角的现象（这或许与三星堆—金沙时期驯化牛的品种为瘤牛，这种牛的角形态扭曲，不大好用有关），这个角状图案表现得最有可能的还是象牙。

  二是连山图形之间的倒梯形图符，目前有船和盆两种看法。主张是船的学者认为，山间倒梯形是死者灵魂从地上人界至天上神界的"魂船"，船上的竖线表现的是乘船之人；而主张山间之盆的学者则认为，这个倒梯形图符就是花盆，其上的竖线表现的是植物的嫩芽。三星堆目前没有发现船的实物和船形图符，该倒梯形符号还缺少解释为船的依据。至于盆栽之物，倒可以举出一例，即三星堆八号坑出土的铜虎纽镂空器盖。该器盖四翼虎纽背上驮有山形支撑，其上有一枝三茎、花叶已残断的植物。该植物模型下虽是架子而非盆，却与连山纹间的盆栽植物可以形成某种关联，将其解释为"花盆"也并非没有可能。不过，如果将此倒梯形图符放在整个连山图的其他图符中进行比较，其他三个图符都与武器和力量相关，独有此倒梯形图符是盆花草，总觉得有点不合情理。如果将其视为盛装多件远距离投掷武器和工具的装具，如多支箭矢的箭箙、多柄短剑的剑鞘，或两侧较长竖线是短剑而中间较短竖线是工具，或许更为恰当。

[①] 成都文物考古研究所：《金沙：再现辉煌的古蜀王都》，四川人民出版社，2005 年，第 66 页。

三、连山人物图玉璋图案的意义

三星堆连山人物图玉璋图案的各图像单元可能所指和可能意象既然有了眉目，我们就可以尝试对该图案的整体意象进行解释了。

要理解该玉璋图案的整体含义，首先需要回答的问题是，玉璋上、下两部分图案为何要相反布置，也就是人物的足部相对，头部相反，而不是上、下两部分都正向布置呢？参照三星堆执璋小铜人使用玉璋的例子，玉璋是端刃在上、折柄在下，如在璋的两面刻划人物等图案的话，人物统一表达为头上足下，这样在两侧的人观看执璋人手执玉璋上的图案，才比较合理。该玉璋图案将上下两组人物山形相对布置，中间还有较宽的空白隔开，必定有其图画表达传统和意义上的考虑。

在中国相当大的区域内，上古时期用图画表达对称的事物时，往往采用平面展开的办法，如表达马车，就以车辕为轴线，将辕两侧的马向两侧放倒，将舆两侧的轮子也拆下放在舆两旁的地上，使观看图画的人能直观辨识这马车所驾之马和车轴之轮。直到西周晚期，当时的金文"车"字，还有这种图画表达的象形写法[1]。这种图像表达方式，以后在中国传统的城池、建筑等类绘画中一直延续，形成了一种传统。保存至今的著名宋代城图石刻"平江图"，府署和文庙中轴线两侧的厢房、街道两边的坊门等，都还是采取这种画法[2]；甚至很晚的清代，不少方志的城图和建筑图也还在采用这种绘图方法，如清光绪《重修卢氏县志》的县署全图、文庙全图等。因此，三星堆连山人物图案玉璋上这样的纹饰，也应当是采取当时已经行用的轴对称双向展开图。如果按上下两部分图案之间的中线，可以按传统画法作示意图如下（图8，1）。

玉璋图画另一值得注意的是上、下两部分之间的留白。这处宽阔的留白，完全可以再安排一组山形人物图案，但实际却不施加任何纹样。在通行的这种有可作装饰的较高立面的器物上，往往上下是几何纹样的边栏（有时上下还可加蕉叶纹和垂叶纹等拓展纹带高度），中间填充主题纹样。像三星堆连山人物图玉璋这样将主题纹样装饰在器物两端，中央留白的玉器少见。在三星堆和金沙遗址出土的玉石圭璋中，有在上下施几何纹装饰，中间留白的[3]；也有上下施几何纹边栏，中间刻主题纹样的，金沙跪人扛象牙图玉璋就属这类[4]。三星堆这件山形人物图玉璋的纹样布置具有构图上的特殊性，其中的上下两部分之间的空白应当加以关注。如果比照中国传统绘画对于对称建筑群的表达方法，即中轴线上的主要建筑往往正向表示，两侧对称的附属建筑往往倒向彼此相反一向来表示，将该玉璋中央的空白两侧的两条直线当作道路的两个边缘，将整个图面翻

---

[1] 参看高明、涂白奎：《古文字类编》下册，上海古籍出版社，2008年，第1186页。
[2] 〔日〕伊原弘：《唐宋时期浙西城市的变迁——宋〈平江图〉的解读》，《都市文化研究》2020年第2期。
[3] 《三星堆祭祀坑》第360页，图一九六。
[4] 成都文物考古研究所：《金沙：再现辉煌的古蜀王都》，四川人民出版社，2005年，第66页。

转 90°，那么道路两侧的人像就如同传统建筑群图中轴道路两侧的房屋一般，倒向两边（图 8，2）。如果笔者这个理解不误，该玉璋图案表达的就是人们排列在通往宗教祭祀场所的道路（或宗教祭祀场所内部道路）两侧的一种仪式场景。

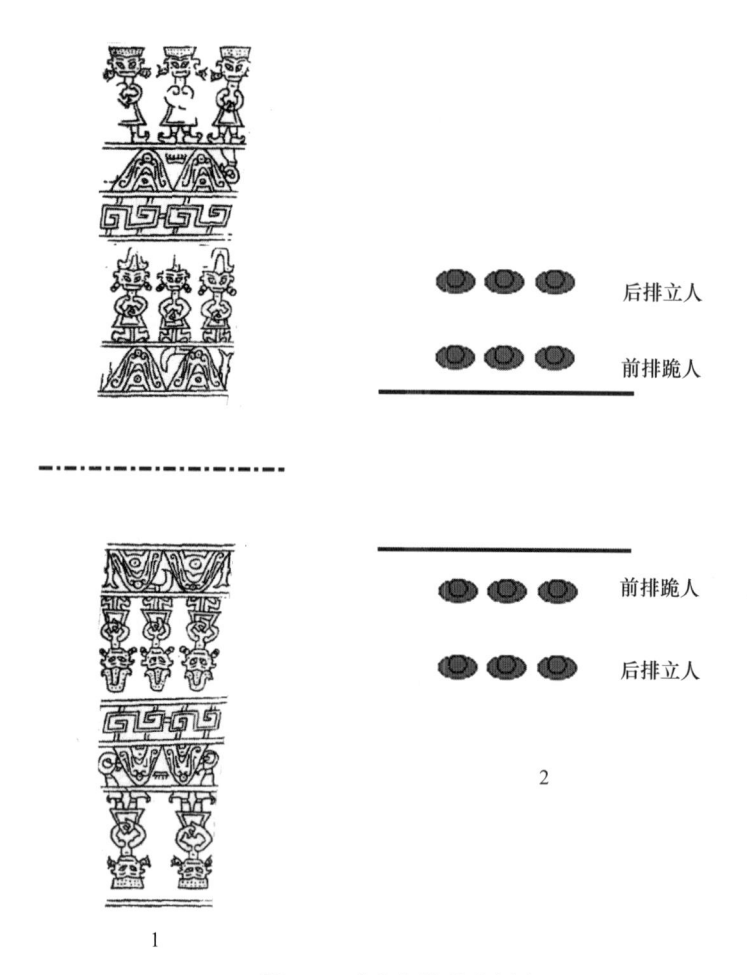

图 8 玉璋人物排列示意图

山形人物图中人们下面的山形图案，如前所述，有山峦和花朵两种可能的意向。如果将具有这种意向的造型做成如同今天集体合影留念所站的阶梯形架子，也就是山丘形或花瓣形的座，参与仪式的人们跪在前排座上，后排的人们立在座上，就不至于前排遮挡后排。三星堆可以作为比较的例子有二：一是前面提到的双兽四人顶方尊形铜熏器盖，其花蕾形座和方形器腹如果复原展开，就跪着 20 位双手捧举于胸前的小人，对比山形人物图的下排山形和跪人图案，二者颇为近似（图 9）；二是方座四人跪抬四联觚捧鸟铜人的山形觚座，如果将方座四面展开，将上面站立的铜人数量增加（当然该铜立人从穿着来看，地位应很高），也与山形人物图有几分相似性。据此，笔者以为，如将整幅图像理解为祭祀场所的仪式场景，并且这个祭祀场所是在三星堆城一带的话，山形图案就不会是真实的山峦或花朵，因为三星堆城内或城郊并无隆起的山丘（三星堆地点

图 9　三星堆双兽四人顶方尊形铜熏山形座上的跪人展开图

原有三个凸起土堆，其下还有相连的城墙状土埂，如果当时的三星堆就是这样连山状土埂的话，也可以认为山丘图形有写实的意味，但这种可能性并不大）。山形图案表现的只是山形或花瓣形的座子，这些座子摆放在进入祭祀场所或神殿的道路两侧，每侧有两排，参与仪式活动的人们，前排的跪在座上，后排的站在座上，其间则立着玉璋、象牙等仪式用品，他们正在迎候大祭司一类神职人员的首领或者三星堆国家的国王进入神殿一类的祭祀场所，以便主持祭祀活动或带领他们进行祭祀活动。

笔者上面的解释，是将山形人物图发生的场所放置在三星堆城内，将图案看作当时祭祀场所发生的宗教祭祀仪式场面的写照，这只是可能的解释之一。三星堆器物坑中的所谓"组合铜器"，那些多种动物特征组合在一起的铜怪兽、那些由怪兽驮负着的各种姿态的人们、那位站在龙背上的国王等，他们都具有超现实的虚幻特征。三星堆人祭祀他们崇拜的天上大神（可能是人头鸟身的太阳神），除了在他们的中心都城举行祭祀仪式外，也有可能还要到他们认识中的或能够到达的具有神性的高山之巅举行，高山远离人世，高耸入云，距天最近，山巅是举行祭祀天上神灵的理想场所。如果是这样，该山形人物图的人下山形就是真实的大山的图案化和模式化。当然，将该玉璋上的山形人物图也可以理解为非现实的三星堆人想象的在高山上的神圣场所举行仪式活动的场景，例如将地上人王的祈愿上达天帝、迎接天神降临神域接受祭品等。无论仪式场所是在真实的高山之上，还是在想象的高山之巅，参与仪式的神职人员在山头上排列成行，迎送仪式的主角国王和神灵，都是仪式的重要组成部分。

最后需要讨论的问题是，如果我们将人物山形图中的人物形象解释为三星堆的人，那么，这些人的耳朵为什么是尖而下垂，类似三星堆那些"小神"的耳朵呢？比较合理的解释是，在三星堆人们的观念中，人与神进行沟通，"物以类从"，也需要装扮成神的模样，以便获得同类的亲密感。按照笔者的观点，在三星堆人心目中，人与他们崇拜的大神是不能直接沟通的，需要在特定的神域，由专门负责进行沟通人神的神职人员与天上大神的使者进行联络[①]。这个担任使者的小神，其形象就是尊座为倒立人身鸟足神顶

---

① 孙华：《三星堆的组合铜器》，《中国国家博物馆馆刊》2023 年第 9 期。

图 10　玉璋人像头部与三星堆小神像头部的比较

尊托人组合铜器的那位鸟足神，其面部呈眼睛瞳孔突出、耳朵较尖而下垂、嘴唇上下有獠牙的特征。将连山人物图中的人物与这个小神进行比较，尽管眼睛和嘴巴不能确认，但其耳朵却非常相似。不过，与人物山形图中的人物形象更为相似的，还是方台四人跪抬神兽三人四联瓢立人组合铜器上的四个人或神（图 10）。这四个面对方台四方、垂足坐在几案上的人或神，身穿与跪坐小铜人像相同的服装和鞋子，都是对襟中衣扎腰带，只是袖口处各有一缕飘带；人的头部发式、耳朵、眼睛和嘴巴，与前述倒立人身鸟足神基本相同。三星堆的神职人员装扮成天上大神的使者的形象，或想象自己灵魂变成了近似天上小神的模样，正在恭候天上神使的到来，以便代理地上国王完成沟通天上大神的任务。

中国城市宫苑发展史视角下的龙湾章华台遗址

徐良高

(中国社会科学院考古研究所)

龙湾遗址群位于潜江市纪南城东 50 千米处的龙湾镇，东西长约 2000、南北宽约 1000 米。已调查发现的有放鹰台、荷花台、打鼓台、陈马台、无名台、章家台、郑家台、小黄家台、华家台等十余处台基，时代主要为东周时期。其中放鹰台是所有台基中保存最高的一个土台，为一条东南—西北向的长约 300、宽 100 米的岗地。考古发掘的宫殿基址位于放鹰台东南部，建筑形式为层台建筑。已发掘两层台基，第一层台基系黄色夯土筑成，房屋建筑为半地穴式。居住面平整坚实，建造方法是在夯土基上先铺一层瓦片，然后涂一层厚厚的草拌泥，再用火烧烤，以达到隔水防潮的效果。第二层台基为小灰色砖坯台基，三面为低层夯土台基，中间为高层砖坯台基。在两层台基之间，围绕砖坯台基的东、南、西三面均发现有红砖墙，现存墙高 1~1.6 米，厚 0.5~0.7 米，墙面用细泥粉刷，并涂有黄色颜料。据出土遗物初步判断，该宫殿的建筑时期可能在春秋中晚期，废弃时代约延至战国中期[1]。龙湾夯土基址群规模大、数量多、保存好，建筑规格很高，有贝壳路、大型柱洞、完整而壮观的地下排水管道等，展现了屈原在其诗篇里所形容的"高堂邃宇，槛层轩些；层台累榭，临高山些"的气势和"鱼鳞屋兮龙堂，紫贝阙兮朱宫"的奢华。

据《左传》昭公七年记载，章华台是楚灵王游猎的离宫，楚灵王 (春秋晚期) 即位伊始即开始营造，其位置在潜江一带。学术界一般认为潜江龙湾高等级建筑基址群即为始自楚灵王修建的楚王离宫别馆——章华台遗址[2]。笔者赞同这一判断。有学者甚至提出章华台是我国第一座皇家宫苑[3]，虽然现在的大量考古发现显示，章华台未必是我国

---

[1] 荆州地区博物馆、潜江县博物馆：《湖北潜江龙湾发现楚国大型宫殿基址》，《江汉考古》1987 年第 3 期；潜江市博物馆：《潜江市龙湾遗址群放鹰台第 3 号台试掘简报》，《江汉考古》2001 年第 1 期。

[2] 湖北省考古学会秘书处：《湖北潜江"古章华台遗址学术讨论会"纪要》，《江汉考古》1987 年第 3 期；陈跃钧：《楚章华台考》，《考古学研究（五）》，科学出版社，2003 年；方酉生：《楚章华台遗址地望初探》，《中原文物》1989 年第 4 期。

[3] 陈跃钧：《楚章华台考》，《考古学研究（五）》，科学出版社，2003 年。

第一座皇家宫苑，但如果我们将这一发现置于中国古代城市宫苑发展史中来考察，章华台的重要性与独特性非常清楚。

首先，章华台遗址是由水面、水系与宫殿建筑群所构成的宫殿池苑体系，这在中国宫苑发展史上具有承上启下的意义。

在中国古代的很早时期，宫殿规划就与池苑建设密不可分。商代早期，偃师商城的宫城北部有一座人工挖掘的用石块垒砌成的近长方形水池，东西长约130、南北宽约20、深约1.4米。池内发现陶质或大理石网坠，被学者推测为商王室池苑遗迹。城外东南的湖泊也应视为偃师商城水系的一部分，可以说是一处商代都城的池苑[①]。郑州商城在宫殿区内发现有蓄水池遗迹，长方形，略呈东南—西北方向，东西长约100、南北宽约20米。水池挖在生土上，底部用白色掺有料姜的土分层铺垫之后，再用方形或长方形青灰色石板平铺。池壁先用掺有料姜的白土分层平夯，然后用略呈圆形的砾石垒砌。池的附近有夯土基址[②]。安阳殷墟小屯宫殿区内存在池苑并与洹河水系相连接。周原遗址的云塘村附近、庄白村北经过钻探均发现有淤泥层，在周原发现的大型建筑基址往往在这些淤泥范围附近。丰镐遗址内也有池苑的分布，比如丰之灵台、镐京遗址东南的昆明池。关于丰京的灵沼，《诗经·大雅·灵台》描述其风景是鹿鸣鸟翔，鱼跃池中。据《左传》僖公十五年记载，东周时灵台仍在。杜注：在京兆户县，周之故台。近年来的考古工作在丰京遗址内的曹寨村北发现了人工水池遗存[③]。关于镐京的池苑，李吉甫的《元和郡县志》记载："自汉武帝穿昆明池于此，镐京遗址沦陷焉。"据考古钻探、研究，紧靠镐京遗址的汉代昆明池很可能是利用早期的湖泊水面修整而成的。在昆明池东岸和池内岛屿上均发现有西周文化遗存堆积，推测昆明池在周代既已存在，不排除被周王用作池苑的可能。同样，在镐京遗址范围内的花园村、普渡村大型夯土建筑区一带存在古代水池遗迹。另外，《遹簋》铭文记载有穆王在方京的大池捕鱼之事，《井鼎》铭文记载有王在方京捕鱼的活动。方京，或认为即丰，或认为即镐，或认为是其他地方。不管方京的具体位置在何处，作为当时周王常常活动的地方，有池苑是可以肯定的，方京很可能就是周王的一处离宫别馆。秦汉以后，离宫别馆也广为分布，如汉代的上林苑，唐代的九成宫、翠华宫，清代的颐和园、圆明园、承德避暑山庄等。池苑同样是宫殿建筑群的标配，如汉代的未央宫内有沧浪池，上林苑内有昆明池，唐代的大明宫内有太液池，北京城的紫禁城内有后海、北海等。

在中国离宫别馆和宫殿苑囿发展史上，潜江龙湾宫殿池苑遗址增添了华丽的篇章，占有重要地位。龙湾章华台基址地处古云梦之滨，建筑风格独具特色，庭院交错，长廊相连，曲径通幽，不同于左右对称、前堂后室、庄严肃穆的庙堂建筑，呈现出一派离宫

[①] 杜金鹏、张良仁：《偃师商城发现商早期帝王池苑》，《中国文物报》1999年6月9日第3版。

[②] 曾晓敏：《郑州商代石板蓄水池及相关问题》，《郑州商城考古新发现与研究（1985~1992）》，中州古籍出版社，1993年。

[③] 中国社会科学院考古研究所丰镐队：《西安市长安区丰京遗址水系遗存的勘探与发掘》，《考古》2018年第2期。

别馆的独特风貌，隐约可见当年"楚王好游猎之事，扬镳驰逐乎华容之下，射鸿乎夏水之滨"的历史胜景。

其次，章华台遗址的独特水环境和突出的城址宫殿建筑与水系关系极为密切的现象，在中国古代城市聚落发展史上具有代表性意义。

人类生活离不开水，自古以来，人类的居址选择和城市建设都离不开水和水系，《管子·乘马》说："凡立国都，非于大山之下，必于广川之上，高毋近旱，而水用足；下毋近水，而沟防省。"从新石器时代的大型聚落遗址到元明清的北京城，无一不体现了这一重要的考量因素。例如，登封王城岗龙山文化城址位于四周群山与丘陵环抱的盆地中，西南有颍河，颍河的支流五渡河穿城而过[1]。新密古城寨龙山文化城址位于溱、洧二水汇流处的溱水东岸河边台地上，东侧有洧水[2]。二里头遗址的东南和南面为古洛河古道，当时的二里头城址建于洛河北侧的台地上[3]。郑州商城位于黄土丘陵高地与东面湖泊平原的交接处，金水河自西向东穿北城而过，熊耳河自南向东北在内外城墙之间流过，两河共同满足护城壕和城内用水的需要[4]。西周周原遗址则有七星河的四条支流王家沟、刘家沟、双庵沟和许家沟从遗址的两侧和中间穿过。丰镐遗址中有沣河，北侧有渭河，东侧有昆明池，西侧有泥河，南侧有海子等水系和水域，遗址内还有人工水系。东周时期的各国都城也均在河流附近，如东周王城有涧河、洛水；晋都新田位于浍河与汾河的交汇处；郑韩故城西南有双洎河（古洧水），东北有黄水河（古溱水），城址依两河两岸附近的地势筑成[5]。赵都邯郸的渚河从王城经过，沁河从大北城经过，城东有滏阳河，沁河和渚水均注入此河中[6]；燕下都北有北易水，南有中易水，西城垣外有河渠遗迹，东城垣外有护城壕环绕[7]；中山国灵寿古城位于滹沱河北岸的台地上，城外东西两侧为高坡，有数条源自灵山的河沟，如京御河等由北向南蜿蜒曲折地流入滹沱河[8]；齐国都城临淄东临淄水，西依系水；鲁国都城曲阜有洙水，城内有多条河道及护城河与之相通[9]；秦国都城雍城位于雍水河之北，东依纸坊河[10]。

---

[1] 河南省文物研究所、中国历史博物馆考古部：《登封王城岗与阳城》，文物出版社，1992年。
[2] 蔡全法、马俊才、郭木森：《河南省新密市发现龙山时代重要城址》，《中原文物》2000年第5期。
[3] 中国社会科学院考古研究所：《偃师二里头》，中国大百科全书出版社，1999年。
[4] 河南省考古研究所：《郑州商城考古新发现与研究（1985~1992）》，中州古籍出版社，1993年；安金槐：《试论郑州商城的地理位置与布局》，《中国商文化国际学术讨论会论文集》，中国大百科全书出版社，1998年。
[5] 河南省博物馆新郑工作站、新郑县文化馆：《河南新郑郑韩故城的钻探和试掘》，《文物资料丛刊》（3），文物出版社，1980年。
[6] 河北省文物管理处、邯郸市文物保管所：《赵都邯郸故城调查报告》，《考古学集刊》（第4集），中国社会科学出版社，1984年。
[7] 河北省文物研究所：《燕下都》，文物出版社，1996年。
[8] 河北省文物研究所：《河北平山三汲古城调查与墓葬发掘》，《考古学集刊》（第5集），中国社会科学出版社，1987年。
[9] 山东省文物考古研究所、山东省博物馆、济宁地区文物组等：《曲阜鲁故城》，齐鲁书社，1982年。
[10] 陕西省文管会雍城考古队：《秦都雍城钻探试掘简报》，《考古与文物》1985年第2期。

汉代长安城东侧有灞河、浐河，西侧有沣、镐、潏、涝四河，加之北侧的渭河、泾河，被称为"八水绕长安"。其中，西侧的四河离汉长安城近，成为城市用水的来源。汉长安城以潏水和昆明池为中心修建了包括蓄、引、排相结合的供水、园林、城壕防护与航运等多种功能的综合性水利系统。在城西南，利用原有湖泊低地修建昆明池，通过昆明池调节、蓄积四河之水。其中，潏水提供了长安城壕、城内生产、生活用水和宫廷生态园林、辟雍等礼制建筑用水，而昆明池则通过蓄积其他诸水以补充潏水之不足[①]。唐代长安城的水系更为复杂，其中从南城引水入城的有两条水渠：永安渠在大安坊穿城而入，沿大安坊西街北流，东西屈曲，最后经城北的芳林门流入禁苑，再入渭河，此渠供给沿河诸坊、西市和禁苑西部用水；清明渠在安化门西侧穿城而入，此渠引潏河水，沿大安坊东街北流，随地势高低东西屈曲，流入皇城，又北流入宫城，供给沿渠诸坊及皇城、宫城用水。城东南隅为曲江，是风景园林区，水从曲江北口流出，流经数坊，包括大慈恩寺。龙首渠在道正坊穿城而入，西流入东市，再北流，部分供兴庆宫用水，更多的水则沿坊北流入大明宫。此外，在城内还有诸多分支小渠穿插坊里之中，为人们的生产、生活提供便利[②]。

通观历史上城市聚落与河流水系的关系，概括起来，体现在以下几个方面：第一，人们的生活离不开水，饮用、盥洗不可缺水，这是人的基本需求。各类水产为居民生活提供了补充。第二，居民的生产也离不开水，比如，手工业作坊，尤其是冶铸工业不能缺水。第三，河流，尤其是护城河为城市的防卫、居民的安全提供了一道防护屏障。第四，河流、水道为城市居民的出行和物资运输提供了便捷的条件，例如汉唐时期，由关东向关中长安的漕运，明清时期，由南方经大运河向北京的漕运都是京师所需物资的重要补充，漕运的不畅往往会影响到京师居民的日常生活和政府的运转。第五，河道水系有助于城市居民废水污秽的排出。例如，《左传》成公元年记载，春秋时期，晋人迁都于新田，其中就考虑到这里水深土厚，并有汾河和浍河以流其恶，即这两条河水可以冲刷垢秽。第六，水系为城市提供了景观用水，改善了生态环境，提高了居民的生活品质[③]。

在雨量充沛，水面广布的南方地区，古代城址在选址、规划时处理好与水的关系，既要充分利用河湖水系所提供的便利，又要预防洪水等所带来的灾害，更为重要。例如，新石器时代的湖南澧县城头山城址所在的徐家岗高出周边的平原地带，澹水的一条支流经过城址东门外，城垣周边外侧有环壕。其中东城壕由澹水支流的一段构成，南边城壕连接西边城壕，沿着南垣转至南门，形成一片约150平方米的开阔地带，东与澹水支流相连。自然河道与人工河道相连，组合成为集城址供水、护城与航运于一体的功

---

① 李令福：《论西汉长安城都市水利》，《文明起源与城市发展研究》，四川大学出版社，2004年。
② 曹尔琴：《从汉唐昆明池的变化谈国都与水的关系》，《中国古都研究》（十二），山西人民出版社，1998年。
③ 徐良高：《先秦城市聚落中的水与水系》，《三代考古》（三），科学出版社，2009年。

能[①]。湖北荆门市马家院屈家岭—石家河文化城址也是位于丘陵岗地向平原的过渡地带。西、北、东北为丘陵所绕，东港河紧靠遗址西侧由北往南经鲍河、长河注入汉水。城外有环壕，宽30～50米。城内一古河道自西北城门经城内至东南门流出。城壕似为人工河道与自然河道相结合而成[②]。良渚城遗址体现出一种湿地营城的技术特征，如内外城环通的水网交通、四通八达的水门设置、因地制宜的垫石堆筑营城技术、护坡堆垄的台地营造、临水而居的水乡规划等[③]。木渎春秋古城也是地处江南水网地带，地势低平，城内存在大面积水面、湿地和沼泽地带，不适合人们居住，由此留下大片空白地带。人们必须要生活在地势相对较为高爽的山前地带，所以木渎古城内的遗存均分布在山前地带，这是由江南水网地带的特殊地貌所决定的[④]。楚都纪南城位于江汉平原，同样河湖众多，其中城址内有三段河流穿过：朱河自北向南流，在北垣中部入城；新桥河自北绕城垣西南角，在南城垣中部入城后又向北城；两河在城内的板桥汇合成龙桥河，折向东流。从东垣龙会桥处出城，注入邓家湖[⑤]。

从城市聚落与河湖水系关系角度看，地处古云梦之滨的龙湾章华台遗址所具有的独特水环境和突出的宫殿建筑与河湖水系的密切关系正是这方面的典型代表。龙湾遗址位于古云梦泽边的丘陵地带，海拔为25～26米，从选址与主要组成部分的河流、水井、池苑等布局看，具有典型的水乡泽国大型聚落遗址和宫苑建筑特征。

最后，龙湾章华台大型建筑群虽然紧邻云梦泽，并不缺水，但宫殿建筑内的水井遗存显示，挖井取水仍是城市和宫苑解决生活用水和储藏食物问题的一种重要手段。这是中国历史上一种源远流长的现象，反映了我们祖先的智慧。

早在龙山时代，城址内已发现有水井，如河南辉县孟庄龙山文化城址内中南部发现水井4眼，井口均呈长方形，深4米左右，井底堆积有用于汲水的泥质灰陶高领瓮[⑥]。在偃师商城第六号宫殿的院落中部有水井2口，井内堆积着偃师商城第二期的汲水器具——捏口罐。此外，在整个城址内，迄今已发现近20眼水井，除宫殿区有井外，其余大多都分布于普通民居与作坊附近。有一些水井则坐落在规模很大的坑中，坑的面积有的达上百平方米，个别坑中分布有多眼水井。井口一般为长方形，长2、宽1米左右，井深多为5～6米，一般在上半部两侧井壁上保留有基本对称的半圆形脚窝。郑州商城也发现多座水井，一类是较常见的土坑竖井，平面形状大多为圆角长方形，个别为椭圆形和不规则形；另一类是带井坑的比较讲究的水井，有3眼，均位于宫殿区内，平面为圆角方形或圆形。有的井底有木质井盘和井框，井底铺垫一层0.2～0.25米厚的破

---

① 湖南省文物考古研究所、湖南省澧县文物管理所：《澧县城头山屈家岭文化城址调查与试掘》，《文物》1993年第12期。
② 湖北省荆门市博物馆：《荆门马家院屈家岭文化城址调查》，《文物》1997年第7期。
③ 陈同滨：《世界文化遗产"良渚古城遗址"突出普遍价值研究》，《中国文化遗产》2019年第4期。
④ 唐锦琼：《苏州木渎古城水环境蠡测》，《三代考古》（五），科学出版社，2013年。
⑤ 湖北省博物馆：《楚都纪南城的勘查与发掘（上、下）》，《考古学报》1982年第3、4期。
⑥ 河南省文物考古研究所：《河南辉县市孟庄龙山文化遗址发掘简报》，《考古》2000年第3期。

碎陶片，对井水起过滤作用[①]。在安阳殷墟小屯西地等商后期居住遗址内也曾发现水井遗存。在西周都城丰镐和周原遗址内的大型建筑区和作坊区也均发现有水井。东周、秦汉城市内，水井都是常见的设施，如纪南城内有大量水井，仅在龙桥河西段新河道长约1000、宽约60米的范围内，就发现水井256座，包括陶、木、竹、芦苇质井圈等。据研究，这些井既有取水用的，也有作为冷藏保存食品之用的[②]。龙湾建筑基址群内的水井也是继承了这种挖井的传统，功能也应是取水和保存食物。

从城市宫苑发展史的角度，我们可以更好地理解潜江龙湾楚宫苑遗址的各种现象并深入阐释其历史意义。据文献记载，章华台建成之后即引起当时各诸侯国纷纷仿效，对后来中国离宫别馆的发展发挥了重要的影响。将龙湾章华台遗址置于中国城市宫苑发展史来考察，我们可以更清楚地认识到其在中国城市宫苑发展史上的典型意义和承上启下的历史作用。

当然，从城市聚落和宫苑考古角度看，对于全面了解、认识、保护与展示龙湾遗址来说，还有许多考古工作要做，许多问题有待研究，比如当时的环境地貌、河湖水系与水位状况，同时期的周边区域聚落群分布状况，是否存在更大范围的城址，以大型建筑基址为核心的聚落结构，建筑基址群的分期与各期建筑群的结构布局，建筑基址周边其他各等级墓葬、各种功能遗存的分布状况与性质等。

---

① 宋国定：《试论郑州商代水井的类型》，《郑州商城考古新发现与研究（1985~1992）》，中州古籍出版社，1993年。
② 湖北省博物馆：《楚都纪南城的勘查与发掘（上、下）》，《考古学报》1982年第3、4期。

辽东地区战国晚期至西汉初期几批遗存年代辨析

李新全

（辽宁省文物考古研究院）

辽东地区在战国晚期被东扩的燕国所统辖，并设有辽东郡[①]，但燕国对辽东地区的统治据学者研究是据点式的[②]。目前发现的几批这一时期的考古材料如辽阳徐往子战国墓[③]、新城战国墓[④]；沈阳热闹路战国墓[⑤]、沈阳四〇一库战国墓[⑥]；抚顺莲花堡遗址[⑦]；本溪上堡青铜短剑墓[⑧]；丹东凤城刘家堡子遗址与瓮棺墓[⑨]等有些在年代判定上存在问题，而年代是开展考古学研究的前提和基础。把不同年代或年代早晚颠倒的器物放在一起研究，往往会影响研究的结果甚至得出错误的结论。本文拟对上述几批材料的年代及相关问题进行探讨，希望对推进辽东地区战国晚期至西汉初期的考古学研究有所裨益。

一、辽东地区发现的几批战国晚期至西汉初期的遗存

1. 辽阳徐往子战国墓

位于辽宁省辽阳市城西1千米处的徐往子村。于1986年10月辽宁省地质勘探公司103队在挖下水道工程时发现，辽阳市博物馆迅速赶往现场进行抢救性考古发掘。

[①]（汉）司马迁：《史记·匈奴列传》，中华书局，1975年。
[②] 郭大顺、张星德：《东北文化与幽燕文明》，江苏教育出版社，2005年，第606页。
[③] 邹宝库、卢治萍、马卉：《辽宁辽阳市徐往子战国墓》，《考古》2017年第8期。
[④] 穆启文：《辽阳新城战国墓的发现与研究》，《辽宁省博物馆馆刊（2009）》，辽海出版社，2009年。
[⑤] 金殿士：《沈阳市南市区发现战国墓》，《文物》1959年第4期。
[⑥] 沈阳市文物管理办公室：《沈阳市文物志》，沈阳出版社，1993年，第71页。
[⑦] 王增新：《辽宁抚顺市莲花堡遗址发掘简报》，《考古》1964年第6期。
[⑧] 魏海波、梁志龙：《辽宁本溪县上堡青铜短剑墓》，《文物》1998年第6期。
[⑨] 冯永谦、崔玉宽：《凤城刘家堡子西汉遗址发掘报告——兼论汉代东部都尉治武次县址之地望》，《辽宁考古文集（2）》，科学出版社，2010年。

发掘前墓地封土已被取走，墓葬被破坏，只余北部墓室，但残留部分未扰乱。墓葬为竖穴土坑墓，方向为正南北向，墓口距地表60厘米。墓葬南部已被下水管打破，只余北部，由于破坏严重，已不见葬具和遗骨（图1）。

出土遗物有陶器13件、铜带钩1件和大量破碎的滑石饰片。陶器皆原位，位于墓穴北部。徐往子战国墓中，未发现有明确纪年的随葬品。但根据出土器物的形制，可大体判断其年代范围。墓葬中鼎、豆、壶、盘的器物组合以及燕式深腹鬲、滑石片均为典型战国燕文化风格（图2、图3）。

将徐往子战国墓时代定为战国中期，绝对年代为公元前390～前310年。该墓出土的燕式鬲为灰陶，虽不同于燕文化中心区

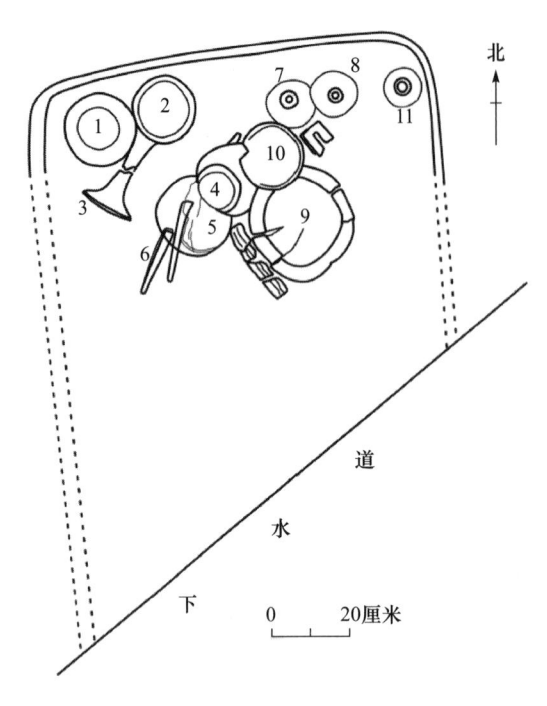

图1 徐往子战国墓平面图

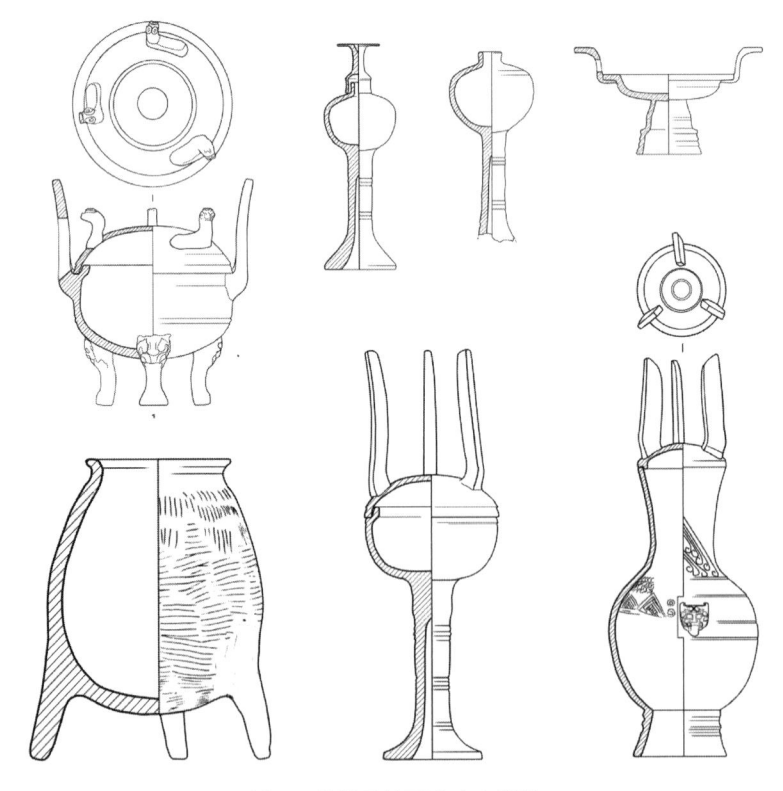

图2 徐往子战国墓出土器物

图 3 徐往子战国墓出土器物

的夹砂红陶,如东斗城 M29 出土的夹砂红陶鬲,但其形制和绳纹的排列方式别无二致。赤峰一带出土的深腹鬲亦多为灰陶[1],说明这是东北一带的燕器风格。此外,徐往子战国墓为竖穴土坑墓,墓向正南北,随葬品集中在北部(头顶位置),也与河北、北京一带的燕文化墓葬特征相吻合。由此可见,徐往子战国墓为典型的燕文化墓葬。此类性质比较单纯的战国中期燕文化墓葬,在辽阳还是首次发现。徐往子战国墓的发现的重要意义在于它说明了至迟在战国中期,辽阳已有单纯的燕文化遗迹存在。也就是说,在燕长城筑造之前,辽东郡设置之前,辽阳地区已有燕人居住。而约略同时,辽阳还在二道河子[2]、亮甲山[3]、接官厅[4]等地,埋葬有属于青铜短剑遗存的墓葬。这说明在当时辽阳有可能已是一个民族杂居的地区。这就是此墓之发现带给我们的新认识[5]。

---

[1] 张松柏:《赤峰市红山区战国墓清理简报》,《内蒙古文物考古》1996 年第 1、2 期。
[2] 辽阳市文物管理所:《辽阳二道河子石棺墓》,《考古》1977 年第 5 期。
[3] 孙守道、徐秉琨:《辽宁寺儿堡等地青铜短剑与大伙房石棺墓》,《考古》1964 年第 6 期。
[4] 辽阳市文物管理所:《辽阳市接官厅石棺墓群》,《考古》1983 年第 1 期。
[5] 邹宝库、卢治萍、马卉:《辽宁辽阳市徐往子战国墓》,《考古》2017 年第 8 期。

2. 辽阳新城墓

位于辽阳市东郊太子河东岸的丘陵台地上（即后金东京城城内北部，俗称新城），与辽阳旧城隔河相望，相距4千米。

1983年6月下旬，辽阳市太子河区东京陵乡新城村砖厂工人在取土时，发现了东西并列的2座墓葬。辽阳市文物管理所工作人员闻讯赶至现场，经现场勘查，他们发现西边的墓葬上原有封土已被取走，露出外椁木板、圹椁与椁壁间填充灰膏泥、河卵石及黄土等。辽阳市文物管理所对西边已被扰动的墓葬进行了抢救性发掘。

共发现大型木椁墓2座。其中2号墓（M2）较大，墓口长5.7、宽4米，墓底长3、宽3.3、深3.6米。木棺外有双层木椁，外椁长4.8、宽2.24、高1.45米。随葬品有铜器、漆器、成套礼器，大量生活用具和木车、木马等70余件，反映出墓主人的社会地位较高，该墓当是郡守一级的墓葬。

该墓葬出土了陶罐、陶壶、铜鼎、铜豆、铜勺、铜带钩、木车、木马、木俑、漆盒、玉璧等几十件文物（图4、图5）。

图4 新城战国墓出土器物

图5 新城战国墓出土铜器

它是迄今为止辽东地区规模最大、出土文物最为精美的2座木椁墓葬。墓内出土随葬品百余件，颇具中原地区的艺术风格，其中的青铜器、漆器、丝织品和木马、乐俑等随葬器物，具有很高的历史和艺术价值；同时也反映了辽东郡的经济繁荣及其与中原地区的密切关系。

墓内出土的文物工艺水平相当高。新城一号墓和二号墓都出有叠唇短颈的绳纹罐，并有单字的戳记，尤其重要的是在新城二号墓中出土一铜铜，其外侧刻一"城"字，表明所记述的这个城对墓主人的重要性。种种迹象表明这一"城"字与襄平城存在着必然的联系。从丧葬等级和随葬情况来看，墓主人的身份很可能是镇守北方边境辽东郡地位较高的官吏，应与襄平城存在着必然的内在联系[①]。

3. 沈阳热闹路战国墓

位于沈河区热闹路热爱里1号，1958年5月居民挖下水道时发现。墓为长方形土坑竖穴棺椁墓，南偏东10°。墓口距现地表1.8米，墓圹长2.2、宽1.4、深1.1米。土坑内存有棺椁残迹，木棺长1.1、高0.15米，宽度不详。木椁长2米，宽、高均不详。在棺北侧有壁龛，棺内尸体已腐烂，葬式性别难以辨认，不过根据壁龛及遗物位置，应为头北足南。随葬遗物皆为陶器，均置于棺北壁龛内，壁龛宽0.26、进深约1.4米，在龛内正中立置陶鼎，在鼎的左右各置1件陶壶，鼎前置双耳陶盘和陶匜。

这些陶器呈灰褐色，胎质粗，火候不高，均为轮制，造型较规整（图6）。陶鼎有盖，盖有桥状把手，器深圆腹，圜底，三足，双鋬耳，器与盖之间有子母口，腹部有弦纹。陶壶有盖，壶身修口，长颈椭圆腹，圈足，肩部有弦纹，腹部有对称的兽面铺首，上盖作子母口，顶有三纽。陶盘，大敞口，圈足，口缘有对称的鋬状耳。陶匜为椭圆形，口长流，后端有把手。

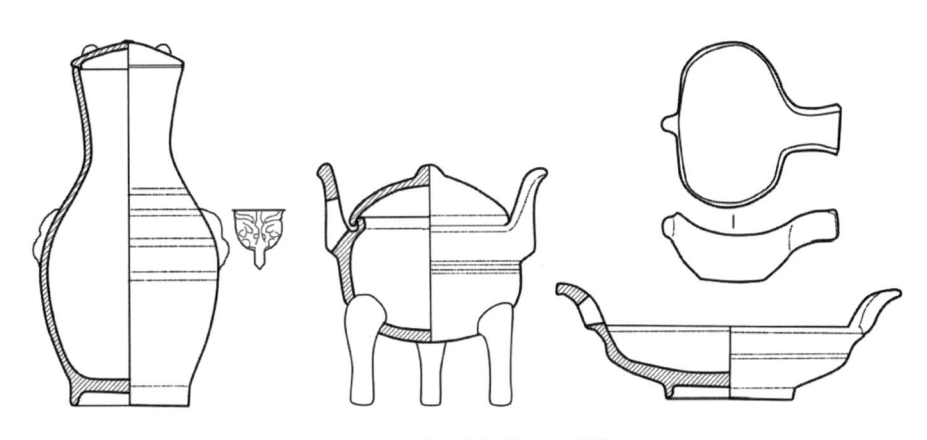

图6 热闹路战国墓出土器物

这组仿铜器的陶礼器，其形制与河北百万村、燕下都及辽西朝阳十二台战国墓出土的器物形制相同，当是同一时期的陶器。因此，这座墓应为战国时燕国墓。说明燕国

[①] 李庆发：《辽阳市新城战国墓》，《中国考古学年鉴·1984》，文物出版社，1984年，第98页；郭大顺、张星德：《东北文化与幽燕文明》，江苏教育出版社，2005年，第598页；穆启文：《辽阳新城战国墓的发现与研究》，《辽宁省博物馆馆刊（2009）》，辽海出版社，2009年。

势力已达辽沈地区。但它的组合为鼎、壶、盘、匜，不见豆，与燕国中期墓鼎、豆、壶组合比较缺少豆类，分析该墓可能属于晚期阶段特征[①]。

4. 沈阳四〇一库战国墓

位于大东区四〇一库（新光机械厂仓库）锅炉房南5米，1980年11月发现，当即进行了清理。墓已被现代建筑施工破坏，经勘察，墓为土坑，距地表1.5米。随葬品有喇叭形陶豆，三足小陶鼎、陶壶，皆为灰色。陶壶侈口、鼓腹、圈足，器身上部施弦纹，肩部有一对耳，造型精美。墓虽被破坏，形制不清，但根据出土这组鼎、豆、壶的明器组合看，可以断定是战国时期墓葬（图7）。这种仿铜器的陶礼器是礼乐制度在墓葬中的反映[②]。

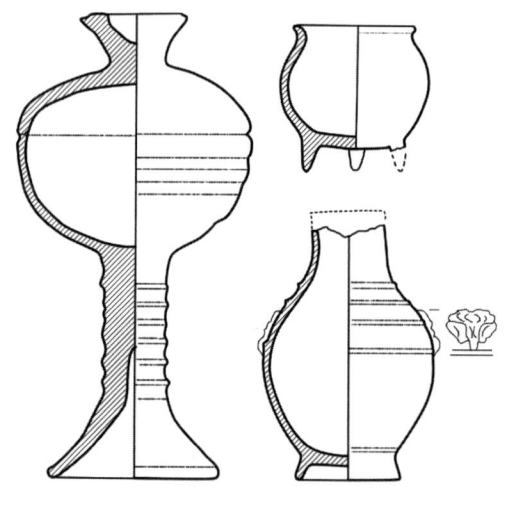

图7　沈阳四〇一库战国墓出土器物

5. 抚顺莲花堡遗址

位于辽宁省抚顺市东郊浑河南岸，莲花堡村东的河谷平地上，西北距章党车站8千米。地处辽东山区，附近山岭绵延。东社河由南向北经村西汇入浑河。遗址东依东山，北临浑河，海拔在120米以上。遗址主要分布在台地坡度较缓的阳坡上，东西长约150、南北宽约100米。

1957年，辽宁省博物馆文物工作队对该遗址进行了发掘，发掘面积278平方米。发现房址1座、灶址2处、灰沟1条、灰坑1个。

房址平面略呈圆形，周围有用石块和卵石砌筑的墙基，石墙基上筑有土墙。房址内及其周围出土了大量的夹砂粗陶和泥质细陶残片，完整的有陶纺轮、陶网坠、陶铃等。铁器出土了20多件，主要有钁、镰、锄、掐刀、锥等。此外，房址内还发现有铜镞和石珠等装饰品。

整个遗址出土的遗物以陶器为最多，数以万计，但可复原的不多。其次为铁器，共出土80余件。此外还有石器、铜兵器、装饰品、货币等，数量较少。

陶器中夹砂粗陶占三分之二左右。陶质粗糙，绝大多数羼和砂粒，有很少的几件含较多大滑石粒，一部分还含有黄云母粉。颜色主要为灰、褐、红三色，其中以灰色最多，褐色其次，红色最少。但都不很纯净，多呈杂色。火候一般略高，质地坚硬。均为手制，大多粗率，器形不大规整。器类有瓮、罐、壶、钵、豆、纺轮、网坠、弹丸、铃

---

① 金殿士：《沈阳市南市区发现战国墓》，《文物》1959年第4期。
② 沈阳市文物管理办公室：《沈阳市文物志》，沈阳出版社，1993年，第71页。

和玩具等。绝大多数为素面，只有几件饰有指捺纹、连点纹、放射线纹，个别的附加盲鼻饰。

泥质陶占三分之一左右。颜色比较纯净，主要为灰、红、褐三色，其中以灰色居多，红色次之，褐色最少。灰色又可分深灰和浅灰两种。陶土均未经淘洗，深灰色陶含细砂较多，火候较高，质地坚实。浅灰色和红褐色陶含细砂量少，火候不高，质较疏松。红陶釜腹部以下胎内羼和有大量砂粒，形成上部泥质下部夹砂质。陶器的制法，除很少几件小型生产工具为手制外，其余均为轮制，大多轮纹明显。器类有釜、盆、罐、壶、钵、豆、纺轮、网坠等，以罐数量最多，盆、釜次之，其他也都只有很少的几件。除少数为素面外，大多数均有纹饰，主要有瓦沟纹、旋沟纹、弦纹、锯齿纹、凹点纹、粗绳纹、细绳纹、交错叠压绳纹和附加堆纹等。花纹除瓦沟纹、锯齿纹饰在口颈部分外，其余都施在陶器肩部、腹部和器底上。

石器较少，以磨制为主，多数是生产工具，类别有斧、刀、研磨器、网坠、小石器等（图8）。铁器绝大部分为生产工具，少数为日常生活用的小型用具，类别有：䦆、斧、锄、镐、镰、掐刀、凿、钻、刀、锥和鱼钩等（图9）。

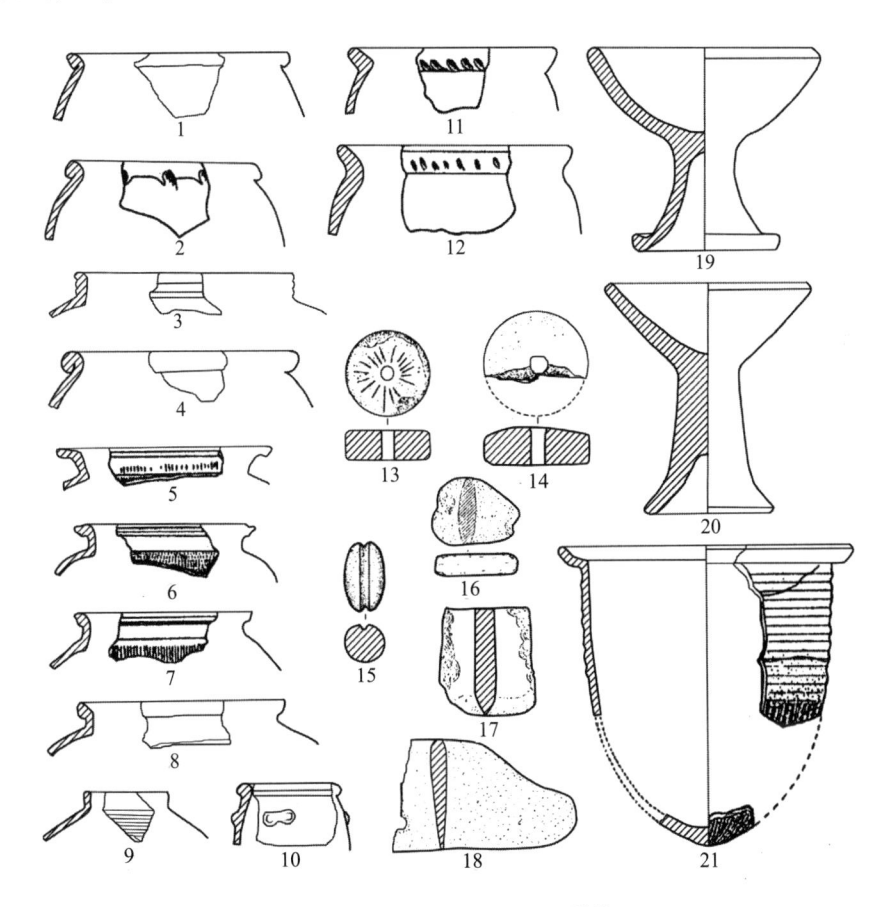

图 8　抚顺莲花堡遗址出土器物
1～10. 陶罐　11、12. 陶瓮　13、14. 陶纺轮　15. 陶网坠　16. 石网坠　17. 石斧
18. 石刀　19、20. 陶豆　21. 陶釜

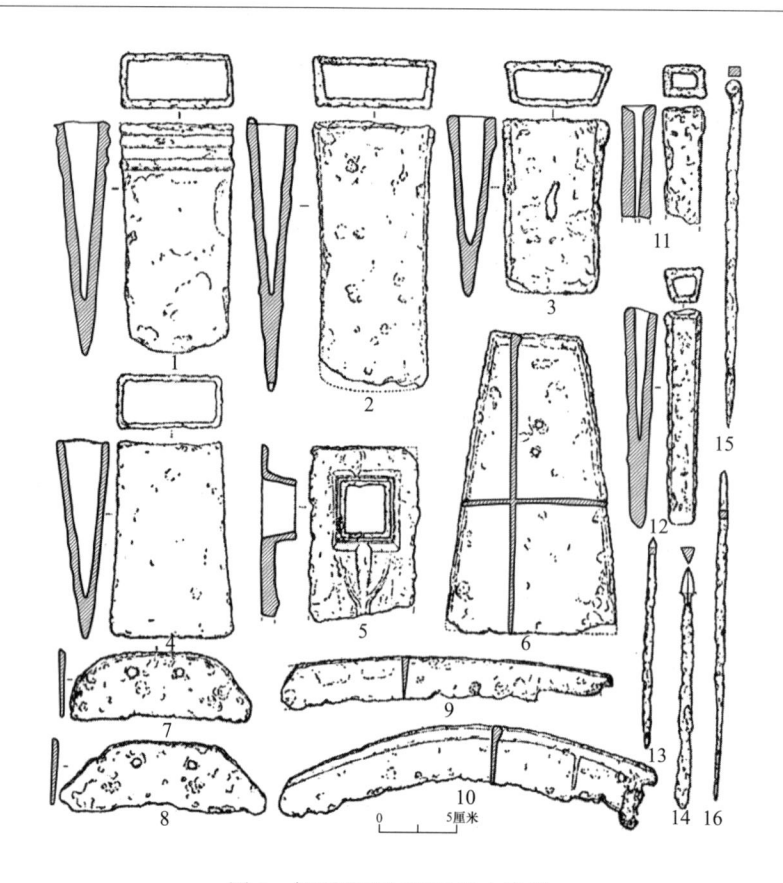

图 9　抚顺莲花堡遗址出土铁器
1～3. 锸　4. 斧　5. 镐　6. 锄　7、8. 掐刀　9、10. 镰刀　11、12. 凿　13. 钻
14. 铁铤铜镞　15、16. 锥形器

铜兵器有剑镡和镞，货币有汉半两。

装饰品有绿石珠、琉璃珠、琉璃耳珰等。

报告者据出土的遗物分析，遗址的年代当在战国晚期至西汉初期[①]。

6. 本溪上堡青铜短剑墓

位于辽宁省本溪市本溪县小市镇上堡村南，南距小市镇约 2 千米，西距下堡村约 2.5 千米。墓地南 1 千米处，太子河由东向西流过，对岸为汤河入太子河口，北 500 米处为东山南麓。墓地共发现石棺墓 4 座，编号为 M1～M4，其中 M1 和 M2 于 1995 年 2 月被上堡村小学修建渗水井时破坏，1996 年 1 月，本溪市博物馆闻讯后对现场进行了调查，并收回了墓内出土的文物。同年 10 月，本溪市博物馆的专业人员对该墓地进行了清理，又发现了 M3、M4，并做了清理。

---

① 王增新：《辽宁抚顺市莲花堡遗址发掘简报》，《考古》1964 年第 6 期。

墓地发现的 4 座石棺墓距离相近，分布集中。M1～M3 大体呈东西一线排列，方向为北偏东，M4 位于 M2、M3 的南侧，方向为北偏西。

M1、M2 在施工中被破坏，据现场施工者介绍，两墓均为块石垒砌的石棺墓，平面呈长方形，大小相若，长约 2、宽约 1、深约 1 米。M1 上无盖石，底无铺石，墓口距地表深约 1.5 米，墓内人骨保存完整，仰身直肢，头北足南，陶器和铁凿均葬于足部，身腰两侧各葬青铜短剑 1 件。M2 上覆石板，石板距地表 1 米余，葬式同于 M1，随葬陶器置于墓室东南角。M3 东壁局部遭轻度破坏，余皆保存较好。平面呈长方形，长 1.9、宽 0.5、深 0.45 米，方向 30°。上无盖石，墓口距地表 0.95 米。东、西两壁以小石板叠筑，北壁下部为一长方形块石，上部为叠砌的小石板，南壁为两块立支的板石，板石下垫有小石块。底为黄褐色砂土，无铺石。墓内的人骨头北足南，仰身直肢。西南角随葬陶器 2 件。M4 破坏较重，仅存中部。方向 328°。其上尚存三块盖石板，上距地表 1.2 米，两壁以块石和小石板叠筑。墓内出土 1 件残缺的陶罐。

4 座墓内出土的 8 件陶器可分为泥质陶和夹砂陶两种，其中泥质绳纹陶罐 4 件，均为轮制，质地坚硬，色呈灰褐，器表饰弦断绳纹和绳纹。这种陶器与辽宁抚顺莲花堡遗址[①]、辽宁铁岭邱台遗址[②]、内蒙古赤峰蜘蛛山遗址[③]、吉林梨树二龙湖遗址[④]、河北易县燕下都第 22 号遗址[⑤] 出土的同类陶器相同或相近，显然是战国晚期或汉初燕国风格的陶器。夹砂叠唇筒腹罐 4 件，陶质疏松，含砂粒粗大，色呈灰褐，手制，器形不规整。这种夹砂叠唇筒腹罐与辽宁辽阳亮甲山 M5、M7 出土的同类陶罐相似[⑥]。

M1 出土的 2 件青铜短剑，一件（M1:3）剑身形制与辽阳亮甲山 M3[⑦]、宽甸县赵家堡子石棺墓[⑧]、本溪县刘家哨石棺墓[⑨] 出土的短剑大体相同，另一件（M1:4）剑身形制与辽宁新宾县大四平、北四平[⑩]、东港市大房身[⑪]、昌图县翟家村[⑫]，吉林集安市五道沟门[⑬] 等地的墓葬中出土的短剑形制相同，其时代亦在战国末或汉初（图 10）。

---

① 王增新：《辽宁抚顺市莲花堡遗址发掘简报》，《考古》1964 年第 6 期。
② 铁岭市文物管理办公室：《辽宁铁岭市邱台遗址试掘简报》，《考古》1996 年第 2 期。
③ 中国社会科学院考古研究所内蒙古工作队：《赤峰蜘蛛山遗址的发掘》，《考古学报》1979 年第 2 期。
④ 四平地区博物馆、吉林大学历史系考古专业：《吉林省梨树县二龙湖古城址调查简报》，《考古》1988 年第 6 期。
⑤ 河北省文化局文物工作队：《燕下都第 22 号遗址发掘报告》，《考古》1965 年第 11 期。
⑥ 孙守道、徐秉坤：《辽宁寺儿堡等地青铜短剑与大伙房石棺墓》，《考古》1964 年第 6 期。
⑦ 孙守道、徐秉坤：《辽宁寺儿堡等地青铜短剑与大伙房石棺墓》，《考古》1964 年第 6 期。
⑧ 许玉林、王连春：《丹东地区出土的青铜短剑》，《考古》1984 年第 8 期。
⑨ 梁志龙：《辽宁本溪刘家哨发现青铜短剑墓》，《考古》1992 年第 4 期。
⑩ 抚顺市博物馆考古队：《抚顺地区早晚两类青铜文化遗存》，《文物》1983 年第 9 期。
⑪ 许玉林、王连春：《丹东地区出土的青铜短剑》，《考古》1984 年第 8 期。
⑫ 李矛利：《昌图发现青铜短剑墓》，《辽海文物学刊》1993 年第 1 期。
⑬ 集安县文物保管所：《集安发现青铜短剑墓》，《考古》1981 年第 5 期。

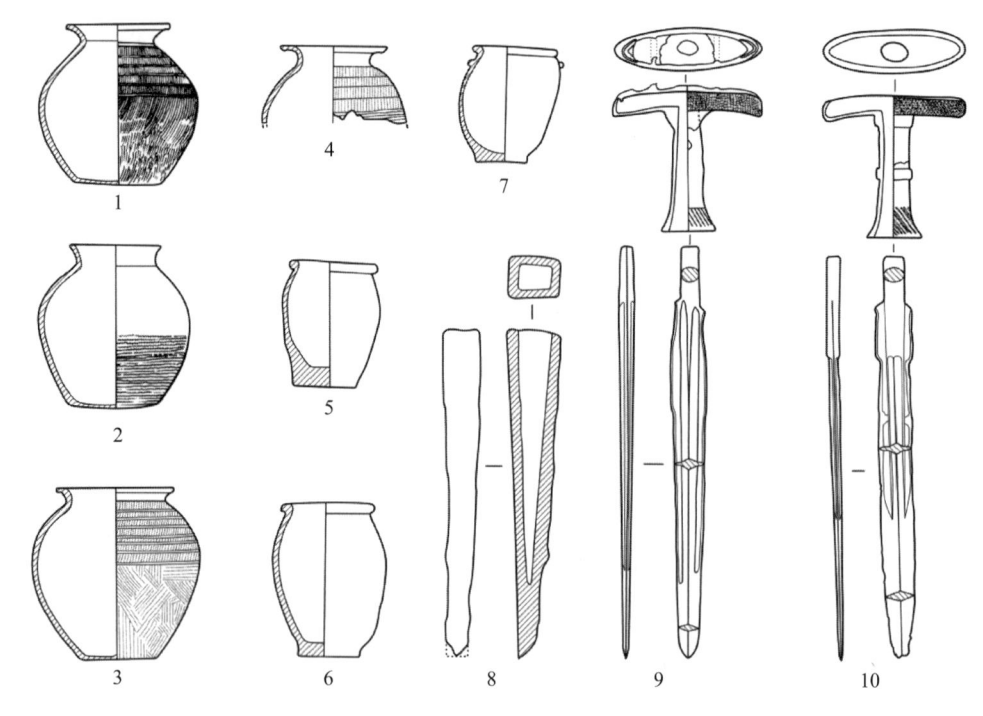

图 10　本溪上堡石棺墓出土器物
1～7.陶罐　8.铁凿　9、10.青铜短剑

发掘者指出，上堡石棺墓的调查与清理，对探讨该地区土著文化与燕国和汉代文化相互融合等问题具有一定的价值。上堡石棺墓出土的泥质绳纹灰陶罐，均系燕汉文化系列的典型器物，出土的青铜短剑和夹砂叠唇筒腹罐则是辽东土著文化系列中的典型器物，二者共出于同一墓葬的现象值得注意。战国晚期，燕国在袭破东胡、灭掉貊国、取朝鲜西部等一系列的东扩活动中，向东北扩张领土，设置郡县，修筑长城障塞，燕汉文化深入到辽东山地。墓中出土的燕汉文化遗物，可能即是上述史实的反映。而墓葬形制、夹砂叠唇筒腹罐、青铜短剑等遗物，则仍然因袭着当地土著文化的固有传统。据此推测，墓葬的主人应是接受燕汉文化的土著居民。墓地所在的太子河上游，青铜时代为貊系民族的主要活动区域，上堡石棺墓地应即该族的晚期遗存。M1出土的折刃剑（M1：4）极具特色，该型剑主要分布于鸭绿江、浑江、太子河流域，其中太子河上游已发现10件，数量最多，当是该型剑分布的中心地带。而这一地带正是后来高句丽民族兴起之地或其周边地区，它与先高句丽文化的关系值得注意[①]。

7. 丹东凤城刘家堡子遗址与瓮棺墓

位于辽宁省凤城市凤山县利民村（现合并为大梨树村）刘家堡子屯，东北距凤城市

---

① 魏海波、梁志龙：《辽宁本溪县上堡青铜短剑墓》，《文物》1998年第6期。

城区 8 千米。遗址处在山间的平地上，地势平坦。在遗址南部边缘有二龙河自西向东流过，村北紧依突起丘岗，村东 1 千米是二龙山。遗址现绝大部分为耕地所占用。

1980 年全省文物普查时，在刘家堡子村及其周围发现大量的西汉时期残碎陶片与瓦片等，在此后的 10 余年里，多次对刘家堡子遗址进行考古调查。1995 年 10 月，辽宁省文物考古研究所对刘家堡子西汉遗址进行了考古发掘，主要目的是要了解遗址的性质、地层堆积、文化内涵与遗存年代等问题。发现许多重要遗迹，并出土一大批典型文物，同时在其北部山坡下，还发掘了一处儿童瓮棺墓群，这些遗存较为明确地反映了该遗址的基本面貌。

房址是一座东西长的南向房屋，已倒塌，因距地表较浅，上面覆盖土层甚薄，由于多年耕种，遗迹遗物已被犁出，故基础遗存不多，如房屋的开间及进深等还不能明确。发现的遗物在房屋的北侧和西侧较为集中，主要是板瓦和筒瓦。紧靠房址北侧，发现一条用灰色瓦片竖立砌成的呈东西走向的整齐的"人行步道"，长 9.4、宽 0.6 米。这种遗存应是房屋建筑上的"散水"结构。在房址内外发现的遗物数量极多，其中有板瓦、筒瓦、瓦当、带瓦当的筒瓦以及花纹方砖、空心花纹砖等（图 11～图 13）。

墓葬区位于刘家堡子村后部小山岗的东坡及岗下平地上，亦即在遗址的东北方向，处在遗址区域之外，由于村民在山岗东侧下部取土，陆续有很多陶罐出土，有时是多个陶罐连接在一起。这种情况在文物普查时被了解到，即被确定为儿童瓮棺墓地，并且可知应有很多这种瓮棺墓被当地村民取土时破坏掉。

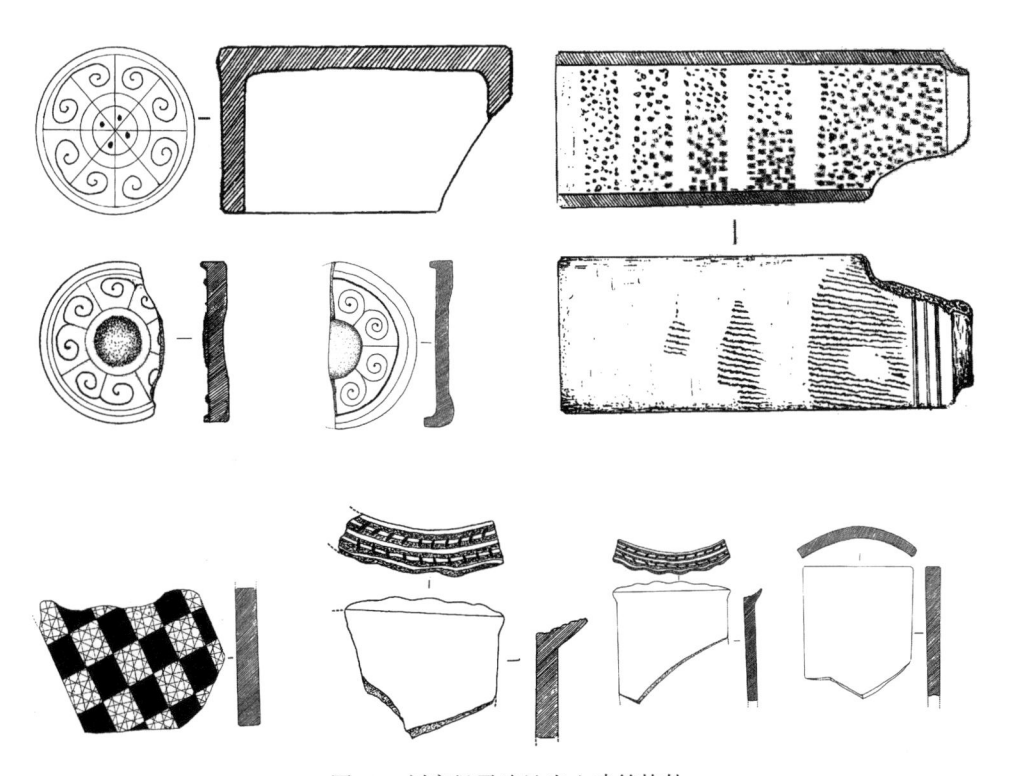

图 11　刘家堡子遗址出土建筑构件

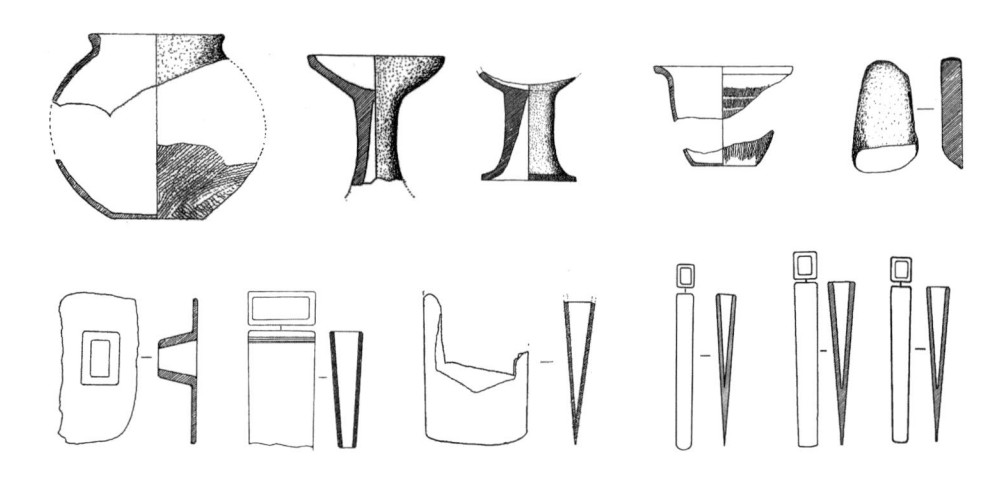

图 12　刘家堡子遗址出土器物

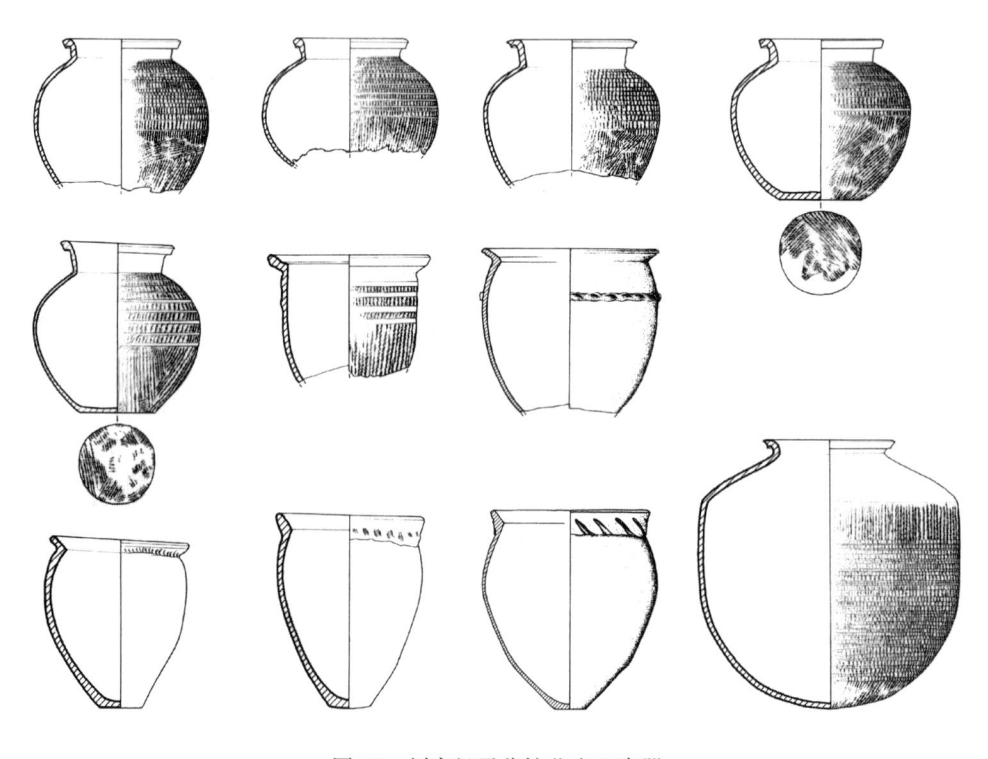

图 13　刘家堡子瓮棺墓出土陶器

本次发掘,在山坡下平地的农田中清理了 2 座儿童瓮棺墓葬,均为 2 个以上瓮罐组成的瓮棺墓,由于上距地表较近,在村民耕种的作用下,瓮棺上部遭到一定程度的损坏,现瓮棺已不够完整。

在半山坡处发现了一处墓群,分布在环山坡的同一个水平层位上。但从其分布情况看,相互间的距离与疏密程度,当中有空位,据此情况可知,有的瓮棺墓可能因被破坏而不存，故出现空位。此次发掘的6座儿童瓮棺墓当非全部，应是被破坏后残存的。这些瓮棺墓葬都是由陶罐连接而成，最少的是2个瓮罐相套合，也有由3个瓮罐套接的，最多的一座为4个瓮罐组成一个瓮棺。瓮棺组合当是由死者年龄和身高等条件决定的，由于死者系儿童，骨殖均保存较差，也无遗物随葬，只能见到少许骨块或痕迹，棺内未见随葬品。因此，作为瓮棺墓地，除一般作为葬具使用的瓮罐外，没有其他遗物。

此处墓地用作"瓮棺"的陶瓮罐的形制，特点十分突出，和以往在辽宁地区如辽阳三道壕西汉儿童瓮棺墓的葬具陶釜和陶罐比较，有很大不同。此地瓮棺墓的瓮、罐，均为泥质夹砂灰陶，有束颈圜底大罐，也有大口小尖底陶瓮，尤其后者，其形制、胎质、火候、颜色等，均为此前所发现的西汉时期相同的釜或瓮所仅见。这种瓮、罐，泥质夹砂，陶质较为粗糙，器表素面，仅有的器物在肩腹部饰条带状附加堆纹，或留有按捺纹，而在陶罐内部多有凸凹不平的大窝点，个别器胎颜色偏白，胎内含有滑石粉，这些特征具有一定的地域特点。但也有的瓮、罐，泥质细腻，胎呈灰色，口边有唇，身见弦纹，火候较高，制工较精，或在腹下部饰密集的细绳纹，如在山岗坡下平地中出土的陶罐，即属于很典型的西汉时期遗物。

从这一墓地的考古发现看，墓葬所用瓮罐特点突出，年代明确，是西汉时期较早并有地方特点的瓮棺墓群。细数该墓地在本次发掘和以前生产破坏的墓葬，其数量应在百座以上，可以称其地为一大墓群。从而也说明该遗址具有相当的规模，才可形如此庞大之墓地。该墓地瓮棺葬具所用材料的瓮罐，为泥质夹砂含滑石粉陶器，口大底小，其形制奇特，且在口沿或肩腹部饰有窝点纹或附加堆纹，与辽阳等地的西汉儿童瓮棺墓的红陶釜不同，特点明显，这不仅有地域的原因，也有年代的关系。因此，这处儿童瓮棺墓的年代，至迟也应为西汉早期，不会过晚[①]。

二、对辽东地区几批战国晚期至西汉初期遗存年代的检讨

上述介绍的几批遗存，辽阳徐往子墓、沈阳热闹路墓、四〇一库墓根据出土遗物分析，无论是器物组合上的鼎豆壶盘，还是器形方面，都是典型的战国时期遗存，其年代没有讨论的余地。

辽阳新城墓自发现以来，一直被定为战国时期遗存，但是经过笔者的研究比对，初步认定其年代应在西汉初。新城墓中出土的陶壶与姜屯汉墓M162：7相近，带耳陶壶与姜屯汉墓M61：33相似，陶罐与姜屯汉墓M185：1相近，铜带钩与姜屯汉墓M163：1近似（图14）。上述姜屯汉墓的年代，报告编写者定为汉文帝至西汉晚期[②]。新城墓出土的铜鼎和铜灯与山西太原尖草坪M1出土的铜鼎和铜灯相近，尤其是

---

① 冯永谦、崔玉宽：《凤城刘家堡子西汉遗址发掘报告——兼论汉代东部都尉治武次县址之地望》，《辽宁考古文集（2）》，科学出版社，2010年。
② 辽宁省文物考古研究所：《姜屯汉墓》，文物出版社，2013年。

铜灯，是典型的西汉时期的豆形灯[①]，太原尖草坪 M1 的年代被发掘者定为西汉中期[②]。新城墓出土的铜盆与陕西凤翔长青乡马道口村出土的几乎一致[③]（图 15），铜盆的年代

图 14　新城墓与姜屯汉墓出土器物比较

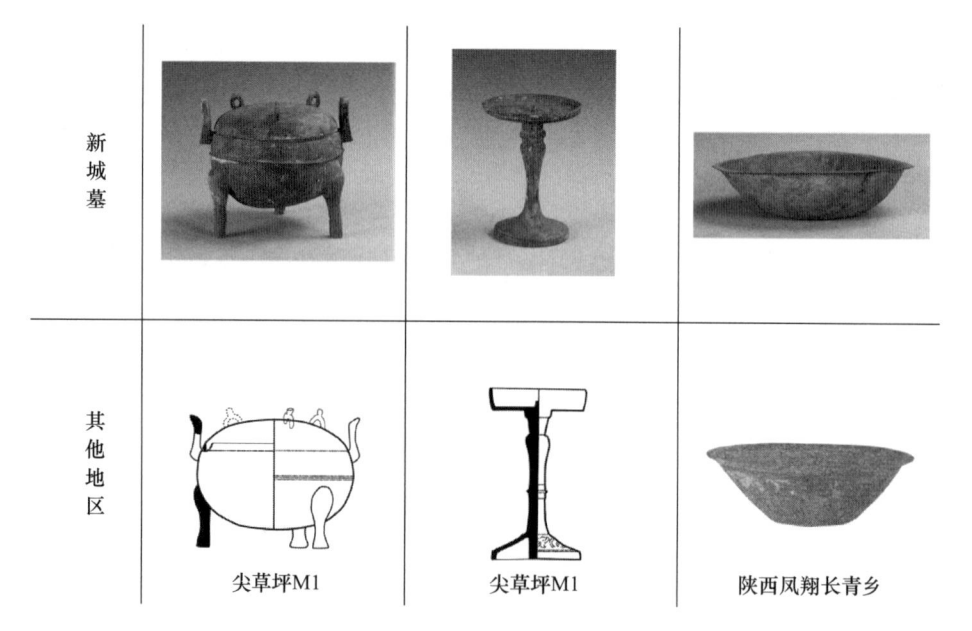

图 15　新城墓与其他地区出土器物比较

---

① 孙机：《汉代物质文化资料图说》（增订本），上海古籍出版社，2011 年。
② 山西省博物馆：《太原市尖草坪汉墓》，《考古》1985 年第 6 期。
③ 王光永：《凤翔县发现羽阳宫铜鼎》，《考古与文物》1981 年第 1 期。

被研究者定为西汉早期[1]。通过以上比对，原来将新城墓葬的年代定为战国是错误的，综合考量墓葬出土的遗物，应重新改定为西汉初为宜。

这里需要附带说明的是：经笔者认真核实原墓葬发掘档案资料以及业内同行告知，新城M2出土有铜鼎，并未出土陶鼎，穆启文论文中发表的陶鼎是辽阳徐往子战国墓中出土的。

丹东凤城刘家堡子遗址与瓮棺墓的发掘者武家昌最初在报道中将遗址的年代定为战国、秦汉时期[2]，后来的发掘报告将遗址的年代定为西汉早期[3]。笔者赞同发掘报告者的意见，刘家堡子遗址与瓮棺墓的年代应为西汉早期。理由是刘家堡子遗址出土的建筑构件筒瓦、云纹瓦当、印花方砖以及建筑散水的做法都是典型的西汉时期，类似的用残瓦铺砌散水的做法在辽宁新宾永陵南城址的西汉时期建筑中也可见到[4]，出土的大部分铁器也是西汉时期。刘家堡子瓮棺墓出土有两类瓮棺葬具，一类是典型的中原文化泥质灰陶绳纹陶器，有瓮和罐两种器形，均满饰绳纹，其中上腹部饰弦断绳纹（图16）；一类是当地的土著陶器，陶质为夹砂含滑石粉陶，器物口大底小，在口沿或肩腹部饰有窝点纹或附加堆纹，与朝鲜半岛的陀螺形陶器相似（图16）。上述中原文化陶器在辽宁朝阳

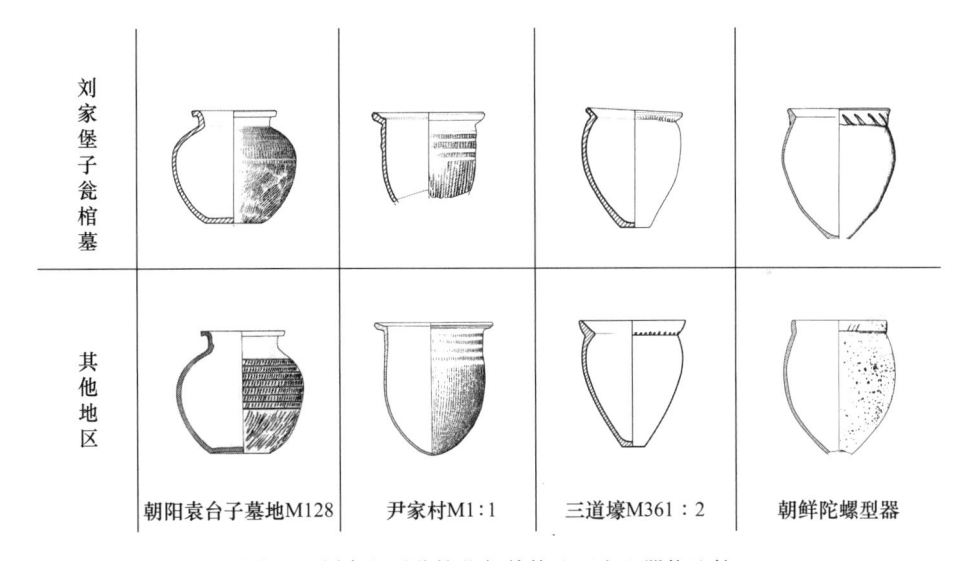

图16 刘家堡子瓮棺墓与其他地区出土器物比较

---

[1] 吴小平：《汉代青铜容器的考古学研究》，岳麓书社，2005年，第154、155页。
[2] 武家昌：《凤城市刘家堡子战国、秦汉遗址》，《中国考古学年鉴1996》，文物出版社，1998年，第119、120页。
[3] 冯永谦、崔玉宽：《凤城刘家堡子西汉遗址发掘报告——兼论汉代东部都尉治武次县址之地望》，《辽宁考古文集（2）》，科学出版社，2010年。
[4] 辽宁省文物考古研究所：《永陵南城址发掘报告》，文物出版社，2018年。

袁台子墓地 M128 发现过，发掘报告的编写者将其年代定在西汉文景时期[①]，笔者表示赞同，那么，凤城刘家堡子瓮棺墓出土的这类中原文化陶器年代应为西汉初期。凤城刘家堡子瓮棺墓出土的陀螺形陶器在辽阳三道壕瓮棺墓地中也出土过，三道壕瓮棺墓地中出土的这类陶器的年代经学者研究，定为西汉初期[②]。因此，综合以上分析，凤城刘家堡子遗址与瓮棺墓的年代应为西汉初期。

本溪上堡石棺墓的年代报告者定为战国末至汉初，上堡石棺墓出土的陶器可以分为两类，一类是中原文化的泥质灰陶绳纹罐，另一类是土著的夹砂圆叠唇筒形罐。通过凤城刘家堡子瓮棺墓出土有与上堡石棺墓相同的中原文化泥质灰陶绳纹罐来看，可以进一步明确上堡石棺墓的年代在汉初，同样也进一步明确了墓地出土的土著夹砂圆叠唇筒形罐的年代亦应在汉初。

抚顺莲花堡遗址的年代比较复杂，出土的一批铁器的年代可以早到战国晚期，但铁器的出土单位不详，也没有共出的陶器。遗址出土的陶器也可以分为三类，第一类是中原文化的泥质灰陶绳纹罐，与刘家堡子瓮棺墓、上堡石棺墓出土的同类罐相同；第二类是土著的夹砂大口小底陀螺形罐；第三类是土著的夹砂圆叠唇筒形罐。由于莲花堡遗址的中原文化泥质灰陶绳纹罐与刘家堡子瓮棺墓、上堡石棺墓的同类器物别无二致，所以，它们的年代都应在西汉初期。

三、相关问题的讨论

明确了上述几批战国晚期至西汉初期遗存的年代后，我们有必要就与之相关的几个问题展开讨论。

首先要讨论的是东北亚系青铜短剑的年代下限问题。上堡石棺墓出土了 2 柄青铜短剑，报告者指出："M1 出土的折刃剑（M1∶4）极具特色，该型剑主要分布于鸭绿江、浑江、太子河流域，其中太子河上游已发现 10 件，数量最多，当是该型剑分布的中心地带。而这一地带正是后来高句丽民族兴起之地或其周边地区，它与先高句丽文化的关系，值得注意。"[③] 上文我们把上堡石棺墓的年代定为西汉初期，那么，相应地上堡石棺墓出土的这 2 柄青铜短剑的使用年代也可以晚到汉初。林沄先生也明确指出上堡 M1 出土的这种剑的流行年代在秦汉之际[④]。

其次是铁器传入辽东地区的时间问题。到目前为止，战国时期燕国的铁器在辽东地

[①] 辽宁省文物考古研究所、朝阳市博物馆：《朝阳袁台子——战国西汉遗址和西周至十六国时期墓葬》，文物出版社，2010 年。
[②] 陈大为：《辽阳三道壕儿童瓮棺墓群发掘简报》，《考古通讯》1956 年第 2 期。
[③] 魏海波、梁志龙：《辽宁本溪县上堡青铜短剑墓》，《文物》1998 年第 6 期。
[④] 林沄：《中国东北系铜剑再论》，《考古学文化论集（四）》，文物出版社，1997 年。

区成批地发现有两批,一是抚顺莲花堡遗址[①],二是宽甸黎明铁器窖藏洞穴址[②]。这两批材料可能与战国晚期秦灭燕国、燕王退保辽东有关。因为在辽东的战国墓中还未出土过铁器,而在稍晚的汉初墓葬中则有铁器出土,如本溪上堡石棺墓、桓仁大甸子青铜短剑墓[③]、昌图翟家青铜短剑墓[④]等。表明中原铁器大规模地传播到辽东地区是在战国末至汉初,但作为随葬品出现在墓中则是到了西汉初年。

再次是辽东地区一些战国晚期至西汉初期的遗址和墓葬的年代问题。辽东地区战国晚期至西汉初期的遗址和墓葬除了上述提到的以外,比较大的还有铁岭的邱台遗址[⑤]、吉林梨树县的二龙湖古城址[⑥]。二龙湖城址的年代报告者定为战国到汉初,邱台遗址的年代报告者定为战国至汉代。这两处遗址出土的中原文化泥质灰陶绳纹罐与凤城刘家堡子遗址与瓮棺墓、本溪上堡石棺墓出土的同类器物相似,因此,这两处遗址的年代究竟能否早到战国时期,还需要今后进一步加强研究。

四、结　语

本文通过对辽东地区几批战国晚期至西汉初期的考古材料的年代分析,明确了辽阳的徐往子墓、沈阳热闹路墓、沈阳四〇一库墓的年代为战国晚期。

辽阳新城墓、本溪上堡石棺墓、丹东凤城刘家堡子遗址与瓮棺墓的年代为西汉初期。

抚顺莲花堡遗址的铁器虽可早到战国晚期,但铁器的使用寿命要远比陶器长,不排除铁器的铸造年代为战国晚期,使用年代可能已经进入到西汉初年。莲花堡遗址的中原文化泥质灰陶绳纹罐与刘家堡子瓮棺墓、上堡石棺墓出土的同类器物几乎一致,从陶器的视角来看,其年代已经进入到西汉初年。由此引发我们进一步对铁岭邱台遗址、吉林梨树二龙湖古城址年代的思考,对上述两处遗址详细的研究有待相关资料全面发表后进行。

上堡石棺墓还出土了 2 柄东北亚系青铜短剑,关于这种类型青铜短剑的年代问题,传统的认识是在战国末至西汉初,通过本文的研究,可以明确它的年代能晚到西汉初期,这对于我们认识这种类型的东北亚系青铜短剑的年代下限问题具有很大的参考价值。

---

① 王增新:《辽宁抚顺市莲花堡遗址发掘简报》,《考古》1964 年第 6 期。
② 许玉林:《辽宁宽甸发现战国时期燕国的明刀钱和铁农具》,《文物资料丛刊》3,文物出版社,1980 年。
③ 曾昭藏、齐俊:《桓仁大甸子发现青铜短剑墓》,《辽宁文物》1981 年第 1 期(总第 2 期)。
④ 李矛利:《昌图发现青铜短剑墓》,《辽海文物学刊》1993 年第 1 期。
⑤ 铁岭市文物管理办公室:《辽宁铁岭市邱台遗址试掘简报》,《考古》1996 年第 2 期。
⑥ 四平地区博物馆、吉林大学历史系考古专业:《吉林省梨树县二龙湖古城址调查简报》,《考古》1988 年第 6 期。

基于以上认识，我们再来看吉林桦甸西荒山屯青铜短剑墓[①]，墓中出土的青铜短剑有两大类，一类是东北亚系铜剑，另一类是双鸟回首式短剑，发掘报告编写者把墓地的年代定为战国晚期至汉初。东北亚系铜剑与本溪上堡石棺墓出土的比较接近，双鸟回首式短剑在中国东北地区出现得较晚，目前来看，还没有证据证明它可以早到战国晚期，加之墓内出有铁器，那么，墓地的年代极有可能在西汉初年。

---

① 吉林省文物工作队、吉林市博物馆：《吉林桦甸西荒山屯青铜短剑墓》，《东北考古与历史》第一辑，文物出版社，1982年。

成都平原秦至西汉墓葬反映的汉化进程之考古学观察*

颜劲松　陈云洪
（成都文物考古研究院）

本文所涉及的空间范围为狭义的成都平原[①]，包括历史上秦代的蜀郡、两汉时期的广汉郡、蜀郡和犍为郡。为更好地探讨成都平原秦至西汉墓葬的变化规律，墓葬年代上限可到战国末，下限至王莽时期，个别可晚至东汉初，主体材料集中在秦至西汉。本文所提及的"汉化进程"，是指汉文化进入成都平原后引起的丧葬制度、习俗等方面发生变化，从而导致墓葬形制、随葬器物等物质文化发生变化的过程。墓葬作为丧葬文化、丧葬礼制的一种载体，反映出当时社会的价值观、行为方式以及其他社会、经济等方面的情况，可以说是制度的反映，因而本文立足于墓葬的变化来探讨汉化的进程。

狭义的成都平原，是古蜀文化的核心区域，从该区域秦汉墓葬的发展演变入手，探讨成都平原的汉化进程，不仅具有代表性，也具有重要意义。1949年以来，该区域先后发现有郫县花园别墅和风情园[②]、广汉二龙岗[③]、什邡城关[④]、青白江包家梁子[⑤]和大同磷肥厂[⑥]、郫县古城[⑦]、龙泉驿北干道[⑧]、蒲江飞龙村盐井

---

* 本文是国家社科基金中国历史研究院重大历史问题研究专项"秦汉统一多民族国家形成过程的考古学研究"（项目批准号：LSYZD21018）的阶段性成果。

[①] 狭义的成都平原包括以都江堰、绵竹、罗江、金堂、新津、邛崃为边界的岷江、沱江冲积平原，是构成川西平原的主体部分。

[②] 成都市文物考古研究所、郫县博物馆：《郫县风情园及花园别墅战国西汉墓群发掘报告》，《成都考古发现（2002）》，科学出版社，2006年。

[③] 四川省文物考古研究院、广汉市文物保护管理所：《广汉二龙岗》，文物出版社，2014年。

[④] 四川省文物考古研究院、德阳市文物考古研究所、什邡市博物馆：《什邡城关战国秦汉墓地》，文物出版社，2006年。

[⑤] 成都文物考古研究院：《成都包家梁子墓地考古发掘报告》，科学出版社，2018年。

[⑥] 成都文物考古所、青白江区文物保护管理所：《成都市青白江区大同磷肥厂工地汉墓发掘报告》，《成都考古发现（2008）》，科学出版社，2010年。

[⑦] 成都市文物考古研究所、郫县博物馆：《四川郫县古城乡汉墓》，《考古》2004年第1期。

[⑧] 成都市文物考古研究所、龙泉驿区文物管理所：《成都龙泉驿北干道木椁墓群发掘简报》，《文物》2000年第8期。

沟[①]等秦汉墓地，基本涵盖了从战国末至王莽时期的各个时段，墓葬形制和随葬器物具有代表性，为研究成都平原秦汉时期墓葬发展变化提供了便利的条件。

一、汉文化在成都平原秦至西汉墓葬中的反映

要讨论汉化进程问题，须弄清汉文化的含义及形成时间。有人认为："'以汉字为载体''以汉族文化为主体''以汉朝为标志'三者有机全面地构成汉文化的主要含义。"[②]汉字、汉朝很好理解，而汉族文化又涉及汉族的形成，汉族的形成与汉文化的形成有着密切的关系，是先有汉族，然后才有汉族文化，汉民族的形成，才能为汉文化的形成打下坚实的基础。范文澜先生认为，汉族在秦汉时期已经形成："因为自秦汉起，汉族已经是一个相当稳定的人们共同体……汉族在秦汉时期的形成，是因中国的统一（也即是集权国家内）由封建地主阶级来完成的。"[③]也有人以为"汉朝是汉族正式形成的时期"[④]。汉朝的建立，不仅给汉族正名，也给汉文化定了名，同时赋予它新的活力。俞伟超先生认为：汉文化是从秦文化和六国文化基础上发展而来的，是一个渐变的过程，"汉初的六七十年就是这个渐变阶段，最后形成了一个完整形态的汉文化，因而此阶段又可认为是汉文化的形成期"[⑤]。西汉政权的建立，使华夏一族正式转变为稳定汉族，经过西汉早期的发展，汉文化得以最终正式形成。

汉文化在考古学上最显著的反映就是墓葬中以日用器代替礼器随葬，特别是反映封建经济的模型明器，在武帝后日益发达。"埋葬制度进入一个新阶段……随葬品中成组礼器消失，主要是各种日用器皿和象征庄园生活乃至墓主身份的模型明器。"[⑥]西汉中期，在中原和关中地区出现砖室墓，随即得到迅速发展，到东汉时期，砖室墓已推广至汉帝国的各个区域。有学者认为：新兴的开通型砖室墓出现并代替传统密闭型椁墓，是在战国"礼崩乐坏"时代背景下，旧有魂魄思想和生死观及由此派生的祖灵祭祀在内容与形式上均发生了巨大变化，促成这一划时代变化的动力主要来自汉代社会及其思想意识等各方面发生重大变化。"祖灵祭祀从内容到形式上发生的变化，反映出汉代社会结构发生重大变化。而实施祖灵祭祀的场所及祭祀对象的变化，又同儒教所倡导的'孝'的精神一拍即合。"[⑦]而这个"孝"，正是汉文化的核心思想价值观，所以砖室墓出现理应成为汉文化在考古学上的标志之一。

[①] 成都市文物考古工作队、蒲江县文物管理所：《成都市蒲江县船棺墓发掘简报》，《文物》2002年第4期；成都文物考古研究所、蒲江县文物管理所：《蒲江县飞龙村盐井沟古墓葬》，《成都考古发现（2011）》，科学出版社，2013年。
[②] 陈玉龙、杨通方、夏应元等：《汉文化论纲》，北京大学出版社，1993年，第19页。
[③] 范文澜：《试论中国自秦汉时成为统一国家的原因》，《历史研究》1954年第3期。
[④] 陈玉龙、杨通方、夏应元等：《汉文化论纲》，北京大学出版社，1993年，第14页。
[⑤] 俞伟超：《考古学中的汉化问题》，《古史的考古学探索》，文物出版社，2002年。
[⑥] 俞伟超：《秦汉考古学文化的历史特征》，《古史的考古学探索》，文物出版社，2002年。
[⑦] 黄晓芬：《汉墓的考古学研究》，岳麓出版社，2003年，第2页。

成都平原秦至西汉墓葬，有竖穴土坑墓、砖室墓；从平面形状看，有狭长形、长方形；从葬具看，可分为无葬具墓和有葬具墓，葬具有木椁、木棺、木板，棺有长方形棺、船棺。狭长形土坑墓一般为无葬具墓或船棺墓，这是本地蜀文化因素的墓葬形制，长方形竖穴土坑墓包括无葬具墓、木椁墓、木棺墓，具有秦、楚文化因素，后为汉文化吸收，木板墓是船棺向木椁、木棺墓过渡的一种形制，砖室墓则是具有典型汉文化因素的墓葬形制。随葬器物有陶、铜、漆木器等，以陶器为主，铜器次之，漆木器不易保存，其他质地的随葬器物很少，故本文主要分析陶器、铜器的类型与组合变化。陶器有大口瓮、圜底罐、大口圜底釜、有领圜底釜、中柄豆、矮圈足豆、釜形甑、釜形鼎、汉式平底罐、直口圜底釜、盔形釜、小口瓮、折腹盆、弧腹盆、折腹钵、钵形甑、折腹盆形甑、弧腹盆形甑、耳杯、瓯、缸、圆柱足鼎、蹄足鼎、盒、长颈平底壶、圈足壶、钫、蒜头壶、井、灶、仓、房、案及狗、猪、鸡、人物俑等，铜器有圜底釜、鍪、釜形甑、柳叶形剑、三角援无胡戈、荷包形钺、弓形耳矛、斤、凿、鼎、锺、钫、洗等。这些随葬器物从形制特征分析，具有复杂的文化因素，包括蜀、秦、楚及汉文化特征。通过对随葬器物的文化因素分析，可以把成都平原秦至西汉墓葬随葬的陶、铜器分为四组：第一组，具有本地蜀文化因素的器物，包括陶大口瓮、圜底罐、大口圜底釜、有领圜底釜、中柄豆、矮圈足豆、釜形甑、釜形鼎，以及铜圜底釜、鍪、柳叶形剑、三角援无胡戈、荷包形钺、弓形耳矛、斤等；第二组：具有秦文化因素的器物，包括陶盔形釜、小口瓮、折腹钵、折腹盆、蒜头壶、早期形态的折腹盆形甑，和铜蒜头壶、三弦镜等；第三组：具有楚文化因素的器物，包括陶直口圜底釜、缶、长颈平底壶、圆柱足鼎，和铜缶、敦等；第四组：具有汉文化因素的器物，即经过汉初六七十年发展而形成的汉文化，在墓葬中表现为随葬器物以日用生活器及反映封建经济、墓主身份的模型明器替代礼器，具有典型的汉文化特征，包括大部分陶汉式平底罐、盆、瓯、耳杯、缸、汲水小罐、仿铜鼎、盒、壶、钫等，以及井、灶、仓、案等模型明器和俑类，铜器包括鼎、锺、钫、洗等。然而有些类型陶器的文化属性并不是一成不变的，如折腹钵，最初是典型的秦器，随后发展成本地汉文化的标型器物。通过对随葬器物文化因素的分组研究，可以发现四组器物在墓葬中此消彼长的变化。据此变化，结合墓葬形制和每组器物伴出的钱币，可对墓葬进行分期研究和年代推断，从而揭示成都平原秦至西汉墓葬汉化进程的特点和规律。

根据四组器物在墓葬中的组合和墓葬形制的变化，可把成都平原秦至西汉墓葬分为三期（图1）：

一期墓葬的随葬器物以第一组为主，少量可见第二、三组。根据一期墓葬随葬器物一、二、三组器物各自的变化，可以分为早晚两段。

早段：第一组器物陶圜底罐、圜底釜、大口瓮、矮圈足豆为较固定的组合，最为常见。中柄豆为蜀文化因素器物，从战国早中期延续下来，只在个别墓地出现。釜形甑、釜形鼎也是墓葬中常见的蜀文化因素器物，多数墓地都能见到，但并非每墓必出。铜器以具有本地特色的兵器、工具、生活容器为主。第二组器物主要有陶折腹钵、蒜头壶和三弦铜镜等。第三组主要有陶直口圜底釜、长颈平底壶、圆柱足鼎和铜缶、敦等，仅在个别墓地出现。墓葬形制有狭长形土坑无葬具墓、船棺墓、长方形竖穴无葬具墓、木椁墓、木棺墓。典型墓葬有包家梁子 M20、M39、M48、M69、M90、M99、M151，城关 M24、M59、M65、M95、M98，花园别墅 HM10、HM13，二龙岗 M37、M38、M48，飞龙村 M1，盐井沟 M1～M5 等，出土的钱币均为战国晚期半两和秦半两，年代在战国末至秦统一。

晚段：第一组器物中的陶圜底罐、圜底釜、大口瓮、矮圈豆仍占据较大比重，但组合已较为松散，或两两组合，或单独出现，釜形鼎少见，中柄豆消失；铜器中兵器和工具很少见，以圜底釜、鍪等生活器为主。第二组器物中陶器类型继承了早段传统，只是形制发生了变化，数量也增多，三弦铜镜消失。第三组器物急剧减少，长颈平底壶已很少见，圆柱足鼎和铜缶、敦消失。墓葬形制方面，狭长形土坑墓、船棺墓均已消失，长方形竖穴土坑墓发生变化，由窄长方形向宽长方形发展，近方形竖穴土坑墓增多，葬具仅用木椁或木棺，也有棺椁并用，一椁一棺、一椁多棺。典型墓葬有包家梁子 M32、M34、M87、M122、M127、M139、M141、M158、M165、M196，二龙岗 M43、M36，城关 M21、M67 等，出土钱币均为战国晚期半两、秦半两和汉初半两，年代在汉初高吕时期。

二期墓葬随葬器物风格发生了重大转变，第一组器物仍占有一定比例，但第四组器物大量增加，占据较大比例。第一组器物中，陶圜底釜、圜底罐、大口瓮、矮圈足豆虽还广泛存在，但已分散出现，不再是固定组合，数量大为减少；铜器中蜀式兵器、工具完全消失，生活器仍然存在。第四组器物以陶汉式平底罐为主，另有弧腹盆形甑、钵形甑、瓯、耳杯、缸，模型明器开始出现，以井、灶为主，偶见仓和狗俑，同时，仿铜陶礼器鼎、盒、圈足壶、钫出现较多；铜器有鼎、锺、钫、洗等。第二组器物中具有秦文化因素的器物，或消失，如陶小口瓮，或发展成本地汉文化因素的标型器，如陶折腹钵、折腹盆，或仅零星存在，如蒜头壶。第三组器物也极少发现，绝大部分消失。本期的墓葬形制，以长方形竖穴土坑木椁墓为主，一椁一棺或多棺，木棺墓减少，宽长方形（近方形）增多，在本期晚段，墓葬形制出现革命性变化，那就是汉文化在考古学的标志之一——砖室墓已开始出现。典型墓葬有包家梁子 M54、M72、M97、M113、M144、M156、M167，磷肥厂 M1、M5、M8、M9、M14、M15，花园别墅 HM1、HM5，风情园 FM12、FM16，二龙岗 M2、M12、M20、M21、M22、M23、M26、M28、M40、M42、M46，城关 M53 等。墓葬中出土钱币有战国晚期半两、秦半两、汉初半两、四铢半两、郡国五铢、武昭宣时期三官五铢，或仅出半两，或半两、五铢共存，或仅出五铢。根据钱币和器物的形制特征推断，墓葬年代在文景至武昭宣时期。

三期墓葬随葬器物发生了颠覆性变化，第四组器物占据绝对主导地位。第一、二组陶器几乎绝迹，仅存大口圜底釜、折腹钵，形制发生很大变化，成为本地汉文化因素器物。第三组消失殆尽。第四组器物与三期相比也有变化，仿铜陶礼器很难见到，以生活类日用陶器为主，模型明器的数量和种类均在增加，新出现陶案、房模型，俑的数量和种类也在增加，新出现鸡、鸭、人物俑等，人物俑多为小型劳作俑。墓葬形制与二期相同，但砖室墓增多。典型墓葬有包家梁子 M2、M3、M8、M129、M168，磷肥厂 M2、

M7、M10、M13等，出土钱币有昭、宣时期的三官五铢，元帝以后的三官五铢及货泉。依据钱币和器物的形制特征推断，本期墓葬年代在元帝至王莽时期，个别墓葬可能晚至东汉初。

从成都平原秦至西汉每期墓葬的器物组合看，一期以具有本地蜀文化因素的器物占主导地位，兼有秦、楚文化因素的器物。墓葬形制早段还可见本地文化特征的狭长形土坑墓和船棺墓，晚段则消失。这些特征均与秦灭蜀后及汉初的移民政策有关。二期开始，随葬器物组合发生重大变化，具有汉文化特征的第四组器物明显增加，以日用生活器物和反映封建经济的模型明器随葬，同时，二期晚段出现了砖室墓，随葬器物组合和墓葬形制的重大转变，反映出汉代社会结构和丧葬观念发生了重大变化，是与汉文化的核心思想价值"孝"息息相关的。二期的这些变化，是武帝两次开发西南边疆和采取"罢黜百家，独尊儒术"的措施导致的，这些措施使得汉文化迅速传入成都平原，汉文化开始在成都平原形成，在司马迁的《史记》中，成都平原不再是"西南夷"的范畴。到了三期，随葬器物则以第四组占绝对地位，日用生活器、模型明器、俑类大量出现，仿铜陶礼器偶见，但仿铜陶礼器已经日用化，不再具有礼器功能，反映了"汉制"的逐渐形成，砖室墓日渐增多，渐成主流，进入东汉，几乎不见土坑墓，标志着汉文化在本期正式形成并稳固发展。

通过对成都平原秦至西汉墓葬随葬器物和墓葬形制的分析，可以窥见成都平原汉化的大致进程，然而这个进程并非整齐划一，不同墓地反映出的汉化进程也有显著差异。以下对一些典型墓地进行分析，以期能更深层次地揭示成都平原汉化进程的规律和特点。

二、典型墓地分析

（一）城关墓地

城关墓地共清理墓葬98座，年代从战国早期至西汉中期，墓葬形制有船棺墓、狭长形无葬具土坑墓、长方形竖穴土坑无葬具墓、木椁墓、木板墓。船棺墓49座，狭长形土坑墓21座，二者共70座，占71.4%，且二者从战国早期到战国晚期长期共存，随葬器物组合与风格一致，均以具有本地蜀文化因素的器物随葬，陶器有大口圜底釜、圜底罐、有领圜底釜、矮圈足豆、中柄豆等，铜器以具有本地特色的兵器和工具为主，所以，城关是一处典型的本地土著居民的墓地。战国早中期还可见到尖底盏等早期蜀文化特征的器物。至战国中期，随葬品中出现了具有楚文化因素的器物，如陶壶、缶和铜敦等，墓葬形制也出现了较规整的长方形竖穴土坑墓。到了战国末期至秦，船棺墓、狭长形土坑墓皆已不见，墓葬形制以长方形竖穴土坑墓为主，有零星木板墓，但随葬器物仍以具有本地文化因素的器物为主，本地文化特征的陶器也在发生变化，如出现大口瓮，中柄豆很难见到，矮圈足豆增多，楚式器物消失，秦文化因素的器物开始出现并渐增，如小口瓮、折腹盆、折腹盆形甑和秦半两钱等。西汉早期，墓葬形制多样化，有长方形土坑墓、木板墓、木椁墓，随葬陶器组合与战国末至秦的相近，铜器组合变化很大，本地文化因素的兵器、工具很难见到，几乎绝迹，钱币为汉初半两，根据陶器风格特征和半两钱看，年代大致在高吕时期。至西汉中期，仅发现一座近方形土坑墓 M53，随葬器物组合、风格发生很大变化，以汉式平底罐为主，但仍可见到本地特色的陶大口圜底釜、釜形甑，出现了五铢钱；从陶汉式平底罐、大口圜底釜、五铢钱看，年代当在昭宣时期或更晚一点。

　　城关墓地是一处典型的本地土著居民的墓地，虽然西汉早中期之间有小的缺环，但通过与其他墓地对比仍可发现，汉化在城关墓地是一个缓慢的过程。墓地在发展过程中发生了两次大的转变，第一次在战国末至秦，第二次在西汉中期。有人认为战国中期蜀国有"郂竝"之地，并考证"郂竝"即后世蜀之"什邡"[①]。什邡处于蜀至秦的交通要道上，故"郂竝"当为蜀之重地，发现大型船棺墓地并非偶然，且墓葬中出土大量兵器。公元前 316 年，秦灭蜀，正因地理位置的重要，秦为加强统治措施，在战国晚期于蜀郡置"汁邡"县[②]。该时段部分陶器流行戳记印，这是秦人的习惯做法，当为秦加强统治措施之一，故战国末至秦，墓地发生第一次转变，船棺墓、狭长形土坑墓消失，而采用长方形竖穴土坑墓，或无葬具，或以木板为葬具，然而仍以具有本地文化风格的器物随葬，偶见秦文化因素的器物，楚式风格器物消失，说明这一时期本地土著的传统势力依然强大，竭力维护原有的丧葬习俗，此阶段的墓葬主人仍以本地土著居民为主，此阶段的陶器流行戳印记，这既是秦人加强统治的措施，也是秦人流行的做法，施戳印的陶器或可能是丧葬明器商品，生产者可能是本地居民，也有可能是迁徙而来的秦移民，不排除这一时期墓葬主人有少数秦移民。秦移民受当地文化的影响，在同化土著民（墓葬形制的改变）的同时也在被夷化（采用当地文化因素器物随葬）。西汉高吕时期，情况和战国末至秦相近，只是墓葬形制更加多样化，出现木椁墓，而木椁墓在其他墓地如包家梁子，战国末至秦已很常见，但城关墓地在这一时期才出现，随葬陶器仍以蜀文化特征的器物为主，只是本地特色的铜兵器、工具很少见到，说明本地旧传统势力仍然较强，在被动接受改变的同时，依然尽力保持原有丧葬传统，本地特色的铜兵器、工具的减少，乃因为西汉王朝郡县制的加强，土著居民社会角色发生变化，不再是亦农亦兵。城关墓地不见文景至武帝时期墓葬，情况不详。昭宣时期的墓葬承接高吕时期的墓葬形制，随葬品以汉文化因素的器物为主，发生了第二次转变，然而与二龙岗、包家梁子墓地相比也有差异，如在二龙岗、包家梁子等墓地于文景时期已出现的反映封建经济的井、灶等模型明器，以及西汉中期在其他墓地常见的仿铜陶礼器，在城关墓地却不见，具有本地文化特色的釜形甑在西汉中期的其他墓地已消失，而城关墓地仍然保留，说明城关墓地西汉中期墓葬主人仍以土著居民为主，在汉化进程中依然顽强地保持部分旧有的丧葬习俗，被动地接受汉化，且汉化过程十分缓慢。

---

① 董珊：《释楚文字中的"汁邡"与"胸忍"》，《出土文献》（第 1 辑），中西书局，2010 年，第 165 页。
② 左志强：《西安相家巷所见蜀郡秦封泥考述二题》，《出土文献综合研究集刊》（待刊）。

（二）盐井沟墓地

盐井沟墓地位于成都平原西南边缘低山地带。1998年和2006年两次抢救清理6座墓葬，加上被破坏的2座，共8座墓葬，其中船棺墓6座，长方形土坑无葬具墓2座。2006年清理的5座墓大致呈东北—西南向成排分布，当为一家族墓地，年代集中在战国末至秦，随葬器物以第一组本地蜀文化因素器物占主导，陶器有圜底罐、大口圜底釜、矮圈足豆、中柄豆、釜形甑等，偶可见到楚式陶缶，铜器有三角援无胡戈、柳叶形剑、弓形耳矛、荷包形钺、圜底釜、鍪、斤等兵器和工具。1998年清理的船棺墓，随葬器物与上述5座墓葬相近，陶器有大口瓮、圜底罐、大口圜底釜、中柄豆，铜器有带钩、镎等。从墓葬形制、随葬器物分析，盐井沟墓地主人应是本地土著居民，部分墓主具有一定的社会地位，年代虽可晚至秦，但仍以船棺墓为主，且随葬器物无论陶器还是铜器，均以具有本地文化特征的第一组器物占绝对主导地位，战国中期流行的中柄豆、三角援无胡铜戈等仍在墓中常见，说明本地土著居民对外来文化的排斥及竭力维护原有丧葬习俗的现象。这种情况与城关墓地既有相似，又有不同，城关墓地这一时期墓葬中，船棺墓已消失，而盐井沟仍以船棺墓为主。

（三）包家梁子墓地

包家梁子墓地共清理发掘墓葬180座，年代从战国末至东汉中晚期。墓葬有竖穴土坑墓和砖室（棺）墓两大类，竖穴土坑墓包括木椁墓、木棺墓、木板墓和无葬具墓，以长方形为主，共165座，占总数的91.7%，其中无葬具墓11座，占6.1%，木椁墓120座，占66.7%，木棺墓29座，占16.1%，木板墓4座，占2%。如果说木板墓是从船棺墓发展而来[①]，带有本地文化因素，那么从墓葬形制看，墓地主人当以外来移民为主。该墓地战国末至西汉初期的陶器，如大口瓮、圜底罐等肩部常发现有戳记印，如前所述，陶器戳记印是秦人的习惯做法，且在战国末至秦的墓葬中已使用蒜头壶、折腹钵、折腹盆、三弦铜镜等典型秦器随葬，墓地还发现有殉狗习俗，战国末至秦殉狗墓葬占31.2%，西汉高吕时期占19.5%，文景到武帝前期占12.5%，殉狗也是秦人的丧葬习俗，年代越早，殉狗比例越高，综合分析，包家梁子应是以秦人为主的移民墓地。2021年，因配合基建，包家梁子又清理了一批墓葬，其中M50为一座长方形竖穴土坑墓，出土1件陶瓮（M50∶1）肩部有长方形戳记印，印文"新都"[②]。根据新的考古发现和文献记载，秦汉已设立新都县，县治就在今青白江区城厢镇[③]。城厢镇东北部有一条东西向浅丘——壁焦梁子，其上分布着大量秦汉时期墓葬，当是新都城的公共墓地。

---

① 宋治民：《什邡、荥经船棺葬墓地有关问题探讨》，《四川文物》1999年第1期。
② 资料由杨洋提供，现存成都文物考古研究院。
③ 索德浩、杨洋：《汉代新都城初考——基于考古新发现》，《四川文物》（待刊）。

新都县的设置，应是秦灭蜀后，采取加强统治、推行郡县制的结果，城内居民可能以秦移民为主。而包家梁子正位于壁焦梁子中部，墓地主人应是新都城居民。这些秦移民到达蜀地后，采用了原住地的墓葬形制，未采用船棺葬和狭长形土坑墓，从战国末到西汉中期皆以长方形竖穴土坑木椁墓为主，墓坑以直壁占绝对主流，较少的木棺墓，木板墓和无葬具墓仅零星可见，这与北干道木椁墓群楚移民墓葬形制有较大区别，未发现木椁分箱的现象；受社会和环境的影响及限制，随葬器物只能在当地采置，故战国末至秦的墓葬采用了具有本地文化因素的第一组器物随葬，但在战国末至西汉初期墓葬中，已不见蜀式铜兵器和工具，这正说明包家梁子墓主与城关墓主有着本质区别，那就是墓主族属和社会角色不同。至文景时期，已可见到少量第四组器物，如部分汉式平底陶罐和井、灶模型明器。到了西汉中期，第四组器物已占主流，并出现陶狗等俑类。另外，包家梁子在西汉中期偏后已可见到零星的砖室墓。如 M54 为小型砖室墓，以扇形、楔形素面砖筑墓，横向并列拱顶，葬具为木棺，具有四川地区早期砖室墓特点[1]；从随葬器物看，其出土的井、灶、罐等陶器具有西汉早中期的形态特征，有的可晚至中期晚段，且出土的钱币为秦半两、汉初半两、四铢半两、郡国五铢、昭宣时期三官五铢共存。根据陶器风格特征和钱币，结合墓葬形制，M54 年代推断在西汉中期偏晚是可靠的。到了西汉晚期至王莽，砖室墓逐渐增多，随葬器物基本为第四组，本地因素的器物仅可见陶大口圜底釜，但已演变为斜长沿，成为本地汉化后具有汉文化因素的器物，在其他墓地西汉晚期至东汉早期墓葬中也较常见。模型明器和俑类的数量及种类均有所增加。东汉早期已不见土坑墓，随葬器物与西汉晚期相同，并在此基础上延续发展。

综上所述，包家梁子是一处以秦移民为主的外来移民墓地。西汉初期以秦文化为主，兼容六国文化、经过六七十年发展而形成的汉文化，在传入成都平原后，迅速得到秦移民的认同，加速了汉文化在本地的形成和发展。

（四）磷肥厂墓地

磷肥厂墓地位于壁焦梁子的东端——壁山头，从地理位置看，与包家梁子一样，同为秦汉新都城的公共墓地。该墓共清理汉墓 19 座，其中长方形竖穴土坑木椁墓 9 座，砖室墓 10 座，年代从西汉文景时期到东汉中晚期。9 座竖穴土坑木椁墓均为直壁，口底同大，木椁壁外有抹白膏泥现象，一椁多棺，建墓更接近秦人做法，且出现架空隔层木椁，如 M13、M14 两墓椁底架空铺木板，其上再放木棺，有人认为此种双层木椁墓具有岭南文化特征，经夜郎道而进入四川地区[2]。所以，磷肥厂墓地主人身份更为复杂，但可以肯定，这是一处外来移民墓地，移民来源更广。墓地最早年代在文景时期，但此时期墓葬随葬品基本以第四组器物占绝对大宗，仅偶见陶大口瓮、大口圜底釜第一组器

---

[1] 罗二虎：《四川汉代砖石墓的初步研究》，《考古学报》2001 年第 4 期。
[2] 索德浩：《汉代双层木椁墓研究》，《东南文化》2020 年第 4 期。

物，与包家梁子墓地同时期墓葬不同。文景时期的 M15，已采用汉式平底罐及井、灶模型器等陶器随葬，还出土玉璧残片及铜车軎、盖弓帽等车马器，说明墓主身份较高或者至少拥有一定财富。双层木椁墓年代要晚些，M14 年代在景武时期，出土有大量陶器，铜温鍪、盆、蒜头壶、车马器及钱币，M13 在西汉晚期，陶器较多，也有铜洗、盆、釜等及车马器和钱币，预示两墓主人可能非一般平民。到了西汉晚期至王莽时期，基本以第四组器物随葬，且出现较多小型砖室墓，从墓葬形制到随葬器物，已经是完全汉化后的产物。由于磷肥厂墓地年代上限在文景时期，墓主可能为汉初的移民，且墓地主人的身份较高或者至少拥有一定经济地位，在移民到成都平原前已经接受了汉文化，与包家梁子等墓地文景时期还以第一组器物随葬不同，可能已经以"汉族"身份迁徙而入，在成都平原汉化进程中，应该起到了引领、推广作用，成为汉化进程中的急先锋。

（五）二龙岗墓地

二龙岗墓地共清理秦汉时期墓葬 47 座，土坑墓 28 座，砖室（棺）墓 19 座。这批砖室（棺）墓多为小型墓，报告把 M18、M19、M25、M34、M35 推断在西汉晚期，这些砖室（棺）墓出土器物少，且未公布钱币，年代有待讨论，但不排除有西汉晚期的，需要甄别，无论如何，这些砖室（棺）墓应是汉化后的产物。28 座土坑墓除 3 座空墓外，其余墓葬或多或少随葬有仿铜陶礼器，多的 4 鼎一套陶礼器，少的 1 鼎一套陶礼器，陶礼器包括鼎、盒、壶、钫，这种普遍随葬陶礼器的现象在成都平原同时期其他墓地很少见，如城关墓地同时期墓葬不见仿铜陶礼器，包家梁子墓地仅有 2 座随葬有仿铜陶鼎和壶，有 2 座墓随葬陶盒，风情园和花园别墅墓地仅 1 座随葬仿铜陶鼎、壶、盒、钫，1 座随葬仿铜陶壶，1 座随葬陶盒。随葬陶器组合不同，暗示着这些墓地主人不同。索德浩根据文化因素分析，认为二龙岗墓地早期居民属于楚移民，是由秦灭楚后迁徙至蜀的楚人建立的[①]。依据随葬陶器组合及形制，M37、M38、M48 等可早至秦代，随葬陶器中本地文化因素的圜底罐、圜底釜、大口瓮、矮圈足豆组合较齐全，仿铜陶礼器占有较大比例，长颈平底陶壶、圆柱足鼎具有浓郁的楚文化特征；西汉初期 M36、M43 等墓仍然继承了这一组合特征。文景时期的 M21、M22、M28 等墓，则已见不到本地文化因素的陶器，为仿铜陶礼器、汉式平底罐，且出现井、灶、仓模型明器，可以说已完成了汉化。另外，报告认为 M2、M42 用 2 鼎一套青铜礼器和 4 鼎一套仿铜陶礼器随葬，身份当为元士，M23、M36、M43 用 2 鼎或 1 鼎一套仿铜陶礼器，身份当为低于元士的中、下士，其余用仿铜陶礼器随葬的墓葬，墓主身份为士或庶民中富裕者，所以二龙岗墓主当为秦至西汉初从楚地迁徙来的低级贵族，他们对以秦文化为主兼容六国文化而形成的汉文化是非常认同的，汉化进程十分迅速。

---

① 索德浩：《广汉二龙岗秦汉墓葬再研究——从墓葬剖析移民入蜀的方法尝试》，《南方民族考古（第十六辑）》，科学出版社，2018 年。

（六）老官山墓地

老官山墓地清理西汉墓葬4座，均为长方形竖穴土坑木椁墓，椁室分上下两层，下室放置器物，上室放置木棺。M1出土钱币为四铢半两、郡国五铢、三官五铢，且出土有记载武帝时期法规的木牍，年代在西汉中期偏早，大致为武帝时期。M3出土有八铢半两、四铢半两、有郭半两，随葬陶器组合与M1有差别，汉式平底罐形制与M1也不尽相同，年代应略早于M1，大致当在文景至武帝铸五铢前。M2随葬陶器的特征、组合与M3相近，出土钱币与M3相同，两墓年代应相近。M4出土钱币也与M3相近，陶器较少，报告认为年代与M2、M3相同，可从。M4被破坏严重，不做分析，重点在M1~M3。M1~M3虽然也遭到盗扰，但仍出土大量陶器、漆木器，可以分析其陶器组合。M2陶器组合以第四组为主，仍可见到第一、二组，第四组陶器有大量汉式平底釉陶罐、盆、甑及井、灶、仓模型明器，第一、二组陶器有大口瓮、大口圜底釜、折腹钵。M3随葬陶器组合情况与M2相似，未见第二组陶器，有汉式平底罐、陶胎漆罐、大口瓮、圜底罐、井等。而M1随葬陶器组合已不见第一、二组器物，均为第四组，为汉式平底罐、井等。可以说M2、M3已有较高的汉化程度，而M1则是已经完全汉化后的产物。

老官山汉墓发掘者根据M1出土漆器铭文，结合文献，推测墓主为楚国"王族"后裔，西汉初从楚地迁至关中地区，在高祖平定异姓王后，再迁入蜀地梓潼，发展壮大后其中一支迁入成都地区，从M1的墓葬形制和出土官府文书看，墓主生前为官吏[1]。从老官山M1~M3的分布排列看，M1~M3呈南北向直线排列，M2位于M1北侧约30米，M3在M2北侧约5米处，M1~M3当为家族墓地。M2出土4架织机模型及织工木俑，还有较多的釉陶器，推测与墓主生前所擅长或管理工作有关；M3出土众多医简、制药工具、人体经穴俑等与医学相关的器物，推测墓主生前工作当与医学相关。通过上述分析推测，老官山西汉墓葬主人应是具有较高身份及社会地位的人[2]，加之其祖上是西汉初从楚迁徙至关中再到蜀，迁徙过程正是汉文化形成的时期，又是从汉文化的核心区域而来，故其主观上认同汉文化，他们的身份、社会地位，决定了他们应属统治阶层一员，对适应封建礼制需要而出现的汉文化，不仅仅是接受而更是向往，自觉维护并发扬光大。

另外，还有龙泉驿北干道、郫县风情园及花园别墅、古城三处秦汉墓地。北干道墓地位于成都平原边缘的浅丘地带，发掘者认为是白起拔郢后从楚地迁来的移民，墓地分三期：战国晚期、秦、西汉早期。从三期M17出土半两钱特征看，应为四铢半两，故三期墓葬年代可晚至文景时期。战国晚期至秦的墓葬随葬器物以第一组本地器物为主，

---

[1] 索德浩：《成都老官山汉墓M1墓主族属考察》，《考古》2016年第5期。
[2] 成都文物考古研究所、荆州文物保护中心：《成都天回镇老官山汉墓发掘简报》，《南方民族考古（第十二辑）》，科学出版社，2016年。

偶见秦器，西汉早期仍以第一组器物为主，新出现从秦器演变而来的汉式器物如折腹钵、折腹盆，不见汉式平底罐、灶、井、仿铜陶礼器等，汉化进程与同为楚移民墓地的二龙岗大相径庭，汉化进程较慢，可能与人群迁徙早、"夷化"程度较深、地处成都平原边缘浅丘相关。古城墓地共清理汉墓14座，其中土坑墓12座，均为长方形竖穴土坑无葬具墓，砖室墓2座，年代从西汉中期至东汉初期，从随葬器物看，汉化在古城墓地是一个缓慢复杂的过程，汉式平底罐在西汉中期墓葬中已常见，井在此时也已出现，但其他墓地在这阶段已消失不见的釜形鼎却仍然存在，大口圜底釜也大量存在，表明古城墓地既有汉化进程快，又有对本地文化因素的竭力维护的情况，说明墓主人身份的复杂性。风情园及花园别墅墓地共清理27座战国晚期到西汉中期墓葬，从墓葬形制、器物组合和汉化进程看，与包家梁子墓地情况相近，在此不再赘述。

三、几 点 认 识

通过对上述秦汉墓地在汉化进程的不同表现分析，可以发现成都平原秦汉时期在汉化进程中存在的三个突出现象：

1）不同人群对汉文化态度及汉化过程表现不同。城关和盐井沟作为典型的土著居民墓地，在汉化过程中，竭力维护原有本地丧葬传统，反映出对汉文化的排斥，汉化进程十分缓慢，至西汉中期偏晚才开始出现汉式器物。包家梁子墓地是一处以秦人为主的移民墓地，在战国末至秦已经不见船棺和狭长形土坑墓，秦器较多，整个墓地不见城关和盐井沟常见的蜀式铜兵器及工具，到了文景时期，不仅可见汉式平底陶罐，还出现井、灶模型，西汉中期随葬器物已经以汉文化器物为主，且出现俑类，西汉中期偏晚更是出现了砖室墓，汉化进程十分迅速。磷肥厂墓地移民来源更为复杂，墓葬形制与包家梁子略有差别，但随葬器物情况与之相同，西汉中晚期也出现砖室墓，汉化进程非常快。

2）不同地理区域的人群汉化过程表现不同。城关和盐井沟同为典型的土著居民墓地，在对待外来文化影响时也表现出差异性。城关在战国末至秦，船棺墓和狭长形土坑墓均已消失，盐井沟墓地年代集中在战国末至秦，但墓葬形制仍以船棺葬为主。城关地处蜀至秦的交通要道上，又是成都平原的腹心地带，秦灭蜀后，必定要加强管理，而汉王朝基于同样的原因，也会加强管理，所以无论本地土著势力怎样，外来文化、汉文化总会慢慢渗透。盐井沟地处成都平原的边缘低山地带，环境相对封闭。地理位置不同，既影响文化传播，又会导致政府的管理模式不同（直接或间接管理），二者皆会影响汉文化的传播和接受。二龙岗和北干道墓地也有相似情况。

3）不同身份、社会地位的人群在汉化过程中也有不同表现，身份、地位越高，接受汉文化的速度越快。老官山M1~M3可能为一家族墓，墓主具有较高身份和社会地位，文景时期的M1、M2随葬器物已经以汉文化因素器物为主，且随葬模型明器，武帝时期的M3已经完全汉化，汉化进程很迅速。二龙岗墓主为秦至汉初从楚地迁徙而来的低等级贵族，到文景时期的墓葬中，已不见本地文化因素的器物，以汉式平底陶罐、仿铜陶礼器和井、灶、仓模型明器为主，汉化进程的速度也非常快。

综上对成都平原几处秦汉墓地汉化进程的分析，可以看出：墓地人群族属、社会地位及身份、地理位置等的不同，导致了汉化进程的差异，也就导致了成都平原汉化进程的不平衡性。那些在秦灭六国过程中迁徙而来的贵族、富豪，本身就对汉族身份认同，很快就接受了汉文化；西汉初从关中迁徙来的移民，可能已经以汉族身份迁徙而来，对汉文化不仅是接受，更是自觉传播、推广，而土著居民却始终对汉文化持排斥态度。地理位置则又影响人群与外界的联系以及政府的管理，这些都会对汉化进程形成影响。人群族属、社会地位、身份的不同，决定了他们在民族、文化认同上的态度，这就是成都平原汉化进程不平衡的原因。总之，汉化进程是一个十分复杂的过程，尽管历史已进入西汉，封建制度已确立，汉民族也已正式形成，但仍受到各种因素的影响。这些都足以表明，文化传播是一个极其复杂的过程，受地域、环境、社会、人群等各种因素的制约，我们在讨论考古学文化传播、影响时，必须慎之又慎，要考虑到方方面面的关系，这样才不至于结论差之毫厘、谬以千里。

薄太后南陵的考古发现及其相关问题

焦南峰[1] 张婉婉[2] 朱晨露[1]
（1.陕西省考古研究院 2.西安市文物保护考古研究院）

薄太后，"高祖薄姬，文帝母也……遂幸，有身。岁中生文帝，年八岁立为代王……代王立十七年，高后崩。大臣议立后，疾外家吕氏强暴，皆称薄氏仁善，故迎立代王为皇帝，尊太后为皇太后，封弟昭为轵侯……太后后文帝二岁，孝景前二年崩，葬南陵。用吕后不合葬长陵，故特自起陵，近文帝"[①]。师古注曰："薄太后陵在霸陵之南，故称南陵，即今所谓薄陵""以吕后是正嫡，故薄不得合葬也。"[②]

南陵位于今西安市灞桥区狄寨街道鲍旗寨村西北白鹿原西端，北距汉文帝霸陵约2000米（图1）。20世纪七八十年代，文物工作者多次对南陵展开调查或抢救性发掘工作。1975年发掘了从葬坑20座[③]；七八十年代，调查记录了南陵的地面遗

图 1　薄太后南陵地理位置示意图
（引自《西汉薄太后南陵调查勘探简报》，《考古与文物》2024年第7期，图一）

---

① （东汉）班固：《汉书·外戚传》，中华书局，1962年，第3941、3942页。以下凡引此书，版本均同。
② 《汉书·外戚传》，第3942页。
③ 王学理：《汉南陵从葬坑的初步清理——兼谈大熊猫头骨及犀牛骨骼出土的有关问题》，《文物》1981年第11期。

存[1]。2011~2022年，作为西汉帝陵大遗址考古工作的一部分，汉陵考古队对南陵进行了大范围的考古调查和勘探工作，探明了陵区文物遗址的分布情况，确定了陵园（石围界）范围、墓葬形制，发现建筑遗址4处、外藏坑20座、动物殉葬坑362座（图2）[2]，为南陵诸多考古学问题的探索奠定了深厚的资料基础。

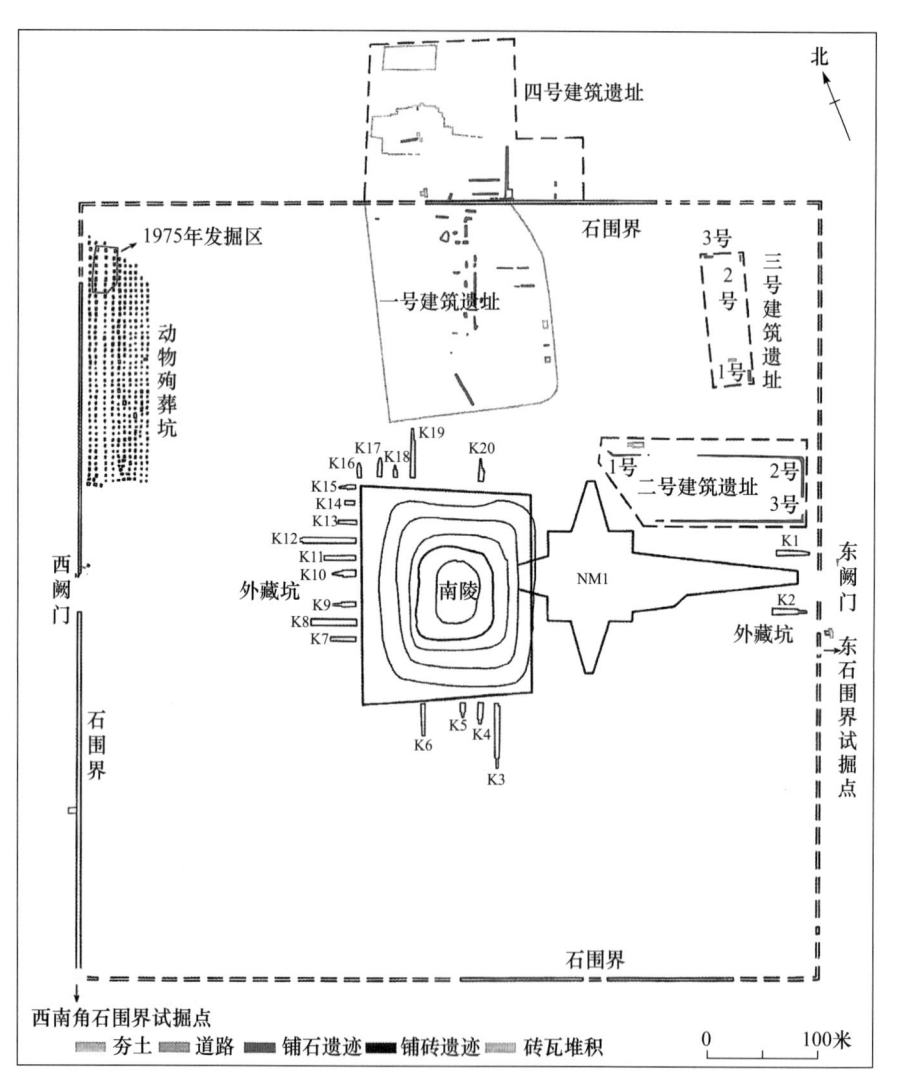

图 2　南陵陵区文物遗迹分布图
（引自《西汉薄太后南陵调查勘探简报》，《考古与文物》2024年第7期，图四）

---

[1] 刘庆柱、李毓芳：《西汉十一陵》，陕西人民出版社，1987年，第131、132页。
[2] 陕西省考古研究院、西安市文物保护考古研究院：《江村大墓考古工作主要收获》，《中国文物报》2021年12月24日考古专刊；陕西省考古研究院、西安市文物保护考古研究院：《西汉薄太后南陵调查勘探简报》，《考古与文物》2024年第7期。以下南陵相关勘探资料均引自此二文。

一、南陵的考古发现

南陵考古工作主要成果梳理如下：

1. 陵园（石围界）

南陵封土周围虽未发现夯筑的垣墙，但在其外围 235~258 米处发现有一周平砌的河卵石，应为陵园标识。复原边长 667~670、宽 2.5~3 米，陵园面积约 44.6 万平方米。

2. "亚字形"墓穴

南陵墓穴形制为"亚字形"，墓室平面近方形，边长为 76~78 米，四条斜坡墓道均位于墓圹四侧中部，平面均呈梯形，靠近墓室一端较宽，另一端较窄。东墓道现存最长，长 148、宽 11~52 米；西墓道部分压在封土之下，探明部分长约 26、宽 20~35 米；南墓道长约 47、宽 7~34 米；北墓道长约 46.2、宽 7~33 米。

3. 封土

南陵封土位于陵园正中，呈覆斗形，底部南北长 171~189、东西宽约 153 米，顶部南北长约 53、东西宽约 38、高约 24 米。令人诧异的是，南陵墓葬封土整体向西偏离墓室约 120 米（墓室中心至封土中心）。

4. 阙门

勘探发现南陵石围界外东、西两侧中部均有门阙址，可惜破坏严重。东门阙址位于东石围界外，现残存南北对称的 2 处基址。西门阙址仅残存 2 处铺石遗迹、2 处铺砖遗迹，皆位于西石围界缺口北部。

5. 外藏坑

勘探发现，南陵陵园内设置有数以百计的外藏坑，20 座较大的外藏坑分布于墓穴与封土周围，其中东侧 2 座，位于墓穴东墓道南北两侧；南侧 4 座，距封土 3~6.7 米；西侧 9 座，距封土 3.8~5.6 米；北侧 5 座，距封土 7~9.3 米。平面形制以"甲"字形为主。外藏坑大小不等，小者通长约 8.8、宽约 3.5 米；大者通长 53.5~56.5、宽 1.6~4.9、深 0~3.2 米；坑体底深 2.8~6.5 米。外藏坑内填较致密的深褐色五花土，底部多发现木灰、部分发现陶器残片。经勘探，南陵陵园的西北部还发现埋藏有各类动物的小型外藏坑，南北 42 行、东西 10 列，共计 362 座[①]。这批外藏坑多为南北向，方向在 189°~228°之间；个别为东西长方形，方向在 94°~124°之间。这些坑大小不等，小者

---

① 简报称为动物殉葬坑。

长 0.8、宽 0.6 米；大者长 3.5、宽 2.3 米。开口距地表深 0.3～2、坑深 0.3～3.3 米。开口深度由东向西、由南向北逐渐加深，坑体深度由东向西逐渐加大。坑内填五花土，底部发现有陶器、灰砖、木灰、骨块等。

6. 陵园内建筑遗址

南陵陵园内共发现有 3 处建筑遗址，分别位于封土北部偏东、东墓道北部、陵园内东北部。一号建筑遗址位于封土北部偏东，南距封土约 56 米。勘探发现残存夯土范围整体呈南北向长方形，长约 180、宽约 156 米，其范围内发现铺石遗迹 27 处，主要集中在中、东部。二号建筑遗址位于南陵东墓道北侧约 30 米处，残存平面呈东西向长方形，长约 176、宽约 66 米，由 3 处铺石遗迹和 1 处夯土基址组成，距地表深 0.6～1 米。夯土基址位于 1 号铺石遗迹北部，平面呈"凸"字形，东西通长约 14、宽 2.2～3.3 米，西侧凸出部分长约 3.8 米。三号建筑遗址位于陵园内东北部，距封土东北角约 223 米。遗址南北长约 116、东西宽约 34 米，由 1 处夯土基址和 3 处铺石遗迹组成。

7. 陵园外建筑遗址

南陵陵园石围界北侧中部，勘探发现有四号建筑遗址。遗址大致分为南、中、北三组。南面第一组部分南与石围界相接，发现东西向长方形夯土基址 1 处，东西长 3.7、南北宽 3.3、厚 1.2 米。上部及附近有铺石遗迹 8 处、道路遗迹 1 处。第二组遗迹南距石围界 40 米，夯土范围残存部分整体呈不规则长方形，东西残长 88、南北残宽 46、厚 0.5～1.3 米。发现铺石遗迹 2 处、砖瓦堆积 2 处。第三组遗迹位于第二组遗迹北 30 米处，是一处夯土范围，残存部分整体为东西向长方形，东西长 48、南北宽 20～21、遗迹距现地表深 0.5～0.8、厚约 0.9 米。

8. 出土遗物

南陵陵区调查、勘探采集发现有较多的文物标本，皆为陶器，主要有瓦当、板瓦、筒瓦、砖、钉、陶器残片等。南陵外藏坑 K1 试掘出土有塑衣彩绘陶俑 160 多件，金、银、铜制车马器 200 余件，陶罐、铁釜、铜环等文物百余件。还有"长信厩印""长信厩丞"等印章、封泥多枚。另外，在陵园西北部发掘的 55 座小型外藏坑中出土有"丹顶鹤、褐马鸡、地犀鸟、靴脚陆龟、金丝猴、猕猴、苏门羚等野生动物"[①]。

二、南陵考古相关问题的说明与讨论

笔者作为西汉帝陵大遗址考古项目的前任领队，就目前发现研究的四个相关问题说明如下：

---

① 陕西省考古研究院、西安市文物保护考古研究院：《令人叹为观止的西汉皇家苑囿——霸陵与南陵出土珍禽异兽及其意义》，《中国社会科学报》2023 年 8 月 4 日第 6 版。

1. 石围界

2011~2014 年，考古队先后在江村大墓（霸陵帝陵）和南陵周围展开调查和勘探，"经勘探也未发现夯土垣墙，在墓葬周围仅发现一周用鹅卵石铺砌而成的铺石遗迹，其作用应与垣墙相同，即象征陵园范围"①。针对"铺石遗迹"的描述命名，我和同事们（马永嬴、曹龙、杨武站等）多次讨论，最终在石垣、石墙、石围、石界、石围界、行马等众多名称中按照我的提议将其暂定为"石围界"。

石围界，历史文献中并没有记载，但可能与此有关的历史文献有：

"于是立石东海上朐界中，以为秦东门。"②

"戚，朐，秦始皇立石海上以为东门阙。有铁官。"③

"相如使略定西南夷，邛、笮、冉、駹、斯榆之君皆请为臣妾，除边关，边关益斥，西至沫、若水，南至牂柯为徼，通灵山道，桥孙水，以通邛、笮。三国曹魏学者张揖曰：'徼谓以木石水为界者也。'"④

"徐水又迳北平县，县界有汉熹平四年幽、冀二州以戊子诏书，遣冀州从事王球、幽州从事张昭，郡县分境，立石标界，具揭石文矣。"⑤

我们以铺石遗迹的石为基，以铺石遗迹围绕和包围的围为形，取"以木石水为界""立石标界"的界之意，临时定名"石围界"。不知合适与否，敬请方家指教。

2. 封土与陵墓错位

在秦汉陵墓田野考古工作中发现陵墓封土与墓室错位现象较为普遍，根据其程度大致可分为错位和严重错位两个等级。错位一般是封土主体叠压在墓室之上，或有偏移，或有形体的变化。此类错位现象屡见不鲜，其变化的主要原因应为其"历史上遭到多次盗扰，经过多次修复，加之两千余年农林水产活动及风霜雨雪的侵蚀，故现存的封土与始建原貌必然会有所差异"⑥。

严重错位是指封土主体严重偏移，或达数十米，或有墓室局部暴露在封土以外。汉高祖"长陵封土与墓室严重错位，其西墓道完全覆盖于封土之下，而东、南、北三条墓道及超过三分之一的墓室则暴露于封土之外"（图3），"吕后陵封土与墓室似乎也有一定程度的错位，其东墓道基本上暴露在封土之外，而西墓道则完全叠压在封土之下"⑦。

---

① 陕西省考古研究院、西安市文物保护考古研究院：《汉文帝霸陵考古勘探工作报告 2011~2014》（待修改刊发）。
② （汉）司马迁：《史记·秦始皇本纪》，中华书局，1959 年，第 256 页。以下凡引此书，版本均同。
③ 《汉书·地理志》，第 1588 页。
④ 《汉书·司马相如传》，第 2581、2582 页。
⑤ 郦道元著，陈桥驿点校：《水经注》卷十一，上海古籍出版社，1990 年，第 246 页。
⑥ 焦南峰：《秦、西汉帝王陵封土研究的新认识》，《文物》2012 年第 12 期。
⑦ 陕西省考古研究院、咸阳市考古研究所：《汉高祖长陵调查、勘探简报》（待刊）。

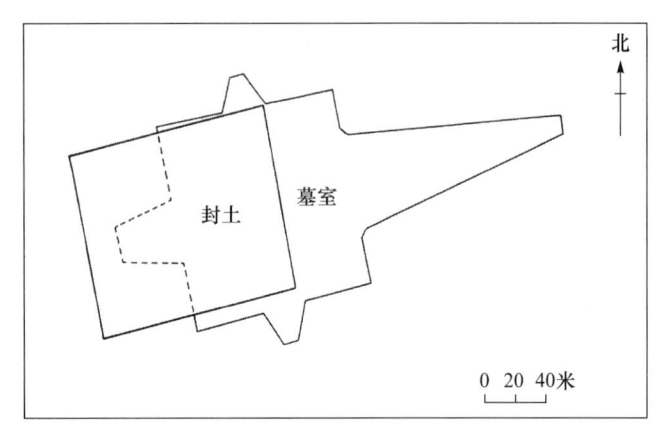

图 3　汉高祖长陵帝陵钻探平面图
［引自陕西省考古研究院、咸阳市考古研究所：《汉高祖长陵调查、勘探简报》（待刊）］

此类错位应是历史上遭到大规模盗掘，后又进行大规模修复的结果，因为"历史上破坏较为严重的，封土就会产生令人难以理解的巨大变化"[①]。

南陵封土整体向西偏离墓室约 120 米（墓室中心至封土中心），其墓室、东墓道、南墓道、北墓道及西墓道的东端全部暴露在封土以外，达到和超过了前述陵墓封土与墓穴严重错位的等级标准。但其覆斗形封土依然位于陵园正中，而本来理应位于封土之下、陵园正中的"亚字形"墓穴却东移 120 米，偏居陵园之东隅。此外，陵园的外藏坑除 K1、K2 外，其余均以封土为中心设置。也就是说，南陵整体布局不是以墓穴为中心，而是以封土为中心规划建造的。南陵封土与陵墓墓穴的严重错位现象不是大规模盗掘、大规模修复的产物，而是当时陵墓规划、营建者匠心独具的结果[②]。

3. 南陵建筑遗址的用途与性质

南陵陵园内共发现有 3 处建筑遗址，分别位于封土北部偏东、东墓道北部、陵园内东北部。南陵一号建筑遗址位于封土北部偏东，南距封土 56 米。勘探发现其残存夯土范围整体呈南北向长方形，长约 180、宽约 156 米。二号建筑遗址位于南陵东墓道北侧约 30 米处，东距东石围界 13.5 米，距陵园东门仅约 42 米。残存平面呈东西向长方形，长约 176、宽约 66 米。南陵三号建筑遗址位于陵园内东北部，与一号建筑遗址东西并列，间距约 160 米，南北长约 116、东西宽约 34 米。

根据遗址的位置、相互关系及遗存分析，我们初步认为其一号遗址可能为寝殿，三号遗址可能为便殿，二号建筑遗址可能为园寺吏舍。其证据简略列举如下[③]：A. 根据历

---

① 焦南峰：《秦、西汉帝王陵封土研究的新认识》，《文物》2012 年第 12 期。
② 此问题另有专文讨论，此不赘言。
③ 此段为笔者在原作《西汉帝陵考古发掘研究的历史及收获》[《西部考古》（第 1 辑），三秦出版社，2006 年] 的基础上重新改写而成的。

史文献和考古研究，西汉帝陵内早中期的建筑先后有陵庙、寝园（由两部分构成，即寝殿和便殿）和园寺吏舍等，其中寝园和陵庙是礼制建筑，最为重要，园寺吏舍是管理机构，不可或缺。B.从西汉帝陵寝园的考古勘探、发掘成果分析，西汉帝陵寝园大致应有以下的特征：①同茔异穴的帝、后寝园分置，独葬的太后应有独立的寝园；②同茔异穴的帝、后寝园均位于帝、后内陵园远离长安城的一侧；③寝园均由寝殿和便殿两组建筑组成，多近在咫尺，东西并行排列；④寝殿、便殿平面多为南北向长方形，外有夯土垣墙；⑤寝殿、便殿均由若干座院落或建筑组成，结构较为复杂。C.根据西汉陵庙的研究成果可知：①同茔异穴合葬的陵墓，帝、后庙园合一，独葬的太后或有陵庙[①]；②早期的陵庙目前尚未确认，位置、形制、规模均不清楚；③包括阳陵在内的中晚期陵庙均位于帝陵、后陵内陵园以外，大陵园内靠近汉长安城的一侧；④平面正方形，外有夯土垣墙，四面开门，边长汉代一百丈（230米左右）。D.园寺吏舍等管理机构多设置在近门阙、交通便利之处，平面矩形，由若干座院落或建筑组成，结构较为复杂。

4. 南陵邑

此次南陵调查、勘探和试掘工作成果丰硕，但依然有若干难题未解，其中南陵邑未能发现是最大的遗憾。

根据《汉书·地理志》："下邽，南陵，文帝七年置。"[②]《史记·孝景本纪》：景帝二年"置南陵及内史、祋祤为县"[③]及《史记·外戚世家》"南陵故县在雍州万年县东南二十四里。汉南陵县，本薄太后陵邑。陵在东北，去县六里"[④]等文献记载，南陵邑的设置是没有异议的，汉阳陵出土"南陵右尉"封泥则是其佐证[⑤]。刘庆柱先生参照《咸宁县志》卷二"今狄寨社近大康村，地名冈子上，东北去薄太后陵五里许。村人取土往往发出砖甓。相传筑有小城。以《括地志》证之，当即南陵故城"[⑥]的记载，经实地考察，认为"今西安市灞桥区狄寨乡大康村附近确实发现许多西汉砖瓦残块，南陵邑遗址当在此地"[⑦]。笔者认为，南陵邑的调查、勘探、寻觅应是汉陵考古队今后田野考古工作的重点。

三、南陵考古的学术价值

1. 西汉"特自起陵"制度的滥觞

西汉帝陵中由于不同原因"特自起陵"的后妃陵墓有薄太后南陵、许皇后少陵和钩

---

① 焦南峰、马永嬴：《西汉宗庙刍议》，《考古与文物》1999年第6期。
② 《汉书·地理志》，第1544页。
③ 《史记·孝景本纪》，第440页。
④ 《史记·外戚世家》，第1972页。
⑤ 杨武站：《汉阳陵出土封泥研究》，《西部考古》（第8辑），科学出版社，2015年。
⑥ 《咸宁县志》卷二，1819年，第6、7页。
⑦ 刘庆柱、李毓芳：《西汉十一陵》，陕西人民出版社，1987年，第132页。

弋夫人云陵，其数量虽少，但由于等级高、陵址特殊、单独埋葬，因此其考古研究的必要性更强，研究价值也更为重要。薄太后南陵是西汉王朝第一座"特自起陵"的产物，同时也是西汉帝陵中考古工作开展最多的后妃陵墓。南陵最新的考古研究成果，使我们有可能对"特自起陵"的西汉后妃陵墓，特别是早期陵墓有所了解。

1）近年来，有年轻学者根据"始皇七年，庄襄王母夏太后薨。孝文王后曰华阳太后，与孝文王会葬寿陵。故夏太后独别葬杜东，曰'东望吾子，西望吾夫。后百年，旁当有万家邑'"[①]的记载，将类似薄太后这样"特自起陵"的秦汉后妃陵墓作为一个新的、独特的研究对象进行分析和探索，并称之为"独别葬"[②]。笔者认可这一研究，并在后续的文字中运用。

2）独别葬的皇后、太后及个别特殊嫔妃的墓葬可以称为"陵"，如汉高祖薄太后南陵、汉宣帝许皇后少陵及汉武帝钩弋夫人云陵。但其陵墓的形制应按照去世时的级别营建，如薄太后南陵的"亚字形"，钩弋夫人云陵的"甲字形"等[③]。

3）独别葬后妃陵墓的选址首要条件应是血缘和婚姻关系。薄太后南陵选择白鹿原西端的主因是"用吕后不合葬长陵，故特自起陵，近（其子）文帝"[④]。许皇后少陵的选择无疑与其夫汉宣帝的杜陵有直接关系。钩弋夫人云陵的选择则出于"死于兹，葬于兹"的就近便利原则。

4）独别葬后妃陵墓的形制要素。"根据考古资料及相关历史文献，构成西汉帝陵建筑形制的主要组成或曰基本形制要素应有陵园、墓穴、封土、外藏坑、门阙、寝园、陵庙、祔葬墓、园寺吏舍、园省、陪葬墓、道路、陵邑、刑徒墓地、修陵人居址、手工业作坊等十六个部分。其中陵园、墓穴、封土、外藏坑、门阙、寝园、陵庙、祔葬墓、园寺吏舍、园省、陪葬墓、相关道路及陵邑是不同阶段西汉帝陵的组成部分，是其规划和建设的主要工程项目；而修陵人居址、刑徒墓地和手工业作坊则是修陵过程中不可或缺的必然产物。"[⑤]作为西汉帝陵的组成部分，南陵确认了其形制要素中最主要的、必不可少的陵园、墓穴、封土、外藏坑、门阙、道路等，发现了可能是寝园（寝殿、便殿）、园寺吏舍的建筑遗存；也就是说，陵园、墓穴、封土、外藏坑、门阙、寝园（寝殿、便殿）、园寺吏舍、陵邑、道路或为西汉独别葬后妃陵墓必要的组成部分，而陵庙、祔葬墓、陪葬墓、园省则有可能减省，至于其修陵过程中不可或缺的手工业作坊、修陵人居址和刑徒墓地则极有可能与其邻近的帝陵共同使用。

---

① 《史记·吕不韦列传》，第2511页。
② 赵钧陶：《秦汉时期的"独别葬"问题》，西北大学硕士学位论文，2014年。
③ 见陕西省考古研究院西汉帝陵考古调查、勘探资料。勘探发现许皇后少陵形制为"甲字形"，与其身份、等级不合，或许与当时杜陵尚未营建有关，抑或与霍光夫人霍显欲令其女为皇后，勾结女医淳于衍毒死许皇后有关，待考。
④ 《汉书·外戚传》，第3942页。
⑤ 焦南峰：《西汉帝陵形制要素的分析与推定》，《考古与文物》2013年第5期。

总之，薄太后南陵"以吕后是正嫡，故薄不得合葬也"为契机，"故特自起陵，近文帝"[1]，奠定了西汉后妃"独别葬"制度的基础。

2. 南陵等级、名位的补正

南陵的墓主，《史记》明确记载：薄太后"葬南陵"[2]。此后从《汉书》《后汉书》《三国志》到明清的官修史书乃至其他后世各种文献无一例外地一致认为南陵的位置在白鹿原西端汉文帝霸陵的南侧。近现代的考古学家经过田野踏查、勘探和试掘，均认定位于今西安市灞桥区狄寨街道办鲍旗寨村西北的陵墓即为南陵[3]。

此次考古调查、勘探、试掘的价值之一在于：发现南陵墓葬形制为"亚字形"，东墓道最长、最宽；发现边长667~670米的"石围界"，面积约44.6万平方米的陵园；发现了多达382座的外藏坑；出土了包括"长信厩印""长信厩丞"等印章、封泥在内的西汉珍贵文物460余件；确认了南陵的时代及级别，使南陵名位得到历史文献和考古资料的双重证明。

3. "事死如生""陵若都邑"营建理念的补缀

此前，我们曾认为："西汉王朝是汉阳陵的建设模本，汉阳陵是模仿现实中的西汉帝国建设而成的。"[4] 其根据的是当时西汉帝陵的考古资料，特别是汉景帝阳陵帝陵外藏坑发现的大量"官印"[5]。

南陵外藏坑K1出土有"长信厩印""长信厩丞"等印章、封泥多枚。颜师古注曰"长信者，太后宫名"[6]。"长信厩"，长信宫之厩也。也就是说，出土"长信厩印""长信

---

[1] 《汉书·外戚传》，第3942页。

[2] 《史记·外戚世家》，第1972页。

[3] 〔日〕足立喜六：《長安史蹟の研究》，财团法人東洋文庫刊行，1933年，第97页；〔日〕足立喜六：《长安史迹研究》，王双怀等译，三秦出版社，2003年，第99页；〔法〕色伽蓝：《中国西部考古记》，冯承钧译，商务印书馆，1932年，第78页；〔法〕谢阁兰等：《汉代墓葬艺术》，秦臻、李海艳译，文物出版社，2020年，第8、9页；王子云：《汉代陵墓图考》，太白文艺出版社，2007年，第60页；王学理、吴镇烽：《西安任家坡汉陵从葬坑的发掘》，《考古》1976年第3期；刘庆柱、李毓芳：《西汉诸陵调查与研究》，《文物资料丛刊》(6)，文物出版社，1982年；徐苹芳：《中国秦汉魏晋南北朝时代的陵园和茔域》，《考古》1981年第6期；刘庆柱、李毓芳：《西汉十一陵》，陕西人民出版社，1987年，第131页；咸阳市文物考古研究所：《西汉帝陵钻探调查报告》，文物出版社，2010年，第32、33页；西安市文物保护考古研究院：《西安文物勘探考古工作编年（2000—2010）》附录《江村古墓调查报告》，科学出版社，2020年。

[4] 焦南峰：《试论西汉帝陵的建设理念》，《考古》2007年第11期。

[5] 陕西省考古研究院阳陵考古队等：《汉阳陵帝陵东侧11~21从葬坑发掘简报》，《考古与文物》2008年第3期；焦南峰、马永嬴：《汉阳陵帝陵DK11~21从葬坑性质推定》，《汉长安城考古与汉文化——纪念汉长安发掘五十周年论文集》，科学出版社，2008年。

[6] 《汉书·韦贤传》，第3107页。

厩丞"印章、封泥的外藏坑 K1 是太后长信宫属下"厩"的象征，推而广之，南陵附近其他的外藏坑则应是太后长信宫属下其他机构或设施的模拟和象征。

我们认为，南陵外藏坑的发掘成果从皇后陵墓的角度补缀了西汉帝陵建设理念的考古证据，使此问题研究的证据链趋于完整。

4. 陪葬陶俑等级研究的补充

1997 年，王学理先生首先将阳陵南区从葬坑出土的"裸体"陶俑命名为"着衣式木臂陶俑"，同时指出"显然为皇室独有""著衣式木臂彩俑作为一种珍贵的明器，用于西汉皇帝、皇后及宗室皇族是法定的，而梁王陵以之随葬，可以看作是个特例"[①]。2001 年，笔者结合汉阳陵陶俑的制作工艺和出土相关迹象将阳陵陶俑划分为着衣式和塑衣式两大类。并根据着衣式陶俑的分布和出土陵墓的墓主分析，认为"可以初步确定当时这种陶躯木臂，赋彩著衣的着衣式陶俑可能是专为皇室随葬的级别较高的陪葬品。而一般的贵族大臣在未经皇帝特赐的情况下不得使用此类陶俑，只能陪葬带陶塑服饰的'塑衣式'彩绘俑"[②]。2008 年和 2023 年，笔者进一步推定"着衣式"是皇帝专用的随葬陶俑[③]。

近年来，汉陵考古队在南陵发掘了封土西侧的外藏坑 3 座，其中 K1 清理出土塑衣彩绘陶俑 160 多件，金、银、铜制车马器 200 余件，陶罐、铁釜、铜环等文物百余件。另外，还出土"长信厩印""长信厩丞"等铜印、封泥多枚。K2 仅发掘东半部分 20 米，清理出土原大木车遗迹两处，原大铜制车马器上百件。从木车遗迹和车马器摆放的情况来看，推测至少放置 3~4 辆木车。K3 因遭严重盗掘，仅出土 10 多件塑衣彩绘陶俑及数十件车马器小件。3 座外藏坑共出土陶俑 170 余件，均为"塑衣式"彩绘陶俑（图 4）。

图 4　南陵外藏坑 K1 出土塑衣式陶俑
[引自《2021 年中国重要考古发现》第 159 页，"南陵 K1 出土彩绘塑衣陶俑（东－西）"]

与南陵外藏坑出土陶俑迥异的是 2017 年开始发掘的汉文帝霸陵帝陵外藏坑。在对

---

① 王学理：《着衣式木臂陶俑的时代意义》，《文博》1997 年第 6 期。
② 陕西省考古研究所汉阳陵考古队：《汉阳陵》前言，重庆出版社，2001 年。
③ 焦南峰：《论西汉"裸体"陶俑》，《追索流失海外的中国文物》，中国国家文物局，2008 年；焦南峰：《西汉帝陵的考古发掘及研究》，《中国考古学百年史（1921~2021）》第三卷上册，中国社会科学出版社，2021 年。

霸陵帝陵东北、西南区域的 6 座外藏坑进行的考古发掘中①，发现坑内遗存主要有：着衣式陶俑（个别戴有刑具）、陶器、铁器、铜器，以及漆木器遗迹等。值得一提的是，外藏坑中还清理出"中司空印""中司空丞""中骑千人""车府""器府""府印""仓印""山官""厩廥"等明器官印多枚。6 座外藏坑共计出土陶俑数以千计，均为"着衣式"彩绘陶俑（图 5）。

图 5 霸陵外藏坑 K15 出土着衣式陶俑（上为南）
（引自《江村大墓考古工作主要收获》，《中国文物报》2021 年 12 月 24 日考古专刊）

从 2 座陵墓发掘出土陶俑的巨大差异，结合"着衣式"陶俑的分布和出土陵墓的墓主分析，我们可以对前述的着衣式陶俑使用等级认识修改和细化如下：A. 可以进一步确定西汉时期这种陶躯木臂，赋彩著衣的"着衣式"陶俑无疑是专为皇室随葬的级别较高的陪葬品；B. 这种"着衣式"陶俑的出现目前以汉文帝霸陵外藏坑出土的为最早，汉高祖长陵出现的可能性很大，而不是"以汉景帝阳陵从葬坑的为最早"②；C. 至少在汉文帝时期，"特自起陵"的太后陵墓不得使用"着衣式"陶俑，只有帝陵方能用以陪葬；D. 列侯以上的高级贵族大臣的墓葬在未经皇帝特赐的情况下不得使用"着衣式"陶俑，只能陪葬"塑衣式"陶俑。

综上所述，薄太后南陵的考古调查、勘探、发掘成果具有西汉帝陵早期后妃"独别葬"制度研究，南陵等级、名位补正，"事死如生""陵若都邑"营建理念补缀及西汉陪葬陶俑等级研究补充等重要学术价值。

南陵考古成果众多，问题不少，我辈尚需努力。

---

① 已经发表的资料报道数据为 8 座，由于其西南角的 2 座小坑营建时间明显早于主陵和其他外藏坑，应该是营建陵墓前"祭墓"的祭祀坑，故舍之未用。
② 王学理：《着衣式木臂陶俑的时代意义》，《文博》1997 年第 6 期。

河北满城汉墓随葬器物的相关问题

刘兴林

（南京大学历史学院考古文物系）

1968年5月，中国人民解放军某部在河北满城县陵山施工时发现一座汉墓（即一号墓），根据周恩来总理的指示，时任中国科学院院长的郭沫若指派考古研究所（现为中国社会科学院考古研究所）会同河北省文物工作队进行考古发掘。一号墓发掘结束后，顺着该墓提供的线索，又在其以北约120米处找到了二号墓，并随即进行了发掘。两座墓皆为汉代崖洞墓，根据墓葬所在地区、墓中出土器物和纪年文字，确定一号墓墓主为受封于汉景帝前元三年（公元前154年）的中山靖王刘胜，二号墓墓主是刘胜之妻窦绾。两座墓均为开凿在山岩中的大型崖墓，墓室结构复杂，随葬器物丰富，是迄今所见保存最好的汉代诸侯王墓，对汉代器用制度和丧葬礼俗等方面的研究有着极为重要的意义。

一、满城汉墓出土器物的种类

满城汉墓出土器物数量巨大，从质地上区分，有铜器、铁器、金银器、陶器、玉石器、漆木器、纺织品等等。刘胜墓出土铜器119件，铁器499件，金器12件，银器77件，陶器571件，玉石器84件。漆木器、纺织品因朽腐严重无法统计，六套车马的众多车马器和两具帷帐的大量铜构件亦未统计在内。

从器物用途来看，这些出土品可以大致分为礼器、日用器、兵器、生产工具、医用器具、装饰用器、专为丧葬制作的俑类和殓葬用玉等。以一号墓为例列为表1。礼器按汉墓研究中通常的做法区分，无法辨明用途的器物附件类未列入，漆木器仅列入部分可辨器形者。

表1 满城一号汉墓出土器物

用途	质料	器物（器后附数量）
礼器	铜	鼎3、壶5、钫2、盒1
	陶	鼎21、壶78、钫11、盒30
仪仗用具	铜	鸡首杖仪（首与镈）1（副）、鸠杖首1、仗仪顶饰9
	玉	玉璧25、玉环1、玉圭3、玉璜1

续表

用途	质料	器物（器后附数量）
容器和日用器具	铜	链子壶 1、罍 4、瓠 1（套）、釜 10、镬 1、盆 7、椭圆形杯 5、套钵 9、勺 5、匕 1、熏炉 5、灯 15、漏壶 1、勺形器 1、畚箕 1、提梁罐 1、盏 2、瓶形器 1、杯形器 1、花形悬猿钩 1、枕 1、镜 1、带钩 1、刀削 8、铜钩 1 套 48（件）、镇（铜人）2
	铁	暖炉 5、刀削 29
	银	银箸（?）3
	陶	罐 28、小壶 20、瓶 3、瓮 2、缸 16、钵 20、奁形器 10、釜 6、盘 79、匜 20、耳杯 111、卮 25、灯 27
	石	搓澡石 2
	漆器	案 5、尊 1、奁 1、盒 3、盘 11、耳杯 12
房中器	铜	铜祖 2
	银	银祖 1
兵器	铜	剑 3、匕首 1、戈 2、镦 7、鐏 1、弩机 37、镞 70
	铁	剑 9、杖式剑 1、匕首 1、长刀 1、戟 2、矛 1、铤 1、殳 1、弓敝 20、镞 371、铠甲 1
	银	镞 62
生产工具	铁	镢 15、斧 1、锛 1、凿 16、锉 1、锯条 1、锤 1
	石	石磨（附铜承盘）1
医用工具	金	医针 4
	银	医针 5、银盒 1、漏斗形器 2
装饰用具	铜	对兽形饰 8、鹿形饰 2、铜饰 13、铜环 82、套饰 1、铜箍 3、铜人 1
	玉	玉佩 1、圆管形玉饰 1、玉饰 27、玉笄 3、玉带钩 3、玉人 1
	金	带銙 1、轮形金饰 2、金叶 5
	银	带銙 1、盾饰 2
	玛瑙	玛瑙珠 48
	水晶	斧形件 2
俑类和殓葬用玉	石	石俑 5
	陶	陶俑 18
	玉	玉衣 1、玉璜（玉握）2、玉九窍塞 9、玉印（无字、有字各 2）4
衣物	丝	绢、缣、罗、锦、组带、刺绣
钱币	铜	半两 1、五铢 2316
	金	金饼 40
其他		车马 6 套，马 16 匹；帷帐 2 具（大、小铜构 102 和 57 件）；狗 11、鹿 1

出土器类包含了礼仪、生产、生活和其他丧葬用品的各个方面。除俑类和专用的殓葬用器以及部分陶器，基本为实用器。两座汉墓的器类大体相同，只是窦绾墓较刘胜墓出土随葬品数量要少得多；一号墓出土铜器除铜人外均为实用器，而二号墓中的鼎、壶、钫、瓠大多为小型的明器。这可能反映了两座墓在等级和规格上的差别。

一个值得注意的现象是，刘胜墓和窦绾墓都没有乐器出土。山东章丘洛庄汉墓是吕后之侄吕王吕台之墓，有专门的乐器陪葬坑，出土编钟1套19件，编磬6套107件，錞于1件，建鼓1面，悬鼓2面，瑟7件[①]。与刘胜同父异母的江都王刘非的墓出土编钟1套19件，琉璃编磬1套23件，钲2件，錞于3件，瑟枘3件，另有明器编钟3套47件，散见钮钟、琉璃磬、明器钮钟等多件[②]。列侯墓葬，2015年南昌海昏侯刘贺墓出土编钟1套24件，铁编磬10余件。与编钟、编磬同时出土的还有琴、瑟、排箫等乐器[③]。长沙马王堆一号墓虽然没有编钟出土，但出土乐器瑟、竽各1具，竽律1套。该墓墓主为第一代轪侯利仓之妻辛追[④]。满城汉墓没有被盗，保存完整，但是除南耳室出土1件可能为车马附件的铜铃，竟没有一件乐器出土，值得探究。

二、墓葬平面形制与随葬品的空间配置

两座墓均为开凿于山石之中的崖洞墓，南北并列，相距约100米。墓道均朝东，墓道口以土坯封门，墓道后有甬道，甬道两侧有向南、向北延展的长长的耳室，甬道后为前室和后室。二号墓略小，后室（棺室）偏于中室南侧。两座墓整体上都呈"早"字形（图1）。

与同时期的木椁墓相比，崖洞墓更有利于再现生前居室的布置规划，根据墓内地面散布的瓦片和朽木痕迹判断，在甬道、耳室和中室内原有木构瓦顶的房屋，是居住房屋的示意性建筑形式，随葬品布置在洞室内的房屋之中。

以一号墓为例。一号墓的墓道长20.63米，是通往墓室的通道，没有遗物发现。甬道是连接中室的过道，长6.76、宽4.5、高6.3米。耳室低于甬道。南耳室长16.3米。甬道内有2车5马，狗11只，鹿1只。与甬道相连的南耳室有4车11马。甬道和南耳室象征车马库，可能甬道内的2车原本应放于南耳室，由于空间不足而放到了甬道中。车马库布置在整个墓室的前方一侧，方便主人出行时到此乘车。北京大葆台西汉墓在与墓室相接处的墓道内置车马3套，广州南越王墓在通向墓道的前室置车马器，山东长清双乳山济北王墓在墓道和墓室之间的外藏椁设车马库，南昌海昏侯墓车马库设于甬道的东、西两侧，都同刘胜墓车马库位置的规划原理相同。汉元帝禁用真车马，元帝以后墓葬中就不再有实用的车马随葬了。

北耳室长16.5米，根据随葬品的种类大致可分为三段（图2）。在靠近甬道的南段东侧有带铜承盘（报告称铜漏斗）的石磨1套，石磨一边有马骨1具，另一边有陶壶9件。

---

① 济南市考古研究所等：《山东章丘市洛庄汉墓陪葬坑的清理》，《考古》2004年第8期。
② 南京博物院、盱眙县文化广电和旅游局编著：《大云山——西汉江都王陵Ⅰ号墓发掘报告》（一），文物出版社，2020年，第94、325、369、412~416、438、458页。
③ 江西省考古研究所等：《南昌市西汉海昏侯墓》，《考古》2016年第7期。
④ 湖南省博物馆等：《长沙马王堆一号汉墓》（上），文物出版社，1973年，第102页。

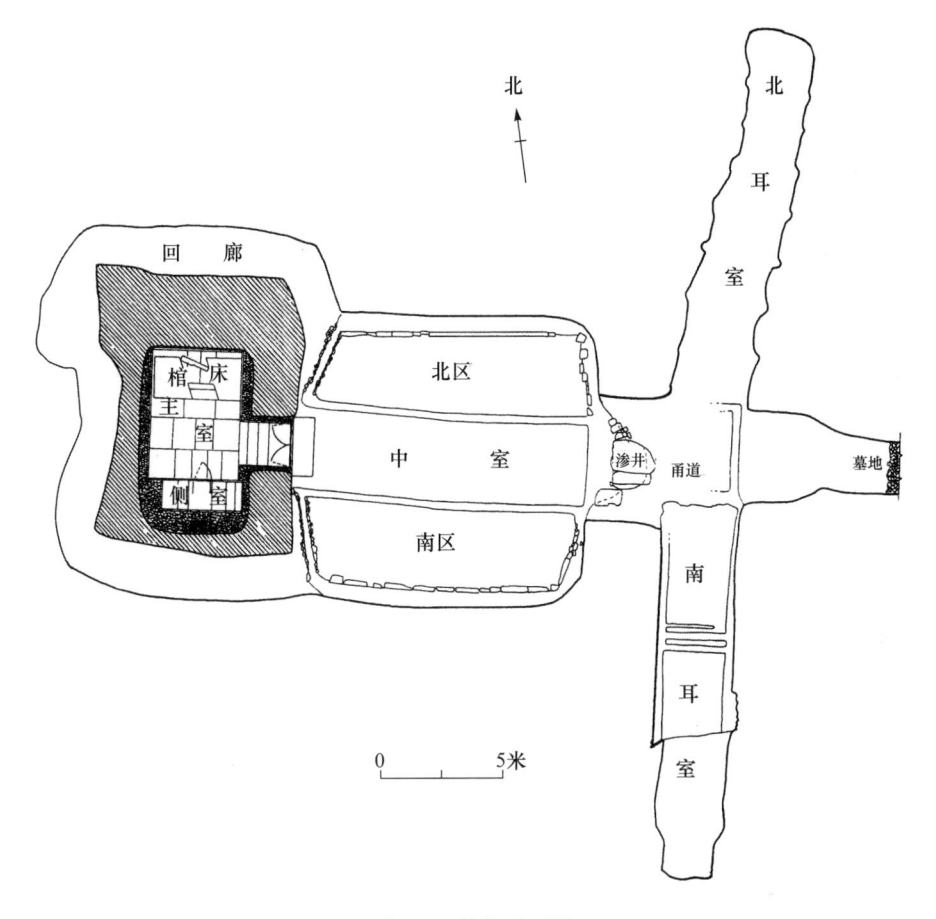

图 1　一号墓平面图

这里是粮食磨制加工的磨坊区。西侧摆放甑、釜、盆、罐等陶器 32 件，中间有四足长方形铁炉 2 件（报告称暖炉），显然这里象征炊事间。

北耳室中段两侧放置方形大陶缸 16 件，有的陶缸上有朱书文字"稻酒十一石""黍酒十一石""甘醪十石""黍上尊酒十五石"等，明确指示是盛酒器，说明这里象征着专门的储酒间。大陶缸通高 70 厘米左右，与咸阳杨家湾汉墓三号用具坑出土的用作粮仓的陶缸大小、形制相似，只是满城汉墓陶缸为方口，杨家湾汉墓陶缸为圆口。杨家湾汉墓三号坑排列大型圆口方肩缸 35 件（原应有 36 件，缺失 1 件），出土时有的分别盛有谷子（小米）、黄米、小麦、油菜籽、荞麦、豆类等，是作为粮仓使用的[①]。汉代大型方缸是储物的常用器具，当然也不限于储酒和储粮。

北耳室北段放置大量陶器，有鼎、盒、壶、钫、罐、盘、瓮、盆、钵、甑、匜、瓶、奁、耳杯、卮等 457 件，另有圆形铁暖炉 2 件，铜勺、铜镞和朱绘蚌壳各 1 件。

---

① 杨家湾汉墓发掘小组：《咸阳杨家湾汉墓发掘简报》，《文物》1977 年第 10 期。

北部靠近耳室尽头的陶器杂乱地叠放在一起。这里可以看作是以日用器物为主的储藏间，同时，众多的器物也是财富的一种象征。

中室长14.92、宽12.6米，弧顶，最高处6.8米，地面中部有两条东西向排水沟与周边石壁下的排水沟相连，将墓底平分为南、中、北三区。中区最为重要。中区中部地面上散落帷帐的鎏金铜构件102件，连接铜构件的木质部分已经腐朽，报告将其复原为一架平面长方形的五脊四阿式顶的帷帐。帷前（东）设漆案和少量陶器，向东靠近甬道一端分布着铜器鼎、镬、釜、甗、壶、罍、盆等饮食器和灯、熏炉等日用器。帐西有铜器和大量钱币以及一套小型的车马明器的散件。中区应该象征以举行重大活动和宴饮宾客为主的大厅或堂，可能还包含有钱库等另外的功能区。

图2 一号墓北耳室（北—南）

南区随葬品集中于西部，有帷帐架的构件57件，复原为四角攒尖式顶的长方形帐架。西侧有铜、铁、陶器甚多。最西端分布有大量弩机和箭镞。东部以漆器为主，只发现小弩机构件等。该区应包含有兵器库在内的功能区。

北区出土器物以日用器为主，有铜盆、铜祖、陶灯、陶俑、陶罐、陶壶、陶釜。中部放置陶俑10个，附近有铜祖2件。该区可能象征宫女或宫中服侍人员的集中居所。

中室向西为后室，中室和后室间有双扇石门，石门后装有顶门器。石门后是长2.4米的门道，石板铺地，壁、顶亦以石板构筑。门道南侧一石刻女俑，女俑边上有盘、耳杯等漆器。门道连接后室，后室中有以石板构筑的两面坡顶的主室石屋和附于主室之南的平顶侧室。主、侧室地面皆铺规整石板。门道、主室、侧室周壁和顶部石板残存红褐色漆皮。后室是墓主刘胜棺椁所在，也是整个墓室中构造最复杂和装饰最华丽的场所。墓主刘胜的棺椁置于后室北侧的棺床之上，墓主身着金缕玉衣，玉衣周围随葬众多铜、铁、玉、漆器，有刀、剑、匕首、玉圭、玉璧、玉带钩及铜壶、铜灯、熏炉等，棺床南侧东部漆盒中有金饼、铜钱。主室器物以铜、铁、漆、玉器为主，陶器仅有壶、罐、盆各1件，这里是墓主人寝宫所在。后室侧室门道内有石刻男俑1个，室内器物有铜灯、铜盆、铜罍、搓澡石等，指示侧室为象征性的浴室。围绕后室一周的回廊指示拱卫宫室的缴巡之道。

一号墓的墓室规划出了车马库、厨房、藏酒库、储器库、厅堂、宫女居所、兵器库、寝宫、浴室等功能空间，这些虽然不是墓主人生前地上生活的全面和真实的写照，但各功能区间的分置说明汉代中期人们在墓室营造中极力模仿地上居室的观念已经形成，崖洞墓的开凿为这种观念的落实创造了条件。

三、随葬灯具的指示意义

汉代是灯具发展的辉煌时期，灯具种类繁多，造型优美，不仅是照明的器具，也是室内重要的装饰摆件。

满城汉墓出土灯具众多，在各类随葬品中显得十分突出。刘胜墓出土灯具42件，有铜灯15件，陶灯27件；窦绾墓出土灯具21件，有铜灯4件，陶灯17件。透过这些灯具的使用情况也可以发现与墓室布局有关的信息。

墓葬随葬灯具的现象在战国时期已较多见。湖北荆门包山2号墓出土鎏金人擎铜灯[1]，枣阳九连墩战国楚墓出土2件人俑铜灯[2]；河南三门峡上村岭战国墓出土跽坐漆绘人灯[3]，洛阳市宜阳县元村战国早中期墓出土豆形陶灯[4]，洛阳市针织厂东周墓出土1件铜灯[5]；河北平山中山王墓出土十五连枝灯，成公墓出土银首人俑铜灯[6]。早期土坑墓出土灯具较少，灯具在墓室中的位置也无规律性，可见灯具等同一般的随葬品。西汉用灯随葬的情况明显增多，但西汉早中期仍然是土坑墓流行的时期，灯具在墓葬中的放置大多看不出明显的规律。目前所见只有湖北襄阳王坡一座西汉早期土坑墓在墓壁上设灯龛置灯，6盏陶灯分别放在墓室四壁的长方形灯龛中[7]。这显然是以灯来布置墓室的。

满城两座汉墓随葬灯具数量多，型式复杂，显示对灯具的重视。一号墓出土铜灯八型15件，陶灯三型27件，铜灯中的羊尊灯、烟道灯、组合式卮灯、当户灯（图3）都是汉代灯具中的精品。二号墓出土铜灯三型4件，陶灯17件，其中著名的长信宫灯是烟道灯中的极品（图4）。

满城汉墓是多室崖洞墓，随葬灯具多，摆放虽然无一定之规律，但根据各空间的功能，随室置灯的情况已十分明显。一号墓后室由门道进入主室后，正对门道处的中间放豆形铜灯1件，门道入正室向北，棺床的南侧有铜灯3件。这四件灯是主室入口到室内的用灯。侧室为洗浴间，室内西南有羊尊灯1件，东北有烟道灯1件。

---

[1] 湖北省荆沙铁路考古队包山墓地整理小组：《荆门市包山楚墓发掘简报》，《文物》1988年第5期。
[2] 湖北省文物考古研究所：《湖北枣阳市九连墩楚墓》，《考古》2003年第7期。
[3] 河南省博物馆：《河南三门峡市上村岭出土几件战国铜器》，《文物》1976年第3期。
[4] 洛阳市第二文物工作队、宜阳县文物保护管理所：《洛阳市宜阳县元村战国墓发掘简报》，《文物》2003年第9期。
[5] 洛阳市文物工作队：《洛阳市针织厂东周墓C1M5269的清理》，《文物》2001年第1期。
[6] 河北省文物考古研究所：《战国中山国灵寿城：1975~1993年考古发掘报告》，文物出版社，2005年，第150页。
[7] 湖北省文物考古研究所等：《襄阳王坡东周秦汉墓》，科学出版社，2005年，第241页。

图 3　一号墓出土的羊尊灯、烟道灯、当户灯

图 4　二号墓出土的长信宫灯

中室有铜灯 9 件，陶灯 27 件。中室中区是帷帐所在的厅堂，帷帐的东、西两头各有一铜灯，西面的铜灯与 3 件陶灯在一起。中室北区与宫女及宫中服侍人员的居所有关，偏东位置南北向放置三排豆形陶灯 23 件，北区东南角近甬道处有陶灯 1 件。

中室南区、甬道和南、北耳室未发现灯具。中室南区的西部有武库，甬道和耳室都是以车马库和器物库为主的地方，若需夜间照明，可使用行灯，不置灯具也属正常。北耳室南段象征磨坊和厨房所在，这些场所一般也是不常设灯的地方。

灯具指示着具体的功能空间的数量，同时也反映了不同空间的重要程度。一号墓重要的灯具都在后室，特别是浴室（有羊尊灯和烟道灯）。浴室是隐秘而重要的空间，浴室置灯在汉代应属常态。扬州高邮天山广陵王墓，主室西厢第五进一间"中府第五内库"是"洗浴间"，出土带"尚浴"字样的漆勺 1 件，铜灯 2 件，一件刻有"尚浴名甲四"，一件刻有"尚浴名甲九"。另有铜壶 1 件，木屐 1 双，浮石 1 块和 1 件中间有圆孔的漆浴凳[①]。高级墓葬中，往往把最好的灯具放在浴室中，目前各地所见汉代烟道灯多在浴室空间，普通墓葬中是无法体现这么具体的功能空间的。

二号墓出土铜灯 21 件。中室铜灯 2 件、陶灯 1 件，铜灯（朱雀灯、行灯）置于南区东南角，与大量五铢钱、29 枚金饼、40 枚"宫中行乐钱"等同出。陶灯 1 件应在北区东南靠甬道处。后室铜灯 3 件、铁灯 1 件，长信宫灯在主室近门道处的北侧，另 2 件铜灯和 1 件铁灯置于侧室（浴室）近门道一侧。南耳室出土陶灯 16 件，叠置于耳室西南端陶器之下，以高 10 厘米左右的小型陶灯为主。

---

① 梁白泉：《高邮天山一号汉墓发掘侧记》，《文博通讯》第 32 期，1980 年。

二号墓南耳室出土陶灯的地点与一号墓北耳室杂置陶器的位置相当，应该是器物库所在，耳室中集中出土的 16 件陶灯应是存放在此的明器，不能代表该耳室用灯的情况。

二号墓的北耳室是车马库，南耳室放置各类陶器，也有两排大酒缸，性质与一号墓的北耳室相似，不同的是，二号墓南耳室由七堵砖墙分成六个小隔间，分别摆放不同类型的陶器。中室西半部有砖砌短墙分隔的五个空间，里面未有随葬品，报告认为"可能是象征性的仓房"。中区西端、南区东部都发现倒塌的砖墙。南区西南角一高 0.4 米的近方形夯土台（"器物台"），台东侧是排水沟围成的方形区域，大小与器物台相当。所有这些都说明二号墓有比较细致的空间分隔。可以推测，堆放在南耳室的 16 盏陶灯即指示着墓室空间的数量。虽然不能说每室皆有灯或一灯一室，但也暗示着空间数量是很多的，这正是灯具的象征意义。因此，二号墓中室砖墙分隔的五个空间也不一定就是"仓房"，而可能与居住空间有关。

联系刘胜墓中室北区分三排放置的 23 件豆形陶灯和中室中区、主室两处三四件灯具集中放置的情况来看，这些灯也并不是生活中灯具实际放置情况的再现，它们在墓室中的放置并不十分严谨，带有一定的随意性，其主要目的是以此象征墓室内多种功能性空间数量的众多。墓室空间有限，在区划功能空间数量上会受到很大的局限，灯具可以使人发生空间布局和数量的丰富联想。

现实生活中，普通民户的室屋少而小，拥有灯具自然也少。《汉书·食货志》说："冬，民既入，妇人同巷相从夜绩。女工一月得四十五日。必相从者，所以省费燎火，同巧拙而合习俗也。"这段文字描述的是楚地入冬农闲季节民间相聚夜织的情况，之所以"相从夜绩"，除了相互交流思想，切磋技艺，节省灯油也是重要的原因，也可见民间灯火的珍贵。这样的情况下，每室都置灯甚至一室多灯是不可能的。但是大户人家室室置灯的情况应该是很寻常的。就大多数情况来说，有室未必有灯，但有灯必有室，所以，灯具是居室空间的指示器，它通过数量来象征房间的多少，同时也用灯具的质量告诉人们房间的重要程度。

四、出土钱币的意义

一号墓出土铜钱 2317 枚，除 1 枚出土于南耳室，中室西半部成堆放置 2034 枚，中有半两钱 1 枚，余皆为五铢钱。后室棺床前（南侧）出土五铢钱 277 枚，以麻绳穿系，与 40 枚小金饼在一处，原置于漆盒之中，显得珍贵异常。另有 5 枚在主室东南角。二号墓出土铜钱 1891 枚，中室出土 1890 枚，分两处散置，皆为五铢钱，后室出土 1 枚半两钱。一号墓墓主是死于武帝元鼎四年（公元前 113 年）的中山王刘胜，二号墓墓主是刘胜之妻窦绾，死于武帝太初元年（公元前 104 年）前，元狩五年（公元前 118 年）后。两座墓出土的钱币为西汉五铢钱研究提供了有用信息。

五铢钱开铸于元狩五年，刘胜墓中出土的五铢钱只能是公元前 118 年至公元前 113 年间的通行货币。此间铸造过两种五铢钱，初时所铸为郡国五铢。《史记·平准书》："有司言三铢钱轻，易奸诈，乃更请诸郡国铸五铢钱，周郭其下，令不可磨取鋊焉。"

《汉书·武帝纪》：元狩五年春，"罢半两钱，行五铢钱"。至元鼎二年（公元前 115 年）因"郡国铸钱，民多奸铸，钱多轻，而公卿请令京师铸官赤仄，一当五，赋官用非赤仄不得行。白金稍贱，民弗宝用，县官以令禁之，无益，岁余终废不行。是岁，汤死而民不思"[1]。这是由朝廷铸行的赋税及官用的专用五铢钱。颜师古注："充赋及给官用，皆令以赤仄。"《史记·平准书》作"赤侧"，"郡国多奸铸钱，钱多轻，而公卿请令京师铸钟官赤侧，一当五，赋官用非赤侧不得行"。

赤仄钱又称"赤钱"。《史记·平准书》裴骃集解引如淳注："以赤铜为其郭也。今钱见有赤侧者，不知作法云何。"长期以来人们受其影响，以为赤仄钱"以赤铜为其郭"，而又"不知作法云何"。郡国、赤仄二钱并行，赤仄"一当五，赋官用非赤仄不得行"。如何将赤仄钱从五铢钱中区分出来，这成为困扰钱币学界的一大难题。

刘胜墓中所出有郡国五铢，也可能有赤仄五铢。赤仄是官用钱，一当郡国钱五，自然更为贵重。主室出土器物大都较中室华丽、高贵，出土的 277 枚五铢以麻绳穿系与 40 枚金饼一起置放在漆盒之中，也同中室钱币的出土情况形成鲜明对比。报告描述主室出土五铢钱"铜质相同，篆文一致，钱文清晰，无使用磨损痕迹"。而中室五铢大小、符号、钱文难于划一，与郡国五铢相类，并"有明显的使用磨损痕迹"。蒋若是先生通过中室和主室两种五铢的对比，以主室五铢为基准提出赤仄五铢的两点认识："其一，赤仄五铢以赤铜为质，精磨之后郭边尽赤，此亦正为赤仄（侧）钱名之由来"；"其二，赤仄五铢极似三官五铢钱型，可见同为朝廷专铸。所不同者为赤仄五铢钱质特重，均在 4 克以上，钱郭较厚"[2]。后晓荣也摆脱"赤铜为郭"的窠臼，从西汉御史大夫张汤下葬时间及张汤墓出土的 7 枚"赤铜为质，周郭深圆，穿郭清晰方正，篆文清楚而划一"的五铢钱，对赤仄钱问题另作解释，提出与蒋若是先生相似的观点，并补充了"把外郭锉平""钱面不带符号"等新标准。张汤生时为廷尉、御史大夫，因受诬告于元鼎二年（公元前 115 年）十一月自杀，当时也只有郡国五铢和赤仄五铢两种。他可能参与了铸行百姓抵制的一当五的赤仄钱，故有"汤死而民不思"之事[3]。

赤仄五铢铸行于元鼎二年（公元前 115 年），因"民弗宝用，县官以令禁之，无益，岁余终废不行"。元鼎四年，"专令上林三官铸"[4]，是为新钱三官钱。赤仄钱是赋税及官用的专用五铢钱，铸行不到两年，发行量应该不大。又因该钱一当五，是大钱，益见珍贵，目前发现极少。张汤墓仅见 7 枚，刘胜墓出土 277 枚赤仄钱应该是比较多的一例。赤仄钱以制作精整为主要特点，目的是整顿郡国和私人铸钱带来的混乱。满城汉墓出土的五铢钱为五铢钱尤其是赤仄五铢的研究提供了新的视角。

---

[1] 《汉书》卷 24 下《食货志下》，中华书局，1962 年，第 1169 页。
[2] 蒋若是：《郡国、赤仄与三官五铢之考古学验证》，《文物》1989 年第 4 期。
[3] 后晓荣：《赤仄五铢钱的考古新验证：从西汉御史大夫张汤墓考古发掘谈起》，《中国钱币》2004 年第 2 期。
[4] 《汉书》卷 24 下《食货志》。

五、二号墓出土的铜骰和宫中行乐钱

二号墓出土一枚错金银铜骰，十八个台面上错有数字"一"至"十六"，相对的两个台面，一面为"酒来"，另一面为"骄"。除错金银装饰外，每个台面还镶嵌有绿松石或红玛瑙（图5、图6）。

图5 二号墓出土的错金银铜骰　　图6 二号墓出土的错金银铜骰及展开图

骰音投，明张自烈《正字通·骨部》："骰取投掷义，俗读色。"按，读色为误读，只是民间俗称骰子为色子，盖因点画上涂有不同的色。骰为旧时赌具的一种，常以骨制成，正方体或多面体，面上刻点画，投掷以点数定胜负。汉文献骰作投。《史记》卷79《范雎蔡泽列传》蔡泽说应侯曰："君不独观二人博乎？或欲大投，或欲分功，此皆君之所明知也。"南朝宋裴骃注："投，投琼也。"骰又称琼。唐司马贞索隐："言夫博弈，或欲大投其琼以致胜。"唐代以后以骰代投，温庭筠《南歌子》："玲珑骰子安红豆，入骨相思知不知。"北宋陈彭年等《广韵·侯韵》："骰，骰子，博陆采具。"

骰也是汉代六博棋具的组成部分。汉代墓葬中骰常与博盘伴出土，证明骰与博戏的关系。1973年，湖南长沙马王堆三号汉墓出土完整的博具1套，除棋盘、棋子、筹码外，还有博戏用的骰，木质，球形十八面体，髹深黑色漆，直径4.5厘米。十八个面上，一面刻有"骄"，相对的一面刻"妻畏"，其余各面分别刻数字"一"至"十六"

（图 7 左）①。1993 年，湖南长沙望城坡西汉渔阳墓出土 2 件六博盘和 2 件骰子，出土时盘与骰同在椁箱东藏室一角，相距很近或相叠压。骰子木胎，球形十八面体，通体髹黑漆，阴刻篆文数字，内填朱漆。每面分别刻数字"一"至"十六"，剩余两面，一面刻"骄"字，相对的一面刻有"酒来"，直径 5.2 厘米（图 7 右）②。汉代人六博行棋前要先掷骰子，看点数再行棋。《后汉书》卷 34《梁统列传附梁冀》：冀能"六博、蹴鞠、意钱之戏"。"六博"，唐李贤注引鲍宏《博经》："用十二棋，六棋白，六棋黑。所掷头谓之琼。琼有五彩。"傅举有先生对汉代博戏中各种部件的作用和用法有详细的考证③。

图 7　马王堆汉墓和望城坡汉墓出土的漆骰

骰子也单独出土。1973 年湖北江陵凤凰山 10 号墓出土 1 件，球形十八面体，直径 5 厘米，十六个面上阴刻数字，其余二面，一面刻"骄"，相对的一面刻"䞓"④。1978 年山东临淄齐王墓器物坑出土 2 件铜质空心骰子，十八面体，形制大小一致，直径 4.9 厘米，数字和文字错银而成，数字外，一面为"骄"，相对的一面为"䞓"⑤。1948 年，汉长安城出土一枚，有 22 个台面，一面有"骄䞓"，另一面刻"自饮"⑥。另外，木骰也见清人的著录，如端方《陶斋吉金录》有"弹丸"，22 个面，刻数字一至十六、九至十二，文字为"骄䞓""䞓"。2000 年，南京大学历史系考古专业在张家湾东汉地层发掘出土不规则陶球 1 枚，原报告称"多面球"，泥质灰陶，直径 3.5 厘米，共有 25 个面，其中 16 个面上以极细的线条刻划有数字等符号，大体能辨认出"一"至"十一"和"一两止"字样，还有一个面上刻有网状笔画，与数字或文字无关⑦。

---

① 湖南省博物馆、湖南省文物考古研究所：《长沙马王堆二、三号汉墓》第一卷《田野考古发掘报告》，文物出版社，2004 年，第 162～166 页。
② 长沙市文物考古研究所、长沙简牍博物馆：《湖南长沙望城坡西汉渔阳墓发掘简报》，《文物》2010 年第 4 期。
③ 傅举有：《论秦汉时期的博具、博戏兼及博局纹镜》，《考古学报》1986 年第 1 期。
④ 长江流域第二期文物考古工作人员训练班：《湖北江陵凤凰山西汉墓发掘简报》，《文物》1974 年第 6 期。
⑤ 山东省淄博市博物馆：《西汉齐王墓随葬器物坑》，《考古学报》1985 年第 2 期。
⑥ 陈直：《出土文物丛考（续一）》，《文物》1973 年第 2 期。
⑦ 南京大学历史系考古专业等：《巫山张家湾遗址第二次发掘报告》，《重庆库区考古报告集·1999 卷》，科学出版社，2006 年。

陈直先生从汉城出土器上的"自饮"字样，以为此类器为"汉代贵族宴饮时所用行酒的酒令"[①]。骰面上的"酒来""自饮""一两止"等字样，应该是其酒令用途的说明。其实，行酒令和博戏定点数二者是相通的。

长沙望城坡汉墓与博盘同出的木骰上有"酒来"二字，说明作为博具的骰子也兼作行酒令用。汉代六博与饮酒关系密切。从汉画像石上的六博场面看，六博通常也是饮酒中的场景，行棋者一侧往往置放酒樽、勺、耳杯等器具。饮酒与六博常常相伴而行，这种情况自战国始，《史记》卷126《滑稽列传》淳于髡答齐威王问："若乃州闾之会，男女杂坐，行酒稽留，六博投壶，相引为曹，握手无罚，目眙不禁，前有堕珥，后有遗簪，髡窃乐此，饮可八斗而醉二三。"汉代六博与饮酒关系密切，至有"饮博"一说，《史记·吴王濞列传》："孝文时，吴太子（刘贤）入见，得侍皇太子饮博。"《汉书·五行志》记，哀帝建平四年（公元前3年），"京师郡国民聚会里巷阡陌，设张博具，歌舞祠西王母"。真是人神共乐，透视出汉代博戏的民众基础。

六博棋在汉代又增加了骰子，骰子上刻有与饮酒相关的文字，也使六博变成了一种行酒令的游戏，骰子既是博具，又是酒令，而投壶饮酒也如"饮博"一样。《汉书·祭遵传》："对酒设乐，必雅歌投壶。"类似游戏在汉代是十分流行的。

汉代人的行酒游戏就像当今某些地方酒场上的划拳行令。窦绾墓中与铜骰同出的一套宫中行乐钱，形如铜钱，较当时五铢钱略大，直径3.3厘米。全套共40枚，其中20枚分别铸有"第一"至"第廿"的序数，另20枚则分别铸有三四个字的吉祥韵语，如"圣主佐""得佳士""常毋苛""府库实""五谷成""乐无忧""乐乃始"等等，与饮酒有关的有"起行酒""饮酒歌""饮其加""自饮止"等（图8）。山东曲阜九龙山汉墓出土4枚宫中行乐钱，上有"第五""第十八""第廿九"等字样[②]。徐州西卧牛山汉墓也有发现。宫中行乐钱的性质明显是专为行酒作乐的酒令钱。既有数字，又有饮酒词，

图8 二号墓出土的宫中行乐钱

---

① 陈直：《出土文物丛考（续一）》，《文物》1973年第2期。
② 山东省博物馆：《曲阜九龙山汉墓发掘简报》，《文物》1972年第5期。

其"起行酒"等与渔阳墓漆骰上的"酒来""自饮止",张家湾陶骰上的"一两止"都非常相似。行乐钱与骰有相似的功能与用途。

透过骰子、博戏和行乐钱,我们可以看到汉代人的饮酒之风。满城两座汉墓耳室中都出土了十几件大酒缸,一号墓北耳室出土 16 件,部分肩部朱书"黍上尊酒十五石""黍酒十一石""甘醪十五石""甘醪十石""稻酒十一石"等。二号墓南耳室摆放 17 件,有 3 件上书"稻酒十一石",3 件"黍酒十一石",其余虽模糊不清,但仍可见"……酒十一石"等字样,只有 3 件未见朱书。缸底都遗留有类似酒的白色沉淀物或痕迹。这些大陶缸在两个耳室中显得十分突出。两座墓都设有专门的酒库,从酒缸数量和上面的标示文字,可以看出藏酒量巨大,与出土酒令铜骰和行乐钱一起印证了汉代饮酒的盛行。虽然一号墓没有随葬骰子和行乐钱,但酒库的设置也能说明问题。

六、出土的纺织品中的绒圈锦

一号墓棺内残存纺织品,虽然已腐朽成碎片,但仍能辨出纺织品的种类,有绢、缣、罗、锦、组带和刺绣等等。二号墓也发现绢、锦、布残片。这些应该都是殓葬用的衣物的残余。织物中,缣虽然和绢一样是组织简单的平纹织物,但是一纬双丝的织法使其更具有装饰的效果,是平纹织物中的精品。罗是孔眼织物,绞经组织,有提花罗。发现于一号墓后室铁甲镶边处的绒圈锦(报告称"重经起圈织物"),宛如刺绣,是汉锦中的精品(图 9),可以代表汉代织锦的最高水平。

图 9　一号墓出土的起圈菱纹锦

绒圈锦又称起毛锦或起绒锦,是一种用特殊工艺织造的多重经提花织物,过去虽已有发现,但由于其组织结构未被认识而未受到重视。马王堆一号汉墓"菱纹绒圈锦"的识别成为研究这种锦的新起点。绒圈锦,汉墓"遣册"中称为"绩",文献称绔。《急就篇》"锦绣缦绔离云爵",颜师古注:"绔谓刺也。"王应麟补注:"绢帛绔起如刺也。"绒圈锦属多色锦,它用多色经丝和单色纬丝交织,经丝分地经和起绒经,用提花束综控制,织造时织入起绒纬使起绒凹凸于织物表面,抽出起绒纬即形成高出织物平面一倍以上的高低绒圈，形成的花纹层次分明，立体感强，具有刺绣或浮雕一样的效果，可谓锦上添花，而且织物的表面密布绒圈花纹，质地厚实，手感柔软。绒圈锦织造复杂，自然益显名贵，只见于马王堆一号墓中衣袍的领、袖缘等局部的装饰以及香囊、镜套等小件物品的制作。1983年广州南越王墓出土的绒圈锦，花纹绒圈凸起，富有立体感，其组织结构与马王堆汉墓所出完全一致[①]。满城汉墓发现的"起圈织物"属于西汉中期的织物，也是菱纹锦，绒圈纹样高出织地表面，纹样也与马王堆汉墓所出相一致，"估计是三四重经丝织造的"[②]。甘肃武威磨咀子西汉晚期墓出土的绒圈锦，绒圈排列整齐，比马王堆汉墓的绒圈锦织纹更为紧密，技术明显进步[③]。蒙古诺因乌拉汉墓也发现了相似的绒圈锦实物。汉代是绒圈锦兴起和技术成熟的重要时期，绒圈锦已远销到边远地区。绒圈锦是汉代织造工艺技术水平最高也是最复杂的一种织物，而汉代早期已有绒圈锦的实物，绒圈锦的出现应在战国甚至更早的时期。虽然满城汉墓发现的仅是一些残片，但它连接起了西汉早期到晚期绒圈锦发展的技术链条。

汉代绒圈锦的特点是，绒圈都不开毛，割开绒圈而起毛的天鹅绒大约到明代才出现，绒圈割断开口后，一支支绒圈化为细密的绒丝，形成厚实平整、色彩艳丽和更加柔软的高级提花织物。北京定陵地宫内出土的蓝色单面天鹅绒女衣和四合如意绣龙补双面天鹅绒女衣，就是开毛锦的实物。但明代出现天鹅绒的同时，继续织制不开毛的绒圈锦，如明代的漳绒就是一种在织物表面起绒圈的锦，这是汉代绒圈锦织制工艺的继续，天鹅绒织造技术就是在此基础上出现的。

七、带有草原文化气息的金饰

一号墓后室出土杏形金叶5个，金叶以薄片制成，上有锤揲成对的动物纹（图10）。金叶正面最宽处锤揲出两个相背的侧面羊头，各表现出一只粗壮有力、弯向外侧的羊角，羊角环绕的耳和眼。金叶尖顶下，两个大羊角之上是一个图案化的正面羊头。金叶下部正中以穗形纹相隔。金叶的尖顶端和两个下角各有一对小孔。一件高3.9、宽3.7厘米，其余四件高4.7、宽4.3厘米。同样的金叶还见于汉代多座高等级墓葬。

1983年，广州南越王墓主棺室玉衣头套上面发现"杏形金叶"8片，金叶上有相同的纹饰，主题纹为侧面相背的两个弯角羊头，上下正中分别为图案化的羊头和穗状纹。金叶周边有连续的点线纹。金叶上下左右各有一对小孔。高4.6~4.7、宽4.3~4.4厘米。东侧室出土"金花泡"5个，半球形，背面正中一横梁。泡面上饰四个心形纹等距离排列，心形纹之间各有焊接的点珠纹[④]。

---

① 麦英豪、黄淼章、谭庆芝：《广州南越王墓》，生活·读书·新知三联书店，2005年，第171页。
② 中国社会科学院考古研究、河北省文物管理处：《满城汉墓发掘报告》（上），文物出版社，1980年，第159页。
③ 甘肃省博物馆：《武威磨咀子三座汉墓发掘简报》，《文物》1972年第12期。
④ 广州市文物管理委员会等：《西汉南越王墓》，文物出版社，1991年，第207、250页。

图 10　一号墓后室出土的杏叶形金饰

2001年，山东莒县浮来山汉墓出土"桃形羊面金饰"4件（图11），也是"正面左右各有一侧面羊首，两羊首相对"。金饰的上下、左右靠边处各有一细小的穿孔，应为穿系佩戴之用。高4.9～5、宽4.7～4.95厘米。重3.39～3.8克。该墓为小型岩坑墓，金叶出于墓室一角。与桃形金饰同出的还有金扣（泡形饰）4件，皆半球形内凹，底部向外平折。球面顶端以金丝镶嵌成圆心，球面对称布置2组金丝围成的鸡心形饰，鸡心饰之间点缀有焊接在一起的小金珠。半球面顶部之圆心、鸡心内镶嵌有绿松石。半球面的圆心、鸡心形饰外及底部折沿上均有扭丝纹。器内凹处有一横梁。器高0.5、直径1.2厘米[①]。

图 11　山东莒县浮来山西汉墓出土桃形羊面金饰

---

① 刘云涛：《山东莒县浮来山西汉城阳国墓葬发掘简报》，《东南文化》2015年第4期。

2004年，江苏扬州西汉刘毋智墓出土的"金饰片"1件，桃形，顶尖处有一个双角卷曲的正面小羊首，主题纹饰是两个相背的侧面羊首像。高4.8、宽4.5厘米[①]。

2011年，江苏盱眙大云山西汉江都王陵前室出土桃叶形金饰16件，主题纹饰与前面的几组一致，所不同者，边缘饰两道绞丝金线，两道金线之间有椭圆素面线纹和焊接的金珠纹相间排列，尖顶部和左、右两侧的椭圆内各有穿孔2个，下端平底处两个椭圆内各有穿孔2个，显得更为精致（图12）。金叶小者高2.6、宽2.5厘米，大者高4.4、宽4.1厘米。该墓还出土金泡形饰4件，亦与浮来山汉墓大小、形制、装饰一致[②]。

图12　大云山汉墓出土金饰

以上叶形金饰，不管报告如何定名，其大小、形制、花纹皆高度一致，穿孔位置和数量也大体一样，花纹以锤揲、绞丝而成，工艺如出一辙。南越王墓的金叶饰明确是在玉衣头套的面部，可能与玉衣之上的覆面（瞑目）有关，金叶是通过穿孔缝缀在丝绸覆面上的装饰。浮来山汉墓金叶饰出土于墓坑一角，大云山汉墓出土于前室盗洞之中，刘毋智墓出土位置不明，这些很难说都与覆面有关，但它们无疑都是缝缀在织物上的装饰。满城汉墓没有发现金扣（金泡形饰）。金扣或单独出土，或与金叶形饰同出，与金叶风格一致，也是织物上的装饰。从墓葬类型来看，目前所知，出土金叶饰的除山东莒县浮来山汉墓，皆为大型墓。满城汉墓、南越王墓、大云山汉墓为诸侯王墓，刘毋智为吴国王室成员。浮来山汉墓墓圹长3.4、最宽1.95米，出土铜印上有"茅胡"二字，另一枚双面铜印的形制和印文形式（一面为"臣胡"，另一面不清）也与张汤墓双面铜印相同[③]。综合分析，浮来山汉墓的墓主茅胡应是西汉城阳国的一位高级官员，也可能与城阳王室贵族有关。以上墓葬的年代都为西汉早中期。可以说，金叶形饰是汉代诸侯王和高等级贵族使用的金饰，其中西汉早中期较为多见。

包括羊形纹在内的动物纹是北方草原文化流行的装饰题材。金叶上的主题纹突出了两个相背的粗壮有力的大羊角，尖首部也有一个图案化的正面羊首，显示出游牧民族

---

① 扬州市文物考古研究所：《江苏扬州西汉刘毋智墓发掘简报》，《文物》2010年第3期。
② 南京博物院、盱眙县文化广电和旅游局：《大云山——西汉江都王陵Ⅰ号墓发掘报告》（一），文物出版社，2020年，第134～136页，彩版一一二。
③ 西安市文物保护考古所：《西安市长安区西北政法学院西汉张汤墓发掘简报》，《文物》2004年第6期。

草原文化雄壮而粗犷的艺术风格，纹样形成的锤揲工艺也明显受到了北方草原文化的影响。早在战国晚期草原文化因素就已随着动物纹金银牌饰、扣饰等传入中原地区。河北易县燕下都辛庄头 30 号墓是一座战国晚期燕国贵族大墓，墓中出土长方形金银牌饰、兽首鸟喙形饰件、扣饰、耳坠等，在内蒙古匈奴墓葬中也可以找到风格相似的器物[1]。而辛庄头 30 号墓出土的 4 件双马纹金饰件，正面微凸，呈桃形，主题纹饰为对称布置的侧面双马，马身弯曲呈"S"形，马鬃相背亦呈"S"状，形如汉墓金叶饰件上的羊角。宽端浑圆，不似汉代金叶底边为直线形。宽端顶部一牛头，下方（即尖端）中间以虫腹形相隔（图13）。汉代金叶羊头在尖顶部，下方中间的穗状纹与虫腹极为相似。无论从形状还是纹饰风格上，辛庄头双马纹金饰和汉墓金叶都有着明显的渊源关系，只是双马纹金饰背部有较大的桥形纽，较汉墓金叶饰厚重（长 5.6 厘米，重 50 克左右）。辛庄头 30 号墓出土的长方形金牌饰上也有类似风格的纹样。燕国同匈奴联系密切，燕国北部长城内外今承德、张家口、辽东一带是匈奴旧地，长城地带出土的被称为匈奴刀的针首刀与燕国早期刀币燕明刀往往同出，是边民与匈奴交易的见证。如果说双马纹金饰是来自匈奴的制造品，汉代羊纹金饰就是匈奴金饰的翻版，只不过是进行了大胆的改造和创新。黄盛璋先生认为，满城一号汉墓的金叶饰应是汉朝"主陵内器物"的东园匠所作，南越王墓杏形金叶为南越宫廷自铸的仿汉朝制品[2]。不管是东园匠所作，还是仿汉朝制品，金叶饰上的草原文化气息都是相同的。

图 13　燕下都辛庄头 30 号墓出土的金饰

中国北方草原游牧文化的一些元素多来自南西伯利亚和中亚或更远的欧洲。出土金叶饰的广州南越王墓也出土了一件锤揲工艺制作的水滴纹凸瓣银盒，据研究，银盒是通过海上丝绸之路传入中国的伊朗安息王朝制品[3]，反映了中外文化交流渠道的畅通。同墓出土的金叶形饰也是用同样的锤揲工艺做出凹凸纹样，包括泡形金饰在内的金饰，工艺、造型和花纹也可能是中亚、西亚文化影响的结果，当然也不排除其作为舶来品的可能性。

羊代表吉祥，羊、祥相通，祥是后起字。《说文》："羊，祥也。"金文中"吉祥"作"吉羊"，国家博物馆、河南博物院所藏"四神规矩镜"镜铭有"刻娄（镂）博局去不羊（祥）"。羊成了吉祥的载体，其吉祥寓意在汉代为大众所认可。正是借着这种吉祥文化的普及，羊形纹金饰也成为社会上层追求的一种时尚。

---

[1] 河北省文物研究所：《燕下都》（上），文物出版社，1996 年；田广金、郭素新：《内蒙古阿鲁柴登发现的匈奴遗物》，《文物》1980 年第 4 期。
[2] 黄盛璋：《关于两广出土北方动物纹牌饰问题》，《考古与文物》1996 年第 2 期。
[3] 孙机：《凸瓣纹银器与水波纹银器》，《中国圣火》，辽宁教育出版社，1996 年，第 139～155 页。

八、结　语

满城汉墓出土文物众多，2013 年，河北博物院在新建成的馆舍中辟有两个厅专门陈列满城汉墓的出土文物，由满城汉墓出土文物引出的研究课题也越来越多，以上只是就本人想到的几点略作强调和发挥而已。

满城汉墓出土器物除了数量巨大，还在以下三个方面特别引人注意。第一，满城两座汉墓的玉衣是我国最早发现的完整玉衣的实物，也由此解决了文献记载中玉衣的名实问题，使学术界对玉衣的形制和构造有了比较清晰的认识。目前共发现完整的汉代玉衣 30 余套，中山国玉衣除满城陵山发现的 2 件，还有定州八角廊第六代中山怀王刘修墓出土金缕玉衣，东汉时期中山简王刘焉墓出土铜缕玉衣，东汉第四代中山王穆王刘畅墓出土银缕玉衣，刘畅王后墓出土铜缕大理石衣。这些都为玉衣制度的研究提供了重要的依据。第二，两座墓出土多件青铜精品、重器。一号墓出土的装饰鎏金宽带和斜方格纹的乳钉纹壶，通体鎏金、鎏银的蟠龙纹壶，以纤细的金银丝错嵌鸟篆文和动物纹的鸟篆文壶以及错金博山炉（图 14）、羊尊灯等，二号墓出土的长信宫灯、朱雀灯、朱雀衔环杯、错金银铜豹等，既是实用器，又是艺术品，无论从工艺还是造型上，都是不可多见的精品，其制造和装饰工艺堪称精绝，是研究工艺美术史的重要材料。第三，虽然两座墓都随葬有盆、杯、罐等大量的陶明器，但只有二号墓使用了一定数量的青铜明器。二号墓出土铜器 188 件，有鼎、钫、壶、盆等小型青铜明器 23 件。这些明器器形虽小，但制作精整。刘胜墓和窦绾墓在青铜明器使用上的差异也值得研究。

图 14　一号墓出土的错金博山

（原载南京博物院编《兄弟王：从满城汉墓到大云山汉墓》，译林出版社，2019 年。本次收录进行了修订）

常山郡故城遗址考古勘查与研究

张文瑞[1]　梅书林[2]

（1.河北省文物考古研究院　2.河北师范大学）

　　常山郡故城，曾作为两汉时期常山国的都城（或常山郡的郡治）而载入史册。城址位于石家庄市元氏县殷村镇故城村南，平面原为正方形，边长1200米。现城址北部已无存，仅存城的南部。城墙基宽23米，残高6~8米，文物调查时曾采集到"常山富贵"瓦当等文物[①]。因长期人为取土和自然毁坏，古城址湮没于田野之中，已无全貌，现仅见部分城垣、城门缺口、角台等遗迹。2015年，为编制常山郡故城遗址总体保护规划，元氏县文物保管所对城址进行了全面系统的文物勘探，基本弄清了城址的文化内涵和布局结构。此外，在石家庄市周围发现的诸多两汉时期文化遗存，为常山郡故城历史研究提供了重要资料。本文以常山郡故城遗址考古勘探报告、已发表考古发掘报告（或简报）为基础开展初步的考古学文化研究，并结合历史文献记载，揭示常山郡故城遗址的文化内涵，建立起常山郡故城形成、发展、衰落的历史年代框架。

一、文献记载中的常山郡（常山国）历史沿革

（一）西汉时期常山国废立

　　常山最早见于文献《史记·张耳陈余列传》，"汉元年二月（公元前206年），项羽立诸侯王，张耳雅游……。乃分赵立张耳为常山王，治信都，信都更名襄国（今邢台市）"。秦二世元年（公元前209年）"而使韩广略燕，李良略常山"。

　　《汉书》卷一上："三年冬十月，韩信、张耳东下井陉击赵，斩陈余，获赵王歇。置常山、代郡。"《汉书·地理志》"常山郡，高帝置……"

　　《史记》卷九："太后欲王吕氏，先立孝惠后宫子疆为淮阳王，子不疑为常山王。……二年，常山王薨，以其弟襄城侯山为常山王，更名义。""代王遂入而听政，夜，有司分部诛灭梁、淮阳、常山王及少帝于邸。"

---

① 张立柱主编：《河北省文物保护单位通览》，科学出版社，2003年，第4页。

《史记》卷十一："中五年夏，立皇子舜为常山王。"

《汉书》卷五十三："(舜)，三十三年薨，子勃嗣为王。""勃王数月，废，国除。"其后，"其封宪王子平三万户，为真定王"。

（二）东汉时期常山国废立

《后汉书》卷五十："淮阳顷王昞，永平五年（公元62年）封常山王……""永元二年，和帝立昞小子侧复为常山王……立十三年薨，父子皆未之国，并葬京师。侧无子，其月立兄防子侯章为常山王。和帝怜章早孤，数加赏赐。延平元年就国。立二十五年薨，是为靖王。子顷王仪嗣。永建二年，封仪兄二人为亭侯。仪立十七年薨，子节王豹嗣。永嘉元年，封豹兄四人为亭侯。豹立八年薨，子暠嗣。三十二年，遭黄巾贼，弃国走，建安十一年国除。"

（三）文献记载常山国治所（常山郡郡治）

《元和郡县图志》卷第十七："汉高帝三年，韩信东下井陉，击破陈馀、赵王歇，以钜鹿之北境置恒山郡，因恒山为名，后避文帝讳，改曰常山。两汉恒山太守皆理于元氏，晋理于真定，即今常山故城是也。"

《文献通考·舆地二·冀州》："……汉高祖置恒山郡，后避文帝讳，改曰常山郡，亦属真定国。后汉属常山国。晋复为常山郡，后魏因之。后周置恒州，领常山郡。隋初郡废，炀帝初州废，复置常山郡。""汉时为郡国二十四，县三百七十三。恒山郡十八县（元氏石邑……都乡行唐）""元氏（汉县。常山郡故城，光武征彭宠，生明帝于此）。"

《元氏县志》："旧城在元氏西北二十里，即公子元始封之邑也……高帝三年置恒山郡，治元氏……"

从上述文献记载来看，常山郡应始于秦代，但秦代常山郡治所在信都，而非元氏。西汉高祖置恒山郡，后避文帝讳，改常山郡，治所在元氏。汉高祖死后，吕氏专权，先后立刘不疑、刘山为常山王。刘不疑、刘山立常山王时间很短，均不足一年。吕氏死后，常山王刘山被杀于邸。刘不疑和刘山可能均未到元氏就任。至汉景帝刘启继位后，封其子刘舜为常山王。刘舜死后，其子刘勃继承常山王位，不到数月，刘勃被免去王位，常山国被废除，封刘勃的儿子刘平为真定王，常山国又恢复了原名称——常山郡，一直沿袭到东汉初年。东汉时期，复置常山国。东汉末年，因黄巾起义，常山国除。晋时，复为常山郡，但治所为真定。北魏时，因袭晋置，为常山郡。隋初，常山郡废。由此可见，常山国存在时间主要在两汉时期，常山国（常山郡郡治）治所在元氏。这在常山郡故城遗址内文化堆积中也可见到端倪。

二、常山郡故城遗址考古勘探与年代分析

（一）常山郡故城遗址考古调查、勘探情况

2004年，河北省文物研究所在常山郡故城遗址西部试掘了2米×5米探沟一条，初步了解城内地层堆积情况[1]。2010年，对遗址进行了考古调查，对城墙进行了测量，并采集了豆、罐、盆、釜、壶等遗物[2]。

2015年，为编制常山郡故城遗址保护规划，对城址进行了详细勘探[3]。发现夯土遗迹3处；砖瓦堆积区（EZ）11处；灶址1处；外城道路（EL）4条，内城道路2条；古河道（EW）1条；窑址（EY）3处；外城东、南、西三侧6段城垣和北城垣地下遗迹；外城城门遗迹4个；内城东、北城垣；内城角门1个；外城及内城角台各1处；外城涵洞1个；环绕外城四周护城河1条（图1）。

（二）常山郡故城内遗迹性质推定

经勘察，常山郡故城的平面形状呈长方形，东西长为1232米，南北宽为1080米。城址四周有护城河环绕，护城河内为主体功能区，两套城垣，内城位于外城的西南部，平面呈正方形，边长500米。

外城城内有两条贯穿东西、南北的两条主干道，南北干道位于偏中轴线上，南北主干道的尽头分别为南城门和北城门。东西主干道分别连接东、西两城门，呈西北、东南走向。外城内中部偏北有古河道一条，平面呈不规则条带状。古河道分干流与支流，东西贯穿整座城址。干流西端位于城址西城门北侧，东端位于城址东北部，与东城垣下涵洞相连。

常山郡故城分为居住区、手工业作坊区、商业区、官署区。

1）居住区，11个瓦砾堆积区（EZ），有的在瓦砾层下面发现石墙或夯土，从性质判断，应是大型建筑遗存。或者属于不同时期的衙署建筑或者为居民居住区。

2）手工业区，EY1、EY2、EY3，比较集中发现，距离古河道较近，可能为制陶工业区。

3）夯土建筑，ER1、ER2、ER3，年代较晚，ER1、ER3属于长条形状夯土建筑，性质有待判定。

---

[1] 南水北调中线干线工程建设管理局、河北省南水北调工程建设领导小组办公室、河北省文物局：《常山郡元氏故城南程墓地》，科学出版社，2014年，第8页。

[2] 南水北调中线干线工程建设管理局、河北省南水北调工程建设领导小组办公室、河北省文物局：《常山郡元氏故城南程墓地》，科学出版社，2014年，第8页。

[3] 元氏县文物保管所、元和文化传播有限公司：《常山郡故城遗址勘探报告》，内部资料，2015年。

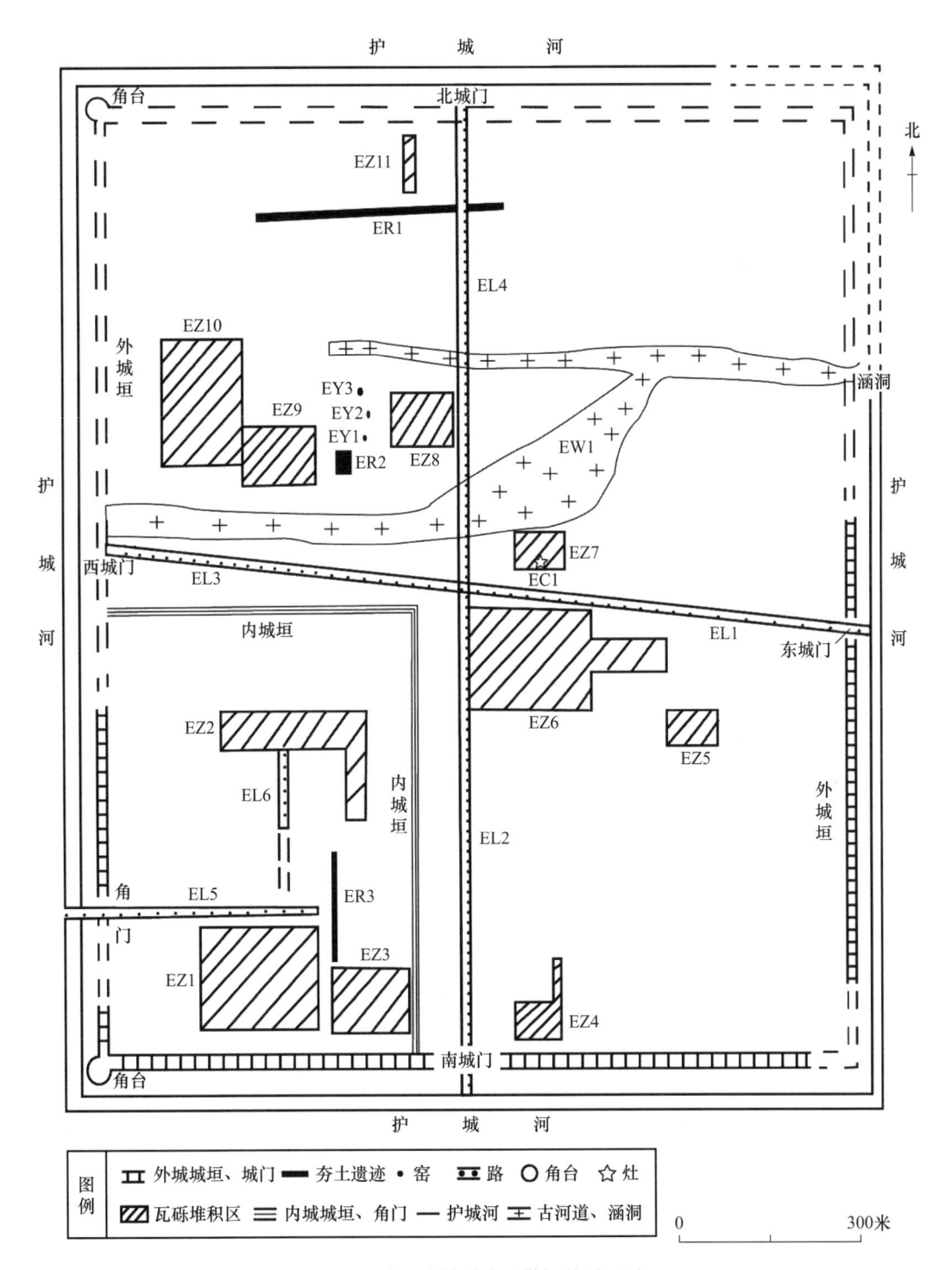

图 1　常山郡故城遗址勘探总平面图

（三）常山郡故城遗迹年代判定

1. 内城、外城几个标准地层堆积

见图2。

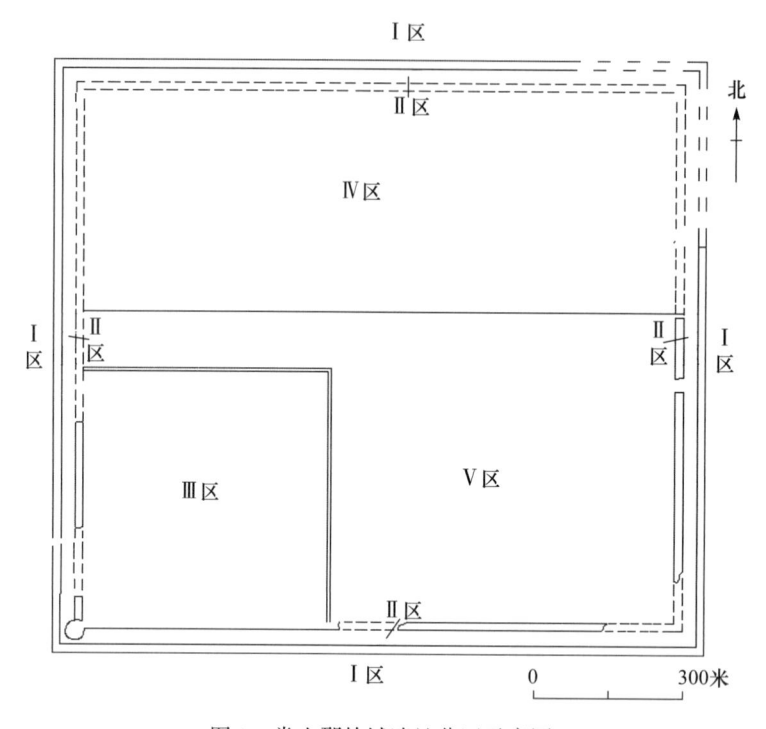

图2 常山郡故城遗址分区示意图

（1）护城河外的地层堆积（Ⅰ区）

以东侧护城河为例。

第1层：黑褐色耕土，厚0.2～0.25米。

第2层：灰褐色土，厚1.6米。

第3层：黄褐色砂层，厚1.5米。纯净。

第4层：蓝灰褐色水浸层，质地黏硬纯净。

（2）外城城垣外的地层堆积（Ⅱ区）

第1层：黑褐色土，厚0.3米。

第2层：灰褐色土，厚1.3米。

2层下为黄褐色生土，土质较坚硬，纯净。

（3）内城城内的地层堆积（Ⅲ区）

第1层：黑褐色耕土，厚0.15～0.3米。

第 2 层：灰褐色土，厚 0.4~1.2 米。

第 3 层：黑褐色土，厚 0.6~1.5 米。

第 4 层：灰黑褐土，活动面，厚 0.2~0.5 米。

第 5 层：黄褐色土，距现地表深 1.35~3.5 米。

（4）外城城圈（北部）内的地层堆积（Ⅳ区）

第 1 层：黑褐色耕土，厚 0.15~0.3 米。

第 2 层：黄褐色土，厚 1.3~1.8 米，粉砂土，较纯净。

第 3 层：黑褐色土，厚 0.2~1.5 米。

第 4 层：灰黑褐土，活动面，厚 0.2~0.3 米。

第 5 层：黄褐色土，距现地表深 1.85~3.9 米。

（5）外城城圈（东南部）内的地层堆积（Ⅴ区）

第 1 层：黑褐色耕土，厚 0.15~0.3 米。

第 2 层：黄褐色土，厚 0.7~1.4 米，粉砂土，较纯净。

第 3 层：黑褐色土，厚 0.2~0.5 米。

第 4 层：灰黑褐土，活动面，厚 0.2~0.3 米。

第 5 层：黄褐色土层，距现地表深 1.25~2.5 米。

2. 其他遗迹地层堆积

（1）夯土遗迹

ER1、ER2、ER3。

耕土→ER1→黄褐色粉砂土→黑褐色土→灰黑褐土→黄褐色土。

（2）瓦砾堆积

EZ1、EZ2、EZ3，均开口在耕土层下。

耕土→EZ2→黄褐色土。

EZ4、EZ5、EZ6、EZ7、EZ8、EZ9、EZ10、EZ11 均开口在黄褐色粉沙土下。

耕土→黄褐色粉砂土→EZ10→黄褐色土。

（3）灶（EC）

耕土→黄褐色粉砂土→EC1→黄褐色土。

（4）道路迹象（EL）

EL1、EL2、EL3、EL4（外城）。

耕土→黄褐色粉砂土→黑褐色土→EL1（未穿透）。

EL5、EL6（内城）。

耕土层→灰褐色土→EL6（向下未穿透）

（5）古河道（EW）

耕土→黄褐色粉砂土→黑褐色土→EW1→黄褐色土。

（6）窑址（EY）

EY1、EY2、EY3。

耕土→黄褐色粉砂土→EY1→黄褐色土。

（7）外城垣

第1层：表层，厚0.3米。

第2层：夯土，厚8米。

第3层：黄褐色土，质地略硬，较纯净。

（8）内城城垣

第1层：耕层，厚0.3米。

第2层：夯土，厚1~1.5米。

第3层：黄褐土。

（9）城门

第1层：表层，厚0.3~0.5米。

第2层：灰褐色土，厚1~1.2米。

第3层：砖砌堆积层，厚0.6米。

第4层：灰褐色路土，厚0.2米。

4层下为黄褐色土，为原生土。

（10）角门

第1层：表层，厚0.3~0.5米。

第2层：灰褐土，厚1~1.2米。

第3层：砖瓦堆积层，厚0.6米。

第4层：灰褐色路土，厚0.2米。

4层下为黄褐色土，为原生土。

（11）角台

第1层：表土层，灰褐色土，厚0.1~0.25米。

第2层：灰褐土，厚0.5~0.7米。

第3层：夯土，黄褐土，厚9米。

3层下为黄褐土，为生土层。

（12）涵洞（两侧城垣夯土）

第1层：灰黑褐色路土，厚0.3~0.5米。

第2层：夯土，厚1.3米。

第3层：黄褐色土，距现地表深1.8~2米，未穿透此层。

（13）护城河

第1层：灰褐色土，厚1.6米。

第2层：黄褐色沙层，厚1.5米。

第3层：蓝灰褐色水浸层，厚0.3米。

根据上述遗迹层位关系，相对年代判定如下：

1）夯土遗迹ER1、ER2、ER3，瓦砾堆积EZ1、EZ2、EZ3均开口在耕土层下。年代最晚。

2）瓦砾堆积 EZ4、EZ5、EZ6、EZ7、EZ8、EZ9、EZ10、EZ11，灶址（EC），窑址 EY1、EY2、EY3 等均开口在黄褐色沙土层下。且在 EZ6、EZ7 中发现"货泉"（王莽时期）铜钱。

3）古河道 EW，外城道路 EL1、EL2、EL3、EL4，外城城垣、城门、角台、涵洞、护城河等开口在黑褐土之下。年代早于黄褐色沙土层。

4）内城的年代问题，EL5、EL6 都开口在第 2 层灰褐色土之下，内城第 3 层黑褐色土、第 4 层灰黑褐土与外城相同，厚度接近，外城 EL1、EL2、EL3、EL4 开口均在第 3 层黑褐色土之下，显然外城 EL1、EL2、EL3、EL4 应早于内城 EL5、EL6。同时，外城发现第 2 层为黄褐色粉砂土层，而内城第 2 层为灰褐色土。黄褐色粉砂土质密，纯净，为河流冲刷淤积层，而内城没有发现黄褐色粉砂层，显然是内城阻挡了河水冲刷淤积进入内城，因而，内城第 2 层灰褐色应早于外城第 2 层黄褐色粉砂层。对应的角门，也在这个时期。

如果将 2）判定为王莽或东汉时期，则 1）或为东汉时期或者更晚时期，4）和 3）则早于王莽时期，当为西汉时期。3）比 4）早，3）为城址形成时期，4）为西汉晚期。

（四）常山郡故城遗址采集的遗物

2010 年，河北省文物研究所在常山郡故城遗址调查时采集到一批文物，主要有绳纹筒瓦、外饰粗绳纹或布纹的板瓦、"常山长贵"和"常乐富贵"及其云纹瓦当、回纹灰砖、陶罐或陶盆口部残片等。从采集的遗物形制分析，这些遗物的年代亦为西汉和东汉时期[1]。

三、常山郡故城遗址周边文化遗存及其年代分期

（一）高庄汉墓[2]

位于河北省石家庄市鹿泉区城乡高庄村西凤凰山下，西距鹿泉区 2.5 千米，东距高庄村 1 千米。高庄汉墓由南北并列的两个相邻的大封土堆组成，俗称灵台，南侧之墓编为 M1，北侧之墓编号为 M2。1991 年 11 月—1994 年 6 月，对 M1 进行抢救性发掘。M1 墓葬结构由封土、墓室、墓道、回廊等构成。平面基本呈"中"字形。墓葬虽经过盗掘毁坏，仍出土部分铜、铁、陶、银、漆木、玉、石器、车马器等器物近千件。其中，陶器有鼎、壶、钫、釜、罐、缸、盆、甑、盘、盒、卮、匜、奁形器、耳杯等。铜器有鼎、钫、壶、锺、甑、瓿、匜、釜、盆、鉴、药臼、药杵、量斗、灯、勺、削等。铁器有

---

[1] 南水北调中线干线工程建设管理局、河北省南水北调工程建设领导小组办公室、河北省文物局：《石家庄元氏、鹿泉墓葬发掘报告》，科学出版社，2014 年。
[2] 河北省文物研究所、鹿泉市文物保管所：《高庄汉墓》，科学出版社，2006 年。

鼎、壶等。玉器仅见玉璧1件。根据出土铜器中有"常山""常食""常山食官",铜鼎盖有"二十九年"字样,结合文献记载,推定该墓为第一代常山王刘舜的墓葬。刘舜在位三十一年,死于武帝元鼎三年(公元前114年)。这是常山国唯一一座具有纪年的墓葬。

(二)鹿泉北新城汉墓 M2[①]

北新城汉墓 M2 位于鹿泉区北新城村西,西距鹿泉区约 3.5 千米,为"中"字形土圹木椁墓。由封土、墓室、东西墓道、外藏椁等组成。墓葬盗扰严重。出土玉器、铜器、铁器以及陶器、石器等,共计 480 余件。玉器主要是玉衣片,还有 1 件玉璧;铜器主要是车马饰件;陶器主要有罐、钫、耳杯等。推测北新城汉墓 M2 为刘舜后代真定王及王后合葬墓。

(三)殷村墓地[②]

殷村墓地位于元氏县殷村镇殷村西约 500 处,南距常山郡故城 2.5 千米。共清理古墓葬 27 座,均为砖室墓,多被盗掘。有刀把形 10 座、单室倒"凸"字形墓 6 座、前后双室墓 6 座、"中"字形墓 1 座。随葬器物大致可分为四组:

第一组:罐、瓮、盆、壶。
第二组:灶、井、楼、仓。
第三组:案、盒、奁、盘、耳杯。
第四组:猪圈、陶猪等家畜模型。

从墓葬形制和随葬分析刀把形墓为东汉中晚期,倒"凸"字形为东汉中期,前后双室墓为东汉晚期,"中"字形墓为东汉晚期。

(四)南水北调中线工程南城墓地[③]

南程墓地位于元氏县殷村镇南程村和陈郭庄村之间,北距常山郡故城遗址 1600 米。南水北调中线工程发掘 126 座墓葬,2 座陶窑。墓葬分竖穴土坑墓、带墓道土坑墓、洞室墓、单砖室墓和双砖室墓五大类。发掘者根据南程墓地出土陶器类型,并参照墓葬形制,将陶器分为七组:

---

① 河北省文物研究所、石家庄市文物研究所、鹿泉市文物保管所:《鹿泉市北新城汉墓 M2 发掘简报》,《文物春秋》2008 年第 4 期。
② 南水北调中线干线工程建设管理局、河北省南水北调工程建设领导小组办公室、河北省文物局:《石家庄元氏、鹿泉墓葬发掘报告》,科学出版社,2014 年。
③ 南水北调中线干线工程建设管理局、河北省南水北调工程建设领导小组办公室、河北省文物局:《常山郡元氏故城南程墓地》,科学出版社,2014 年。

第一组，随葬品流行鼎、盒、壶组合，并流行陶俑。

第二组，随葬品为罐、碗、壶等日用品，不见陶礼器，不见彩绘，伴出半两钱。

第三组，随葬品有罐、釜、壶、盆等。个别墓葬随葬陶俑。M025随葬陶礼器。伴出半两钱。

第四组，随葬品有罐、瓮、壶、盘等。流行3件以上器物组合。伴出半两钱。

第五组，随葬品多为实用器，器形有罐、瓮、盆等，有两个或三个以上器物组合形式。

第六组，随葬品有罐罐组合，盘、井等。

第七组，随葬器物有罐、盘、井等。

墓葬分期和年代：

第一期，第一、二、三组墓葬，年代相当于西汉中期。

第二期，第四、五组墓葬，年代相当于西汉晚期。

第三期，第六组墓葬，年代相当于西汉末至东汉早期。

第四期，第七组墓葬，年代相当于东汉中晚期。

（五）石武客运专线南城墓地[①]

发掘66座墓葬。墓葬形制结构可分为竖穴土坑墓、洞室墓、单墓道砖石混筑墓、双墓道砖石混筑墓4类。出土铜器、陶器、瓷器、琉璃器等遗物90件。铜器有镜、盖弓帽、带扣、五铢钱等。陶器有罐、壶、器盖、砖等。根据出土遗物和墓葬结构特征等来看，土坑竖穴墓应为西汉晚期，洞室墓、单墓道砖石混筑墓、双墓道砖石混筑墓应为西汉末至东汉初期。

四、常山郡故城及其周边文化遗存陶器分期研究

常山郡故城遗址没有做过正式的考古发掘，只在调查过程中采集到一些文物。高庄汉墓虽经过盗扰，但器形种类丰富，有鼎、壶、钫、釜、罐、缸、盆、甑、盘、盒、卮、匜、奁形器、耳杯等，明显是诸侯王级的等级。北新城汉墓M2被盗严重，只发现罐、钫、耳杯3件陶器，但随葬玉衣片和玉璧等玉器，也是诸侯一级的墓葬特征。而南程墓地多为平民墓葬，随葬品等级较低，以陶器为主，组合多样，有罐罐、盘、釜，罐、罐、罐、盆；罐、罐、瓮；壶、罐、鼎、壶、罐、盘、碗、盒；罐、瓮、碗；罐、瓮、碗、瓮；罐、瓮、盆；鼎、罐、釜、壶；罐、壶；鼎、罐、壶、盘、盒；鼎、壶、盘、罐、瓮、人物俑等器物组合。多数器形发展演变序列清晰。根据器形发展演变特征，将上述墓葬出土陶器分期见图3、图4。

---

① 南水北调中线干线工程建设管理局、河北省南水北调工程建设领导小组办公室、河北省文物局：《常山郡元氏故城南程墓地》，科学出版社，2014年。

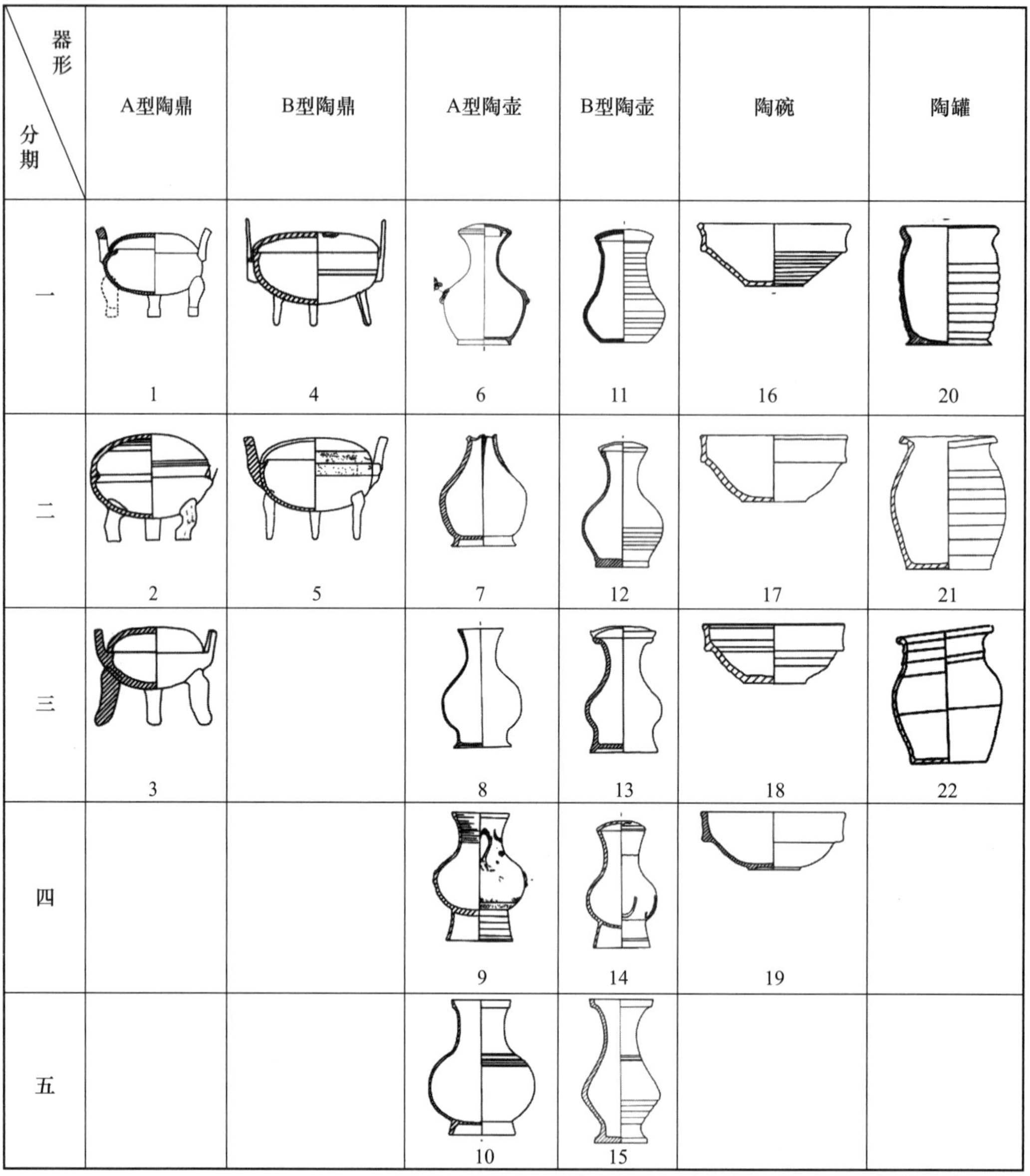

器形\分期	A型陶鼎	B型陶鼎	A型陶壶	B型陶壶	陶碗	陶罐
一	1	4	6	11	16	20
二	2	5	7	12	17	21
三	3		8	13	18	22
四			9	14	19	
五			10	15		

图 3 第一组陶器分期图

1. A型Ⅰ式鼎：高庄汉墓 M1∶232
2. A型Ⅱ式鼎：南程墓地（南）M055∶1
3. A型Ⅲ式鼎：南程墓地（南）M025∶5
4. B型Ⅰ式鼎：南程墓地（南）M065∶7
5. B型Ⅱ式鼎：南程墓地（南）M049∶6
6. A型Ⅰ式壶：高庄汉墓 M1∶625
7. A型Ⅱ式壶：南程墓地（南）M055∶3
8. A型Ⅲ式壶：南程墓地（南）M026∶4
9. A型Ⅳ式壶：南程墓地（南）M074∶1
10. A型Ⅴ式壶：南程墓地（南）M003∶1
11. B型Ⅰ式壶：南程墓地（南）M049∶5
12. B型Ⅱ式壶：南程墓地（南）M065∶6
13. B型Ⅲ式壶：南程墓地（南）M025∶6
14. B型Ⅳ式壶：南程墓地（南）M074∶2
15. B型Ⅴ式壶：殷村墓地 M4∶3
16. Ⅰ式碗：南程墓地（南）M125∶5
17. Ⅱ式碗：南程墓地（南）M028∶2
18. Ⅲ式碗：南程墓地（南）M062∶6
19. Ⅳ式碗：南程墓地（南）M048∶1
20. Ⅰ式罐：北新城汉墓 M2∶334
21. Ⅱ式罐：南程墓地（南）M028∶3
22. Ⅲ式罐：南程墓地（南）M0105∶5

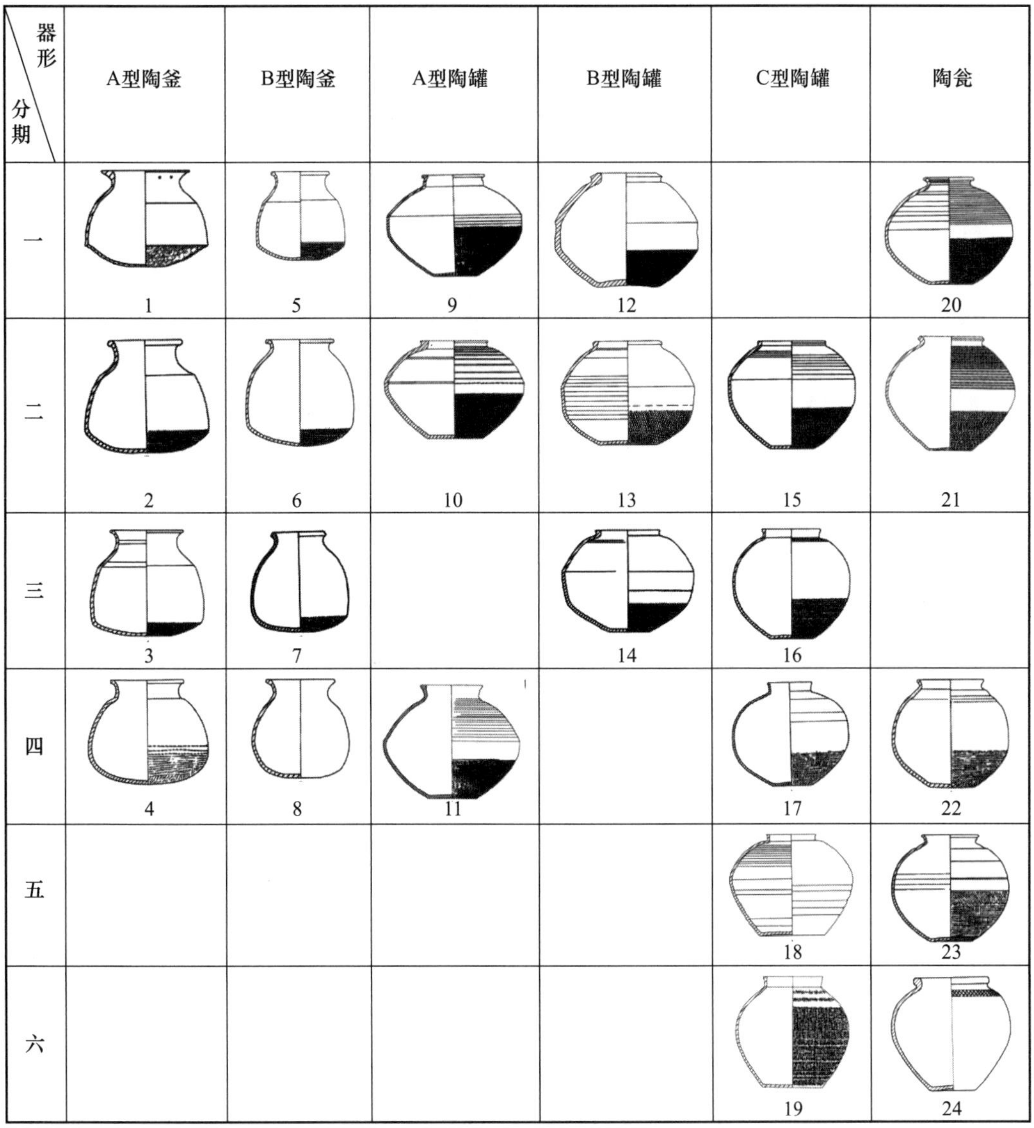

分期\器形	A型陶釜	B型陶釜	A型陶罐	B型陶罐	C型陶罐	陶瓮
一	1	5	9	12		20
二	2	6	10	13	15	21
三	3	7		14	16	
四	4	8	11		17	22
五					18	23
六					19	24

图 4　第二组陶器分期图

1. A 型 Ⅰ 式陶釜：南程墓地（南）M125：2　　2. A 型 Ⅱ 式陶釜：南程墓地（南）M055：7
3. A 型 Ⅲ 式陶釜：南程墓地（南）M062：4　　4. A 型 Ⅳ 式陶釜：南程墓地（南）M031：5
5. B 型 Ⅰ 式陶釜：南程墓地（南）M063：2　　6. B 型 Ⅱ 式陶釜：南程墓地（南）M062：4
7. B 型 Ⅲ 式陶釜：南程墓地（南）M026：4　　8. A 型 Ⅳ 式陶釜：南程墓地（南）M077：5
9. A 型 Ⅰ 式陶罐：南程墓地（南）M061：1　　10. A 型 Ⅱ 式陶罐：南程墓地（南）M062：1
11. A 型 Ⅳ 式陶罐：南程墓地（南）M048：3　　12. B 型 Ⅰ 式陶罐：南程墓地（南）M063：3
13. B 型 Ⅱ 式陶罐：南程墓地（南）M062：3　　14. B 型 Ⅲ 式陶罐：南程墓地（南）M105：4
15. C 型 Ⅱ 式陶罐：南程墓地（南）M065：10　16. C 型 Ⅲ 式陶罐：南程墓地（南）M079：3
17. C 型 Ⅳ 式陶罐：南程墓地（南）M007：3　　18. C 型 Ⅴ 式陶罐：南程墓地（南）M111：1
19. C 型 Ⅵ 式陶罐：南程墓地（南）M097：1　　20. Ⅰ 式陶瓮：南程墓地（南）M125：4
21. Ⅱ 式陶瓮：南程墓地（南）M028：5　　　　22. Ⅳ 式陶瓮：南程墓地（南）M096：1
23. Ⅴ 式陶瓮：南程墓地（南）M104：3　　　　24. Ⅵ 式陶瓮：殷村墓地 M5：7

第一期有高庄汉墓（刘舜墓）出土的鼎和壶，刘舜卒于公元前114年，为西汉早期偏晚阶段，其陶器或进入西汉中期。结合器形发展变化及其墓葬结构分析，第二期当为西汉中期偏晚或西汉晚期，第三期为西汉晚期或东汉早期，第四期为东汉早期偏晚或东汉中期，第五期为东汉中期偏晚或东汉晚期，第六期为东汉晚期或东汉灭亡时期。

五、常山郡故城形成、发展、衰落的进程的初步研究

根据常山郡故城勘探结果，将常山郡故城遗址的年代划分为城址形成时期、西汉晚期、东汉时期、东汉晚期或更晚四个阶段。按照陶器分期，将常山郡故城遗址周边文化遗存陶器分为西汉早期偏晚或西汉中期，西汉中期偏晚或西汉晚期，西汉晚期偏晚或东汉早期，东汉早期偏晚或东汉中期，东汉中期偏晚或东汉晚期，东汉晚期偏晚或东汉灭亡时期等六个时期。

上述两者相对应则是：常山郡故城形成的时期对应陶器分期第一、二期，即西汉早、中期；城址西汉晚期则对应陶器分期第三、四期，即西汉晚期或到东汉早期；城址东汉时期则对应陶器分期第五期，即为东汉早期或到东汉中期；城址东汉晚期或更晚阶段则为陶器分期第六期，即为东汉晚期或到东汉灭亡时期。

结合文献记载，常山郡故城形成时期当在刘舜被封为常山王前后时期，外城城垣及其城内道路、城门、水门等基本形成。其根据之一是常山郡故城城内及周边早期遗存发现较少；之二是在西汉早期偏晚阶段，西汉中、晚期，城外平民墓地数量占绝对多数，陶器种类丰富多样，且发展演变规律清晰，城内各类遗迹丰富，城内布局已经形成。到西汉晚期，可能为防水患，又在城内建造了内城，并开设了角门，一直到东汉早、中期，这样一个大的发展阶段是常山郡故城的发展时期。到东汉晚期城外平民墓葬及随葬陶器种类大为减少，城内遗迹也不丰富，因此，东汉晚期是常山郡故城的衰落时期。

（本文是在本人指导河北师范大学学生论文基础上修改而成）

重庆地区汉阙图像的考古发现与研究

邹后曦

（重庆师范大学历史与社会学院）

汉阙是我国现存最早的地面建筑，是考古学、金石学、建筑史、艺术史等不同学科领域共同关注的重要研究对象。

据统计，目前我国发现的汉阙共 43 处[①]，主要分布在川渝地区，其中，四川 21 处、重庆 6 处。汉阙是汉代画像不可分割的重要组成部分，对于汉阙的讨论可能置于"汉代画像"这个更大的范畴之中展开。我国汉代画像主要分布在四个区域，其中，川渝地区的岷江、嘉陵江、长江沿岸汉代画像空间分布广、表现形式与文化内涵有较多的共性，客观反映了巴蜀地区汉代文化的一些特征，是我们深化认识的核心圈层。

一、发现与研究的简单回顾

《周礼》《左传》《列子》等先秦文献始有阙的记载。宋代以来，金石学方法的著录、考释较多。

重庆最早的考古发现与研究始于抗战时期。1937 年，金毓黻、常任侠在沙坪坝区中央大学校园发掘 2 具画像石棺，同时出土有东汉元兴元年（公元 105 年）的纪年材料；1942 年，常任侠撰写《民俗艺术考古论集》[②]，首次对盘溪无铭阙进行了记述，这是比较早的科学的考古记录；1949～1990 年，文物普查、专题调查不断深入，考古发掘大规模开展，带动了汉阙与画像研究。客观说来，该时期的不同阶段，在考古发掘的科学性、资料记录的规范性、研究方法的系统性等方面，均处于不断总结反思、逐步发展的进程中。

世纪之交，汉画像研究进入了一个新的时期。《四川汉代石阙》[③]、《四川汉代石棺画像集》[④]、《重庆汉代画像考古报告集》[⑤]等报告、图录的大量出版，提供了研究基础；理论方法的引入和创新，也带动了汉画像研究的热潮。该时期综合研究成果较多，

---

① 数据截至 2024 年 1 月 20 日。https://baijiahao.baidu.com/s?id=1788606759844903652&wfr=spider&for=pc
② 张道藩主编、常任侠编著：《民俗艺术考古论集》，正中书局，1943 年。
③ 重庆市文化局、重庆市博物馆：《四川汉代石阙》，文物出版社，1992 年。
④ 高文：《四川汉代石棺画像集》，人民美术出版社，1997 年。
⑤ 重庆市文化遗产研究院：《重庆汉代画像考古报告集》，科学出版社，2019 年。

罗二虎《汉代画像石棺研究》[1]、《汉代画像石棺》[2]、是其中的力作,基于大量的田野资料,开展了汉代画像石棺的区系类型、图像释读、葬俗族属研究,将研究推向了系统深入。刘雨茂《汉画像石棺及其神仙信仰研究》[3]一文,对四川画像石棺进行了类型学方法为基础的综合研究,提出:理解四川地区画像石棺图像,应该了解其历史文化背景,尤其是汉代巴蜀地区人们的生死观。这个问题的研究,原始道教的经典及其神学思想,可能会起到关键的作用。

这些思潮的出现,可能受到海外研究思潮的影响。巫鸿《四川石棺画像的象征结构》将画像石棺看作一个"微型宇宙模式":"东汉石棺的画像装饰遵循着一种结构程序:天空的场景出现在顶部;入口的场景和宇宙的象征分别占据着前档和后档;石棺两侧的画面由多种题材组合而成,但总是突出某种特定主题,如灵魂的护卫、宴饮、超凡的仙界或儒家的伦理。"[4]巫鸿图像之间的形式、寓意深入释读的论证方法,对国内研究者产生了比较大的影响。包括朱存明也受到他的影响,在《四川石棺画像的象征模式》[5]一文认为:四川石棺画像反映了汉代人把石棺作为一个完整的宇宙世界的观念。

总体上看,21世纪以来,除了考古报告、图录的出版,汉画像研究的思路和方法有两个突出变化:一是更加注重历史背景的考察,以当时人们的观念来思考画像的内容及意义。二是在具体研究方法上,不再局限于单幅画像,而是关注画像的配置方式、内在联系、象征意义,以及背后所隐藏的精神世界。

二、重庆地区汉阙图像的发现

(一) 发现概况

丁房阙和无铭阙,在《舆地碑目》《蜀中广记》,包括苏东坡、陆游诗文中均有记载。

抗战时期,郭沫若、常任侠等学者在重庆主城沿江地段开展了一些调查,发现了盘溪无铭阙、沙坪坝画像石棺等;20世纪80年代,第二次全国文物普查期间,在璧山区集中发现了一批画像石棺。

1982年以来,三峡考古会战期间,忠县乌杨、邓家沱、万州武陵三处石阙发现;巫山麦沱、古城坡等墓地发现了一批以"阙—天门"为主题的鎏金铜棺饰。

---

[1] 罗二虎:《汉代画像石棺研究》,《考古学报》2000年第1期。
[2] 罗二虎:《汉代画像石棺》,巴蜀书社,2002年。
[3] 刘雨茂:《汉画像石棺及其神仙信仰研究》,山东大学博士学位论文,2011年。
[4] 〔美〕巫鸿:《四川石棺画像的象征结构》,《礼仪中的美术——巫鸿中国古代美术史文编:上卷》,生活·读书·新知三联书店,2005年,第185页。
[5] 〔美〕巫鸿:《四川石棺画像的象征结构》,《礼仪中的美术——巫鸿中国古代美术史文编:上卷》,生活·读书·新知三联书店,2005年。

（二）数量统计

重庆地区的汉阙图像发现超过 54 处，主要见于三类载体：
1）石阙（6 处）；
2）墓葬本体四壁图像（6 座）；
3）棺具，包括石棺（崖棺）图像（24 具）、鎏金铜棺饰（超过 18 件）（鎏金铜棺饰因在保护之前，很难判辨它的图像性质、图像内容，所以现在数据不算太准）。

（三）地域分布

主要分布于长江、嘉陵江干流及其支流沿岸，具有集群分布的特点。

石阙：集中发现于忠县，江北、万州区各有一处，其中乌杨阙、邓家沱阙、武陵阙，因经过科学考古发掘出土，对研究有帮助。

画像石棺：主要分布在渝西地区的璧山、江津、永川、沙坪坝区，靠近泸州合江这个区域，画像石棺以璧山、江津为重点，取得很多重要发现。

鎏金棺饰：集中分布在巫山，丰都有零星发现。

墓葬本体：发现于万州、涪陵、丰都等地。

重庆地区的汉画像呈集群分布：西边为与四川交接的汉画像石棺；中间是以忠县为中心的汉阙；东边是以巫山为中心的鎏金棺饰。

（四）时间跨度

重庆地区发现有明确汉代画像的纪年材料仅"延熹二年（公元 159 年）"题刻 1 处。综合断代东汉早期 2 处、中期 6 处、晚期 23 处，魏晋 2 处。时间跨度 200 余年。总体上看，东汉晚期是以双阙为主的画像盛行时期。

三、重庆地区汉阙图像的基本特征

（一）阙

一是均为仿木构石建筑。阙顶、阙身、台基结构及细部仿木特征突出，以乌杨阙、丁房阙为代表的重檐双子母阙高挑秀丽，为汉代建筑形态、技术、艺术研究提供了珍贵实证。

二是均为墓阙。乌杨阙是迄今为止考古发掘出土最完整的双子母阙，相关神道、墓葬平面关系和内在联系清楚，深化了汉代墓葬考古研究。

三是均为反映神仙信仰、升天愿望的题材，对于汉代社会的研究有重要价值。

总体特征与四川渠县汉阙相似，虽然地理上有一定距离，但是历史上的文化是一体的，有突出的区域特点。

从忠县、渠县汉阙有关墓葬上看：忠县乌杨阙进行了考古发掘，渠县沈府君阙进行了调查勘探和试掘，田野工作尚未结束，但它们有个共同点，即墓园由双阙、神道、墓葬、墓群这几部分组成。

沈府君阙，墓阙的位置、中间的神道，没有直接对应。现在初步判断 M1 与它有关系，但现在还未进行完田野考古，所以这个结论可以今后来修正，但大体范围出入不大。

（二）画像石棺

分为可移动、不可移动石棺两类，前者数量居多，后者仅见于崖墓。一般为弧形棺盖、长方形棺体，有一定仿木构建筑特征。

画像题材包括双阙、楼阁、西王母、凤鸟、伏羲女娲、四灵、车马、人物等，双阙是其中最重要的内容之一。有关研究认为，这些雕刻题材的组合有一定规律和内在联系，表达了人们对仙界的理解和升仙的愿望。

重庆的汉代石棺葬主要分布在渝西地区，以璧山（图1、图2）、江津（图3）、永川为主。全国范围比较，与北方地区风格差异比较大，与四川地区相似。尤其与紧邻的泸州（图4、图5）、合江地区（图6、图7）出土石棺非常接近，可视为同一个画像石棺文化分布区。

有关研究认为，一是雕刻题材的组合有一定的内在联系，表达了人们对仙界的理解和升仙的愿望。二是图像组合有一定规律。三是以罗二虎先生为主认为：过去认为的一些世俗生活的图像，也是属于升仙的一部分，历史上的人物，如荆轲刺秦之类的也属于已经升仙，列为供奉的神仙信仰的人物。这个观点是最近几年认识角度和研究方法变化带来的。

（三）鎏金铜馆饰

鎏金棺饰主要发现于重庆巫山县长江、大宁河交汇地带的东汉墓葬中，云阳、万州、丰都等地也有个别出土，具有强烈的三峡地域文化特色与研究价值。

鎏金铜馆饰是一种木质（漆木）棺具上的饰品，錾刻有细密、复杂图案的鎏金薄铜片，其性质与画像石棺的图像相同。主要题材有双阙（天门）、伏羲女娲、西王母、四神、凤鸟、三足乌、柿蒂纹、仙山楼阁、车马人物等。在鎏金铜馆饰中，刻有阙形象的铜馆饰18个以上，有"天门"榜题的接近10个，占比非常高。

鎏金铜棺饰面积狭小，通过精细的錾刻工艺，表现了比石刻更为细腻复杂的内容。以阙（天门）为中心的构图内容丰富、层次分明，整体感强。通过"天门"榜题的强调，更加凸显了仙界的主题。

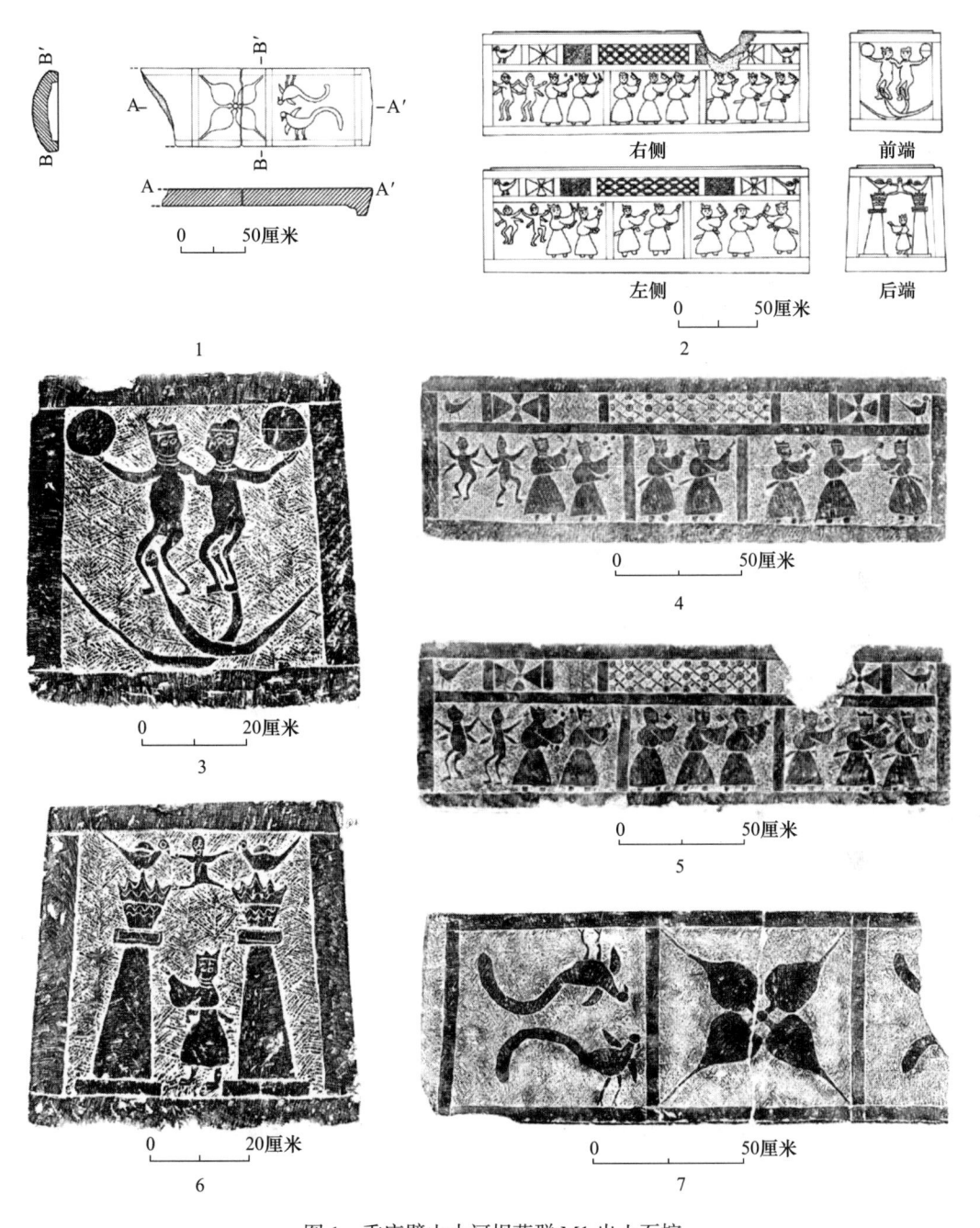

图 1　重庆璧山小河坝墓群 M1 出土石棺
1.棺盖平、剖面图　2.棺身画像　3.前端画像　4.左侧画像　5.右侧画像　6.后端画像　7.棺盖画像

石阙上的、画像石棺上的，及金属器上錾刻的，因材料、加工工艺不同，决定图像表现力，表现风格不同。笔者认为铜棺饰虽然在地下，但组合的整体感，天门寓意的点明，双阙图像的表达，对于阙的研究，是非常有价值的，石阙、画像石棺、鎏金铜棺饰三者可互为利用。

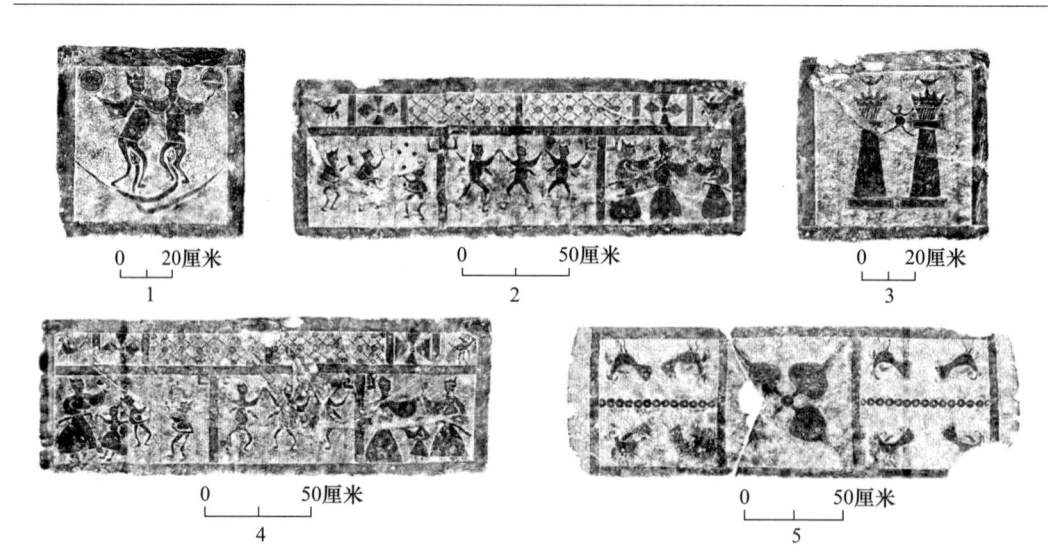

图 2 重庆璧山蛮洞坡崖墓群 M1 出土石棺
1.棺身前端画像 2.棺身左侧画像 3.棺身后端画像 4.棺身右侧画像 5.棺盖画像

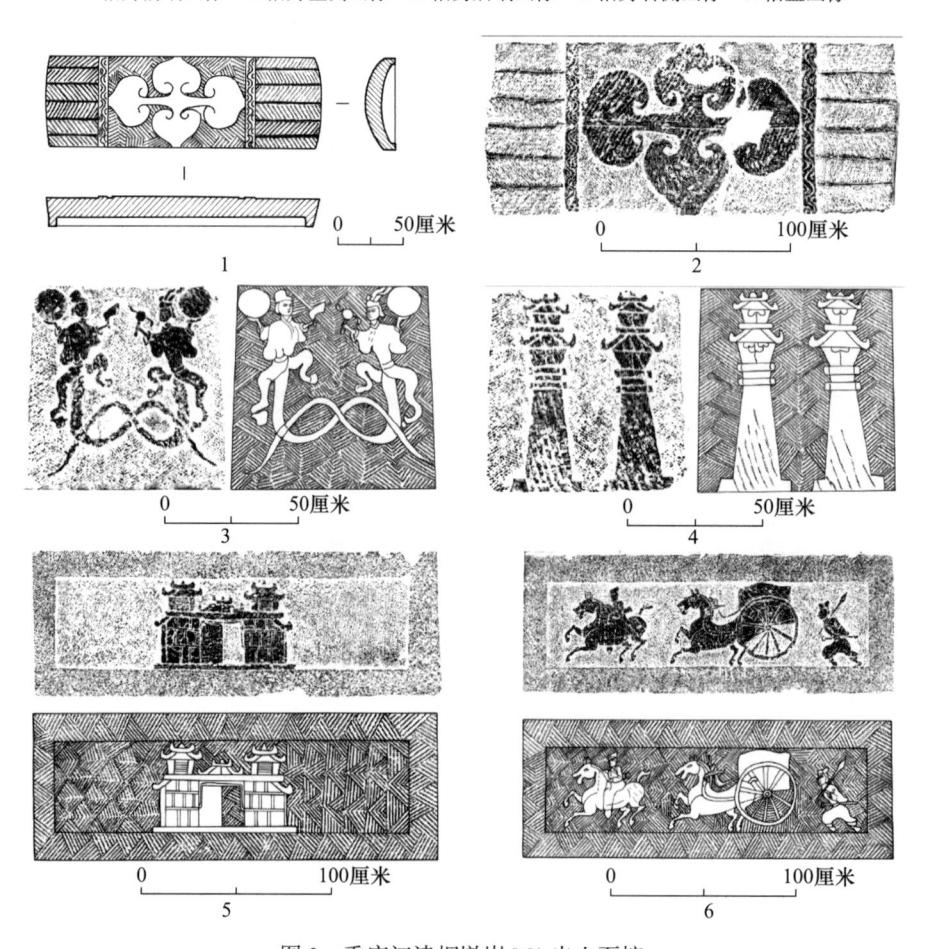

图 3 重庆江津烟墩岗 M1 出土石棺
1.棺盖结构示意图 2.棺盖画像 3.前端画像 4.后端画像 5.左侧画像 6.右侧画像

图 4　泸州 9 号画像石棺（泸州江阳干道麻柳湾新区崖墓）
1. 棺盖　2. 前档　3. 后档　4. 棺身左侧　5. 棺身右侧

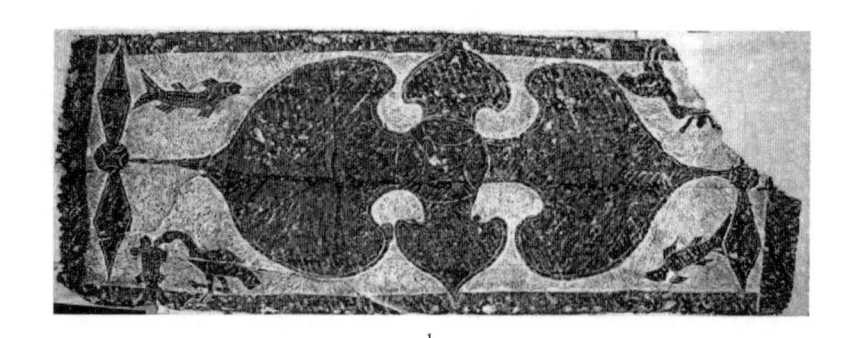

图 5 泸州 13 号画像石棺（泸州市石洞镇顺江村崖墓）
1. 棺盖 2. 前档 3. 后档 4. 棺身左侧 5. 棺身右侧

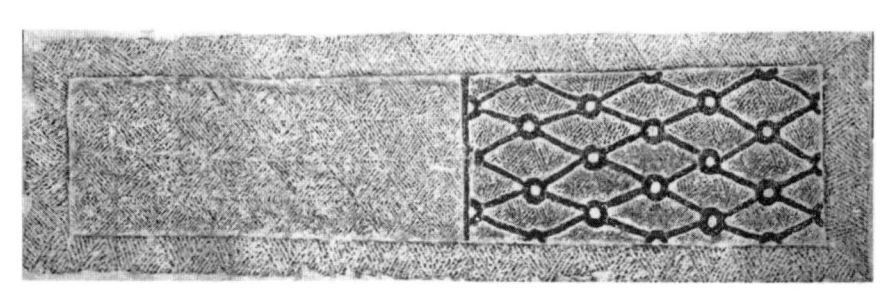

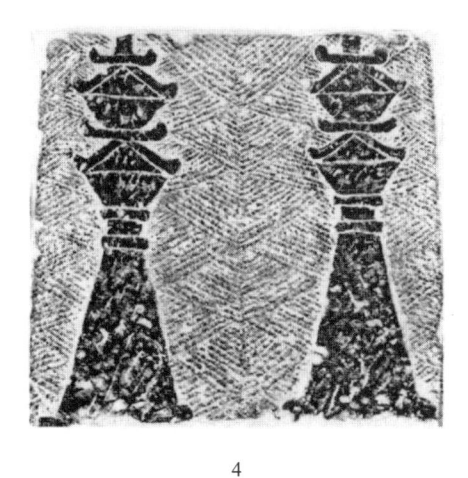

图6 四川合江10号画像石棺（合江县实录乡蒋湾村观音殿）
1. 棺盖　2. 棺身左侧　3. 棺身右侧　4. 前档　5. 后档

图 7　四川合江 3、4、5 号石棺
1. 合江胜利乡莱琐村草山　2. 合江城区张家沟 2 号崖墓　3. 合江城区张家沟 5 号崖墓

（1）年代

东汉早中期1件；东汉中期6件；东汉晚期9件，见下表。

三峡地区考古发掘出土含阙图像的鎏金铜棺饰统计表

序号	区县	墓地	墓号	器号	数量	资料来源	年代
1	巫山	龙头山墓群	WLM4	4	1	重庆市文化遗产研究院等：《重庆市巫山县汉晋墓群的发掘》，《考古》2016年第2期	东汉早中期
2	巫山	土城坡	ⅢM41	7	2	武汉市文物考古研究所：《巫山土城坡墓地Ⅲ区东汉墓葬发掘报告》，《江汉考古》2008年第1期	东汉中期
3	巫山	土城坡	ⅢM45	10/17	2	武汉市文物考古研究所：《巫山土城坡墓地Ⅲ区东汉墓葬发掘报告》，《江汉考古》2008年第1期	东汉中期
4	巫山	土城坡	ⅢM46	20/21	2	武汉市文物考古研究所：《巫山土城坡墓地Ⅲ区东汉墓葬发掘报告》，《江汉考古》2008年第1期	东汉中期偏晚
5	巫山	神女路	SIM2	16、22、37	3	重庆市文物考古所等：《重庆巫山县神女路秦汉墓葬发掘简报》，《江汉考古》2008年第2期	东汉晚期
6	巫山	瓦岗槽	M5	9	1	南京博物院考古研究所：《巫山瓦岗槽汉代墓地发掘报告》，《重庆库区报告集1997卷》，第130~131页	东汉晚期
7	巫山	麦沱	M47	76/77/81/88	4	重庆市文物局等编：《巫山麦沱墓地》，科学出版社，2018年，第179~180页	东汉晚期
8	丰都	林口	M2	56	1	重庆市文化遗产研究院等：《重庆丰都县火地湾、林口墓地发掘简报》，《江汉考古》2013年第3期	东汉晚期

（2）形态

圆形（璧形）（图8、图9）、方形（图10）、柿蒂形（图11）、单体图像轮廓（图12、图13）、组合类（双龙与璧形）（图14）五类。

（3）墓葬本体

画像砖石墓的发现少。涪陵区三堆子、古坟堡石室墓发现有单阙画像，万州、丰都等地也发现了少量画像，题材十分简单。

考古发掘的画像砖墓仅一座残墓（2004年九龙坡区大竹林M2），该墓共出土画像砖30方，集中分布在墓壁的最下层，题材有双阙、西王母、日神"羲和"车马出行、百戏等。

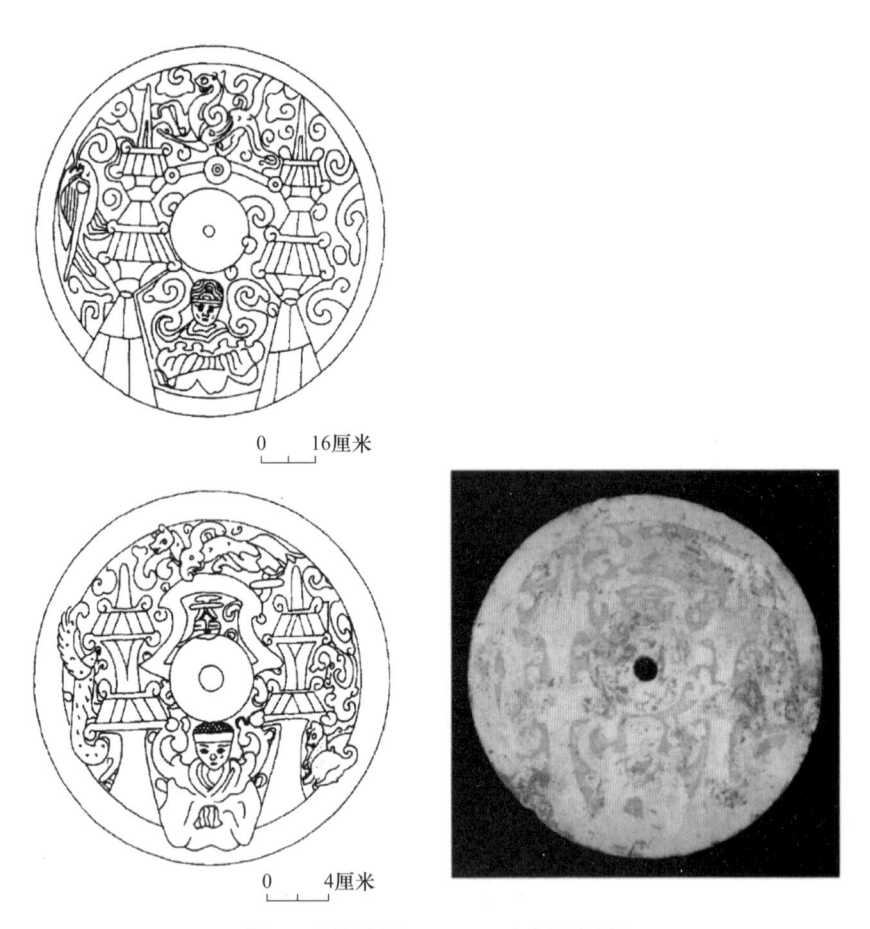

图8 土城坡Ⅲ M45∶10（东汉中期）

图9 丰都林口 M2∶56（东汉晚期）

图 10　方形馆饰

图 11　巫山县磷肥厂出土

图 12　铜牌饰 C1（巫山县淀粉厂出土）

图 13　单体图像轮廓棺饰
1. 巫山淀粉厂汉墓　2. 巫山城北汉墓

图 14　巫山龙头山 M4∶4 及 M4∶5 组合

四、从"阙"到"天门"的演变轨迹及动因

（一）从"阙"到"天门"的演变轨迹考察

1. 观与阙的功能与象征意义

从建筑功能和城市格局的角度，对观、阙、台三者并行讨论得比较多，意见趋同。从起源流变的角度，对本文的认识也很有意义。

《说文》："阙，门观也。"[①] 段注："《释宫》曰：观谓之阙。此观上必加门者，观有不

---

① （汉）许慎撰：《说文解字》（附检字），中华书局，1963 年，第 248 页。

在门上者也。凡观与台在于平地，则四方而高者曰台。不必四方者曰观。其在门上者，则中央阙然，左右为观曰两观。《周礼》之象魏，《春秋经》之两观，《左传》僖五年之观台也。若中央不阙，则跨门为台。《礼器》谓之台门，《左传》谓之门台是也。此云阙门观也者，谓门有两观者称阙。"[1]《说文》："观，谛视也。"[2] 段注："宷谛之视也。《谷梁传》曰：常事曰视，非常曰观。"[3] "非常曰观"，本意是一种特殊的观察，包括观察视角和对象的特殊。在缺乏地利的条件下，原始族群聚落因地制宜搭建的较高的木构建筑、土石构筑物，主要用以标志、瞭望。名之为观，是一种代指，内涵发生了变化。结合文献、考古发现、人类学、民族学材料推测，观的起源当有最为久远的历史。

根据文献和考古材料，至少在西周时期出现阙，与观、台一样，这三种建筑、构筑物均在功能性建筑基础上，逐渐被赋予了基于礼制和城市规划的地位和象征寓意。战国秦汉以降，阙在政治、经济、军事方面的标志意义更加凸显，城阙、宫庙阙、墓阙概莫能外。

综上，观、阙不能并称。

2. 墓阙——地面的升仙之门

以乌杨阙、沈府君阙为代表，考察川渝地区东汉时期墓阙、神道、墓葬关系，墓阙除了彰显墓主及家族政治地位、经济实力，从信仰的角度，还可以理解为"仙界之门"。

重庆、四川汉阙的阙身画像题材相似，大量的画像为伏羲、女娲、青龙、白虎、朱雀、玄武、"凤皇"、三足乌、王（天）马、天禄等，属于典型的神仙信仰内容，反映了墓主对升仙的愿望。

3. 画像石棺的阙——特殊空间的升仙之门

画像石棺安置在密闭的墓葬空间里，其图案的选择及组合具有强烈的象征意义。既往的研究注重单幅画像的释读，忽略了画像之间和石棺与墓葬的内在联系。

研究认为：从某种意义上说，这样的分析与解读存在着"肢解"乃至"破坏"画像整体艺术构成与整体构图意义的风险和可能[4]。

现在很多研究指出画像石棺阙是特殊秘密空间，墓葬是一个宇宙，现实一个宇宙，墓内一个宇宙，石棺是一个更小的宇宙。石棺的四壁，从前到后档，左右侧、顶部，表现的就是一个宇宙的空间。

---

[1] （汉）许慎撰，（清）段玉裁注：《说文解字注·十二篇上·门部》，上海古籍出版社，1981年，第588页。
[2] （汉）许慎撰：《说文解字》（附检字），中华书局，1963年，第177页。
[3] （汉）许慎撰，（清）段玉裁注：《说文解字注·八篇下·见部》，上海古籍出版社，1981年，第408页。
[4] 李立：《汉画的叙述：结构、轨迹与层次——叙事学视阈下的汉画解读》，《江西社会科学》2007年第2期。

罗二虎《汉代画像石棺》[①]、李立《汉画的叙述：结构、轨迹与层次——叙事学视阈下的汉画解读》[②]、刘雨茂《汉画像石棺及其神仙信仰研究》[③]等学者文章，已经开展了很多关于川渝石棺图像的配置模式、象征意义、社会背景方面的研究。通过这些研究，可以发现，川渝石棺画像组合有相对固定的模式：

棺盖：柿蒂纹、联璧纹是主要题材，应为表现天界的符号。

棺身前后档：多为双阙（天门）、伏羲女娲、凤鸟三种题材，或是为了表现天界入口，或是表现天界的场景，或是引导墓主升仙。

棺身左右侧：图像复杂而有变化，譬如神灵异兽、西王母、仙山楼阁、采药、巫术、历史故事、车马人物等，皆为表现天界和墓主升入天界的主题。

石棺前、后档的图像在石棺组合中尤为重要。伏羲女娲具有顺阴阳、长生的寓意；凤鸟是接引升仙者觐见西王母的神鸟。

阙的地位凸显，既有单独的图像，也有与凤鸟、神人等组合的图像。根据石棺在墓葬中的位置，双阙位于石棺前档、后档的现象均有，目前还缺乏合理的解释。但是，不论位于前档或后档，均表现的是升仙之门。

这里有个问题值得探讨，我们进入墓葬有一个前后顺序，墓葬的头向从土坑墓开始便有一个固定的规范：头枕山，脚朝家，但汉画像石棺就有一个问题，即前后不明。笔者粗略统计双阙在前的约占50%以上，伏羲女娲的占50%左右，凤鸟之类较少。如果解决石棺进入方位问题，将是一个重要成果，但不管在前在后，双阙已经明确地表现了升仙之门。

4. 鎏金铜馆饰——以"天门"中心的升仙图景

在四川崖墓中，有双阙画像上"天门"榜题的发现，更多的"天门"榜题，来自1982年巫山发现的鎏金铜馆饰。巫山鎏金铜馆饰组合，尤其是"天门"榜题，引发了学界高度关注。

赵殿增、袁曙光率先刊布了关于"天门"的观点[④]，《重庆巫山县东汉鎏金铜牌饰的发现与研究》[⑤]图像描述与考释并重，给研究者提供了重要的原始资料。张勋燎先生《重庆巫山东汉墓出土西王母天门画像棺饰铜牌与道教——附说早期天师道的主神天帝》[⑥]

[①] 罗二虎：《汉代画像石棺》，巴蜀书社，2002年。
[②] 李立：《汉画的叙述：结构、轨迹与层次——叙事学视阈下的汉画解读》，《江西社会科学》2007年第2期。
[③] 刘雨茂：《汉画像石棺及其神仙信仰研究》，山东大学博士学位论文，2011年。
[④] 赵殿增、袁曙光：《"天门"考——兼论四川汉画像砖（石）的组合与主题》，《四川文物》1990年第6期。
[⑤] 丛德新、罗志宏：《重庆巫山县东汉鎏金铜牌饰的发现与研究》，《考古》1998年第12期。
[⑥] 张勋燎：《重庆巫山东汉墓出土西王母天门画像棺饰铜牌与道教——附说早期天师道的主神天帝》，《神话、祭祀与长江文明》，文物出版社，2002年，第146~168页。

一文，从道教考古角度，深度解读了鎏金铜馆饰天门图像的早期道教背景。四川大学姜生《汉阙考》[①]认为，汉阙是早期道教仙界的象征符号和人仙两界交通的神学媒介。宋艳萍考察了从"阙"到"天门"的神秘化历程：一是作为墓葬标识性建筑——墓阙，东汉初期被称为"大门"，东汉后期发展为"神道"；二是出现于墓室画像中，被称为"天门"，成为灵魂升仙之所。从西汉中后期到东汉时期，阙的政治意义被弱化，而神秘主义最终占据主流[②]。宋的文章厘清了墓阙的起源及演变历程。只是我们认为，墓阙从一开始就蕴含有神仙信仰的元素；关于阙的政治意义弱化，也可以理解为原始道教仙界体系建立过程中，对世俗社会权力结构模式的借用和转化。

（二）阙——天门演变的社会背景考察

结合历史文献、考古材料、在更大的巴蜀文化空间范围内考察，将有助于重庆地区汉阙—天门演变的深层动因分析，从而进一步了解重庆地区汉代社会和文化传统、观念信仰。

1. 重庆地区的汉代社会背景

武帝拓边，重庆及整个巴蜀地区物质文化迅速消融于汉文化，而文化传统、民间风俗、宗教信仰则难以消失。汉代画像受中原影响而出现，其内容、形式、兴衰轨迹与北方差异大，与传统巴蜀文化圈的整体面貌趋同，是一个典型的例子。

巴蜀建阙可追溯至战国，张仪成都筑城，置观楼，为最早的城阙。现已发现的年代明确的最早石阙为四川成都的王文康阙（公元94年）和王君平阙（公元97年），都属于墓阙；年代明确的最晚石阙是雅安高颐阙（公元209～210年），也属于墓阙。其他石阙主要集中在东汉中晚期，尤其是晚期达到高峰。石阙的出现年代晚于北方地区（山东莒南孙仲阳阙，公元85年），消失亦晚于北方（山东莒县孙熹阙，公元178年），相比北方的年年战乱和灾害，巴蜀地区应该说是风调雨顺、平安富足。

通过汉阙画像的分布特点，及其小区域内的比较分析，有助于我们深化对重庆地区汉代社会的认识。一是自然条件的制约，三峡地区岩溶地貌发育，没有石棺发现，云阳以上的忠县、璧山等丘陵地区多砂岩，石棺、石阙有原材料的便利。三类画像集中地的资源优势，为巫山、忠县盐业开采与贸易发达，渝西地区农业条件好。二是有画像的墓葬较周边的其他墓葬一般规模、随葬品方面均有所区别，反映了重庆地区汉代庄园经济发达、多豪门大族、社会分化的史实。三是文化传统的影响，渝西地区与四川泸州比邻，画像石棺发达；巫山属楚文化分布区，墓葬习俗相近。

---

① 姜生：《汉阙考》，《中山大学学报（社会科学版）》1997年第1期。
② 宋艳萍：《从"阙"到"天门"——汉阙的神秘化历程》，《四川文物》2016年第5期。

2. 重庆地区汉代民间信仰与宗教文化

（1）巫、觋文化传统

"大荒之中，有山名曰丰沮玉门，日月所入。有灵山，巫咸、巫即、巫盼、巫彭、巫姑、巫真、巫礼、巫抵、巫谢、巫罗十巫，从此升降，百药爰在。"① 任乃强认为"丰沮"即盐泉，袁珂认为灵山即巫山②。巫觋传统久远。

（2）楚文化的影响

《汉书·地理志》楚"信巫鬼，重淫祀"③。巫山先秦至汉魏一直属于楚文化分布区、汉代鎏金铜棺饰属于木棺的饰品，与楚国漆木棺、玉璧、凤鸟、帛画有密切的联系。战国时期，楚人西进，对重庆乃至四川都产生了深刻的影响，墓葬材料多有反映。

（3）神仙信仰的影响

《说文解字》释"仙"曰："长生仙去"④。《释名》云："老而不死曰'仙'。"⑤《山海经》有不死民、不死国、不死山、不死药、不死树等记载，反映了人们长生不死的愿望。燕、齐方士将神仙思想、神话传说、民间巫术有机结合起来，满足了诸王权贵渴求长生的心理需要。秦始皇、汉武帝等帝王的信奉和求长生之举，推动了神仙信仰的传播。西汉中期以后，神仙思想得到社会各阶层的普遍信仰，巴蜀地区也不例外。

（4）原始道教五斗米教的发祥地与主要分布区

秦汉社会的伦理—信仰危机是道教形成的社会基础，巴蜀地区是早期道教的起源地之一，东汉顺帝年间（公元126~144年），张道陵在四川鹄鸣山修道，将巴蜀巫术与道家思想及黄老思想相融合，创建天师道（五斗米道），设24治，初步建立了宗教统治的组织形式。东汉末年，其孙张鲁在汉中建立了中国第一个政教合一的割据政权。张勋燎先生认为，牌饰具有"西王母和天门为核心"的共同模式，建议将其命名为"西王母天门画像棺饰铜牌"。其"所反映的已经不是一般的升仙思想，而是早期天师道形成并传入蜀地发展为五斗米道、西王母在道教神系中具有相对固定地位后的产物，属于早期五斗米道的宗教遗迹"⑥。

---

① 袁珂校注：《山海经校注·卷十一·大荒西经》，上海古籍出版社，1980年，第396页。
② 袁珂校注：《山海经校注·卷十一·大荒西经》，上海古籍出版社，1980年，第396页。"珂案：灵山，疑即巫山。《说文》一云：'灵，巫也，以玉事神。'《楚辞·九歌·东皇太一》：'灵偃蹇兮姣服。'"
③ （汉）班固：《汉书·地理志》，中华书局，1962年，第1666页。
④ （汉）许慎撰：《说文解字·卷八上·人部·十三》（附检字），中华书局，1963年，第167页。
⑤ 任继昉、刘江涛译注：《释名·卷第三·释长幼第十》，中华书局，2021年，第192页。
⑥ 张勋燎：《重庆巫山东汉墓出土西王母天门画像棺饰铜牌与道教——附说早期天师道的主神天帝》，《神话、祭祀与长江文明》，文物出版社，2002年，第146~168页。

汉阙画像蕴含的修仙、求道、求长生寓意，代表了汉代人的信仰和美好生活的追求，这是一种客观存在的文化传统，既有其源，也有其流变，是重庆地区传统文化的有机构成，蕴含着积极的社会文化价值：一是人们对美好生活永恒的追求；二是基于丰富的想象力和浪漫主义情怀的创新能力；三是为历史文化、宗教研究、建筑技术、雕刻艺术、金属加工工艺研究等，提供了重要的实物；四是其重要的历史文化价值、艺术价值，为文化旅游融合发展提供了宝贵资源，在深化研究的同时，也有必要积极探索保护与活化利用的路径。

大漠遗珍
——居延考古的新进展

魏 坚[1] 郑 玉[2]

（1. 中央民族大学边疆考古研究院 2. 中央民族大学历史文化学院）

居延遗址位于内蒙古自治区阿拉善盟额济纳旗的额济纳河流域，北至内蒙古阿拉善盟额济纳旗苏古淖尔苏木策克嘎查的中蒙边境线附近，南抵甘肃省酒泉市金塔县鼎新，全长300余千米。其中在额济纳旗境内分布约280千米，主要城址和重要遗存均位于额济纳河下游西至纳林河、东到居延泽的宽约70千米的范围之内，地理坐标范围是东经$99.765832°\sim101.718125°$，北纬$40.488025°\sim42.520828°$。在这一区域内，目前发现有青铜时代遗址2处；汉代城址5处、障城9处、烽燧120余座、墓葬区6处；魏晋和唐代城址各1座；西夏城址4处、烽火台3处和新近发现的河西西夏长城以及分布广泛的村落、大片的屯田区等；还有西夏至元代的庙宇、佛塔等10余处，是我国重要的大型古代文化遗址之一，属全国重点文物保护单位。

悠久的历史，灿烂的文化，使居延遗址如古丝绸之路上的罗布泊和楼兰古国一样闻名遐迩。由此，在科兹洛夫在1908年率领俄国远征队首次进入黑城，进行了一周的盗掘，取得了意想不到的收获，运走了大量的文物，现藏于圣彼得堡；后又于1909年5月，再次对黑城子进行了8周的盗掘，所掠文书、雕塑和青铜器等，整理成40多个包裹，掠往圣彼得堡。斯坦因在1914年5月盗掘黑城，其发现虽略逊于科氏，但也将相当数量的文书和文物掠走，文书现藏于大英博物馆，其他文物藏于印度新德里博物馆。斯文·赫定在1927~1934年随中瑞联合考察团到居延，发现了很多亭燧障塞，并进行了发掘，获得万余枚汉简，现藏于台湾。

20世纪50年代后，内蒙古文物考古工作者与中国社会科学院考古研究所内蒙古队于1962~1963年和1982~1984年也先后调查和发掘了黑城遗址汉代遗存，获取了部分文书、纸币和汉简等文物，对居延的研究也取得了进展。甘肃省文物考古研究所在额济纳旗划归甘肃建制时，曾于1972~1976年，对居延地区和汉代亭燧障塞进行了调查，并发掘了破城子和甲渠塞第四燧，获得汉简2万余枚。1998~2004年，内蒙古文物考古研究所又对居延地区进行了调查和复查，在对甲渠塞第七、九、十四、十六燧、察干川吉烽燧和绿城子遗址的发掘中，获得汉简数百枚及一批珍贵文物。这些资料的获得，为居延地区的学术研究和遗址的保护规划、开发利用奠定了基础。

居延遗址作为两汉时期汉王朝在西北地方的重要的军事防御体系，为我们留下了丰富的文化遗存，1982年被国务院公布为全国重点文物保护单位。同时，这一区域内的魏晋隋唐和西夏元朝时期的遗存，特别是西夏时期的经文、雕塑、古城、佛塔和元代的文书纸币、伊斯兰教徒墓地等遗存，也因风格独特，文化内涵异常丰富，同样具有重要的保护和研究价值，从而被列为全国重点文物保护范围。

近年来，我们又多次组织考察队调查了分布于额济纳河及其支流纳林河、伊肯河沿岸及居延泽周边戈壁荒漠地带的遗址，包括青铜时代、汉、西晋、唐、西夏、元、明时期的各级城址、烽燧、佛塔和墓葬等，并对不同时代军事建筑遗存的形制结构、修筑方式、功能作用等有了更加清晰准确的认识（图1）。

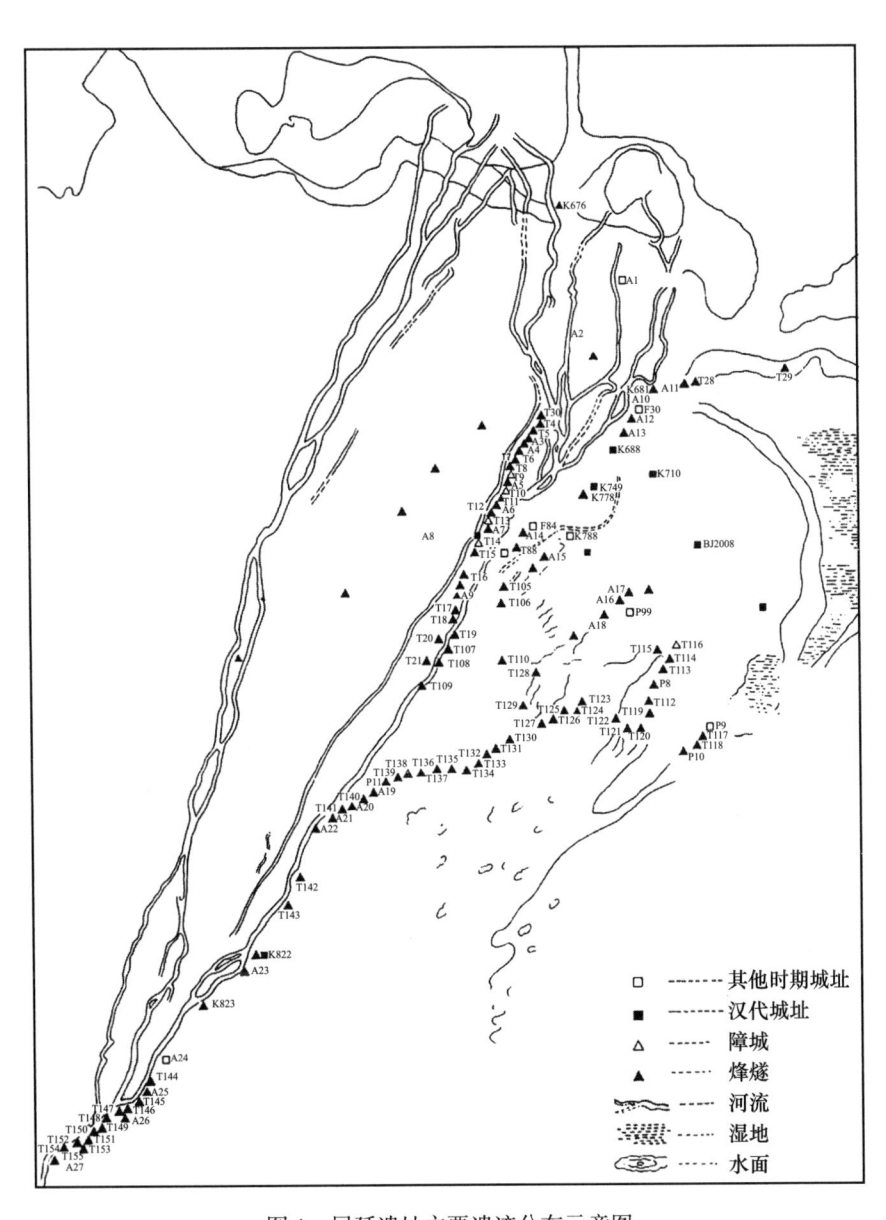

图1 居延遗址主要遗迹分布示意图

一、青铜时代遗址

额济纳地区共发现巴彦陶来与绿城子2处青铜时代遗址。其中，绿城子遗址就椭圆形城墙的使用年代来说，经历了青铜时代、西汉时期和西夏时期三个阶段。

1. 巴彦陶来遗址

位于额济纳旗达来呼布镇东南约40千米处的巴彦陶来农场内，地理坐标为东经101.382030°，北纬41.942720°，遗址约250米见方，被几条沙梁隔断，呈片状分布，地表遍布红陶片，有很深的灰烬层。遗址内发现有打制石器和细石器，大量夹砂红陶，少量的灰陶、彩陶、若干铜器残片和贝壳，地表还采集到人头骨、肢骨，股骨，脊椎骨残片，以及动物骨骼等（图2）。经中国科学院大学测定人骨年代为距今3600年，推测遗址的年代应早于绿城四坝文化遗存。

图 2　巴彦陶来遗址
1.被流沙覆盖的巴彦陶来遗址　2.遗址地表的彩陶片　3.遗址地表可见的人骨

2. 绿城子遗址

位于达来呼布镇吉日嘎朗图嘎查东南26千米处的荒漠地带。地理坐标为东经101.274467°，北纬41.729546°，海拔936.5米。绿城子遗址是一处具有椭圆形城墙的古遗址，东西径435米，南北径345米。城墙以黄土夯筑，经探沟解剖知，城墙地基在现今地表以下180厘米处，墙基宽约3米。现在地表以上的墙体以西墙和南墙保存较好，大部分地段经过汉代和西夏时期使用时用不同的土坯修补，门址可能墙体的东南部。在城址北部探方发掘时，清理出椭圆形石片砌筑底基的房址2座、灰坑1座和墓葬1座。房址和灰坑内出有红陶直口錾手鬲、小口鼓腹大罐、敞口罐和灰陶小杯等；墓葬以裁出的河泥块垒砌而成，长2米余，宽约1米，中间偏一侧有一道隔墙，分别置有1具和4具不完整人骨，属二次葬。地表还采集到铜簪、铜锥等青铜制品。一条西夏时期的灌渠从城址南墙西段向东北穿越城址（图3）。从文化面貌来看，应当属于青铜时代的四坝文化晚期遗存，年代略晚于巴彦陶来遗址。

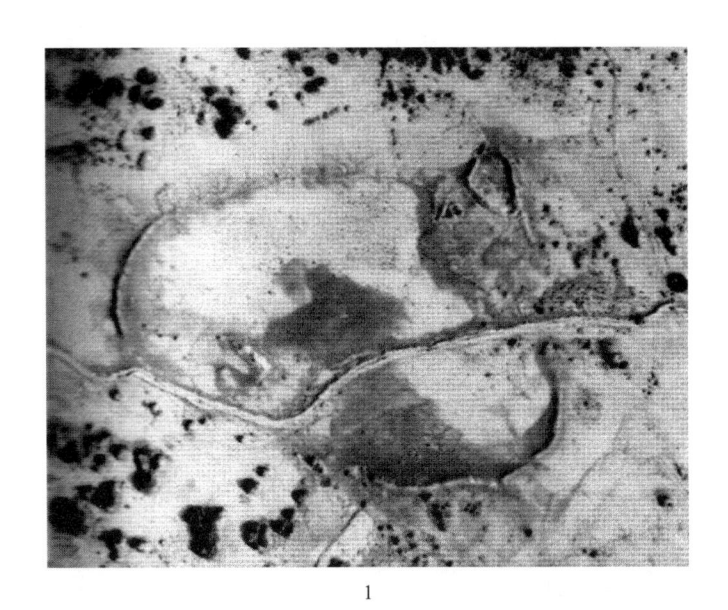

图3 绿城子遗址
1.绿城子遗址航拍全景图 2.绿城子遗址墙体的汉代和西夏土坯 3.绿城子遗址椭圆形西墙体

二、汉代城址、障城与烽燧

西汉在额济纳河流域设居延、肩水两都尉，属张掖郡管辖。居延都尉府下辖殄北、甲渠、卅井三个候官，肩水都尉府下辖广地、橐他、肩水三个候官，候官下设部，部设在某一烽燧，各管理烽燧若干，燧设燧长（图4）。现将1998～2004年发掘和调查以及其后所作补充调查的居延地区主要城址、障城和烽燧简要概述如下。

图 4　居延、肩水两都尉府所辖障塞分布示意图

1. 城址

目前在居延遗址境内发现的有居延城（K710）、雅布赖城（K688）和查干德日布金（BJ2008）三座大型汉代城址。

查干德日布金城址（BJ2008），位于达来呼布镇东南30.2千米处的戈壁上，是相马秀广和森谷一树先生利用卫星影像图于2008年发现，后经笔者实地考察确认并命名。

西北距居延城（K710）13.4千米，距雅布赖城（K688）20.7千米。周围多大型沙丘和红柳包，古城西南角地理坐标为东经101.363719°，北纬41.772463°，海拔932米。城墙因风蚀严重，在地表仅可观察到整齐断续的残段。城墙残厚5～5.5米（初始厚度可能为汉两丈五尺），城墙为黄土夯筑，夯层厚约20厘米，北墙残高1.7米。城址平面略为正方形，方向为北偏东约11°。其中东墙长119.5米，南墙长136.5米，西墙长119.5米，北墙长136.5米。门址在南墙中部，宽约4.6米（图5）。城内只发现少量汉代陶片，估计使用时间较短。因其位于居延遗址东南侧，靠近居延泽，或有可能是最早的居延都尉府所在。

图5 查干德日布金（BJ2008）城址
1.查干德日布金（BJ2008）城址平面卫星图 2.查干德日布金（BJ2008）城址西墙（南—北）

雅布赖城（K688），位于达来呼布镇东南约12千米处的戈壁上，东略偏南距居延城（K710）8.2千米。周围分布着大量的红柳包，连绵不断的沙丘遍布城内外。古城西南角地理坐标为东经101.198622°，北纬41.910425°，海拔942米。贝格曼调查时编号为K688。城墙夯筑，多处都被流沙掩埋，在地表仅可观察到断续城墙的残段。墙体保存处残高2.7米，墙基处厚约3.5米。城墙直接夯筑于生土之上，夯层厚约20厘米。城址平面为正方形，方向为北偏东13°。东墙长123米，南墙长129米，西墙长123米，北墙长130米。门址在南墙正中（图6）。城内发现生活用品较少，城址大致居于三个候官中间位置，也许是由BJ2008迁建而来的居延都尉府所在也未可知。

居延城（K710），位于达来呼布镇东南约20千米处的戈壁上，周围多大型沙丘和红柳包，古城西南角地理坐标为东经101°16′59.95″，北纬41°52′36.21″，海拔936米。贝格曼调查时编号为K710。城址平面基本为方形，方向为北偏东5°。东墙长125米，南墙长125米，西墙长123米，北墙长123米。城墙夯筑，保存较差，呈土垄状，墙体因强力风蚀，形成西北—东南向的切割残段，该城的四角设有长方形角台。墙体厚约4米，残高1.5～2米。城门在南墙中部，门道宽约5.6米，门址外建有瓮城，瓮城门朝东开。瓮城墙体宽2.2～2.4米，门道宽约3米。南门道内外有一道用砖垒砌的水渠，水渠用砖的尺寸为长33厘米，宽17厘米，厚6厘米。城内地表发现有许多排列较为整齐

图 6　雅布赖城（K688）城址东南角（西—东）

的长方形窖穴（图 7）。城内及四周地表发现有大量的汉代石磨盘和陶器碎片。城址东墙外发现有建筑址，故推测该城的主要使用年代可能为东汉，是屯田、屯粮的重要区域，可能为汉代的居延县城。

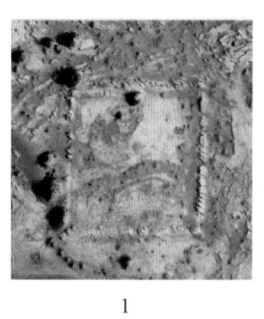

图 7　居延城（K710）城址
1.居延城航拍图　2.居延城出土石磨盘　3.城址内排列的窖穴遗址

2. 障城

居延遗址范围内目前发现的汉代障城（候官）遗址，除两个都尉府下属的六个候官外，还有红城子、查干川吉、F179 和绿城子内的汉代障城等四个障城。现将近年考古调查的居延都尉府下属的殄北、甲渠、卅井和肩水都尉府下属的广地等四个候官和河西的 F179 障城做一介绍。

宗间阿玛（A1），为居延都尉府殄北候官治所。位于雅布赖城（K688）西北约 27 千米处，南距达来呼布镇约 22 千米，地理坐标为东经 101.236568°，北纬 42.153555°。贝格曼调查时编号为 A1。遗址所在地势低洼，附近有干涸的河床。障城修筑在黄土夯筑的高台上，台基呈覆斗状，自下向上逐渐内收，底部边长 46 米顶部边长 32.2 米，台高 5.7~5.8 米，高台的周边掘有环壕，现深约 1.6 米，西南角的环壕内散布有一些"羊头石"。障城的平面略呈方形，内侧墙体长约 25.5 米，墙基厚约 3.5 米。南墙偏东的位置开有一门。方向为北偏西 7°。障城墙体的构筑方式为三层、四层、六层或十二层土坯之间夹杂红柳、芦苇或芨芨草。障城北墙和西墙内有房址建筑遗迹，墙体内侧有多次粉刷过的抹泥墙皮痕迹，北墙两道墙皮之间的距离为 1.8 米，该处可能存有登墙的踏道（图 8）。贝格曼的调查报告认为障城的西北角是一处房屋，房屋与障城的并不相连，在北墙和西墙之间留有宽约 1 米的过道，其中北墙之间的过道处曾出土有约 50 枚木简[1]，在障城内西北角粗松的白色墙皮上的黑方框内发现写有"羊头石五百"五个汉字[2]。

图 8 宗间阿玛（A1）障城遗址
1. 宗间阿玛（A1）障城址航拍图 2. 贝格曼绘宗间阿玛（A1）障城平面图
3. 宗间阿玛（A1）障城现状拍摄（西—东） 4. 宗间阿玛（A1）障城环壕内"羊头石"

破城子（A8），为居延都尉府甲渠候官治所。位于达来呼布镇西南 19.7 千米处的荒漠地带，坐落在伊肯河和纳林河之间的戈壁荒原之上，地理坐标为东经 100.948495°，北纬 41.792866°，海拔 964 米。贝格曼调查时编号为 A8。1973～1974 年，甘肃省居延

---

[1] 〔瑞典〕弗克·贝格曼著，黄晓宏、张德芳、张存良、马智全译：《内蒙古额济纳河流域考古报告》，学苑出版社，2014 年，第 23 页。
[2] 同[1]。

考古队对该遗址进行了考古发掘。遗址由障和坞两部分组成，方向北略偏东。障城位于坞院的西北角外侧，外围23米见方，墙体以大型土坯垒砌，内部长、宽约14.4米，厚4~4.5米，残高4.6米。墙壁为平地垒砌，内壁纵砌五六层再横二、三层，从外壁观测可见三层土坯之间夹一层芨芨草。土坯有40厘米×18厘米×16厘米和36厘米×19.5厘米×13厘米两种尺寸。障城内留有用土坯分割修建的房屋，障城的门址原在南墙偏东处，后期被土坯堵死，又在原门道西侧贴南墙建有登城的阶梯状踏道通向障顶，踏道宽2.3米，合汉尺1丈，台阶宽46厘米，合汉尺2尺。

坞院的北墙与障城的南墙相连再向东延伸，西墙与障城的西墙相接向南延伸，平面略呈方形，边长约46米。坞院东墙偏南部开一门，门外筑有瓮城式围墙，门向南开。坞院墙体四周3米以内的地面埋设四排尖木桩——虎落，完整者高33厘米，间距70厘米左右，梅花桩式排列（图9）。

博罗松治（P9），为居延都尉府卅井候官治所。位于达来呼布镇东南53千米处荒漠戈壁的低洼地带，地处居延都尉府防线的最东南端，地理坐标为东经101.373210°，北纬

图9　破城子（A8）障城遗址
1. 破城子（A8）障城航拍图　2. 破城子（A8）障城被封堵的障门
3. 破城子（A8）障城内侧建筑遗迹　4. 破城子（A8）障城内侧台阶式踏道

41.544507°，海拔 929.4 米。贝格曼调查时编号为 P9。遗址坐落在一处独立的东西向自然高岗之上，由位于高岗顶部的烽火台和在高岗南侧中腰部的障城和坞院组成。烽火台位于高岗的最西端，底部南北残宽 6.3 米，东西残长 8.8 米，残高 4.1 米，与烽火台相连接的东侧房屋应是两间房屋的遗存，可以清楚地看到紧贴烽火台的房屋的内壁。烽火台用草拌泥土坯垒砌而成，壁面也用草拌泥涂抹，土坯的尺寸为 35 厘米 ×16.5 厘米 ×10 厘米，土坯之间用掺有芦苇的黄泥进行加固。障城位于烽燧的西南侧，修建在距烽燧基部以下约 6 米处的较为平坦的台面上。障城利用高台的陡坡做后壁，仅修建了东、西、南三面墙体，因水土流失严重，墙体在地表的残存已不明显。障城的平面略呈方形，边长约为 31 米（图 10）。

图 10　博罗松治（P9）障城遗址卅井候官遗迹图
1. 博罗松治（P9）障城所在自然山体与烽火台　2. 博罗松治（P9）障城烽火台东侧坍塌（南—北）
3. 博罗松治（P9）障城南侧平台上的墙体

小方城（A24），为肩水都尉府广地候官治所，蒙古语称作巴嘎都日博勒金。位于肩水都尉府治所大湾城西南约 78 千米处的额济纳河东岸的河滩地带，地理坐标为东经 100.391512°，北纬 41.101773°，海拔 1054 米。贝格曼调查时编号为 A24。该遗址由障城和坞院两部分组成。障城建在夯土台基之上，夯层厚 14～17 厘米，台基高约 3.5 米。障城平面略呈方形，因四边破坏严重，东西残长约 19 米，南北残宽约 18.5 米，大致呈正南北向。障城用土坯垒砌，墙体直接坐落在包砌夯土台基的外侧墙体之上。夯土台基以上的土坯墙体残高近3米，砌筑方法为隔几层土坯夹一层芨芨草、芦苇或红柳。墙基处墙体厚约3米，外侧残高5.7米。所用土坯的尺寸为长44~45厘米，宽22~23厘米，厚约17厘米。障城南墙中部开一门，门道宽约3.3米。坞院位在障城南端，系在障城东、西墙中部向外延伸后再南折合拢，形成东西长86米，南北宽53米的长方形大型院落，在坞院中部还砌筑一道南北向隔墙，将坞院分隔成东西两部（图11）。据贝格曼的记述，坞墙的厚度约6米，但目前堆积的沙层已完全覆盖了的坞院的痕迹。

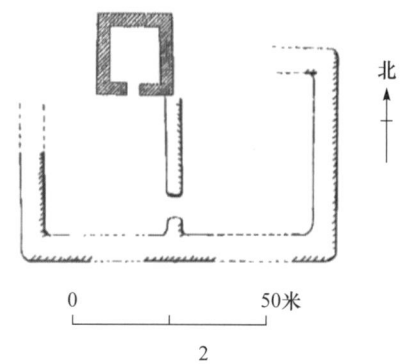

图 11 小方城（A24）障城遗址
1. 小方城（A24）障城南侧正视图　2. 贝格曼绘小方城（A24）障城平面图

汉代障城（F179），为额济纳河西岸的一座汉代障城，位于河东大湾城西南约4千米处，周边是一片平坦的牧场，地理坐标为东经99.807003°，北纬40.517856°，海拔1137米。贝格曼调查时编号为F179。城障平面呈正方形，外部边长为21米，门址位于南墙正中。四面墙体以土坯砌筑，四角墙体为夯土筑成，其中除东北角外，其他三个外角已经坍塌。墙体基部厚5.6米，存高约9米。从南部门道上方坍塌的墙体观察，门顶部曾用厚重的横梁来支撑。障城内贴西墙留有登城的台阶状踏道，北侧和东侧墙体高处留出一层台级与台阶上端相连接，形成一个环绕的活动面，其上方应是防御用的女墙（图12）。障城附近和内部散见有汉代陶片，所以斯坦因也认为这个障城应该属于汉代。

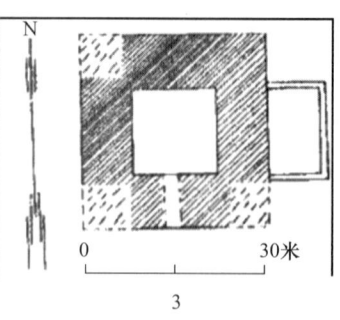

图 12 汉代障城（F179）遗址
1. 汉代障城（F179）南侧正视图　2. 汉代障城（F179）内西侧踏道
3. 贝格曼绘汉代障城（F179）平面图

3. 烽燧

目前调查发现的居延遗址汉代烽燧有约 120 座,但经过正式考古发掘的不超过 10 座。现将 1999~2000 年在甲渠塞发掘的第七、第九、第十四和第十六燧的情况做简单介绍。

甲渠塞第七燧（T14），位于达来呼布镇西南 21 千米处的荒漠戈壁地带，北距甲渠侯官治所破城子（A8）约 1.3 千米，坐落在伊肯河与纳林河之间平坦的戈壁上。地理坐标为东经 100.942433°，北纬 41.784397°，海拔 965 米。贝格曼调查时编号为 T14。烽燧由烽火台和房址组成，方向为北偏东 3°。烽燧南北长 16.5 米，东西宽 15 米。烽火台位于烽燧的东北角，底部呈方形，南北长约 9.7 米，东西宽约 9 米，残高 3 米。房址区位于烽燧的西南部，北墙与烽火台的西壁中部相接，东墙与烽火台的东墙平齐，西壁南北长 14 米。房址区在东墙上开一门，在门道北侧烽火台南壁，可见用于登上烽燧的台阶状踏道，正对门道的是西侧的较大型房址，在该房址的东南角发现较多的灰烬，应为灶址所在。该烽燧均用草拌泥土坯垒砌，砌筑方式为三层土坯夹一层芨芨草，土坯的规格为 40 厘米 × 20 厘米 × 15 厘米。烽燧外墙有经过包筑、修葺和加固的现象：现有遗存中，进入西侧大房址的门道已被石块封堵，仅留下过道南侧较小的一间房址可通行；在大房址中间套建有东、西、南三壁，反映了房址的使用面积有了缩小。由此可知，该遗址至少是经过两次修整，规模和形制都发生了变化。房址南墙外围以尖木桩设有两排虎落，烽燧外围的坞院西墙和南墙尚有土垄保留，燧东侧门道外 20 余米处有灰层堆积，出土少量木简牍、陶片、铁器等遗物（图 13）。

图 13　甲渠塞第七燧（T14）遗址
1. 甲渠塞第七燧（T14）遗址航拍图　2. 甲渠塞第七燧（T14）遗址房址门道封堵情况

甲渠塞第九燧（T13），位于达来呼布镇西南 17 千米处的荒漠戈壁地带，南距甲渠侯官治所破城子（A8）约 2.7 千米，坐落在伊肯河与纳林河之间平坦的戈壁上。地理坐标为东经 100.960482°，北纬 41.815594°，海拔 960 米。贝格曼调查时编号为 T13。烽燧由烽火台和房址区组成，方向为北偏东 10°。烽燧南北长 16.5 米，东西宽 15 米。烽火台位于烽燧的东北角，南北长 8 米，东西宽 7.5 米，残高约 3.5 米。房址区与烽火台的西南角相连，平面呈长方形，南北长 12 米，东西宽 11 米，残高 2.8 米。烽燧墙体用土坯垒砌，土坯规格为 37 厘米 ×18 厘米 ×10 厘米。坞院中现存有 4 间房屋基址，内有灶台、过道、暖墙和烟道，烽燧东墙偏南处留有门道，东边 10~20 米处有灰层堆积，厚 10~20 厘米，房址西墙外围留有一排尖木桩设置的虎落（图 14）。烽燧西北角外的堆积中出土一件转射，墙内外的堆积内出土物有少量灰陶片，残简牍等。出土的汉简中有"居延甲渠第九隧兰冠一完"和"始建国""建武"等年号简。

图 14　甲渠塞第九燧（T13）遗址
1.甲渠塞第九燧（T13）遗址航拍图　2.甲渠塞第九燧（T13）房址

甲渠塞第十四燧（T10），位于达来呼布镇西南 10.6 千米处的荒漠戈壁地带，南距甲渠侯官治所破城子（A8）约 8.8 千米，坐落在伊肯河与纳林河之间平坦的戈壁上，地理坐标为东经 100.990431°，北纬 41.866804°，海拔 953 米。贝格曼调查时编号为 T10。烽燧由烽火台和房址区组成，方向北偏东 14°。烽燧南北长 16.5 米，东西宽 13.5 米。烽火台位于烽燧的东北角，平面呈长方形，南北长 8.8 米，东西宽 7.5 米，残高 3 米。烽燧的房址区南北长 11.5 米，东西宽 13.5 米，外墙残高 0.6~1.3 米。烽燧墙体用土坯垒砌，土坯规格为 37 厘米 ×18 厘米 ×10 厘米。居址中分隔为 5 间房屋，墙体表面用白灰进行涂抹，东侧的两间房中发现有灶台，上方连着暖墙，墙体残高 0.8~2.2 米。门道位于东墙中部偏南处，宽约 0.6 米。门厅北侧紧贴烽火台为阶梯状踏道（图 15）。南墙外 20~30 厘米处为三排尖木桩设置的虎落，残高 5~30 厘米。烽燧出土少量铁器、陶器残片等遗物和西汉末年"建平"年号的汉简。

甲渠塞第十六隧（T9），位于达来呼布镇西南 8.2 千米的荒漠戈壁地带，南距甲渠侯官治所破城子（A8）约 11.4 千米，坐落在伊肯河与纳林河之间平坦的戈壁上，地理坐标为东经 101.003861°，北纬 41.890321°，海拔 960 米。贝格曼调查时编号为 T9。烽燧由烽火台和房址区组成，方向为北偏东 4°。烽燧南北长 11 米，东西宽 14 米。烽燧的东北角向北延伸出烽火台，烽火台南北长 3 米，东西宽 4.5 米。烽燧整体由外墙、门厅过道、房屋、台阶踏道和烽火台组成。门道位于烽燧东墙中部，宽 0.6 米，进深 75 厘米，现存高度 50 余厘米。门外原有一小的房屋，已遭破坏，仅存西北角墙壁和粉刷的白粉。

图 15 甲渠塞第十四燧（T10）遗址
1. 甲渠塞第十四燧（T10）遗址航拍图 2. 甲渠塞第十四燧（T10）重建隔墙和门道封堵

房址区共有 6 间房址，西侧南北两边的房址建有灶台和墙壁上暖墙设施，各居址可能具有不同的使用功能（图 16）。烽燧外侧修建有方形坞院，坞院西墙沿烽燧西墙向南延伸，长 30 米；北墙沿烽台北墙向东延伸，长 32 米；东墙长 44 米，南墙长 46 米。烽燧墙体用土坯垒砌，土坯规格为 37 厘米 ×17 厘米 ×12 厘米。烽燧通道墙壁多次用厚 0.5 厘米的草拌泥抹过，且均以白粉粉刷，最多处可见有 18 层之多。在门厅填土内，出土少量汉简和铁器和陶片等。在门厅东北角的台阶底部，堆放有大量的芦苇、芨芨草和牛马粪等。在门道南北两侧各出土一件木制转射，通道内出土的汉简中，有"第十六燧长王普""神爵三年""始建国三年"字样的简，其主要使用年代应为西汉中晚期至王莽新朝，或可沿用至东汉初期。

图 16 甲渠塞第十六燧（T9）遗址
1. 甲渠塞第十六燧（T9）遗址航拍图 2. 甲渠塞第十六燧（T9）门厅正视图（东—西）

在甲渠塞烽燧线西侧 15～22 米，分布着一条若隐若现的略高于地表的沙带，约 9 米宽，当是汉代之"天田"所在。在甲渠候官第九燧的发掘中，还出土了记载各燧分管"天田"若干里的木牌。证明了烽燧戍卒"以沙布其表，旦视其迹以知匈奴来入"（《汉书·晁错传》），专司候望之职的真实性。发掘的几座烽燧反映出的早晚形制和规模的变化，是汉对边塞重视程度及投入兵力变化的直接体现。从西汉太初三年（前102年）以后开始，到东汉建武之后不久，居延边塞经历了从兴建到废弛的过程，这与当时汉匈交战形势的需要，以及汉朝在居延边塞投入力量的消长息息相关。

三、西夏城址与烽燧遗址

在前人调查的基础上，近十多年来，中国人民大学北方民族考古研究所和中央民族大学边疆考古研究院，又对额济纳地区西夏军事防御体系，结合卫星图像进行了多次的考古调查。现将实地调查的部分城址、烽火台和塞墙的遗存介绍如下。

西大湾城（K824），位于额济纳旗东风镇宝日乌拉嘎查西南75.5千米处的额济纳河西岸的河滩地带，与东南方向的东大湾城隔河相望，地理坐标为东经99.837995°，北纬40.546328°，海拔1136米。贝格曼调查时编号为K824。该城呈方形，边长约200米，方向为北偏东18°。城址东南角被河流冲毁，东墙残长95米，南墙残长57米。墙体基宽6米，顶宽3.4米，残高约9米。城墙分段夯筑而成，每一段夯筑墙体的长度约为3米，夯层厚20~25厘米。据现场调查，该城在东墙的中部设有城门，门外筑有瓮城。现仅剩城门北端及瓮城北墙的一小部分。东墙上有三排上下平行分布的纴木，每排纴木之间的距离约为1.6米，此当为夯筑时起到支撑作用。城墙上的角台和马面先于城墙坍塌，应不是与城墙同时夯筑。城内散布有一些房屋建筑基址，城墙外侧10米处有护城壕的残迹。南侧约100米处有房屋遗迹，地表有少量的月黄釉瓷片。该城址应为西夏时期所建（图17）。

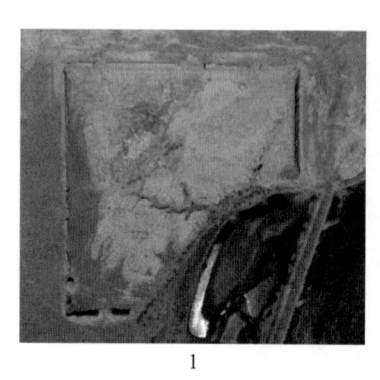

图17 西大湾城（K824）遗址
1. 西大湾城（K824）遗址航拍图 2. 西大湾城（K824）遗址内西墙与北墙（东南—西北）

乌兰川吉，位于额济纳旗策克口岸东南约25.5千米处，坐落在中蒙边境线南侧戈壁滩上，地理坐标为东经101.577861°，北纬42.522357°，海拔1072米。烽火台建在夯土台基上，为正南北方向，东侧台基以上的部分已损毁，目前仅残存西半部分。夯土台基高约1.8米，夯层厚约8厘米。台基之上用砂岩块垒砌烽火台四周外壁，墙壁厚约1.6米，内部填以就地取用的沙土。烽火台的平面略呈方形，底部南北残长约8.5米，东西残宽约 7.6 米，夯土台基以上的建筑部分残高约 3.9 米。烽火台垒砌墙壁的石块之间用泥进行加固，垒砌的方式为三层石块加一层梭梭，两层梭梭之间的距离为 40～50 厘米。根据修筑方式及所处的位置，初步判断为西夏时期的遗存（图 18）。

图 18　乌兰川吉遗址
1. 乌兰川吉遗址烽火台航拍图　2. 乌兰川吉遗址烽火台南墙（南—北）

查干川吉，位于额济纳旗策克口岸东南约 46 千米处的荒漠戈壁地带，在乌兰川吉东南约 25 千米处。地理坐标为东经 101.720890°，北纬 42.331871°，海拔 1018 米。查干川吉遗址坐落在天然红砂岩和白碱土构成的驼峰状山体上，由烽火台和台东侧的居址组成。烽火台位于居址的西侧，用砂岩石块或石板垒砌起四周的墙壁，红砂岩块长约 40 厘米，宽约 30 厘米，中间填以土石混合物。墙壁垒砌的方式为几层石块夹一层梭梭，两层梭梭之间的距离为 1.5 米。烽火台东西长约 8.5 米，南北宽约 7.5 米，残高 4.5 米。居址在烽火台东侧，仅残留东墙，与烽火台墙体的修筑方式一致，残长 6 米，厚约 60 厘米，残高约 80 厘米，中间留有一门道，门道宽 55 厘米，距离烽火台 4.1 米。初步判断该烽火台与乌兰川吉一样为西夏时期的遗存（图 19）。

图 19　查干川吉遗址
1. 查干川吉遗址所在驼峰状山体　2. 查干川吉遗址烽火台东侧的居址

哈日川吉，位于额济纳旗策克口岸东南约 71.3 千米处，在查干川吉东南约 25.4 千米处，东经 101.937144°，北纬 42.169165°，海拔 1085 米。烽火台建在一座孤立的山包之上，东北侧有一条东北—西南向的宽阔河床。哈日川吉遗址由烽火台和房址两部分构成，东距蒙古国境内阿拉嘎城址约39.8千米。烽火台建于山地东侧的悬崖基岩之上，由片岩和胡杨木叠砌而成。烽火台台基南北（西壁）长5.5米，东西（南壁）4.8米，残留顶部南北（西壁）4.4米，东西（南壁）2.8米，残高2.5~3.1米。烽火台西墙中部留有石砌门道，高1.15米，宽60厘米，门洞进深3.5米，内侧为斜坡状踏道，可以向上通到烽台顶部，顶部出口有一根胡杨横木，烽火台东部有坍塌。烽火台北端西侧建有石框，石框南北（东壁）2.4米，东西（南壁）2.8米，墙厚50厘米，由片岩叠砌而成，墙体叠砌方式较为粗糙，判断应为西夏时期的遗存（图20）。

图20　哈日川吉遗址
1. 哈日川吉遗址烽火台北侧　2. 哈日川吉遗址东侧烽火台与西侧房址（西—东）

西夏塞墙，调查发现的西夏塞墙位于额济纳河西岸的河滩之上，沿河流由西南向东北方向延伸。此处额济纳河西岸的西夏大湾城与位于西夏军事防御体系最西北端的乌兰川吉烽火台直线距离为263千米。由于戈壁荒漠的恶劣环境，目前仅在此段防御体系的南段发现了西夏塞墙遗存，但没有发现西夏时期的烽火台。西夏塞墙墙体宽约3米，保存高度0.5~1米。墙体是在土层中平铺柴草逐层夯筑而成（图21），与蒙古国境内发现的西夏长城构筑方式相同（图22）。此外，贝格曼编号T183的明代烽火台，叠压在西夏塞墙之上（图23）。

图21　西夏塞墙遗迹图
1. 额济纳河西侧的西夏塞墙　2. 夯土与梭梭混筑的西夏塞墙

图 22　蒙古国境内的西夏塞墙　　　　图 23　T183 明代烽燧叠压的西夏塞墙

四、结　　语

世纪之交和近年来在额济纳旗居延遗址的考古发掘与调查，是近百年来居延地区考古工作取得的最新收获。主要表现在：

第一，绿城子遗址的发掘和巴彦陶来遗址的调查，确认了两处青铜时代遗址。

第二，居延地区汉代城址和烽燧障塞的考古调查与发掘，取得重大进展。

1）基本搞清楚了这些城址，特别是烽燧的分布规律及相互关系，并在此基础上，进一步总结出：坐落于不同地域和不同地形条件的烽燧障塞，是根据地形条件的不同而采取平地叠砌、夯土包砌和台地分砌等三种不同的建造方式。

2）经过对居延汉代烽燧线的调查发现，分布于伊肯河两岸的烽燧基本都建有坞墙，同时，在烽燧线的西侧，发现了宽约 9 米的"天田"。在甲渠候官第九燧的发掘中，还出土了记载各燧分管"天田"里数的木牌。证明了烽燧戍卒"以沙布其表，且视其迹以知匈奴来入"（《汉书·晁错传》），专司候望之职的真实性。

3）在对几座不同结构的烽燧遗址发掘后，使我们了解到烽燧内分为烽台和居室两大部分的基本布局。同时，通过烽燧上部堞墙和转射、弓弩、虎落、羊头石的配置和房屋中灶台、暖墙、多层粉刷的墙壁及生活用品的出土情况，我们可以复原当时守边戍卒屯垦边关，且耕且守的生活场景。

4）在甲渠候官的烽燧线上，大部分烽燧是经过多次改建的。通过发掘现场的观察发现，许多烽燧是在抹草拌泥的四周外壁上，再向外扩建 1~2 米。有的烽燧内部仅在东侧靠近门道的地方留有一间小屋，其他各室均已封堵，并可以看出其逐步封堵废弃的过程。有的烽燧内，在重新使用原来废弃的房间时，并没有将废弃后自然填充的沙土清理完毕，即在沙土之上再作改建。说明了这些烽燧是多次被废弃和重建的，而且规模越来越小。这些情况同西汉中晚期势力较强，到西汉末至新莽、东汉时，势力逐渐衰微是相一致的。

5）发掘的 5 座烽燧出土了 500 余枚汉简，其年代从西汉晚期至东汉早期。我们从中可以获取大量的有关汉代边关行政设置、军事调动、规章制度、边关生活、生态环境和居民生业等方面的信息，为我们深入研究汉代居延地区的历史，探讨当时的汉匈关系提供了第一手资料。

第三，居延地区西夏长城和烽火台的考古调查，获得诸多最新考古资料。

目前发现的三座烽火台均位于额济纳旗北端中蒙边境中方一侧，属于西夏军事防御体系的最西北端，与东侧蒙古国境内延伸而来的西夏塞墙相接。乌兰川吉是以砂岩构筑的烽火台；查干川吉和哈日川吉均修筑于孤立的山包之上，由烽火台与房址组成；三处烽火台均相距 25 千米。这些烽火台的发现和初步研究使我们了解到，西夏时期的军事防御体系比汉代更向北有所拓展。

考古学与中华文明多元一体格局形成研究
——以云南江川李家山遗址为例

白云翔

(中国社会科学院考古研究所)

我国是一个有五千多年文明史的文明古国。"中华文明源远流长、博大精深，是中华民族独特的精神标识，是当代中国文化的根基，是维系全世界华人的精神纽带，也是中国文化创新的宝藏。"[1] 中华文明的突出特征之一是"多元一体"。中华文明的起源可以上溯到五千多年前的史前时代末期，但其多元一体格局是在漫长的历史发展进程中逐步形成的。因此，对于当代中国学人来说，探索中华文明的起源和早期发展，责无旁贷；探索中华文明多元一体格局的形成和发展，同样是责无旁贷。云南江川李家山墓地作为云贵高原迄今发掘墓葬数量多、出土遗物丰富的一处遗址，不仅为云南地区古代历史文化研究提供了珍贵资料，而且也为中华文明多元一体格局形成和发展的研究提供了一个难得的实例。有鉴于此，这里拟从中华文明多元一体格局形成的视角，就江川李家山墓地略作分析，进而简要论述中华文明多元一体格局形成和发展的考古学研究问题。

一、江川李家山墓地考古概说

江川李家山是云南省玉溪市江川区北部江川盆地星云湖西北隅、江城坝子南缘的一个小山丘，山顶及其四周的山坡上分布有大量古代墓葬等古文化遗存（图1）。1966年因在农田建设中出土青铜器而发现。1972年首次进行考古发掘，发掘清理墓葬27座，出土青铜器1300余件及铁器、玉器等文化遗物，发掘报告还公布了1966年当地出土并被收集的部分出土文物[2]。1991~1992年进行第二次发掘，发掘墓葬58座（其中M59实为2座墓，编号为M59A和M59B）；1994年和1997年，又先后对2座被毁墓葬进行清理[3]。1991~1997年，共计发掘清理墓葬60座（编号M28~M86），出土青铜器

---

[1] 习近平：《把中国文明历史研究引向深入　增强历史自觉坚定文化自信》，《求是》2022年第14期。
[2] 云南省博物馆：《云南江川李家山古墓群发掘报告》，《考古学报》1975年第2期。按：本文所及李家山墓地第一次发掘的材料以及1966年零散出土的文物均据此，不另注引。
[3] 云南省文物考古研究所等：《江川李家山——第二次发掘报告》，文物出版社，2007年。按：本文所及李家山墓地第二次发掘的材料以及1994和1997年清理残墓出土的文物均据此，不另注引，或简注为《江川李家山——第二次发掘报告》。

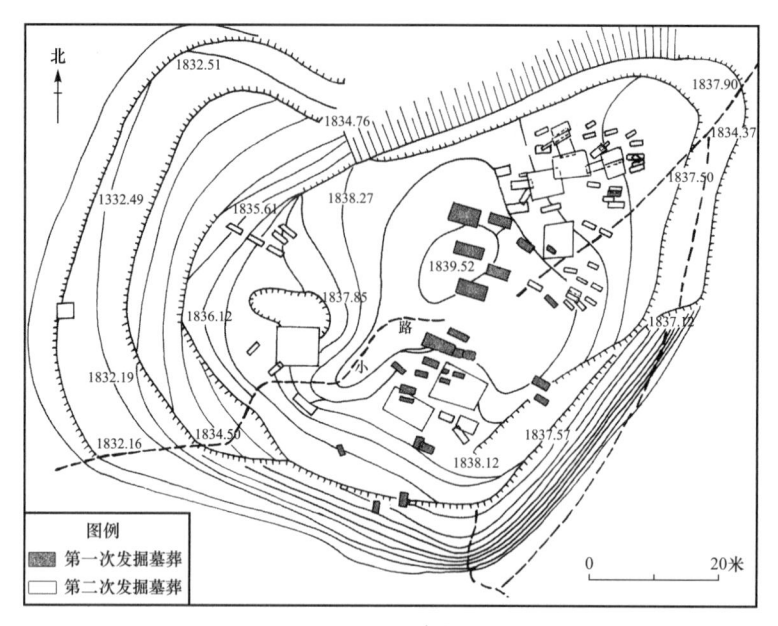

图 1　李家山墓地已发掘墓葬分布示意图
（引自《战国秦汉时期云贵高原考古学文化研究》，第 87 页，图 4-6）

2395 件、铁器和铜铁复合器 344 件、金银器 6000 余件、玉器 4000 余件、石器 21 件以及竹木器、玛瑙、绿松石、琉璃器、海贝、水晶珠、蚀花石髓珠和琥珀珠等。李家山墓地两次发掘以及后来的零星清理，共发掘清理墓葬 87 座，出土青铜器近 3700 件以及大量的铜铁复合器和铁器、金银器、各种珠饰和少量陶器等多种多样的器物[①]。

　　关于李家山墓地的年代和文化性质等问题，两次发掘报告在公布考古资料的同时都进行了比较全面的分析。第一次发掘报告主要根据随葬品的器物组合及其特征将 27 座墓分为三类，其中第一类又分为二型，即 I 型墓规模大、随葬品多，II 型墓墓坑小、随葬品少；认为"一类墓的年代应在武帝以前，其上限或可早到战国末……二类、三类墓的年代，其上限不会早于西汉中期，下限可能要晚至东汉初"。至于其文化性质，鉴于其"墓制、葬式以及随葬品的种类和形制等，与石寨山墓群都很接近，可以推定，李家山和晋宁石寨山一样，同属滇池地区所特有的滇文化墓群……李家山墓群的死者，很可能是滇王的臣属或'同姓相扶'的宗族"。第二次发掘报告在进一步确认"李家山古墓群和晋宁石寨山古墓群一样同属滇文化墓群"的同时，根据墓葬结构、随葬品组合及其特征等，将 60 座墓葬分为四类，进而结合墓葬之间的叠压打破关系进行分期断代，认为"四种类型的墓代表四个时期"：第一类即第一期的年代为西汉中期武帝置郡以前，第二类即第二期的年代约为武帝置郡后的西汉中至晚期，第三类即第三期的年代约为西汉晚

---

① 李家山墓地除正式发掘的 87 座墓之外，1991 年当地文物部门还收集到一座被毁坏的墓葬中的出土文物，并与此前收集的李家山墓地零星出土的部分文物一并公布（玉溪地区文管所等：《江川李家山新近出土文物调查》，《云南文物》1992 年第 32 期）。

期至东汉初期,第四类即第四期的年代约为东汉前期。上述分期和断代符合实际,也已基本成为学界共识[1],本文的分析也以此作为年代框架基础而展开。

二、江川李家山墓地文化内涵解构

李家山墓地迄今发掘清理的 87 座墓,虽然根据其随葬品的特征及其年代早晚可以分为三类或四类,但其墓葬结构有很强的一致性。即:均为竖穴土圹或石圹墓,墓坑大小和深浅不一;墓坑方向大多呈东西向,头向一般是自山顶朝向山脚方向;墓葬平面多为不规则长方形,四壁平直并稍内收,墓口略大于墓地,底部较平,与当地土壤和岩石难以挖掘有关;少数墓坑的下部的一侧有岩石二层台,有的可能与挖掘墓坑时遇到坚硬的岩石而保留下来有关,如 M47 和 M68 等。如果发掘及其报告无误,那么木质葬具颇具特色,即木椁为有顶无底结构,并常常用铜泡钉等装饰;木棺长方形,用厚木板构成,但无头端挡板和足端挡板。根据墓坑规模的大小尤其是宽度的差别,大致可以将其分为大中小三类。大型墓,墓室面积均在 10 平方米以上(如 M22、M24 等计 9 座),大者可达 37 平方米(如 M69);大多有木棺椁,有的只有木棺;随葬品丰富,器物种类齐全,随葬器物大多超百件甚至数百件不等;有的大型墓墓坑填平一段时间之后,又在墓坑填土上方再挖一圆形圜底的祭祀坑,坑内放置尖端朝上的锥形自然石块,坑内填土为黑色,含大量炭屑和烧灰,当为祭祀时焚烧所遗留。中型墓,墓室面积一般为 3~10 平方米(约 27 座),均使用木棺;随葬品数量和种类差别较大,M71 随葬品50 余件,且器类齐全,但无铜鼓、贮贝器、棒槌等礼仪器及仪仗器;而 M58 仅随葬铜钏一组 4 件。小型墓,墓室面积一般在 2 平方米左右(50 座);一般没有木质葬具,仅个别墓有木棺;随葬品少,数件至十数件不等,器类也少,少数几座墓甚至没有随葬器物。尽管存在上述墓坑规模大小、棺椁有无、随葬品多寡等差别,但这些差别主要是被葬者社会身份或贫穷与富有的差别,并不反映被葬者族群的不同[2],也不是其年代早晚不同的反映。然而,随葬品却明显地表现出鲜明的文化特征及其变迁。

作为一种古文明,其内涵是由物质文明、精神文明和政治文明等诸方面构成的,它们在考古学上,主要表现在遗迹、遗物以及各种文化现象上。仅就李家山墓地的出土遗物进行观察和分析可以发现[3],各种文化遗物所反映的文化内涵非常复杂,其中既有

---

[1] 杨勇:《战国秦汉时期云贵高原考古学文化研究》,科学出版社,2011 年,第 86~99 页。
[2] 李家山墓地虽然采集到 3 枚汉印,其拥有者应当是来自汉地的人员,但墓葬已被毁坏,迄今发掘的 87 座墓葬中,虽然有的墓出土不少汉器或汉式器,但被葬者推测是汉地居民的墓葬尚未得到确认,这与云南个旧黑蚂井发现的"汉人墓"或"汉式墓"不同(杨勇:《再论个旧黑蚂井墓地所葬人群的族属及身份》,《考古》2018 年第 4 期)。
[3] 就古墓葬的文化内涵解构而言,本应是将出土遗物与墓葬结构和丧葬习俗等作为一个整体进行分析,但鉴于李家山墓地的实际,这里仅就出土器物进行分析。

少量滇池地区之邻近区域传入或具有邻近区域古文化风格的器物[①]，也有域外传入或具有域外古文化风格的器物[②]——对此本文暂且不论，但总体上看，主要由两大类器物构成，这里根据其文化特征、产地及其风格等大致将这两大类器物分为两组，每一组中大致按生产工具、兵器武备、日用器具、礼乐仪仗及丧葬器具分类并择其要做简要叙述。

（一）甲组器物

甲组器物，是指具有当地或土著文化特征的器物。这一组器物种类多样，数量大，尤其以铜器为大宗并且特色明显。

生产工具绝大部分是铜器，另有一定数量的铜铁复合制器以及少量其他材质的器物。铜生产工具数量多，主要有铜锄（犁）、铲（锄）、斧（有时将其归类为兵器）、锛、凿、卷刃器、削刀和鱼钩等（图2，6、7、12~15；图3，8、9），其中有些可用作兵器，抑或可能是仪仗用器。铜锄形制多样，有凸銎尖叶形、凸銎梯形、横銎箕形和袢銎箕形锄。铜铲为凸銎，长方形板状。铜斧整体大致呈束腰扇形但形制多样，均为竖銎，銎口形制有方形、长方形、圆形、半圆形、椭圆形、多边形和三角形等多种；有的一侧或两侧带耳，有的装饰有精美的纹样，可能是祭祀或仪仗用铜斧；M24:19斧，椭圆形细长銎弯折成矩形。铜锛数量较少，半圆形銎，单面刃。铜凿多为方形銎，有的为梯形銎。铜削刀较多，刀柄大多为管状骹，少量为实心细长柄。铜卷刃器实为刮刀，柄部为管状骹。第一次发掘中还出土多种铜纺织工具。铜铁复合制生产工具主要有铜銎铁斧、铜銎铁凿、铜銎卷刃器、铜柄铁削刀等，其形制大多与同类铜制品相同或类似；另铜銎铁长柄铲、铜骹铁镰刀、铜柄铁锥各1件。具有当地特色的全铁制生产工具，可以确认的有空心或实心直柄铁削刀23件和双面直刃砍刀2件。其他材质的工具还有铜鱼钩、木纺轮以及可能用于狩猎活动的陶弹丸（M3出土18枚，M85等出土25枚）等。

兵器武备同样绝大部分是铜制品，铜铁复合制器有一定数量。兵器武备的部件和饰件既有铜制品，但更多的是金银制品，成为本地特色之一。铜兵器武备数量多，类型

[①] 这里所说的邻近地区和邻近地区的古文化，主要是指云贵高原上滇池地区之外的其他地区及其古文化。这类器物有所发现，但数量很少。譬如，两次发掘出土山字形宽格铜短剑，剑格呈山字形，沿腊两侧和中脊分为三股，两侧内弧。这种铜短剑不属于滇文化，而是云南西部流行的一种铜短剑类型，应是从云南西部传入的。又如，M51:21靴形铜钺，同样不是滇文化的固有器物，但在江川以南的沅江一带常见；体短宽、六角形銎的扇形铜斧，同样常见于沅江流域，它们可能是从沅江一带传入的。

[②] 这里所说的域外或域外的古文化，主要是指我国境外地区及其古文化。这类器物也有所发现，如M69:167鎏金凸瓣纹铜盒，其形制和装饰明显具有古波斯风格的凸瓣纹银盒的特征（白云翔：《岭南地区发现的汉代舶来金银器论述》，见该氏《秦汉考古与秦汉文明研究》，文物出版社，2019年，第591页），推测是模仿凸瓣纹银盒在当地制作的。又如，两次发掘中出土的蚀花肉红石髓珠，"极可能是由印度河流域传入的，而不像是用外地传入的工艺技术在云南制作的"（《江川李家山——第二次发掘报告》，第222页）。

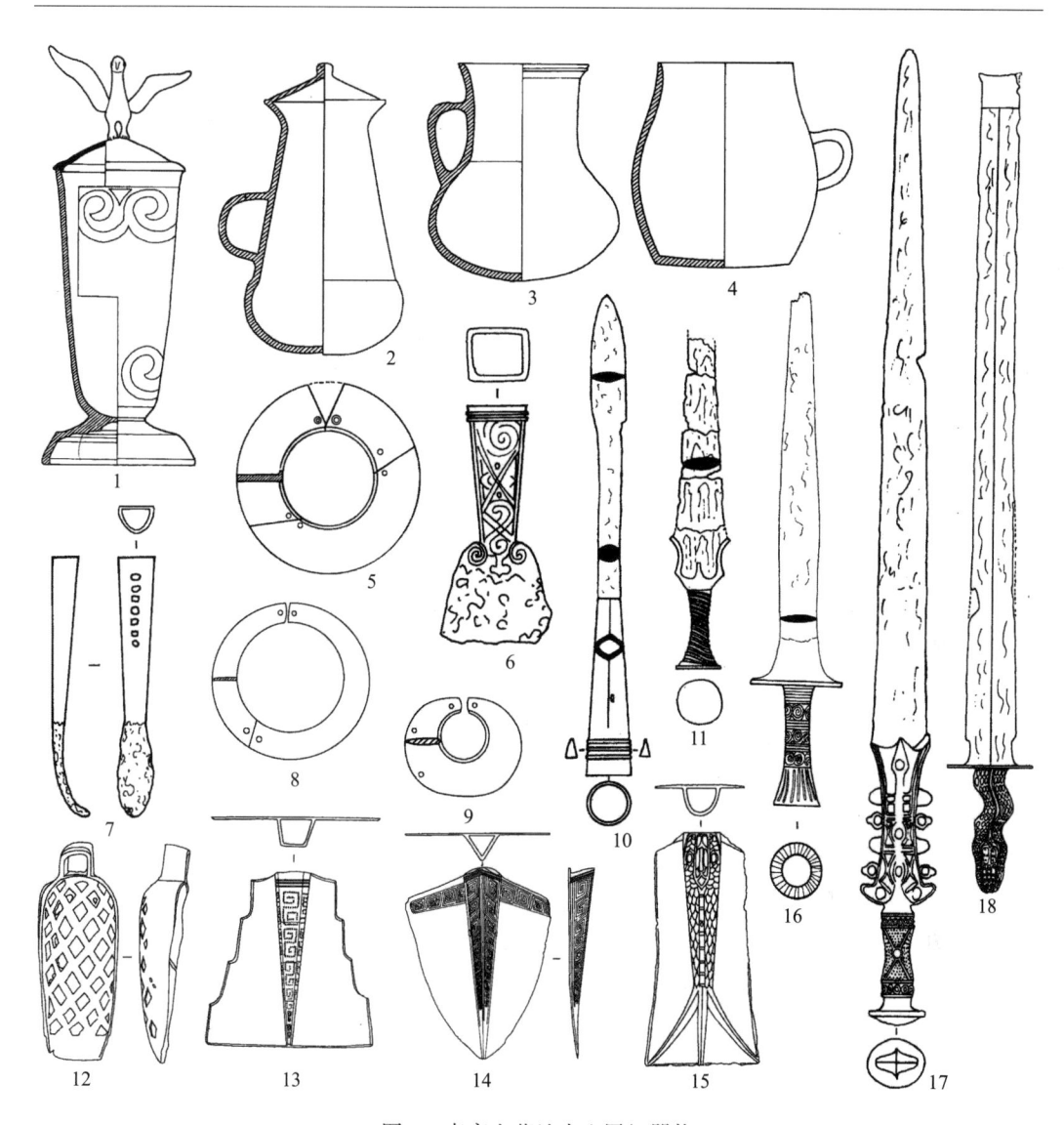

图 2 李家山墓地出土甲组器物

（引自《战国秦汉时期云贵高原考古学文化研究》，第 95 页，图 4-10）

1. 陶杯（M69：165） 2、3. 陶壶（M51：345、M86：33） 4. 陶罐（M68：260） 5. 玉镯（M51：105）
6. 铜銎铁斧（M51：20） 7. 铜銎铁刮刀（M51：139） 8、9. 玉玦（M68：107-1、M69：112）
10. 铜骹铁矛（M85：35） 11、16~18. 铜柄铁剑（M21：26、M71：26-1、M51：216、M68：360） 12~15. 铜锄（M47：218、M57：200、M51：317、M51：337）

多样（图4），主要有铜戈、矛、殳、戚、钺、啄、叉、棒槌、短剑、镞、盾饰、铠甲，以及镦、镖、鞘饰等兵器附件，其中有些可能不是实战用器而是仪仗用器[①]。铜短剑数量

---

① 第二次发掘出土的 M51：282 无胡戈装在铜柲上，通长 69.6 厘米；M57：194 凸脊细长矛，矛身双肩折角处各悬挂一赤身裸体的男性小铜人（《江川李家山——第二次发掘报告》，第 49、56 页），可能是仪仗用器。

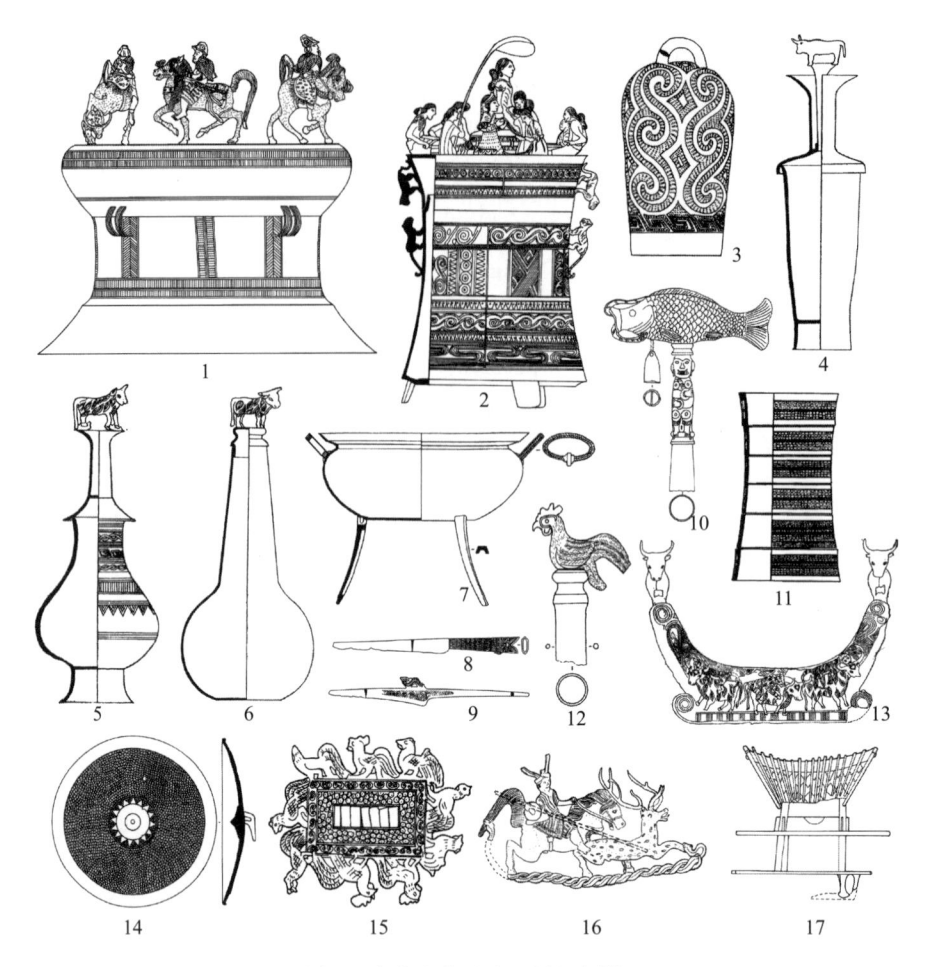

图 3　李家山墓地出土甲组铜器
(引自《战国秦汉时期云贵高原考古学文化研究》, 第 93 页, 图 4-9)
1. 鼓 (M51∶262)　2. 贮贝器 (M69∶193)　3. 钟 (M51∶269)　4. 杯 (M11∶1)　5、6. 壶 (M18∶2、M24∶24)　7. 釜 (M51∶150-2)　8、9. 削刀 (M24∶103、M21∶60)　10、12. 杖首 (M51∶338-1、M69∶209)　11. 臂钏 (M59B∶7)　13. 枕 (M17∶12)　14~17. 扣饰 (M68X1∶27-3、M47∶154、M51∶272、M47∶114)

多, 类型多样, 大致可以分为无格剑和有格剑两类, 剑格窄长呈一字形; 剑柄 (剑茎) 空心、其上饰细密的几何形纹样或人面和动物纹样等为特征, 有的剑首镶嵌绿松石, 有的出土时带有铜剑鞘; M24∶79 和 M24∶85 为无格剑, 剑柄铸成跪坐式女人像。铜戈也数量多, 可分为无胡戈、长胡戈和横銎戈等, 并以无胡铜戈为常见; 援末和戈内等处装饰有精致的花纹、戈援大多弯曲略上翘等为突出特征。铜矛数量多, 类型多样, 有的骸部带单耳或双耳, 骸身大多铸出各种细密的几何纹样及动物纹样为其特征之一; 宽叶矛虽数量不多, 但颇具特色: M24∶18, 矛身中部起脊, 脊上有 3 个锐利的倒刺, 通长达 66.5 厘米; M21∶92 矛, 骸口焊接铜柲, 通长 131 厘米。铜殳系矛与棒槌结合的器物, 器身为矛, 骸部为棒槌, 数量不多但颇具特色。铜戚整器作宽叶矛形, 但戚身扁平, 或以内固柲, 或以銎装柲。铜钺有一定数量, 器身大多呈新月形或半月形, 椭圆形

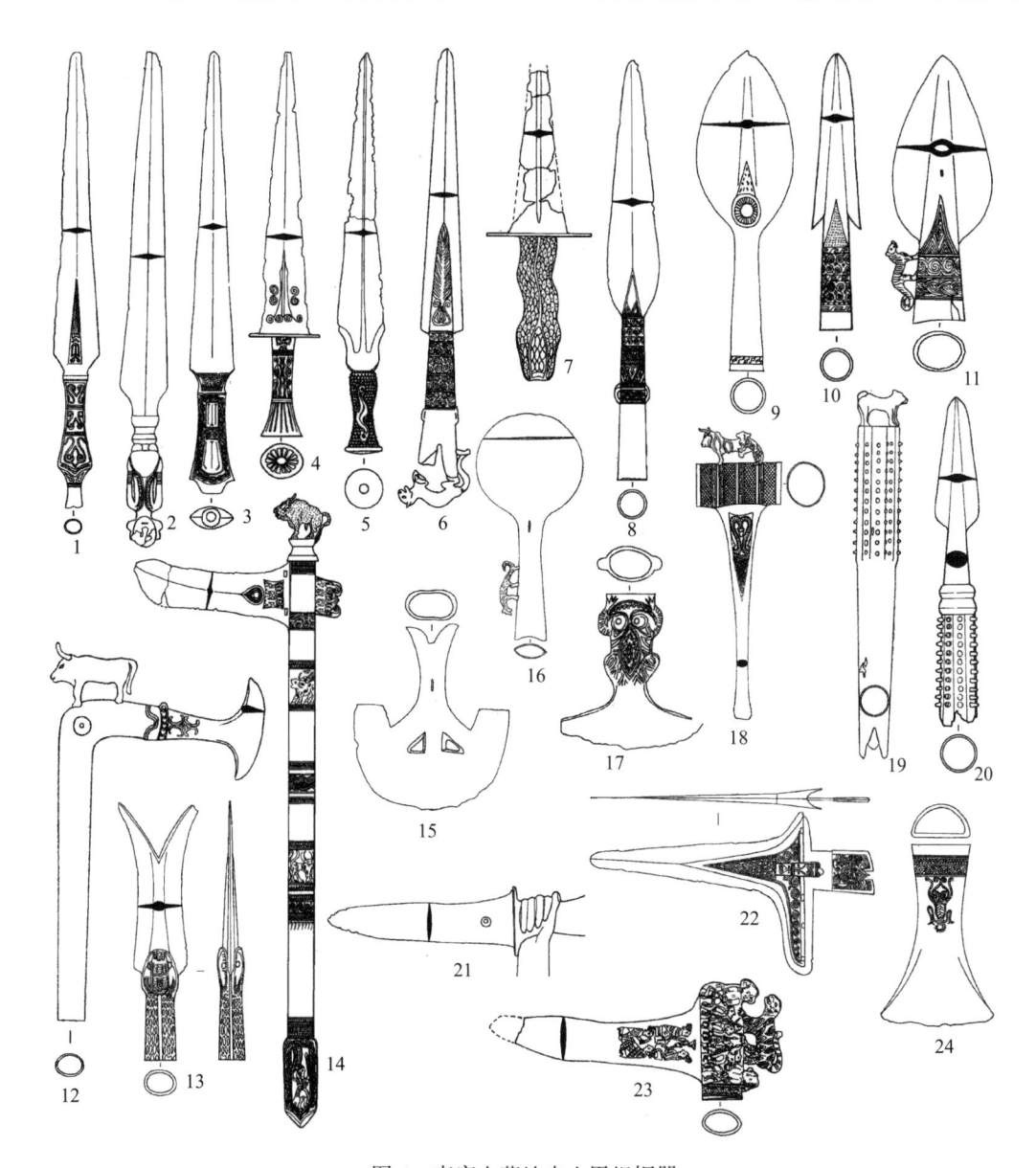

考古学与中华文明多元一体格局形成研究——以云南江川李家山遗址为例 · 333 ·

图 4 李家山墓地出土甲组铜器
（引自《战国秦汉时期云贵高原考古学文化研究》，第 90 页，图 4-8）

1～7. 剑（M23：25、M24：85、M68X2：26-4、M68X2：21、M68X1：4、M51：124、M47：119） 8～11. 矛（M71：5、M57：163、M47：31、M68：304） 12、15、17、24. 斧（钺）（M24：20、M69：190、M51：350、M24：27） 13. 叉（M68：154） 14、21～23. 戈（M51：282、M51：308、M13：1、M57：181） 16. 戚（M24：5） 18. 啄（M24：13a） 19. 棒槌（M21：114） 20. 殳（M47：30）

銎，銎部大多装饰细密的几何纹样以及蟾蜍等动物纹样；M24：20 新月形钺，细长銎弯折成矩形，弯折处焊铸一立体铜牛。铜啄，细长直刺，细长管状銎，銎部大多装饰几何纹样并铸出浮雕的鹿、狐等动物形象。铜叉数量不多，但很有特色。铜棒槌有一定数量，或是空心多棱棒形、器身遍布镂孔，或是空心多棱棒形、器身布满锥状狼牙刺，或是空心丁字形、器身遍布菱形镂孔。铜镞，形制多样，均为双刃，以圆筒状空心铤为特色。类型多样的兵器部件中，铜剑鞘（实际上大多是剑鞘铜饰件）颇具特色[①]。铠甲多已破碎散乱，甲片用薄铜片制成，然后根据不同的部位制成不同的形制，可缝缀在革甲或布甲上，可知有铜胫甲、臂甲和护手甲等；不少甲片表面铸出或刻出人面纹、动物纹以及几何形纹样；M21和M24出土有大小两种长方形甲片；M3出土有铜盔，但已残碎。铁兵器绝大多数是铜铁复合制器，最常见的有铜柄铁短剑、铜骸铁矛，其形制大多与同类铜器相同或类似（图2，10、11、16~18）；另有2件铜骸铁戟；全铁制兵器中，具有当地特色的是4件铁鞭以及个别的铁矛。作为兵器附件或饰件，常见有装饰精美的金银鞘饰、金银镖、银剑首、金银镡和金银盾饰等，都颇具文化特色。与兵器武备相关，还有铜马具，主要发现于大型墓，有马衔、当卢等多种器类。

日用器具绝大多数为铜器，其中，铜扣饰、铜鼓[②]和铜贮贝器等最具文化特征。它们既是日常生活用器具和装饰品，有的也是祭祀用的祭器和表明身份的礼器。铜扣饰数量多，既是一种实用器具，又是装饰作用突出乃至于表现身份地位的一种器物；不仅类型多样——包括圆形扣饰、长方形扣饰、动物围边扣饰、透空浮雕动物形乃至人物与动物形扣饰等（图3，14~17），而且其装饰纹样、装饰材料、装饰手法等更是丰富多彩[③]。铜鼓均出自大型墓，鼓身及鼓面往往有细密的装饰纹样，有的鼓面以榫卯结构插接多种立体人物和动物乃至活动场面（图3，1）。铜贮贝器也是均出自大型墓，出土时器内盛满海贝，形制有鼓形和桶形两种；鼓形贮贝器的器身和器盖多装饰细密的纹样，有的器盖采用铸接的方式铸出人物、动物和器具等构成的播种祭祀场面；桶形贮贝器器身多素面，但器盖上往往铸出立体圆雕的人物、牛马等形象乃至复杂的活动场面（图3，2）。M24出土的2件铜葫芦笙，顶端焊接以圆雕立牛，是颇具当地特色的一种乐器。装饰品中，环形组合式短筒状臂钏由数件乃至十数件圆环组合而成（图3，11），有的镶嵌有绿松石细珠，均出自女性墓的上肢位置，颇具特色。装饰品还发现有各种玉石和金银饰品，如玉镯（图2，5）、玉玦（图2，8、9）、玉管、玉珠、玉坠、金银簪、银发针、金银泡形头饰、金银钏（计8组57件，均出自大型墓，器形与铜钏相同）、金银指环、金腰带饰、金银夹子、鼓形金银饰、金葫芦形饰、圆片金银挂饰和金银泡等。铜日用器皿中，假腹带盖铜杯（图3，4）、豆形盖铜壶（图3，5、6）、单把带盖壶（M69：168）、双层三足铜炉（M47：24、M69：137），以及人形或动物形柄首勺等，似乎具有本地特色，另外还有三足铜釜（图3，7）。日用器皿中的陶高足杯、单把壶和圜底钵等陶器（图2，1~4），以及石英砂岩制作的石假腹带盖杯等，均具有本地特色。

礼乐仪仗及丧葬器具，非常发达，大多为铜制品。除了上述生产工具、兵器武备和日用器具中有些可能用作礼乐仪仗器之外（如铜鼓等），还有不少其他具有本地特色的

[①] 李鑫、杨勇：《云贵高原战国秦汉时期青铜剑鞘的考察》，《文物》2024年第2期。
[②] 铜鼓本来是乐器，但M24等墓的铜鼓中盛放有海贝，可知其还有贮藏功能，因此这里将其归类为生活器具中叙述。
[③] 杨勇：《云贵高原出土青铜扣饰研究》，《考古学报》2011年第3期。

礼乐仪仗及丧葬器具。其中，比较典型的有双牛铜枕、牛虎四足铜案（M24∶5）、铜伞盖、铜执伞俑、铜鱼形仪仗器、铜蛇纲网状器、铜杖首、铜编钟、房屋模型以及"珠襦"等（图3，10、12）。双牛铜枕（计6件，均出自一类大型墓），整器作两端上翘的马鞍形，两端顶部各焊接以圆雕立牛，正、背面各铸出几何纹样和浮雕动物形象，但纹样各器多有不同。铜执伞俑，均出自大型墓，人物作跣足跪坐姿势，有的跪在铜鼓上，双手屈肘于胸前，右上左下合执一伞盖之长木柄，人物有男有女，性别与被葬者相同。铜伞盖，或用薄铜片制作成锥形斗笠状，或铸造成型并在其顶部中央焊接立牛装饰。铜鱼形仪仗器整器作T形，横端铸成鱼衔蛇形象并悬挂一铜铃，竖端为头顶和足下各为一鼓形器的跣足立人形骸。铜蛇纲网状器的器身略呈张开如半球状的网状，中线粗大如纲，前段作立体蛇形伸出，后端伸出做圆筒状骸。铜杖首顶端为铜鼓形，铜鼓上铸出人物和禽鸟，下部为圆形细骸。铜编钟，M51出土6件一编（图3，3），器形作扁圆筒状，半环形纽，其形制及纹饰为其他文化所不见[①]。铜房屋模型出土3件（M68、M47、M57各1件），其中2件为两层的干栏式建筑[②]，1件为一层的井干式结构。"珠襦"系用大量的金、玉、玛瑙、绿松石和琉璃等制作的管、珠、扣、片等饰品缝缀在麻布上而成的被状物，大致呈长方形，宛如缝缀珠宝的"珠被"，下葬时覆盖死者的敛衾之上。

（二）乙组器物

乙组器物，是指具有中原文化或汉文化特征的器物[③]。与甲组器物相比，这一组器物的种类和数量都相对较少，以铜器和铁器最为常见。

生产工具主要是铁制品，种类有铁凹口锸、斧、锯、锤、环首刀等，个别为铜制品。铁凹口锸，平面形制近倒梯形。铁斧（M3∶32）为竖銎斧，銎口呈方形，长仅6厘米。铁锯有条状直柄刀形锯（M86∶051）和木柄夹背锯（采∶344）两种。铁锤，有方柱锤和圆柱锤两种，长5.2~5.3厘米，中部有长方形横穿以纳木柄。铁环首刀数量最多，直体、直柄、椭圆形环首，其中大多是长度20~30厘米左右的削刀，如M84∶26通长30.9厘米、M86∶8通长20.7厘米，但也有少数长40厘米以上，如M51∶246通长44.2厘米（图5，11），反映出两者的用途有所不同。另外还各发现铜环

---

① 类似的铜编钟，晋宁石寨山M6出土6件一编，两者形制相同，但大小和钟体的纹饰有别（云南省博物馆：《云南晋宁石寨山古墓群发掘报告》，文物出版社，1959年，第80~81页）。又，杨勇：《云贵高原出土汉代铜钟研究》，《考古》2022年第9期。
② 类似的干栏式建筑模型明器，晋宁石寨山M3和M6曾各出土1件（云南省博物馆：《云南晋宁石寨山古墓群发掘报告》，文物出版社，1959年，第92~94页）。
③ 这里的"中原"大致是指以黄河中下游为中心并包括长江中下游在内的东周列国的范围。所谓"汉文化特征"的器物，是指汉王朝境内制作和流行的器物——"汉器"，也包括具有汉朝地方风格的器物，以及模仿汉器在当地制作的"汉式器"。

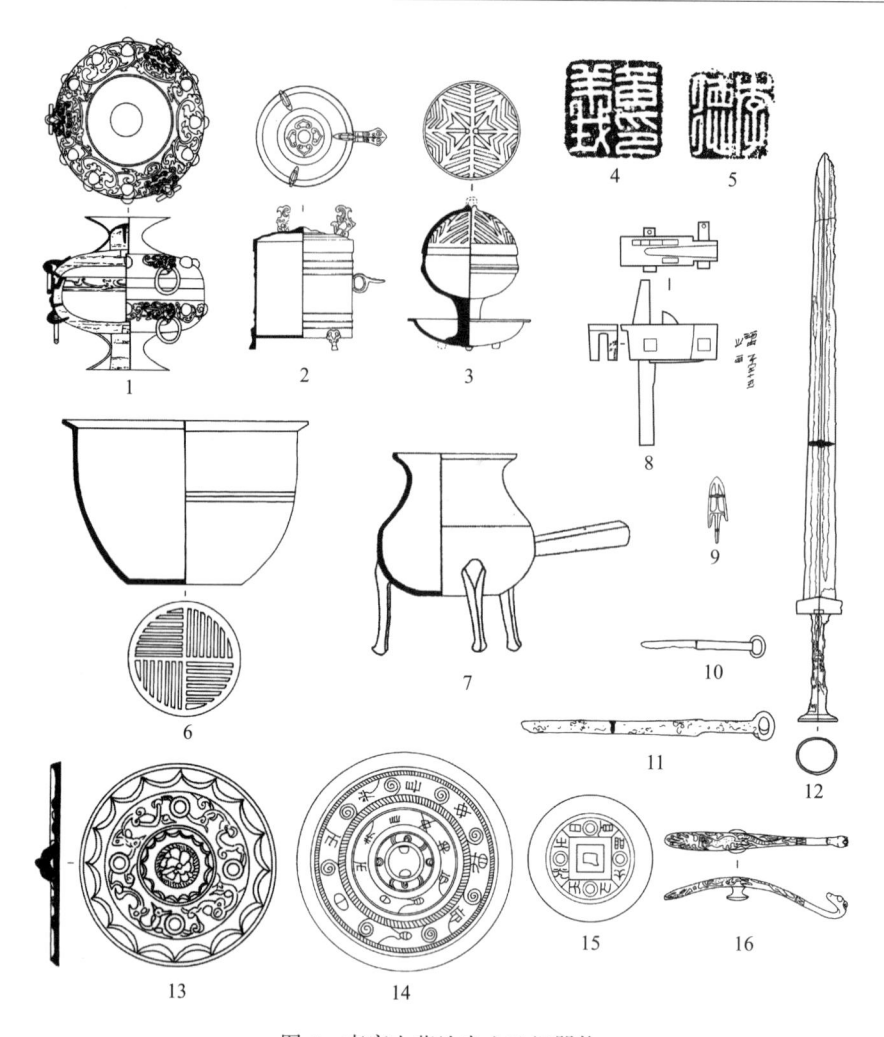

图 5　李家山墓地出土乙组器物

1.漆盒（M69：174）　2.铜卮（M69：138）　3.铜熏炉（M49：15）　4、5.铜印章（采：522、采：521）
6.铜甑（M86：1）　7.铜锜（M26：5）　8.铜弩机及铭文（M57：40）　9.铜镞（M1：31-2）
10.铜环首削刀（M26：26）　11.铁环首刀（M51：246）　12.铁剑（M51：219）
13～15.铜镜（M50：37、M85：95、M47：205）　16.铜带钩（M86：31）

首削刀（M26：26，通长 21.7 厘米）（图 5，10）和铜环首铁削刀各 1 件，明显都是中原文化的器物。

兵器武备有铜器和铁器两类。铜弩机最为典型，并且大多是实用器，两次发掘加上采集品共发现 15 件。其中，M3：61，郭后端、机牙、悬刀等多处阴刻隶书"河内工官二百囗十囗"；M51：287，郭内铸阳文隶书"七年三月棘阳"，郭、望山等处均阴刻"二"字；M57：40，郭后端即望山等多处阴刻隶书"河内工官七百卅丙"（图 5，8）。它们无疑是从中原传入的。也有少量铜弩机或器形小，或制作粗糙甚至残缺不全，如 M1：27、M85：54 等，而 M47：239-1 的望山和悬刀两面铸出雷纹，它们有可能是在本地制作的明器。双翼中起脊双血槽锥状铤铜镞，两次出土计 27 件（指第一次发掘的

Ⅳ型一式铜镞和第二次发掘的 E 型铜镞），具有明显的中原铜镞风格（图 5，9）——尽管当时中原地区铜镞已少见。与铜兵器武备相关联，第二次发掘出土铜盖弓帽 25 件，大者长 5.8 厘米、管径 1 厘米，应当是中原传入的。铁兵器中，最多的是铁剑（计 41 件），剑身窄长，大多有铜质的圆形剑首和菱形剑格，常见的是长 70 厘米以上的长剑（图 5，12），如 M27：18 通长 88.7 厘米；M51：228-1 通长 111.5 厘米并附有玉璏、玉珌、玉剑格和玉剑首，为云南仅见的汉代玉具剑；但也有少量是长 70 厘米以下的中长剑，如 M1：8 通长 61.3 厘米。铁镞有一定数量，均为铁铤铜镞，大多是三棱式镞，少量为三翼式镞。另外还发现有铁中长刀（M26：15，通长 66.2 厘米）、铁卜形戟（M3：26）等铁兵器。与兵器武备相关联，还有少量铁马具。

日用器具，以铜器为常见。铜日用器皿，发现铜双耳鍪、釜、甑、盘、洗、匜、锜、罐、高圈足折腹壶、单把卮、三足鐎、熏炉等，大多为实用器，有的制作粗糙且形体小而可能是明器（如 M57 出土的 2 件铜釜，高 7.4 厘米）。其中，盆形甑（M5-6）、罐、盘、洗等与中原汉器无异；双耳鍪是具有巴蜀风格的汉式器；无耳折颈平底釜、双耳折颈釜、双耳折颈乳丁状四足釜以及三足鼓形釜等，是具有西南风格的汉式器；锜（图 5，7）、三高足双耳釜则具有岭南汉式器的特征[①]；单把卮、三足鐎（图 5，2）、乳状三足熏炉（图 5，3）等，显然是中原文化影响下的产物。铜镜可谓乙组器物的典型器，大多出土于大型墓，两次发掘加上采集品共 12 件（图 5，13~15），包括四山镜（M69：175）、蟠螭纹镜（M47：206）、羽状地纹镜（M51：289）、昭明镜、简化四乳四虺纹镜（变形四螭纹镜）、联珠纹镜、各 1 件，日光镜 2 件，星云纹镜 4 件，都是典型的汉镜，有的年代可早到战国晚期；而 M49：16-2 "联珠纹镜"，虽然镜背装饰罕见，直径 4.4 厘米，但同样是典型的汉镜，只不过是一件 "改制镜" 而已[②]。与铜镜相关联，M49 和 M51 各出土 1 件铜镜刷（即 "铜勺形器"），与铜镜同置于漆奁内，无论其形制还是使用方法都是从中原地区传入的。作为装身具的铜带钩（图 5，16），两次发掘加上采集品共发现 9 件，钩身分别为水鸟形、琵琶形和圆棒形，有的镶嵌红色玛瑙珠和绿松石珠（M51：244）。钱币与日常生活密切相关，两汉之际的三类墓 M26 出土 42 枚，采集 122 枚，均为西汉五铢钱；东汉前期的 M86 出土 54 枚，包括西汉五铢和东汉五铢两种。漆器中，鎏金铜釦漆盒（图 5，1），虽然其器形还是装饰手法以往均未见[③]，但应当是中原文化影响下的 "汉式器"；漆圆奁（M49：16-1）、三足漆鐎（M50：51）、铜釦漆盘（M86：3）、漆耳杯等漆器，则显然是汉器或汉式器。采集的铜制品中有汉印 3 方，分别为龟纽 "寿之人" 印、鼻纽 "李德" 印和残纽 "黄义印"（图 5，4、5）。另外发掘者认为，M51 等出土的方形琉璃片饰，其 "制作方法和装饰形式是从中原

[①] 吴小平：《汉代青铜容器的考古学研究》，岳麓书社，2005 年，第 227~230、238~243 页。
[②] 白云翔：《汉代临淄铜镜铸造业的考古学再研究》，《鉴出齐都——山东临淄汉代铜镜与镜范的考古学研究》，科学出版社，2024 年，第 396、397 页。
[③] 洪石：《战国秦汉漆器研究》，文物出版社，2006 年。

地区传入云南的"①；M51 和 M68 等出土的 10 件蜻蜓眼式琉璃珠，是从中原地区传入的。

礼乐仪仗和丧葬器具中，除了有些缝缀在"珠襦"的珠饰可能来自中原地区之外，其他来自中原的器物或具有汉文化特征的器物尚未得到确认。

三、从"多元"到"一体"的演进

从上述李家山墓地的概要介绍尤其是出土器物的分析可以看到，李家山墓地的文化内涵尽管非常复杂，但就其主体而言，是一种以甲组器物为代表的具有鲜明本地文化特征的土著青铜文化遗存。滇池地区的考古发现和研究表明，"李家山和石寨山墓群一样，同属滇池地区所特有的滇文化墓葬"②，因此，它是以滇池地区为中心分布的石寨山文化——滇文化的有机组成部分；就其人群而言，属于古滇人的一支或古滇国的一个部族，并且其势力较为强大③。

众所周知，在滇池地区早期发展史上，汉武帝元封二年（公元前 109 年）西汉王朝"以兵临滇……于是以为益州郡，赐滇王王印，复长其民"④是具有划时代意义的一个大事件——昆明市河伯所遗址一带，可能就是汉益州郡治甚至同是"复长其民"的滇王治所之所在⑤。以这一历史事件为界，滇池地区社会历史的发展经历了"前郡县时期"和"汉郡县时期"两个阶段，其古文明也经历了从"多元"到"一体"的历史演进，最终融入中华古代文明的洪流之中。

滇池地区是云贵高原古代文明最发达的地区之一。李家山墓地的发现证明，前郡县时期这里有着高度发达的农耕文明和青铜文明。

就其物质文明来看，以铜锄、铲、镰和刮刀等为代表的青铜农具广泛使用，表明这里有着发达的稻作农业，证明了史书所载"耕田，有邑聚……滇池，地方三百里，旁平地，肥饶数千里"⑥；牛、马、鸡等家畜家禽装饰的流行，表明当时生业活动中存在着家畜的饲养；铜鱼钩的出土以及诸多与狩猎有关的图像，说明当时还存在着渔猎活动。纺织工具及纺织图像，表明纺织手工业的发达；青铜生产工具、兵器武备、日用器具、礼

---

① 《江川李家山——第二次发掘报告》，第 222 页。
② 云南省博物馆：《云南江川李家山古墓群发掘报告》，《考古学报》1975 年第 2 期。
③ 杨勇：《战国秦汉时期云贵高原考古学文化研究》，科学出版社，2011 年，第 99 页。
④ 《史记》卷一一六《西南夷列传》："元封二年，天子发巴蜀兵击灭劳浸、靡莫，以兵临滇。滇王始首善，以故弗诛。滇王离难西南夷，举国降，请置吏入朝。于是以为益州郡，赐滇王王印，复长其民。西南夷君长以百数，独夜郎、滇受王印。滇小邑，最宠焉。"中华书局，1959 年，第 2997 页。
⑤ 云南省文物考古研究所、昆明市晋宁区文物管理所：《云南昆明市河伯所青铜时代遗址》，《考古》2023 年第 7 期。按：2018 年曾发掘出土"滇国相印"封泥，2022 年曾发掘出土"益州太守章"封泥等。
⑥ 《史记》卷一一六《西南夷列传》，中华书局，1959 年，第 2991～2993 页。

乐仪仗及丧葬器具等不仅种类多、数量多，而且铸造技术精良、艺术性高超，直接反映出当时青铜冶铸业的发达和青铜器的广泛使用。青铜贮贝器以及海贝的发现，说明当时已经存在以海贝为"货币"的商品交换。干栏式房屋和井干式房屋建筑模型明器，反映出当地居民以干栏式和井干式房屋为居。青铜器上的各种人物形象和人物图像等，形象地反映出当时丰富多彩的服饰样貌和复杂多变的人体装饰①。

就其精神文明来看，以青铜器为代表的各种器物造型精美、别致、多样，而且装饰手法多样，既有立体人物和动物形象，又有各种人物和动物图像，以及各种几何纹图案，尤其是人面及人形图案、动物纹、太阳纹等流行，反映出青铜艺术达到了相当高的水平及本文化的特色。M69：162铜鼓顶部的四人舞蹈形象，M69：157铜贮贝器器盖上由35个立体人物、2匹马和圆形立柱及相关器具组成的播种祭祀场面等，反映出当地居民喜舞善舞和复杂多样的精神生活。M51：262铜鼓顶部插接的3个骑马武士和一头牛，表现的或许是"武士斗牛"场面。类型多样、装饰精美的铜扣饰以及其他多种多样的装饰品，反映出当时人们在服饰和人体装饰上对美的追求。牛、马、鸡等家畜家禽和虎、豹、狮、熊、猪、猴、狐、蛇、孔雀等动物造型、动物装饰和动物纹样，以及人物与动物组成的多种活动场景等，反映出当时人们对动物世界的认识以及人与动物的关系。种类繁多、形制多样、装饰复杂的礼乐仪仗及丧葬器具的发现，表明当时流行复杂多样的礼仪活动和祭祀活动，从一个侧面反映出人们的生死观及丧葬观念和丧葬行为。

就其政治文明来看，男性墓葬多随葬兵器和工具，纺织工具发现于女性墓葬之中，以及M69：139铜贮贝器器盖上由10个立体女性人物组成的纺织场面等，生动地表现出"男耕女织"的生产和生活画面，反映出当时的社会分工尤其是以性别为主的自然分工。青铜冶铸业发达，说明青铜冶铸业已经跟农业发生了分离，手工业与农业的社会分工明显。青铜兵器种类多、数量大，武士形象多见，应当是当时战争或部落间的争斗多发的一种直接反映，以及由此产生的当地居民"尚武"民风的一种反映。如前所述，墓葬有大中小之别，大型墓数量少但规模大，有木质棺椁，随葬品数量多、种类全、质量高，并且贮贝器中都盛满海贝；小型墓数量多而规模小，一般没有木质葬具，随葬品少而差；中型墓介于二者之间。这种状况直接反映的是私有制已经产生、贫富分化加剧、社会阶层或阶级出现，当时的社会已经形成"王"在其顶端、平民大众在其底层的"金字塔"式社会结构，已经进入早期国家阶段。

总之，早在前郡县时期，当地已经形成了高度发达的农耕文明和青铜文明，成为当时中华大地上诸多古文明中的"一元"。这里需要指出的是，滇池地区的青铜古文明是在当地史前文化的基础上逐步发展壮大而成的，因为，考古学文化中公元前4千纪末至公元前3千纪的"石寨山类型"与青铜时代的石寨山文化"两者密切相关"，抑或两者分别是同一考古学遗存的不同发展阶段②。

---

① 王方：《汉服的形成——东周秦汉服饰的考古学研究》，科学出版社，2024年，第406~424页。
② 罗伊：《云南地区新石器时代考古学文化研究》，文物出版社，2022年，第109~119页。

滇池地区的古文明融入中华文明的进程，是从西汉王朝益州郡的设置开始的，并且经历了一个不断深化的过程，李家山墓地的发掘就是一个很好的考古学例证。如前所述，发掘者将 M1~M27 分为三类，并认为"一类墓的年代应在武帝以前，其上限或可早到战国末……二类、三类墓的年代，其上限不会早于西汉中期，下限可能晚至东汉初"；将 M28~M86 分为四类，认为"四种类型的墓代表四个时期"，第一类即第一期的年代为西汉中期武帝置郡以前，第二类即第二期的年代约为武帝置郡后的西汉中至晚期，第三类即第三期的年代约为西汉晚期至东汉初期，第四类即第四期的年代约为东汉前期。这就为我们考察文化的变迁奠定了年代框架基础。

就各期墓葬出土的甲、乙两组器物来看，第一期墓葬的年代为前郡县时期，随葬品均为甲组器物，即"传统的滇文化典型器物"，未发现中原汉器或"汉式器"，但从第二期开始发生了明显的变化。第二期墓葬仍然出土大量滇文化传统器物，同时具有当地文化特色的各种铜铁复合器大量出现，表明铁器的应用迅速扩展。与此同时，来自中原或具有汉文化特征的器物出现，如铁削刀、铁长剑、铜弩机、铜釜、铜盘、铜镜、铜带钩，以及来自中原或用中原技术制作的金银钿漆器等。它们更多的是发现于大型墓葬中，如大型墓 M17，出土铜弩机 2 件、铁环首削刀 14 件、铁长剑 3 件以及蟠螭纹铜镜和见日之光铭铜镜各 1 件；又如大型墓 M51 出土羽状地纹铜镜的同时还出土铜刷柄，说明铜镜与铜刷配套使用的生活习俗也传到了当地——或许说明当地居民对汉文化的吸收是从社会上层开始的。中型墓中也有出土，如 M3 是中型墓，铜弩机、星云纹铜镜和琵琶形铜带钩各出土 1 件。但值得注意的是，第二期大型墓中，未曾见到第一期大型墓中的铜枕、铜笙、人形或动物形柄首铜勺、假腹带盖铜杯、豆形盖铜杯和铜壶等甲组器物，表明中原或汉文化器物出现并增多的同时，滇文化传统器物在减少。第三期墓葬同样仍然出土多种滇文化传统器物，器形及纹饰具有当地特色的铜铁复合器流行，第二期墓已经出现的中原及汉器继续存在的同时，铁凹口锸等典型汉器出现，并且开始用五铢钱随葬，如中型墓 M26 不仅出土铜釜、甑和铜锸等汉式器，而且还出土西汉五铢钱 42 枚；与此同时，大型墓中铜戚、铜鱼形仪仗器、铜蛇纲网状器等本地文化特色的器物不再见到，说明当地的传统文化趋于弱化。第四期墓葬的年代已晚至东汉前期，具有本地特色的铜生产工具和兵器武备大多依然流行，但具有本地特色的铜戈、铜啄、铜殳等兵器，铜鼓、铜贮贝器、铜执伞俑等礼乐仪仗及丧葬器具等不再见到，"珠襦"不再缝缀和使用；来自中原及邻近地区的汉器和汉式器的种类进一步增多，如铜熏炉、刀形铁锯等；随葬海贝习俗已不见，而代之以用五铢钱随葬（M86 随葬五铢钱 86 枚而未见海贝）——这一丧葬习俗的变化实际上是社会生活中用作交换的货币的海贝已经由汉朝法定铜铸币取而代之的直接反映。总之，李家山墓地的出土器物直接反映出"中原'汉式'文化从无到有，由少到多，而传统滇文化由多到少，由盛而衰的递变规律"[①]，初步勾画出当地青铜文明逐步融入中华文明洪流之中的历史图景。

---

① 《江川李家山——第二次发掘报告》，第 229 页。

这里需要指出的是，滇池地区古文明融入中华文明的进程虽然始于汉郡县时期，但滇池地区同中原地区的联系和交往早在前郡县时期已经出现了。就李家山出土器物来看，M69：175 四山纹铜镜，四弦纽，匕形缘，主纹区细密的羽状地纹之上有四个右斜的山字纹以及八组花苞和花叶纹，直径28.6厘米（图6，1）。该镜虽然出自第三期墓即西汉晚期至东汉初年的墓葬中，但这种铜镜在南方楚地流行于战国晚期[①]，不可能是西汉晚期制作的，推测它是战国晚期由楚地传入、在当地传世200余年之后埋葬的。与之相类似，M47：206 蟠螭纹镜和M51：289 羽状地纹铜镜（图6，2、3），在中原地区的流行年代主要是战国晚期，最晚到西汉初年[②]，而M47和M51均为第二期墓及西汉中晚期墓，因此推测它们也是战国晚期从中原地区传入、在当地传世百年之后的西汉中期才埋葬于墓中。又如，M50：23 铜剑，实心扁平宽茎，圆盘状剑首，凹字形宽剑格，剑首和剑格系分别制作后再组装到剑茎和剑身上，剑身根部近剑格处饰一兽面纹，剑残长43.3厘米。该剑的形制结构及长短均与当地铜短剑截然不同，总体上看与战国时期楚越故地的铜剑雷同，据此或可认为，该剑原产于南方楚越故地；至于剑身根部的兽面纹，可能是该剑传入后在当地加刻的。问题在于，M50为第三期即西汉晚期至东汉初年的大型墓，而当时的中原地区铜剑已很少见到，因此，推测该剑也是战国时期传入滇池地区的。至于李家山墓地发现的上述战国时期中原及南方楚越地区的铜器是否与公元前4世纪末或前3世纪初的"庄蹻入滇"有关[③]，尚难以做出准确的说明，但据此或可认

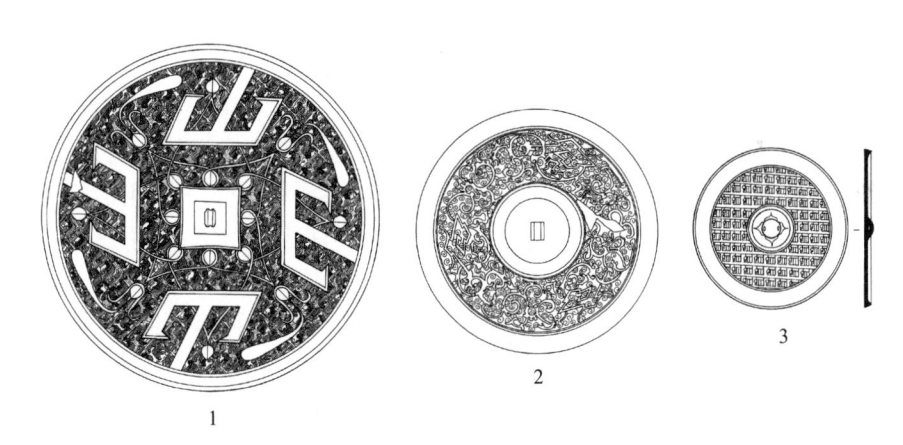

图 6 李家山墓地出土铜镜
1. 四山镜（M69：175） 2. 菱格蟠螭纹镜（M47：206） 3. 羽状地纹镜（M51：289）

---

① 孔祥星、刘一曼：《中国铜镜图典》，文物出版社，1992年，第46页。
② 程林泉、韩国河：《长安汉镜》，陕西人民出版社，2022年，第46~52页。
③ 《史记》卷一一六《西南夷列传》："始楚威王时，使将军庄蹻将兵循江上，略巴、黔中以西。庄蹻者，故楚庄王苗裔也。蹻至滇池，地方三百里，旁平地，肥饶数千里，以兵威定属楚。欲归报，会秦击夺楚巴、黔中郡，道塞不通，因还，以其众王滇，变服，从其俗，以长之。"中华书局，1959年，第2993页。按：关于庄蹻入滇的时间，《后汉书》与《史记》的记载有所不同，记为是在公元前3世纪初的楚顷襄王时期。

为，"庄蹻入滇"应当是一件真实的历史事件，早在公元前4世纪末或前3世纪乃至更早，滇池地区已经同中原及南方楚越地区发生了某种形式的交往和联系，应当是符合史实的。

这里还要指出的是，滇池地区古文明虽然在汉郡县时期全面融入整体的中华文明之中，但当地的文化传统并没有立即中断，也没有立即消失，而是在长期延续。李家山第四类即第四期墓的M39、M49和M86，其年代均为东汉前期。当是时，汉置益州郡已一百余年，当地文化和中原汉文化的经过一百余年的"汉夷融合"也已经是深度融合。正因为如此，这3座墓中出土了多种来自中原的汉器和汉式器，如铁锯、铁削刀等铁工具，铜弩机、铁长剑等兵器及铜盖弓帽，铜镜、铜熏炉、铜釜、铜甑、铜带钩等铜日用器具，铜釦漆盘、漆卮、铜漆奁等漆器，以及五铢钱54枚[1]；但与之共存的具有当地传统文化特色的器物依然不少，如铜锄、铜斧、铜凿、铜刮刀等生产工具，铜短剑、铜柄铁短剑、铜矛、铜鞘铁矛等兵器，铜扣饰、铜钏、铜孔雀形镇、铜勺形器等日用器具，以及铜杖头饰等仪仗器具等。由此可以看出，经过一百余年的深度"汉夷融合"，当地古文明已经融入整个中华文明之中，但当地古文明的传统依然在延续，当地居民社会生产、社会生活和精神生活的诸多方面都还保留着当地的特色和本部族的特色。也正因为如此，多元一体的中华文明表现出"和而不同"的突出特征，显得更为绚丽斑斓。

四、结　语

基于李家山墓地的发掘材料及其简要分析，我们上面对李家山居民创造的独具特色的农耕文明和青铜文明、当地古文明与汉文明的"汉夷融合"及其进程等进行了初步的考古学论述，从而初步揭示了中华文明多元一体格局形成过程的一个侧面，并且这种阐释是实证性的、具象化的。由此可以看到，从考古学上探究中华文明多元一体格局的形成和发展，不仅是必要的，而且是完全可能的。中华文明多元一体格局形成和发展的考古学研究，是现代考古学"增强了历史信度，丰富了历史内涵，活化了历史场景"[2]的题中应有之义。

当然，考古学的材料即使再丰富、再完整，也仅仅是古代先民创造并遗留下来的浩如烟海的物质文化遗存的一部分甚至是"冰山之一角"，并且考古资料往往是片段的、零散的、"无言的"，因此，从考古学上阐释中华古代文明，一方面离不开科学的理论和方法，尤其离不开历史唯物主义的指导；另一方面，则离不开考古资料的科学认知研究。这就需要多学科的交叉和融合研究，"需要把考古探索和文献研究同自然科学技术

---

[1] M86出土五铢钱54枚，《江川李家山——第二次发掘报告》第157页有详细记述，但第245页的墓葬登记表中无，这里依据正文的叙述。
[2] 习近平：《建设中国特色中国风格中国气派的考古学　更好认识源远流长博大精深的中华文明》，《求是》2020年第23期。

手段有机结合起来,综合把握物质、精神和社会关系形态等因素,逐步还原文明从涓涓溪流到江河汇流的发展历程"[①]。

附记:本文以笔者 2022 年 8 月 13 日在"纪念云南李家山古墓群发现五十周年学术研讨会"上的主旨演讲为基础增删修订而成。

---

① 习近平:《把中国文明历史研究引向深入　增强历史自觉坚定文化自信》,《求是》2022 年第 14 期。

师宗大园子墓地与漏卧古国的探索

杨 勇

（中国社会科学院考古研究所）

《汉书·西南夷两粤朝鲜传》载："至（西汉）成帝河平中，夜郎王兴与句町王禹、漏卧侯俞更举兵相攻。"《华阳国志·南中志》亦曰："成帝时，夜郎王兴与钩町王禹，漏卧侯愈，更相攻击。"可知漏卧为西南夷中的重要一支，有君长，曾被汉朝封为侯，实力可与夜郎等"大国"抗衡。据传出自汉长安城未央宫前殿附近的一枚"扁卧侯相"封泥[①]，不仅证实了汉封漏卧侯之事，还说明在其国设有相等佐吏。然而，文献寥寥数语，相关信息极为有限。漏卧究竟是一个什么样的古国或古族，其地望、族属及文化如何，与西南夷其他族群的关系怎样？等等这些问题，一直迷雾重重，让许多研究者欲言又止。

近些年来，在滇东高原的泸西、陆良、师宗等地，先后发掘了一批战国秦汉时期的西南夷墓葬，不但填补了西南夷考古的地域空白，而且为探索漏卧等西南夷古国的历史文化提供了弥足珍贵的资料。在这当中，师宗县大园子墓地因规模大、文化特征鲜明，其考古发现尤为值得关注。

一、大园子墓地及其考古发现

师宗县位于云南省曲靖市南部，地处滇东高原并靠近滇黔桂三省区交会地带。大园子墓地坐落在师宗盆地南部一处缓丘的近坡脚处，北边和西边为低洼湿地，西侧不远处有河流（子午河）由西南向东北流淌，后经九龙河等汇入珠江上游——南盘江。墓地外观呈近椭圆形的土堆状，面积约7000平方米，现最高处距生土面近5米。土堆是在不断埋墓过程中逐渐堆筑起来的人工遗迹，其内上下均埋有墓葬。在大园子墓地发现以前，师宗县及滇黔桂三省区交会地带几乎未进行过正式的考古发掘。鉴于墓地具有重要学术价值，经报请国家文物局批准，2015年和2016年中国社会科学院考古研究所、云南省文物考古研究所等单位合作，先后对其进行了两次发掘，共揭露面积350平方米，清理墓葬402座[②]。

---

① 马骥编著：《新出新莽封泥选》，西泠印社、中国印学博物馆，2016年，第26页。
② 中国社会科学院考古研究所、云南省文物考古研究所、曲靖市文物管理所、师宗县文物管理所：《师宗大园子墓地》，科学出版社，2024年。

墓葬均竖穴土坑墓，从上至下大致可分 4 层，越往下分布越密集，打破关系也越复杂，其中第 4 层墓葬数量超过总数的一半，且有部分开口于生土面。墓坑一般较小，平面多呈长方形，少数略呈梯形或长条形，长多在 2 米左右或 2 米以内，宽不到 1 米，发掘中未见封土痕迹。墓坑方向趋于一致，纵轴方向绝大部分都为西北—东南向，少数近南北向。墓葬往往多座相对聚集并大致成排分布，排的方向与墓坑纵轴垂直（图 1）。多数墓坑中残存板灰痕迹，推测原有木质葬具。人骨保存较差，仅部分墓葬中发现头骨、牙齿和肢骨残痕，结合随葬品摆放尤其是玦、镯等装饰品的出土位置分析，被葬者一般头朝东南，且葬式可能以仰身直肢为主（存在个别侧身葬）。一半以上的墓葬出土随葬品，共计 600 余件（组），主要有铜器、玉石器以及一些特殊材料制作的物品。陶器极少，所发掘墓葬中，仅出 2 件残陶纺轮和 4 件残陶容器，有的还是墓坑填土内所发现，未必是随葬品。随葬品种类包括兵器、工具和装饰品等，除镯、玦等随身佩戴的装饰品外，多集中摆放于被葬者头顶及其旁侧，少数摆放于腰腹部（图 2）。在 40 余座墓中发现 50 余件铜器——主要是剑、戈、矛、削刀等兵器或工具——下葬前被人为折弯或折断，应与"毁兵"或"毁器"习俗有关。还发现铜器、玉石器等随葬品被火烧或焚燎的迹象，且数量不少，此做法或属毁器一种，目的是改变器物原本的属性及功能。

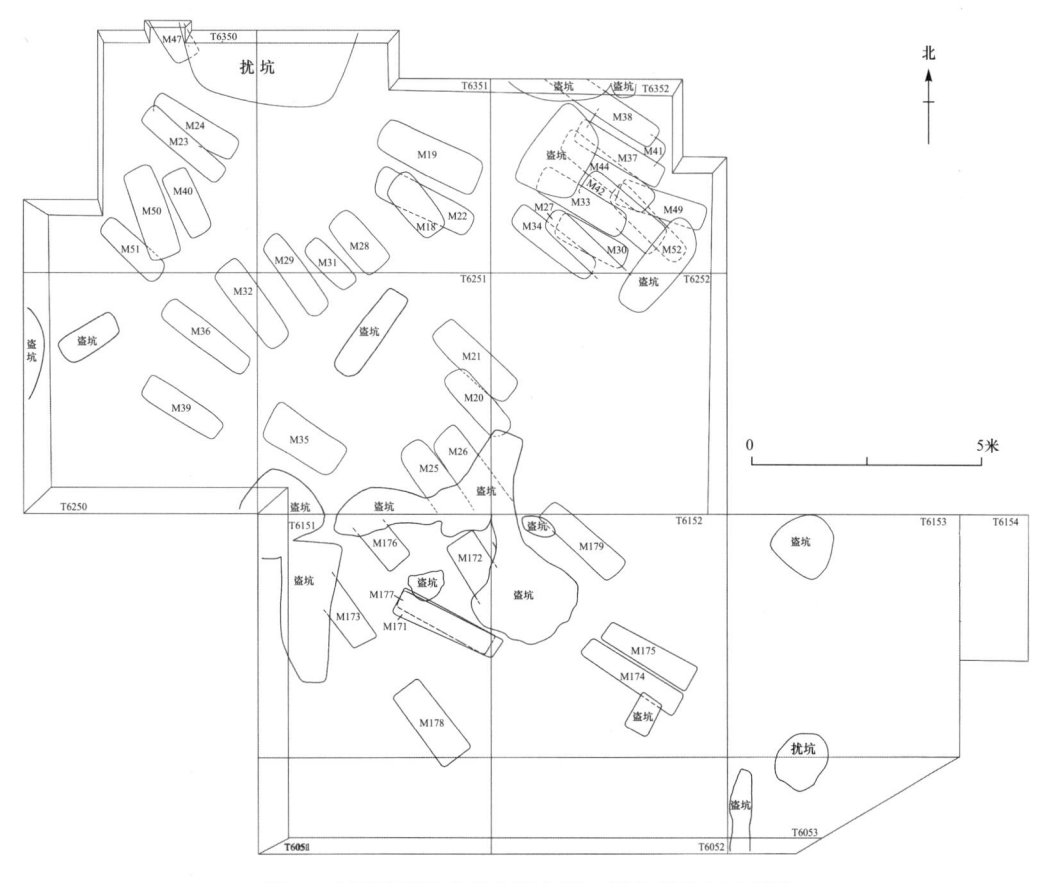

图 1　大园子墓地 I 号发掘点第 2 层墓葬分布示意图

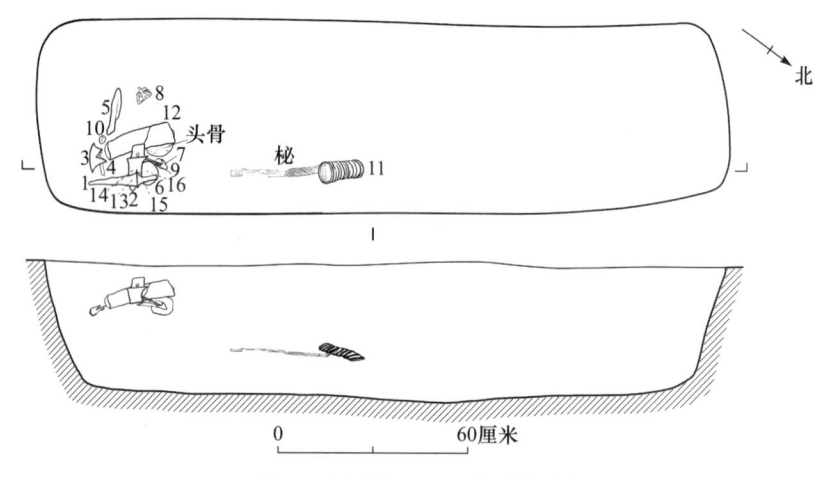

图 2　大园子 M180 平、剖视图
1、4. 铜剑　2. 铜戈　3. 铜钺　5. 铜矛　6. 铜扣饰　7. 铜铃　8. 铜牌形饰　9. 玉管珠　10. 玛瑙扣
11. 铜镯　12. 铜臂甲　13. 铜镈　14、15. 铜泡饰　16. 玉扣

出土铜器绝大部分为青铜制品，另有少量可能属红铜，多铸造而成，但也有一些采用了锻造工艺，还有的是铸后再热锻。铜器表面纹饰亦多为铸造而成，但也发现少量錾刻纹饰。在部分铜器尤其是一些戈、扣饰、泡饰的纹饰区，还常见一种黑色物质，似特意被涂抹于阴线或下凹区域内，使得纹饰看起来更为清晰、立体。具体器类有剑、戈、矛、戚、钺、镈、鞘饰、臂甲、削刀、锛、爪镰、镯、扣饰、泡饰、牌形饰、片饰、簪、铃、夹形器、帽形器、簧形器等。剑多为空首一字格曲刃剑，少数为镂空扁圆茎剑或蛇头茎剑（图 3，1~3）。戈以条形无胡戈居多，器身常施牵手人纹（图 3，5、6），另有少量带翼有胡戈。矛形制多样，其中有不少曲刃者，较具特色（图 3，4）。戚均宽尖叶形，竖銎（图 3，7）。镯以细条环状和片状环形的最为常见，后者外壁多镶嵌孔雀石片；下葬时这些镯往往成组（串）佩戴于被葬者手臂，多的可达数十件（图 4）。扣饰有圆形、长方牌形和浮雕状动物造型等形制，部分镶嵌孔雀石片或其他玉石，有些圆形扣饰还被制作成动物面具状（图 5）。组合方面，铜兵器常见剑戈矛组合以及剑戈或剑矛组合；工具种类不多，一般都是削刀单件随葬；装饰品似无固定组合，但常与兵器和工具共出，看不出明显的性别差异。

出土玉石器的材质包括软玉、石英岩玉、玛瑙、孔雀石以及砂岩等普通石材，器类主要有珠、玦、璜形饰、扣、镯、剑首、坠、锛等（图 6，1~5），其中珠子数量和种类都较多，按造型又可分为管珠、圆珠、扁珠、环珠和片珠等。各种珠子经常搭配使用，做成串饰。

出土的特殊材料制品主要是一些镯（图 6，6）和串珠，有的镯上还镶嵌金属片或孔雀石片。这类特殊材料制品从外观和质感看，颇似碳化的木制品，但经检测发现其并非植物，具体成分主要为桦树皮焦油，属一种人工合成材料。出土时，桦树皮焦油制作的珠子还散发出"麝香"味，原料中应羼入了其他一些物质。将桦树皮焦油制作成为装饰品尤其是珠子，在国内外属首次发现。

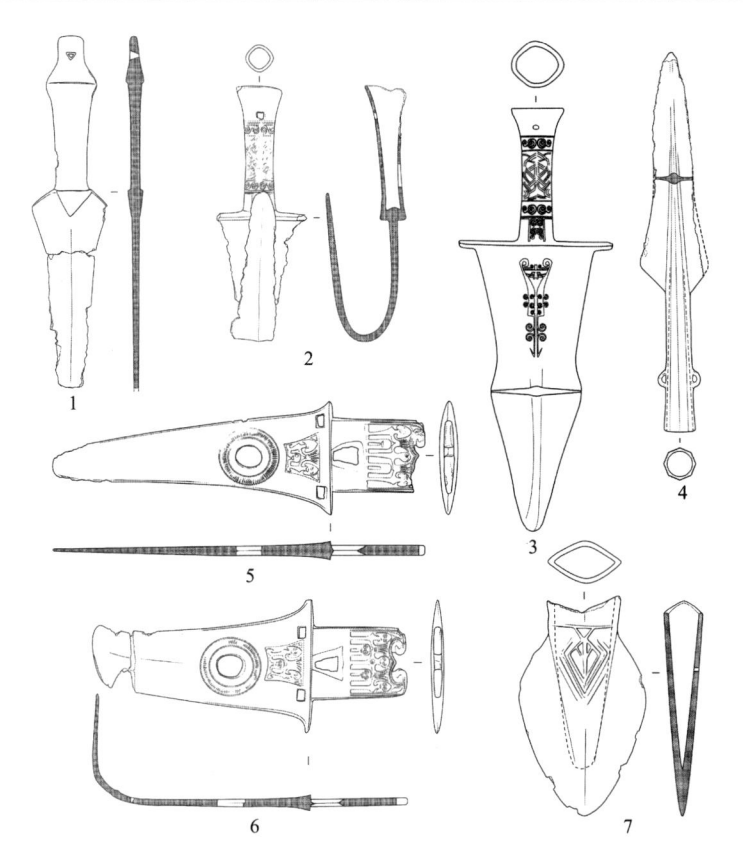

图 3 大园子墓地出土铜兵器
1.蛇头茎铜剑（M350∶1） 2、3.一字格铜剑（M33∶2、M12∶5） 4.曲刃铜矛（M180∶5）
5、6.牵手人纹无胡铜戈（M67∶2、M268∶2） 7.宽尖叶形铜戚（M300∶1）

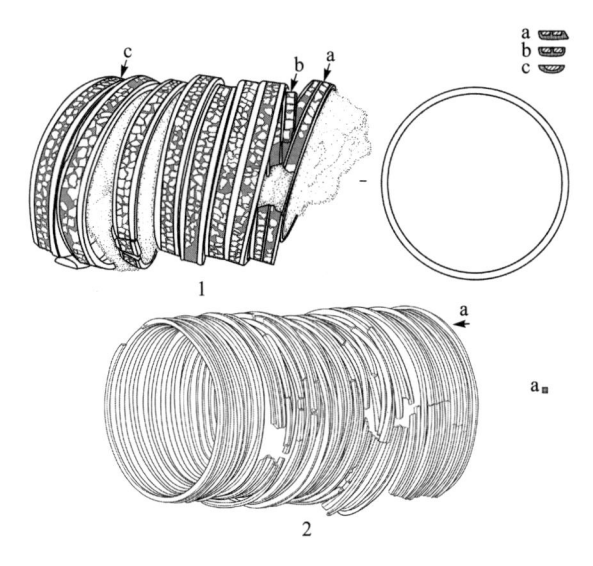

图 4 大园子墓地出土铜镯
1.片状环形铜镯（M179∶6） 2.细条环状铜镯（M30∶3）

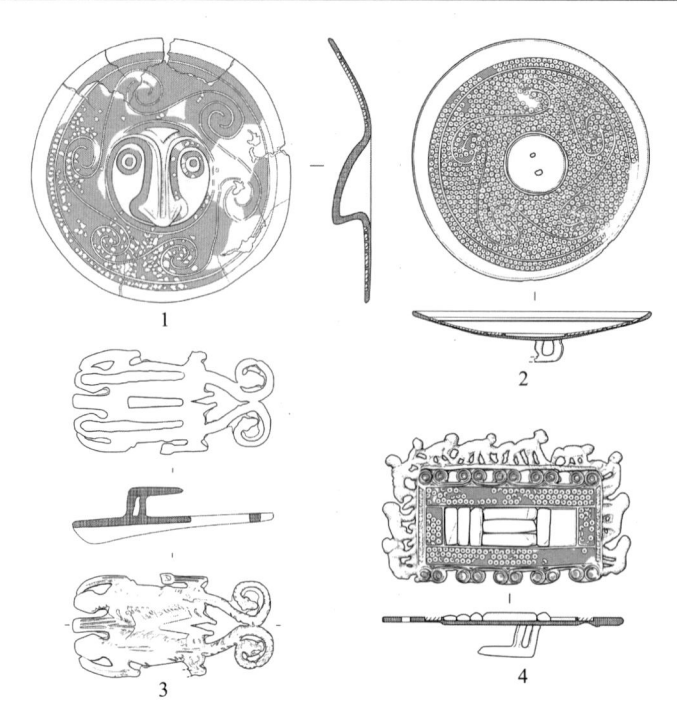

图 5 大园子墓地出土铜扣饰

1. 动物面具状圆扣饰（M378：2） 2. 镶嵌孔雀石片圆扣饰（M179：3）
3. 浮雕状动物造型扣饰（M276：3） 4. 带猴边装饰的长方形扣饰（M3：1）

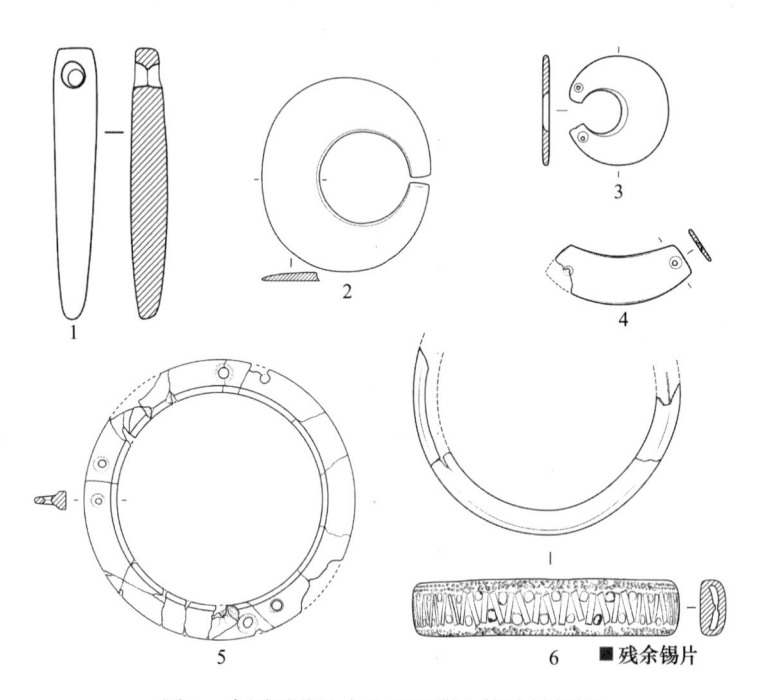

图 6 大园子墓地出土玉石器和特殊材料镯

1. 玉坠（M73：2） 2、3. 玉玦（M222：2-1、M106：2-2） 4. 玉璜形饰（M219：3-2）
5. 玉镯（M307：1） 6. 特殊材料镯（M167：3-1）

总体来看，土堆内上下 4 层墓葬在形制和随葬品等方面既有延续性，又有一定差异。据此，我们将所清理的墓葬分为两期，其中第二期又分为早、晚两段：第一期即第 4 层墓葬；第二期早段即第 3 层墓葬；第二期晚段即第 1、2 层墓葬。通过与周邻相关考古遗存的对比，并结合 ^{14}C 测年分析，推断第一期墓葬年代为战国晚期至西汉早期；第二期墓葬年代为西汉中、晚期，其中早段约在西汉中期偏早阶段，晚段约在西汉中期偏晚阶段至西汉晚期。

二、大园子墓地与周邻文化的关系

迄今为止，滇东高原发现的西南夷遗存主要为墓葬，10 余处，除师宗大园子墓地外，经发掘并已发表资料的主要有云南曲靖八塔台、横大路、平坡、泸西石洞村、大逸圃，以及陆良薛官堡等墓地。这几处墓地的主体年代都在战国秦汉时期，尽管对部分墓葬的断代还有些许不同意见。

八塔台、横大路、平坡等墓地位于曲靖盆地或其边缘处，外形均呈土堆状，其中八塔台因有 8 个土堆而得名[1]。这几处墓地出土的遗物在构成和风格上也比较接近，并且与滇池地区的滇文化关系很密切。有学者称它们为"石寨山文化八塔台类型"[2]，或者"滇文化八塔台——横大路类型"[3]。我们认为，这类遗存自身特征更为明显，特别是大型土堆状的墓地形态实际上反映了不同的葬制、葬俗，故可命名为"八塔台文化"[4]。一般认为，八塔台文化是和滇"同姓相扶"的靡莫之属的遗存。泸西石洞村和大逸圃墓地亦位于山间盆地，二者相距不远，文化面貌也基本相同，从随葬品等方面看，与滇文化存在较多的联系。大逸圃墓地发现有将铜戈等器物折弯的现象（图 7，1），应和毁器习俗有关。发掘者推测，它们可能是西南夷中漏卧的遗存[5]。薛官堡墓地位于陆良盆地南部，早年遭严重破坏，出土遗物不是很丰富。从文化面貌看，该墓地与滇文化以及八塔台文化都有联系，但在随葬品特征以及毁器等习俗方面（图 7，2），似乎与

---

[1] 云南省文物考古研究所：《曲靖八塔台与横大路》，科学出版社，2003 年；云南省文物考古研究所、曲靖市文物管理所、曲靖市博物馆、麒麟区文物管理所：《云南曲靖市八塔台墓地 2 号堆第七次发掘简报》，《考古》2018 年第 12 期；云南省文物考古研究所、曲靖市麒麟区文物管理所：《曲靖市麒麟区潇湘平坡墓地发掘报告》，《云南考古报告集（之二）》，云南科技出版社，2006 年。

[2] 蒋志龙：《试论石寨山文化的两个类型——石寨山类型和八塔台类型》，《云南文物》2000 年第 2 期。

[3] 云南省文物考古研究所：《曲靖八塔台与横大路》，科学出版社，2003 年，第 187~189 页；戴宗品：《论滇文化"八塔台——横大路类型"》，《云南文物》2003 年第 3 期。

[4] 杨勇：《战国秦汉时期云贵高原的考古学文化研究》，科学出版社，2011 年，第 195~198 页；《滇东八塔台文化墓地的特征和年代及相关问题》，《秦汉土墩墓考古发现与研究——秦汉土墩墓国际学术研讨会论文集》，文物出版社，2013 年。

[5] 云南省文物考古研究所、中共泸西县委、泸西县人民政府、红河州文物管理所：《泸西石洞村大逸圃墓地》，云南科技出版社，2009 年。

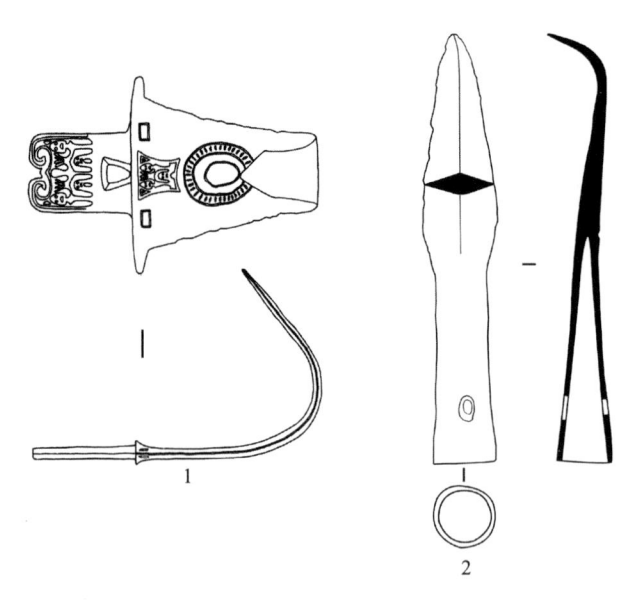

图 7 滇东高原出土铜兵器
1. 大逸圃墓地出土铜戈（M135：1） 2. 薛官堡墓地出土铜矛（M6：2）

泸西石洞村和大逸圃墓地的关系更为密切。初步推测，该墓地或与靡莫之属中的"劳浸"有关[①]。

大园子墓地外观呈大型土堆状，与八塔台文化颇为相似。不过，从具体堆积过程及堆筑方法看，它们之间也有一定的差异，主要表现在大园子土堆内的地层十分破碎，不见活动面一类的遗迹，而八塔台文化墓地土堆内地层较为连贯，有的如八塔台二号堆还发现祭祀类的活动面以及规模较大的外围护坡等，规划性似乎更强。

大园子发掘的墓葬大多为长方形竖穴土坑墓，形制上并无尤为特别之处，但其墓坑方向较为统一、大致成排分布、多座相对聚集的平面排列方式或所谓"墓位形态"却颇具规律和特点，应是按某种制度、习俗而有意规划的。在西南夷地区，尤其是流行土坑墓的文化中，这些墓位特点并不鲜见，只是在总体上很少有像大园子墓地这样突出、明显的。相对而言，陆良薛官堡、泸西大逸圃等墓地，有部分墓葬在排列上更接近大园子墓地。

器物随葬方面，大园子墓地重兵器、工具和装饰品的特点，在西南夷地区尤其是滇东黔西一带较为普遍。但是，不随葬陶器、随葬品多集中摆放于被葬者头部附近、流行毁器和火烧随葬品的习俗等，并不多见，或只在邻近区域有所发现。如集中摆放随葬品的做法，见于陆良薛官堡以及泸西石洞村和大逸圃等；毁器见于陆良薛官堡和泸西大逸圃；火烧或焚燎随葬品，见于陆良薛官堡；不葬或少葬陶器，见于泸西大逸圃。毁器和

---

① 中国社会科学院考古研究所、云南省文物考古研究所、曲靖市文物管理所、陆良县文物管理所：《陆良薛官堡墓地》，文物出版社，2017 年。

焚燎随葬品的习俗，还偶见于川西南盐源老龙头墓地[①]。当然，以上所举，都不像大园子墓地这样盛行。

就器物本身而言，大园子墓地所出有些和周邻文化基本相同，如部分茎首似蛇头的扁茎无格铜剑、有胡带翼铜戈、椭圆銎柄且銎口分叉的铜削刀、外壁镶嵌孔雀石片的片状环形铜镯、动物造型铜扣饰等，多是滇文化及滇东黔西一带西南夷遗存中常见之物。当然，更多的出土器物属于类型相同或相近，但细部结构、纹饰等却有一定差异。例如大园子出土的一字格铜剑，多空心圆茎或近椭圆茎，茎首呈喇叭口状，曲刃，剑身后部常施箭矢状纹；滇池地区也发现大量一字格铜剑，但形制、纹饰更富于变化，融入了滇文化的很多元素，如剑茎加立体雕像、纹饰多人物和动物形象等，另外剑身也很少见曲刃，风格明显有别；滇东高原各地及黔西南出土的一字格铜剑相对较接近大园子所出，只是较为零散，不像大园子这样集中出土，另外细部结构有时也不尽相同，如黔西南的一字格铜剑，其剑身后部一般较宽，略呈飞翼状。又如大园子出土的牵手人纹铜戈，相似者大量发现于滇池地区和滇东高原，滇东北、滇东南以及黔西北的赫章可乐等地也有出土；粗略看，这些铜戈大体相同，但仔细观察又可发现不少差异，包括戈上所施纹饰尤其是牵手人纹的形态和结构；相对来说，大园子与陆良薛官堡、泸西石洞村等地出土的此类铜戈风格更为接近。再如大园子出土的圆形铜扣饰，在滇文化中十分常见，但彼此也存在一些细节上的差异，如大园子所出基本不见滇文化圆扣饰上常施的芒纹状镶嵌装饰，而当地部分圆扣饰施反向"S"状双头蛇形细条纹，也很少见于滇文化。除此之外，大园子墓地出土的器物或器物类型中，也有一些其他地方不见或少见的，如茎首带凸乳或茎首带竖条状镂空装饰的扁茎无格铜剑、曲刃铜矛、宽尖叶形铜戚、成串佩戴的细条环状铜镯、外壁施横向辫索纹的片状环形铜镯、施蹲踞式人物图案的动物面具造型铜扣饰，以及以桦树皮焦油为主要原料制作的镯和珠子等。这类器物或器物类型中，见于他处的也主要是在相邻近的一些区域，如陆良、泸西和曲靖等。

综上，大园子墓地既有个性特征和地方特色，又与同时期其他西南夷文化遗存存在各种各样的联系。就后一方面而言，在整个云贵高原，大园子墓地所表现出来的文化面貌与滇池地区的滇文化以及滇东黔西地区的西南夷文化关系尤为密切；而相对看，该墓地与邻近区域的文化遗存特别是泸西石洞村、大逸圃以及陆良薛官堡等又存在更多的共性特征，无论是墓葬排列、器物随葬、"毁器"等习俗以及出土器物本身。另外，在墓地形态和部分出土器物方面，也可看出其与曲靖盆地八塔台文化之间的较多联系。因此，基本可以认为，大园子墓地不出战国秦汉时期滇东黔西尤其是滇东高原西南夷文化的框架，而在此框架之下可进一步推断，战国秦汉时期，在今师宗、泸西一带，甚至包括陆良南部，可能存在一支较为独特的考古学文化类型，其以大园子、石洞村、大逸圃等墓地为代表，既具有地方特色，又与八塔台文化、滇文化等有着密切的联系。当然，

[①] 凉山彝族自治州博物馆、成都文物考古研究所：《老龙头墓地与盐源青铜器》，文物出版社，2009年；崔剑锋、吴小红、周志清、江章华、刘弘、唐亮：《四川凉山州盐源县出土青铜器分析报告》，《南方民族考古》（第六辑），科学出版社，2010年。

由于资料仍然不够充裕，这一文化类型的更多内涵、年代跨度、空间分布以及不同墓地之间的差异等还有待更多的考古发现来说明和研究。

三、大园子墓地与漏卧古国

在《汉书·西南夷两粤朝鲜传》《华阳国志·南中志》等文献记载中，漏卧与夜郎、句町为互邻鼎立之关系。学界一般认为，夜郎在今贵州西部，句町在滇东南和广西西部一带[1]。近年来调查并发掘的云南广南牡宜遗址很可能是句町中心所在[2]。那么，漏卧的位置当在云南东部邻近贵州、广西的这一区域内，南邻句町，东接夜郎。《汉书·地理志》记牂柯郡有漏卧县，学界多认为其治所在今云南罗平县[3]。2021 年，我们在罗平县城以南的圭山发掘多座汉墓[4]，有些规格还较高，暗示附近有治所一级的汉代城址。汉朝在西南夷地区推行郡县制，政区划分很大程度上受到了原有族群分布及文化格局的影响[5]。应劭亦曰漏卧县即"故漏卧侯国"。可知汉代漏卧为县国并置，漏卧古国或漏卧侯之前控制的地域应在今罗平及其附近地区，当然范围可能要大于漏卧县。除了漏卧县，汉代牂柯郡下还设漏江县，治所位于今泸西县附近。两县名中均含"漏"字，似乎不是偶然。位于泸西县的石洞村和大逸圃墓地，发掘者从多方面分析，推断其族属为漏卧部族，不无道理。师宗地处罗平和泸西之间，大园子墓地东距罗平圭山 20 余千米，西南距泸西石洞村 40 余千米，从地望看，所在地属历史上的漏卧古国应问题不大。结合年代以及文化特征等可判断，大园子墓地与泸西石洞村和大逸圃墓地一样，都是漏卧的遗存，而且考虑到墓地规模大，其所属人群当是漏卧族群中势力较大的一支。遗憾的是，因发掘面积有限，墓地完整的文化面貌及内涵暂不清楚，特别是未能发现规格、等级较高的墓葬，故该人群是否为漏卧核心人群，或者与漏卧侯有关，暂时还不好论断。

无论如何，大园子墓地的发掘，很大程度上深化了我们对云贵高原特别是滇东黔西一带西南夷文化谱系和格局的认识，而这是进一步探索有关族群分布、构成及历史的重要基础。如上所述，在滇东高原的师宗、泸西等地，战国秦汉时期可能存在一支以大园子、石洞村、大逸圃等墓地为代表的考古学文化类型，而其时空与历史上的漏卧古国大体对应，按史前考古或原史考古的方法，将二者联系起来做出族属判断，是从考古学上探索漏卧古国历史的基本途径，也是最为重要的一步。此前，历史学的一些研究就提

---

[1] 蒋廷瑜：《西林铜鼓墓与汉代句町国》，《考古》1982 年第 2 期。
[2] 杨帆：《中国南方古代民族》，云南人民出版社，2014 年，第 186 页。
[3] 谭其骧主编：《中国历史地图集》（第二册），中国地图出版社，1982 年，第 31、32 页；周振鹤：《汉书地理志汇释》，安徽教育出版社，2006 年，第 331、333 页。
[4] 杨勇、庞玲：《罗平县圭山东汉墓群》，《中国考古学年鉴·2023》，中国社会科学出版社，2024 年，第 509 页。
[5] 方国瑜：《中国西南历史地理考释》，中华书局，1987 年，第 29~34 页。

出，汉代漏卧侯国大致包括今云南罗平、师宗、泸西、弥勒、陆良南部甚至黔西南兴义一带。而随着大园子等墓地的发掘，以及滇东高原考古学文化研究的逐步深入，这些观点看来大部分是可信的[①]。至于漏卧的地域是否包含黔西南，因当地这方面的考古发掘极少，还不能确定，但黔西南过去采集的很多青铜器，确实与大园子墓地有一定的联系，如一字格铜剑、牵手人纹铜戈、"风"字形铜钺等，值得进一步关注。

关于漏卧所属民族系统，过去主要有越人说[②]，近来又有学者提出其为早期南迁的氐羌民族的一个分支[③]。从大园子等墓地的考古发现看，尽管与滇西等地即氐羌民族主要分布区的文化有一些联系，但差异也很明显，在文化谱系上很难和氐羌直接相联系。我们注意到，大园子等墓地出土的不少器物尤其是玦、镯等玉石器，与两广越文化存在较多联系，部分青铜器如一字格剑的出现也可能和岭南越文化的影响有关[④]。这表明，漏卧与越人的关系似乎较近。不过，如果依此就说他们为越系民族，也是不够谨慎的。实际上，要究明漏卧的族系问题，不光需要更多的考古材料，还有必要结合其社会形态和族群构成等来综合分析。众所周知，云贵高原自古就是多民族地区，战国秦汉时期，曾有氐羌、越、濮等不同系统的民族汇聚于此。在长期交往和迁徙过程中，各民族既有融合也有分化，特别是进入早期国家（或谓古国、酋邦）阶段以后，在政治等因素的影响下，人群构成变得更为复杂，一些"大国"如滇和夜郎，其内部人群尤其是上、下层之间，未必都是同根同源的关系。在此背景下，文化也随之交融、重组、变迁，此时仅靠部分考古学文化特征来判断某一人群的族系或族源，自然很容易出错。漏卧被封为侯，有一定实力，我们倾向于其所属人群及文化也是融合型或复合型的。大园子和石洞村、大逸圃等墓地之间的差异，尤其是墓地形态和结构的不同，很可能也反映了这一点。当然，这并不否认漏卧核心人群或主体人群的存在，也不否认各组成人群在文化上的共性，只是要弄清这些问题，还需要做更多的工作。

从大园子墓地等考古发现看，漏卧在文化上有两个比较突出的特征，一是丧葬过程中的毁器，二是成串佩戴手镯。这两种习俗在其他西南夷族群中都不多见，或不像漏卧这么盛行，但其却进一步说明，分布于中国西南边陲的西南夷一方面曾受到中原文化的深刻影响，另一方面又与东南亚等域外文化有着广泛的交流和联系。而且，这样的影响和联系，已超越一般的物质文化，涉及了精神观念的层面。

丧葬过程中的毁器习俗，见于古今中外。在中国境内，毁器习俗可追溯至新石器时

[①] 过去限于材料，我们曾提出泸西石洞村和大逸圃墓地的族属可能是与滇"同姓相扶"的靡莫之属，或者是滇人的一支（杨勇：《战国秦汉时期云贵高原考古学文化研究》，科学出版社，2011年，第192、193页），现在看来需要重新认识。结合大园子墓地等新发现来看，这两处墓地更有可能与漏卧有关，发掘报告的判断无误。
[②] 蒙文通：《巴蜀古史论述》，四川人民出版社，1981年，第21页。
[③] 杨帆：《中国南方古代民族》，云南人民出版社，2014年，第186页。
[④] 杨勇：《论一字格铜剑》，待刊。

代，商周时期尤为盛行[1]。东周至汉代，或承继于周文化，毁器在南方楚系墓葬及三峡地区的巴人墓葬中仍然多见[2]。值得注意的是，大园子等墓地的毁器在做法上与中原地区西周墓很相似，即多将剑、戈、矛等铜兵器从中间折弯或折断，而与南方巴、楚墓中的不同，后者一般是将铜兵器的尖锋部位截掉。另外，与云贵高原毗邻的东南亚，早期铁器时代遗存中也发现有毁器习俗，但被毁者多为铁器[3]。因此，从关系看，漏卧的毁器习俗与中原地区的周文化可能更为接近，推测应源自后者。上文提到，川西南盐源老龙头墓地也发现过毁器现象，但只见于少数等级较高的墓葬中，且做法是将戈内折断后以戈内随葬。有学者认为，老龙头墓地毁器是战国至西汉时期当地笮人（西南夷的一支）上层集团的葬俗，它的出现与西北地区受周文化影响的羌戎系统人群南迁有关[4]。由于具体做法不同，漏卧人的毁器习俗不像是经由笮人或从楚、巴等地传播而来的，其背景、途径及方式还有待今后新的发现来阐明。

  大园子墓地出土的手镯多成组（串）佩戴于被葬者手臂，我们称之为串式镯，实际也指一种镯的佩戴方式。这些镯以铜质的居多，也有少量为玉石等材料所制。同串镯中，既有单一形制的，也有多种形制的，甚至还有不同材质的。每串镯少的几件，多的数十件。泸西石洞村、大逸圃以及陆良薛官堡出土的串式细条环状铜镯，与大园子的完全相同。串式镯也见于西南夷其他一些族群的遗存中，但无论数量还是具体的搭配种类都远不及大园子墓地。可以认为，漏卧人佩戴的"串式镯"是西南夷中最具代表性的。东南亚也有各种材质的串式镯的发现[5]，其中在位于泰国东北部的班诺洼遗址出土了年代约为公元前十世纪至公元前八世纪的串式镯，只是多由贝壳和大理石制作，且和师宗大园子墓地部分串式镯相似，佩戴时前端搭配一件有领镯[6]（图8，1）。因此，串式镯很可能起源于泰国东北部，后来向外逐步传播，并在西南夷等地区盛行起来。从细部形制和工艺看，大园子墓地出土的串式细条环状铜镯与班诺洼及其附近一些遗址如农武洛所见同类铜镯十分接近[7]（图8，2），或说明彼此人群之间曾有过某种较密切的联系。

---

[1] 张明东：《略论商周墓葬的毁兵葬俗》，《中国历史文物》2005年第4期；井中伟：《西周墓中"毁兵"葬俗的考古学观察》，《考古与文物》2006年第4期。

[2] 黄凤春：《毁器与折兵——楚国丧葬礼俗的考古学观察与释疑》，《湖南省博物馆馆刊》（第八辑），岳麓书社，2011年；朱世学：《巴楚墓葬中"毁兵"现象的考察及相关认识》，《长江师范学院学报》2015年第2期。

[3] 〔新西兰〕查尔斯·海厄姆著、云南省文物考古研究所译：《东南亚大陆早期文化——从最初的人类到吴哥王朝》，文物出版社，2017年，第224页。

[4] 周志清：《盐源青铜文化中"毁兵"习俗刍议》，《成都文物》2015年第3期。

[5] 杨勇：《论古代中国西南与东南亚的联系——以考古发现的青铜器为中心》，《考古学报》2020年第3期。

[6] C.F.W. Higham, A. Kijngam (eds). The Excavation of Ban Non Wat: The Bronze Age. The Thai Fine Arts Department. Bangkok, 2012.

[7] C.F.W. Higham, A. Kijngam, S. Talbot (eds). The Excavation of Noen U-Loke and Non Muang Kao. The Thai Fine Arts Department. Bangkok, 2007.

图 8　泰国出土串式镯
1. 班诺洼遗址出土海贝镯和大理石镯　2. 农武洛遗址出土铜镯

四、余　论

据《史记·西南夷列传》等文献记载，"西南夷"是战国秦汉时期分布于今云贵高原和川西高原一带的诸多古族和古国的统称。西汉中期汉武帝开西南夷，并最终将之纳入中央王朝的统治版图。有关西南夷的考古发掘与研究，很大程度上弥补了文献史料的欠缺，对揭示我国西南地区古代民族独特的历史文化、考察西南地区的古代交通和对外交流、认识中国古代统一多民族国家的形成和发展等，都有着十分重要的学术意义。

新中国成立以来，西南夷考古取得了令人瞩目的成就，其中不乏像石寨山滇王墓这样的重大发现，不过在很长一段时期内，该领域考古工作的区域不平衡性问题也较突出，以至于"以什数""以百数"的西南夷古国中，有不少文化面貌甚至具体地望还不清楚，包括因"盲目自大"而家喻户晓的夜郎。师宗大园子墓地的发掘及漏卧古国的探索提示我们，西南夷考古虽然有一定的文献记载可以参考，但毕竟非常有限，因此在具体的实践中，应当将之视为"原史考古"的范畴，首先加强考古学文化及其谱系的研究，在此基础上再结合有关文献记载进行族群识别和族群历史的探索。当然也应意识到，运用考古学材料来复原古代族群的历史是个相当复杂的工作，既受到考古材料局限性和复杂性的制约，还涉及族群概念及族群识别的诸多理论问题。但无论如何，加强西南夷考古薄弱区域的田野工作，不断发掘新材料并完善有关文化谱系，是推进西南夷考古和探索西南夷历史文化的根本途径。

东吴帝陵的考古学观察

叶润清

（安徽省文物考古研究所）

从东汉末年在战乱中打下基业的孙坚、孙策父子，到三国鼎立称帝江东的孙权、孙亮、孙休、孙皓父子四帝，东吴经历了从先帝时代到三分天下有其一的帝王时代。

东吴历代帝陵陵区的位置、布局等问题一直为学界所高度关注。其中武烈皇帝孙坚高陵、大帝孙权及宣明太子孙登蒋陵、景帝孙休定陵、文帝孙和明陵及废帝会稽王孙亮、末帝孙皓的葬地，文献多有记载。而随着马鞍山采石宋山、南京江宁上坊、当涂洞阳、苏州虎丘等东吴大墓的发掘，相关墓葬墓主身份与东吴历代帝陵的关系问题，在学界引起热烈讨论。

本文拟以考古材料为重点，同时结合相关文献，对上述经科学发掘的东吴时期高等级墓葬墓主身份及其与东吴历代帝陵的关系问题进行系统分析。旨在让更多学界同仁关注研究东吴帝陵。

一、相关文献记载

据《三国志》记载，孙坚英年早逝，长子孙策与其旧部平定了江南六州，后遇刺身亡，年仅26岁。次子孙权承兄遗命，掌江东之事，联刘抗曹，取得三分天下，称帝东吴并追谥父亲孙坚为武烈皇帝。

清光绪《丹阳县志》有关于孙坚墓的记载，又名高陵和大坟。今江苏丹阳市司徒镇大坟村，乡人至今称为孙坟，外形呈一圆形土堆，以其特大异于他坟故又称"大坟"，墓底面直径大约30米，封土高约15米。

关于孙权的陵墓，《三国志》记载："夏四月，权薨，时年七十一，谥曰大皇帝。秋七月，葬蒋陵。"孙权因避祖父吴孝懿王孙钟名讳，而把钟山改名蒋山，因而称蒋陵。唐代《建康实录》中说，蒋陵在"钟山之阳"，北宋《祥符江宁图经》中说"在钟山南麓"。蒋陵又称孙陵、孙权墓、吴王坟、吴皇陵，因葬于钟山南麓的高岗上而得名"孙陵岗"，是南京地区有文献记载的最早的一座六朝陵墓，现存石碑、石桥、注释牌、石像生等。相传孙陵岗上还葬有孙权的皇后步氏、潘氏以及宣太子孙登等人。

关于孙亮的陵墓，《三国志·吴书·三嗣主传》记载："亮以綝专恣，与太常全尚、将军刘丞谋诛綝。九月戊午，綝以兵取尚，遣弟恩攻杀丞于苍龙门外，召大臣会宫门，黜亮为会稽王，时年十六。"朱孔阳《历代陵寝备考》记载："孙亮字子明，权少子也，赤乌十三年太子和废立为太子。在位七年戊寅九月为孙綝所废，降会稽王。永安三年会稽郡谣言王亮当还为天子，而亮宫人告亮使巫祷祠，有恶言。有司以闻，黜为候官侯，遣之国。道自杀，或云休杀之。至晋太康中，吴故少府丹杨戴颙迎亮丧，葬之赖乡。"

朱希祖先生曾有考证，孙亮归葬之赖乡，疑在丹阳郡江宁县。

1960年以来，南京西南板桥、铁心桥等地出土的多块西晋买地券以及东晋、六朝墓志铭涉及赖乡。可见赖乡约在今南京雨花台区铁心桥、西善桥、板桥至江宁牛首山一带。

关于孙休的陵墓，南宋王象之《舆地纪胜》卷十八《江南东路·太平州·古迹》明确记载："吴景帝陵在当涂县东二十五里。"明《嘉靖太平府志》载："吴景帝陵，县东，地名洞阳。"

280年，东吴为西晋所灭，孙皓投降，被赐号为归命侯。太康五年（284年），孙皓在洛阳去世，时年四十二岁，葬于洛阳北邙山。

二、主要考古发现

1. 当涂洞阳东吴墓

位于安徽当涂姑孰镇洞阳村洞阳自然村，又名"天子坟"，所指即史料所载之吴景帝孙休定陵。2015~2016年，安徽省文物考古研究所对该墓进行了发掘，是安徽首例经科学发掘的前、后室四隅券进式穹隆顶结构砖室墓，包括墓坑、墓室、填土、封土四部分，墓道方向为165°。

墓坑含墓道总长32.5、含耳室最大宽13.1、深3.6~4.1米。墓道为斜坡式，包括一次墓道和二次墓道，口部水平方向长分别为13.9米和13.3米。

砖结构墓室由封门墙、墓门及挡土墙、甬道、前室及左右耳室、后室构成，总长15.4、含耳室最大宽11米。封门包括一次封门和二次封门，与一次墓道和二次墓道正对应。墓门内宽2.5、高2.25米，三重券顶。甬道平面呈长方形，券顶，内长3.8、宽2.5、高2.25米。前室平面呈方形，内长4、宽4米，四隅起券处各设石质牛头一个，券顶被破坏殆尽。东耳室平面呈方形，券顶，内深2.85、宽2.45、高2.3米。西耳室平面呈方形，券顶，内深2.95、宽2.4、高2.3米。后室平面基本呈长方形，东、西两边外弧，长4.95、两端宽3.85、中部宽4.13、高4.1米。

填土由生土层层夯筑，夯层厚8~10、夯窝直径7~8厘米。

发掘前封土南北长47、东西宽35、高3.1米，主要由生土层层夯筑而成，仅西南面保存相对完好。

虽然该墓在历史时期就曾被盗掘，仍出土了涵盖金、银、铜、铁、陶、瓷、石、琉璃、玻璃、漆等不同质地的随葬品，包括漆木器装饰件、女性饰品、车马器构件、兵器、日用品、佛像、俑、神兽构件和钱币九大类随葬品，且不乏精美金银器构件，其中部分随葬品内涵与道教长生不老、脱俗升仙和早期佛教思想有关。

通过与本地及苏南、湖北、江西等地同时期墓葬形制与随葬青瓷器、陶器比较，可初步判断该墓年代为东吴晚期。

墓葬内出土一块有隶书文字的漆皮，释读为："永安三年□□日校尉□□□七寸铁镜合八枚□□□翠毛□□□□□尉薛□纪□……"此外还发现两块"永安四年"纪年文字墓砖。

永安是吴景帝孙休使用的唯一一个年号，其在位时间为永安元年至七年（258~264年）。

"永安三年"和"永安四年"纪年文字的发现，说明该墓建造年代应在永安四年或之后不长的时间内。

2. 马鞍山宋山东吴墓[①]

1987年9月马鞍山市雨山区宋山窑厂取土时发现，其后省市文物部门进行了抢救性发掘。

该墓总体为前后室结构，墓室全长17.68米，由墓道、甬道、前室、两个耳室、横室、通道和一个单后室组成，其中前室内部长3.12、宽5.7、高4.48米，后室内部长6.27、宽2.52~2.61、高3.65米。前室为横券顶，后室为纵券，前后室之间有过道。前室两前伸的耳室较具特色，与前室呈凹字形。左耳室内有四块叠架的大石案，上置鸡首壶和盆、碗、谷仓等生活用品。横室左右上方各设四面假棂窗，地面设左右祭台。棺木置于后室灵台上。前室与横室、横室与通道之间，有两道四扇大石门。其高浮雕变形龙纹把手石门和假窗的设置，是迄今发现长江中下游地区六朝墓葬中最早的实例。墓砖和朱然墓基本相同，模印阳文吉语"富宜贵至万世""富贵万世"，但比后者多一种对角线纹饰的墓砖。

该墓虽早年被盗，仍出土青瓷器等随葬品40余件，其中漆凭几精制豪华，绘有出征图案。

3. 南京江宁上坊大墓[②]

2005年12月，南京江宁区上坊镇中下村在道路施工中发现一座大型砖室墓，南京市博物馆进行了抢救性发掘，确认为东吴高等级墓葬。

该墓由排水沟、斜坡墓道、砖室等构成。砖室长达20.16、总宽10.71米，由封门墙、石门、甬道、前室、过道及后室构成，建筑结构颇具特色。

封门墙高大厚实，宽3.94、厚1.88、高3.44米，其内设一道石门，东侧门槛、门柱及部分门楣保存尚好，石门扇及西门柱等被盗墓者砸碎移至甬道和前室内。前、后室均为四隅券进式穹隆顶，四角嵌置兽首形石灯台，前后室两侧均有对称的耳室，后室后

---

① 李德文、解有信、吴志兴等：《安徽马鞍山宋山东吴墓发掘简报》，《江汉考古》2007年第4期。
② 王志高、马涛、龚巨平等：《南京江宁上坊孙吴墓发掘简报》，《文物》2008年第12期。

壁底部还有两个大壁龛。后室有 3 组共 6 件相对横卧的虎首石棺座，每个石棺座的两端分别雕刻着虎头与前爪形状。

除甬道用小砖铺地外，其余多以边长 50 厘米的大方砖或其半砖铺地。

排水沟总长达 326 米，明暗相间开挖。

上坊东吴墓很有可能在建成后百年左右就遭过盗掘，因为考古发掘清理中发现了五代时期的碎瓷片，显然为盗贼所弃。不过依然"留"下了金、银、铜、铁、漆木及众多的瓷、陶等随葬品 170 多件，还有 600 余枚铜钱。

出土随葬品以青瓷器为主，共 100 余件，是目前南京地区六朝墓葬中出土瓷器数量最多、种类最全的。这些瓷器多数制作精美，施以青釉或青黄釉。在生活类用器中，罐、壶、盏、钵、碗、盘、唾壶等一应俱全，甚至还有果盒。其中两件钱纹罐器形硕大，为同时期墓葬发现之最。生活用具类明器果盒、堆塑罐、簸箕、扫帚、杵、筛、斗、量、磨、灶、柱形器、碓房、畜屋等也样样不缺。

出土青瓷人物俑多件，有立侍俑、伎乐俑等，服饰多样、神态各异，其中的伎乐俑或抚琴，或击鼓，或吹奏，形象生动、栩栩如生，似乎正在举办一场生动的演奏会。值得一提的是，还有一件人物俑正襟危坐于榻上，双手拢于胸前，面容慈祥和善，榻前还置一长条几，生活场景栩栩如生。

禽畜类明器有牛、马、猪、羊、鸡，造型生动。笼圈类明器中，鸡舍分两层，有的房顶两端还有飞鸟装饰，一个羊圈围栏内除有老羊外，围栏上还堆塑了一个憨厚的蹲熊，想象力极为丰富。

青瓷中还出土了四套牛车，车轮和车轴两端分别刻有日、月、合、令等字样，轮与轴成套者刻文相符，甚是巧妙。而毛笔、书刀等文房用具均刻画细致，为主人生活安排极为周到。

金器出土极少，有冠饰上散落的珠形、心形叶片，以及箔片、冥钱等。最为精致的莫过于一枚金指环，直径虽只有 1.5 厘米，但侧面刻有精美的龙纹。

4. 苏州虎丘东吴墓

2016~2018 年，苏州市考古研究所对虎丘路新村土墩墓（俗称"吴天墩"）进行了发掘，发现 3 座东吴高等级墓葬，出土石榻、凹字形石座、耳杯、盘口壶、金指环、金蟾蜍、金钗、金簪首、陶楼、铜熏炉、瑞兽衔杯铜砚滴等 200 余件/组。

1 号墓位于一处两米多高的台地上。砖室南北长近 15、东西宽约 10 米，高 4 米，从北到南依次为墓门、墓道、前室及耳室、后室，部分墓砖上有几何纹和钱纹[①]。甬道内的封墙时间比墓葬营建时间晚几十年。

2 号墓与 1 号墓建于同一时期，均为平台起筑砖室墓，时代为东吴早期。

---

① 张铁军、何文竞、席爱军等：《江苏苏州虎丘路新村土墩三国孙吴 M1 发掘简报》，《东南文化》2019 年第 6 期。

两座墓葬的封土中建有一座砖室墓，编号为 5 号墓，因遭到严重"毁墓"，残存的器物较少，但出土了一批有"吴侯""建兴二年七月廿二日"等字样的铭文砖[①]。

三、墓主身份探讨

1. 当涂洞阳东吴墓

前后室四角攒尖和四隅券进式穹窿顶结构砖室墓是东汉末期到六朝时期墓葬的最高规制，曹操高陵是迄今所见前后室四角攒尖顶结构高等级砖室墓的最早案例。前、后室四隅券进式穹窿顶结构砖室墓除洞阳东吴墓之外，目前仅发现南京江宁上坊大墓、苏州虎丘孙吴墓等少数几座。南京五塘村 2 号墓、江宁其林村西晋墓、江宁黄家营 5 号墓[②]虽然也采用了类似形制，但规模明显偏小，不排除与僭越有关。

长江下游迄今所见最早的四隅券进式穹窿顶结构是赤乌十二年（249 年）的朱然墓，但仅限于前室。[③] 一般认为，四隅券进式穹窿顶结构是长江下游对中原地区四角攒尖顶结构的传承和创新，是孙吴中期兴起的一种具有地方和时代特征的新类型。

前后室四隅券进式穹窿顶形制及其规模、随葬品和墓地环境，均说明当涂洞阳东吴墓符合六朝时期王以上墓葬规制。

从规模看，该墓仅次于南京江宁上坊大墓，明显大于安阳西高穴曹操高陵和苏州虎丘孙吴墓。

从随葬品看，该墓一是使用了"九鼎八簋"组合的陶礼器；二是随葬车马器，出土的车马器构件不仅种类、数量在同时期大墓中位居第一，而且很多是鎏金铜、铁构件；三是大量使用金银器；四是随葬品造型精美，工艺水平精湛，金银铁器有掐丝、炸珠与焊珠、鎏金、贴金、错金等工艺，青瓷器出现了釉下彩，代表了同时期最高工艺水平；五是大量使用诸如蟾蜍戏龙、龙凤、神人驭龙等龙和神人、神兽、神鸟造型，将古代帝王对长生不老、脱俗升仙的执着追求表现得淋漓尽致。

从对环境的选择看，该墓北依十里长山，南眺姑溪河，阳光充足，视野开阔，环境极为优越。

通过实物遗存与历史文献的进一步对比分析，不难发现，该墓与吴景帝孙休和朱夫人合葬定陵存在多方面的高度吻合：

一是与史料记载的地望高度吻合。

二是年代高度吻合。据史料记载，吴景帝孙休与朱夫人分别于永安七年（264 年）、

[①] 张铁军、何文竞：《江苏苏州虎丘路新村土墩三国孙吴 M5 发掘简报》，《东南文化》2020 年第 6 期。

[②] 倪振逵：《江宁县黄家营第五号六朝墓清理简报》，《文物参考资料》（第 1 期），文物出版社，1956 年。

[③] 解有信、吴志兴、栗中斌等：《安徽省马鞍山市朱然家族墓发掘简报》，《东南文化》2007 年第 6 期。

甘露元年（265年）离世，先后葬于定陵，比该墓发现的文字纪年分别早四年，符合古代帝王在位时即为自己营建陵墓的礼俗制度。

三是身份等级高度吻合。"九鼎八簋"是西周时期确立的王陵用礼制度之一，并一直沿用至汉晋时期。而漆器文字"七寸铁镜合八枚"则与《魏书》记载的皇后身份等级高度吻合。

四是合葬墓及相关遗迹与史料记载的孙休帝后合葬的特殊历史高度吻合。《三国志·吴书》记载："孙休朱夫人……（孙皓）甘露元年七月，见逼薨，合葬定陵。"该墓发现了二次墓道和与之正对应的二次封门，说明该墓墓主分两次先后入葬；随葬品中既有多用于男性随葬的龙形饰件，也有女性饰品掐丝步摇金片、金胜等，进一步印证了该墓为男女合葬墓。这一发现恰与吴景帝孙休离世和第二年皇后朱夫人被孙皓逼薨合葬定陵的特殊历史高度吻合。

根据考古发现与历史文献相互印证所形成的完整清晰的证据链，可以认定，洞阳东吴墓正是吴景帝孙休和朱夫人的合葬墓。

2. 相关墓葬墓主身份的既有认识

（1）宋山墓[①]

该墓是马鞍山地区迄今发现六朝时期券顶砖室墓中规模最大、结构最复杂的一座，形制与鄂钢饮料厂一号墓[②]几乎一致，年代亦应相当，但规模比后者大，显然墓主身份更显贵。

发掘者根据该墓出土刻有"将军孙邻弩一张"铭文弩机，推测墓主可能与《三国志·吴书·宗室传》中记载的孙邻关系密切，下葬时间可限定为孙邻生前所处的年代。

参加发掘的栗中斌通过和朱然墓等六朝大型墓葬比较，结合史料分析，认为此墓可能是孙休定陵[③]。

王志高根据形制结构及出土钱纹罐等的特征分析，认为此墓年代明显早于孙休定陵[④][⑤]。

（2）上坊东吴墓

该墓在高大厚实封门墙内设一道石门的形制在长江中下游，特别是在南京地区的孙吴、西晋大型墓葬中时有所见，如马鞍山朱然家族墓、宋山墓、宜兴周墓墩等，宋山墓

---

① 李德文、解有信、吴志兴等：《安徽马鞍山宋山东吴墓发掘简报》，《江汉考古》2007年第4期。
② 陈贤一、丁堂华、李桃元等：《湖北鄂州鄂钢饮料厂一号墓发掘报告》，《考古学报》1998年第1期。
③ 栗中斌：《马鞍山市宋山墓的年代和墓主身份考》，《东南文化》2007年第4期。
④ 王志高、王俊：《马鞍山孙吴朱然家族墓时代及墓主身份的分析》，《东南文化》2008第5期。
⑤ 王志高、马涛、龚巨平：《南京上坊孙吴大墓墓主身份的蠡测——兼论孙吴时期的宗室墓》，《东南文化》2009年第3期。

设有两道石门，分别位于甬道与前室、前室与过道的交接处，周墓墩的石门则位于甬道的中段。但上坊东吴墓各部分之体量、规模均远在其他墓葬之上。

以明沟与暗沟相间开挖排水沟的方法，目前仅见于湖北鄂州塘角头[①]。

前后室四角嵌置兽首形石灯台，与长江下游孙吴至东晋早期墓葬一般在墓室转角中部平伸半砖形成的"羊角砖"灯台明显有别，相似形制发现于甘肃敦煌等地的西晋墓葬。

霸气外露的虎首石棺座，可谓最符合三国时代的英豪气概。南方地区的孙吴、西晋墓葬，木棺多是直接安置在墓底铺地砖上，只有少数墓葬设有凸起的棺床。上坊大墓以虎首状石棺座作为承放葬具的棺座，系南方地区六朝墓葬之首次发现，一方面印证了墓主身份等级之高，同时也昭示了其虎视天下的雄心壮志。

边长 50 厘米特制铺地大方砖以往仅见于马鞍山宋山大墓，可能是有意模仿墓主生前居住的殿堂地砖，同样昭示了墓主身份地位之特殊。

上坊大墓是迄今发现规模最大、结构最复杂、出土青瓷器最多的孙吴墓葬，为研究这一时期墓葬制度、社会礼俗及制瓷工艺等提供了重要实物资料。

墓主到底是谁？虽未出土能够反映墓葬确切年代和墓主身份的文字材料，但可根据形制结构、随葬品对其年代和墓主身份进行分析。

此墓带甬道、前后室两侧设对称耳室的形制在长江中下游地区主要流行于孙吴、西晋时期，前后室四隅券进式穹隆顶结构在南京地区则始于孙吴中期，随葬大量青瓷模型明器，亦见于本地区孙吴、西晋而不见于东晋以降的其他六朝墓葬，各类青瓷罐、盘口壶、唾壶、洗、钵、器盖等生活用器所饰的蕉叶纹、联珠纹、叶脉纹、席纹、钱纹、斜网格纹及衔环铺首等更多见于孙吴、西晋时期。出土三国时代的铸钱有"太平百钱""直百五株""大泉当千"，其中"大泉当千"为孙吴赤乌元年（238 年）铸造。

从墓顶结构可以推断出大约流行于孙吴晚期至西晋时期，再考虑孙吴择都建业，而西晋灭吴后其政治地位下降的历史背景，以及此墓规模庞大、结构复杂的情况，可以推测此墓的年代应为孙吴晚期。

而与同时代其他几座大型墓葬对比可知，其规模不仅远超左大司马、右军师、当阳侯朱然墓及其旁的朱然家族墓，超过湖北鄂城钢铁厂墓主推定为孙吴宗室的孙将军墓，甚至超过了马鞍山宋山大墓，且其前后室四隅的兽首形石灯台，前室顶部浮雕神兽纹的大型覆顶石，后室的虎状石棺座等高等级墓葬设施皆未见于其他墓葬。

史载末帝孙皓执政期间，一改乃祖孙权俭素之风，在宝鼎二年（267 年）新造昭明宫，"穷极技巧，功费万倍"，宫内建筑更是"加饰珠玉，制以奇石"。这一时期的墓葬一般也较此前同等级者规模大、随葬品丰富。

---

① 李桃元、徐劲松：《湖北鄂州市塘角头六朝墓》，《考古》1996 年第 11 期。

联系此墓所在的小山岗至今仍名"孙家坟",同时从出土石棺座和木棺的数量分析,发掘者推测为孙吴宗室墓,所葬应为三人,其中后室中央大棺内所葬可能是孙皓时期的一位宗室之王,两侧整木小棺内所葬应是他的两位王妃[①]。

贺云翱推测为孙吴中期少帝孙亮时的权臣孙峻之墓[②]。

王宁邦则对正史记载孙坚高陵在曲阿(丹阳)孙陵岗之旧说提出了不同意见,认为孙坚墓经过迁葬,而江宁的上坊东吴墓实为孙坚迁葬后的终葬之所。[③]另据《建康实录》卷三记载,孙休于永安五年尊其已故母亲王夫人为"敬怀皇后",改葬敬陵。敬陵地点失载,但墓主人身份与上坊大墓亦不相吻合。

(3)苏州虎丘东吴墓

主持发掘的张铁军等从墓葬规格、年代及位置关系分析,新村土墩为一处孙吴宗室墓地,1号墓与5号墓墓主系父子关系,分别为孙策和孙绍,后者是前者的祔葬墓[④]。同时认为2号墓墓主很可能是孙策的侧室[⑤]。

其提出的主要依据,一是墓葬发掘之初在附近采集到一块有"吴天之墩"字样的南宋墓志,暗示此土墩是埋葬"吴天子"的。孙策生在群雄逐鹿的东汉末年,是魏、蜀、吴三国创业者中最年轻的一位,成为"天子"应该是他奋勇前行的指路明灯。孙策去世时虽仅为"吴侯",在其初步统一的"江东"范围内却是最高领导者,很可能以"天子"自居。再者,1号墓甬道内的封墙较晚,可能是因为孙策去世时年仅26岁,依常理,孙策夫人与孙策年纪相仿,若无意外当晚于孙策几十年去世,因此孙策墓很可能会有一次跨时较长的合葬,这与1号墓正好吻合。

而孙绍的身份和年代与M5的"吴侯"模印砖和建兴二年铭刻砖较吻合。

据《三国志》记载,东汉末年至三国时期共出现过孙策、孙权、孙绍、孙英、孙基、孙壹6位"吴侯",其中孙策、孙权被排除,孙壹叛逃入魏,孙基被流放至会稽乌伤县,因此,5号墓的墓主应为孙绍、孙英两者之一。中国历史上使用"建兴"年号的共有6次,其中与苏州有关又涉及"吴侯"的,应是废帝孙亮的年号,由此推导可得"建兴二年"即公元253年,与孙绍的死亡时间较吻合。其次是5号墓的碎砖,张铁军推测,孙绍之子孙奉因讹传谋逆为孙皓诛杀,孙绍很可能因受儿子株连而遭毁墓,这也从侧面印证了5号墓墓主系孙绍。

---

① 王志高、马涛、龚巨平:《南京上坊孙吴大墓墓主身份的蠡测——兼论孙吴时期的宗室墓》,《东南文化》2009年第3期。
② 贺云翱:《南京江宁上坊孙吴大墓墓主试考》,《东南文化》2009年第1期。
③ 王宁邦:《孙坚高陵考——南京江宁上坊孙吴大墓墓主考》,《南京晓庄学院学报》2016年第4期。
④ 张铁军、朱晋詠:《苏州虎丘路孙吴墓及墓主身份考证》,《大众考古》2021年第12期。
⑤ 何文竞、张铁军、朱威:《江苏苏州姑苏区虎丘路新村土墩三国孙吴M2发掘报告》,《东南文化》2024年第2期。

目前对 5 号墓墓主身份仍存在较多不同认识，主要有常泽宇等的孙权舅吴景之孙吴纂说，[①] 朱超龙[②]、欧萌等的西晋说，赵俊杰等西晋吴王司马晏家族说。

除程义外，对于 1 号墓为孙策夫妇合葬墓的推论尚无其他学者提出异议。程义是在提出 5 号墓墓主孙英说之后，做出 1 号墓是孙英之父也就是孙权太子孙登与周瑜之女合葬墓的判断的[③]。

3. 宋山墓和上坊大墓墓主身份的再认识

宋山墓规模巨大，结构复杂，两道四扇大石门与高浮雕变形龙纹门把手，前堂后室开阔而高大气派，显示出非同一般的等级规制。

该墓形制延续了较典型的东汉纵向多室券顶砖室墓的特点，结合出土的钱纹罐等随葬品判断，墓葬年代属东汉末期到东吴早期，加上当涂洞阳"天子坟"的考古发现，发掘者所谓该墓为孙休定陵的判断显然站不住脚。

王宁邦关于上坊大墓为孙坚迁葬后的终葬之所[④]的推测虽然已被考古人员否定，但孙坚葬墓一则未经考古发掘证实，再则的确存在迁葬可能，而迁葬的地点可能正是马鞍山采石的宋山墓，因为无论从年代、规制还是位置环境，都找不到比孙坚更为合适的宋山墓墓主人选，且从位置布局看，位于宋山墓东南方向不远的朱然墓不排除与其为陪葬关系。

关于上坊大墓，有学者提出是孙皓为自己营建之寿莹后被挪作他用，应是较合理的推测，亦与王志高关于孙皓时期的一位宗室之王与其两位王妃合葬[⑤]的分析并无抵触。

文献关于孙权葬于南京钟山蒋陵、孙亮葬于江宁赖乡、孙皓葬洛阳北邙山诸说，虽未经科学发掘，但均基本可信。

综上，孙坚葬或改葬马鞍山采石的宋山墓、孙策葬苏州虎丘、孙权葬南京钟山蒋陵、孙亮葬江宁赖乡、孙休葬当涂洞阳定陵、孙皓葬洛阳北邙山，东吴各代帝陵的总体脉络算是基本清晰了。

---

① 常泽宇：《苏州虎丘路新村土墩 M5 "吴侯"小考》，《东南文化》2022 年第 4 期。
② 朱超龙、陈泽宇：《"晋制"及其过渡形态向长江下游地区的推行——从四座"孙吴墓"的年代谈起》，《东南文化》2023 年第 4 期。
③ 程义、陈秋歌：《苏州虎丘路三国大墓墓主身份再考》，《中原文物》2022 年第 3 期。
④ 王宁邦：《寻找"武烈皇帝"孙坚高陵》，《大众考古》2016 年第 11 期。
⑤ 王志高、马涛、龚巨平：《南京上坊孙吴大墓墓主身份的蠡测——兼论孙吴时期的宗室墓》，《东南文化》2009 年第 3 期。

北魏平城碑刻墓志与石窟造像题记的发展轨迹*

张庆捷[1,2] 朱 丽[1]

（1. 山西大同大学　2. 山西省考古研究院）

北魏是个颇具创新的朝代，单举文字为例，孕育出"魏碑体"，深受后世称道。当时文字大多遗失，特别是书写于纸帛的文字，几乎丧失殆尽。好在不乏石刻文字，使我们仍然可以目睹北魏文字原貌。平城石刻文字的发展，与其载体密不可分，载体主要有三：一是碑刻，二是墓志，三是石窟造像题记，这是现存北魏平城文字的三种主要载体。事实上尚存在其他文字，如瓦文、金铜造像铭文或漆画文字，甚至还有极少数墨书墓文或题记。由于这几种存量偏少，本文仅以上述三种石刻文字作为代表。三种石刻文字载体形制不同，功能有别，要求的体裁也不同，从形制、文字到体裁，均有不同程度的创新，具有鲜明时代特征。三种文字载体源流有异，发展不平衡，有的继承汉晋，形制体裁比较成熟，如碑刻；有的源自汉晋，形制体裁不成熟，如墓志；有的形制体裁均属于时代创新，如供养人题记。北魏是一个开放的时代，是一个民族融合的时代，自然也是文化交流的时代。下面从三种载体入手，考察其形制、体裁与文字的演变轨迹。

一、碑刻发展轨迹

北魏碑刻袭承汉晋，汉晋碑刻遗物在山西存在七八件，大同地区约三件。

第一件是，大同发现过一个利用汉代碑刻改造而成的柱础，现陈列于大同博物馆，上面竖行雕刻二寸大小的隶书"汉故扶风"，显然，该柱础是由汉代墓碑改制而来。

第二件是，在繁峙县神唐堡乡大寨村口北约 2 千米、大沙河西岸公路西侧的天然石壁上，下临河床高约 8 米。遗存一通东汉冀州常山南行唐界碑，碑身纵 129 厘米，横 72 厘米，表面阴刻隶书，内容是：

---

* 此文乃国家社科基金冷门绝学《山西北朝石刻遗存文献抢救性整理研究》项目 21VJXT004 阶段性成果；也是国家社会科学基金特别委托项目"云冈石窟多元一体中华民族交融研究"（21@ZH029）阶段性成果。

冀州常山南 /
行唐北界 /
去其廷四百八十里 /
北到卤城六十里 /

　　第三件是，大同操场城北魏二号遗址汉代灰坑出土二十余件汉代瓦当，中书"平城"二字，隶书体，字体遒劲，藏于市博物馆。

　　南朝承袭了曹操的禁碑令，《宋书》卷十五记载："汉以后天下送死奢靡，多作石室石兽碑铭等物。建安十年，魏武帝以天下雕弊，下令不得厚葬，又禁立碑。"① 晋武帝咸宁四年（278 年）再次强调禁碑："此石兽碑表，既私褒美，兴长虚伪，伤财害人，莫大于此，一禁断之，其犯者虽会赦，令皆当毁坏。"② 类似禁令在南朝颁布数次。史载："（梁天监）六年，申明葬制，凡墓不得造石人、兽碑。"③《南齐书》也载："建武中，故吏范云上表为子良立碑，事不行。"④ 但是在南方边远地区，禁碑令似乎鞭长莫及，《晋故振威将军建宁太守爨府君墓碑》和《宋故龙骧将军护镇蛮校尉宁州刺史邛都县侯爨使君之碑》便是一证。

　　与南朝相反，北方逐渐舍弃曹操的禁碑令。山西忻州市定襄县城南 15 里的系舟山脉山梁，耸立一通摩崖碑，碑额为《晋使持节监并州诸军事冠军将军关内侯胡奋德行碑并颂》，碑文间有"鲜卑息须鞬泥系□□大檀［石］［槐］之曾孙也率 / □□万四千家以先众夷屈膝内附为官奴"⑤。见证了其时鲜卑在这一带的活动。朔州也出土过一通晋碑，即《故平阳侯相扈君之碑铭》，是一件残碑，现仅存拓片⑥。

　　鲜卑延续了西晋的树碑传统，《魏书·帝纪·序纪》记载："桓帝与腾盟于汾东而还。乃使辅相卫雄、段繁于参合陂西累石为亭，树碑以记行焉。……后定襄侯卫操，树碑于大邗城，以颂功德。"⑦ 此事也见于《魏书·卫操传》，其载："桓帝崩后，操立碑于大邗城南，以颂功德。"⑧ 该碑立于晋光熙元年，"皇兴初，雍州别驾雁门段荣于大邗掘得此碑"⑨。现存鲜卑拓跋的早期碑刻，是一残缺碑块，相传出土于山

图 1　王猗卢之碑

---

① （南朝梁）沈约：《宋书》卷 15，中华书局，1974 年，第 407 页。
② （南朝梁）沈约：《宋书》卷 15，中华书局，1974 年，第 407 页。
③ （唐）魏征：《隋书》卷 8，中华书局，1973 年，第 153 页。
④ （南朝梁）萧子显：《南齐书》卷 40，中华书局，1972 年，第 701 页。
⑤ 忻州市文物管理处等：《山西定襄居士山摩崖碑为西晋胡奋重阳登高纪功碑》，《文物》2017 年第 5 期，第 85~96 页。
⑥ 杜启贵主编：《三晋石刻大全·朔州市朔城区卷》，三晋出版社，2017 年。
⑦ （北齐）魏收：《魏书》卷 1，中华书局，1974 年，第 6、7 页。
⑧ （北齐）魏收：《魏书》卷 23，中华书局，1974 年，第 599 页。
⑨ （北齐）魏收：《魏书》卷 23，中华书局，1974 年，第 602 页。

西，仅有碑额一部分，上刻"王猗卢之碑"①（图1）。而拓跋猗卢执政的时代，正是西晋。

北魏建立，定都平城，树碑之事屡见不鲜，《魏书·世祖纪下》载：太平真君四年"二月丙子，车驾至于恒山之阳，诏有司刊石勒铭"②，太平真君十一年，崔浩主持编撰的《五经注》和数十卷的《国书》，书成之后。刻于碑上，立于要冲，即《国书碑》与《五经注碑》"用功三百万乃讫"③。此外在许多重要建筑前面，也喜欢树碑，《水经注》记载，方式永固陵前"庙前镌石为碑、兽，碑石至佳"。在大同操场城北魏宫殿遗址一带，曾出土过北魏破碎碑石。

北魏平城时代存世名碑现有数通，一是太武帝太延二年（436年）《中岳嵩高灵庙碑》；二是太武帝太延三年《东巡碑》，三是太平真君四年（443年）《嘎仙洞北魏石刻祝文》，四是文成帝和平二年（461年）的《南巡碑》。

四碑分别位于河南、河北、内蒙古和山西。

《中岳嵩高灵庙碑》，现藏于河南登封市中岳庙内，石高213.1厘米，广99.5厘米。碑阳23行，行50字，可识500余字。碑阴7列，尚存600余字。

《东巡碑》位于河北易县，《水经注》有记载，1935年被发现，保存完整，发现者还对碑阳之文做了拓片，随后碑被毁失，20世纪末林鹏先生多次寻找，只找到一个残角④。

《嘎仙洞北魏石刻祝文》刻于太平真君四年（443年），是年，太武帝拓跋焘派遣中书侍郎李敞到嘎仙洞内祭祀，并在嘎仙洞西侧石壁刻下祝文。祝文通高90厘米，宽120厘米，共19行，竖行，每行12字至16字不等，全文201个字。其文云："维太平真君四年，癸未岁七月廿五日/，天子臣焘，使谒者仆射库六官、中书侍郎李敞、傅□，用骏足、一元大武、/柔毛之牲，敢昭告于/皇天之神：启辟之初，佑我皇祖，于彼土田。/历载亿年，聿来南迁。应受多福，/光宅中原。惟祖惟父，拓定四边。庆流/后胤，延及冲人，阐扬玄风，增构崇堂。克/翦凶丑，威暨四荒。幽人忘暇，稽首来王。始/闻旧墟，爰在彼方。悠悠之怀，希仰余光。王/业之兴，起自皇祖。绵绵瓜瓞，时惟多祜。/归以谢施，推以配天。子子孙孙，福禄永/延。荐于/皇皇帝天，/皇皇后土。以/皇祖先可寒配，/皇妣先可敦配。尚飨。/东侯帅使念凿。"（图2）

此事和祝文在《魏书》均有记载，意思相同，文有出入。《魏书》记载："遣中书侍郎李敞诣石室，告祭天地，以皇祖先妣配。祝曰：'天子焘谨遣敞等用骏足、一元大武敢昭告于皇天之灵。自启辟之初，佑我皇祖，于彼土田。历载亿年，聿来南迁。惟祖惟父，光宅中原。克剪凶丑，拓定四边。冲人纂业，德声弗彰。岂谓幽遐，稽首来王。具知旧庙，弗毁弗亡。悠悠之怀，希仰余光。王业之兴，起自皇祖。绵绵瓜瓞，时惟多

---

① 该碑已残，此残碑现藏傅斯年博物馆。
② （北齐）魏收：《魏书》卷4，中华书局，1974年，第95页。
③ （北齐）魏收：《魏书》卷35，中华书局，1974年，第913页。
④ 林鹏：《寻访御射碑记》，《中国书法》2002年第1期。

图 2 《嘎仙洞北魏石刻祝文》

祜。敢以丕功，配飨于天。子子孙孙，福禄永延。'"① 两文对比，《魏书》祝文缺失石刻祝文后两句，后两句中的"可寒"与"可敦"两个词很重要，透露出鲜卑拓跋部早期，首领被称为"可寒"或"可汗"，夫人被称为"可敦"。

北魏文成帝《皇帝南巡之颂》简称《南巡碑》，是当之无愧的平城第一碑，历史信息之丰富，超过诸碑。该碑原立于灵丘笔架山北，后藏于附近的觉山寺，上为半圆状螭首，中部是碑身，下为赑屃。虽已断裂，简单拼复，仍可窥见碑刻原状。就拼复的残碑观察，该碑前后都有文字，残存两千六百余字，碑阳记载南巡过程和立碑缘由，背阴记载从官姓氏官爵，价值巨大，是北魏早期真实的档案资料（图3）。毫无疑问，书丹者当是书坛巨匠，有学者推测，《南巡碑》作者可能是高允，他活了90多岁，写了多篇文章，最重要的证据是，曾写过《南巡颂》②。《南巡颂》记载，该颂完成后，也曾镌刻树碑。

图 3　北魏和平二年文成帝《皇帝南巡之颂碑》拓片

---

① （北齐）魏收：《魏书》卷180，中华书局，1974年，第2738页。
② 秦俊丽：《北魏〈南巡碑〉与〈南巡颂〉研究》，《云冈研究》2023年第2期。

除大型碑刻外，平城还出土过墓碑，如云冈博物馆藏的兴安三年（454年）《平国侯韩弩真故妻王亿变墓碑》，碑石高45厘米，宽24厘米，厚7厘米。碑身碑额为一体，圆弧形首，碑文结体为方形，点画之间，楷意甚浓（图4）。

以上数碑，形体继承汉晋，碑文格式基本延续前代，唯独文字，如《嘎仙洞北魏石刻祝文》和《平国侯韩弩真故妻王亿变墓碑》，楷书特点明显，已有魏碑体形态。

二、墓志的发展轨迹

北魏墓志的发展过程比较曲折。目前所见墓志最早的有《王礼斑妻舆墓砖》、太武帝太延元年《破多罗太夫人墓铭》，其后有石刻墓志、砖刻墓铭和写在甬道上的墓志和刻在石椁壁上的墓志等，形制各式各样，墓文体裁也不成熟。

图4 《平国侯韩弩真故妻王亿变墓碑》拓片

明确有年代记载的是太延元年《破多罗太夫人墓铭》，是书写于破多罗太夫人棺板上的墓文，全文是："□□□□元年，岁次豕韦，月建中吕，二十一日丁未，侍中主客尚书领太子少保平西大将军□□□□破多罗太夫人/□□□□□殡于［弟］［宅］［迄］于中秋八月将祔葬□□□□于滨宫易以□□□□□□慈颜之永住/□□□□□无期□□之德冥天罔极□□□□莫□□哀哉□□□□□□□□岁月云/。"发掘者考证，所缺年代是太延元年[①]（图5）。

另有北魏太平真君十一年《李法安墓记》、北魏太安元年《张金斗墓志》、北魏太安二年《吕续墓石椁题记》、北魏太安三年《尉迟定州夫人墓石椁封门刻铭》、北魏太安四年西平王《乙弗莫瑰墓砖铭》、北魏太安四年《解兴墓石椁题记》、北魏和平元年《毛德祖妻张智朗石椁铭刻》、北魏和平二年《梁拔胡墓题记》、北魏兴安三年《韩弩真妻王亿变碑》、北魏皇兴三年《邢合姜墓志》等。孝文帝之后的有北魏延兴二年（472年）的《申洪之墓铭》、延兴四年《姬辰墓志》、太和元年《贾宝墓志》、北魏太和

图5 《破多罗太夫人墓铭》

元年《宋绍祖砖铭》、太和元年《宋绍祖墓石椁题记》、太和八年《司马金龙墓表》和墓志以及北魏太和九年西平王《乙弗乾归墓砖铭》等。这些墓志或墓铭，出土地点清楚，年代清晰，按年排列，基本反映了墓志演变的过程。

---

① 刘俊喜：《山西大同沙岭北魏壁画墓》，《2005重要考古发现》，文物出版社，2006年，第115~122页。

早期墓志，从墓志形制到墓文，皆无固定格式。石刻墓志形制多为长方形，没有墓志盖，从书体说，只有志文，少见铭文。但从书法角度讲，具有了魏碑体特点。墓志内容也不完善，简单的只有亡者姓氏，再复杂的加上了时间地点，比较完整的又加上了籍贯、官爵、履历等，铭文简单，具有典型滥觞期的特点。北魏墓志初期几乎是就近取材，表现出来，就是形制多样。2021 年，大同市考古研究所在平城区智家堡村西北的建设项目用地内做考古发掘，发现一座北魏时期的浮雕彩绘、前廊后室的石椁墓，即北魏吕续墓石椁，墓主人葬于太安二年（456 年），墓文刻于石椁前廊石柱之上，全文如下："惟大代太安二年岁次丙申正月丁亥朔廿三日己酉故陵江将军扶风太守槐里男雍州扶风郡槐里县民吕续石屋一区。"[1]（图 6）清楚提供了墓主人的籍贯、官职及下葬时间，甚至说明葬具是"石屋一区"。

2009 年冬，在大同市阳高县王官屯镇电建工地发掘了尉迟定州夫人墓，出土一个石堂，墓文刻于石堂封门外，共 6 行，每行至多 21 字，共 97 字。记载了墓砖买卖的时间和砖的数量、价格、买卖双方和保人姓名等，类似一个买卖契约。"太岁在丁酉，二月辛巳朔，十六日丙申 / 步胡豆和民莫堤尉迟定州，以官绢六匹从六臣常买 / 得初文侯莫陈染干买砖八千枚，即日毕了。砖保无 / 识忍寒盗，若有识忍呵责，仰买得葬自至地下七春 / 洛书断了，券破之后，若不丕休 / 时人张坚固、李定度知。"[2]（图 7）

2013 年，大同御东发现太安四年解兴墓，后被大同北朝艺术博物馆收藏，墓文

图 6 《吕续墓铭》　　　　　图 7 《尉迟定州购砖石刻》

---

[1] 韦正：《大同北魏吕续墓石椁壁画的意义——在汉晋北朝墓葬壁画变迁的视野下》，《美术大观》2022 年第 4 期。
[2] 大同市考古研究所：《山西大同阳高北魏尉迟定州墓发掘简报》，《文物》2011 年第 12 期。

墨书于石椁门楣，这段文字乃先写后刻又用墨描的。文字仅50余字。释读为："唯大【代】太安四年，岁次戊戌，四月甲戌朔六日己卯。解兴，雁门人也。夫妻王（亡），造石堂（室）一区之神柩（祠），故祭之。"①（图8）

图8 《解兴墓石椁墓铭》

2011年，大同御东市公安局建设工地发现了张智朗墓，出土一个前廊后室的石椁，上有墓文，雕刻于石椁前右壁。墓铭载："惟大代和平元年，岁在庚子七月辛酉朔，乙酉日。故使持节、散骑常侍、镇远将军、汝南庄公、荥阳郡阳武县安平乡禅里里毛德祖妻太原郡榆次县张智朗，年六十八，遘疾终没。夫刊石立铭，书记名德，垂之不朽。欲使爵位荣于当年，美声播于来叶。"②（图9）

图9 《张智朗石椁墓铭》

2008年5月，为配合基本建设，山西省考古研究所、大同市考古研究所联合对大同市南郊仝家湾村南的10座北魏墓葬进行了抢救性发掘，其中M9是唯一保存纪年文字和壁画的墓葬。在该墓甬道壁上，居然保存着朱砂写的墓文《梁拔胡墓铭》"大代和

---

① 张庆捷：《北魏石堂棺床与附属壁画文字》，《两个世界的徘徊——中古时期丧葬观念风俗与礼仪制度学术研讨会论文集》，科学出版社，2016年。
② 持志、刘俊喜：《北魏毛德祖妻张智朗石椁铭刻》，《中国书法》2014年第7期。

平二年岁在辛□／三（五）月丁巳朔十五日辛未／□□（散）骑常侍选部□□／安乐子梁拔胡之墓"①（图10）。

这时期的墓砖铭较多，如藏于大同北朝艺术博物馆的《乙弗莫瑰墓砖铭》所载："侍中、征东大将军、启（开）府仪同三司、驸马都尉、羽真、西平王乙弗莫瓌砖。代大太安四年四月二十一日，岁在戊戌造。"该墓的墓砖铭分三种，根据其他两种墓砖铭，可知文中的"代大"当为"大代"②（图11）。

又如《陈永夫妇墓铭》，1995年大同阳高县东35千米的马家皂乡强家营村出土，藏阳高县文管所，砖质，有盖，高29、宽14.5、厚6厘米。铭文4行，足行13字，凡45字。"维大代延兴六年，岁次丙辰六月／己未朔七日乙丑，元雍州河北郡／安戎县民，尚书令史陈永并命妇／刘夫人之铭记。"③（图12）

图10 《梁拔胡墓铭》

图11 《乙弗莫瑰墓砖铭》

2000年，在雁北师院发现多座北魏墓葬，这是大同地区继司马金龙墓之后发现的北魏又一座重要墓葬。墓内共出土两段铭记文字，分见两处，一段是石椁顶板题记，另

---

① 山西省考古研究所：《山西大同南郊仝家湾北魏墓（M7、M9）发掘简报》，《文物》2015年第12期。
② 张庆捷：《北魏乙弗莫瓌父子墓砖铭跋》，《宿白纪念文集》，文物出版社，2022年，第236~246页。
③ 殷宪：《北魏平城书法综述》，《东方艺术》2006年第12期。

一段是墓砖铭，即太和元年《宋绍祖墓砖铭》，内容是"大代太和元年，岁次丁巳，幽州刺史敦煌公敦煌郡宋绍祖之柩"[①]（图13）。

图12 《陈永夫妇墓铭》　　图13 《宋绍祖墓砖铭》

2017年5~6月，为配合基本建设，大同市考古研究所对大同市御东新区恒源路东侧、南环东路以南的一处北魏墓群做了抢救性发掘。其中一座墓（编号M13）出土墓志，见于墓室，石质带座、上为平顶圭形，墓铭为一块整石打磨而成，黄白色砂岩质，宽26.4、高36、厚8厘米，底座长32.8、高8.8、厚13厘米。铭文共5行，前三行每行8字，第四行7字，最后一行1字，凡32字。铭文如下："唯大代太和元年，岁次丁巳，十月辛亥朔，十日庚申，凉州武威郡姑藏县民贾宝铭。"[②]（图14）

通过以上例子，可以得到如下认识：该时期墓文可写于棺木、墙壁表面，也可镌刻于石柱或砖石之上；即使砖石墓志，形制也是各式各样，墓文或长或短，没有统一格式。反映出北魏丧葬礼仪比较滞后，墓志从形制到文字格式尚未定型。

文成帝至孝文帝迁都洛阳前，特别是孝文帝时期，平城的墓志发生变化，表现为石质墓志逐渐增多，内容也逐渐丰富。代表有孝文帝延兴二年（472年）《申洪之墓铭》、延兴四年（474年）《姬辰墓铭》、太和元年《贾宝

图14 《贾宝墓志》

---

① 张庆捷、刘俊喜：《北魏宋绍祖墓两处铭记析》，《文物》2001年第7期。
② 大同市考古研究所：《山西大同北魏贾宝墓发掘简报》，《文物》2021年第6期。

墓铭》、太和八年（484年）《司马金龙墓表》、太和八年（484年）《司马金龙墓铭》等。墓表犹墓碑，或在地上，或在墓道；墓铭即墓志铭，是新的墓志形式。因此说，文成之后至孝文迁都，新出现的较高档次的墓铭正是转化期的特有现象。

代表如1965年在大同市石家寨村司马金龙墓出土的《姬辰墓铭》和《司马金龙墓表》，前者高30.5、宽28、厚6厘米。刻文两面相连，正面八行，背面四行："唯大代延兴四年岁在甲寅十一月戊辰朔二十七日甲午，汉内温县倍乡孝敬里人使持节侍中镇西大将军启府仪同三司都督梁益充豫诸军事领护南蛮校尉扬州刺史羽真琅琊贞王，故司马楚之嗣子，使持节侍中镇西大将军朔州刺史羽真琅琊王金龙妻，侍中太尉陇西王直懃贺豆跋女，乞伏文照王外孙女，钦文姬辰之铭。"①（图15）

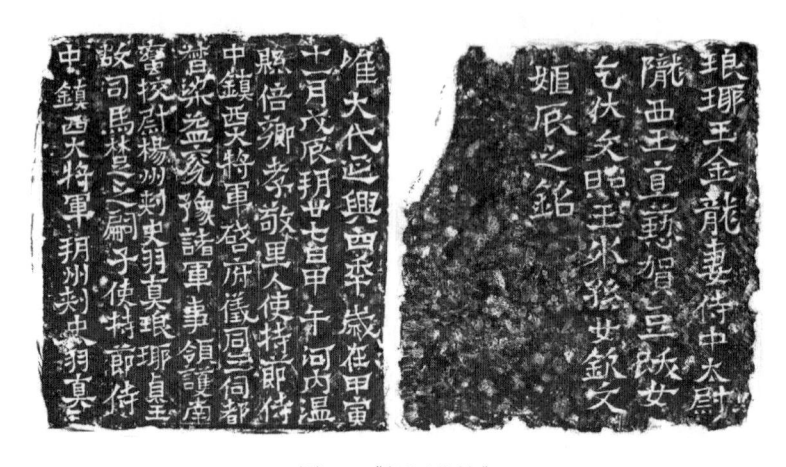

图15 《姬辰墓铭》

《司马金龙墓表》，高0.49、宽0.45米，楷书十行，每行七字。系魏孝文帝太和八年（484年）十一月随葬，碑石字迹完好，出自一人之手笔，书刻俱精。用笔以方笔直势为主，兼以圆笔曲势，字体势刚健。内容为："维大代太和八年，岁在甲子十一月庚午朔，十六日乙酉，代故河内郡温县肥乡孝敬里、使持节侍中、镇西大将军、吏部尚书、羽真、司空、冀州刺史、琅琊康王司马金龙之铭。"（图16）

迁都洛阳后，成熟的墓志在洛阳正式出现，形制上，以正方形为主，还出现志盖；内容与格式讲，内容成熟，格式基本固定，有志有铭，志为散文体，主要书写墓主姓氏、身份、家世、死亡时间、埋葬地点及事迹等。铭为韵文，主要为评悼赞颂之语。

然而在平城，即使该时期的墓志仍然有转化期的特点，如宣武帝正始元年（504年）的《封和突墓志》。1980年在大同城西8千米的小站村附近出土。墓志铭为碑形，高42、宽32厘米。楷书12行，每行12字，共141字。棋子格方2.7～2.9厘米。现存大同市博物馆。录文如下："屯骑校尉、建威将军、洛州刺史、昌国子封使君墓志铭。屯骑校

---

① 山西省大同市博物馆、山西省文物工作委员会：《山西大同石家寨北魏司马金龙墓》，《文物》1972年第3期。

尉、领都牧令昌国子，公姓封，字和突，恒州代郡平城人也。昊天不吊，春秋六十有四，以景明二年春正月薨于官。帝用震悼，遣使即枢，赠州刺史，蜜印绶，礼也。以正史元年夏四月卜兆于武周界。刊石勤颂，式述声芳。其辞曰：少深崎巍，长勖宽明。内尽孝思，外竭忠诚。在高无危，处满不盈。镌摸玄石，庶挥风清。"①（图17）

图16 《司马金龙墓表》

图17 《封和突墓志》

又如《元淑墓志》，发现于1982年4月，在大同市城东十余里白登山下的东王庄村出土。此志刻于北魏宣武帝永平元年（508年），碑高74厘米（加额），宽42厘米。碑额为"魏元公之墓志"六个篆书，风格与司马金龙墓表篆额相近，但书法略逊一等。墓志正文为楷书，竖24行，每行27字，凡511字。志文记述了墓主人元淑及其妻吕氏的身世和功德。元淑生于太武帝太平真君八年（447年），宣武帝正始四年（507年）卒于平城镇将任上②（图18）。

墓志是平城石刻文字数量最多的载体，前后时间长，人物和民族复杂，纵观墓志不足百年的发展轨迹，可以看出，前半段墓文书写比较杂乱，明显特征是材质杂乱，砖、石、椁、棺和墙壁都是墓文载体，没有固定形制。后半段材质发生变化，主要

图18 《元淑墓志》

---

① 大同市博物馆 马玉基：《大同市小站村花圪塔台北魏墓清理简报》，《文物》1983年第8期。
② 大同市博物馆：《大同东郊北魏元淑墓》，《文物》1989年第8期。

材质是石和砖，形制转向整齐，体现在数量变化方面，出现一批形制内容俱佳的墓志，特别是孝文帝时期，较规范的墓志数量明显见长，前后段的分界线不是很清晰，但客观存在，如果要分段的话，大约在文成帝与孝文帝之间。

总之，北魏平城时期，墓志的发展变化，既是多民族融合的成果，也是北魏政权开放和推行汉化政策的结晶，同时，为墓志在北魏洛阳时期定型成熟奠定了基础。

三、石窟造像题记的发展轨迹

造像题记也称发愿文，附属造像，记载了造像缘由、愿望、造像人的姓名、官职等。这是一种融合了佛教教义和儒学精神的新叙事文体，既弘扬了佛教的理论，又贯穿着儒家的忠孝思想，十六国时期已经出现，炳灵寺169号窟就有西秦"建弘元年岁在玄枵三月廿四日造"题记，可惜文字剥落漫漶，全文意思无法识读。云冈石窟早期石窟没见题记，最早的题记见于第二期石窟，即云冈第11窟太和七年（483年）《邑义信士女等五十四人造像记》（图19），共341字，内容较多，字迹清晰。记述了平城佛教徒开龛造像的情况和愿望，对研究北魏平城佛事活动乃至北方佛教传播有着重要价值。

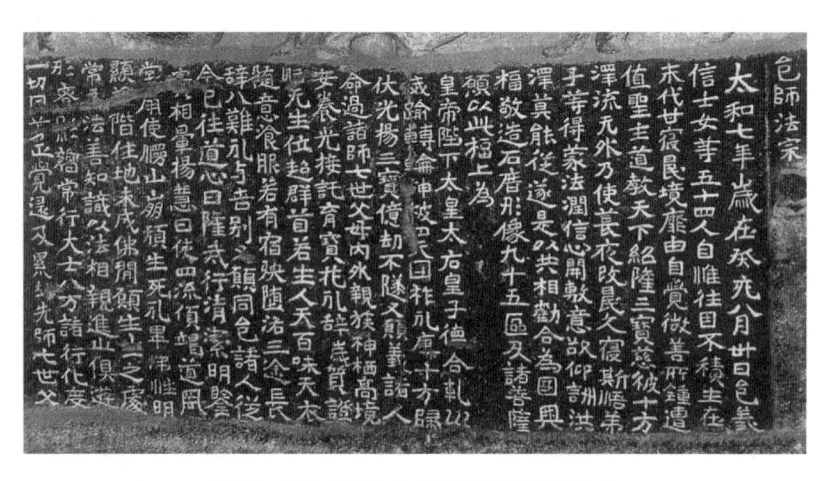

图19 《邑义信士女等五十四人造像记》

随着云冈模式的流传，石窟造像题记这种文体逐渐流行，题记内容或长或短，如《云冈太和十三年题记》，"大代太和十三年，岁在己巳，九月壬寅朔，十九日庚申，比丘尼惠定身遇重患，发愿造释加、多宝、弥勒像三区。愿患消除，愿现世安稳，戒行猛利，道心日增，誓不退转。以此造像功德，逮及七世父母、累劫诸师、无边众生，咸同斯庆"（图20）。这条题记印证了太和七年题记，透露出太和年间，云冈石窟的开凿，业已由皇家独家出资开凿，转为社会各界均可以出资参加。对考察云冈石窟营建史来讲，不能不注意到这种变化。

另有《太和十九年妻周氏为亡夫造像记》《为吴天恩造像记》《候后云造像记》《清信女造释迦像记》《大茹茹可敦造像题记》，也是这种格式。

图 20 《云冈太和十三年题记》

造塔题记和造像题记基本相同,其实是造像记的翻版,均是记述出资者的信仰和营造之事,北魏平城时期,留有数条造塔题记,如《曹天度造九层塔题记》和《神䴥四年造塔记》。代表是献文帝天安元年的（466年）《曹天度造九层塔题记》,凡19行,满行8字,尚存115字。塔身在台北,塔刹存朔州崇福寺。内容是:"夫至宗凝寂,弘之由人。圣不自运,畅由表感。是以仰慕者愿莫不如,功务者因莫不果。乃感竭家珍,造兹石塔。饬（饰）仪丽晖,以□（释或解）永或。愿圣主契齐乾坤。运表皇太后、皇太子□□/无穷。群僚百辟,存亡宗（族?）。延沉楚炭,有形未亥。菩提是获。天安元年,岁次鹑火侣登蕤宾五日,□□内小曹天度,为亡□颖宁亡息玄明于平城造。"（图21）

图 21 《曹天度造九层塔题记》

造像题记逐渐成为一种特殊文体,发展到东西魏和北齐、北周,某些造像碑"记事"功能得到拓展,有记载生产活动的,有记载军事活动的,还有记载社会活动的,多数内容史书无载。造像记中的地名、人名和官职名称也很重要,对于考证史实很有帮助。

四、结　　语

以上资料真实反映出碑刻、墓志和石窟造像题记在平城存在和发展的轨迹，在此基础上来归纳，我们得到几点认识：

1）碑刻、墓志和各种造像题记、造塔题记等，都是文字的载体。通过以上对平城碑刻、墓志和各种题记发展过程的考察，可以发现，数种形式的文字载体，其发展是不平衡的，其中，碑刻基本延承了晋代，比如说文成帝《南巡碑》，相对前代与南朝来讲，并不滞后，其形制、文体均比较完善。之所以如此，可能与政府重视碑刻有关，曾多次树碑，歌功颂德；就墓志发展轨迹看，发展比较缓慢，表现为墓志没有形成固定形制、文体也比较简单；造像题记延续了十六国的遗风，演变为包含佛儒精神的新文体。造像题记也包括了造塔题记，发展较为充分，甚至走在各地前列。

2）碑志文字和题记是当时的第一手资料，也是真实的历史档案，记录了北魏前期的许多重大历史事件和多方面情况，具体如《南巡碑》《破多罗太夫人墓铭》《尉迟定州夫人墓石椁封门刻铭》和《乙弗莫瑰砖铭》《杨众庆墓砖铭》《建康长公主大沮渠树骂墓志》等，反映了各民族的交往、交流和交融，以及中华民族共同体的发展；云冈石窟30余处供养人题记，反映了佛教东传和传播；《南巡碑》所见职官见证了北魏社会变革发展的复杂过程；《宋绍祖砖铭》《贾宝墓志》《吕续墓铭》折射了丝绸之路人员往来与文化交流；《毛德祖妻张智朗石椁铭刻》和《司马金龙墓表》则蕴含了北朝与南朝来往的内容，这些都有重要的历史研究价值。至于填补史书记载空白的内容，可以说比比皆是。

3）北魏平城各种文字载体孕育了魏碑体的产生。它是伴随着北魏平城碑刻、墓志和石窟造像题记的发展而形成的一种新书体，它的出现是北魏多元文化交流交融创新的结晶。它处于汉隶唐楷之间，气势雄浑、隶楷兼顾，方正厚重，称平城为"魏碑故里"是恰如其分。

魏碑体的产生过程，就平城讲，大致可分两个阶段，文成帝之前为一个阶段，文成帝至孝文帝迁都洛阳为第二阶段，前一阶段是形成阶段，特点是隶楷杂糅，隶意尚浓；后一阶段是魏碑体的走向成熟阶段，方笔特征成熟，楷意明显，《司马金龙墓表》即可为证。

此文为国家社科基金冷门绝学《山西北朝石刻遗存文献抢救性整理研究》项目（21VJXT004）阶段性成果。

谒帝承明庐

杭 侃

（北京大学考古文博学院）

北魏洛阳城内有一座永宁寺，北魏平城城内也有一座永宁寺。洛阳永宁寺是平城永宁寺的赓续。

平城的永宁寺建造于北魏献文帝时期，献文帝是孝文帝的父亲。献文帝生于兴光元年（454年），和平六年（465年）继承皇位的时候只有十二岁，主少国疑中，文成帝的皇后冯氏密定大策，诛杀了权臣乙浑，临朝听政，而这个时候的冯皇后也只有二十四岁。两年之后，也就是天安二年（467年），孝文帝出生，并在皇兴三年（469年）被立为太子。按照北魏子贵母死的制度，孝文帝被立为太子之后，自己的亲生母亲李氏被赐死，冯太后归政于献文帝，对孝文帝躬自抚育，"迄后之崩，高祖不知所生"[1]。

冯太后对孝文帝要求极严。《魏书·高祖纪》中记载冯太后曾经于隆冬将孝文帝"单衣闭室，绝食三朝"[2]；孝文帝对冯太后事之甚谨，"自太后临朝专政，高祖雅性孝谨，不欲参决，事无巨细，一禀于太后。太后多智略，猜忍，能行大事，生杀赏罚，决之俄顷，多有不关高祖者。是以威福兼作，震动内外"[3]。冯太后去世之后，"高祖酌饮不入口五日，毁慕过礼"[4]。但是，孝文帝和冯太后之间的关系，史书的记述有曲笔。对于孝文帝，冯太后并非待之如一，"宦者先有谮帝于太后，太后大怒，杖帝数十。帝默然而受，不自申明"[5]。而上文提到的冯太后将孝文帝"单衣闭室，绝食三朝"之事，事出有因，文献中的记载是："帝幼有至性，年四岁，显祖曾患痈，帝亲自吮脓。五岁受禅，悲泣不能自胜。显祖问帝，帝曰：'代亲之感，内切于心。'显祖甚叹异之。文明太后以帝聪圣，后或不利于冯氏，将谋废帝。乃于寒月，单衣闭室，绝食三朝。召咸阳王禧，将立之。元丕、穆泰、李冲固谏，乃止。"[6]说明冯太后对于孝文帝曾经有废黜之议。不过，乾隆就直言不讳地指出史书中对孝文帝幼年行为记载的荒谬之处。《评鉴阐要》云："宏是时方五岁，史称前年吮痈，当是三四岁事，即悲泣对问，亦非五岁儿所

---

[1] （北齐）魏收：《魏书·皇后列传》，中华书局，1974年，第330页。下引此书，版本皆同。
[2] 《魏书·高祖纪下》，第186页。
[3] 《魏书·皇后列传》，第329页。
[4] 《魏书·皇后列传》，第330页。
[5] 《魏书·高祖纪下》，第186页。
[6] 《魏书·高祖纪下》，第186页。

能办，不问可知其伪。"① 乾隆认为"孝文忘父仇而尽孝祖母，且非本生祖母也，是其所为不无好名之意"②。

献文帝十二岁即位，但五年之后，即皇兴五年（471年），他就想将皇位禅让叔父京兆王拓跋子推，遭到群臣极力反对。后传位给年仅五岁的太子拓跋宏，自称太上皇帝，迁居崇光宫，文献中称他"帝雅薄时务，常有遗世之心"③，但又记载他即使当了太上皇，也仍掌军国大政，并于延兴二年（472年），亲率诸将在阴山以北大破柔然。所以，所谓的"雅薄时务"只是一个借口。李延寿的《北史》称献文帝"聪睿夙成，兼资雄断"④。孝文帝被立为太子后，冯太后曾归政于献文帝，年轻气盛的献文帝显然没有能够处理好与冯太后的关系，"太后行不正，内宠李弈。显祖（献文帝）因事诛之，太后不得意。显祖暴崩，时言太后为之也"⑤。承明元年（476年），献文帝突然死于永安殿，年仅二十三岁，庙号显祖，安葬于金陵。这一年孝文帝刚满十岁，冯太后再次以太皇太后的名义临朝称制。承明元年为公元476年，这一年其实也是北魏延兴六年，是年六月，改元为承明元年。次年又改元为太和元年，所以承明年号仅仅使用了六个月。

平城永宁寺建造的那一年是天安二年（467年），这一年献文帝"尽有淮北之地。其岁，高祖诞载"⑥。可谓是好事连连，《魏书·释老志》记载"于时起永宁寺，构七级佛图，高三百余尺，基架博敞，为天下第一"⑦。所以，平城永宁寺的建造，与庆祝孝文帝诞生有关，舐犊情深，事在情理之中。所以，天安年号对于孝文帝来说，有着特殊的意义，同样，承明年号对于孝文帝来说，也有着特殊的意义。"承明元年八月，高祖于永宁寺，设大法供，度良家男女为僧尼者百有余人，帝为剃发，施以僧服，令修道戒，资福于显祖。"⑧ 正是因为平城永宁寺是献文帝为庆祝孝文帝的诞生而建造，献文帝去世之后，孝文帝频繁在永宁寺设大法供，为他的父亲举办资福法会。继承明元年八月的大法供之后，"太和元年二月，幸永宁寺设斋，赦死罪囚。三月，又幸永宁寺设会，行道听讲，命中、秘二省与僧徒讨论佛义，施僧衣服、宝器有差"⑨。

这三次连续在永宁寺举办的法事活动，都是出于慎终追远，为显祖资福的目的。所以"承明"年号，对于孝文帝来说是一个抹不去的记忆。

太和十四年（490年），孝文帝正式亲政。"太和十七年，高祖迁都洛阳，诏司空公

---

① （清）高宗弘历撰，（清）刘统勋编，《评鉴阐要》卷四《南北朝》，《四库全书提要著录丛书》史部第267册，北京出版社，2010年，第482页。下引此书，版本皆同。
② 《评鉴阐要》卷4《南北朝》，第484页。
③ 《魏书·显祖纪》，第131页。
④ （唐）李延寿《北史·魏本纪第二》，中华书局，1974年，第78页。
⑤ 《魏书·皇后列传》，第328页。
⑥ 《魏书·释老志》，第3037页。
⑦ 《魏书·释老志》，第3037页。
⑧ 《魏书·释老志》，第3039页。
⑨ 《魏书·释老志》，第3039页。

穆亮营造宫室。洛阳城门依魏晋旧名。"①《洛阳伽蓝记》对于北魏洛阳城城门的记载，并不完全正确，北魏洛阳城依汉晋洛阳城改扩建而成，其中外城城门应该是"多依魏晋旧名"，而不是"依魏晋旧名"，另外还有新建，其中包括西城墙最北的承明门。西城墙上有四座城门，"南头第一门，曰西明门。汉曰广阳门，魏晋因而不改，高祖改为西明门。次北曰西阳门。汉曰雍门，魏晋曰西明门，高祖改为西阳门。次北曰阊阖门。汉曰上西门。上有铜璇玑玉衡，以齐七政。魏晋曰阊阖门，高祖因而不改。次北曰承明门。承明者，高祖所立，当金墉城前东西大道。迁京之始，宫阙未就，高祖住在金墉城。城西有王南寺，高祖数诣寺（与）沙门论义，故通此门，而未有名，世人谓之'新门'，时王公卿士常迎驾于新门。高祖谓御史中尉李彪曰：'曹植诗云："谒帝承明庐。"此门宜以"承明"为称。'遂名之"②。

从这段记载可以知道，承明门为北魏新辟的城门，故曰"新门"，此门之设是因为孝文帝迁都伊始，魏晋旧城百废待兴，孝文帝暂住在西北部地势较高、防卫森严的金墉城。为方便孝文帝与城西的王南寺僧人交往，特辟新门。并说明了此门名称来自曹植的诗句"谒帝承明庐"。

承明庐是承明门内之庐，"《魏志·文帝纪》裴注：'案诸书记，是时帝居北宫，以建始殿朝群臣，门曰承明。陈思王植诗曰谒帝承明庐是也。'《文选》应璩《百一诗》李注：'陆机《洛阳记》：承明门，后宫出入之门。吾常怪谒帝承明庐，问张（华）公。张公言：魏明帝作建始殿，朝会皆由承明门，然直庐在承明门侧。'案《说苑·修文篇》：'天子左右之路寝，谓之承明何也？曰：承乎明堂之后者也。'是承明指天子所居，寝息之所。曹植与兄弟盖以骨肉之亲，得接见于宫内"③。也就是说，曹魏洛阳城的宫城就有一座城门叫承明门，孝文帝时只是将"承明"用于外城的西城墙上最北一门。

北魏承明门通往城内的道路曾经经过钻探，《汉魏洛阳城道路遗址的考古发现与研究》称"第四条横道由北魏承明门起向东行，通过宫城北侧后路土中断，路土宽17~22米，残长约1410米"④。据钱国祥《北魏洛阳宫城的空间格局复原研究》，北魏时宫城的承明门在宫城西墙，西墙上有4座宫门，"基本为等距设置。南段有3座宫门，分别是西掖门、神虎门、千秋门，均是沿用曹魏门名与位置；北段有1座，缺口宽约7米，北魏门名不详，推测是曹魏以建始殿为朝会大殿的宫门承明门（图1、图2）。南起第一座宫门西掖门，位于宫城西南角北侧120~150米处，《水经注》称'通门掖门西'，应是指该西掖门与东掖门直通，其道路分别从止车门和尚书省之前横穿。西墙第二座宫门神虎门，南距西掖门280~320米，正处在宫城中枢太极殿宫院西侧的宫墙中段，也

---

① （北魏）杨衒之撰，周祖谟校释：《洛阳伽蓝记校释》，中华书局，2013年，序第23、24页。下引此书，版本皆同。
② 《洛阳伽蓝记校释》，序第26~28页。
③ （三国魏）曹植著，赵幼文校注：《曹植集校注》，中华书局，2016年，第438页。下引此书，版本皆同。
④ 张辉：《汉魏洛阳城道路遗址的考古发现与研究》，《文物鉴定与鉴赏》2019年第20期。

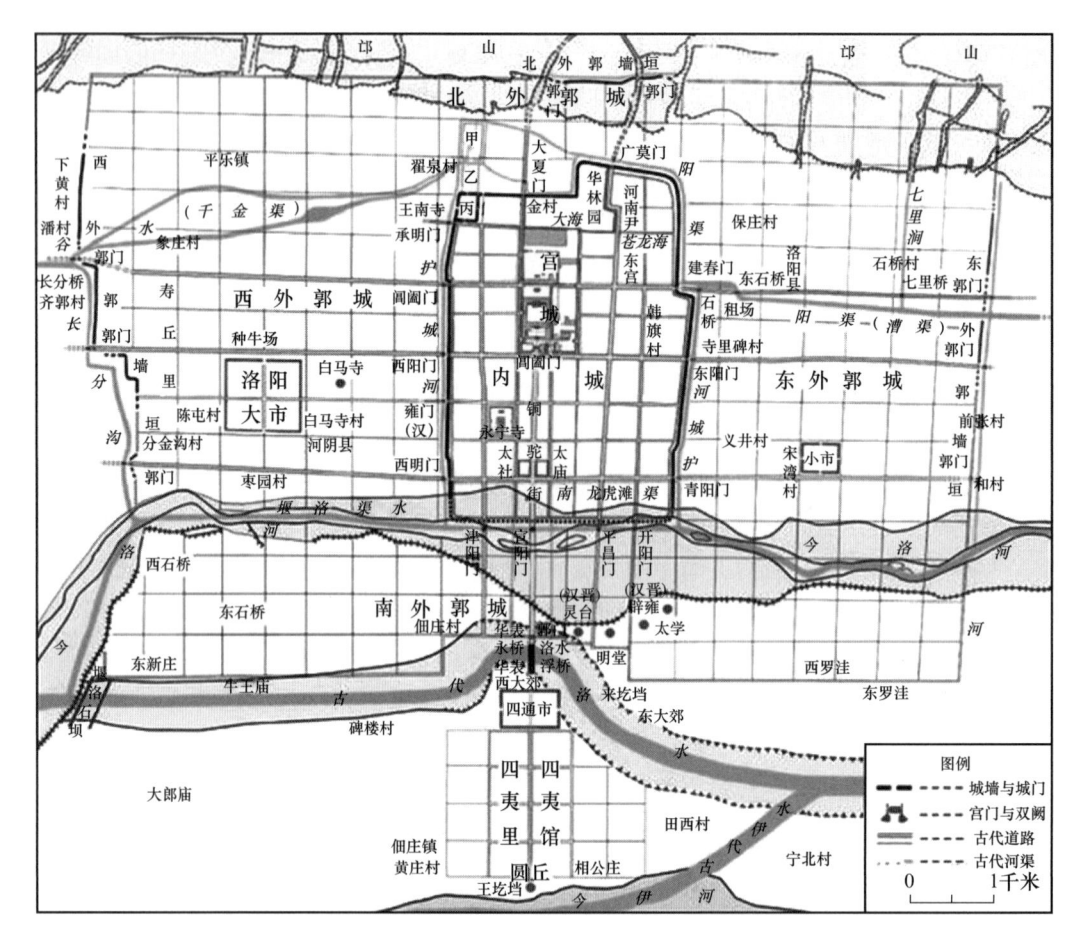

图 1　北魏洛阳外郭城坊市格局推测复原图
（据钱国祥:《北魏洛阳外郭城的空间格局复原研究——北魏洛阳城遗址复原研究之二》，
《华夏考古》2019 年第 6 期，第 74 页）

是该宫院的西门。西墙第三座宫门千秋门，南距神虎门 280~320 米，文献记载为右宫门，西接内城阊阖门内御道，距内城阊阖门二里，御道进入宫中后与永巷相接，永巷北侧即后宫西游园。西墙第四座宫门在后宫西游园的西北，即魏晋时北宫的承明门，南距千秋门 320 米，北距华林园西门约 290 米"[1]。

如前所述，"承明"对于孝文帝来说具有特殊的意义，但此门的命名，却并非来自承明之年号，而是来自曹植的诗句。曹植诗句出自组诗《赠白马王彪》，其一为："谒帝承明庐，逝将归旧疆。清晨发皇邑，日夕过首阳。伊洛广且深，欲济川无梁。泛舟越洪涛，怨彼东路长。顾瞻恋城阙，引领情内伤。"[2]组诗的前面还有一段序，交代

---

[1] 钱国祥，《北魏洛阳宫城的空间格局复原研究——北魏洛阳城遗址复原研究之三》，《华夏考古》2020 年第 5 期。
[2] 《曹植集校注》，第 437 页。

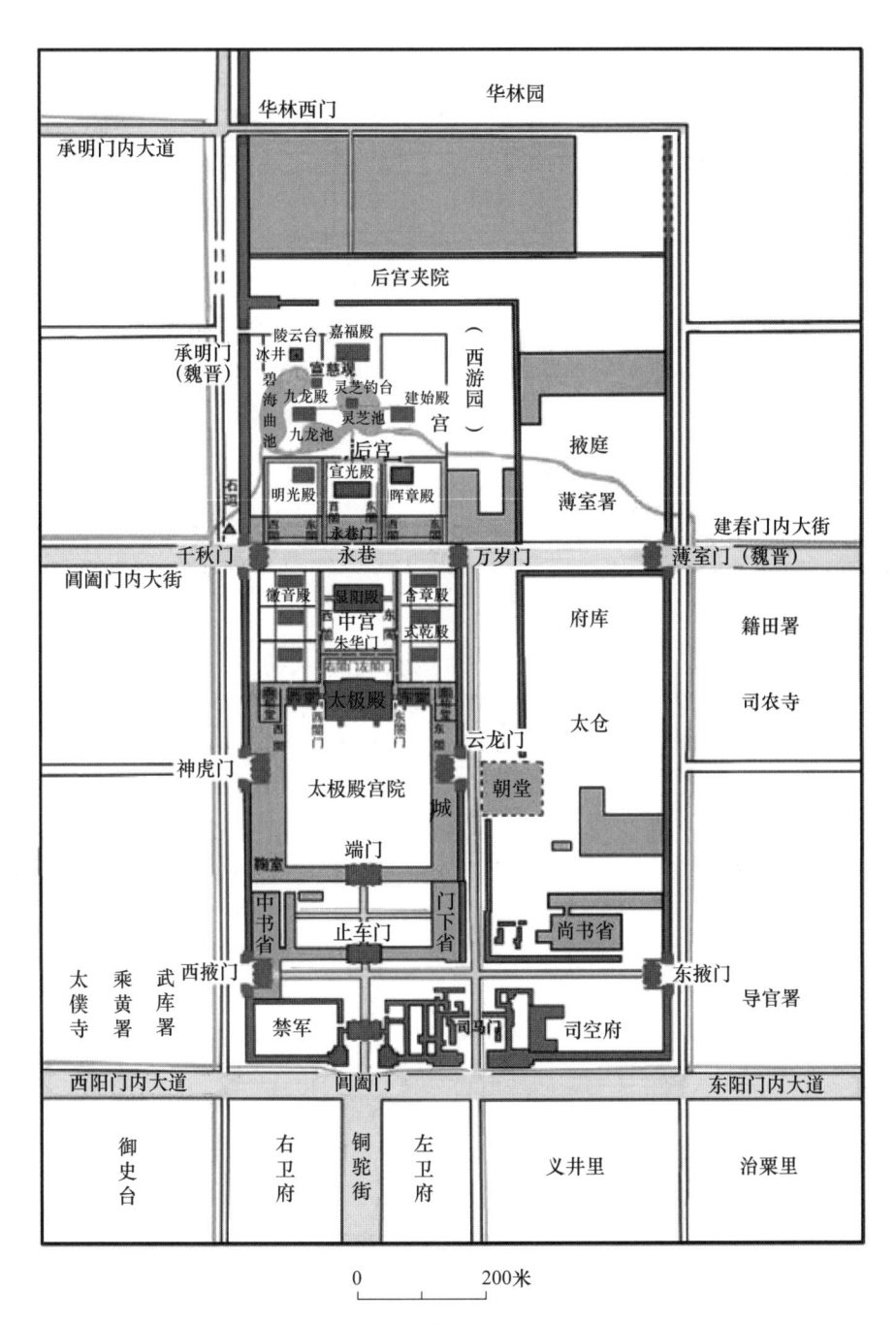

图 2 北魏洛阳宫城复原示意图
（据钱国祥：《北魏洛阳宫城的空间格局复原研究——北魏洛阳城遗址复原研究之三》，《华夏考古》2020 年第 5 期，第 88 页）

了创作的背景："黄初四年五月，白马王、任城王与余俱朝京师，会节气。到洛阳，任城王薨。至七月，与白马王还国。后有司以二王归藩，道路宜异宿止。意毒恨之！盖以大别在数日，是用自剖，与王辞焉，愤而成篇。"①根据诗和序，可知此诗作于黄初四年（223年）。据《三国志·魏书·陈思王植传》："（黄初）四年，（植）徙封雍丘王，其年，朝京都。"②裴松之注引《魏氏春秋》："是时待遇诸国法峻。任城王暴薨，诸王既怀友于之痛，植及白马王彪还国，欲同路东归，以叙隔阔之思，而监国使者不听。植发愤告离而作诗。"③白马王曹彪是曹植的异母弟，任城王曹彰是曹植的同母兄。魏有诸侯藩王朝节的制度，每年立春、立夏、立秋、立冬四个节气之前，各藩王都会聚京师参加迎气之礼，并举行朝会。据《世说新语·尤悔》记载，任城王是被曹丕毒死的。

如果我们延续曹植的诗意做引申，则可推测孝文帝用曹植诗句命名新门，自有深意。"清晨发皇邑，日夕过首阳""顾瞻恋城阙，引领情内伤。"平城一别，其实有无尽的感伤。北魏洛阳城采用封闭式的里坊制进行管理。《洛阳伽蓝记》卷五记载："京师东西二十里，南北十五里……庙社宫室府曹以外，方三百步为一里，里开四门，门置里正二人、吏四人、门士八人，合有二百二十里。"④宣武帝时洛阳城里坊的命名是由当时的大儒刘芳和常景负责。《洛阳伽蓝记·永宁寺》记：正始（504—508年）初，常景"又共（刘）芳造洛阳宫殿门阁之名，经途邑里之号"⑤。据张金龙《北魏洛阳里坊制度探微》的研究，通过考察已知的北朝墓志，结合有关文献记载，洛阳里坊名称已知有92个，这些里坊以选取反映儒家文化所倡导的道德准则及其褒义词作为命名的基本原则⑥，但承明门的命名，却来自充满哀伤和悲怨的曹植诗句，和洛阳城"宫殿门阁之名，经途邑里之号"的命名原则不符，孝文帝的感伤从何而来？

孝文帝终生生活在冯太后的影响之中，他在诏书中曾经说"朕以虚寡，幼纂宝历，仰恃慈明，缉宁四海"⑦。幼时的孝文帝由冯太后亲自抚育，"迄后之崩，高祖不知所生"。这种非正常的关系不知道孝文帝是什么时候知道的，我们只知道孝文帝家庭中和冯太后密切相关的孝文帝的两任皇后（均为太师冯熙的女儿）、太子的结局都很悲惨。"文明太皇太后欲家世贵宠，乃简熙二女俱入掖庭。"⑧孝文帝的废皇后冯氏，"太师熙之女也。太和十七年，高祖既终丧，太尉元丕等表以长秋未建，六宫无主，请正内位。高祖从之，立后为皇后"⑨。但是，孝文帝念念不忘的是废皇后的妹妹幽皇后冯润，冯润"有姿媚，偏见爱幸。未几疾病，文明太后乃遣还家为尼。高祖犹留念焉。岁余而太后崩。高祖服终，颇存访之，又闻后素疹痊除，遣阉官双三念玺书劳问，遂迎赴洛阳。及至，宠

---

① 《曹植集校注》，第437页。
② （晋）陈寿撰，（宋）裴松之注：《三国志·魏书·陈思王植传》，中华书局，1982年，第562页。下引此书，版本皆同。
③ 《三国志·魏书·陈思王植传》，第564、565页。
④ 《洛阳伽蓝记校释》，正文第203页。
⑤ 《洛阳伽蓝记校释》，正文第9页。
⑥ 张金龙：《北魏洛阳里坊制度探微》，《历史研究》1999年第6期。
⑦ 《魏书·皇后列传》，第328页。
⑧ 《魏书·皇后列传》，第333页。
⑨ 《魏书·皇后列传》，第332页。

爱过初，专寝当夕，宫人稀复进见。拜为左昭仪，后立为皇后"[1]。而先前立为皇后的废皇后，在冯润重新进入宫廷之后，"礼爱渐衰"[2]，最终被废为庶人，"后贞谨有德操，遂为练行尼。后终于瑶光佛寺"[3]。但是，孝文帝的家庭悲剧并没有到此结束，高祖频岁南征，冯润"遂与中官高菩萨私乱。及高祖在汝南不豫，后便公然丑恣"[4]，最终在孝文帝死之前，对彭城王元勰说："后宫久乖阴德，自绝于天。若不早为之所，恐成汉末故事。吾死之后，可赐自尽别宫，葬以后礼，庶掩冯门之大过。"[5]孝文帝的废太子恂"生而母死，文明太后抚视之，常置左右。年四岁，太皇太后亲为立名恂，字元道，于是大赦"[6]。可见冯太后对太子恂宠爱有加，但是，"恂不好书学，体貌肥大，深忌河洛暑热，意每追乐北方"[7]。后来，趁冯熙之死，守旧的贵族策反元恂奔代（平城），最终为孝文帝所杀。台湾学者逯耀东在《从平城到洛阳》一书中专门讨论了《北魏孝文帝迁都与其家庭悲剧》[8]，这些"冯门之大过"孝文帝不能明说，正如乾隆所指出的，孝文帝"好名"，但是，从承明之门可以看出来他幽怨之情，他的家庭不幸，他的父亲早亡，这些都与冯太后有关，所以，承明的年号他不会忘却，他的性格缺陷和冯太后的阴影笼罩，又使得他只能选择"谒帝承明庐"的曲折表达。

---

[1] 《魏书·皇后列传》，第333页。
[2] 《魏书·皇后列传》，第332页。
[3] 《魏书·皇后列传》，第332页。
[4] 《魏书·皇后列传》，第333页。
[5] 《魏书·皇后列传》，第334页。
[6] 《魏书·废太子恂传》，第587页。
[7] 《魏书·废太子恂传》，第588页。
[8] 逯耀东，《从平城到洛阳——拓跋魏文化转变的历程》，中华书局，2006年，第129~159页。

读新见墓志两则

赵 超
（中国社会科学院考古研究所）

地不爱宝，近些年来，各地出土了大量历代墓志材料。其中大部分是社会上盗掘所得，未经科学发掘，出土后流散在社会各界。这种情况破坏了大量古代墓葬，造成了有关考古文物信息严重破坏与丧失，是考古文物事业无法挽回的损失。好在社会上一些有识之士及单位曾予以收藏，并且设法展陈出版，使这些古代铭刻资料能够被世人所知，尚可弥补一些有关历史文化资料。但也只能就墓志文字内容本身进行考证了。现就近日所见著名书法家、原中国书协主席张海先生收藏的两件墓志材料，对涉及的历史问题略作阐述。

张海先生收藏的石刻材料，眼光独到，精心选择，不仅在书法艺术上具有多种多样的特色，是古代书法佳作。而且多具有重要的历史资料价值，保存了不少可以补证史实的珍贵文献。北魏孝昌三年十月廿六日张斌墓志与唐证圣元年独孤卿云墓志就是其中值得注意的两件文物珍品[①]。

一、张斌墓志与北魏马监

北魏孝昌三年十月廿六日张斌墓志，是张海先生收藏的一方北魏重要墓志。根据墓志记载"窆于瀍洛之内"可知它应该是在洛阳地区出土的。从其边长63厘米、宽62厘米的形制来看，在北朝墓志中已是等级较高的了。我以前归纳过北朝墓志的形制区别，一二品官员的墓志边长一般在0.64米以上，三品官员墓志在0.54米以上[②]。这样看来，张斌的墓志已经接近一二品官员的等级。而其任职"左将军、银青光禄大夫、太仆卿"正属于从二品的等级。其墓志形制基本符合当时的礼仪制度。但是这件墓志刻画精美。志盖分两层线刻优美的变形莲花纹饰与变形卷草纹。中央线刻一朵大莲花。周围环刻"大魏故张使君之铭"八个鸟虫书体美术字。这种书体在北朝书刻中极为罕见，脱胎于隶书形体的鸟虫书风格与唐代的鸟虫书也不相同，独具特色。可见这件墓志制作时，丧家十分重视，极尽工巧，表现出张斌的不凡身份地位与雄厚财力，也是北魏晚期社会

---

① 见张永强主编：《张海书法艺术馆馆藏石刻选》，西泠印社出版社，2023年。
② 赵超：《中国古代石刻概论（增订本）》，中华书局，2019年。

奢靡之风的体现。现存北魏孝明帝时期的贵族官员墓志大多制作精美，具有较高的艺术水平，正反映了这种时俗风气。墓志铭文中记载，张斌深受北魏高阳王的重视，"断金之交，于焉始二"。"断金之交"这一典故出自《周易·系辞上》："二人同心，其利断金。"[1] 墓志中以此表达张斌与高阳王的深厚友谊，特殊关系。史载高阳王元雍位高权重，北魏孝明帝时"除使持节、司州牧、侍中、太师、录尚书如故"，"进位丞相"。《魏书·高阳王传》称其："岁禄万余，粟至四万，伎侍盈房，诸子珰冕。荣贵之盛，昆弟莫及焉。"[2]《洛阳伽蓝记》卷三高阳王寺条记载："雍为丞相，给羽葆鼓吹，虎贲班剑百人。贵极人臣，富兼山海，居止第宅，匹于帝宫。""僮仆六千，妓女五百。隋珠照日，罗衣从风。自汉晋以来，诸王豪侈，未之有也。"[3] 张斌能够跻身于当时贵戚权臣之间，富贵自不待言。与这件墓志的精美高端正相吻合。

然而，张斌其人却不见于现存史载。墓志中称其："凉州敦煌人也。晋凉州刺史敦煌公四世之孙。魏敦煌镇将酒泉公之少子。"任"左将军、银青光禄大夫、太仆卿"。张斌"年十有九为内行内小，出为驿驱校尉。……正始年间旨兼恒州刺史，还京授龙骧将军、中散大夫、领都将，俄迁征虏将军、太仆少卿"。"转东中郎将，俄征银青光禄大夫、太仆卿。"根据墓志的这些记载来看，张斌的家世、地位都不算低。按照所称"晋凉州刺史敦煌公四世之孙"的说法，似乎可以与在河西称王，建立前凉的张寔家族连上关系。根据《魏书·私署凉州牧张寔传》记载，张寔为安定乌氏人，其父张轨，"以晋室多难，阴图保据河西，求为凉州"。在西晋末年除持节、护羌校尉、凉州刺史。至晋愍帝时，拜张寔为"使持节、都督凉州诸军事、西中郎将、凉州刺史、领护羌校尉、西平公"。以后张寔子孙数代私署为凉州牧。割据河西。从张斌向上推算四世，如果以20岁生子即为一世计算，就有80年，加上张斌卒年67岁，有150年左右，大约属于苻坚前秦灭前凉之后，不宜称"晋凉州刺史"。但因为张斌是"少子"，如果将他诞生时父亲的年岁延至30岁以上推算，这里的四世祖"晋凉州刺史敦煌公"还可以生活在前凉时期。而据史载可见的前凉时期历任凉州刺史多为张寔子孙。只是墓志所说的张斌籍贯"凉州敦煌人"与《魏书》所说的张寔为"安定乌氏人"不同。由此推测，张斌的祖先世系就有两种可能，一是可能出自与张寔无涉的另一支世居敦煌的地方张氏家族。二是出身于张寔之后，而张斌后来改以父亲居住地作为籍贯，这种改籍贯的情况可能性不大。张氏在古代是一个分布很广、旁支多出的大姓。敦煌张氏应该很早就在敦煌定居。《古今姓氏书辩证》卷十三张氏记载：《后汉书》中有"敦煌太守张珰，陈破羌三策"。张珰可能就是久居敦煌当地的大姓出身；又引《元和姓纂》曰："唐有安定、范阳、太原、南阳、敦煌、修武、上谷、沛国、梁国、荥阳、平原、京兆等四十三望。大抵皆留侯远裔。"[4] 可见至唐代晚期还有敦煌张氏一支的延续。而安定张氏与敦煌张氏分列，明

---

[1] 见《十三经注疏》《周易正义》，中华书局影印本，1979年。
[2] （北齐）魏收：《魏书》，中华书局，1974年。下同。
[3] （北魏）杨衒之著，杨勇校笺：《洛阳伽蓝记》，中华书局，2006年。
[4] （宋）邓名世：《古今姓氏书辩证》，江西人民出版社，2006年。

显是两支不同的族系。张寔又是为求自保从关中来到凉州的外来族姓，并非根深蒂固的地方势力，与在敦煌本地土著的张氏只能是出于政治需要的联合。而且张寔之孙张天锡投降苻坚大军后迁至长安，后又奔建康。留在当地的只能是敦煌张氏的土著势力。所以张寔与张斌不一定有直系亲属关系。张斌的四世祖"晋凉州刺史敦煌公"很可能是前凉时期作为敦煌大族张氏的代表出任凉州刺史，是张寔笼络地方势力的一种手段。

从史书中有关敦煌人物的记载中也可以反映出敦煌张氏大族的存在。如《魏书·宋繇传》称："字体业，敦煌人也。曾祖配、祖悌，世仕张轨子孙。父僚，张玄靓龙骧将军、武兴太守。繇生而僚为张邕所诛。五岁丧母，事伯母张氏以孝闻。八岁而张氏卒，居丧过礼。繇少而有志尚，喟然谓妹夫张彦曰：'门户倾覆，负荷在繇，不衔胆自厉，何以继承先业！'遂随彦至酒泉，追师就学，闭室诵书，昼夜不倦，博通经史，诸子群言，靡不览综。"宋繇的伯母、妹夫都姓张，应为敦煌张氏。《晋书·氾腾传》载："氾腾，字无忌，敦煌人也。举孝廉，除郎中，属天下兵乱，去官还家。太守张阆造之，闭门不见，礼遗一无所受。"[1]这个敦煌太守张阆可能也是敦煌张氏。《晋书·索靖传》称："索靖，字幼安，敦煌人也。累世官族，父湛，北地太守。靖少有逸群之量，与乡人氾衷、张甝、索紾、索永俱诣太学，驰名海内，号称'敦煌五龙'。"此处张甝明显为敦煌张氏。

十六国时期及北魏初期，史载有过多位酒泉公。见于《晋书》《宋书》《魏书》的就有：吕光、李士业、贾疋、复龙、赫连伦、李歆、赫连俊、郝温、唐和等。其时代均在张斌的父亲所授酒泉公之前。

北魏灭沮渠牧犍北凉之后，凉州纳入北魏版图。张斌父亲可能在此时以敦煌大族代表的身份出任魏敦煌镇将、酒泉公。张斌以"内行内小"的身份出仕，为北魏中央宫廷的侍卫。这类出身与后来的以门资入仕，如唐代的斋郎、品子等类似，应该是给官员子弟的一种优待。但是作为远在边陲的地方实权官员子弟，到中央官署中来任职，实际上可能是作为边疆重臣的质子，被皇室安排在中央予以控制。

张斌主要的任职是太仆少卿及太仆卿。可以说是长期执掌北魏政府的马匹车辆管理事务，显然是有他出身西北，擅长骑乘这方面的原因。北魏的马政，史书记载很少。《汉书·百官公卿表》记载："太仆，秦官，掌舆马，有两丞。属官有大厩、未央厩、家马三令，各五丞一尉。又车府、路軨、骑马、骏马四令丞。又龙马、闲驹、橐泉、騊駼、承华五监长丞。又边郡六牧师苑令，各三丞。又牧橐、昆蹄令丞皆属焉。"[2]可证在汉代就具备了完善的马政机构，除了供给宫廷、朝廷使用的都城马厩外，还有散居各地的马监，位于边郡的牧师苑令等。这种设置一直延续历代，北魏也应有所沿承。《大唐六典》卷十七、太仆寺、上牧监一人，从五品下："《汉旧仪》：太仆牧师诸苑三十六所，分布北边西边，以郎为苑监，官奴婢三万人，分养马三十万头。……后魏阙文，北齐太仆寺统左

---

[1] （唐）房玄龄等：《晋书》，中华书局，1974年。
[2] （东汉）班固：《汉书》，中华书局，1962年。

右牝驼牛司羊等署令丞,后周有典牡、典牝。"① 汉代以来的马监,大多分布在今天的甘肃、宁夏、陕西、山西北部等地。《新唐书·兵志》记载:"马者,兵之用也。监牧,所以蕃马也。……初,以太仆少卿张万岁领群牧。……置八坊歧、豳、泾、宁间,地广千里。……又析八监列布河西丰旷之野。"② 也可以由此反映出历来设置马监的主要地域。西北民族擅长养马,这一带的山谷草原又适合放牧马匹。至今的军马场还是设置在甘肃一带。北魏时期的马监,可能也延续了以前历代马监的设置情况。《钦定历代职官表》卷三九记载北魏太仆职掌时加以按语称:"史称魏置野马苑于云中,置牧地于河西,马三百余万匹。牧马之盛,无如后魏。"③《文献通考》卷五六亦云:"太武帝平统万赫连昌、定陇右秃发、沮渠等。河西水草善,乃以为牧地。六畜滋息,马三百余万匹。"④ 从唐代以太仆少监管理各地马监的情况来看,张斌作为太仆少监时也是主要管理各地马监养马工作的。所以才有了墓志中记录的张斌一次遇险经历:"正光年间,君孤骑辞京,以时绥巡。值牧竖侏张,狁狁纷扰,汉马朔南,扬尘漠北。遂威君以死生,协君为盟主。君乃坚志不回,忠诚弥笃,遥想雁书,甘同发白。群恶识心,乘舟卫送。留慕之情,人人涕目。将由慈泽夙深,仁风先厚。"是说北魏正光年间,张斌在出巡监苑的例行公事时,遇到牧监牧民的造反,被劫持后逼迫他作为首领一同造反。但是张斌坚决不肯参与叛乱,造反者无奈,又因为张斌仁慈,深得民心,便将他完好送回。因此,张斌也得到朝廷与皇帝的嘉奖升迁。而河西牧民的反叛多与北方民族叛乱互相呼应。如《魏书·肃宗纪》记载:"(孝昌二年)三月……甲寅,西部敕勒斛律洛阳反于桑干。西与河西牧子通连。"即为一例。正与墓志所言"牧竖侏张,狁狁纷扰,汗马朔南,扬尘漠北"相符。

但与史书记载的这一时期历史背景相较,张斌遭遇的牧监反叛不一定发生在河西牧监。正光年间,北魏经历了一系列的内部动乱,开始有《资治通鉴·梁纪五》普通二年(正光二年)记载的"魏南秦州氐反"。"二月,使假抚军将军邴蚪讨南秦州叛氐。""十一月,东益、南秦州氐皆反。"⑤ 这次造反的规模还不大,平定后三年,就开始了六镇起义的北方大动乱。《魏书·肃宗纪》:"(正光五年)三月,沃野镇人破落汗拔陵聚众反。"接着"夏四月,高平酋长胡琛反,自称高平王,攻镇以应拔陵"。"六月,秦州城人莫折太提据城反……南秦州城人孙掩、张长命、韩祖香据城反。"……一系列造反兴起,形成盛大规模的北方战乱,并且多次打败北魏派去镇压的军队,致使北魏迅速衰败。根据正光二年与五年这两年的造反情况对比,我们怀疑张斌所遭遇的,可能就是正光二年这次的南秦州氐反。因为墓志记载是张斌单身出巡视察时被劫持。可见当时形势并不危险,事变突然。如果是在正光五年的大规模起义形势下,恐怕张斌不敢独自出巡,劫掠他的造反牧竖也不会轻易放他回去了。而且从对张斌"乘舟卫送"的说法来

---

① 〔日〕广池千九郎训点、内田智雄补订:《大唐六典》,广池学园事业部刊行,昭和四十八年。
② (宋)欧阳修等:《新唐书》,中华书局,1975年。
③ 见《四库全书·史部·钦定历代职官表》,上海古籍出版社,1987年。
④ (元)马端临:《文献通考》,中华书局,1986年。
⑤ (宋)司马光:《资治通鉴》(影印本),上海古籍出版社,1987年。

看，北方六镇地区除黄河之外，没有水路通向中原。黄河水险，多处无法通航。但是天水一带正可以沿渭水东下。"乘舟卫送"的可能性更大。

查《魏书·地形志下》记载：南秦州，真君七年置仇池镇，太和十二年为渠州，正始初置。治洛谷城。领郡六：天水郡、汉阳郡、武都郡、武阶郡、修城郡、仇池郡。正是今甘肃南部地区。也是适于设置牧马监苑的地区。《读史方舆纪要》陕西、平凉府下记载："时贺拔岳为雍州刺史。宇文泰说岳曰：……公引军近陇，扼其要害，收其士马，以资吾军。"① 也可见这一带是拥有人口、马匹资源的地区。

如果上述推论可以成立，就增进了我们对于北魏马政与牧马监苑设置情况的了解。

二、独孤卿云墓志与北周赐姓

张海先生所藏唐证圣元年一月四日独孤卿云墓志，是一方书法造诣精妙绝伦的佳作。已经有人指出它具有褚遂良书法的精髓，秀丽俊逸，给人们以美好的艺术享受。而这件墓志还保留了一些对于深入理解有关历史情况可以予以启发的内容，谨就此作一些引申探讨。

这件墓志的主人独孤卿云，并不是一个历史中阙载的人物。《张海书法艺术馆馆藏石刻选》的编著者在说明中引用了《旧唐书·高宗本纪》的记述，指出在显庆三年，凉州都督郑仁泰为青海道行军大总管时，率将军独孤卿云屯兵鄯、凉，以备吐蕃。独孤卿云又曾经于乾封元年在李勣统帅下为行军总管，从鸭渌道进攻高丽。这些活动的历史记载不错，只是不出自《旧唐书·高宗本纪》，而是分别记载在《新唐书·吐蕃传》与《新唐书·高丽传》中。原文为《新唐书·吐蕃传》："显庆三年，献金盎、金颇罗等，复请昏。未几，吐谷浑内附，禄东赞怨怼，率锐兵击之，而吐谷浑大臣素和贵奔吐蕃，槊以虚实，故吐蕃能破其国。慕容诺曷钵与弘化公主引残落走凉州，诏凉州都督郑仁泰为青海道行军大总管，率将军独孤卿云等屯凉、鄯，左武候大将军苏定方为安集大使，为诸将节度，以定其乱。"《新唐书·高丽传》："（乾封元年）九月，同善破高丽兵，男生率师来会。诏拜男生特进、辽东大都督兼平壤道安抚大使，封玄菟郡公。又以李勣为辽东道行军大总管兼安抚大使，与契苾何力、庞同善并力。诏独孤卿云由鸭渌道，郭待封积利道，刘仁愿毕列道，金待问海谷道，并为行军总管，受勣节度。"

此外，我们还看到《册府元龟》中记载了唐中宗神龙二年七月专门下令，允许初唐以来的功臣二十五家（一说二十六家）依旧享受赐予的实封②。因为一般被赏赐了封邑的功臣去世后，所食实封也会随之取消。而这二十五位功臣的家属仍旧可以享受封邑，可见其功劳之大。这二十五位功臣中，不仅有我们熟悉的段志玄、屈突通、萧瑀、李靖、秦叔宝等，也有独孤卿云在内。看来独孤卿云在唐中宗的心目中是立有非凡功业的。可

---

① （清）顾祖禹：《读史方舆纪要》（影印本），上海书店出版社，1989年。
② （宋）王钦若等：《册府元龟》（影印本），中华书局，1994年。

能是他不仅率军远征攻战，而且长期作为御林军右武卫将军忠心拱卫帝室，以及守护乾陵的结果。

让我们感兴趣的，是墓志中对于其先世的记载。墓志称："公讳卿云，其先本姓李，陇西成纪人也。……曾祖竹，后魏散骑常侍，袭爵永宁郡公。……祖屯，周开府，隋上仪同三司、上大将军，瓜凉武三州刺史，木桑县公。……父楷，隋骠骑将军、右卫大将军、原并益三州总管、三州刺史、汝阳县公。谥曰恭。"由此可知，独孤卿云并不像他的姓氏反映的那样，是匈奴人氏。《古今姓氏书辨证》卷三十五："独孤：其先本姓刘氏，当后汉北蕃右贤王刘去卑之先尚汉公主，因从母姓刘氏。后魏代北三十六部，有付留屯为大人，居于云中。……生信，河南洛阳人，周大宗伯、魏公。"[①]说明独孤氏来源于北方的匈奴族。但是由于其祖先曾经与汉室结亲，娶了汉朝公主，其血统中也有一点汉族因子，造成独孤氏与中原汉族比较接近。可是这位独孤卿云并不是真正的匈奴独孤氏。应该也是汉族血统。墓志中所说的"其先本姓李"，李姓是汉族姓氏，虽然有多支李氏家族生活在北方边境，甚至附着于匈奴、鲜卑等族群，如汉代李陵之后。但是仍旧是汉族血统。独孤卿云本姓李，有《隋书·独孤楷传》的记载可以互证。传称："独孤楷，字修则，不知何许人也。本姓李氏。父屯，从齐神武皇帝与国师战于沙苑。齐师败绩，因为柱国独孤信所擒，配给士伍，给使信家，渐得亲近，因赐姓独孤氏。"[②]这一世系与墓志所记载的独孤卿云世系完全相符。因此，根据史载，独孤楷是跟随高欢军队与西魏交战时被俘虏的，因为被编入独孤信的军队中，后来又派到独孤信家中作奴仆使唤，才得到独孤信的看重，改姓了独孤。这种将下属军人改从统帅姓氏的做法，史有明载，《周书·文帝纪下》魏恭帝元年（554年）"以诸将功高者为三十六国后，次功者为九十九姓后，所统军人，亦改从其姓"[③]。史书中那句"不知何许人也"正说明了他的先世情况茫然不明。所谓"陇西成纪人也"的说法，很可能是撰写墓志的唐代文人为了攀附高枝而将李唐家族先世籍贯附会上的结果。

墓志中还称作："因为独孤姓，故今不改焉。"由此，我们似乎可以看到在初唐时期，少数民族与汉族之间，经过北朝时期长久的民族融合与并存，民族之间的区别与隔阂已经不很严重。胡姓、汉姓之间，民族属性之间的矛盾不再是主要矛盾。空前的民族大融合已经形成。陈寅恪先生认为："北朝胡汉之分，不在种族，而在文化，其事彰彰甚明，实为论史之关要。""总而言之，全部北朝史中凡关于胡汉之问题，实一胡化汉化之问题，而非胡种汉种之问题。当时之所谓胡人汉人，大抵以胡化汉化而不以胡种汉种为分别，则文化之关系较重而种族之关系较轻，所谓有教无类者是也。"[④]由此可见，在唐代兴盛统一的文化氛围中，所谓胡种汉种问题已经不是社会区分的重点了。按理说，独孤楷、独孤卿云一家如果还能记得自己祖先的姓氏为李姓，而李姓则为传统的汉族姓

---

① （宋）邓名世：《古今姓氏书辩证》，江西人民出版社，2006年。
② （唐）魏征等：《隋书》，中华书局，1973年。
③ （唐）令狐德棻等：《周书》，中华书局，1971年。
④ 陈寅恪：《隋唐制度渊源略论稿》，《陈寅恪文集》，上海古籍出版社，1980年。

氏，那么独孤卿云应该属于汉族，而不是匈奴族。独孤的姓氏是被迫改的胡姓。在李氏统治的唐朝，改回李姓不仅没有障碍，而且是攀附帝室的有利之举。但是他却不再改回汉姓，甘愿沿袭本不是自己祖先的姓氏与民族属性。这背后的原因可能性很多，尚不能确定，但民族融合平等的社会条件应该是其中之一。

  北朝晚期，有过赐、复胡姓的高潮，尤以北周为甚。对于这一政策。前人多采取否定。如陈寅恪、姚薇元、马长寿等学者均有论述。近人却从这种政策的实际目的与效果出发，认为它对于关中政权的强大与关陇集团的形成起到重要作用，在一定程度上促进了民族的融合。这一政策既体现了鲜卑族作为政治主体的优势地位，同时又和汉族豪强达成了变相的妥协。之后北周力量的强盛深刻证明了这一政策的重要作用。同时侧面反映了这项措施并没有胡化政权，相反是为政权谋求发展的常用手段了。

  到了周明帝宇文毓统治时期，又下诏"三十六国，九十九姓，自魏氏南徙，皆称河南人。今周室既都关中,宜改称京兆人"[①]。李文才在《试论西魏北周时期的赐、复胡姓》一文中认为，宇文毓的诏书，则是对宇文泰赐、复旧姓政策的继续，旨在泯灭关陇世家大族、六州鲜卑、山东乡绅之间的地域成见，使他们结合得更加紧密[②]。从独孤楷的履历来看，他从属于关陇军事集团是毫无疑义的。这种地位决定了他一生投身军旅，从折冲府果毅直至右武卫将军，东征西讨，几无宁日。或许，在初唐军队中存在大量非汉族将领的情况下，他可能更认同自己独孤姓氏的胡族气息。

  唐代军队中一个突出的特征就是大量使用各少数民族的士兵与将领。如《新唐书》中有列传记载的高句丽人泉男生、泉献诚，百济人黑齿常之，靺鞨人李谨行，吐蕃人论弓仁，突厥人史大奈、阿史那社尔、阿史那忠、执失思力，铁勒人契苾何力等。都是战功卓著、威震一方的著名将领，有些甚至父子、兄弟延续领兵征战。唐代边防很大程度上要靠这些民族军队防护。对外战事也以他们为重要力量。这显然是泯灭了以往的华夷之防，消除了胡汉民族之间的对立。由此也可以反映出唐朝中央政府在民族问题上采取的宽容与平等政策。独孤卿云不改胡姓，应该也可以是这种政策的一个旁证吧。

[①] 见（唐）令狐德棻等：《周书·明帝纪》，中华书局，1971年。
[②] 李文才：《试论西魏北周时期的赐、复胡姓》，《民族研究》2001年第3期。

北朝晚期的末法思想与西方净土图像的构建

何利群
(中国社会科学院考古研究所)

一、末法观念之缘起

佛教将佛法住世划分为正法、像法及末法三个阶段。三时过后,即入法灭时代。关于正法、像法的时限,诸经有四说[1]:

1) 正法五百年,像法一千年;
2) 正法一千年,像法五百年;
3) 正法、像法皆五百年;
4) 正法、像法皆一千年。

各经论关于末法的年限均为一万年。末法时代,僧纲败坏,人性淡漠,无人敬奉佛法,与此同时,邪魔横行,荼毒生灵。末法之后,佛法倾圮,经书文字毁灭殆尽。

东汉以来,随着佛教经籍的传译,末法的概念即已传入中土。后汉康孟祥《佛说兴起行经》、三国吴康僧会《六度集经》、曹魏白延《佛说须赖经》、西晋竺法护《佛说宝网经》《贤劫经》《生经》《文殊师利佛土严净经》等均提到末世和末法一词,但并未对末法时代的内涵做出具体的阐释。公元4~5世纪初的东晋十六国时期,昙无谶《悲华经》《佛所行赞》,鸠摩罗什《妙法莲花经》《大智度论》《思惟略要法》,佛陀跋陀罗《观佛三昧海经》《大方广佛华严经》等广为流传的经典屡屡提及末法之世,尤其是(北凉)道朗为昙无谶《大般涅槃经》所作经序中鲜明地提出了正法、像法和末法时代:

> 佛涅槃后,初四十年,此经于阎浮提宣通流布,大明于世。四十年后,隐没于地。<u>至正法欲灭</u>,余八十年,乃得行世,雨大法雨。……<u>至于千载,像教之末</u>,虽有此经,人情薄淡,无心敬信。遂使群邪竞辩,旷塞玄路,当知<u>遗法将灭之相</u>。[2]

---

[1] 蓝吉富主编:《中华佛教百科全书》(四)"正像末"条,(台南)中华佛教文献基金会,1994年,第1769页。
[2] (梁)释僧祐撰、苏晋仁、萧鍊子点校:《出三藏记集》,中华书局,1995年,第315页。

与之相应的是，与末法观念密切相关的实物资料正是出现在十六国北凉时期。20世纪以来，在河西及吐鲁番等地先后发现了14件北凉石塔，其中现存国家博物馆的白双囗塔和酒泉市博物馆的程段儿塔明确提到了末世造塔因缘[①]：

> 凉故大沮渠缘禾三年岁次甲戌（434年）七月上旬，清信士白双囗自惟薄福，<u>生值末法</u>，波流苦深……即于山岩步负斯石，起灵塔尊一窟，形容端严。（图1）

> 凉太缘二年岁在丙子（436年）六月中旬，程段儿自惟薄福，<u>生值末世，不观佛典</u>，自竭为父母阖家立此石塔形象，愿以此福，成无上道。

由上可知至迟于十六国时期，末法思想已在河西地区有所流传，并影响到了普通信徒的行为。另外值得重视的是，目前所见的北凉石塔上普遍刻有《佛说十二因缘经》等小乘经典的片段[②]。根据塔上题记可以确认石塔的功能主要是做功德、造福田及供养报恩，经文内容反映了当时十二缘起等小乘思想的盛行[③]。这也是佛教经文雕刻在石质材料上的最早实例（图2）。

图1　北凉白双囗塔题铭[④]　　　　图2　甘肃省博物馆藏北凉高善穆塔（作者拍摄）

二、北朝末法思想的泛滥与佛教刻经的盛行

南北朝时期，佛教经籍中关于末法的记载骤然大增，有关正法、像法和末法的时代划分及描述充斥于各种经典及论述之中。至北朝晚期，佛教末法思想甚嚣尘上，当时一

---

① 殷光明：《北凉石塔研究》，（新竹）财团法人觉风佛教艺术文化基金会，2000年，第30~32、36~38页。
② 国家文物局教育处编：《佛教石窟考古概要》，文物出版社，1993年，第41~43页。
③ 王毅：《北凉石塔》，《文物资料丛刊》（1），文物出版社，1977年，第179~188页。
④ 同①，第31页。

些来自天竺的著名译经大师如北齐的那连提离耶舍所译《大方等大集月藏经》《月灯三昧经》及北周的阇那崛多所译《添品妙法莲花经》都对末法做出了较为详尽的诠释。尤其是那连提离耶舍的《大集月藏经》对当时人及后世影响甚大。吉藏、信行、道绰、善导等人,皆以此经为据讲述末法思想[①]。从文献记载来看,最早对末法思想进行系统归纳并阐释的中国僧人是北齐高僧慧思,在其自传体的《南岳思大禅师立誓愿文》中详细论述了正像末时代的划分,以及末法时期佛法衰亡、世间恶行等种种现象,表达了造经护法的强烈愿望[②]。而稍晚的信行、僧邕以正法、像法和末法三个阶段的划分,宣扬须依第三阶末法时期之普法,归依一切三宝,断除一切恶,修持一切善而创立的三阶教更是将末法思想发展至登峰造极[③]。

关于进入末法的时间节点,文献与实物资料亦不尽相同,影响较大的主要有三种观点:(1)慧思《南岳思大禅师立誓愿文》(434年入末法)

正法灭已,像法住世,径一千岁。像法灭已,末法住世,径一万年。我慧思即是末法八十二年,太岁在乙未十一月十一日,于大魏国南豫州汝阳郡武津县生。[④]

(2)雷音洞静琬发愿文(554年入末法)

释迦如来正法像法,凡千五百余岁,至今贞观二年,已浸末法七十五载。……[⑤]
(图3)

(3)朝阳北塔辽经塔及银经卷铭文(1052年入末法)

重熙十二年四月八日午时葬,像法只八年。提点上京僧录宣演大师赐紫门蕴珪记。

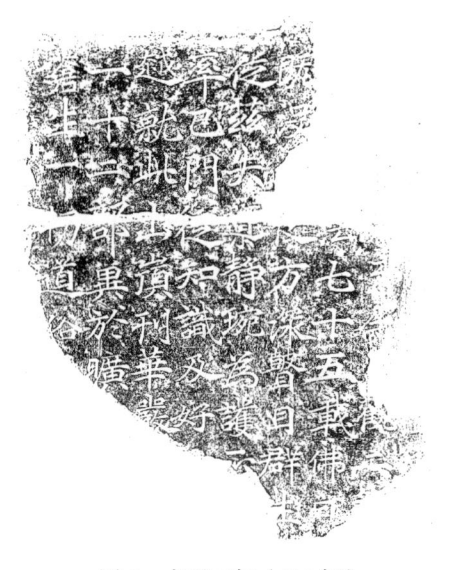

图3 贞观二年(628年)静琬发愿文[⑥]

---

① 〔日〕藤堂恭俊、塩入良道著,余万居译:《中国佛教史》(上),(台北)华宇出版社,1985年,第183、184、258~260页。
② (北齐)慧思:《南岳思大禅师立誓愿文》,《大正新修大藏经》(此后略为《大正藏》)第1933号,第46册,(东京)大正一切经刊行会,1924~1932年,第786~792页。
③ (唐)道宣:《续高僧传》,《大正藏》第2060号,第50册,第560页。
④ (北齐)慧思:《南岳思大禅师立誓愿文》,《大正藏》第1933号,第46册,第787页。
⑤ 中国佛教协会编:《房山云居寺石经》,文物出版社,1978年,图版一。
⑥ 同⑤,图版一。

重熙十二年四月八日葬,像法更有八年入末法。①(图4)

图4 朝阳北塔辽代银经卷铭文②

末法时代的显著特征就是佛法衰败,众恶泛滥,邪魔外道破坏佛法,毁经灭像,摧残信众。开凿于山崖河畔的河西地区早期石窟寺除用于禅修、礼拜和日常起居外,另一重要功能就是长久保存的目的,这在北凉皇室开凿的凉州石窟中初显端倪:

> 凉州石崖塑瑞像者,昔沮渠蒙逊以晋安帝隆安元年(397年),据有凉土三十余载,陇西五凉斯最久盛,专崇福业。以国城寺塔终非久固,古来帝宫终逢煨烬,若依立之,效尤斯及。又用金宝,终被毁盗。乃顾眄山宇可以终天。于州南百里,连崖绵亘,东西不测,就而斫窟,安设尊仪,或石或塑,千变万化。有礼敬者,惊眩心目。③

发生在公元5世纪中期的北魏太武帝灭佛事件无疑极大地刺激了佛教信徒的危机感,并在一定程度上促发了以云冈石窟为代表的大规模的石窟开凿事业④。以师贤、昙曜为代表的凉州系僧人在文成复法时期发挥了重要作用,沙门统昙曜翻译了《付法藏因缘传》,并摹拟帝王之像在云冈开凿了著名的"昙曜五窟",其目的就是希望利用世俗权力的支持达到佛法永远流传:

> (释昙曜)慨前凌废,欣今载兴。故于北台石窟寺内,集诸僧众,译斯传经,流通后贤。庶使法藏住持无绝。⑤

---

① 辽宁省文物考古研究所、朝阳市北塔博物馆:《朝阳北塔——考古发掘与维修工程报告》,文物出版社,2007年,第69页,图二四、1,图版四四、四六。
② 同①,图版四六。
③ (唐)道宣:《集神州三宝感通录》,《大正藏》第2106号,第52册,第417、418页。
④ 宿白:《平城实力的集聚和云冈模式的形成和发展》,《中国石窟寺研究》,文物出版社,1996年,第114~144页。
⑤ (隋)费长房:《历代三宝记》,《大正藏》第2034号,第49册,第85页。

如何将末法阶段的佛教经典长久保存下去，为后世保留复兴佛教的火种成为佛教信徒越来越关注的问题。对应于这一时期的宗教文化背景，中原北方地区在6世纪中期以后出现了大量的佛教摩崖刻经和刻经碑，形成了以邺城为中心的河北地区和以泰山为中心的山东地区两大刻经密集分布区域。山东地区的刻经以泰山经石峪为代表（图5），周边还有洪顶山、徂徕山、水牛山、峄山、尖山、铁山、冈山和葛山等地，初步统计有二十余处，另外还有相当数量的刻经碑。所刻经文主要出自《金刚经》《法华经》《华严经》《文殊般若经》《维摩诘经》《大般涅槃经》《思益梵天所问经》《观无量寿经》《佛说佛名经》《大智度论》《大方等陀罗尼经》等数十部，涉及般若经系、法华经系、涅槃经系、净土经系及禅、密诸系统的经典[1]。其主要特征是多选取重点经文的核心章句刊刻，字体较大，具有强烈的彰显和纪念碑性质。

图5　泰山经石峪《金刚经》[2]

作为十六国以来北方佛学重镇，邺城佛教在东魏北齐时期（534～577年）取代洛阳成为中原北方地区的佛教文化中心，并在公元6世纪中期达到极盛。史载"属高齐之盛，佛教中兴。都下大寺，略计四千。见住僧尼，仅将八万。讲席相距，二百有余。在众常听，出过一万。故宇内英杰，咸归厥邦"[3]。邺城周边的石窟寺星罗棋布，近年发掘出土的东魏北齐皇家寺院及佛教造像埋藏坑更是充分印证了6世纪中期邺城的佛教中心

---

[1] 张总：《山东碑崖刻经经义内涵索探》，《北朝摩崖刻经研究》（续），（香港）天马图书有限公司，2003年，第8~12页。

[2] 图5采自 Adele Schlombs, et al, eds., *Das Herz der Erleuchtung: Buddhistische Kunst in China 550-600/ The Heart of Enlightenment: Buddhist Art in China 500-600*, Cologne, Germany: Museum of East Asian Art, Cologne, 2009, p. 23.

[3] （唐）道宣：《续高僧传》，《大正藏》第2060号，第50册，第501页。

地位①。尤其值得注意的是，在邺城附近的许多石窟及摩崖上都刊刻有佛教经文，比较集中的地点有河北邯郸南北响堂山石窟、涉县娲皇宫石窟、河南安阳小南海石窟、灵泉寺石窟、卫辉香泉寺石窟等②。与邺城刻经关系密切或时代略晚的还有河北曲阳八会寺③和河南林州洪谷寺刻经④，另外还有少量的刻经碑流传下来⑤。邺城地区北朝晚期义学发达，各种学派的思想在此融汇，刻经内容也极为丰富，所刻经典主要有与地论学相关的《十地经论》，华严学的《大方广佛华严经》，涅槃学的《大般涅槃经》《摩诃摩耶经》《佛垂般涅槃略说教诫经》（图6），法华学的《妙法莲花经》《无量义经》《胜鬘狮子吼一乘大方便方广经》，净土学的《无量寿经优波提舍愿生偈》《佛说弥勒下生成佛经》，般若学的《维摩诘所说经》《摩诃般若波罗蜜经》《文殊师利所说摩诃般若波罗蜜经》，三阶教的《大集月藏经》《佛说佛名经》《现在贤劫千佛名经》《七阶礼忏文》《佛说决定毗尼经》《观药王药上二菩萨经》（图7），以及与后代法相学有关的《深密解脱经》等⑥。以邺城为中心的河北地区北朝刻经与山东刻经既有联系，又有区别。其特点是经文较长，时常占据整幅壁面，字体却相对较小，以容纳成品的经文乃至整篇经文，显然是以保存经文内容为主要目的。

图6 河南安阳小南海石窟中窟《大般涅槃经》
（作者拍摄）

图7 河南安阳灵泉寺大住圣窟神王及刻经
（作者拍摄）

---

① 中国社会科学院考古研究所、河北省文物研究所：《河北临漳县邺城遗址赵彭城北朝佛寺遗址的勘探与发掘》，《考古》2010年第7期；《河北邺城遗址赵彭城北朝佛寺与北吴庄佛教造像埋藏坑》，《考古》2013年第7期；何利群：《邺城佛教考古的主要发现与收获》，《西部考古》第12辑，科学出版社，2016年，第288～312页。
② 李裕群：《邺城地区石窟与刻经》，《考古学报》1997年第4期。
③ 刘建华：《河北曲阳八会寺隋代刻经龛》，《文物》1995年第5期。
④ 王振国：《关于河南省林州市洪谷寺千佛洞的造像与刻经》，《敦煌研究》2003年第5期。
⑤ 李裕群：《灵泉寺北齐娄睿〈华严经碑〉研究》，《考古学报》2012年第1期。
⑥ 何利群：《鄴城仏教史跡と仏學伝承》，《岩手大學平泉文化研究センター—年報》2019年第7集。

山东与河北地区的刻经虽然在形式上有一定的差异，由于两地间交流的频繁，其本质上存在诸多内在的联系。近年来很多学者围绕着僧安道一、唐邕等开窟刻经事业的倡导者、组织者及参与者的一系列研究，使得我们可以管窥到中原北方地区北朝晚期刻经事业的诸多现象。概括而言，北朝晚期的刻经在形式和功能上不仅继承了早前彰显、诵读、禅观乃至修积功德等目的，更需要注意的是它结合了当时的历史和宗教背景，赋予了刻经以护持佛法、保存经像、以备法灭的重要内涵。这一功能符合当时的历史背景和宗教思想，并在实物证据上得到了充分的印证。如山东铁山《石颂》云：

今镌构逢劫火而莫烧……金石常存。……金石难灭，托以高山，永留不绝。①（图8）

图8 山东邹城铁山《石颂》②

而邯郸北响堂南洞外的《唐邕刻经碑》更是详尽提出了时值末世，简帛皮纸均难长存，为护法存经，发愿于名山大川尽勒佛经，以期永世不绝。其文称：

晋昌郡开国公唐邕……眷言法宝，是所归依，以为缣湘有坏，简策非久，金碟难求，皮纸易灭。于是发七处之印，开七宝之函，访莲花之书，命银钩之迹，一音所说，尽勒名山。于鼓山之所，写《维摩诘经》一部、《胜鬘经》一部、《孛经》一部、《弥勒成佛经》一部。起天统四年三月一日，尽武平三年岁次壬辰五月二十八日……山从水火，此方无坏……③（图9）

图9 河北邯郸北响堂山南洞《唐邕刻经碑》（作者拍摄）

以上为北朝时期为护法存经而开山勒石最明确的记载，北朝晚期佛教刻经的大范围出现与当时政治形势、经济发展状况、文化融合等多种外部原因有关，但佛教末法思潮导致的末世护法和经典长存意识无疑是刻经事业迅速发展的最主要内在动力。

---

① Schlombs, et al, eds., *Das Herz der Erleuchtung*, pp. 62-65.
② 同①，p. 63.
③ 峰峰矿区文物保管所、芝加哥大学东亚艺术中心：《北响堂石窟刻经洞——南区1、2、3号窟考古报告》，文物出版社，2013年，第99～107页。

三、净土信仰渊源

　　净土是指大乘佛教诸佛所居清净庄严国土，即所谓大千诸佛皆有净土，但在中土广为流传的主要是弥勒和阿弥陀净土信仰。有关弥勒的事迹始见于早期的阿含经典中，其图像大致出现在贵霜王朝建立以后[1]，犍陀罗地区的弥勒菩萨既有单体造像，亦常见于兜率天宫说法组合像[2]。公元3世纪后龟兹石窟中弥勒说法图已成为重要的题材，弥勒头戴珠冠，交足坐姿，两侧簇拥众多闻法菩萨和天人形象，从图像上已初现佛国净土场景[3]。随着佛教东传，《观弥勒菩萨上生兜率天经》《弥勒下生成佛经》及《弥勒大成佛经》等弥勒三部经相继译出并风行中土，河西和敦煌十六国以来的早期石窟造像及北凉石塔上多见弥勒形象[4]，之后北魏的云冈和龙门石窟中大量出现表现弥勒上生的交脚菩萨形象[5]。与此同时，弥勒信仰在南方地区也传布甚广。南京栖霞山千佛崖及浙江新昌剡溪石城山均可见南朝残存的以弥勒为主尊的石窟及摩崖龛像[6]，成都等地出土的南朝造像中也有较多的弥勒形象及相关的发愿文[7]。

　　阿弥陀佛是梵文 Amitābha 的音译，意译为无量寿佛、无量光佛等，其信仰亦可上溯到贵霜王朝时期，在今印度秣菟罗博物馆中收藏有题铭为阿弥陀佛的造像底座[8]。东汉以来传译的与阿弥陀相关的佛经共计有二百余部，其中支谶于灵帝光和二年（179年）所译《般舟三昧经》为弥陀经典入华之嚆矢[9]。公元3世纪后，弥陀信仰的重要经典《无量寿经》《观无量寿佛经》和《阿弥陀经》先后译出，作为西方净土主尊的阿弥陀佛常以无量寿的名号出现在5世纪的石窟及造像中，如炳灵寺169窟西秦建弘元

---

① 〔日〕宫治昭著，李萍、张清涛译：《涅槃和弥勒的图像学》，文物出版社，2009年，第297~300页。
② 〔日〕栗田功：《古代佛教美術叢刊：ガンダーラ美術・Ⅱ・佛像》，株式会社二玄社，1988年，图版37、38、43~48、50、53。
③ 新疆维吾尔自治区文物管理委员会、拜城县克孜尔千佛洞文物保管所、北京大学考古系：《中国石窟·克孜尔石窟（一~三卷）》，文物出版社，1997年，第一卷图版57、84；第三卷图版222。
④ 甘肃省文物考古研究所：《河西石窟》，文物出版社，1987年，图六，四三，六四，六五，九四；殷光明：《北凉石塔研究》，（新竹）财团法人觉风佛教艺术文化基金会，2000年，第81~96页。
⑤ 〔日〕水野清一、长广敏雄：《云冈石窟——西曆五世纪における中国北部佛教窟院の考古学的调查报告》，京都大学人文科学研究所，1953~1954年，第十一卷，图版70、76；第十二卷，图版13、27、28、42、61、84、95、99；第十三卷，图版2~4、7、66、67、71、72、76、79、87、89、90、107、122；第十四卷，图版29；龙门文物保管所、北京大学考古系：《龙门石窟（一）》，文物出版社，1992年，图16、139、143、146、150、151、153、155、156、162。
⑥ 李裕群：《南朝弥勒造像与傅大士弥勒化身》，《考古》2017年第8期。
⑦ 董华峰：《四川出土的南朝弥勒造像及相关问题研究》，《敦煌学辑刊》2011年第2期。
⑧ R. C. Sharma, *Buddhist Art of Mathurā*, Delhi: Agam Kala Prakashan, 1984, pp. 28, 94, 123.
⑨ 〔日〕望月信亨著，释印海译：《中国净土教理史》，华宇出版社，1986年，第9页。

年（420 年）无量寿三尊像①，四川茂汶永明元年（483 年）玄嵩造无量寿佛②。而据陈江总《金陵摄山栖霞寺碑》记载，南京栖霞山之三圣殿亦为 5 世纪末南齐时期雕造的无量寿佛及观世音、大势至两大菩萨③。公元 529 年，菩提流支于洛阳译出《无量寿经优波提舍愿生偈》。至此，阿弥陀信仰之"三经一论"基本具备，西方净土立教本义初显雏形，西方净土思想开始在官方和民间广为流传，无量寿形象也在北魏晚期各地石窟及造像中日渐增多④。

四、邺城及周边地区与净土信仰相关的遗迹与遗物

作为东魏北齐的都城，邺城及其周边地区现存有不少与净土信仰相关的雕刻及图像内容，对于探讨北朝晚期弥勒、弥陀崇拜及净土图像的发展演变具有重要意义。

（一）响堂山石窟中的净土经典刻经

北响堂山石窟南洞开凿于北齐时期，窟外现存的《晋昌郡公唐邕刻经记》详述刻经缘由。洞窟前廊两侧分别刻有《佛说弥勒下生成佛经》和《无量寿经优波提舍愿生偈》两部净土重要经典⑤。

《无量寿经优波提舍愿生偈》一卷，北魏菩提流支译，位于窟外前廊左壁。仅刻偈文部分，保存较为完整，隶书体，现存 26 列，每列四句 5 字偈言，现可辨识约 324 字（图 10）。

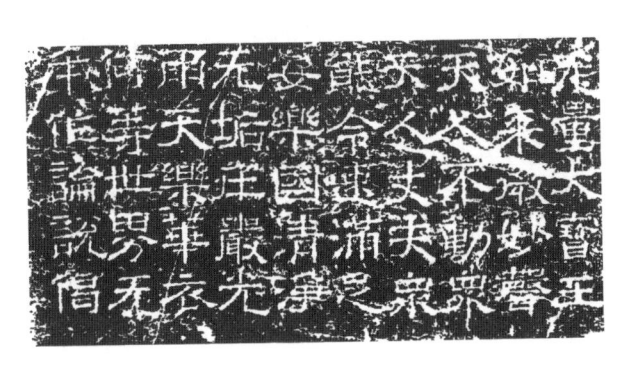

图 10 北响堂山石窟南洞窟外前廊左壁《无量寿经优波提舍愿生偈》⑥

---

① 甘肃省文物工作队、炳灵寺文物保管所：《中国石窟·永靖炳灵寺》，文物出版社，1989 年，图 21、28。
② 袁曙光：《四川茂汶南齐永明造像碑及有关问题》，《文物》1992 年第 2 期。
③ 宿白：《南朝龛像遗迹初探》，《考古学报》1989 年第 4 期。
④ 宿白：《云冈石窟分期试论》，《考古学报》1978 年第 1 期；塚本善隆：《竜门造像の盛衰と尊像の变化》，《塚本善隆著作集第二卷·北朝佛教史研究》，（东京）大东出版社，1974 年，第 254～265 页。
⑤ 张林堂、许培兰：《响堂山石窟碑刻题记总录》（壹），外文出版社，2007 年，第 43、72 页。
⑥ 张林堂、许培兰：《响堂山石窟碑刻题记总录》（壹），外文出版社，2007 年，第 43 页。

《佛说弥勒下生成佛经》一卷，姚秦鸠摩罗什译，位于窟外前廊右壁，全文雕刻，残损过半，隶书体，现存34列，可辨识约1700字（图11）。

图11　北响堂山石窟南洞窟外前廊右壁《佛说弥勒下生成佛经》[①]

---

① 张林堂、许培兰：《响堂山石窟碑刻题记总录》（壹），外文出版社，2007年，第72页。

（二）邺城周边石窟中的弥勒、弥陀与净土图像

十六国以来，南北佛教异趣，南方尚玄学义理，而北方重禅修实践[1]。无论是云冈一期的"昙曜五窟"、二期的中心塔柱窟，还是龙门北魏三壁三龛窟，洞窟造像中的三佛通常都是与禅修密切相关的过去（定光）、现在（释迦）和未来（弥勒）三世佛[2]。北朝晚期至隋代初年，随着佛学思想的发展和崇拜对象的多元化，邺城石窟造像的题材也有了一定的演变。三佛组合除继承北魏以来的纵三世佛外，如北响堂山北洞、南洞，南响堂山1窟、5窟等，还出现了包括卢舍那、无量寿（阿弥陀）在内的新式组合，如安阳灵泉寺大住圣窟开窟题记中明确提及"大隋开皇九年己酉岁敬造……卢舍那世尊一龛，阿弥陀世尊一龛，弥勒世尊一龛"[3]，反映了华严、法华和净土等多种佛学思想在邺下的融合。

在邺城周边石窟中，根据开窟题记、造像题铭及壁面浮雕题材可以确认与净土信仰有关的图像主要见于安阳小南海石窟和邯郸南响堂山石窟。

小南海石窟现存东、西、中3个洞窟，三窟大小相仿，形制、题材相近。中窟窟门上方刊刻的《方法师镂石板经记》载：

> 大齐天保元年（550年），灵山寺僧方法师、故云阳公子林等，率诸邑人刊此岩窟，仿像真容。至六年中，国师大德稠禅师重莹修成，相好斯备，方欲刊记金言，光流末季，但运感将移，暨乾明元年（560年），岁次庚辰，于云门寺奄从迁化。众等仰惟先师，依准观法，遂镂石班经，传之不朽。[4]

据此可知石窟开凿于6世纪中期的北齐天保年间。小南海中窟窟内三壁雕造三佛，正壁为一佛二弟子，由壁面浮雕"舍身闻偈"故事可将正壁主尊判断为释迦佛。东、西侧壁分别为一佛二菩萨，其中东壁壁面浮雕弥勒兜率天说法图，其下题刻"弥勒为天众说法时"，可知东壁主尊为弥勒佛。此说法图中的弥勒着菩萨装，结跏趺坐，居中做说法状。其左侧四身闻法天人，均侧身胡跪，双手合十。右侧三身闻法天人，或立或跪，双手合十或持物。两侧闻法天人皆朝向中间的弥勒菩萨（图12）。西壁主尊为阿弥陀佛，壁面浮雕楼阁、树木、莲花、水池，旁有"七宝宝树""五百宝楼""八功德水"及九品往生的题刻，出自《观无量寿佛经》之十六观（图13）。东窟雕刻题材与布局方式

---

[1] 汤用彤：《汉魏两晋南北朝佛教史》，北京大学出版社，1997年，第347页。
[2] 刘慧达：《北魏石窟中的"三佛"》，《考古学报》1958年第4期。
[3] 河南省古代建筑保护研究所：《河南安阳灵泉寺石窟及小南海石窟》，《文物》1988年第4期。
[4] 同③，第12页。

图 12　小南海中窟东壁弥勒兜率天说法图
（作者拍摄）

图 13　小南海中窟西壁九品往生图局部
（作者拍摄）

与中窟类似，东壁浮雕弥勒说法图，西壁浮雕十六观图像[①]。此类观经类题材在新疆拜城克孜尔石窟及鄯善吐峪沟石窟亦均有见，可视为阿弥陀净土的早期图像之一[②]。

南响堂山石窟现存七窟，第 2 窟门道外隋僧道净所撰《滏山石窟之碑》载：

……有灵化寺比丘慧义，仰惟至德，俯念巅危。于齐国天统元年（565 年）乙酉之岁，斩此石山，兴建图庙。时有国大丞相淮阴王高阿那肱，翼帝出京，憩驾于此，因观草创，遂发大心，广舍珍爱之财，开此口口之窟。……功成未几，武帝东并，扫荡塔寺，寻纵破毁。……[③]

据此可知洞窟开凿于北齐晚期。其中第 1 窟和第 2 窟主室门道上方均雕刻出场面较为宏大的西方净土变图像[④]。第 1 窟西方净土变正中为阿弥陀三尊，主尊结跏趺坐于仰莲座上，右手似作说法印，周围簇拥多身或坐或立的闻法菩萨。弥陀头顶有伞状宝幢，其上有十余身莲花化生像。画面下部正中为莲花香炉，两边为水池、莲花及相关人物和水生生物。中心画面两侧各有一幢汉式木构楼阁建筑，其上浮雕飞天伎乐（图 14）。

---

① 前揭李裕群：《邺城地区石窟与刻经》，第 457 页。
② 〔日〕宫治昭著、李静杰译：《阿弥陀净土之观想——吐鲁番吐峪沟石窟壁画我见》，《佛学研究》2000 年第 9 期。
③ 邯郸市峰峰矿区文管所、北京大学考古实习队：《南响堂山石窟新发现窟檐遗迹及龛像》，《文物》1992 年第 5 期。
④ 前揭李裕群：《邺城地区石窟与刻经》，第 458、459 页。

图 14　南响堂山石窟第 1 窟西方净土变线图 [1]

（三）邺城出土造像中与净土信仰相关的图像与题记

20世纪以来，中原北方东部地区先后出土了大量北朝时期的佛教造像，其中包括不少弥勒和弥陀像[2]。近年邺城及周边地区也陆续出土了相当数量的佛像[3]，规模最大的是1997年成安南街寺院遗址[4]和2012年邺城遗址北吴庄佛教造像埋藏坑的发现[5]。后者出土北魏至唐代造像2895件（块），绝大多数为东魏北齐时期造像，其中300件左右有造像题记，这为探讨邺城地区造像的题材和内容提供了重要资料。

邺城出土的题记造像大致有50件与弥勒、药师及弥陀崇拜有关，其中涉及弥勒的题材于北魏时期即已出现，但以弥勒为主尊的造像是在东魏以后数量才明显增多。如北吴庄出土东魏武定四年（546年）孙景亮造弥勒像（图15），该像白石质，高18.5厘米。主尊为交足坐姿菩萨，头戴矮冠，上身半裸，披帛在腹部交叉，下身着裙，两侧各

---

[1] 前揭李裕群：《邺城地区石窟与刻经》，第458页，图15。
[2] 杨伯达：《曲阳修德寺出土纪年造象的艺术风格与特征》，《故宫博物院院刊》1960年第2期；刘建华：《北齐赵郡王高睿造像及相关文物遗存》，《文物》1999年第8期；杜在忠、韩岗：《山东诸城佛教石造像》，《考古学报》1994年第2期；惠民县文物事业管理处：《山东惠民出土一批北朝佛教造像》，《文物》1999年第6期；刘凤君《青州地区北朝晚期石佛像与"青州风格"》，《考古学报》2002年第1期。
[3] 中国社会科学院考古研究所、河北省文物研究院、临漳县文化广电和旅游局：《邺城文物菁华》，文物出版社，2022年，第120~135页。
[4] 邯郸市文物研究所：《邯郸古代雕塑精粹》，文物出版社，2007年，图39~42、45~47、52、53、55~58、62~71、73~77；钟维：《邯郸北朝时期单体佛教造像的发现与探索》，《追溯与探索——纪念邯郸市文物保护研究所成立四十五周年学术研讨会文集》，科学出版社，2007年，第294~305页。
[5] 前揭中国社会科学院考古研究所、河北省文物研究所、邺城考古队：《河北邺城遗址赵彭城北朝佛寺与北吴庄佛教造像埋藏坑》。

有一身胁侍菩萨。背屏上部饰火焰纹，背面浅浮雕太子树下思惟像。方座正面雕双狮香炉，其余三面为纪年题刻：

> 大魏武定四年，岁次丙寅正月甲辰朔五日戊申，佛弟子孙景亮敬造弥勒白石像一区，仰为七世父母，先亡现存，□为边地受苦众生，离苦得乐。

6世纪中期以后，表现弥勒下生成佛的倚坐像日渐增多，十六国以来反映弥勒上生兜率天宫的交足菩萨形象逐渐消失。

邺城地区有题记的无量寿佛最早见于成安南街寺院遗址出土的北魏太和六年（482年）鞠抚造释迦像。该像背面浅刻一结跏坐佛，头顶华盖，身着通肩袈裟，禅定坐姿，左侧题刻"无量受像"，右侧题刻"相州阳平郡发干县"，底座题记愿亡者得见"弥勒下生，三会说法"（图16）。

图15　东魏武定四年（546年）孙景亮造弥勒像（邺城考古队拍摄）

图16　北魏太和六年（482年）鞠抚造释迦像背面[①]

另有北吴庄出土北魏永安二年（529年）仵兴造像塔。该塔三面开龛造像，上下有连接槽榫，正面龛像结跏趺坐，左龛佛立姿，右龛佛倚坐，均施无畏印，背面题刻"大魏永安二年八月六日，清信士仵兴仰为亡姊敬造释迦、定光、无量寿三身像，愿令亡姊托生净土……"[②]。而以无量寿或阿弥陀为主尊的造像则多见于6世纪后半叶的北齐，

[①] 邯郸市文物研究所：《邯郸古代雕塑精粹》，文物出版社，2007年，图39。
[②] 中国社会科学院考古研究所、河北省文物研究所：《邺城北吴庄出土佛教造像》，科学出版社，2019年，第15页。

数量超过同时期的弥勒造像，最具代表性的是北齐天保元年（550年）长孙氏造阿弥陀像（图17）。该像通高103厘米，雕刻精美，保存完整，表面残存贴金和彩绘痕。

主尊身着通肩袈裟，右手施无畏印，左手作与愿印，两侧胁侍二菩萨。背屏下部浮雕双龙，上有二莲花化生童子像。背屏中上部浮雕八身飞天，顶端雕舍利塔，塔侧各有一化生童子，手托宝珠做供养状。背屏背面墨线勾绘太子树下思惟像，下部两端浮雕窟中禅修坐佛。方形底座正面中部为双狮香炉，周边雕造八身舒腿坐姿的神王像，据其特征可辨为风神王、龙神王、河神王、火神王、山神王、狮子神王、象神王和珠神王。底座背面中部为长篇纪年题刻：

> 维大齐天保元年，岁次庚午，五月廿八日，长孙氏陆谨为亡夫北徐州刺史长孙㪍敬造阿弥陀像一区，举高三尺。仰愿亡夫乘此善根，往生安乐世界，亲近供养一切诸佛，常闻正法，永超八难，具足成就，功德智慧，普及群生，皆同斯愿（图18）。

图17 北齐天保元年（550年）长孙氏造阿弥陀像（邺城考古队拍摄）

图18 北齐天保元年（550年）长孙氏造阿弥陀像题记（邺城考古队拍摄）

早期的弥陀像多题铭为"无量寿佛"，该像为目前所见最早自铭为"阿弥陀佛"的佛教造像。与此同时，在邺城出土的多件北齐造像底座上，都出现了与西方净土信仰相关的莲花水池、化生童子及九品往生类的图像（图19、图20）。

北吴庄出土造像中还发现3件东魏北齐时期的药师像，其中东魏天平四年（537年）梁氏造药师像和北齐武平元年（570年）比丘尼静雅造药师像均为菩萨形象，而东魏元象元年（538年）道胜造药师像则为一佛二菩萨背屏式造像。该像残高27.4厘米，

图 19　北齐武平五年（574 年）赵美造像 　　　　图 20　北齐造像之莲池图像[①]

图 21　东魏元象元年道胜造药师像（邺城考古队拍摄）

主尊结跏趺坐于方形束腰须弥座上，身穿褒衣博带式袈裟，右手施无畏印，左手作与愿印。二菩萨头戴三叶形冠，身着长裙，双手在胸前合十，跣足立于圆莲台上。底座正面中部为双狮香炉及供养比丘，背面题刻"元象元年七月十五日，比丘尼道胜敬造药师像一区，仰为皇帝陛下、中宫内外、群僚百官、七世师僧、所生父母、法界众生、三徒受苦，咸同斯福，俱成正觉"（图 21）。

根据侯旭东对 5～6 世纪中原北方地区造像题记的统计，弥勒造像主要盛行于北魏中晚期，东魏以后略有衰减的趋势，而以无量寿（阿弥陀）为主尊的造像在 6 世纪中期开始逐渐增多，但与释迦、弥勒、观世音及思惟太子像相比，所占比例始终不高[②]。需要注意的是，这一时期许多造像的主尊虽然不是弥勒或阿弥陀，但发愿文末却明显具有弥勒及阿弥陀信仰的内容，其主旨分别以"弥勒三会"和"托生西方净土"为核心，且其数量多于主尊是弥勒和弥陀的造像。邺城出土且与净土信仰有关的近 50 件题记造像中，主尊为弥勒或无量寿的只有十余件，大多数主尊为释迦、观世音或思惟太子。如北魏江道和造释迦像，题记发愿则为"愿居家眷属，弥勒下生，上生天宫；安

---

① 中国社会科学院考古研究所、河北省文物研究所：《邺城北吴庄出土佛教造像》，科学出版社，2019 年，第 196 页。
② 侯旭东：《五、六世纪北方民众佛教信仰——以造像记为中心的考察》，中国社会科学出版社，1998 年，第 108、109、113～116 页。

乐之处，托生西方；龙华树下，一时成佛"（图22）。北齐天保二年（551年）房就造释迦像，发愿"托生西方，妙乐国土；生生世世，值佛闻法"。天统三年（567年）比丘尼昙通造双思惟像，"愿亡师托生西方妙乐国土"等，显示了北朝晚期佛教信仰的多样性和复杂性[①]。

隋唐以降，邺城归属相州管辖。这一时期开窟造像活动明显减少，但在石窟补刻小龛和单体造像中，弥勒和弥陀像却较为常见，如北吴庄出土的唐上元二年（675年）张弘亮造阿弥陀三尊像，通高30.2厘米。一佛二菩萨龛像式组合，主尊为坐佛，波状发髻，面相丰腴，身穿双领下垂式袈裟，左手抚膝，结跏趺坐于仰莲座上。二胁侍菩萨头戴半圆冠，上身半裸，下身着长裙，一手在胸前持莲蕾，一手贴体提净瓶或宝珠形饰，跣足立于出梗莲台上。龛像下有纪年题刻："上元二年十月廿日，弟子张弘亮上为七代先亡伯父及见在家口，敬造阿弥陁像一铺，法界同福。"（图23）另有一件倚坐弥勒下生像，高60厘米。佛像面相方圆，螺发，体格健壮，身穿袒右袈裟，内着僧祇支，减地雕出凸棱状勾旋衣纹，左手抚膝，右手曲至右胸前，肘部以前残断。垂足下踏连梗小莲台，倚坐于方形束腰须弥座上（图24）[②]。

图22 北魏江道和造像题记（邺城考古队拍摄）

图23 唐上元二年（675年）张弘亮造阿弥陀像（邺城考古队拍摄）

图24 唐倚坐弥勒像（邺城考古队拍摄）

---

① 何利群：《邺下净土信仰及相关遗存》，《中原文物》2018年第4期。
② 前揭中国社会科学院考古研究所、河北省文物研究所、邺城考古队：《河北邺城遗址赵彭城北朝佛寺与北吴庄佛教造像埋藏坑》。

五、邺下净土思想传承

邺下弥勒和弥陀思想源远流长，早在十六国后赵时期，邺中佛教初兴，道安入邺求学于佛图澄，并在佛图澄去世后统领邺下僧众。据文献记载，道安出家伊始即习学《辨意经》，该经系描述弥勒受记于释迦，留驻世间决疑事迹[1]。而（梁）僧祐《出三藏记集》亦载，道安编纂现已佚的《综理众经目录》中，收录了竺法护所译《弥勒成佛经》《弥勒菩萨本愿经》及失译的《弥勒经》《弥勒当来生经》等早期弥勒经典[2]。五世纪中期以后，中原北方战乱频仍，道安被迫率领邺下僧众400余人南迁襄阳，以清河张殷宅立檀溪寺，四方官宦豪族纷纷捐资赠物，前秦国主苻坚遣使赠送外国金像、结珠弥勒像等。道安晚年更笃信弥勒，"安每与弟子法遇等，于弥勒前，立誓愿生兜率"[3]。而道安弟子庐山慧远，自太行恒山从道安出家后，长年追随，承其衣钵。东晋太元六年（381年）慧远南下庐山，结社修行，以净土念佛为不二法门，与信众刘遗民等"于精舍无量寿像前，建斋立誓，共期西方"[4]。被后世奉为中土西方净土思想之缘起与主流。

北魏末年，净土初祖昙鸾于洛阳求教于菩提流支，得授《观无量寿佛经》及《无量寿经优波提舍愿生偈》，此后在并州大寺及汾州北山石壁玄中寺等地聚众讲经，专弘净土，其行化郡邑，流靡弘广，"魏主重之，号为神鸾。……以魏兴和四年，因疾卒于平遥山寺，春秋六十有七。……又撰《礼净土十二偈》，续《龙树偈》后。又撰《安乐集》二卷等，广流于世"[5]。

公元534年，北魏分裂，东魏由洛阳迁都邺城。《洛阳伽蓝记》载："暨永熙多难，皇舆迁邺，诸寺僧尼亦与时徙。"[6]北魏末年活跃于洛阳译场的天竺人氏菩提流支、勒那摩提、佛陀扇多、瞿昙般若流支等随之东迁，而游学于洛阳的中土名僧如慧光、僧稠、僧范、道凭、法上等也先后应诏赴邺，邺下佛教由此大盛，并在东魏北齐之际达到顶峰，取代洛阳成为公元六世纪中期中原北方地区的佛教文化中心[7]。

北朝晚期的邺城高僧云聚，义学星罗，小乘的毗昙、成实，大乘的地论、华严、法

---

[1] 前揭汤用彤：《汉魏两晋南北朝佛教史》，第154页。
[2] （梁）释僧祐：《出三藏记集》，《大正藏》第2145号，第55册，第18页。
[3] （梁）慧皎撰、汤用彤校注、汤一介整理：《高僧传》卷五，中华书局，1992年，第179、183页。
[4] 当时出身邺下信奉西方净土的僧人为数不少，如鸠摩罗什门下四大弟子之一，时誉"邺卫松柏""关中四圣"的僧叡本为"魏郡长乐人也……善摄威仪，弘赞经法。常回此诸业，愿生安养。……平生誓愿，愿生西方"。"释昙鉴，姓赵，冀州人。……学究群经，兼善数论。闻什公在关，杖策从学。……常愿生安养，睹觐弥陀。"参见（梁）慧皎撰，汤用彤校注、汤一介整理：《高僧传》，第214、244、245、273页。
[5] （唐）道宣：《续高僧传》卷六，《大正藏》第2060号，第50册，第470页。
[6] （魏）杨衒之：《洛阳伽蓝记》，《大正藏》第2092号，第51册，第999页。
[7] 何利群：《东魏北齐时期的邺城佛教研究》，《邺城考古发现与研究》，文物出版社，2014年，第377~391页。

华、净土及禅、律诸学在此融汇。北齐昭玄大统法上，魏齐两代历为统师，所部僧尼二百余万，以其所得捐助在邺西合水寺建弥勒堂，晚年更是笃念慈氏弥勒：

> 末敕住相州定国寺，而容德显著，感供繁多。所得世利造一山寺，本名合水，即邺之西山，今所谓修定寺是也。山之极顶造弥勒堂，众所庄严，备殚华丽，四事供养百五十僧。及齐亡法湮，僧不及山寺。上私隐俗服，习业如常，愿若终后，觐睹慈尊。如有残年，愿见隆法，更一顶礼慈氏如来。①

义僧昙衍，东魏国僧统慧光高足，博学善辩，为北齐赵郡王高睿、上洛王高元海、胶州刺史杜弼等皇亲重臣深相敬重，常随义学千有余僧，出家居士近于五百，在齐境影响甚大，其临终前"便诵念弥勒佛，声气俱尽"②。昙衍弟子灵干，于邺下大庄严寺投师，齐亡后入隋，其"志奉华严，常依经本，作莲华藏世界海观及弥勒天宫观"③。另有沧州人玄景，依邺都慧法师出家，北周灭齐后潜逸山林，临终前亦称欲见弥勒④。

邺下净土信仰以西方净土为主，邺城周边地区现存的石窟刻经及图像当为佐证。齐隋之际名僧灵裕，于宝山开凿"金刚性力住持那罗延窟"（即今安阳灵泉寺大住圣窟），造卢舍那、弥勒和阿弥陀三尊，其著述颇丰，曾为《观无量寿佛经》《往生论》及弥勒上、下生经各做疏记⑤。法上弟子净影慧远，以雄辩著称，常年在邺下讲经说法。北周武帝灭佛期间，慧远与帝在朝堂争论而被尊为"护法菩萨"，其著述中也有整理《观无量寿佛经》的记录⑥。同时邺下还有信奉东方净土者，北齐文宣帝天保年间，盛弘讲席，邺中天平寺真玉享有盛誉，门下弟子及追随者数百千人，"忽闻东方有净莲华佛国，庄严世界与彼不殊，乃深惟曰：'诸佛净土岂限方隅，人并西奔一无东慕，用此执心难成回向。'便愿生莲华佛国"⑦。

公元577年北齐灭亡，先后经历了北周武帝建德法难和杨坚毁城移民的邺城佛教受到沉重打击，寺塔俱毁，僧众流散，邺下佛教一度陷入沉寂。隋唐以后，佛法复兴，名僧大德应诏而出，邺下净土信仰始得传承，如相州寒陵山寺僧昂，魏郡本地人，师从灵裕出家，"化物余景，志结西方，常愿生安养"。僧昂长居相州，漳河两岸信众，咸蒙惠泽，临终之前"便见西方香花伎乐，充塞如团云，飞涌而来"⑧。另有唐终南山智炬寺明瞻，初在飞龙山应觉寺出家，后投邺下大集寺，隋初居相州法藏寺，开皇三年应诏赴长

---

① （唐）道宣：《续高僧传》卷八，《大正藏》第2060号，第50册，第485页。
② 同①，第487页。
③ 同①卷十二，第518页。
④ 同①卷十七，第569页。
⑤ 同①卷九，第497页。
⑥ 同①卷八，第491页。
⑦ 同①卷六，第475页。
⑧ 同①卷二十，第588页。

安大兴善寺，僧传载其"竭诚勤注，想观西方"，临终思见阿弥陀佛并观世音、大势至二大菩萨[①]。上述两件唐代造像当为邺下净土信仰之遗韵，但此时的邺城已丧失早前的国都和佛教中心地位，无论是造像特征还是净土思想均显示出长安佛教的影响。

如上所述，北朝晚期邺下佛学繁盛之时，正值末法思想广为流行之际，净土信仰不可避免地深受当时末法观念的强烈影响。隋唐净土宗师道绰、善导即依《大集月藏经》之末法时段宣扬净土教法，提倡念佛法门[②]，奠定了后世净土宗的理论和实践基础。早期佛教术语中的"此岸"与"彼岸"，原指迷界的此方之岸和开悟或涅槃的彼方之岸，在净土信仰中逐步发展成为末法之现世与西方极乐世界的概念。净土图像也由最初简单的、并无显著特点的无量寿造像，随着时代的推移而不断增加新的内容，化生童子、莲花水池、水生生物、亭台楼阁及闻法诸众日渐丰富到净土图像中，直至形成唐代规模宏大、画面繁复、气势磅礴的西方净土变相。

---

① （唐）道宣：《续高僧传》卷二十四，第632、633页。
② （唐）道绰：《安乐集》卷上，"是故《大集月藏经》云：'佛灭度后第一五百年，我诸弟子学慧得坚固；第二五百年，学定得坚固；第三五百年，学多闻、读诵得坚固；第四五百年，造立塔寺、修福忏悔得坚固；第五五百年，白法隐滞多有诤讼，微有善法得坚固。'……计今时众生，即当佛去世后第四五百年，正是忏悔、修福，应称佛名号时者。若一念称阿弥陀佛，即能除却八十亿劫生死之罪"；"是故《大集月藏经》云：'我末法时中，亿亿众生起行修道，未有一人得者。'当今末法，现是五浊恶世，唯有净土一门，可通入路。是故《大经》云：'若有众生，纵令一生造恶，临命终时，十念相续称我名字，若不生者，不取正觉。'"（《大正藏》第1958号，第47册，第4、13页）。

山东诸城犍陀罗风格石佛首发微

韦 正[1] 王 倩[2]
（1. 北京大学考古文博学院　2. 郑州大学考古与文化遗产学院）

一、佛首基本信息

山东诸城博物馆收藏一件石佛首（图1），具有鲜明的犍陀罗风格。这件佛首残损严重，主要存留的是面部和少量头光。现存部分不规则形，残宽、高22厘米左右。佛首的肉髻残破，从额头发际线到下巴的高度约14厘米，两耳郭之间距离约12厘米。这件佛首在博物馆展牌上仅有"浮雕佛头像　东魏"字样，别无其他信息，但这不表示其不可能是一件出土文物。诸城体育场出土的很多佛教造像都陈列在诸城博物馆中[1]，展牌上也与这件石佛首一样仅标明名称和时代信息。这件佛首的艺术风格和工艺特征很纯粹，不存在作伪迹象。诸城作为县级行政单位，文物从外地流入的可能性很小，因此这件佛首很可能出土于诸城，只是有关信息不得而知或尚未披露而已。

图1　诸城博物馆藏石佛首

这件佛首目前还没有引起应有的关注。孙亚楠比较系统地研究了诸城北朝造像，但在其《山东诸城北朝石造像分期研究》[2]一文中，没有涉及这件佛首。刘凤君比较全面地考察过山东地区佛教造像，但其论文《山东地区北朝佛教造像艺术》[3]和专著《山东佛像艺术》[4]也均未提及这件佛首。鉴于这件佛首具有比较重要的价值，所以专门进行讨论，希望引起更多关注。

---

[1]　杜在忠、韩岗：《山东诸城佛教石造像》，《考古学报》1994年第2期。
[2]　孙亚楠：《山东诸城北朝石造像分期研究》，华东师范大学硕士学位论文，2022年。
[3]　刘凤君：《山东地区北朝佛教造像艺术》，《考古学报》1993年第3期。
[4]　刘凤君：《山东佛像艺术》，文物出版社，2008年。

二、佛首的性质

之所以认为这是一件犍陀罗风格的佛首，除了雕刻的刀法之外，主要依据以下特征：小脸、下颚部较尖；眼窝深陷，眼部仅刻出上下轮廓线，眼球圆鼓，没有刻出眼珠；眉弓和鼻梁为连续的弧线；面部表情略显冷静或接近没有表情；头部有较为疏朗的波纹。

这种形式的佛像在犍陀罗地区比比皆是，是对当地统治阶层人物形象的理想化表现。犍陀罗当地占主导地位的是来自地中海世界的希腊罗马人物。就犍陀罗佛像产生和流行的时代而言，则表述为罗马帝国时代人物更为恰当。亚历山大东征后，希腊人就来到了犍陀罗地区。继承亚历山大统治东方的塞琉古帝国将更多的希腊人迁徙到东方，这些希腊人在中亚建立了希腊—巴克特里亚王国。由于大月氏西迁到河中地区并建立贵霜帝国，希腊—巴克特里亚王国的重心被迫从兴都库什山以北迁移到兴都库什山以南的犍陀罗地区。后来的贵霜帝国重心也从北方迁移到兴都库什山以南地区，从而得到了希腊罗马文化的滋润。贵霜帝国开始信仰佛教后，希腊罗马文化就发生了很大变化，这在佛教造像方面体现得格外明显。再者，佛像在犍陀罗地区产生的时代已经大约相当于罗马帝国时代的初期，此时罗马帝国的主要控制范围位于幼发拉底河以西地区，和犍陀罗地区间隔着与罗马帝国经常处于战争状态的安息帝国以及后来的萨珊帝国，似乎罗马文化很难直接影响到这里，实质则不然。这是由于控制伊朗高原和两河流域的安息王朝和萨珊王朝非常倾慕希腊罗马文化，所以犍陀罗地区仍然可以连续接收到希腊罗马文化。因此，犍陀罗佛像一开始就体现出强烈的希腊罗马人物特征，而且不因时光的流逝明显减弱。

中国早期佛教艺术主要从犍陀罗地区输入，这是公认的史实。从理论上来讲，最初传入中国的佛像应该具有较多、明确的犍陀罗特征。但这也不可一概而论，因为中国幅员辽阔，从帕米尔高原到东海之滨有万里之遥。与犍陀罗地区邻近的新疆地区古称西域，这里的地理环境与犍陀罗地区较为相似，人种构成、语言文化等方面也与犍陀罗地区关系密切，因此新疆地区佛教造像与犍陀罗地区具有高度相似性，这在考古发现方面有很多材料可资证明，在完整佛像发现较多的塔里木盆地南缘有更多的相关资料，如洛浦热瓦克佛寺发现的青铜造像（图2）和泥塑像。但新疆以东地区在汉武帝时建立了河西四郡，这个时间早于佛像诞生约百年之久，当地文化和人种体质特征上都与西域差别较大，与犍陀罗和希腊罗马世界差别更大。传播到新疆以东地区的佛教造像在最初阶段有可能保留较多的犍陀罗特征，但数量不会太多，形态不久就得发生变化，以适应新的地理和人文环境。当然，就新疆以东地区而言，由于从河西到东

图2　和田出土犍陀罗式佛头像
（大谷光瑞和田采集品，翻拍自和田博物馆展板，现藏东京国立博物馆）

海之滨仍然有数千里之遥，在西部地区发现的犍陀罗式佛教造像在理论上来说应该多于东部地区，越靠近东部地区发现的犍陀罗式佛教造像的数量相对要少，但学术价值就要更大些。就此而言，位于东部地区、犍陀罗特征鲜明的这件诸城佛首的价值是很大的，有必要对这件佛首予以充分的重视和解读，从人文学科角度来说，首需解决的则应是年代问题。

三、佛首的年代

年代问题是基本问题。诸城博物馆展牌上标注其年代为东魏，这是不合适的，有必要重新讨论。不知展牌将年代定为东魏的依据，检索诸城地区佛教资料，也未见相关信息，或许与诸城出土的佛教造像年代大多为北齐、少数为东魏或北魏晚期，而这件造像特征与北齐明显有别，而被定为东魏时期吧。在行政建置和佛教造像艺术方面，诸城的独立性不够强，仅以诸城为区域不能说明诸城造像的来龙去脉。青州是当时山东北部和东部的中心，可以将诸城包括进来，所以下面以青州及周边地区来涵盖今青州、博兴、潍坊、诸城、临淄等地区。青州及周边地区佛教造像发现数量十分可观，但笔者所知具犍陀罗特征者除诸城佛首外，仅另有临淄齐文化馆展出一件体量略小、风格接近的造像头部（下文简称临淄像首）[①]（图3）。临淄像首可能是一菩萨或天王，牵涉问题较多且与主题关系不大，所以这里不拟展开。就这两件犍陀罗式造像而言，由于与青州及周边地区常见的北魏晚期东魏北齐造像差别明显，通常会认为彼此年代不同，且有较大间隔，但实际情况可能要复杂一些。这里只想着重指出犍陀罗式造像在青州及周边地区并非没有，但目前的发现尚不多。为了行文方便，下文还是集中讨论诸城佛首的年代，临淄像首年代相近，但不再作说明。综合各种情况来看，诸城佛首的年代上限可能到十六国晚期，即出现于十六国晚期；使用的时间则可能延续到北魏洛阳时代，在洛阳风格造像大规模传播到青州地区之前。

图3　临淄齐文化馆藏石造像头部

[①] 临淄像首虽然严重残破，但小脸、大眼的犍陀罗特征依然可辨。其展牌信息为："佛头像　北魏　齐都镇西关一村（西天寺旧址）出土。"可知这是一件出土品。笔者也未知其他信息或研究成果，但展牌上的年代和名称同样需要重新考辨。临淄像首的额上有发带、发髻前部有装饰，可知这不是一件佛首，也不类于常见的菩萨。定名的不准确，会影响到展牌其他信息的可信度，就是说展牌将年代定为"北魏"是否可信？依笔者看来，这个年代很大程度上可能猜想成分较重，但说中了其中的一部分，实际存在的年代可能从十六国晚期到北魏迁洛前后。

先说后一点，即诸城佛首可能使用了很长时间而没有太大变化。众多的考古发现基本证明了青州及周边地区石质佛教造像的频繁出现是在北魏洛阳时代的中后期。佛教造像的褒衣博带特征，有关北魏洛阳时代的纪年，共同证明洛阳时代中后期青州及周边地区石质造像的出现具有一定的突发性。揆诸历史，这个现象是合理的。青州（及齐州，即济南及周边地区）在宋魏泰始年间（北魏皇兴年间）战争后，遭到严重破坏，社会上层人物被迁徙到平城附近，成为北魏历史上有名的"平齐户"。这些平齐户在孝文帝迁洛后才得以被陆续放归故里，他们重新安置生活、恢复经济、发展文化、用艺术形式表现自己的信仰，需要一段可观的时间。这是北魏洛阳时代中后期青州及附近地区出现佛教造像并迅速增加的历史背景。因此之故，青州及附近地区北魏洛阳时代中后期的造像具有移植性，与北魏首都洛阳的造像特点相似。也因此诸城佛首不宜视为洛阳时代中后期之物，而当为更早时期之物。这个情况不但事关诸城佛首的年代，更表明青州地区佛教艺术活动在北魏控制这里后基本迟滞难行了。而之前青州地区受南方政权直接控制约八十年之久（自刘裕灭南燕之青齐入魏），佛教艺术当具有南方特点而不太可能是犍陀罗式，这从戴逵等人在东晋时期已经对佛教艺术进行中国化的改造可以揣知。

再说第一点，即诸城佛首可能产生于十六国晚期。山东地区十六国时期佛教造像的发现虽然不多但很重要，略举数例如潍坊市征集的鎏金铜佛坐佛像[1]、青州高柳镇牛家口村出土的铜坐佛像[2]（图4）、博兴龙华寺遗址窖藏出土的张文造鎏金铜佛坐佛像[3]（图5）。这三尊金铜造像的价值很不一般。青州牛家口村像为出土品，这与博兴龙华寺遗址窖藏出土品的性质一样，真实性都无可怀疑。潍坊市佛像虽为征集品，但看不出伪造的痕迹，而且潍坊与青州、博兴近在咫尺，今青州市行政上属于潍坊市，在潍坊出现类似于青州、博兴的造像属于正常。如果结合文献记载来看，那么，青州及周边地区出现十六国佛教物品就更正常了。《高僧传》卷九《神异上·晋邺中竺佛图澄传》载："（石）虎于临漳修治旧塔，少承露盘。（佛图）澄曰：'临淄城内有古阿育王塔，地中有承露盘及佛像，其上林木茂盛，可掘取之。'即画图与使，依言掘取，果得盘像。"[4] 佛图澄故事颇多灵异，但就涉及的地域而言，考古发现颇能与记载大致相合，青州和附近地区就是其中的一个地域。诸城虽然与青州有一定距离，但诸城佛首可以与那些金铜佛像和文献记载合看而不悖[5]。

诸城佛首年代是否能比十六国晚期更早则颇费斟酌。十六国晚期至云冈石窟开凿之前，在关中的西安、华北的易县、蔚县都有可靠的石造像发现，且都是背屏式造像。

---

[1] 浙江省博物馆：《佛影灵奇——十六国至五代佛教金铜造像》，文物出版社，2018年，第48页。
[2] 浙江省博物馆：《佛影灵奇——十六国至五代佛教金铜造像》，文物出版社，2018年，第48页。
[3] 浙江省博物馆：《佛影灵奇——十六国至五代佛教金铜造像》，文物出版社，2018年，第194页。
[4] 梁慧皎撰、汤用彤校注：《高僧传》卷九《神异上·晋邺中竺佛图澄传》，中华书局，1992年，第352页。
[5] 还可一提的是，博兴龙华寺窖藏十六国金铜像与常见汉式面孔的不太一样，其下巴比较尖，也颇具犍陀罗特点（参见图5），诸城佛首可谓不孤。

图 4　青州高柳镇牛家口村
出土铜坐佛像

图 5　博兴龙华寺遗址窖藏出土
张文造鎏金铜佛像

还有一些尽管是个人收藏如日本京都藤井有邻馆收藏的太安元年（455年）张永造石造像[①]，但也是比较可靠的石造像。这些背屏式石造像的年代都不早于十六国晚期。诸城佛首也可能也是背屏式造像的一部分，其年代同样难以认为比十六国晚期还早。因此，参照石造像和山东十六国金铜佛像，诸城佛首年代上限置于十六国晚期为妥。

合并而言，诸城佛首出现于十六国晚期，有使用到北魏迁洛之前，甚至之后一段时间的可能性。其出现，与山东地区相关十六国时期造像相吻合；其延续而基本未变，与青齐地区社会历史在入魏后长期停顿有关。

四、佛首的意义

上文的讨论，已部分涉及诸城佛首的意义，下面正面论述。其意义可分为显性和隐性两个方面。显性方面较为简单明确，即对于理解山东地区汉末至十六国时期佛教艺术的接续性有意义。隐性方面较为复杂，至少涉及两点，其一，对理解山东地区乃至中国北部地区十六国到北魏迁洛前后佛教艺术先盛后衰的状况有意义；其二，对于理解石质造像与金铜造像的年代差异，以及金铜造像内部特征差异有意义。

先简单说下显性方面的意义。由于金铜造像构成十六国佛教造像的主要部分，而且在关中和石家庄、满城等河北中部地区金铜造像发现最多，因此山东地区金铜造像的发现被有意无意地忽视、价值被低估。举例而言，与青州、临淄相比，今博兴在十六国时期的地位远远不及，博兴龙华寺的发现也具有偶然性，而且龙华寺遗址考古出土文物尚

[①]　金申：《中国历代纪年佛像图典》，文物出版社，1994年，第16页。

未见完整报道，但出土佛像类型之丰富、数量之多，很出乎人的预料。上文提及的三件山东地区早期金铜佛像肯定只是整个山东地区十六国金铜佛像的冰山一角。依据此判断，山东地区十六国佛教造像的实际状况就可以与在本地区丰富的汉末佛教遗存相衔接。今山东地区是汉末佛教相关遗存发现最集中的地区之一，沂南、滕州、邹城等很多地点的汉末画像石等载体上都发现有佛教因素，有些因素被直接指认为佛像或比丘形象。与今山东邻近的江苏徐州、连云港等地佛教因素的发现也颇多。这些地区当时与山东属于同一文化圈，相关发现完全可以合看。虽然汉末三国时期山东地区也经历了战乱和动荡，但并没有造成根本性的伤害。与之形成对比的是，西晋永嘉之乱及之后的十六国时期，山东地区所遭受的创伤要深重得多，这从山东地区十六国墓葬的发现远少于西晋墓葬就可推知。尽管如此，山东地区遭受的损害并不比中原河北等地更严重，而且山东地区深厚的佛教基础和良好的自然条件，特别是山东北部地区作为河北士人流寓的主要方向之一，都可能造成山东地区十六国时期的佛教发展状况仍较可观，可以大致与汉末以来的佛教状况相接续。

下面对隐性方面的意义适当展开。先讨论第一点，即山东地区乃至中国北部地区十六国至北魏迁洛前后佛教艺术存在先盛后衰的状况。

可能由于云冈石窟开凿于文成帝即位之后，还可能由于学术界普遍接受云冈石窟对外巨大影响的观点[1]，从北魏建国或云冈石窟开凿伊始至孝文帝迁洛前后包括山东地区在内的中国北部多数地区佛教艺术发展迟滞——基本维持十六国晚期面貌而变化缓慢这一情况被长期忽视了，进而对这些地区十六国时期佛教艺术相对繁荣的估计则有所不足。对很多地区在北魏迁洛前佛教艺术很大程度上维持着十六国晚期面貌的认识上的不足，导致了一些学术观点的巨大分歧，如对莫高窟第268、272、275三窟有"北凉三窟"和北魏太和年间的认知鸿沟，如对麦积山早期洞窟是云冈影响下产物还是各自为战或麦积山影响到云冈的颠倒性判断。对从十六国晚期到北魏迁洛前后中国北部地区石窟总体状况判断的有所缺失，是上述分歧存在的底层原因。直言之，除了来源可靠、有明确纪年的佛教造像外，目前判断为十六国时期的佛像都蕴含着一直使用到北魏迁洛前后的可能性，我们下面还会用麦积山、莫高窟等石窟为例来辅助说明这种情况的普遍存在。为了不引起过多的混乱，对过去佛像的年代判断如果不存在明显问题的我们还是沿用原来的判断，但不能忘记的是称之为"十六国"时期时，实际存在的时间是从十六国到北魏迁洛前后。十六国已经出现，所以是相对繁荣时期；北魏迁洛前后主要是沿用期，所以称之为迟滞时期。

先说对中国北部地区十六国佛教造像艺术相对繁荣情况的估计不足。山东地区十六国佛教艺术相对繁荣但认识有所不足的情况已如前述。中国北部还有一些地区也有十六国佛教艺术的重要发现但意义同样估计不足，如河北隆化山区的采石场也发现了不止

---

[1] 宿白：《平城实力的集聚和"云冈模式"的形成与发展》，文物出版社，1996年，第144页。

一件十六国金铜像①（图6）。无论古今，隆化都是比较偏僻的地方，与诸城、青州等地区不可同日而语。易县西贯城、唐县雹水村也是比较偏僻的山麓或山区地带，但也都发现了十六国佛像②（图7）。这是一种新的佛像分布态势。这种态势为什么出现在十六国时期？这当与十六国时期社会格局的大变化有关。在隆化这样偏僻的地方出土十六国时期佛像，让人联想到北燕冯素弗墓中出土的佛像纹饰的金珰。十六国时期新出现多个都城级的地域中心，不同地域中心之间的交通格局不同以往，原来一些相对偏僻地区变得重要起来，隆化就属于这种情况，其交通地位在新格局下有所上升，佛像随之出现。另外，出于安全和自保等原因，坞壁堡垒在山麓或山区地带的建立，也带来佛教的进入，易县西贯城、唐县雹水村佛像主要就是这种变化的产物。在这些较为偏僻地区出现佛像，是十六国时期佛教有活力的表现③。后来的北魏平城时代早期在相对偏僻地区出现背屏石造像，如蔚县黄梅乡榆涧村石峰寺征集的太平真君四年（443年）石造像（图8），也是类似原因和结果的再现。

图6 隆化四道营乡三道营村采石场征集北魏泰常五年（420年）金铜佛像

图7 易县西贯城出土十六国佛像

但是，进入北魏平城时代后，很多地区佛教艺术发展步伐反而缓慢下来了。由于很多地区佛教遗存的连续性不好，

---

① 浙江省博物馆：《佛影灵奇——十六国至五代佛教金铜造像》，文物出版社，2018年，第49、50、52、53页。
② 浙江省博物馆：《佛影灵奇——十六国至五代佛教金铜造像》，文物出版社，2018年，第41、42页。
③ 金铜造像的出现也是一个问题。犍陀罗和新疆地区没有中国式的金铜造像，甘肃、山西也几乎没有发现早期的金铜造像。金铜造像发现最多的是陕西、河北和山东，河南省因为黄河泛滥的缘故，推测原来有金铜造像。这种分布态势表明金铜造像可能是在中国产生的，其动因也应在中国。考古发现一批东汉时期有的有翼小铜人，与域外文化关系密切，其含义则与仙人有关或与期盼幼童成人有关（参见朱浒、段立琼：《汉晋有翼铜人及其铭文新证》，《形象史学》2017年总第九辑），或两种含义兼而有之。金铜像最初也未必具有纯粹的佛教含义，这与佛教的流传状况是相应的，著名高僧佛图澄以神异见长，理解为佛教的神通可以，理解为道教的法术也可。当时僧人与道士之间交往密切之例不少，著名者如支道林、僧朗。僧朗"以伪秦符健皇始元年（351年）移卜泰山，与隐士张忠林下之契，每共游处"[（梁）慧皎撰，汤用彤校注：《高僧传》卷五《义解·晋泰山昆仑岩竺僧朗》，中华书局，1992年，第190页]。此条内容曾于2024年11月21日与王倩在济南考察途中讨论。

或者仅是零星的、缺少纪年的发现，这种迟滞状况不易被察觉。为了更好地理解这个现象，我们举例予以说明。第一例是麦积山石窟，其中的第 23 窟主尊是褒衣博带式，其标志的年代最早不过云冈二期后段，而更可能是北魏洛阳时代的产物。但第 23 窟胁侍菩萨是麦积山公认最早洞窟之一的第 78 窟中就已经存在的样式——面部特征不类汉人、天衣边缘有之字纹、大裙紧裹下身、双腿轮廓毕现。与这种菩萨相配的常见佛像是袒右的犍陀罗样式。关于第 78、74 窟为代表的麦积山早期洞窟年代，年代上限可到十六国晚期，而不是有些学者认为的北魏时期。如此认识的主要理由是这些造像具有浓重的犍陀罗风格，如果它们是云冈影响下的产物，那么主尊样式就应该与云冈类似——第 20 窟脸型方正、身材敦厚的大佛可作代表，与很多北魏墓葬出土陶俑十分类似，这是典型的鲜卑人体特征。麦积山早期洞窟主尊都是密集衣纹的袈裟而非云冈式的高度凸起衣纹或阶梯状，更是麦积山没有受到云冈影响的标志。麦积山早期佛像与犍陀罗佛像的相似度非常高，也说明传入的年代很早。所以如此认为，其根本原因在于，从北魏统一中国北部地区开始，犍陀罗艺术已不能如十六国时期那样自由地传入中国了。而且，关中地区还是太武帝灭佛的重灾区，之后北魏政权对关中态度也很不友好。种种情况制约下，关中地区不要说获得新的佛教艺术资源，就是能够维持已属不易。因此，从十六国晚期兴起，直到北魏洛阳造像风格影响到来之前，麦积山石窟的特征自然没有多大改变。再一例是西安北郊出土的佛教"四面造像碑"（图 9）和西安礼泉寺遗址出土的"亭阁式造像塔"（图 10），这两件文物现在都陈列在西安博物院佛教造像展厅中，

图 8　蔚县黄梅乡榆涧村石峰寺征集的太平真君四年（443 年）石造像

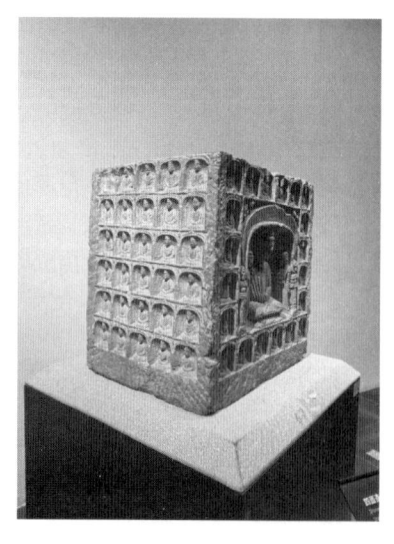

图 9　西安北郊出土佛教"四面造像碑"

图 10　西安礼泉寺遗址出土"亭阁式造像塔"

年代都晚于云冈石窟开凿,甚至晚至北魏洛阳时代。西安北郊出土"四面造像碑"正面一佛二菩萨的服饰特点古意盎然,主尊佛像的右臂基本被袈裟所包裹住,具有明显的古罗马"托加"袍特征,而菩萨裹体大裙使腿部轮廓毕露。仅从这些特征看,这件四面造像碑的年代上限到十六国晚期也不为过。但是,四面造像碑是一种在北魏洛阳时代才较为多见的造像形式,而且碑身所雕部分千佛脸部较长,所显示的是北魏洛阳时代特征。如果四面造像碑的年代特征尚不十分明显的话,那么"亭阁式造像塔"的时代特征就要明显多了。这件亭阁式造像塔每面主尊和菩萨的服饰特点如四面造像碑,与酒泉出土北魏太和二十二年(498年)曹天护塔上造像服饰。因此,尽管朔州崇福寺原藏北魏献文帝天安二年(467年)曹天度塔已经为楼阁式塔且服饰特征同样古老,但这不能成为西安礼泉寺这件"亭阁式造像塔"可能晚至北魏洛阳时代的障碍。更合理的解释是,四面造像碑和亭阁式造像塔与麦积山石窟的造像一样,即使年代已经很晚,但都延续了很早的特征。

参照上述两例情况,敦煌莫高窟早期洞窟的年代分歧就较容易理解了,分歧的意义可能也就不那么大了。现有莫高窟早期洞窟年代之争主要是究竟属于北凉还是属于北魏之争。这是将无纪年洞窟进行年代比附后出现的次生问题,大家对第268、272、275三窟为莫高窟年代最早洞窟并没有根本性不同看法。第268、272窟本身较为独特,可比性不强,但与第275窟的一些特征具有相似性,因此三窟被视为具有关联性且时代接近。第275窟与第259、254窟等洞窟的相似之处很明确且较多,如阙形龛、交脚菩萨等。倾向于将第268窟等三窟年代置于更早阶段者,强调此三窟的独特性,并与北凉历史相关联。倾向于将此三窟年代置于较晚阶段者,强调此三窟与云冈石窟的关联性,并与敦煌出土北魏太和时期的刺绣等物相联系[①]。其他被认为是北凉或北魏的洞窟都是推测之论,那些洞窟的年代跨度究竟多大不好确定,不同学者结合不同历史资料,推定年代跨度大者认为上可至北凉,推定年代跨度小者认为只可上推至太和年间。撇开这种绝对年代的分歧,从所谓"北凉三窟"的第268等窟经第259等窟,到西魏第285窟之前诸窟面貌的差异并没有那么大,彼此的关联性则是鲜明的。如果跳出具体年代和朝代之争,这不正说明莫高窟的面貌直到西魏前后才发生显著变化吗?认定第268窟等窟为北凉窟者,就是认定从十六国晚期开始到西魏前后莫高窟的面貌没有太大变化,这与麦积山石窟、西安佛教造像碑以及诸城犍陀罗佛首的情况是相似的。认定第268窟等为北魏太和年间者,就是认定莫高窟在太和年间兴起至西魏前后变化不大,这就莫高窟发展史而言与北凉说并无本质差异,都是承认北魏洛阳因素的介入才导致莫高窟发生显著变化,承认洛阳因素介入之前的莫高窟维持着更早阶段的面貌。这个更早阶段的面貌基本不变,只是存在将其认定为北凉还是认定为北魏之别。

以上情况对于理解诸城佛首出现的年代和使用的时长具有很好的借鉴意义。这些情况既说明了十六国时期中国北部地区佛教艺术的相对繁荣,也说明了进入北魏时期后的

---

① 宿白:《莫高窟现存早期洞窟的年代问题》,文物出版社,1996年,第276页。

普遍衰落，这提示我们即便造像具有早期特征，也需要考虑其存续的时间可能从十六国到北魏迁洛前后。云冈石窟的兴起，将各地的衰落情况反衬得更明显。也就是说，云冈石窟的兴起并没有对各地迅速产生影响，各地基本上还是维持原来的面貌，这种面貌在不少地方可以追溯到十六国晚期。我们在一些地区看到明确的云冈因素也是到了北魏洛阳时代，如义县万佛堂、泾川王母宫等地，这反证平城时代云冈对外影响甚微。这与各地佛教艺术的面貌一道，从正反两方面说明云冈之外的北魏平城时代其他地区的佛教艺术基本延续着十六国晚期以来的面貌，这也是诸城佛首在年代学方面的重要内涵。

当然，尽管上文指出北魏平城时代很多地区佛教艺术面貌的延续性，但这不是说历史进入北魏平城后，佛教艺术就一点不发展了，而是说发展不快，且变化不大。之所以如此，太武帝灭佛可能只是表面原因，毕竟文成帝即位后就复法了，其关键还应该是北魏洛阳时代之前的北魏各地经济的普遍萧条和社会的凝滞，这与冯太后、孝文帝进行改革之前的北魏政权非常粗疏，不重视经济和文化有关，限于篇幅就不展开讨论了。

再讨论第二点，即石质造像与金铜造像的年代差异，以及金铜造像特征的差异性问题。

诸城佛首为石质，其年代很难比十六国晚期更早，这是很值得注意的现象。已经发现的十六国时期佛教造像中，金铜造像占绝对多数，且有些年代很早，如纪年造像有后赵建武四年（338年）金铜佛像（图11），无纪年的日本藤井有邻博物馆藏传三原出土站姿金铜像[①]、现藏地不详的施无畏印金铜像、哈佛大学福格艺术博物馆藏禅定印金铜像（图12），它们的年代都可以三四世纪之交，远早于石质佛像[②]。这个现象提示了两种造像载体的年代差异和隐含的意义。金铜造像的体量一般较小，10厘米以下是常见尺寸，方便携带，最初不一定是寺院用品。与金铜造像相比，即使将年代在云冈开凿前的造像包括进来，石质造像的数量也是很小的。从现有材料看，石造像大概是在十六国晚期开始出现的新造像类型[③]。而且，这些年代早的石质造像基本为背屏式，与犍陀罗地区的形式遥相接应，符合传入中国初期的情况。背屏式石造像的体量要比金铜造像大得多，几十厘米乃至一米为常见高度，这种体量适宜置于寺院之中而非家庭或可随身携带之物。根据《后汉书·笮融传》等文献记载，以及襄阳蔡越汉末三国墓出土的寺院类陶楼，可知寺院中早已存在独立的佛像，那么为什么要到十六国晚期前后才开始出现石质造像，就是一个很值得注意的现象了。我们不能充分知晓其原因，但北凉石塔也是大约

[①] 可能是弥勒像，类似的站姿金铜像还有故宫博物院藏传世品、德国科隆东亚艺术博物馆藏品、日本私人收藏品。

[②] 咸阳成任墓地出土金铜立佛像年代争论很大，多数学者不同意简报作者认定的东汉晚期，而认为早不过十六国时期，所以本文不纳入讨论。成任墓地简报见陕西省考古研究院：《陕西咸阳成任墓地东汉家族墓发掘简报》，《考古与文物》2022年第1期。

[③] 李静杰说："现存早期，尤其是五世纪中叶以前的石刻和泥塑佛像尚属罕见。"参见李静杰：《早期金铜佛谱系研究》，《考古》1995年第5期。本文将诸城石佛首年代上限推定为十六国晚期，总体判断与李静杰相近。

图11 后赵建武三年
金铜佛像

图12 哈佛大学福格艺术博物馆馆藏
金铜佛像

同时出现，且本来就都是以置于寺院之内为最终场所，或许说明寺院越来越成为主要的礼佛场所，较大型、具有永久性的石质造像和佛塔符合寺院要求，从而越来越成为主流。对此推想也可予以支持的是，后来的石塔和石造像的形体越来越大，如年代略晚的北魏天安元年曹天度石塔高达209.5厘米，体量较大的石造像非常多，不烦举，这些佛教物品只能安置在寺院之中。如果这些石塔、背屏式石造像标志佛教寺院的真正发展的话，那么就可能也意味着在小型金铜佛像多见的早先阶段，真正的佛教寺院并不发达，这是理解中国佛教艺术发展早期不可忽视的现象。这就让人不自觉地联想到石虎开放佛教信仰的举措。这一举措被其他政权和区域所接受，并产生一定的影响，需要一定的时间，或许上述石塔、背屏式石造像的出现就是这一举措的最早体现。

同样值得重视的是金铜造像特征的差异性问题。如果说从金铜为主到以石为主，反映的是佛教发展阶段问题，那么金铜造像特征的差异主要反映的则不仅是佛像中国化的问题，而且反映了当时少数民族究竟是何种面貌特征的问题。早期中国佛教及佛教艺术主要从犍陀罗地区传来为共识，相应的是，中国早期佛教造像具有犍陀罗特征是合理的期待，但出乎意料的是，犍陀罗式特征鲜明的造像并不多，仍以上文所举传三原出土金铜像、现藏地不详的施无畏印金铜像、哈佛大学福格艺术博物馆藏禅定印金铜像等区区数尊像为代表，更多的则是汉人面孔的佛像，代表性的是后赵建武四年铭金铜佛像，于此可见具有犍陀罗特征的诸城佛首之价值。在此就很有必要对石虎与王度的对话进行重新阅读和理解。石虎统治时期，佛图澄影响所致，"民多奉佛，皆营造寺庙，相竞出家，真伪混淆，多生愆过"。于是，"虎下书问中书曰：'佛号世尊，国家所奉，里间小人无爵秩者，为应得事佛与不？'"著作郎王度上奏曰："佛出西域，外国之神，功不施民，非天子诸华所应祠奉。往汉明感梦，初传其道，唯听西域人得立寺都邑，以奉其神，其汉人皆不得出家。魏承汉制，亦循前轨。今大赵受命，率由旧章，华戎制异，人神流别。外不同内，飨祭殊礼，华戎服祀，不宜杂错。国家可断赵人悉不听诣寺烧香礼拜，以遵典礼，其百辟卿士，下逮众隶，例皆禁之。其有犯者，与淫祀同罪。其赵人为沙门者，还从四民之服。"王度的言论得到其他人的附和，但没想到石虎的意见正好相反，并下书曰："朕生自边壤，忝当期运，君临诸夏。至于飨祀，应兼从本俗。佛是戎神，所应兼奉……其夷赵百蛮有舍其淫祀，乐事佛者，悉听为道。"[1] 石氏出自羯族，属于高鼻深目的胡人。石虎称佛是戎神，称自己是边鄙的戎人。这种情况会给人造成后赵乃至十六国时期佛教造像多半应为胡人形象的感觉，但已知十六国时期佛像胡人面孔者反而很少，该如何解释这个现象？五胡是汉人对其他民族的贬称，像石虎这样自认为胡的其实并不多。大多数胡人希望被华夏民族所接纳和认同，乃至于以华夏民族自居。所谓五胡之中，石虎所出的羯族之外的匈奴、鲜卑、氐、羌都与汉人在体质特征上并无明显差别，所以能称得上胡人的大概只有羯族和真正的域外人士，这些人物的总体数量不可能很大。而且，之前大概连进入中原地区的羯族都可能不被允许信仰佛教[2]，否则就不能理解王度视羯族为华夏族，但没想到石虎反而以戎人自居。石虎下诏开放奉佛权，表面受益的是五胡，实际上更主要的是汉人，毕竟汉人的数量占有绝对优势。不过，石虎生前死后的名声都不太好，他所下诏书究竟发挥了多大作用不好说。但不管实际情况如何，由于汉人的数量优势以及五胡对华夏文化的倾慕，十六国佛像的面貌就不能不尽量迎合占大多数的具有汉式面孔特征者的审美取向，制造成汉人面孔。进行这样的解读，就能理解大多数十六国佛像具有汉人特征，也才能更好地体会到诸城犍陀罗式佛首的特殊价值。

五、结　语

诸城佛首不仅可能出现于十六国晚期，而且可能使用到北魏迁洛前后，甚至迁洛之后的一段时间。其在十六国晚期的出现，不仅是犍陀罗式造像质料从金铜像扩展至石质造像，而且可能与奉佛场所的变化有关。诸城石佛首在十六国晚期的出现，就载体而言尚可谓新生事物，但就形象而言，则不可谓新，甚至可能是较早的样式，原因在于其具有鲜明的希腊罗马特征。诸城佛首年代虽然可能接近4世纪末，但其样式与传为三原出土的金铜造像的样式接近，可能接近3世纪。诸城佛首一直使用到迁洛前后，则是直至北魏迁洛前后，平城、洛阳首都之外地区佛教艺术发展迟滞不前的结果，其背景是北魏统治下各地经济的凋敝和文化的没落。与此相关联的重要现象有二：一是云冈石窟在迁洛前对外没有产生多大影响，二是云冈石窟虽也以犍陀罗特征为主体，但系5世纪中叶

---

[1] （梁）慧皎撰，汤用彤校注：《高僧传》卷九《神异上·晋邺中竺佛图澄传》，中华书局，1992年，第352页。
[2] 如石勒，字世龙，可见汉化程度之高。参见（梁）慧皎撰，汤用彤校注：《高僧传》卷九《神异上·晋邺中竺佛图澄传》，中华书局，1992年，第347页。

从犍陀罗或中亚地区新输入。要之,从十六国开始到迁洛前后,中国北部地区所接受的都是犍陀罗式佛教造像的影响,但来源、样式都有所变化。与云冈石窟将佛像易为鲜卑人物特点类似的是,在金铜佛像甫一出现的十六国早期,很多佛像面部就改造为汉人特点;在石质造像甫一出现的十六国晚期,很多佛像面部同样也被改造为汉人特点,这牵涉到十六国至北魏迁洛前后中原北方地区人口主体和民族认同问题,诸城佛首为客观认识这个问题提供了重要的切入点。

陕西户县祖庵石棺四侧畏兽*

沈睿文

（北京大学中国考古学研究中心、北京大学考古文博学院）

2004年，陕西户县（今西安市鄠邑区）祖庵石棺开始进入学界的视野，该石棺为元代道士利用北魏石棺制作而成，石棺外侧面共雕刻10个畏兽的形象，其中两面短端各分刻2个畏兽，两面长端则各分刻3个畏兽[1]（图1）。两面短端雕绘的畏兽呈相对运动，两面长短则持三叉戟或张弓者与该面另两个畏兽呈相对运动，即各个外侧面内部呈现出稳定的结构，而非共同构成一周回连续的运动路线。

石棺所刻诸畏兽中，持石块者（W2），根据文献所载可知为太一。《云笈七签》卷二四《日月星辰部》云：

> 北斗君，字君时，一字充。北斗神君本江夏人，姓伯名大万，挟万（石）二千石，左右神人姓雷名机字太阴，主天下诸仙人。又招摇与玉衡为轮，北斗之星，精曜九道，光映十天[2]。

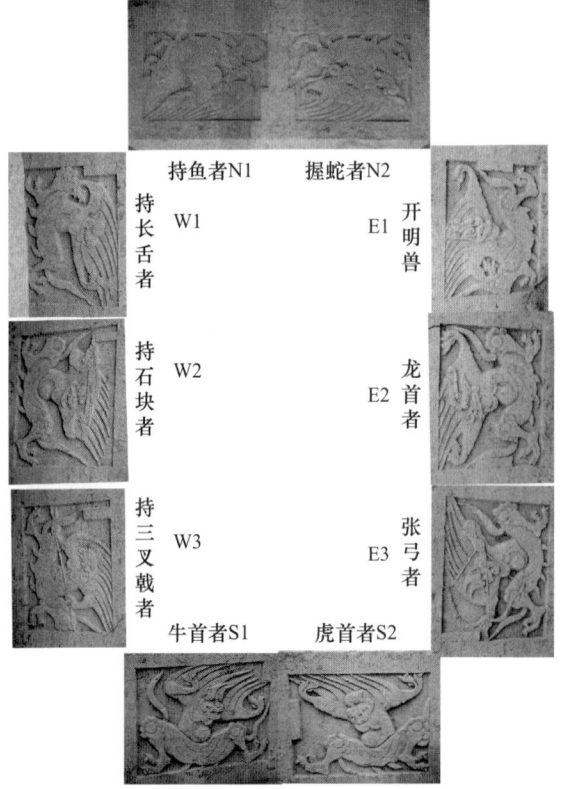

图1 祖庵石棺外侧畏兽示意图

---

* 本文为教育部人文社会科学研究基地重大项目"中古时期墓葬神煞研究"（项目编号：17JJD780001）的阶段性成果。
[1] 呼林贵：《户县祖庵发现的特殊石棺》，《文博》2005年第1期。按，图1中的中文为呼林贵先生刊布时的名称，英文编号为本文所加。
[2]（宋）张君房编，李永晟点校：《云笈七签》，中华书局，2003年，第549页。

北斗星君挟石二千石①。换言之，所谓挟石便是北斗星君，亦即太一，为汉文化传统之神祇，已无疑义。

虎首者（S2）、龙首者（E2）为何？莫高窟第249窟西披的图像（图2）提供了解读的线索。该窟西披居中者为阿修罗及忉利天宫，其两侧上部对称分布虎首连鼓雷公（编号W4）和风工（编号W6），雷工下侧尚有一猪首人身雷工（编号W5）"闻獜"，风工下有一犬首人身畏兽（编号W7）"山挥"，西披右下角尚有一龙首人身畏兽（编号W8）"计蒙"行走于西披底部的山峦之间②。

图2 莫高窟第249窟窟顶西披

从文献记载和图像可知，雷工的形象有人形、龙首、虎面、猪首、猴首等。莫高窟第249窟窟顶西披的雷工分别是虎首人身和猪首人身，它们跟龙首人身畏兽（编号W8）共处于同一画面，这意味着二者是同一程式中的两个元素。因此，户县祖庵石棺的虎首者和龙首者可分别勘定为雷工和计蒙。《山海经·中山经》载："光山……神计蒙处之，其状人身而龙首，恒游于漳（潭）渊，出入必有飘风暴雨。"③计蒙视作雨师。在山西忻州九原岗北齐墓葬壁画中，雨师便骑乘一龙④（图3），这种组合形象应演变自龙首人身的计蒙。此与汉代画像石中的雨师多手持容器，做往下倾倒状不同（图4）。

图3-1 九原岗墓道东壁第一层雨师（局部）

图3-2 九原岗墓道西壁第一层雨师（局部）

---

① 姜伯勤：《敦煌艺术宗教与礼乐文明》，中国社会科学出版社，1996年，第66页。
② 沈睿文：《敦煌249、285窟的窟顶图像》，《故宫博物院院刊》2023年第3期。
③ 《山海经》卷五《中山经》，袁珂校注《山海经校注》，巴蜀书社，1993年，第184、185页。
④ 山西省考古研究所、忻州市文物管理处：《山西忻州市九原岗北朝壁画墓》，《考古》2015年第7期，图四七。

图 4-1　徐州铜山洪楼村出土
祠堂天井石画像之雨师

图 4-2　嘉祥武氏祠前石室（武荣祠）
天井前坡西段画像摹本之雨师

图 4-3　嘉祥武氏祠左石室天井前坡西段画像摹本之
雨师（除 AB 之外）

握蛇者（N2），为彊良。《山海经》卷一二《大荒北经》载："大荒之中，有山名曰北极天柜……又有神衔蛇操蛇，其状虎首人身，四蹄长肘，名曰彊良。"郭璞注："亦在畏兽画中。"[1]

持鱼者（N1），为河伯或海神，鱼寓示该神祇与河海之关系。在汉画像中，河伯或海神经常以神祇乘坐三条鱼牵引鱼车或头鱼冠，或随侍鱼状华盖来表示，有时甚至仅以无人乘骑的鱼车来表示（图 5）。其原因在于他们把鱼视作河神或海神的象征。在山西忻州九原岗北齐壁画墓中，河伯或海神则是以仙人骑乘鱼来表现[2]（图 6）。

---

[1] 《山海经》卷一二《大荒北经》，袁珂校注《山海经校注》，巴蜀书社，1993 年，第 486、487 页。
[2] 按，扬之水认为可能是《列仙传》中的琴高。详见扬之水：《忻州北朝壁画墓观画散记》，《大众考古》2014 年第 3 期。

图 5-1　徐州铜山洪楼村出土祠堂天井石画像

图 5-2　邹城汉画像石墓"河伯出行图"

图 5-3　嘉祥武宅山汉画 海神出行图

图 5-4　南阳王庄汉画像石墓盖顶河伯图
（黄雅峰：《南阳麒麟岗汉画像石墓》，三秦出版社，2008 年）

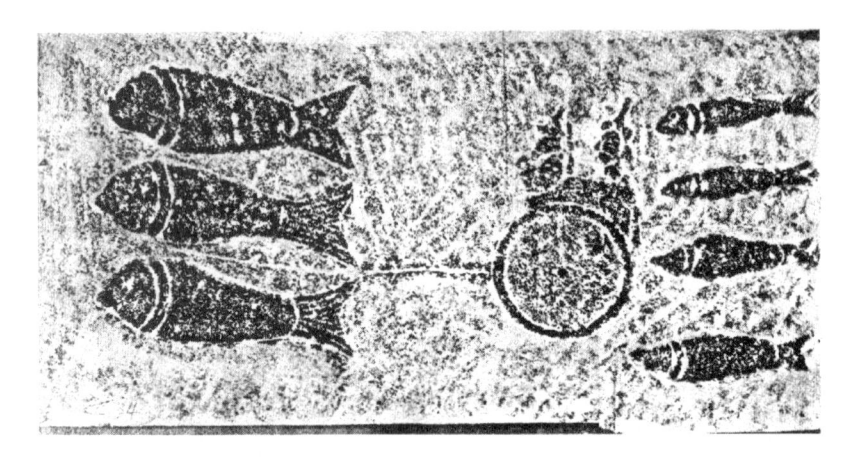

图 5-5　唐河针织厂出土河伯出行图拓片（西汉）

图 5-6　南阳出土河伯（东汉）

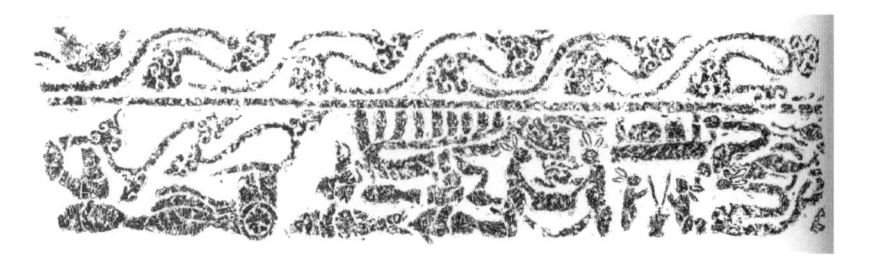

图 5-7　开明兽、玉兔、河伯出行画像

图 5-8　临沂五里堡化轻公司院内出土
　　　　墓主人出行图

图 5-9　徐州铜山洪楼村出土祠堂天井
　　　　画像石

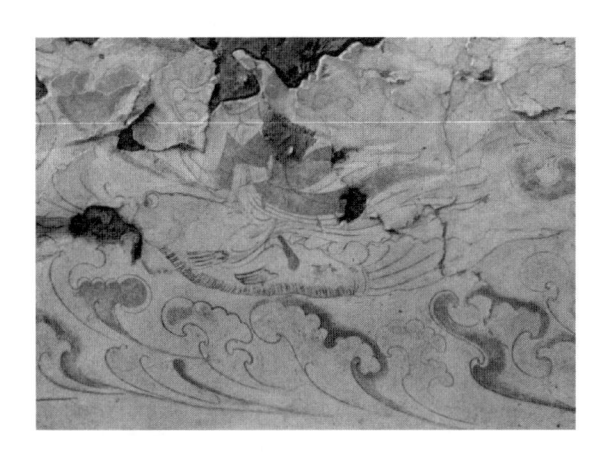

图 6　忻州九原岗西壁第一层河伯

祖庵石棺畏兽中有持三叉戟者（W3）和牛首者（S1），以及头顶有三个人头者（E3）。实际上，持三叉戟者（W3）应为鸟首，而非鸡首。今知在与西王母有关的图像中，西王母、开明兽、狡、胜遇是一个较为稳定的固定组合。

《山海经·海内西经》载："昆仑南渊深三百仞。开明兽身大类虎而九首，皆人面，东向立昆仑上。"[1] 又《山海经·海内西经》载："海内昆仑之虚，在西北，帝之下都。昆仑之虚，方八百里，高万仞。上有木禾，长五寻，大五围。而有九井，以玉为槛。面有九门，门有开明兽守之，百神之所在。在八隅之岩，赤水之际，非仁羿莫能上冈之岩。"[2]

《山海经·西山经》载："又西三百五十里，曰玉山，是西王母所居也。西王母其状如人，豹尾虎齿而善啸，蓬发戴胜，是司天之厉及五残。有兽焉，其状如犬而豹文，其角如牛，其名曰狡，其音如吠犬，见则其国大穰。有鸟焉，其状如翟而赤，名曰胜遇，是食鱼，其音如录，见则其国大水。"[3] 可知狡、胜遇属于祥瑞之属。

---

① 《山海经》卷六《海内西经》，袁珂校注《山海经校注》，巴蜀书社，1993 年，第 349、350 页。
② 《山海经》卷六《海内西经》，袁珂校注《山海经校注》，巴蜀书社，1993 年，第 344、345 页。
③ 《山海经》卷二《西山经》，袁珂校注《山海经校注》，巴蜀书社，1993 年，第 59、60 页。

在鲁南苏北、陕北晋西和河西地区汉画像中，胜遇、狡分别以鸡首人身像、牛首人身像的形象出现（图7、图8）。从已刊材料来看，鸡首、牛首图像最早见于西汉末期鲁南苏北地区的画像石墓[1]中，后又常出现于陕北地区东汉画像石墓[2]中。在鲁南山东地区它们朝西王母做朝拜状，而在陕北晋西地区则多独立端坐在悬圃上，在河西向门站立于门阙周围[3]。而开明兽则以九首兽的形象出现。但在画像石中，开明兽的九首也有不同的表现方式。如，在汉画像石中也见有4个头的开明兽（图9、图10）。

图7　绥德苏家圪坨画像石之狡、胜遇

图8　离石马茂庄3号画像石墓后室门柱之胜遇、狡

图9　南阳汉画馆藏唐河湖阳镇新店出土四首开明兽拓片

图10　沂南画像石墓横梁开明兽

---

[1] 郑岩：《魏晋南北朝壁画墓研究》，文物出版社，2002年，第162页。
[2] 案，鸡首、牛首作为陕北画像石中常见的对偶神，其身份大致可以归纳为三种：西王母属下、西王母替代者、门吏。鸡首、牛首最先作为西王母从属，逐渐发展到替代西王母位置并为独立神格，到东汉晚期时其身份又变为一个普通门吏。在这一演化过程中甚至取代西王母成为当时陕北地区民间信仰中的主要神祇。详见郑红莉：《"鸡首""牛首"图像考辨——以陕北地区出土汉代画像石为例》，《纪年西安碑林九百二十周年华诞国际学术研讨会》，文物出版社，2008年，第625～640页。
[3] 李凇：《从"永元模式"到"永和模式"——陕北汉代画像石中的西王母图像分期研究》，《考古与文物》2000年第5期。李凇：《论汉代艺术中的西王母图像》，湖南教育出版社，2000年。

可知在户县祖庵石棺画像中，所谓"持三叉戟者"（W3）为鸡首，而所谓"头顶有三个人头者"（E3）应为开明兽的简略版。

持长舌者（W1），应即长舌。长广敏雄引用《山海经·南山经》谓，现"长舌"兽则"郡县大水"。并称晋郭璞时已有"畏兽画"之称，郭璞云："辟凶邪气也，亦在畏兽画中也。"① 则可知长舌亦为祥瑞之属。

查《山海经·中山经》次六载有"长石之山"。但是，在《山海经》的诸多版本中，"长舌"见于《广韵》《山堂肆考》卷二三七等引文，余者多作"长右"，或"长古"，偶尔也作"长石"。后三者因是形近而讹所致，当作"长右"。但是，不管该山之称作"长右山"是缘于山中有名为"长右"之兽，还是"长右"之兽因"长右山"为名，在《南山经》中对该兽形体特征的描述却仅为"其状如禺而四耳"，并没有言及舌头，更毋庸说该兽"长舌"的特征了。如果该兽以"长舌"为名的话，按照文本叙述的常理该不会出现此等情况。于此，可以发现长舌的形貌已经发生了变化，并非《山海经》所言"如禺"，即再不像猴子了。

因此，可知《山海经·南山经》所述原本很可能为"长右山"及所居之"长右"兽。即便此"长右"兽与"长舌"有关，也该是后来的事情了。从考古材料来看，二者发生关联至迟在北魏。而"长右"兽之被转变成"长舌"，恰是因为"见其郡县大水"，所以才会被选中成为该系统诸神（河川之神）之一员。这似乎喻示着北魏时期出现对《山海经》的整合行为。实际上，当时南朝、北朝道教都出现对此前神话系统的整合。

长舌，在北魏正光三年（522年）冯邕妻元氏墓志中，榜题为"长舌"（图11），与回光、拥远在同一侧，其主要特征舌长正与祖庵石棺者相同。在之前的研究中，多举墓志、石葬具上的相关图像，在墓葬中也有以俑的形式出现的。长江中游六朝墓中所见镇墓俑，有一类为兽面，长舌及地、垂鼓腹、头上两角不甚显。有些考古简报谓之"无常俑"。

安徽马鞍山朱然家族墓96MYAM1出土1件"人形口吐长舌镇墓俑"（M1∶14）。简报称："兽面人身，灰白胎。呈站立姿势。头顶阴刻两道相

图11 北魏冯邕妻元氏墓志之长舌

交斜线纹，面部阴刻眼眶、胡须，双耳竖立，双目突出，捏塑耳、鼻，戳划两耳及两鼻孔。口内一长舌拖至脚部，舌上阴刻条纹，两膀下垂，刻划四指，器内中空。满身青黄釉剥落。通高0.23米。"②（图12-1）仔细观察，该俑亦是垂鼓腹。其所谓捏塑的耳实为两角，而该角下的凹孔应是耳孔。

---

① 〔日〕长广敏雄：《六朝时代美术研究》，美术出版社，1969年，第107、111页。
② 马鞍山市文物管理所：《安徽省马鞍山市朱然家族墓发掘简报》，《东南文化》2007年第6期；后收入王俊《马鞍山六朝墓葬发掘与研究》，科学出版社，2008年，第32、33页。

湖北襄阳樊城贾巷墓地 M8 出土 1 件镇墓兽（M8：12），兽面，长舌，垂鼓腹，蹬立状，头上两角不甚显。通体施黄绿釉[①]（图 12-2）。

图 12-1　朱然家族墓出土镇墓俑
（96MYAM1：14）

图 12-2　贾巷出土镇墓俑
（M8：12）

安徽全椒卜集东吴砖室墓出土 1 件镇墓兽（QM：3），报告称"跪态，近似人状，大眼浓眉，双目圆瞪，两耳直竖，面目凶恶，下颌尖翘，张口，吐舌，长舌宽大，脱垂于双膝上，双手细长置于膝上。通高 15、最宽处 5.7、最厚处 5 厘米"[②]（图 12-3）。所谓"两耳直竖"，应是头上长有两个尖角。

安徽当涂青山乡东晋墓出土灰陶"无常俑"，通高 17.2 厘米。泥质灰陶。俑呈跪坐姿，头有两个尖角，眉毛微翘，双目向前平视，鼻子坚挺，口微张，吐舌至膝部，双手交叉置于腹部，上身挺立，两腿修长并拢跪坐[③]（图 12-4）。

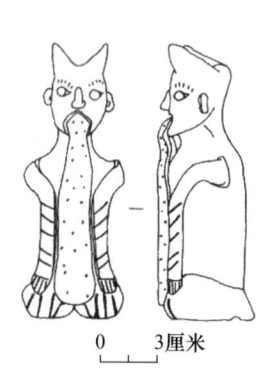

图 12-3　全椒卜集东吴砖室墓出土
镇墓兽（QM：3）

图 12-4　当涂青山乡东晋墓
出土灰陶无常俑

---

① 襄樊市文物考古研究所：《襄樊贾巷墓地发掘报告》，《襄樊考古文集》（第一辑），科学出版社，2007 年，第 333 页。
② 朱振文：《安徽全椒县卜集东吴砖室墓》，《考古》1997 年第 5 期。
③ 王俊：《马鞍山文物聚珍》，文物出版社，2006 年，第 140 页。按，图片说明称"头戴元宝形尖角帽"，实为头上长有两角。

在周处家族墓地中西晋永宁二年（302年）周魴墓（M4）出土有一青瓷神兽尊（图13-1），尊外形呈梨状、鼓腹。腹部堆塑神兽，双目突兀，瞠目仰鼻，吐舌，口含圆珠，绳索状的前掌外翻，后掌下撑，背后有5只小半圆形扁横凸脊，从上至下排列。青釉微微泛灰，釉质润泽，釉色不匀。周身有刻划菎纹、戳印纹和堆贴纹，其中菎纹和堆贴纹表示鬃毛、羽翼和胡须，戳印纹则应表示该兽的鳞甲。从该兽身有鳞甲、吐舌鼓腹以及背有凸脊等典型特征来看，应该跟长江中游所出第一类俑有似，为雷神俑。在山西忻州九原岗北齐壁画墓墓道西壁第一层中也有一畏兽，手持一圆珠（图13-2），应当即是此物。

图13-1　周处家族墓地出土青瓷神兽尊

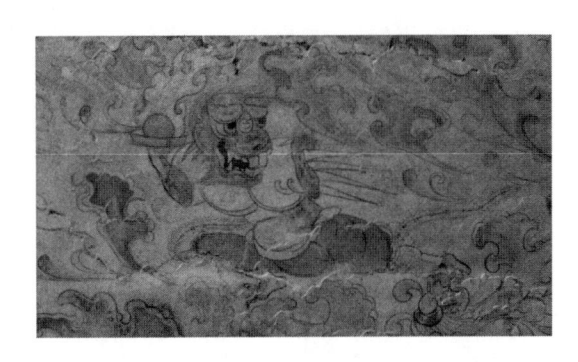

图13-2　九原岗壁画西壁第一层持珠者

长舌应即陶弘景《真诰》所载"北帝煞鬼之法"中的"苍舌绿齿"，而"绿齿"恐即龋齿。《真诰》卷一〇《协昌期》载：

> 北帝煞鬼之法：先叩齿三十六下，乃祝曰："天蓬天蓬，九元煞童，五丁都司，高刁北公。七政八灵，太上浩凶。长颅巨兽，手把帝钟。素枭三晨，严驾夔龙。威剑神王，斩邪灭踪。紫气乘天，丹霞赫冲。吞魔食鬼，横身饮风。苍舌绿齿，四目老翁。天丁力士，咸南御凶。天驺激戾，咸北衔锋。三十万兵，卫我九重。辟尸千里，去却不祥。敢有小鬼，欲来见状。攫天大斧，斩鬼五形。炎帝裂血，北斗燃骨。四明破骸，天猷灭类。神刀一下，万鬼自溃。"①

可见，长舌后来被吸纳进道教系统，成为北帝煞鬼之法的一个组成元素。

张弓者（E1）或为𤝑。《山海经》卷二《西山经》载："又西七十里，曰羭次之山……有兽焉，其状如禺而长臂，善投，其名曰𤝑。"郭璞注："亦在《畏兽》画中，似猕猴投掷也。"② 同样地，其形貌也被改变了，并非原来的"如禺"。此如长舌一样。亦见

---

① 〔日〕吉川忠夫、麦谷邦夫编，朱越利译《真诰校注》，中国社会科学出版社，2006年，第322、323页。
② 《山海经》卷二《西山经》，袁珂校注《山海经校注》，巴蜀书社，1993年，第30、31页。

于山东沂南画像石墓横梁（图14-1）、河南巩义石窟3号窟北壁壁脚处（图14-2）、陕西礼泉唐李思摩墓甬道壁画（图14-3）。

图14-1　沂南画像石墓横梁畏兽

图14-2　巩义石窟3号窟畏兽

图14-3　唐李思摩墓甬道壁神兽

《抱朴子内篇》卷一五《杂应》载：

或问辟五兵之道。抱朴子曰："吾闻吴文皇帝曾从介先生受要道云，但知书北斗字及日月字，便不畏白刃。帝以试左右数十人，尝为先登锋陷阵，皆终身不伤也。郑君云，但诵五兵名亦有验。刀名大房，虚星主之【北方】；弓名曲张，氐星主之【东方】；矢名彷徨，荧惑星主之；剑名失伤，角星主之【东方】；弩名远望，张星主之【南方】；戟名大将，参星主之也【西方】。临战时，常细祝之。或以五月五日作赤灵符，著心前。或丙午日日中时，作燕君龙虎三囊符。岁符岁易之，月符月易之，日符日易之。或佩西王母兵信之符，或佩荧惑朱雀之符，或佩南极铄金之符，或戴却刃之符，祝融之符。或傅玉札散，或浴禁葱汤，或取牡荆以作六阴神将符，符指敌人。或以月蚀时刻，三岁蟾蜍喉

下有八字者血，以书所持之刃剑。或带武威符荧火丸。或交锋刃之际，乘魁履
𦄂，呼四方之长，亦有明效。今世之人，亦有得禁辟五兵之道，往往有之[①]。

如果从道教的立场来看祖庵石棺，则从上引文可资理解为何胜遇持戟、张弓，盖二者表现出行辟兵的意象。

在古代中国存在一套以雷工（公）为核心的出行程式。其构图模式为：四神、祥瑞、雷公、风伯、雨师、河伯（四足鱼）以及跪拜、仰望和迎谒者。其中的祥瑞类后来逐渐集中到千秋、万岁之上，风伯、河伯则分别代替以观风鸟、四足鱼[②]。在此出行仪仗中，雷公以及风伯、雨师、河伯等具有出行辟兵的意蕴，或也被替代为山精、海若之流[③]。综上可知，户县祖庵石棺外侧面畏兽实是表现太一出行的意蕴。

此外，据《抱朴子内篇》上引文所言"弓名曲张，氐星主之【东方】……戟名大将，参星主之也【西方】"，或可判断石棺畏兽蹋（E1）所在一侧为东，胜遇（W3）所在一侧为西。换言之，石棺畏兽狡（S1）所在一侧为南，彊良（N2）所在一侧为北。若此则可知，下葬时石棺河伯（N1）、彊良（N2）所在一侧朝上（北）摆放。

---

① 王明：《抱朴子内篇校释》，中华书局，1985年，第269、270页。
② 沈睿文：《唐宋墓葬神煞考源》，《唐研究》（第18卷），北京大学出版社，2012年，第199～220页；此据所撰《墓葬中的礼与俗》（修订版），上海古籍出版社，2023年，第49～71页。
③ 《隋书》卷六九《王劭传》，中华书局，1973年，第1607、1608页。

一个考古人眼中的龙门石窟

史家珍
（龙门石窟研究院）

我在大学学的是考古专业，毕业之后就在洛阳工作，洛阳可以说是考古人的"圣地"，连陆游都说"永怀河洛间，煌煌祖宗业"。

在洛阳，有重大考古发现是正常的事，没有的话可以称之为"失职"。依靠着历史赋予洛阳的资源遗产，我和同事们的工作成果也多次入选"全国十大考古新发现"。

但是在2020年，当我这样一个考古人来到龙门石窟研究院工作，并且用了两三个月时间了解她以后，越发觉得，依之前对龙门石窟的认识，我也许只能算是过客、看客、游客。

想要认识龙门石窟，就要知道她是怎么来的。作为一名考古工作者，我习惯于用宏观历史的角度去审视问题，用证据说话。纵览龙门石窟的开凿史，有两个时期最为重要，那就是北魏和盛唐。

一、北　　魏

在洛阳甚至中国历史上，有一位皇帝起到了引领进程的重要作用，他就是北魏孝文帝元宏。元宏所在的鲜卑族可以说是中华文明史上一个智商、情商都非常高的民族，这也是由他们的先天生存条件决定的。

作为发源于大兴安岭的狩猎民族，鲜卑族每天都在和野兽进行搏斗，必须具备良好的战斗经验和团队精神，这样才能生存下去。随着族群的发展，他们从森林走向草原。更好的生存条件也让他们有了更开阔的视野，于是他们向欧亚大陆各处派出了使团，寻找更适宜发展的空间。

其中，前往洛阳的使团受到了极大震撼。因为他们遇到的是上马提刀驰骋疆场、下马提笔写出《洛神赋》的那批人。"三曹"和"建安风骨"的魅力让他们极为折服，以洛阳为中心的中原地区也成为他们心中的"梦想之地"，以至于多年之后鲜卑立国之时，也将国号定为"魏"。所谓的"曹魏"和"北魏"，不过是后代史学家为了将二者进行区分，重新进行的命名。

北魏建立的初期，统治者希望利用佛教来统治国家，实行的是"人主即佛"，也就是皇帝为佛的化身。因此，我们可以看到，在云冈石窟里，佛像都非常宏大雄壮，让人望而生畏。但是迁都洛阳以后，这种思想就发生了变化，他们的治国理念同儒家文化融合在一起，讲究以德治国、以孝治国，比如古阳洞、宾阳洞的开凿，都是为了宣扬"孝道"。

从龙门石窟的造像题材、艺术风格的转变，我们不难看出，孝文帝的这场汉化改革既是先辈对汉文化憧憬的延续，又是其自身对鲜卑后代深谋远虑的规划。

如果将视野再次放大，我们就可以看到，北魏终结了西晋灭亡以后五胡十六国的乱局，在政治制度、文化艺术、对外交往等方方面面，为即将到来的盛世打下基础。从北魏到隋唐，中国的历史进程中始终都有北魏这批鲜卑人的影子，杨坚家族、李世民家族中几乎一半的血统来源于鲜卑人。大唐之所以能成为中国历史的高峰、文化艺术的高峰，离不开鲜卑人的贡献。

二、盛　唐

熟悉龙门石窟的朋友一定知道，在龙门参评世界文化遗产时，联合国教科文组织用了三个"最"来评价她：展现了中国北魏晚期至唐代期间，最具规模和最为优秀的造型艺术，代表了中国石刻艺术的最高峰。

高峰之中的高峰，精华之中的精华，就在于奉先寺的那组群雕。

谈到这里，就不得不提起一代女皇武则天。我对武则天的评价：她是千古一帝。如果没有武则天，就没有大唐盛世。卢舍那大像龛是体现武则天政治智慧的一个生动例子。

许多人在参观龙门石窟的时候可能会听到这样的信息：奉先寺的卢舍那形象是仿照武则天相貌修建的。但我认为这种说法是不严谨、不科学的。所谓奉先寺，"奉先"就是为了祭祀祖先。在修建大像龛时，李治仍然在位。作为一项国家工程，卢舍那更有可能是糅合了唐太宗李世民的形象，而非武则天。这种重视先祖的行为本身，也更利于赢得李氏家族的好感与支持。

除了政治上的考量，这组群雕还代表了盛唐时期的组织能力和管理水平，是一个完美的团队合作的作品。这一点是有考古实证的：通过考古调查我们发现，大佛在选址、建造、保护方面进行了统筹协调；在设计之初就考虑了石质、排水等要素，除了艺术家和工匠，还有地质学家、水利学家、规划师等各方面力量参与其中。

从艺术的角度来看，奉先寺的群雕已经无与伦比，而我们从石窟寺考古的角度再去审视，更能发现她所蕴含的丰富的科技和文化价值。

2021年到2022年，我们实施了奉先寺大型渗漏水治理和危岩体加固保护工程，这是时隔50年奉先寺的又一次大修。在保护工程进行的同时，我们开展了一系列考古工作，通过先进仪器发现，卢舍那大佛在当年曾身披金箔，大佛的眼珠里还镶嵌有琉璃，可以想象当年是怎样的辉煌壮丽。

三、传　承

老祖宗留下的遗产如此宝贵，越发显得石窟寺保护、研究工作的重要。

对于龙门石窟来说，我们不仅要关注石窟本身，还要将空间范围进一步扩大，考虑周边环境与石窟的关系、石窟与都城的关系。在龙门石窟周边还有很多寺庙遗址，比如奉先寺遗址，它在卢舍那大像龛西南大约500米的位置。我们已经对它进行过考古发掘，对寺院规模、形制等有了掌握，也出土了一批精美文物。

除了考古发掘，龙门还开展了一项非常重要的创新性工作，那就是数据聚合。君子无罪，怀璧其罪。因为太美，20世纪二三十年代一批文物贩子对龙门进行了疯狂盗凿，龙门石窟被破坏状况也是各大石窟中最为严重的，许多珍贵造像流失到英美各大博物馆。

虽然文物被盗凿走了，但是洞窟本身还是留下了许多重要信息，我们提出开放、合作、共享的原则，进行多学科、多部门合作，运用多种先进技术手段，将这些信息提取整理，对被破坏的洞窟进行数字化还原……

就像千年前开凿龙门石窟需要各方人才参与一样，今天我们做数据聚合也是会集了数字扫描、3D打印、艺术雕塑等方方面面的专家。即使是被凿成几千块的帝后礼佛图，我们也对它进行了较好复原。

所有的科研成果，最终还是要同公众进行共享。去年以来，我们与洛报集团掌上洛阳客户端合作开展了三季"云上龙门"大型直播活动，走进云冈石窟、大足石刻等世界文化遗产石窟寺，联手宣传石窟文化，叫响了"观盛唐，来洛阳，看龙门石窟"的品牌，全网累计观看量达2.3亿。此外，从意公子探访龙门石窟视频的爆火，到房琪模仿《龙门金刚》视频的出圈儿，背后都离不开龙门本身无比厚重的历史文化。

龙门石窟是中国的，更是属于全人类的。近年来，龙门石窟研究院正积极探索石窟寺保护利用的"龙门模式"，进一步加强了龙门石窟的保护研究、展示利用、传承弘扬，着力构建"龙门学"，推动龙门石窟保护利用进入新境界，让全世界共享数字化成果。

中外文明交流背景下中国佛舍利崇拜的形成*

杨效俊

(陕西历史博物馆)

  前人从不同角度研究了中国佛舍利信仰和崇拜的起源及其形成的现象，普遍认为中国佛舍利崇拜形成的早期阶段始于3世纪，以灵验与感应为主要的宗教机制。刘亚丁运用符号学的概念和方法分析《出三藏记集》卷13、《高僧传》卷1、《集神州三宝感通录》记载康僧会为吴主祈请舍利的灵验事件，认为康僧会请来舍利和魏明帝宫中相似的灵验故事"传达了吴地和魏地'大法遂兴'的'事实'。这一'事实'在现有的史料中也可以得到佐证"[1]。圣凯认为佛教传入中国之初，僧人便开始用舍利的神迹示现来说服帝王信服。中国佛教的舍利信仰来自阿育王舍利塔的建造。依目前文献来看，最早的舍利崇拜出现于北魏孝文帝时代。中国佛教舍利信仰的兴盛始于梁武帝。梁武帝的舍利信仰是在强调自己的"金轮王"统治"佛教国家"的理想。陈武帝利用供养佛牙舍利收服民心，宣示天命[2]。侯慧明认为至少在三国时期舍利实物以及舍利崇拜思想已经传入中国，中国帝王崇奉舍利始于梁武帝[3]。尚永琪研究了"舍利供养"在由印度大陆经过中亚传播到中国的过程中经历了三个发展阶段，指出北凉天竺三藏昙无谶译《悲华经》是对舍利崇拜讲得较为详细的经典[4]。刘淑芬依据文献对南北朝的舍利信仰进行历史学综述[5]。任瑾对佛舍利进入中国的方式及其信仰形成过程进行论述，分析了中国人信仰佛

---

* 本文为2015年度国家社科基金一般项目"隋唐时期佛舍利崇拜制度研究"（项目编号：15BZJ007）阶段性成果。

[1] 刘亚丁：《作为佛教灵验现象的舍利崇拜》，法门寺博物馆编：《法门寺博物馆论丛》（第4辑），三秦出版社，2012年，第343页。原载刘亚丁：《佛教灵验记研究——以晋唐为中心》，巴蜀书社，2006年。
[2] 圣凯：《南北朝的佛舍利信仰》，法门寺博物馆编：《法门寺博物馆论丛》（第4辑），三秦出版社，2012年，第331~335页。原载黄夏年：《兖州佛教历史文化研讨会论文集》，科学出版社，2011年。
[3] 侯慧明：《论舍利崇拜在中国的兴起与风行——兼论法门寺佛指舍利》，《安徽史学》2016年第3期。
[4] 尚永琪：《佛舍利崇拜的地理困境与感应舍利之起源——对佛教偶像崇拜历史分流之认识》，《文史哲》2016年第4期。
[5] 刘淑芬：《中国历史上的舍利信仰》，《中古的佛教与社会》，上海古籍出版社，2008年，第317~328页。

舍利的心理特点①。于薇以舍利容器为中心探讨舍利供养的"中国化"过程②。杨泓综合有关中国佛教舍利塔基和瘗埋舍利容器的考古发现，认为北朝早期舍利容器的造型已日渐中国化，北朝晚期出现塔基瘗埋舍利空间③。冉万里认为三国、西晋初的舍利信仰尚处于初步的发展期，这一时期瘗埋舍利的可能性极小④。

前人研究尚未解释影响中国佛舍利崇拜形成的内在动力和外在条件，也没有解释中国佛舍利信仰宗教内涵的形成和崇拜方式之间的内在关系。佛舍利崇拜在中国本土的形成正值丝绸之路的开通、中外文明交流空前繁荣的时期。本文在中外文明交流的背景下，考察通过中外僧侣、帝王、民众的努力，印度、中亚的佛教经典、圣物、仪轨传入中原的过程，论述中国佛舍利崇拜如何从富于奇幻的灵验传说演变为具有宗教信仰内涵、以佛教圣物崇拜为核心、具有完备的崇拜礼仪和物质形态的崇拜体系。

一、舍利神迹与灵验

3世纪以来，佛舍利崇拜早期形成时期主要借助灵验与感应机制。佛教传入中土之初僧人利用舍利神迹示现来说服帝王信佛，佛舍利作为佛教圣物所具有的灵验通过高僧祈请而被帝王和俗世感应，这一宗教机制多次出现在早期的传法过程中。

1. 灵验

早期的舍利灵验传说出现在汉明帝时期，来自西域的舍利显示灵验。魏明帝时外国沙门感应舍利，使得帝王叹服。"汉法本内传云。明帝既弘佛法立寺度僧。五岳观诸道士等请捔试。以烧经神变为验。及经从火化隐没莫陈。费才自憾于众前。张衍启悟于时俗。于时西域所将舍利。光明五色直上空中。旋环如盖映蔽日光。摩腾罗汉踊身高飞神化自在。天雨宝花散佛僧上。又闻天乐繁会人感信心焉。魏明帝洛城中。本有三寺。其一在宫之西。每系幡刹头。辄斥见宫内。帝患之。将毁除坏。时外国沙门居寺。乃赍金盘盛水以贮舍利。五色光明腾焰不息。帝叹曰。非夫神效。安德尔乎。乃于道东造周间百间。名为官。佛图精舍云。"⑤

当佛教初传东吴时，传法僧人康僧会于赤乌十年（247年）为孙权祈请舍利，孙权为舍利起塔，建建初寺："即召会诘问，有何灵验。会曰：'如来迁迹，忽逾千载，遗骨舍利，神曜无方，昔阿育王起塔，乃八万四千。夫塔寺之兴，以表遗化也。'权以为夸诞，乃谓会曰：'若能得舍利，当为造塔，如其虚妄，国有常刑。'会请期七日，乃谓其属曰：'法之兴废，在此一举，今不至诚，后将何及。'乃共洁斋靖室，以铜瓶加几，烧

---

① 任瑾：《佛舍利信仰的起源和在中国的传播》，陕西师范大学硕士学位论文，2014年。
② 于薇：《圣物制造与中古中国佛教舍利供养》，文物出版社，2018年。
③ 杨泓：《中国古代和韩国古代的佛教舍利容器》，《考古》2009年第1期。
④ 冉万里：《中国古代舍利瘗埋制度研究》，文物出版社，2013年，第10页。
⑤ （唐）道宣：《集神州三宝感通录》卷上，《振旦神州佛舍利感通序》，《大正藏》第52册，No. 2106。

香礼请。七日期毕,寂然无应,求申二七,亦复如之。权曰此欺诳,将欲加罪,会更请三七,权又特听。会谓法属曰:'宣尼有言:「文王既没,文不在兹乎。」法灵应降,而吾等无感,何假王宪,当以誓死为期耳。'三七日暮,犹无所见,莫不震惧。既入五更,忽闻瓶中锵然有声,会自往视,果获舍利。明旦呈权,举朝集观,五色光炎,照曜瓶上。权自手执瓶,泻于铜盘,舍利所冲,盘即破碎。权大肃然,惊起而曰:'希有之瑞也。'会进而言曰:'舍利威神,岂直光相而已,乃劫烧之火不能焚,金刚之杵不能碎。'权命令试之,会更誓曰:'法云方破,苍生仰泽,愿更垂神迹,以广示威灵。'乃置舍利于铁砧磓上,使力者击之,于是砧磓俱陷,舍利无损。权大嗟服,即为建塔,以始有佛寺,故号'建初寺',因名其地为'佛陀里'。由是江左大法遂兴。"[1]

从东晋开始不断出现关于高僧感应舍利神异的传说。经东晋高僧道安开启,民众认识到外国铜像发髻中舍利的灵异,"(道)安曰:'像形相致佳,但髻形未称。'令弟子炉治其髻,既而光焰焕炳,耀满一堂。详视髻中,见一舍利。众咸愧服。安曰:'像既灵异,不烦复治。'乃至。识者咸谓安知有舍利,故出以示众"[2]。经高僧昙翼祈请,获得舍利感应放光,"群寇既荡,复还江陵,修复长沙寺。丹诚祈请,遂感舍利,盛以金瓶,置于斋座。翼乃顶礼立誓曰:'若必是金刚余荫,愿放光明。'至乎中夜,有五色光彩从瓶渐出,照满一堂。举众惊嗟,莫不抱翼神感"[3]。罽宾僧人昙摩密多祈请感得舍利,"常以江右王畿,志欲传法,以宋元嘉元年展转至蜀,俄而出峡,停止荆州,于长沙寺造立禅阁,翘感恳恻,祈请舍利。旬有余日,遂感一枚。冲器出声,放光满室。门徒道俗,莫不更增勇猛,人百其心"[4]。这些传说保持灵验与感应机制,具体操作者由外来僧侣扩展到本土僧侣,中外高僧都是通过祈请而感得舍利,感应示现的对象由早期的帝王扩展到门徒道俗,可见舍利崇拜从社会顶层逐渐流动向下层,也说明佛教取得了更广泛的信众。此外,这些操作舍利灵验与感应机制的中外高僧通过自身在南北方的流动而广泛地传播了佛舍利信仰。

2. 阿育王塔传说

中国佛舍利崇拜的另一个重要组成部分是阿育王舍利塔的传说。西晋安息三藏安法钦译《阿育王传》[5]共7卷,系统完整地讲述了阿育王的历史。卷1"本施土缘"讲述世

---

[1] (南朝梁)慧皎撰,朱恒夫、王学钧、赵益注译:《高僧传》卷1《魏吴建业建初寺康僧会》,陕西人民出版社,2013年,第23、24页。
[2] (南朝梁)慧皎撰,朱恒夫、王学钧、赵益注译:《高僧传》卷5《晋长空五级寺释道安》,陕西人民出版社,2013年,第241页。
[3] (南朝梁)慧皎撰,朱恒夫、王学钧、赵益注译:《高僧传》卷5《晋荆州长沙寺释昙翼》,陕西人民出版社,2013年,第265页。
[4] (南朝梁)慧皎撰,朱恒夫、王学钧、赵益注译:《高僧传》卷3《宋上定林寺昙摩蜜多》,陕西人民出版社,2013年,第170页。
[5] 《大正藏》第50册,No.2042。

尊与阿难在王舍城行乞遇到二小儿，预言涅槃百年后阿恕伽当作转轮圣王，分舍利作八万四千宝塔遍布阎浮提，饶益众生。卷1"阿育王本缘传"讲到阿育王按照佛的嘱咐弘扬佛法，流布舍利满阎浮，供养佛法比丘僧。冉万里认为阿育王修建八万四千塔瘗埋舍利的传说随着西晋安法钦翻译的《阿育王传》传入中国，应该对早期舍利瘗埋产生了一定影响[1]。阿育王作为崇佛的君主起塔瘗埋舍利的传说非常有助于早期佛教传播中争取帝王的支持。

阿育王起八万四千塔遍及世界是佛教传播的物质证据。中国的早期弘法者坚信阿育王舍利塔也传入中土，"于后百年，有王阿育，以神力分佛舍利，役诸鬼神，造八万四千塔，布于世界，皆同日而就。今洛阳、彭城、姑臧、临淄皆有阿育王寺，盖承其遗迹焉"[2]。这些阿育王舍利塔作为佛教传入中土的纪念性建筑被反复发现、膜拜和传说。这种崇拜行为本身及其书写也是佛舍利信仰的重要内容。东晋时期弘扬舍利神异的不仅有外来僧侣，还有中土圣僧刘萨诃。他以圣物发现者的身份出现，为了灭罪而寻访礼拜阿育王塔像，在建康长干寺发现了阿育王塔下舍利函，并重新起塔瘗埋。"……往丹阳、会稽、吴郡觅阿育王塔像，礼拜悔过，以忏先罪。既醒，即出家学道，改名慧达。精勤福业，唯以礼忏为先。晋宁康中，至京师。先是简文皇帝于长干寺造三层塔，塔成之后，每夕放光。达上越城顾望，见此刹杪独有异色，便往拜敬，晨夕恳到。夜见刹下时有光出，乃告人共掘，掘入丈许，得三石碑。中央碑覆中，有一铁函，函中又有银函，银函里金函，金函里有三舍利，又有一爪甲及一发，发伸长数尺，卷则成螺，光色炫耀。乃周宣王时阿育王起八万四千塔，即此一也。既道俗叹异，乃于旧塔之西，更竖一刹，施安舍利。晋太元十六年，孝武更加为三层。"[3]巫鸿指出："刘萨诃对佛教遗物和废弃的阿育王塔的发现一方面重新确立了该寺庙被遗忘的与印度的联系，另一方面，这种宗教意义也吸引了当权者的供奉。"[4]长干寺的阿育王塔成为建康佛教的重要纪念碑，被后来历代崇佛者反复礼拜、开启、奉迎舍利、重新瘗埋、起塔，从而传承南朝的舍利信仰。

二、佛舍利信仰内涵的形成

佛舍利崇拜形成的内在条件是通过中外高僧传译涅槃经典逐步形成佛舍利信仰内涵。

---

[1] 冉万里：《中国古代舍利瘗埋制度研究》，文物出版社，2013年，第10页。
[2] （北齐）魏收：《魏书》卷114《释老志》，中华书局，1974年，第3028页。
[3] （南朝梁）慧皎撰，朱恒夫、王学钧、赵益注译：《高僧传》卷13《晋并州竺慧达》，陕西人民出版社，2013年，第746页。
[4] 巫鸿：《再论刘萨诃——圣僧的创造与瑞像的发生》，巫鸿著，郑岩、王睿编：《礼仪中的美术：巫鸿中国古代美术史文编》，生活·读书·新知三联书店，2005年，第436页。

1. 小乘佛教涅槃类经典和佛传经典

中外僧侣最初开始传译的是小乘佛教的涅槃类经典和佛传经典，这些经典讲述伟大圣者释迦牟尼完成毕生修行而涅槃，经荼毗后佛舍利被起塔供养，体现了"唯礼释迦"的核心思想。

西晋河内沙门白法祖译《佛般泥洹经》卷下①详细讲述了佛临终说法、涅槃、荼毗、供养舍利、八王分舍利的过程。供养舍利的仪式："熟洗舍利，盛以金罂，佛内外衣，续在如故，所缠身劫波育为燋尽。取舍利罂，著金床上，以还入宫，顿止正殿，天人散华伎乐，绕城步步燃灯，灯满十二里地……阿难曰：'却后九十日，当于四交道中立刹兴庙。'……诸比丘俱问阿难：'葬法云何？'答曰：'当东出，去城三十里，彼土有乡，乡名卫致。有四衢峙刹立庙，以玉作椁，椁之纵广其方三尺，塔纵广丈五尺矣，舍利金罂，正著中央，兴塔树刹，高悬缯幡，烧香燃灯，净扫散华，十二部乐，朝夕供养。逝心理家。当共成塔。释梵鬼龙。王及臣民。送佛舍利。'理家敬诺。如阿难教。"八国分舍利："边境八国，闻佛灭度，舍利在鸠夷国中，皆发兵来，索舍利分……共请屯屈作平八分。屯屈自以天上金罂，中以石蜜涂里，成量舍利，各与一罂。诸王得之，悲喜交集，皆以香华、悬缯、杂彩、烧香、燃灯、朝夕作乐。屯屈长跪乞罂中余著蜜舍利：'吾欲立庙。'诸王惠之遂入罂。"

后秦弘始年（399~416年）罽宾僧人佛陀耶舍共竺佛念译《佛说长阿含经》第1分《游行经》②记述佛陀悟道、传教和涅槃的经过。释迦牟尼在涅槃前告知阿难以转轮王葬法埋葬自己，并在阇维后收拾舍利于四衢道立塔庙，表刹悬缯，使诸行人皆见佛塔、思慕如来法王道化，生获福利，死得上天。

龟兹高僧鸠摩罗什于后秦弘始七年（405年）译完的《大智度论》讲到舍利和般若波罗蜜经的关系，是般若波罗蜜中，生诸佛舍利，供养恭敬舍利可受天上、人中福乐，常不堕三恶道③。

5世纪开始，中外高僧继续翻译和注疏涅槃经典。据《法显传》记载，法显于巴连弗邑"又得一部《方等般泥洹经》，可五千偈"④。据此经典，东晋义熙十三年（417年）法显与北天竺迦毗罗卫国僧人佛驮跋陀罗译出《佛说大般泥洹经》⑤。《佛说大般泥洹经》共18品，属于小乘佛教经典。卷5"如来性品"（第13品）释迦通过偈语讲述佛、舍利塔、法、僧的统一性，告诫众生应当皈依佛教，敬礼佛、舍利塔。"若礼舍利塔，应当敬礼我；我与诸众生，为最真实塔，亦是真舍利，是故应敬礼。若归依法者，应当归依我；清净妙法身，我已具足故。"

---

① 《大正藏》第01册，No. 0005。
② 《大正藏》第01册，No. 0001。
③ 圣者龙树造、（后秦）鸠摩罗什译：《大智度论》卷59《释校量舍利品》，《大正藏》第25册，No. 1509。
④ （东晋）法显撰，章巽校注：《法显传校注》三《还巴连弗邑写律》，中华书局，2008年，第120页。
⑤ 《大正藏》第12册，No. 0376。

以上经典使中国佛舍利信仰脱离早期灵验与感应阶段，还原了佛舍利的历史真实性，供养佛舍利的仪式犹如供养佛祖。

2. 大乘佛教涅槃经典

北凉玄始十年（421年）中天竺僧人昙无谶被沮渠蒙逊迎至姑臧，翻译大乘佛教经典《大般涅槃经》[①]，该经共13品，以法身常住及悉有佛性为中心思想。卷25"光明遍照高贵德王菩萨品第十之五"指出："若见佛性能断烦恼，是则名大涅槃也。以见佛性故，得名为常乐我净，以是义故，断除烦恼，亦得称为大般涅槃。"昙无谶久居敦煌，弘扬涅槃学说。协助昙无谶译经的僧侣也分别著疏以阐释和弘扬《大般涅槃经》。道朗在凉州撰制了经序，并著《涅槃义疏》；又同时笔受者慧嵩著《涅槃义记》，并在凉地讲授弘扬其义。北凉涅槃学亦开始在北方传播，于是出现了北方的涅槃学派。《大般涅槃经》的传译弘扬了大乘佛教的涅槃观，促进了佛舍利信仰与崇拜。昙无谶所译《悲华经》讲到佛涅槃后的灭法时代，舍利将化作佛形像拯救教化众生，舍利在正法已灭时将变为意相琉璃宝珠救济世间无量众生，体现了大乘佛教的救济思想[②]，集中阐释了佛舍利崇拜的意义。

3. 涅槃学在南北方的传播和佛舍利信仰内涵的形成

北魏太武帝在太延五年（439年）灭凉，北凉佛教移至平城，促进了北魏佛教的兴盛。北魏洛阳城僧侣也熟习涅槃经："一比丘云是宝明寺智圣，以坐禅苦行得升天堂。有一比丘是般若寺道品，以诵经四十卷涅槃，亦升天堂。有一比丘云是融觉寺昙谟最，讲涅槃华严，领从千人。"[③]可见北魏洛阳城的僧侣认为诵习涅槃经与坐禅苦行的功业相等，都可得升天堂。北魏时期涅槃经典传译出现了涅槃经变，甘肃天水麦积山石窟西魏第127号窟正壁通幅绘制包括临终说法、佛入涅槃、八王争舍利等主要情景在内的涅槃经变，类似题材也见于麦积山西魏第135窟正壁[④]。考古发现证明北魏开始供奉和瘗埋佛舍利。

随着北凉的战乱，涅槃学转传至南方。圣凯认为："涅槃学派的传承必须从法显译出六卷《大般泥洹经》（以下简称《泥洹经》，涉及通称则用《涅槃经》）开始，而后以建康为中心的南方佛学界，如道生、慧叡、慧严、慧观等人，迅速从鸠摩罗什所传的般若学转向涅槃学。所以，涅槃学派的形成，与鸠摩罗什教团具有密切的联系。昙无谶于玄始十年译出四十卷《大般涅槃经》后，研习者转向此经，促进了涅槃学派在北魏与刘

---

① （北凉）天竺三藏昙无谶译：《大般涅槃经》，《大正藏》第12册，No. 0374。
② （北凉）天竺三藏昙无谶译：《悲华经》卷6、7，《大正藏》第3册，No. 0157。
③ （北魏）杨衒之著，周祖谟校释：《洛阳伽蓝记校释》卷2《城东》，上海书店出版社，2000年，第74、75页；（北魏）杨衒之著，周祖谟校释：《洛阳伽蓝记校释》卷4《城西》，上海书店出版社，2000年，第170页。
④ 孙晓峰：《天水麦积山第127窟研究》，甘肃教育出版社，2015年，第291页。

宋时期的兴盛，一直至隋末唐初，绵延不绝。"[1]刘宋初期的涅槃学派以建康道场寺、龙光寺为中心[2]。南朝梁武帝亲自弘扬涅槃经典，"兼笃信正法，尤长释典，制涅槃、大品、净名、三慧诸经义记，复数百卷。听览余闲，即于重云殿及同泰寺讲说，名僧硕学、四部听众，常万余人"[3]。"（中大通三年）冬十月己酉，行幸同泰寺，高祖升法座，为四部众说《大般若涅槃经》义，迄于乙卯。"[4]"帝将受菩萨戒……又请于寺讲《大涅槃》，亲临幄坐，爰命咨质，朝贤时彦，道俗盈堂，法筵之盛，未之前闻。"[5]梁武帝敕建元僧朗注《大般涅槃经》七十二卷[6]；天监八年（509年）五月八日敕亮撰《大涅槃义疏》[7]。梁武帝弘扬涅槃学经典不仅有助于该学说在南朝的流行，而且促进了佛舍利信仰在南朝的形成。

在崇佛的背景下，其他讲述释迦牟尼佛传的经典不断被翻译、编撰，涅槃、舍利崇拜通过这些经典变得更加具体、生动。萧齐沙门释昙景译《摩诃摩耶经》[8]卷下讲述释迦牟尼涅槃后阇维之法如转轮圣王，"佛告阿难：'阇维之法如转轮圣王，取于千端新净之氎用缠佛身，香油洒灌内金棺中，又以金棺内银棺中，又以银棺内铜棺中，又以铜棺内铁棺中，积众香薪而用阇维，收拾舍利起立塔庙、表刹、幡盖种种供养'"。《摩诃摩耶经》之《八国分舍利品》讲述佛涅槃后八国王分舍利并起塔供养。梁代僧祐所撰《释迦谱》根据之前不同经典辑录编排释迦牟尼传[9]，对相关内容进行集中整理和重新书写、简要评价，第27项"释迦双树般涅槃记"（出大般涅槃经）、第28项"释迦八国分舍利记"（出双卷泥洹经）、第29项"释迦天上龙宫舍利宝塔记"（出菩萨处胎经）、第30项"释迦龙宫佛塔记"（出阿育王经）、第31项"阿育王造八万四千塔记"（出杂阿含经）、第32项"释迦获八万四千塔宿缘记"（出贤愚经）、第33项"释迦法灭尽缘记"（出杂阿含经）、第34项"释迦法灭尽相记"（出法灭尽经），更完整、中国化地记述了涅槃、分舍利相关内容，如第28项，用"佛大慈故烧形遗骨，欲广祐天下"这样通俗的语言阐释舍利的来源和意义，促进了信者理解舍利的宗教内涵和崇拜的意义。

通过中外僧侣传译涅槃类经典，中国佛舍利信仰逐渐完善其两重含义：佛舍利作为圣物，既是释迦牟尼的遗骨，见舍利如见佛，又象征佛法。大同三年（537年），梁武

---

[1] 圣凯：《〈大般涅槃经〉在两晋时代的传承与流行》，《南京晓庄学院学报》2011年第2期。
[2] 圣凯：《〈大般涅槃经〉在两晋时代的传承与流行》，《南京晓庄学院学报》2011年第2期。
[3] （唐）姚思廉：《梁书》卷3《武帝本纪》，中华书局，1973年，第96页。
[4] （唐）姚思廉：《梁书》卷3《武帝本纪》，中华书局，1973年，第75页。
[5] （唐）道宣撰，郭绍林点校：《续高僧传》卷5《梁钟山开善寺沙门释智藏传》，中华书局，2014年，第173页。
[6] （唐）道宣撰，郭绍林点校：《续高僧传》卷1《梁扬都庄严寺金陵沙门释宝唱传》，中华书局，2014年，第8页。
[7] （南朝梁）慧皎撰，朱恒夫、王学钧、赵益注译：《高僧传》卷8《梁京师灵味寺释宝亮》，陕西人民出版社，2013年，第518页。
[8] 《大正藏》第12册，No. 0383。
[9] 《大正藏》第50册，No. 2040。

帝下令改造建康阿育王寺塔，从塔基发掘出佛舍利和爪发。八月二十七日到阿育王寺礼拜舍利，"是日，以金钵盛水泛舍利，其最小者隐钵不出，高祖礼数十拜，舍利乃于钵内放光，旋回久之，乃当钵中而止。高祖问大僧正慧念：'今日见不可思议事不？'慧念答曰：'法身常住，湛然不动'"[①]。由此可见，在大乘系涅槃类经典思想影响下，佛舍利也被认为是法身，代表着永恒不灭、湛然不动的佛法。佛舍利信仰与崇拜因此既是对佛祖，也是对佛法的信仰和崇拜。

三、佛舍利传入及神圣性的构建

佛舍利崇拜形成的外在条件是 5 世纪以来西行求法高僧将印度和中亚的佛舍利及崇拜方式传入中土，使得佛舍利信仰摆脱早期的神异传说。

1. 西行求法僧对域外佛舍利崇拜的记录和传播

法显等高僧西行求法，在求得真经的同时记录了印度、中亚各地佛舍利崇拜仪式和遗迹。西行经过犍陀罗的东晋僧人法显和北魏僧人道荣[②]都记录了被称为雀离浮图的迦腻色迦大塔及其传说。法显认为这是他所见过最壮丽威严的塔庙[③]。迦腻色迦大塔（CakraStupa），意为转轮王之塔，是贵霜的迦腻色迦王（Kanishka I）（1～2 世纪）在都城白沙瓦东南的夏基·德里修建的大佛塔，表达了迦腻色迦以护持佛法的转轮王自居的政治和宗教意图。迦腻色迦王为释迦牟尼选定的弘法君主、建造佛塔的传说广为流传[④]。迦腻色迦大塔是弗楼沙的象征符号，吸引着来此求法的僧侣来观礼、膜拜。大塔宏伟的塔身、复杂的结构、以金玉装饰、华丽夺目的内外空间给道荣造以强烈的视觉冲击，这种视觉冲击力传递着宗教的感染力，道荣因此赞叹这座浮图居西域之首[⑤]。

法显在《法显传》中大量记载了印度各地造塔供养佛顶骨、佛齿等佛舍利的膜拜形式，如在那竭国醯罗城从国王到居士都供养佛顶骨。"西行十六由延，便至那竭国界醯罗城。中有佛顶骨精舍，尽以金薄、七宝校饰……骨黄白色，方圆四寸，其上隆起。每日出后，精舍人则登高楼，击大鼓，吹螺，敲铜钹。王闻已，则诣精舍，以华香供养。供养已，次第顶戴而去。从东门入，西门出。王朝朝如是供养、礼拜，然后听国政。居士、长者亦先供养，乃修家事。日日如是，初无懈倦。供养都讫，乃还顶骨于精舍。中

---

① （唐）姚思廉撰：《梁书》卷 54《诸夷传》，中华书局，1973 年，第 791、792 页。
② （北魏）杨衒之著，周祖谟校释：《洛阳伽蓝记校释》卷 5《城北》，上海书店出版社，2000 年，第 214～216 页。
③ （东晋）法显撰，章巽校注：《法显传校注》二《弗楼沙国》，中华书局，2008 年，第 33 页。
④ （东晋）法显撰，章巽校注：《法显传校注》二《弗楼沙国》，中华书局，2008 年，第 33 页。
⑤ （北魏）杨衒之著，周祖谟校释：《洛阳伽蓝记校释》卷 5《城北》，上海书店出版社，2000 年，第 218 页。

有七宝解脱塔，或开或闭，高五尺许，以盛之。"① 法显还记录竭叉国有石制佛唾壶及供养佛齿的塔②；摩竭提国巴连弗邑有阿育王建的佛舍利塔及石柱③；师子国王城举办隆重的佛齿供养仪式④。法显所记载的印度佛舍利崇拜仪式彻底改变了中土对佛舍利的观念，舍利由通过祈请感应出现的神秘灵异存在变为国王道俗经常性、公开性供养和礼拜的佛教圣物。侯慧明认为，舍利崇拜在东晋以后逐渐盛行，极有可能是受到法显东归后撰写之《佛国记》的影响⑤。史苇湘根据敦煌石窟遗书 P.2680、P.3570 等卷《因缘记》有"和尚西至五天（竺）曾感佛钵出现"推测刘萨诃应当是与法显在 400 年同去天竺游历的慧达⑥。刘萨诃从在中土发现、礼拜阿育王塔圣迹到亲往天竺礼拜佛骨舍利显示了当时中土僧人取经求法和礼拜佛祖圣物圣迹的虔诚。东晋时期，伴随着法显等高僧的求法和弘法，佛舍利信仰与佛陀圣迹、佛经结合在一起，还原到对佛祖遗骨的纪念和崇拜。师子国王城每年三月举办的佛齿迎请供养仪式对东晋及后来的舍利崇拜具有影响，推测梁武帝及隋文帝主导的舍利迎请、供养、礼拜仪式皆源于此。

南北朝僧人持续西行求法礼佛，北魏僧人道荣在那迦罗阿国礼拜佛顶骨。"道荣传云：至那迦罗阿国，有佛顶骨，方圆四寸，黄白色，下有孔，受人手指，闪然似仰蜂巢。"⑦ 宋云、惠生神龟元年（518 年）从洛阳出发前往西域求佛经，正光三年（522 年）返回，在西域期间二僧前往乌场国佛晒衣处、如来履石之迹等佛陀圣迹巡礼；礼拜各地舍利圣迹，如"那竭城中有佛牙佛发，并作宝函盛之，朝夕供养"⑧。同时通过摹写犍陀罗国的雀离浮图等佛教纪念性建筑，将域外的佛教艺术传播往中土："惠生遂减割行资，妙简良匠，以铜摹写雀离浮图仪一躯，及释迦四塔变。"⑨

2. 佛舍利及崇拜模式传入中土

北魏时期中土与西域的佛教交流进一步促进了佛舍利及其信仰及崇拜模式传入中土。北魏洛阳城法云寺是西域乌场国（今巴基斯坦 swat 河沿岸）胡沙门昙摩罗所立，

---

① （东晋）法显撰，章巽校注：《法显传校注》二《那竭国》，中华书局，2008 年，第 38、39 页。
② （东晋）法显撰，章巽校注：《法显传校注》一《竭叉国》，中华书局，2008 年，第 18 页。
③ （东晋）法显撰，章巽校注：《法显传校注》三《摩竭提国巴连弗邑》，中华书局，2008 年，第 88、89 页。
④ （东晋）法显撰，章巽校注：《法显传校注》四《王城及佛齿供养》，中华书局，2008 年，第 130、131 页。
⑤ 侯慧明：《论舍利崇拜在中国的兴起与风行——兼论法门寺佛指舍利》，《安徽史学》2016 年第 3 期。
⑥ 史苇湘：《刘萨诃与敦煌莫高窟》，《文物》1983 年第 6 期。
⑦ （北魏）杨衒之著，周祖谟校释：《洛阳伽蓝记校释》卷 5《城北》，上海书店出版社，2000 年，第 221 页。
⑧ （北魏）杨衒之著，周祖谟校释：《洛阳伽蓝记校释》卷 5《城北》，上海书店出版社，2000 年，第 222 页。
⑨ （北魏）杨衒之著，周祖谟校释：《洛阳伽蓝记校释》卷 5《城北》，上海书店出版社，2000 年，第 220 页。

这座寺院的建筑装饰呈地道的"胡"样，即与中土佛寺不同的外国风格，推测是寺主摩罗所熟悉的巴基斯坦 swat 河沿岸的北天竺寺院风格。寺中不仅有佛陀的真容像，还供养有来自西域的舍利骨及佛牙。"作祇洹寺一所，工制甚精。佛殿僧房，皆为胡饰。丹素炫彩，金玉垂辉，摹写真容，似丈六之见鹿苑，神光壮丽，若金刚之在双林。伽蓝之内，花果蔚茂，芳草蔓合，嘉木被庭。京师沙门好胡法者，皆就摩罗受持之。戒行真苦，难可揄扬。秘咒神验，阎浮所无。咒枯树能生枝叶，咒人变为驴马，见之莫不忻怖。西域所斋舍利骨及佛牙经像皆在此寺。"① 这座寺院对洛阳城内追慕"胡法"的信徒有很强的吸引力，他们追随摩罗修习。

南朝宋求法僧人法献从于阗请回佛牙和舍利，以及佛经、佛像，"以宋元徽三年（475年），发踵金陵，西游巴蜀，路出河南，道经芮芮。既到于阗，欲度葱岭，值栈道断绝，遂于于阗而返。获佛牙一枚，舍利十五粒，并《观世音灭罪咒》及《调达品》，又得龟兹国金锤鍱像，于是而还。其经途危阻，见其别记"②。之后，大同五年（539年）梁武帝又遣云宝至扶南国迎请佛发，"五年，复遣使献生犀。又言其国有佛发，长一丈二尺，诏遣沙门释云宝随使往迎之"③。

除了通过遣使往域外求请佛骨，南北朝还通过外国使者进贡获得佛舍利。景明四年（503年）四月庚寅，南天竺国献辟支佛牙给北魏④；梁大通元年（527年），盘盘国王遣使进奉表，"中大通元年（529年）五月，累遣使贡牙像及塔，并献沉檀等香数十种。六年（534年）八月，复使送菩提国真舍利及画塔，并献菩提树叶、詹糖等香。"⑤梁中大通二年（530年），波斯国遣使献佛牙⑥。

通过求法僧人的努力，佛舍利和印度、中亚的佛舍利崇拜方式传入中土，被中土的帝王道俗百姓学习模仿。域外请来的珍贵的佛舍利作为佛教圣物被慎重地供养、崇拜，成为中土佛舍利崇拜的核心，将中土的佛教信徒与天竺的佛祖联系起来，增进了佛教信仰。

四、佛舍利崇拜寺院模式的形成

在佛舍利信仰内涵确立之后，出现了以寺院为中心的佛舍利崇拜活动。这些南北朝时期的寺院佛舍利崇拜留下的遗迹和遗物——瘗埋舍利的塔基空间和舍利容器，引起考古学方面的关注。小杉一雄根据文献研究六朝时期舍利安置，指出："六朝时期舍利安

---

① （北魏）杨衒之著，周祖谟校释：《洛阳伽蓝记校释》卷4《城西》，上海书店出版社，2000年，第153、154页。
② （南朝梁）慧皎撰，朱恒夫、王学钧、赵益注译：《高僧传》卷13《齐上定林寺释法献》，陕西人民出版社，2013年，第762页。
③ （唐）姚思廉：《梁书》卷54《诸夷传》，中华书局，1973年，第790页。
④ （北齐）魏收：《魏书》卷8《世宗本纪》，中华书局，1974年，第196页。
⑤ （唐）姚思廉：《梁书》卷54《诸夷传》，中华书局，1973年，第793页。
⑥ （唐）姚思廉：《梁书》卷54《诸夷传》，中华书局，1973年，第815页。

置的位置，若是木塔，就安置在深约一丈的地下柱础之下的石函；若是砖塔，便安置于塔基中心的正下方。"[①] 小杉一雄认为："六朝时期舍利安置的各种埋藏方式的事实，应当循着当时的墓葬的埋藏方式来进行理解。埋入地下丈余的石函、其中安置的舍利、石函上放置的塔铭、屡屡将舍利容器做成棺形，全部这些都与六朝时期现实的埋藏方式息息相关……六朝时代人们的态度，唐宋及其以后被直接承袭，而且越来越明确。"[②] 贺云翱认为："梁代成书的《高僧传》及唐代成书的《南史》所载关于六朝都城长干寺塔刹柱下的状况是基本可信的，它证明，至少在东晋时期，建康都城木结构佛塔已使用'地下式刹柱础'及柱础下埋藏一整套舍利葬具的制度。这一制度在东亚地区的文化影响和意义不容低估。"[③]

徐苹芳认为河北定县（今定州市）北魏太和五年（481年）塔基和永宁寺塔基都没有地宫，是将舍利石函直接埋入塔基夯土内，是中国舍利塔基的早期形式[④]。杨泓指出，定州北魏太和五年塔基出土盝顶盖石函表明当时舍利容器的造型已日渐中国化。东魏、北齐邺城佛塔塔基中央塔刹柱础石下面正方体砖函有可能原为瘗藏舍利所修筑[⑤]。冉万里将早期舍利瘗埋分为两个阶段，即发端期的东晋十六国时期和发展期的南北朝时期。南北朝时期的舍利瘗埋改变了印度将舍利容器安置在覆钵塔中的覆钵部分的做法。这一方面因为中国早期佛塔为阁楼式佛塔，另一方面也与中国传统的将尸体深埋地下的思想有关。舍利容器组合为外部石函、砖函，内部宝瓶的二重结构，供养品不仅包含佛教"七宝"，而且与当时墓葬的随葬品比较接近[⑥]。杨富学、王书庆结合敦煌文献 P. 2977 与《法苑珠林》卷38（教塔部）第6所记载19处阿育王舍利塔，考证这19座隋之前舍利塔的地点和现存状况，认为这些舍利塔对后期舍利塔的营建、形制和选址等有意义[⑦]。

1. 瘗埋空间的构建

中国佛舍利信仰逐渐完善其两重重要含义：佛舍利作为圣物，既是释迦牟尼的遗

---

① 〔日〕小杉一雄著，王竞香译，姜捷校：《六朝及隋时期佛塔中的舍利安置》，姜捷主编：《法门寺博物馆论丛》第7辑，三秦出版社，2016年，第274页。原载〔日〕小杉一雄：《中国佛教美术史研究》第一部"佛塔研究"之第一章"六朝时期佛塔的舍利安置"，新树社，1980年。

② 〔日〕小杉一雄著，王竞香译，姜捷校：《六朝及隋时期佛塔中的舍利安置》，姜捷主编：《法门寺博物馆论丛》第7辑，三秦出版社，2016年，第284、285页。原载〔日〕小杉一雄：《中国佛教美术史研究》第一部"佛塔研究"之第一章"六朝时期佛塔的舍利安置"，新树社，1980年。

③ 贺云翱：《六朝都城佛寺和佛塔的初步研究》，《东南文化》2010年第3期。

④ 徐苹芳：《中国舍利塔基考述》，《传统文化与现代化》1994年第4期。

⑤ 杨泓：《中国古代和韩国古代的佛教舍利容器》，《考古》2009年第1期。

⑥ 冉万里：《中国早期舍利瘗埋略论》，法门寺博物馆编：《法门寺博物馆论丛》（第4辑），三秦出版社，2012年，第435、436页。原载《周秦汉唐文化研究》（第6集），三秦出版社，2008年。

⑦ 杨富学、王书庆：《隋代以前的舍利塔》，法门寺博物馆编：《法门寺博物馆论丛》（第4辑），三秦出版社，2012年，第439~448页。原载《兖州佛教历史文化研讨会论文集》，科学出版社，2011年。

骨，又象征佛法。塔基瘗埋舍利的空间功能是瘗埋释迦牟尼的遗骨，因此其构造和多重套装的舍利容器融入中土丧葬习俗；地表起塔表示佛法永恒不灭。塔基独立的瘗埋舍利空间是佛舍利崇拜的物化表现，意味着瘗埋舍利空间脱离塔刹奠基石，成为具有象征意义的独立空间。从北魏至隋代，中国佛塔的塔基瘗埋舍利空间逐步形成。

迄今发现最早的舍利塔基为河北定州北魏舍利塔基遗址（图1）[①]。遗址位于县城内东北隅，地表夯筑土丘夯层厚20厘米，丘顶上层50厘米为散乱的红烧土，烧土中杂有南北朝时的碎瓦和建筑用条石等。1964年在该遗址中部深0.5～1米处发现北魏、东魏、北齐的石像残块，在中部偏南，深1.5米处的夯土层中发现北魏舍利石函（图2、图3）。根据石函上的"太和五年"铭文和遗址的现存情况推测，该土丘应为一座北魏太和五年修筑的佛塔基址，石函建塔时埋于塔基下面。

图1 定州北魏舍利塔基遗址
（采自河北省文化局文物工作队：《河北定县出土北魏石函》，《考古》1966年第5期，图版伍，1）

图2 北魏太和五年铭石函
（采自河北省文化局文物工作队：《河北定县出土北魏石函》，《考古》1966年第5期，图版伍，2）

图3 北魏太和五年铭石函结构
（采自河北省文化局文物工作队：《河北定县出土北魏石函》，《考古》1966年第5期，图版伍，3）

北魏孝明帝熙平元年（516年）灵太后在洛阳城建造永宁寺，永宁寺浮图规模宏伟，装饰华丽，推测随着西去求法僧获得雀离浮图的真实信息，该塔的设计和风格受到雀离浮图的影响，表达了北魏皇室崇佛的信心。寺内九级浮图安置舍利的空间推测为刹上金宝瓶和塔基四方形竖穴。"永宁寺，熙平元年灵太后胡氏所立也，在宫前闾阖门南

---

① 河北省文化局文物工作队：《河北定县出土北魏石函》，《考古》1966年第5期。

一里御道西……中有九层浮图一所，架木为之，举高九十丈。上有金刹，复高十丈，合去地一千尺。去京师百里，已遥见之。初掘基至黄泉下，得金像三十躯，太后以为信法之征，是以营建过度也。刹上有金宝瓶，容二十五斛。宝瓶下有承露金盘一十一重，周匝皆垂金铎。复有铁锁四道，引刹向浮图四角，锁上亦有金铎。"[1]考古发掘资料证明永宁寺塔基是用夯土筑成的[2]，在塔基的中央有一个1.7米见方的竖穴，四壁直立，壁面平整。竖穴经过精心修筑、整备，虽然没有砌砖，但是具备了塔基地宫的空间雏形。徐苹芳认为该竖穴"显系瘗埋舍利石函的"[3]。

这种塔基地宫空间的形制在东魏、北齐时期得到进一步发展。邺南城佛塔遗址塔基柱础石下方出现了砖砌筑的瘗埋舍利空间。邺南城佛塔遗址位于临漳县习文乡赵彭城村西南200余米处，地面残存有部分夯土，残高约4.5米。夯土年代为东魏北齐时期。塔基遗址包括塔心实体等地上部分和佛塔基槽地下部分（图4），两部分均为夯土和砖石构筑。塔基地下基槽为正方形，边长约45米。基槽之上建筑佛塔地上部分，现存有夯土塔心实体、南侧斜坡踏道、南侧砖铺散水等。塔心实体夯土残存有柱础石、承础石、础石坑等遗物、遗痕，据此可复原塔心实体的柱网结构。塔基中心深约3.5米的坑底发现刹柱础石，底座近正方形，上部为覆盆形，边长约1.2米。以刹柱为中心，可以确认3圈同心正方形分布的柱网。在塔基柱础石的下面发现有佛塔建立时可能瘗埋舍利或圣物的砖函（图5），但砖函内遗物已被盗。砖函用细腻黑灰色砖砌筑，近正方形，长、宽、高均约0.7米。遗址出土彩绘泥塑佛像、各式泥塑彩绘残片、残琉璃舍利瓶（图6）等与佛教密切相关的遗物[4]。发掘者认为："砖函的发现证明，南北朝时期中国的寺院还没有形成地宫形制的舍利圣物瘗埋制度。"[5]这种佛塔遗址塔基柱础石下方砖砌筑的瘗埋舍利空间发展了北魏洛阳永宁寺塔基夯土竖穴，为隋代仁寿年间出现正规的地宫制度奠定了基础。

图4 邺城遗址内赵彭城北齐佛寺塔基
（采自中国社会科学院考古研究所、河北省文物研究所邺城考古队：《河北临漳县邺城遗址东魏北齐佛寺塔基的发现与发掘》，《考古》2003年第10期，第4页，图一）

---

[1] （北魏）杨衒之著，周祖谟校释：《洛阳伽蓝记校释》卷1《城内》，上海书店出版社，2000年，第16～19页。
[2] 中国社会科学院考古研究所洛阳工作队：《北魏永宁寺塔基发掘简报》，《考古》1981年第3期。
[3] 徐苹芳：《中国舍利塔基考述》，《传统文化与现代化》1994年第4期。
[4] 中国社会科学院考古研究所、河北省文物研究所邺城考古队：《河北临漳县邺城遗址东魏北齐佛寺塔基的发现与发掘》，《考古》2003年第10期。
[5] 中国社会科学院考古研究所、河北省文物研究所邺城考古队：《河北临漳县邺城遗址东魏北齐佛寺塔基的发现与发掘》，《考古》2003年第10期。

图 5　邺城遗址内赵彭城北齐佛寺塔基刹柱础石与舍利砖函
（采自中国社会科学院考古研究所、河北省文物研究所邺城考古队：《河北临漳县邺城遗址东魏北齐佛寺塔基的发现与发掘》，《考古》2003 年第 10 期，第 5 页，图三）

图 6　邺城遗址内赵彭城北齐佛寺塔基出土琉璃舍利瓶
（采自中国社会科学院考古研究所、河北省文物研究所邺城考古队：《河北临漳县邺城遗址东魏北齐佛寺塔基的发现与发掘》，《考古》2003 年第 10 期，第 6 页，图六）

2. 多重套装的舍利容器和供养物品

中国佛舍利容器继承印度、犍陀罗地区的多重套装制度和以金、珠、钱币作为供养品的制度，并将琉璃器、外国钱币等沿着丝绸之路传入的珍贵的域外物品用于佛舍利供养，以代表七宝。在遵循这些制度的同时，中国的佛舍利容器一开始就呈现出中国化的特点，形状和铭刻借鉴墓志，具有陵墓纪念性艺术风格。舍利石函为正方形，石函的形制从一侧开口的盝顶盖、方形函身一体演变为盝顶形盖与方形函身分体组合的形制；铭文由简单到复杂，由普遍性的佛教铭文到专门性的舍利塔铭。

河北定州静志寺五号塔基内北魏兴安二年（453 年）铭舍利石函（图 7）是迄今中国境内出土的最早有明确纪年的舍利石函。在塔基西南部及西部放有一石棺盖、一石函盖及一小石函①。石函正方形，边长 30.5、高 31.5 厘米。函盖、身一体，盝顶，一侧开龛，龛口两侧阴线浅刻佛说法及僧人坐禅等形象（图 8），背后一面刻"大代兴安二年岁次癸巳十一月"等铭文，据此推断为北魏石函。据同塔基出土的隋代铜函四壁铭文可知该石函为瘗埋舍利的容器："大隋仁寿三年五月廿九日，静志寺与四部众修理废塔，掘得石函，奉舍利有四，函铭云大代兴安二年十一月五日，即建大塔，更做真金宝碗，琉璃瓶等，上下累叠，表里七重，至大业二年十月八日内于塔内。"②

---

① 定县博物馆：《河北定县发现两座宋代塔基》，《文物》1972 年第 8 期。
② 定县博物馆：《河北定县发现两座宋代塔基》，《文物》1972 年第 8 期。

图 7　北魏兴安二年铭舍利石函
（现藏河北省定州博物馆，笔者摄影）

图 8　北魏兴安二年铭舍利石函线刻画
（现藏河北省定州博物馆，笔者摄影）

河北定州北魏舍利基遗址出土石函[①]为石灰岩，由盝顶盖和方形函身组成。长 65、宽 57.5 厘米，通高 58.5 厘米，函身高 38、内深 14.5 厘米。外底未加修整，倾斜不平。四壁直立，厚 8.4 厘米。口部左侧有一宽 4 厘米的缺口，其下刻"太和"二字。函内底平，粗面未加修饰。函盖盝顶上刻铭文十二行，满行二十一至二十六字，叙述北魏孝文帝于太和五年到此，并命于此建塔之事。石函内藏有货币（图 9）和金、银、铜、琉璃（图 10、图 11）、玉、玛瑙、水晶、珍珠、贝、珊瑚等器共编 91 号，共计 5657 件。徐苹芳分析了这些供养品的不同功能：玻璃钵、铜钵和葫芦形小玻璃瓶是装舍利的容器；铜匙、铜镊是专用以奉请舍利的工具；数千颗玻璃、玛瑙、水晶、珍珠、珊瑚、红宝石等组成的串饰和 200 余枚铜钱、41 枚波斯萨珊银币作为"七宝"与舍利一块瘗埋；其他如金银耳坠、镯子、戒指、钗环等物是作为财宝施舍的；"军司马印"和"魏昌令印"可能是奉命"以官财顾工"造塔官吏的印章；铜盖弓帽、铜链和铜镜残片等说明早期瘗埋舍利时，除了宗教仪式上所规定的法器和供养具之外，人们还按照当时墓葬随葬的习俗来施舍供养舍利[②]。

图 9　北魏太和五年铭石函内藏波斯银币
（采自河北省文物研究所：《河北考古重要发现 1949—2009》，
科学出版社，2009 年，第 246 页）

---

① 河北省文化局文物工作队：《河北定县出土北魏石函》，《考古》1966 年第 5 期。
② 徐苹芳：《中国舍利塔基考述》，《传统文化与现代化》1994 年第 4 期。

图 10　北魏太和五年铭石函内藏琉璃瓶
（采自河北省文物研究所：《河北考古重要发现1949—2009》，科学出版社，2009年，第246页）

图 11　北魏太和五年铭石函内藏琉璃钵
（采自河北省文物研究所：《河北考古重要发现1949—2009》，科学出版社，2009年，第246页）

1969年在甘肃省泾川县城关公社水泉寺大队的耕地内发现北周天和二年（567年）宝宁寺僧慧明造舍利套函[①]。外重石函（图12）为青砂岩质，函体正面阴刻楷书铭文，说明宝宁寺比丘慧明敬造石像一区，时间为北周天和二年岁次丁亥八月庚子。背面雕一长方形边框，中央格内浮雕一飞天头顶托盘，上盛摩尼宝珠，两侧各浮雕一供养比丘，左右格内各浮雕一蹲狮。石函内套大铜函、小铜函、琉璃瓶，琉璃瓶内有舍利数十粒。石函内有银质、铜质医用刀各一把，金质、白玉发钗各一个，铜质发钗十多个。2005年3月原址出土1.8米高北周早期石雕佛像一尊。推测该佛像为石函铭文所指"敬造石像一区"。

图 12　北周天和二年铭舍利石函
（现藏甘肃省平凉市博物馆，笔者摄影）

河北临漳邺城遗址核桃园一号建筑基址位于东魏北齐邺城中轴线朱明门外大道东侧，西距赵彭城北朝佛寺东围壕约600米，北距邺南城南墙约1200米。考古发掘者根据地层关系、建筑形制特点和出土遗物特征推断为北齐时期的佛塔遗迹，据佛塔西南约200米处发现的隋墓墓志中合葬于"明堂园东庄严寺之所"推测，该佛塔遗址（图13）很可能属于北齐皇家佛寺大庄严寺。考古发现显示出在方形木塔基础的施工过程中，瘗埋石函、青釉罐、铜钱等遗物[②]。塔基基础中心夯土面2.3米的下方发现舍利石函（图14），

[①] 崔峰：《北朝时期的泾川佛教》，李斌诚、韩金科主编：《2015丝绸之路与泾川文化学术研讨会论文集》，2015年，第423页。

[②] 中国社会科学院考古研究所、河北省文物研究所邺城考古队：《河北临漳邺城遗址核桃园一号建筑基址发掘报告》，《考古学报》2016年第4期。

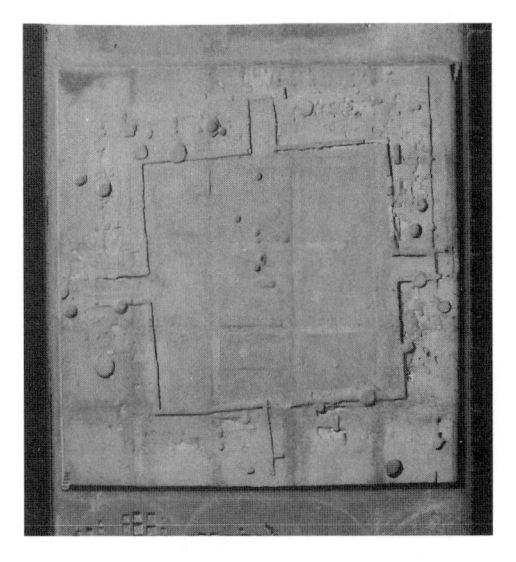

图 13　邺城遗址核桃园一号塔址全景
（采自中国社会科学院考古研究所、河北省
文物研究所邺城考古队：《河北临漳邺城
遗址核桃园一号建筑基址发掘报告》，
《考古学报》2016年第4期，图版壹，1）

图 14　邺城遗址核桃园一号建筑基址中心舍利石函
（采自中国社会科学院考古研究所、河北省文物
研究所邺城考古队：《河北临漳邺城遗址核桃园
一号建筑基址发掘报告》，《考古学报》2016年
第4期，图版伍，1）

石函四角外侧分别摆放一个青釉小罐，南面偏东处还有一个较大的青釉罐，罐内放置各种珠饰。石函为青石质，略呈正方形，由函盖（图15）和函身（图16）两部分组成，长42.5~44、宽36~38、通高26.6~28.6厘米，函身内深7.4~9.5厘米。石函通体较为粗糙，未经打磨，有凿刻痕迹，函身上边缘四角刻有字迹，其中右上角

图 15　邺城遗址核桃园一号建筑基址
中心舍利石函函盖
（采自中国社会科学院考古研究所、河北省文物研究所
邺城考古队：《河北临漳邺城遗址核桃园一号建筑基址
发掘报告》，《考古学报》2016年第4期，
图版陆，1）

图 16　邺城遗址核桃园一号建筑基址中心
舍利石函函身
（采自中国社会科学院考古研究所、河北省文物
研究所邺城考古队：《河北临漳邺城遗址核桃园
一号建筑基址发掘报告》，《考古学报》2016年
第4期，图版陆，4）

和右下角依稀可辨别为"三"和"宝"字样，另外两字磨泐不清。石函内有相对完整器物 98 件：其中保存较好的一件长颈玻璃瓶（图 17）中还残存有水银，瓶深蓝色，腹径 2、高 5.6 厘米[①]。其他为瘗埋舍利的供养品，其中以大量腐朽的有机质物品为主，还有各种质地的管、珠（图 18 左）、坠饰、圆形和椭圆形石饰、铜钱、铜饰件及玻璃器残片（图 18 右）、钟乳石残段等。考古发掘者认为舍利石函内放置物品类别多与佛经中的七宝有关，而长颈玻璃小瓶应属于舍利瓶，小玻璃瓶中所盛水银可以理解为舍利的代替物。核桃园塔基是以石函为核心举行埋藏活动[②]。

图 17 邺城遗址核桃园一号建筑基址中心石函内藏长颈玻璃瓶
（采自中国社会科学院考古研究所、河北省文物研究所邺城考古队：《河北临漳邺城遗址核桃园一号建筑基址发掘报告》，《考古学报》2016 年第 4 期，图版柒，14）

图 18 邺城遗址核桃园一号建筑基址中心石函内藏玛瑙珠（左）、玻璃珠（右）
（采自中国社会科学院考古研究所、河北省文物研究所邺城考古队：《河北临漳邺城遗址核桃园一号建筑基址发掘报告》，《考古学报》2016 年第 4 期，图版柒，3、12）

3. 舍利塔形制

现存南北朝至隋代的舍利塔实物十分稀少。现存安阳修定寺塔原塔通高约 20 米，由原有砖砌似为束腰须弥座、单层方形塔身、塔顶三部分组成[③]（图 19）。董家亮据《大唐邺县修定寺传记》碑和相关文献考证，修定寺塔在北齐天保二年至四年（551～553 年）由法上法师主持建造[④]。侯卫东通过对读《齐大统合水寺释法上传》和《大唐邺县修定寺传记》中的相关内容认为，北齐天保二年法上按照文宣帝意旨在合水寺为太皇

---

① 中国社会科学院考古研究所、河北省文物研究所邺城考古队：《河北临漳邺城遗址核桃园一号建筑基址发掘报告》，《考古学报》2016 年第 4 期。
② 中国社会科学院考古研究所、河北省文物研究所邺城考古队：《河北临漳邺城遗址核桃园一号建筑基址发掘报告》，《考古学报》2016 年第 4 期。
③ 河南省文物研究所等：《安阳修定寺塔》，文物出版社，1983 年，第 5～8 页。
④ 董家亮：《安阳修定寺塔建造年代考》，《佛学研究》2007 年第 1 期。

太后建造砖塔[①]。侯卫东依据安阳修定寺唐代开元三年（715年）刻的《相州邺县天城山修定寺之碑》，认为修定寺塔至今尚存的砖塔是唐代修复后的塔，仍然使用了北齐时期的塔基，其是我国迄今所知最早的塔基[②]；并认为现存修定寺塔的平面布局、总体造型和四角柱础、须弥座都是北齐的作风，塔基座下出土的北齐饰面砖雕也证明该塔确实在北齐就已经建成[③]。曾经立于西塔旁的唐开元七年（719年）《大唐邺县修定寺传记碑》[④]记载北齐天保年间（550~559年）法上营建了"支提"（塔），"穷陶甄之艺能，竭雕镂之微妙，写慈天之宝帐，图释主之金容"。西塔供养弥勒佛、释迦佛，以陶雕工艺装饰表面，整体呈现出华丽多彩的装饰风格。1980年现存砖塔之东40米处的白石塔基出土舍利函（图20）[⑤]，函上铭文明确指出所起塔为舍利塔，"释迦牟尼佛舍利塔。婆摩诃般

图19 安阳修定寺塔
（采自河南省文物研究所等：《安阳修定寺塔》，文物出版社，1983年，图三，第4页）

图20 安阳修定寺白石塔基出土北齐"天保五年"舍利石函
（采自河南省文物研究所等：《安阳修定寺塔》，文物出版社，1983年，图一六〇，第100页）

若波罗蜜诸佛之母；甚深缘起诸法实相；摩诃般涅槃那至极圆寂。天保五年岁次甲戌四月丙辰八日癸亥。大齐皇帝供养尚书令平阳王高淹供养、王母太妃尼法藏供养、内斋法师尼道寂供养、内斋法师尼道尝供养、平阳王妃冯供养、李媛供养"。从以上遗迹推测，北齐天保五年（554年）修定寺为东西双塔并立寺院格局，两塔的造型相似，都是基台上的单层方塔。

与此相印证的是北齐北响堂山石窟的单层覆钵式塔，武晶系统研究北洞内的左右及

---

① 侯卫东：《〈相州邺县天城山修定寺之碑〉校读》，《殷都学刊》2012年第4期。
② 侯卫东：《〈相州邺县天城山修定寺之碑〉校读》，《殷都学刊》2012年第4期。
③ 侯卫东：《安阳修定寺塔年代补证及历史价值》，《殷都学刊》2015年第3期。
④ 郝飞雪：《安阳修定寺两通唐代碑刻的再发现》，《中原文物》2018年第4期。
⑤ 河南省文物研究所等：《安阳修定寺塔》，文物出版社，1983年，图版五四、五六、一六〇，第31、32页；第78、82、88、89页拓片。

前后壁浮雕、南响堂第 1 窟、北响堂南洞上部浮雕的单层覆钵式塔，认为这些塔由基座、塔身、塔顶三部分组成的，为体量较小的实心塔，应是埋藏圣者（佛陀、菩萨、高僧或帝王）的纪念性法物。这些单层覆钵式塔的平面呈正方形[1]。

4. 公开的、集体的、高等级的佛舍利崇供仪式

6 世纪开始，在梁武帝等崇佛君主的实践过程中对域外传入的佛舍利崇拜经典和仪式进行整合：一方面通过注疏和弘扬涅槃经典建立佛舍利信仰体系；另一方面在印度、中亚传来的佛舍利崇拜模式影响下，结合本土宗教经验，融合业已深入人心的阿育王崇拜、祥瑞思想，创造出中国化的佛舍利崇拜模式：佛舍利崇拜的神圣崇拜物为佛舍利，信仰体系以涅槃经典为基础，供奉和瘗埋舍利时有相应的宗教仪式，佛舍利崇拜有由僧俗信众组成的人员团体和寺庙、塔等宗教场所。

（1）借助阿育王崇拜

梁武帝敕令扶南国人僧伽婆罗重译《阿育王经》。"大梁御寓，搜访术能，以天监五年被敕征召，于扬都寿光殿、华林园、正观寺、占云馆、扶南馆等五处传译，迄十七年，都合一十一部四十八卷，即大育王经、解脱道论等是也。"[2] 僧伽婆罗所译《阿育王经》[3] 共 10 卷。《阿育王经》和《阿育王传》同本异译。梁代僧祐《释迦谱》[4] 中第 25 项为"阿育王弟出家造石像记"、第 31 项为"阿育王造八万四千塔记"。这些内容在《阿育王传》中都有记述，情节稍异。

（2）迎请佛舍利入宫供养

梁武帝开创了帝王主导的奉迎舍利模式。梁武帝大同二年（536 年）开启会稽鄮县阿育王塔，从塔基发掘出舍利并迎请舍利、礼拜舍利。《梁书》记载："先是，（大同）二年，改造会稽鄮县塔，开旧塔出舍利，遣光宅寺释敬脱等四僧及舍人孙照暂迎还台，高祖礼拜竟，即送还县入新塔下，此县塔亦是刘萨河所得也。"[5] 大同三年（537 年）八月，梁武帝下令改造长干里阿育王寺塔，从塔基发掘出佛舍利和爪发。至其月二十七日，梁武帝又到寺礼拜，设无碍大会，大赦天下。"高祖曰：'弟子欲请一舍利还台供养。'至九月五日，又于寺设无碍大会，遣皇太子王侯朝贵等奉迎。是日，风景明和，京师倾属，观者百数十万人。所设金银供具等物，并留寺供养，并施钱一千万为寺基业。"[6] 这种帝王主导的开启舍利塔迎请、礼拜舍利的崇拜模式被唐代君主继承，唐代帝王每隔 30 年定期迎请法门寺舍利，总共多达七次。

---

[1] 武晶：《冀南地区北朝单层覆钵式塔之研究》，《中国文化遗产》2014 年第 2 期。
[2] （唐）道宣撰，郭绍林点校：《续高僧传》卷 1《梁扬都正观寺扶南国沙门僧伽婆罗传》，中华书局，2014 年，第 5 页。
[3] 《大正藏》第 50 册，No. 2043。
[4] 《大正藏》第 50 册，No. 2040。
[5] （唐）姚思廉：《梁书》卷 54《诸夷传》，中华书局，1973 年，第 792 页。
[6] （唐）姚思廉：《梁书》卷 54《诸夷传》，中华书局，1973 年，第 791、792 页。

（3）无碍大会

在迎请舍利之后和瘗埋舍利之前都举行了无碍大会。大同三年八月二十七日梁武帝至长干里阿育王寺设无碍大会，大赦天下。梁武帝《出古育王塔下佛舍利诏》[①]，"大同四年（538年）八月，月犯五车，老人星见。改造长干寺阿育王塔，出舍利佛发爪。阿育铁轮王也，王阎浮一天下，一日夜役鬼神造八万四千塔，此其一焉。乘舆幸长干寺，设无碍法喜食。诏曰：天地盈虚，与时消息。万物不得齐其蠢生，二仪不得恒其覆载。故劳逸异年，欢惨殊日。去岁失稔，斗粟贵腾，民有困穷，遂臻斯滥。原情察咎，或有可矜，下车问罪，闻诸往诰。责归元首，寔在朕躬。若皆以法绳，则自新无路。书不云乎，与杀不辜，宁失不经。易曰：随时之义，大矣哉！今真形舍利复现于世，逢希有之事，起难遭之想。今出阿育王寺说无碍会，耆年童齿，莫不欣悦，如积饥得食，如久别见亲。幽显归心，远近驰仰，士女霞布，冠盖云集。因时布德，允叶人灵，凡天下罪无轻重，皆赦除之……真形舍利降在中署。光明显发，示希有相。大悲救苦良有以乎。宜承佛力弘兹宽大。凡天下罪无轻重。在今月十六日昧爽以前。皆赦除之。即日散出。奉迎法身还台供养。"

以帝王诏书方式表达官方的、帝王的舍利崇拜始于梁武帝，之后隋仁寿年间隋文帝将这种崇拜模式发扬光大而成为制度。仁寿元年（601年）六月乙丑隋文帝"颁舍利于诸州"[②]，之后于仁寿二年（602年）、仁寿四年（604年），文帝共三次下诏将舍利颁赐至全国共110余州起塔瘗埋。仁寿元年六月十三日，隋文帝颁布《隋国立舍利塔诏》[③]规定奉送和迎请、瘗埋舍利的制度。

大同三年九月五日奉迎舍利入宫前又于寺设无碍大会，王公贵族及京城百姓数十万人参加；在大同四年九月十五日重新起两座佛塔瘗埋舍利之前，梁武帝设无碍大会。"至四年九月十五，高祖又至寺设无碍大会，竖二刹[④]，舍利供养的法会非常盛大，王侯百姓布施供养舍利，皇太子萧纲捐钱一百万，共襄胜举，并呈上《奉阿育王寺钱启》[⑤]。

这种帝王主导的、王公贵族和百姓参加的大型、公开的舍利供养法会通过设斋、礼忏行道、受戒激起参与人员普遍的情感震动和心灵共鸣，激发他们的善心和同情心，促进文化认同。继承梁武帝，《陈书》记载永定元年（557年）十月陈武帝设无遮大会供养佛牙（法献请回的佛牙）"庚辰，诏出佛牙于杜姥宅，集四部设无遮大会，高祖亲出阙前礼拜"[⑥]。隋文帝仁寿元年分赐、瘗埋舍利过程中，中央大兴善寺和地方各州在起塔之前都举办了无遮大会。《庆舍利感应表》记载，仁寿元年十二月二日，大兴善寺起塔仪式由迎请、供养、无遮大会礼忏组成。《舍利感应记》记载，各州"各七日行道

---

① （唐）道宣：《广弘明集》卷15，《大正藏》第52册，No. 2103。
② （唐）魏征：《隋书》卷2《高祖纪下》，中华书局，1973年，第47页。
③ （唐）道宣：《广弘明集》卷17《隋国立舍利塔诏》，《大正藏》第52册，No. 2103。
④ （唐）姚思廉：《梁书》卷54《诸夷传》，中华书局，1973年，第792页。
⑤ （唐）道宣：《广弘明集》卷16，《大正藏》第52册，No. 2103。
⑥ （唐）姚思廉：《陈书》卷2《高祖纪下》，中华书局，1972年，第34页。

并忏悔",由此推测礼忏行道的时间为七天。

（4）起塔瘗埋

民国时期南京曾发现梁长干寺如来舍利塔砖（图21），砖铭曰："大同三年岁在丁巳十月十五日敕造长干寺如来舍利塔砖陈庆之造。"[①] 大同四年九月十五日，梁武帝重新起塔瘗埋舍利，"各以金罂，此玉罂，重盛舍利及爪发，内七宝塔中。又以石函盛宝塔，分入两刹下，及王侯妃主百姓富室所舍金、银、镮、钏等珍宝充积"[②]。舍利容器组合由原来的石函—铁壶—银坩—金镂罂—三舍利转变为石函—七宝塔—金罂—玉罂—舍利、爪发，最显著的变化是增加了七宝塔。其中七宝塔应为阿育王塔，也就是经梁武帝弘扬后的南朝舍利塔。

图 21 梁长干寺如来舍利塔砖
（采自贺云翱：《六朝都城佛寺和佛塔的初步研究》，《东南文化》2010 年第 3 期，第 102 页，图一）

这种作为小型舍利塔的阿育王塔图像，应该就是南北朝佛教造像中的方形单层覆钵顶的宝塔。成都西安南路出土中大通二年（530 年）像背光上的方塔纹[③]（图 22）正值梁武帝弘扬阿育王信仰的时期，因此该塔造型代表了当时阿育王塔的造型特征。蒋仁和（Katherine R. Tsiang）从山东青州龙兴寺出土造像的塔形纹和邺城地区塔形龛、窟入手，提出此种佛塔象征着"阿育王塔"，东魏北齐高氏一族很可能将阿育王塔的象征性利用于统治，因此具有政治象征意义[④]。苏

图 22 成都西安南路出土梁"中大通二年"像背光上的方塔纹
（采自成都市文物考古工作队、成都市文物考古研究所：《成都市西安路南朝石刻造像清理简报》，《文物》1998 年第 11 期，第 12 页，图一〇（左，H1∶3 造像正面））

---

① 贺云翱：《六朝都城佛寺和佛塔的初步研究》，《东南文化》2010 年第 3 期。
② （唐）姚思廉：《梁书》卷 54《诸夷传》，中华书局，1973 年，第 792 页。
③ 成都市文物考古工作队、成都市文物考古研究所：《成都市西安路南朝石刻造像清理简报》，《文物》1998 年第 11 期，第 12 页，图一〇（左，H1∶3 造像正面）。
④ Katherine R. Tsiang, "Miraculous Flying Stupas in Qingzhou Sculpture", *Orientations*, November 2000, pp. 45-53.

铉淑认为这种具有覆钵顶的单层方塔正是东魏北齐时流行的宝塔形制,并认为其可能是阿育王塔。"南北朝时期覆钵顶单层塔的流行与佛舍利塔信仰密不可分……本文按文献及实物的考证,认定了这一时期流行的宝塔很大程度上就是阿育王塔。"[①] 这种阿育王塔纹样出现在北齐境内的造像碑上证明了北齐皇帝效仿梁武帝崇佛。

梁武帝开创的佛舍利崇拜模式对后世产生深刻影响。南北朝时期形成的佛舍利崇供和瘗埋方式奠定了佛舍利崇拜的丰富形态,仁寿元年隋文帝统合为佛舍利崇拜制度。

[本文原发表于陕西师范大学历史文化学院、陕西历史博物馆、陕西师范大学人文社会科学高等研究院:《丝绸之路研究集刊》(第七辑),社会科学文献出版社,2021年]

---

① 〔韩〕苏铉淑:《东魏北齐庄严纹样研究——以佛教石造像及墓葬壁画为中心》,文物出版社,2008年,第125页。

考古学视角下唐宋元泉州城规划营建的多元与包容

汪 勃

（中国社会科学院考古研究所）

武周久视元年（700 年）置武荣州，唐睿宗景云二年（711 年）改武荣州为泉州；晚唐五代时期的泉州城罗城与子城共存，五代时期还修缮、扩建过罗城。南宋时期的泉州，因南外宗正司迁移至此而成为赵宋皇家宗室的坚强后盾，又因泉州市舶司带来的商贸之利而成为国家的重要税收来源之一。宋元时期的泉州，因海洋商贸的繁盛而显现出民族众多、宗教林立、文化兴盛的多样化形态，一度成为世界海洋商贸中心之一。

一、考古学视角下的泉州古城

"泉州：宋元中国的世界海洋商贸中心"世界文化遗产，包括九日山祈风石刻、市舶司遗址、德济门遗址、天后宫、真武庙、南外宗正司遗址、泉州文庙及学宫、开元寺、老君岩造像、清净寺、伊斯兰教圣墓、草庵摩尼光佛造像、磁灶窑址（金交椅山窑址）、德化窑址（尾林-内坂窑址、屈斗宫窑址）、安溪青阳下草埔冶铁遗址、洛阳桥、安平桥、顺济桥遗址、江口码头、石湖码头、六胜塔、万寿塔等22处遗产点，分布在自海港经江口平原并一直延伸到腹地山区的广阔空间内，完整地体现了宋元泉州富有特色的海外贸易体系与多元社会结构，多维度地支撑了"宋元中国的世界海洋商贸中心"的价值主题，是宋元时期中国与世界的对话窗口，也是10～14世纪泉州世界海洋贸易繁荣程度以及中国完备的海洋贸易制度体系、发达的经济水平以及多元包容的文化态度的展现。其他外销瓷窑址、古道驿站、航海遗迹、印度教遗址等诸如与22处遗产点的性质相类同的遗址，或可视为遗产点相关联的扩展，相关考古研究工作的开展或推进将更加丰富泉州市世界文化遗产的内涵和价值。

20世纪80年代以来，泉州市文物考古部门在配合城市基本建设进行抢救性考古发掘和泉州文化遗产保护工作中，发掘了府后山遗址宋代文化层堆积（1976、2019年）、清净寺奉天坛遗址（1987年）、泉州津淮街津头埔伊斯兰石墓盖（1998年）、崇福寺应庚塔塔墓（2001年）、泉州德济门遗址（2001～2002年）、承天寺五代铸钱遗址（2002年）、晋江磁灶窑（1995、2002～2003年）、泉州文庙崇圣祠（2017年）、泉州旧车站片区（2017年）、小山丛竹遗址（2018年）、旧人民医院片区（2018年）、泉州南外宗正司遗址（2019~2020 年）、泉州市舶司遗址（2019~2021 年）等，基本厘清了泉州古城的形态、范围、时代和发展演变以及古城道路和水网的体系。

（一）泉州南外宗正司与泉州城市文化的高峰

赵宋立国之初沿袭汉唐以来宗室管理制度，以宗正司作为负责编修皇族属籍及人口呈报等事务的宗室管理机构[①]；仁宗景祐三年（1036 年）七月十九日乙未初置大宗正司[②]，徽宗崇宁元年（1102 年）十一月"癸巳，置西、南两京宗正司及敦宗院"[③]。太祖位下子孙先出居南京，谓之南外[④]。宋金联合灭辽，金兵顺势南下，徽钦二宗被掳北上，康王赵构在南京（今商丘，北宋南外宗正司所在地）即位为宋高宗，后建都临安，其后随孝宗即位，皇权而从太宗系还为太祖系。两外宗正司随宋室南迁，"先徙宗室于江、淮，于是大宗正司移江宁，南外移镇江，西外移扬州。其后屡徙，后西外止于福州，南外止于泉州"[⑤]。朝廷议事或行文时，常将南外宗正司省称为"南外"[⑥]。

泉州南外宗正司遗址位于今泉州开元寺以南，建筑规模较大等级甚高，出土墨书陶瓷器中的"允""叔""仲""彦""宗""崇""宗厨""赵""江夏"等文字或分别与赵宋皇族辈分、南外宗正司、黄氏等相关[⑦]。

南外宗正司作为一支推举高宗即位、南宋太祖系皇帝背后举足轻重的政治力量，其在泉州的存在无疑非常重要。南外宗正司入泉州，西外宗正司入福州，加之泉州在地理位置上较之广州更靠近南宋的政治、经济和舶货消费中心杭州，使得福建尤其是泉州成了舶货的另一个消费中心，也因此进一步促进了泉州商贸的发展繁荣[⑧]。宋朝宗室注重教育和艺术，南外宗正司及其所管理的皇族属籍人口在泉州驻留的约一百五十年间，不

---

① （宋）叶梦得撰，侯忠义点校：《石林燕语》卷六，中华书局，1984 年，第 92 页。
② （宋）王应麟著：《玉海》（4），卷一百三十，页三十六，"景祐大宗正司"，广陵书社，2003 年，第 2411 页。
③ （元）脱脱等撰：《宋史》卷十九，本纪第十九"徽宗一"，中华书局，1977 年，第 365 页。当时的西京为河南府（今洛阳），南京为应天府（今商丘），东京为开封府（今开封），北京为大名府（今大名）。
④ （宋）黎靖德编，王星贤点校：《朱子语类》（7），卷一百一十一"朱子八·论财"，中华书局，1986 年，第 2721 页。
⑤ （元）脱脱等撰：《宋史》卷一百六十四，志第一百一十七"职官四"，中华书局，1977 年，第 3889 页。
⑥ 《宋会要辑稿·帝系、崇儒、职官》。转引自傅宗文著：《沧桑刺桐》（厦门大学国学研究院资助出版丛书◎之三十四），厦门大学出版社，2011 年，第 203、204 页。
⑦ 中国社会科学院考古研究所、福建博物院、泉州市海上丝绸之路申遗中心编著：《泉州南外宗正司遗址 2019 年度考古发掘报告》，科学出版社，2020 年，第 104~108 页。
⑧ 福建省泉州海外交通史博物馆编：《泉州湾宋代海船发掘与研究（修订版）》，海洋出版社，2017 年，第 82 页。

仅在重要建筑的兴建中留下印记[①]，也通过主管学事、诗文创作等文化活动和社会生活的参与，深刻影响泉州的知识与文化传承[②]。

除南外宗正司建筑群外，开元寺东西石塔、安平桥等文化瑰宝之建成时间，以及泉州府文庙现址规制的初步确立，均处于南外宗正司在泉州活跃的时段。

（二）泉州市舶司与海洋商贸之城的成立

宋初设广南路市舶司和两浙路市舶司，北宋末年在泉州设立市舶司。泉州市舶司的设置标志着泉州正式成为国家对外开放的贸易口岸，福建路市舶是朝廷在两浙路和广南路市舶地方性越来越强的情况下重新选择的扶植对象，南宋福建路市舶的收益也成为朝廷市舶收益的主要来源[③]。

据《八闽通志》记载市舶提举司"在府治南水仙门内旧市舶务址。宋元祐（1086~1093年）初置，后废，崇宁（1102~1106年）初复置，高宗时亦罢而复置，元季废置不一，国朝洪武（1368~1398年）间仍置。成化八年移置福州"[④]。宋孝宗淳熙二年（1175年）"蕃商止许于市舶置司所〔在〕贸易，不得出境。此令一下，其徒有失所之忧"[⑤]。

泉州开港之后四十余年，宋室南渡。随之不久南外宗迁于泉州[⑥]，亦深度参与到泉州的海洋贸易中。1974年8月泉州湾宋代海船的船舱内出土有木质牌签，其中有"南家"牌签18件和"南家记号"牌签1件，还有与"南家"牌签关系密切的"安郡"（或即安定郡王房派的省记）、"河郡"（或为河东郡王派的省记）、"兆郡"（推测或与南外京兆郡夫人的省称相关）各1件以及"昶郡"（或是咸安郡王派省记，因避恭宗赵显名讳而取与"显"字义相同的"昶"字）牌签5件等赵宋宗支牌签以及"朱库国记"（朱姓监亲睦库官，南外宗正司委以监管海船）牌签等，或即南宋末年南外宗正司从商的证

---

① 目前在碑记上留下相关记录的有文庙、安平桥等。
② 参见林瀚：《南宋泉州南外宗正司史事考略》，《福建文博》2020年第2期，第67~72页之71页之赵必晔条；裴淑姬：《论宋代的宗室应举》，《宋史研究论丛》（第9辑），河北大学出版社，2008年，第443~461页；《石井镇安平桥记》作者宗室赵令衿的落款为"宋朝散大夫权知泉州军主管学事兼管内勤农事赵令衿"，见安海志修编小组编纂《安海志》，1983年，第164页。
③ 刘翀：《两宋市舶的考古学观察》，《泉州城考古学术研讨论文集》，科学出版社，2021年，第220~232页。
④ （明）黄仲昭：《八闽通志》卷之八十"古迹"，日本国立公文书馆藏明弘治四年刊本，第11、12页。本发掘报告中引用的相关文献记载文字中的"市舶司"并非仅指代泉州市舶司，且还参考了宁波市舶司遗址的发掘资料，故而使用"泉州市舶司"。
⑤ 《宋会要辑稿·职官》四四之三〇。转引自傅宗文著：《沧桑刺桐》（厦门大学国学研究院资助出版丛书◎之三十四），厦门大学出版社，2011年，第300~305页。
⑥ 见《八闽通志》卷之八十"古迹"，第11页，同上。

据①。当然,"安郡""河郡""兆郡""昶郡"也完全有可能为"信安郡""清河郡""京兆郡""湖北上昶县"的简称,是没有什么实际地名意义的②。然而,无论何者,都是与市舶制度相关的遗物。

因宋金战争和宋廷南迁引起的形势变化以及区域内社会经济的发展,南宋时期的泉州港及相关海外贸易得到了前所未有的大发展,至迟在绍兴年间(1131~1162年)已经成为当时我国海外交通的重要枢纽③。

泉州市舶司与海商关系密切,南宋晚期蒲寿庚家族的发展有一定典型性。南宋理宗绍定六年(1233年)之前,海商蒲开宗携子自广州依据泉州,蒲寿庚继承家业后善于经营而成为南宋末至元代泉州乃至福建的大员,《宋史》中有"寿庚提举泉州市舶,擅蕃舶利者三十年"④的记载。《董文炳神道碑》中提道:"寿庚本回纥人,以海舶为业,家资累巨万计,南海蛮夷诸国莫不畏服。"元世祖至元十四年(1277年),复设泉州市舶司;元成宗大德元年(1297年)改福建省为福建平海等处行中书省,泉州又成为招谕瑠求的政治基地。元初,泉州港的海外交通贸易超过了广州,一度成为"梯航万国"、四海舶商云集的东方大港⑤。

南宋端宗景炎元年(1276年)十一月,蒲寿庚诱杀南外宗室与张世杰派驻泉州的淮兵。"强"者在特殊时期或可凌驾文化,而"弱"者需靠文化达成文明。

(三)宛若天成的泉州古城

南宋《舆地纪胜》中记载泉州谯楼建造时的上梁文有"清源紫帽素标图牒之传,石笋金鸡屡谶衣冠之盛,水陆据七闽之会,梯航通九译之重"⑥。宋代文献中,泉州有"乐郊""乐郡"之美称。谯楼上梁文将泉州的山水形胜、堪舆做法与文学文献、地理形势与海外交通并举,表达了南宋人对泉州城的"整体观"。

---

① 傅宗文著:《沧桑刺桐》(厦门大学国学研究院资助出版丛书◎之三十四),厦门大学出版社,2011年,第309页。
② 庄为玑、庄景辉:《泉州宋船木牌木签考释》[原载《厦门大学学报》(哲学社会科学版)1980年第1期],福建省泉州海外交通史博物馆编:《泉州湾宋代海船发掘与研究(修订版)》,海洋出版社,2017年,第215页。
③ 福建省泉州海外交通史博物馆编:《泉州湾宋代海船发掘与研究(修订版)》,海洋出版社,2017年,第82页。
④ (元)脱脱等撰:《宋史》卷四十七·本纪,第一百一十七"职官四",中华书局,1977年,第3889页。
⑤ 福建省泉州海外交通史博物馆编:《泉州湾宋代海船发掘与研究(修订版)》,海洋出版社,2017年,第87页。
⑥ (南宋)王象之撰,李勇先校表:《舆地纪胜》卷一三〇·泉州·四六,第6541页,四川大学出版社,2005年。

1. 开元寺与泉州城营建的殿塔缝针系统

泉州开元寺大雄宝殿始建于唐代，最晚一次重建约在明末；东塔经历了木塔（唐至南宋）、砖塔（南宋）、石塔（南宋嘉熙戊戌年至今）三个阶段，现存五层石塔为南宋淳祐七年（1247年）建成[①]；西塔经历了木塔（五代至南宋）、砖塔（南宋）、石塔（南宋绍定元年至今）三个阶段，现存五层石塔为南宋嘉熙元年（1237年）建成。

泉州开元寺大雄宝殿（以下略为"殿"）中心、东塔塔心、西塔塔心等3点的连线可构成一个顶角118°、东底角31.5°、西底角30.5°的近似等腰三角形，从"殿"中心点引向东、西塔塔心连线的垂线方向9.1°（即朝向189.1°），在地面上构建成了一个与天盘缝针相关的测绘系统。目前所见"殿""东石塔""西石塔"构建出的三角形只是一个近似等腰三角形，而测绘体系中出现误差的原因或较为复杂。无论何种可能性，"西木塔"的修建完成了天盘缝针相关测绘系统的构建，在"东木塔"之后51年修建的"西木塔"，应是出于利用"殿""东木塔"而构建出天盘缝针角度的目的。在理论上还可以用"殿"中心与东、西塔的中心构建出一个以"殿"为中心、以上述垂线为中轴线的等边三角形，或可认为该等边三角形或存在于意识中，这对于理解泉州城的整个形制布局、规划设计思想极为重要。因为，该等边三角形中心（即"殿"中心）向三个角的放射线分别指向了泉州城外围的小阳山、紫帽山、六胜塔等3个极为重要的地点[②]。

2. 泉州子城营建中的两条轴线

武周久视元年（700年）在今鲤城区处置武荣州，唐睿宗景云二年（711年）改武荣州为泉州。当时的州治（衙城）或位于开元寺东侧近清源山的高地上，泉州子城十字街南北向道路中的北段（北门街—中山北路）或与之相关。泉州衙城始建时期的中轴线或与传统的"取正"（泉州开元寺大雄宝殿朝向"释之轴"）方向相同，呈略北偏西—南偏东方向。

泉州子城南半部分的朝向与天盘缝针相关，稍作北偏东—南偏西方向，为晚唐五代时期的修建修缮。晚唐五代时期泉州城的营建，或是以开元寺大雄宝殿和东、西塔构建成的天盘缝针为测绘系统的。完成子城的修建并修建罗城，或即构建"殿塔缝针"测绘系统的原因之一。

3. 罗城营建与"光明之城"

罗城的7座城门，可分为南城门3座（西南门通津门、正南门镇南门、东南门

[①] 关于泉州开元寺镇国塔的建造年代文献记载有出入，明万历《泉州府志》中记载为南宋淳祐十年（1250年），但据《开元寺志》记载，"东塔……嘉熙戊戌年（1238年），易以石，十年始建成五层石塔"，以及"西塔……嘉熙元年（1237年）始竣工，实先东塔十年而成云"，可知此处"十年"指建造时长为十年，东塔为淳祐七年（1247年）建成，暂从此说法。

[②] 汪勃、梁源：《泉州开元寺殿塔天盘缝针与泉州城及重要建筑的营建》，《南方文物》2021年第3期。

通淮门)、西城门2座(正西门先后为素景门、义成门,西南门先后为新门、临漳门)、北城门(朝天门)和东城门(仁风门)各1座。罗城始建时或仅规划有4座城门,有可能是在修建、修缮的过程中才逐渐增加成为7座城门。最早只有南门镇南门、东门仁风门、北门朝天门、西门素景门,后来增加了临漳门(新门)、通淮门、通津门。

五代时期修缮了罗城,在素景门之西北修建了义成门,并由此出现了通津门—"殿"—朝天门、临漳门—"殿"—仁风门、通淮门—"殿"—义成门等3条通过"殿"的直线;而每条直线又以"殿"为中心分为2段,除镇南门之外的6座城门分别位于"殿"向外的6条放射线过城圈之处。换言之,在五代时期义成门修成之后,除了南城门(正南门、镇南门)之外,其他6座城门皆以开元寺为中心,表现为西城门—东南门、北城门—西南门、南西门—东城门的连线均通过"殿"。唐宋泉州城罗城门形制"释六俗一"中的"释六"或意象着"六道"阳光,城门位置和城圈形状或与二十四节气相关。

唐宋泉州城的空间格局中,城门与泉州开元寺所形成的圆周("衡")·圆心的放射状结构,以及其角度位置与历法的相应关系,是泉州古城营建思想中的"象天"。这些城门位置的精确测量,或以泉州开元寺"殿塔缝针"测量体系为支撑。

4. 唐宋泉州城空间格局的"法天"

天文学是诸多学问的原点,中国古代传统文化中的"天人合一"思想体现出了"从天文到人文"的宇宙观。在泉州古城的空间结构中,可以观察到以唐泉州开元寺的寺域南半为璇玑、肃清门为玉衡、十字街口和威远楼为开阳和辅、行春门为摇光意象而成的斗形。《史记·天官书》中提到"斗为帝车,运于中央,临制四乡",《淮南子·天文训》中则说"帝张四维,运之以斗"。

泉州古城相关空间格局的七衡六间、城圈与夏历月及二十四节气的关联及其与城壕八卦沟形成的太极图意象、城门形制"释六俗一"的放射状格局,将山水和城池、文化生活与自然和谐融为一体,就是泉州古城营建思想中的"法天"。形制布局中古天文学相关的空间模拟,以及二十四节气、易学、堪舆学等传统人文思想文化相关的多种因素,使得泉州古城平面形状的不规则背后是更强的"规则"。

二、宋元泉州民族宗教文化的多样化形态

考虑海上丝绸之路对古代港口城市人群和形态的影响,多元文化的并存与交融几乎贯穿了泉州这座城市的历史。泉州既不是都城,规模也不大,却在宋元时期的海洋贸易中占有不可替代的重要地位。相关城池建筑及城市生活,反映出中国唐宋元时期的思想文化传承,以及对诸多外来文化思想兼容并收、和谐共存的特点。

（一）民族因商贸而多元一体

在宋人著的《岭外代答》《诸蕃志》中，可以看到日本、菲律宾、南洋各国，西至印度洋、红海、地中海甚至摩洛哥（木兰皮）都是宋代中国的交往范围[①]。从广州经南海、马六甲至印度洋、波斯湾的航线是当时世界上最重要的航线，而泉州与广州处在密切的联系网络之中。此外，两条自泉州起航的航线分别为经万里石塘至占城，再由此转往三佛齐（印尼巨港附近）、阇婆（爪哇）、渤泥、麻逸等地；由泉州北上，经明州，转航高丽、日本[②]。克拉克认为，宋元泉州已达到了商业贸易的常规化，本地农民的水果、糖、酒等商品生产，与丝绸、瓷器、铁器一同供应跨区域贸易[③]。国际商贸网络的生长，伴随着印度教、佛教、伊斯兰教等的传播，港口城市是网络上的重要节点。"诸蕃国大抵海为界限……国有物宜，各从都会以阜通。"[④]

唐宋元时期《岭外代答》《诸蕃志》《岛夷志略》《真腊风土记》，都是当时对外知识的记录，也意味着这些知识在当时一定范围内传播。不同文明之间的交往，促进了知识的共享与传播，也对各文明自身的发展产生影响。泉州作为港口商贸都会，汇集了来自不同文明的人、物、知识和信仰。

如果说泉州城的佛教、印度教遗存背后有信仰佛教、印度教的汉人和南亚人群，那么泉州的伊斯兰建筑与石刻，背后则是泉州的穆斯林商人社区，以及其后逐渐融入中华民族的信仰伊斯兰教的人群。《宋故琼管安抚提举郭公墓志铭》拓片[⑤]中记录，"泉商蛮舶闻讣掩泣，蕃酋时罗巴、智力干等数十人号顿庭下，昼夜然异香，缦巾以拜，夷音□呗，麾之不去。丧车所过哀惨，乡之父老迎哭络绎"，"蕃酋"二字得见宋时泉州的穆斯林以社区形态聚居。出土伊斯兰教墓碑等200余方蕃商石刻的泉州城外东郊东坂公墓，亦为宋元时期穆斯林社区存在的印证[⑥]。

[①] 在16世纪欧洲人抵达印度沿岸之前，已经存在一个覆盖东非、阿拉伯、波斯湾、印度、东南亚、印度尼西亚和中国的广大国际商贸网络。参见〔英〕杰克·古迪：《西方中的东方》，第139、140页。

[②] 福建省泉州海外交通史博物馆编：《泉州湾宋代海船发掘与研究（修订版）》，"（四）海船的航线与宋代海外贸易"，海洋出版社，2017年，第79页。

[③] Hugh R. Clark. Community, Trade, and Networks: Southern Fujian Province from the Third to the Thirteenth Century. Cambridge: Cambridge University Press, 1991: 6.

[④] （宋）周去非著，杨武泉校注：《岭外代答校注》卷2 "海外诸蕃国"条，中华书局，2006年，第74页。

[⑤] 泉州海外交通史博物馆征集品。

[⑥] 傅宗文：《沧桑刺桐》（厦门大学国学研究院资助出版丛书◎之三十四），厦门大学出版社，2011年，第318、334页。

（二）宗教因民族而多元存在

唐宋元时期的泉州儒释道依然盛行，泉州开元寺、泉州府文庙、三清之源和老君岩等重要建筑物至今犹存，还有以始建于北宋初为民间信仰的泉州天后宫为代表的妈祖崇拜等。

外来的宗教信仰则有伊斯兰教、印度教、景教、犹太教、摩尼教等。数以万计的外国人侨居在泉州，伊斯兰教、基督教（包括天主教）、犹太教、印度教和摩尼教（明教）等多种宗教以及与之密切相关的多具宗教信仰、民族特征和文化特征的教堂、寺院等宗教建筑和墓地等，并与本土的佛教、道教、民间信仰以及儒家文化长期共存，孕育出了泉州独特的区域文化。不同宗教石刻所诠释的文明间对话长久地启迪着我们：中外文化交流互鉴，是推动人类文明进步的重要动力[1]。

（三）文化因民族宗教而兼容并收

唐宋泉州罗城的规划以开元寺大殿为原点，"释六俗一"城门形制中的"释六"以"殿"为中心，是泉州城池建设所在历史时期相关文化特性的反映[2]。

泉州古城所在区域地势并不很平坦，开元寺、衙城已经占据了两个最重要的位置，在此前提下规划设计城池主要格局，就需要基于既有格局，再从实际地形、地貌、水系等出发，因地制宜地规划城池的形制格局并修建城垣。开元寺位于泉州城的核心位置，唐宋泉州罗城城门以开元寺大雄宝殿为连线交叠点或象征精神中枢；衙城及其外围的子城，为泉州的政治中枢。故而在考虑到城池中轴线及其正南门重要性的同时，以开元寺为中心设计出"释六俗一"的罗城门体系，然后再构建与城门相关的陆路交通体系、与城壕和水门相关的水路及给排水系统。

佛教从东汉传入中国，到唐代达到极盛。五代十国时期南方的吴越、闽国和南汉等政权均大力支持佛教。在泉州开元寺选址早于泉州古城的条件下，泉州罗城的规划以"殿"为原点，融入易与律历思想，构建"殿塔缝针"并继而形成整个城市规划营建的体系。传说由朱熹所撰写的对联中对泉州的描述是"此地古称佛国"，或意味着在南宋人的视野中，泉州有着比其他城市更厚重的宗教氛围。

---

[1] 福建省泉州海外交通史博物馆编：《泉州海外交通史博物馆藏宗教石刻精品》"序"，海洋出版社，2020年。
[2] 韩愈、欧阳修俱以辟佛名，欧阳修《本论》中篇谈到"佛法为中国患千余岁……攻之暂破而愈坚，扑之未灭而愈炽，遂至于无可奈何"，反映出佛教在北宋社会中的影响力。

（四）泉州古代城市与建筑规划中蕴含的多元

从泉州的保存与发掘出土的石刻中，可以看到宋元时期基督教、犹太教、印度教、伊斯兰教、摩尼教、佛教、道教等多元印记。而在泉州古城与建筑的空间格局中，或也蕴含着多元，以及多元共存的智慧。

立向，是考古发掘中最容易找到的、与建筑的性质、沿革相关的线索。基于泉州古城相关重要历史建筑的性质，列举以下多种立向[①]：

"释之轴"，当即传统的"取正"方向线，因源自开元寺大雄宝殿故如是称之，也是泉州子城十字街北段的方向。与之相关的建筑，或始建于晚唐之前。

"俗之轴"，与日影子午线定向相关，即天盘缝针，北宋东京外郭城的立向。反映着太阳运行轨迹与建筑立向的关系，也是泉州子城十字街南段的方向。

"儒之轴"，泉州府文庙大成殿的中轴线，即泉州地盘子午线（人盘子癸缝线）。出现时间当不晚于1137年，即泉州府文庙大成殿及泮宫的再建时间。

"道之轴"，即地盘乾亥巽巳缝线，因其或与赵宋崇尚的道家相关故作此称谓，或当出现于宋代。清源山巅之三清宝殿、南台寺大雄宝殿与之相同，泉州市舶司遗址的坐向当与之相关。

"妈祖之轴"，即泉州天后宫正殿的坐向。在泉州城的体系中，儒，与地盘子午线，或者人盘子癸缝线相关。妈祖，与地盘子午线的"旋"相关。道，与乾亥缝线相关。

面西（穆）的"立向"，为清净寺奉天坛西墙的立向。在泉州城的体系中或为坐辰向戌、角度或在305°，尚有待确认，推测在磁针测向体系之下。

从古埃及金字塔，到玛雅金字塔，再到清真寺，都发现了建筑设计之初的"立向"（orientation）与日月之行或恒星的关系。立向，意味着对作为纪念物的重要建筑的天文定位，使之合乎宇宙秩序，是不同古代文明的共通之处。而在城市和建筑规划中对北极星与北斗的重视，是中华文明实现"天人合一"的"制器尚象"方式之一种。在泉州城及重要建筑的规划中，以极星立向的开元寺大殿为城市的规划原点，而容纳不同时期、不同文明多个体系的立向，是"兼容并收"的一种表达。

泉州衙城和子城在开元寺之左（东）、子城十字街为城池轴线、罗城门"释六俗一"、清源山巅三清宝殿和山脚老君岩的坐向、泉州府文庙建在子城外南偏西处的状况，反映出相关规划设计之初，也充分考虑到了区域内宗教、世俗政权、文化等诸多势力的平衡。

[①] 汪勃、范东日：《泉州城相地选址和重要建筑中轴线及相关测绘系统刍议》，《泉州城考古学术研讨会论文集》，科学出版社，2021年，第61~71页。

三、结　　语

中国传统思想文化具有突出的连续性，与其他文明中的知识与技术交流而不断创新，兼容并收以共同发展也是中华文明传承有序连绵不绝的重要原因之一；和平共存也与农耕文化的未雨绸缪理念相关，中国历史上曾经强盛的五胡、辽金、元、清等国家民族最后都在中华文明的包容性之下融进了中华民族的大家庭，来华的多种外国文化也在博大精深且谋求和平的中华文明中寻找到了其各自的位置。

古人善于在"无"处用心，进而生"有"，由此构建出的天人合一宇宙观包容着来自海上和陆地的多元族群和文化。泉州古城规划营建中所内含的多种"立向"，体现出了古人在建造之际注重"形"之外的无形的能量和秩序，并借助"向"而返璞归真的理念或情结。泉州古城保留了古典世界运行体系的许多细节，尚待今人发现和体悟。

附记：徐光冀先生曾为2021年5月出版的《泉州城考古学术研讨会论文集》（科学出版社）写了《序》，并于7月10~13日专程到访泉州考察了泉州南外宗正司、泉州市舶司遗址等考古发掘工地及其他部分世界文化遗产点。泉州古城相关的考古工作，正如徐先生在论文集《序》中所殷切希望的："申遗成功之日，不是终结，而是泉州历史考古、文化研究、保护和利用新的起点。未来的道路，任重而道远，相信经过共同努力，将来必会取得更大的成果。"时隔数载，迄今依然由衷敬佩感叹序文的高屋建瓴，谨借此小文再次向徐先生表示衷心感谢！

略述北宋皇陵的营建与管理

孙新民

(河南省文物考古研究院)

  北宋皇陵位于河南省巩义市西南部的黄土丘陵上，南依嵩山，北傍伊洛。北宋王朝的 9 个皇帝中，除徽宗、钦宗被金人所掳囚死漠北外，其余 7 个皇帝均葬于此，加上追封为宣祖的赵匡胤之父赵弘殷的永安陵，统称"七帝八陵"，依次为宣祖永安陵、太祖永昌陵、太宗永熙陵、真宗永定陵、仁宗永昭陵、英宗永厚陵、神宗永裕陵和哲宗永泰陵。另外，还附葬有一个庞大的皇室陵墓群。金朝占据中原后，陵墓遭到破坏，至元代地面建筑全毁。1959 年开始对北宋皇陵进行考古调查[1]，1984 年发掘宋太宗元德李皇后陵[2]，1992~1995 年在陵区进行全面勘察和测绘[3]，1995~1998 年发掘宋仁宗永昭陵上宫[4]，2009 年发掘宋真宗次子周王赵祐墓[5]。北宋皇陵地面建筑遗址尚存，陵前石雕像基本完整，为研究北宋陵寝制度和石刻艺术提供了实物资料。

一、陵园营建

  北宋皇陵的营建，始于宋太祖改卜其父赵弘殷的安陵。安陵原在开封府开封县，乾德二年迁葬于河南府巩县[6]。自乾德二年（964 年），即北宋立国的第五年，直至北宋灭亡，宋室经营皇陵达 160 年之久。北宋皇陵陵园建制相同，每陵皆有兆域，兆域四周植棘枳等为标记。兆域内皆由上宫、下宫、皇后陵和陪葬墓组成。帝陵上宫是举行大型朝拜祭奠的地方，以陵台为主体，陵台前置献殿，四周围护神墙，神墙四隅建有角阙，四面正中开门，门侧设有阙台，门外各列石狮一对。南神门外的神道两侧，对称排列着象征仪仗的石雕像群，再南设置有一对乳台，陵园南端入口处为一对鹊台。鹊台、乳台、门阙和角阙皆为夯土筑成，台体四周用青砖包砌。陵台平面呈正方形，作三层台阶状。

---

[1] 郭湖生等：《河南巩县宋陵调查》，《考古》1964 年第 11 期。
[2] 河南省文物考古研究所等：《宋太宗元德李皇后陵发掘报告》，《华夏考古》1988 年第 3 期。
[3] 河南省文物考古研究所：《北宋皇陵》，中州古籍出版社，1997 年。
[4] 孙新民等：《宋仁宗永昭陵上宫考古获丰硕成果》，《中国文物报》1998 年 10 月 14 日第 1 版。
[5] 赵文军等：《宋陵周王墓》，《2009 中国重要考古发现》，文物出版社，2010 年。
[6] （清）徐松辑：《宋会要辑稿》帝系一之二，中华书局，1957 年。

宫城四周的神墙用黄土夯筑，表面粉以红灰，每边边长约240米。下宫是供奉墓主魂灵日常衣食起居的处所，皆位于帝陵上宫之西北部，地面现存有石门狮一对。皇后陵皆附葬于帝陵上宫之西北隅，其平面布局大致仿照帝陵上宫，只是陵园范围较帝陵缩小，石雕像数目也减少一半。陪葬墓一般位于皇后陵的北部和西北部，每墓又自成茔园，在茔园大小和石雕像数目方面也有严格的等级制度。

宋代遵从周制，皇帝安葬实行"七月而葬"[①]。皇帝须在七个月内下葬，否则被视为不吉利。在巩义埋葬的7个皇帝中，除宋真宗赵恒因陵墓移位被耽误工期、超时20余天之外，其余基本上遵循"七月而葬"安葬。在这七个月的时间内，需要完成采石、雕刻石像、挖筑地宫、营建上宫和下宫等项工程。

（一）卜选陵址

宋代皇帝生前不预建寿陵。当皇帝去世（史称驾崩）、新皇帝即位伊始，便选派山陵使、礼仪使、卤簿使、仪仗使和桥道顿递使等五使，负责陵墓的修建和安葬事宜。山陵使是建陵的总管，往往由当朝宰相担任。桥道顿递使一般由开封府尹充任。五使之下还有山陵按行使、山陵修奉都护、山陵修奉都监和山陵行宫使等职。

勘选陵地是营建皇陵的第一步。一俟皇帝驾崩，朝廷即派山陵按行使前往陵区选择葬地。山陵按行使绘出初选葬地图，朝廷再次派员覆按后才能最后确定。建造宋真宗永定陵时，朝廷先是委派入内内侍省都知蓝继宗和入内内侍省押班王承勋按行山陵，又命入内内侍省押班、山陵都监雷允恭覆按。雷允恭生性骄横，听信司天监官员邢中和的话，擅自将皇堂移向东南二十步。开挖时土石相半，逾月后石尽水出，只好半途停役。朝廷再次派人按视，称新移皇堂不如原按行之地，于是又重新挖筑皇堂。这次变故致使宋真宗赵恒的安葬时间超过宋制规定的七个月，雷允恭被杖死，与此事有牵连的丞相丁谓也被流放[②]。

勘选陵址后，先要征用土地，并迁去民坟。原本是有主的田地，安葬皇帝需要出资购买，史料记载：仁宗天圣元年"六月十五日，河南府言永定陵占故杜彦珪田十八顷，凡估钱七十万。诏特给百万"[③]。在征地范围内的民坟，也应一律迁出。英宗崩，治平年二月"二十四日，诏：山陵地内有坟墓者等第给钱迁葬，无主者以官钱徙于官地葬之"[④]。

---

① 《礼记·王制》："天子七日而殡，七月而葬。诸侯五日而殡，五月而葬。士大夫庶人三日而殡，三月而葬。"中华书局，2009年。
② （南宋）李焘撰：《续资治通鉴长编》真宗乾兴元年六月庚申，中华书局，1979年。
③ （清）徐松辑：《宋会要辑稿》礼二九之三二，中华书局，1957年。
④ （清）徐松辑：《宋会要辑稿》礼二九之五〇，中华书局，1957年。

（二）采石雕刻

修陵采石是一种限期甚严的繁重劳役。按照采石期限，皇帝陵为三个月，皇后陵为两个月，但通常需在四十至六十天完工。据现存的宋陵采石记碑文，朝廷派遣的采石官员有提举山陵逐程排顿及马递铺、管勾采取搬运石段和都大提举采石等。修奉皇陵采石量大，用工众多，除抽调邻京诸路的能工巧匠外，还动员禁军参与采石和监督民工。修奉宋真宗永定陵，计采"皇堂石二万七千三百七十二段，门石一十四，侍从人物象、马之状六十二"，用工匠四千六百人[1]。史料中记述宋英宗丧礼，治平四年正月，"二十三日，山陵使言：……诸路转运司和雇石匠四千人。从之"[2]。

修奉宋哲宗永泰陵，共"取大小石二万七千六百有余，视元丰八年（修奉宋神宗永裕陵采石）盖增多五千二百七十有二焉，凡役兵、匠九千七百四十有四"，并募近县民夫五百人[3]。采石工匠来自京师及远近各路，他们在劳役期间，上有官吏严督，旁有兵士看护。由于居住在采石场临时搭起的窝棚内，缺水少医，加上工作危险和劳累，染病以至死亡者时有发生。《永泰陵采石记》曾记述，在此次服役的九千七百余名兵匠中，染病者就有一千七百余人，其中不治死亡者占百分之二。由此可以看到采石工程的艰辛程度和采石工匠的悲惨遭遇。

从采石场至北宋皇陵陵区计有25千米，在有限的时间内要将这27000余块巨石运抵陵区也非易事。从采石场山谷遗留的车辙印痕看，当时的车轮一般宽10~12、间距约105厘米，应是使用铁制或木制双轮车运输石料。在采石场堆积着大量被弃置的半成品和许多带有錾刻痕的废石料，可见宋陵石雕像是在采石场先錾作半成品，当运抵皇陵区后再加工雕刻细部成像，最后立置于神道上。雕刻石像遗留下来的碎石残块，一般用来回填墓道时与黄土分层掩埋。

（三）修建陵园

《宋会要辑稿》礼二九之二四和礼三七之六皆记："（乾兴元年）四月九日，入内都知张景宗言：'山陵西北隅可以创造佛寺。'就命监修下宫、带御器械皇甫继明，阁门祗侯郭延化兼管勾修，创后赐名'永定禅院'。是日，又命三陵副使郝昭信修上宫。"由此可见，在建造宋真宗永定陵陵园上宫时，还要同时修建永定陵下宫和永定禅院。

北宋皇陵在规划布局上整齐划一，除宋宣祖永安陵上宫地面建筑尺寸略小外，其余帝陵建筑规制基本相同。关于永安陵的营建规模，史书记述颇详："皇堂下深五十七尺，高三十九尺，陵台三层正方，下层每面长九十尺。南神门至乳台、乳台至鹊台，皆

---

[1]（清）王昶：《金石萃编》卷一百三十一，中国书店，1991年。
[2]（清）徐松辑：《宋会要辑稿》礼二九之四九，中华书局，1957年。
[3] 李健永：《偃师缑氏永庆寺出土永泰陵采石记碑》，《文物》1984年第4期。

九十五步。乳台高二十五尺，鹊台增四尺。神墙高九尺五寸，周回四百六十步，各置神门、角阙。"① 其陵台"下层每面长九十尺"，约合今 28.8 米（按宋 1 尺 =0.32 米计算），较现存陵台的底部长度略长，这应是千余年来陵台遭受自然侵蚀和人为破坏所致。有学者曾在 20 世纪 60 年代初调查时，记录永安陵鹊台至乳台距离 141 米，乳台至南神门距离 151 米，神墙东西间距 230、南北间距 227 米②，也与史料记述的相关尺寸大体一致。宋人李攸曾在《宋朝事实》中记述宋英宗永厚陵："陵前阙角谓之鹊台，门侧台曰乳台。陵台三层，高五十三尺，上宫方百五十步。"③ 陵台高五十三尺，约合今 16.96 米；"上宫"平面呈方形，而"方百五十步"即每面边长 150 步，约合今 240 米，与河南省文物考古研究院实测永厚陵陵台高 14.8 米、上宫宫城边长约 240 米大体吻合。

建设皇帝陵园和皇堂除使用石料颇多外，还需要大量的砖瓦建筑材料，1994 年考古工作者发现并发掘了一处大型宋代砖瓦窑遗址。这处遗址位于坞罗河北岸的台地上，东距北宋永安县城（今芝田镇）仅 1 千米。在揭露面积不足 1000 平方米的范围内，发现宋代砖瓦窑 13 座，出土了包括印有"定陵官"和"官"字的陶质板、筒瓦及脊饰等大量建筑构件。因此地距宋真宗永定陵约 3 千米，而距其他帝陵较远，可知此处砖瓦窑场专为建造永定陵所生产，推测其他帝陵在营建时也应就近设有砖瓦窑场④。

修建一座皇帝陵花费巨大，其中建造宋仁宗山陵的史书记载颇详。《宋史·礼志》中称："丧服制度及修奉永昭陵，并用定陵故事，发诸路卒四万六千七百人治之。宣庆使石金彬提举制梓宫，画样以进，命务坚完，毋过华饰。三司请内藏钱百五十万贯，细绢二百五十万匹，银五十万两助山陵及赏赉。"⑤

（四）七月安葬

北宋皇帝和皇后死亡后，往往权葬于攒宫，等皇陵建造完毕再举行正式的安葬仪式。但由于要等待吉利的时日，有时也就顾不得葬期限制了。宋太祖的孝章宋皇后和宋太宗的明德李皇后，都是因为阴阳所忌，当年不利动土，延迟两月后才附葬于皇陵。

皇帝遣葬的前三日开启攒宫，重新进行装殓，群臣身穿初丧之服祭奠。遣葬的当天要举行隆重的"遣奠"仪式，由摄中书令宣读哀册文，新皇帝行礼和皇太后奉辞，然后灵驾起程向皇陵区进发。灵驾途经中牟、管城、荥阳、汜水、巩县、永安，在訾店经奉先桥过洛水，登上山坡，进入陵区。

送葬队伍十分庞大，安葬宋太祖赵匡胤仪仗用三千五百三十三人，其他杂役为步军司差遣，共用五千九百五十六人。埋葬宋太宗赵光义时，礼仪使认为丧葬仪仗应合大驾

---

① （清）徐松辑：《宋会要辑稿》礼三七之一，中华书局，1957 年。
② 郭湖生等：《河南巩县宋陵调查》，《考古》1964 年第 11 期。
③ （宋）李攸：《宋朝事实》卷十三，《丛书集成初编》，商务印书馆，1935~1937 年。
④ 席彦召：《巩义宋代大型官窑遗址》，《中国文物报》1994 年 11 月 20 日第 1 版。
⑤ （元）脱脱等撰：《宋史》礼志二十五"山陵"条，中华书局，1977 年。

卤簿的半数，凡用九千四百六十八人，从此以后形成定制[①]。尽管此前已由桥道顿递使铺桥修路，但由于送葬人数众多，路途行走缓慢，从东京开封到永安陵区122千米的路程需要十天才能到达。安葬宋哲宗赵煦时天降大雨，灵驾在巩县附近陷于泥淖中，从白天到夜里送葬队伍有两餐没有进食，送葬官员也露宿于野外。当时的桥道顿递使吴居厚、提举修治桥道的承议郎宋乔年等四人受到御史台弹劾，吴居厚由龙图阁学士、左中散大夫、新知永兴军落职知和州，宋乔年等人各降一级官职。山陵使章惇也受到牵连，被罢去宰相一职。

灵驾到达皇陵后，先陈放在新建的下宫幄殿内，等到第二天的吉时再运送到上宫，安葬于陵台下的皇堂内。安葬时，山陵使以下五使皆穿朝服束金带，引导梓宫（木棺）从隧道进入墓室。墓室内设置有御座，座前摆放时果及五十味，别列五星十二辰，陈放已故皇帝平生玩好之物。然后点燃长明灯，关闭石门并上锁，将钥匙投于门内。石门前中部竖立一方石柱，使用铁索加以固定[②]。在门道上垒砌石块封堵，墓道用土和石片或砖块分层回填，以防后人盗掘。等到山陵使等五使护送皇帝牌位回到东京，将牌位供奉于南郊太庙内，整个埋葬仪式才算最后完成。

考古工作者曾对宋仁宗永昭陵上宫进行过勘探，发现永昭陵墓道长达127米，墓道南端已出南神门外40米[③]，可见安葬已故皇帝后，上宫的营建并未结束。至少还有回填墓道后，再建造南神门和位于南神门内、陵台前的献殿建筑。皇帝陵上宫的建造分作地下和地上两个部分，地下部分包括使用砖或石料构筑地宫（也称皇堂），地上部分则包括了陵台、四周围护的神墙、神墙四面中部的神门和四角的角阙，南神门内的献殿和南神门外两侧的阙庭，以及位于神道南端的乳台和鹊台等。从目前已知的考古材料看，皇帝陵上宫的建造顺序依次是：在选择好的上宫位置开挖一条南北向的墓道，其北部中心位置挖筑一个大型方坑；在方坑内用砖或石料垒砌地宫后，其上夯土成方形陵台。围绕陵台在四周围护神墙，建设东、西、北三座神门和四个拐角的角阙，以及位于南神门外的两个阙庭、石雕像南端的两个乳台和两个鹊台。最后安葬皇帝和封填墓道后，再分别建设南神门和献殿，这样才算大功告成。

二、陵 区 管 理

（一）设立陵邑

北宋朝廷自乾德二年（964年）改卜安陵于巩县，即于同年的二月以河南府巩县令孔美兼安陵台令。此后一直延至景德四年（1007年），皆由巩县令兼陵台令，以掌陵寝

---

① （清）徐松辑：《宋会要辑稿》礼二九之二六，中华书局，1957年。
② （宋）李攸：《宋朝事实》卷十三，《丛书集成初编》，商务印书馆，1935～1937年。
③ 付永魁、刘洪淼：《河南巩县宋永昭陵陵区的考察》，《考古学集刊》（第八集），科学出版社，1994年。

公事。景德四年正月，宋真宗赵恒朝谒皇陵，为奉祖宗陵寝，遂下诏特建永安县，以殿中丞黄昭度知陵台令，兼永安县事。并在诏文中明确规定：永安县"隶河南府，同赤县。委本府与转运使，割就近税户隶属。夏、秋二税，止输县仓，不得移拨，常赋之外，免其他役"[①]。

北宋的永安县为专奉陵寝而设，估计面积也不会太大。宋人李存的《元丰九城志》中记述："永安，京东八十五里。三乡，孝义一镇，有少室山、凤台山、轘辕山、口河。"[②] 少室山和轘辕山现属登封市境，凤台山现属偃师区山化乡。从少室山到凤台山，大致可作为北宋永安县的南北界线。据此推断，永安县大致占有今巩义市西半部、偃师区东半部和登封市北部范围。永安县城即今天的巩义市芝田镇，位于北宋皇陵区的中部。

（二）健全机构

皇陵区的管理机构在北宋初期尚不尽完备。景德四年（1007年）宋真宗诏建永安县，新任命陵台令兼知永安县事，又以永熙陵副使江守训充三陵副使，都监白承睿充三陵都监。由此开始，宋陵管理机构逐渐完备起来。由于宋真宗天禧元年（1017年）发生了刘荣等守陵军士盗窃皇陵宝物的严重事件，一时惊动了朝野[③]。最后，刘荣等军贼及其有关知情者、受赃者八人，被刺配远处牢城；并迁永安县尉公宇于永安、永昌、永熙三陵附近，以加强守陵兵力。在陵区内的管理人员，主要有陵使、副使、都监、指挥、巡检等官员，以及士兵、宫人和柏子户等杂务人员。

陵使在诸帝陵营建之初设置，三年而罢。陵使均由皇帝生前宠信的宦官充任，居住在下宫内东南隅，负责管理一座帝陵的日常事务。如永昌陵使王继恩，原为后周朝内班高品，入宋由太祖赐名，累升为内侍行首。开宝九年十月，另加武德使。宋太祖赵匡胤驾崩，副杜彦圭按行陵地，寻充永昌陵使。永昭陵使甘昭吉，仁宗朝迁入内副都知。英宗即位时，因护卫宫禁有功，升任供备库使、康州刺史。但甘昭吉与仁宗感情深厚，自愿洒扫仁宗陵寝。英宗爱其忠心，特授永昭陵使，加入京使。

副使、都监为诸帝陵的常设官员。永安、永昌、永熙三陵因相距较近，景德四年建永安县时分设三陵副使和三陵都监，统管三陵的有关事务。但后来营建的永定、永昭、永厚、永裕和永泰诸陵，则分别设有副使和都监之职。副使、都监的任期原为三年，任满可减二年磨勘。宋哲宗绍圣二年（1095年）改为三十个月，任满可磨勘一年八个月。副使、都监负责陵园维修、防火安全、植树绿化等项工作，一般是居住在下宫内。

指挥、巡检专职护卫陵区安全，诸帝陵均有设置。至道三年（997年）八月，宋真

---

① （清）徐松辑：《宋会要辑稿》礼四七之二八至二九，中华书局，1957年。
② （宋）王存：《元丰九域志》卷一，中华书局，1984年。
③ （清）徐松辑：《宋会要辑稿》礼三七"缘陵裁制"（上），中华书局，1957年。

宗诏于永熙陵下宫置殿，奉安太宗圣容，置卫兵五百人守奉[①]。其后各陵均以士兵五百人为额，置有一指挥管辖。宋真宗永定陵因为祔葬的章献明肃刘太后陵园也称作"山陵"，另外增加一个指挥官。昭陵使甘昭吉曾援引永定陵的先例，也奏请永昭陵增置奉先二指挥。史料中有"近奉诏循行陵寝契勘，诸陵下各有内外巡检二员"[②]。巡检每陵限额二至三员，各管辖士兵百人，专职在陵园外围巡视，以确保陵区安全。

（三）绿化维修

柏子户全称为奉陵柏子户，顾名思义就是种植松柏、绿化陵区的专业户。柏子户每陵均有设置，大概与营建皇陵同时，分片承包陵区绿化工作。每年按时采收柏籽，在临河空地处布种育苗，等长成幼树后再移植到陵园内。据史书记载，宋仁宗初年的柏子户人数，永安陵、永昌陵、永熙陵各八十人，永定陵一百人，会圣宫二十二人。景祐四年（1037年）七月，因为有上等人户以柏子户为名躲避差役，皇帝诏减柏子户半数归农。这样，永安、永昌、永熙三陵柏子户各留四十人，永定陵五十人，会圣宫一十人[③]。康定二年（1041年）七月，由于端明殿大学士、翰林侍读学士李淑上书，各陵又复依柏子户旧额。

陵园建筑还需要定期维修。如（大中祥符五年）"十月，三陵副使言：山门角阙乳台鹊台勾栏损腐，宜用柏木制换。帝以用木为之不久，命悉以砖代之。"[④]"英宗治平元年八月十六日，诏修真宗及章穆、章献、章懿三后陵台，为大雨所摧故也。"[⑤]宋人文集中曾记有维修皇陵陵台之事，如："风雨侵寻，涂丹脱落。时加新饰，以谨故封"；"以陵台巩固，殿瓦峻严，雨泽浸淫，丹粉坠落。恭择良日，以命众工。彩饰再完，威神不竦"等[⑥]。宋仁宗永昭陵陵台发掘表明，陵台表面普遍粉刷红灰，有的地方红灰皮厚达10余层，显然是经过多次维修形成的，表明北宋王朝每间隔一定时期即作一次刷新。

（四）四时祭享

宫人仅限于在各陵的下宫内活动，负责下宫洒扫，为已故皇帝守灵，朝暮上食，四时祭享。每陵宫人的来源，应为已故皇帝生前妃嫔以下的宫女，连虽生皇帝但出身低微的宫女也不能幸免。

---

① （清）徐松辑：《宋会要辑稿》礼三七之二七，中华书局，1957年。
② （清）徐松辑：《宋会要辑稿》礼三七"缘陵裁制"（下），中华书局，1957年。
③ （元）脱脱等撰：《宋史》礼志二十六，中华书局，1977年。
④ （清）徐松辑：《宋会要辑稿》礼三七之三〇，中华书局，1957年。
⑤ （清）徐松辑：《宋会要辑稿》礼三七之三三，中华书局，1957年。
⑥ （宋）苏辙：《栾城集》卷三四"泥饰诸陵神台奏告表"和"泥饰永裕陵神台等奏告表"条，《影印文渊阁四库全书》第1112册，上海古籍出版社，1989年。

宋仁宗的生母李宸妃,是戏曲中广泛传唱的《狸猫换太子》中李娘娘的原型。她初入宫为章献明肃刘皇后的侍女,因生仁宗封崇阳县君,再进才人、婉仪。仁宗即位升为顺容,曾从守永定陵[1]。宋徽宗的生母钦慈陈皇后,原为神宗身边的侍女。因生徽宗,晋升美人。宋神宗崩,也在永裕陵下宫守护陵殿。由于怀念先皇恩德,终日不食饭菜,郁郁寡欢,形容枯槁,没有几天便死去,年仅32岁[2]。

唐代皇帝死后,宫女们往往被遣送到寺院为尼,武则天在唐太宗去世后曾被送到感业寺做了三年的尼姑。北宋与唐代不同,从李宸妃和陈皇后从守陵殿情况看,妃嫔以下是被送入皇陵下宫为已故皇帝守灵的。

(五)僧尼祈福

北宋皇陵诸陵区附近设有禅院,豢养僧尼为陵墓主人灵魂诵经、祈祷,以求陵墓主人在另一个世界里继续享受荣华富贵。北宋朝廷专为皇陵设置的寺院,据史料记述有四处:"永安陵、永昌陵、永熙陵,以上系永昌院;永定陵系永定院;永昭陵、永厚陵,以上系昭孝禅院;永裕陵、永泰陵,以上系宁神禅院。"[3]寺院是北宋皇陵区的一部分,它们一般距离陵区很近,并位于皇帝、皇后陵园的西北部[4]。

永定禅院始建于乾兴元年(1022年)四月,是专门为宋真宗永定陵修建的皇家寺院。永定禅院遗址位于今芝田镇后泉沟村西,东南距永定陵上宫约1千米。该遗址南部现存幡竿夹石2组,每组2件夹石,均呈碑形。1995年为配合巩义至铁生沟铁路建设项目,考古工作者曾对永定禅院遗址进行了勘探和发掘,确定遗址范围南北长190、东西宽156米,揭露出遗址的东、北边沿和僧房建筑基址1所。僧房建筑基址坐东面西,南北长80.7、东西宽8.8米,现存有东、西墙基和墙基外的散水面,以及柱础石、铺地砖和排水道等遗迹。永定禅院遗址出土遗物较多,主要有建筑构件、陶瓷器、铜器、铁器和石器。在不少板瓦的表面模印有"官""定陵官"戳记,还有的模印有"张秀""夏秀""三张德"等工匠姓名和制作日期;在一些白瓷器的圈足内墨书有"定院""永定院"等款识。

---

[1] (元)脱脱等撰:《宋史·后妃传》,中华书局,1977年。
[2] (元)脱脱等撰:《宋史·后妃传》,中华书局,1977年。
[3] (宋)李攸:《宋朝事实》卷一,《丛书集成初编》,商务印书馆,1935~1937年。
[4] 河南省文物考古研究所:《北宋皇陵》,中州古籍出版社,1997年,第410~439页。

黑龙江辽金时期城址考古发现与研究

赵永军 刘 阳
（黑龙江省文物考古研究所）

黑龙江省位于中国的东北部，是东北亚区域中心。北部和东部隔黑龙江、乌苏里江与俄罗斯相望，西部与内蒙古自治区毗邻，南部与吉林省连接。黑龙江区域考古活动起步较早，20世纪初，境内就展开了考古活动，黑龙江省也成为中国最早开展考古活动的省份之一。历史时期的辽金考古，长期以来是黑龙江区域考古的重要内容，特别是城址的发现研究，成为学界关注的重点。

一、辽代城址考古发现研究

涉及辽代考古学研究，1949年以前就已开始进行了。20世纪20～40年代，发现遗存的年代笼统地定为辽金时期。1949年以后，所做的有限的辽代考古工作，主要集中于嫩江下游、松花江下游、黑龙江中游等区域。有几项代表性的工作和发现：1956年，泰来县塔子城内出土辽大安年刻残石碑[1]，由于有明确纪年，对于确认塔子城的年代等有重大价值；1956～1957年，在泰来县塔子城镇西南的平等村[2]、平安乡后窝堡[3]等地发现辽墓，进行清理发掘。这批墓葬，对于研究黑龙江西部地区辽墓的类型与演变，奠定了基础；1974年，发掘绥滨县永生墓地[4]，确认为辽金时期女真人墓地，成为探索三江平原女真人葬制葬俗的基础材料；1975年，发掘绥滨县三号墓地[5]，根据地理位置和出土遗物特征，并结合相关文献，考证该遗存为辽五国部文化；1985年，发掘黑河市卡伦山墓葬[6]，根据出土遗物和墓地布局，推断为辽代女真人墓地。这一发现，进一步明晰了对辽代女真遗存分布的范围及文化内涵的认识。

辽代考古主要在松嫩平原和三江平原进行，主要遗存是城址和墓葬；前者主要是和契丹族遗存相关，后者是早期女真遗存。其他地区发现有少量的辽代遗存。

---

[1] 孙秀仁：《塔子城古城和辽代大安七年刻石》，《黑龙江古代文物》，黑龙江人民出版社，1979年。
[2] 丹化沙：《黑龙江泰来辽墓清理》，《考古》1960年第4期。
[3] 丹化沙：《黑龙江泰来后窝堡屯辽墓》，《考古》1962年第3期。
[4] 黑龙江省文物考古工作队：《绥滨永生的金代平民墓》，《文物》1977年第4期。
[5] 干志耿、魏国忠：《绥滨三号辽代女真墓群清理与五国部文化探索》，《考古与文物》1984年第2期。
[6] 郝思德、李陈奇：《黑河卡伦山古墓葬发掘的主要收获》，《黑河学刊》1986年第1期。

（一）泰来塔子城城址

城址位于泰来县城西北的塔子城镇，嫩江支流绰尔河畔。2013 年和 2015 年，对城址进行考古调查勘探和试掘[①]。

塔子城略呈正方形，周长 4563 米。城墙由夯土筑成，顶宽 1~1.25 米，底宽 20~30 米，残高 5 米。城内南北五条街道纵横相通，四面正中各有 1 座瓮门，城墙设有马面、角楼，城外有两道护城壕。马面大部分被破坏，现存较明显的有 19 个（北、南、西墙各 5 个，东墙 4 个），平均间距 70~80 米。马面近圆形，直径 5~8 米。角楼呈圆形，比马面大，高出城墙。瓮门呈圆形，宽 40~44 米，长 36~38 米（图 1）。

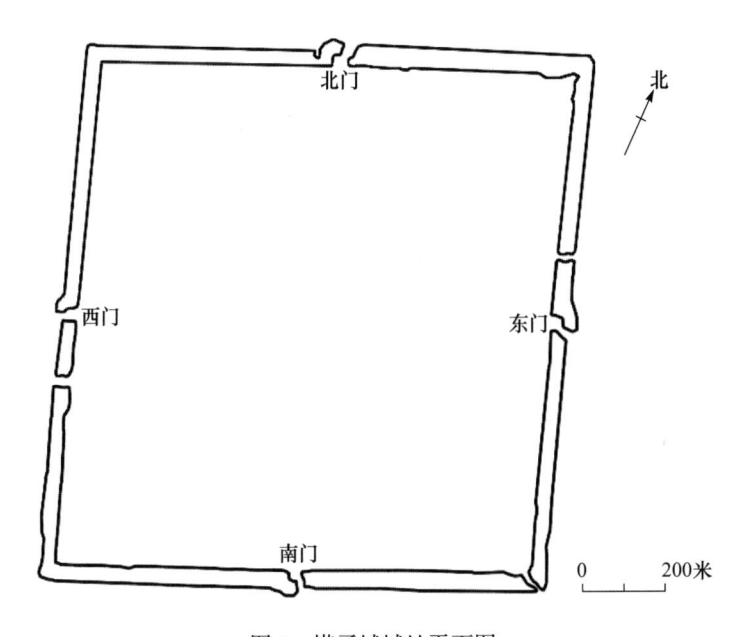

图 1　塔子城城址平面图

城墙构筑主要由地下和地上两部分构成。地下部分为基槽和垫土层。垫土层宽于基槽，一般为 2~4 层，多为较纯净的黄褐土夯实，有时夹有小块砾石，与墙体用料接近。地上部分主要为墙体，多为较纯净的黄褐土夯筑，也有含沙较多的土质，但一般没有相接两层均使用含沙较多土料的情况。在西、东、南城墙在墙体内侧均发现与墙体分筑而成的夯层，应为护坡结构。西侧城门附近的护坡上有南北倾斜的硬面，推测此处建有慢道式登城路。依据清理结果，西城门北侧城墙宽约 13.5 米，基槽宽约 14.6 米。依据在探沟内瓮城墙基槽和主体城墙的叠压关系判断，城址的瓮城为附近主体城墙建成后所建。城墙内侧堆积中发现较多掺杂白灰的土块，推测城墙内侧可能曾涂以白灰作为装饰。

---

① 刘晓东：《泰来县塔子城遗址考古调查》，《中国考古学年鉴·2014》，中国社会科学出版社，2015 年。

在叠压于城墙之下的灰坑中出土了较为典型的辽代的泥质轮制陶器残片和白瓷、酱油瓷残片等，说明城墙起建不早于辽代。考古勘探和试掘表明，该城址经后期历代使用，留下不同时期的建筑遗存。

城内地表散布大量陶瓷、砖瓦等辽金时期遗物。城外西南部曾有一座六角形密檐砖塔，塔身中部每面的小龛中雕有坐式佛像，今已倒塌。城内出有"大安七年"（1091年）刻残碑，碑系用青灰色的泥灰岩石刻成。碑长23.4、宽16.9、厚3.6厘米。因其残断，原碑正文已失，只剩下碑记16行文字，文字中刻有"泰州河堤""建办塔事"和四十七个汉人姓氏。

从城址形制和出土物结合文献等考察，城址始建于辽代，为辽泰州治所。辽泰州属上京道辖，隶兴宗延庆宫，兵事属东北统军司，控制着大兴安岭东西地区的少数民族。金灭辽后，仍称泰州。元代，塔子城为"斡赤尔斤分地"。明代，此处设福余卫。清代前期称之为绰尔城。塔子城是一座典型的古今重叠型城址，为研究辽金时期的行政建置、历史地理奠定了一定基础。

（二）五国部和五国城

五国部是辽代契丹人对剖阿里、盆奴里、奥里米、越里笃、越里吉等五国（即五部）的统称，分布在约今黑龙江省依兰县附近的松花江下游至黑龙江下游南北两岸地区。最早对五国城进行考证的是清末学者曹廷杰，其所著《五国城考》一文[1]，对五国部所属的城址进行了地理考证记述，其中涉及九城，有四城基本吻合。

目前学界对五国部和五国城对应考证如下[2]：

越里吉：今黑龙江省依兰县"五国头城"城址。

盆奴里：今黑龙江省汤原县西南固木纳城址。

越里笃：今黑龙江省桦川县东北瓦里霍吞城址。

奥里米：今黑龙江省绥滨县西奥里米城址。

剖阿里：在今俄罗斯哈巴罗夫斯克（伯利）域内。

相关城址的情况如下：

1. 依兰"五国头城"城址

城址位于依兰县依兰镇五国城社区北部，松花江右岸。古城东北—西南走向，呈四边形，周长约2600米，面积近38万平方米[3]。现存南、北、东三段各自独立的城墙最高可达4米。遗址所在依兰镇位于松花江和牡丹江的交汇处，是松花江中下游一处交通重镇。

---

[1] （清）曹廷杰：《东三省舆地图说》，《曹廷杰集》，中华书局，1985年。

[2] 黑龙江省文物考古研究所：《考古黑龙江》，文物出版社，2011年。

[3] 黑龙江省第三次全国文物普查资料。

2. 桦川瓦里霍吞城址

城址位于桦川县悦来镇东北 20 千米处的万里河村，松花江右岸。城址依土岗走向筑成，平面呈不规则形，掘土起墙，夯土版筑，周长约 3500 米，面积约 80 万平方米。城墙残高 4 米，最高 10 米，底宽 9 米，上宽 2.8 米，无马面。城东、西、南三面各设城门，均居城垣中间，东、南二瓮城保存完好。正南门址保存完好，呈半圆形，内侧高 4.2 米，外侧高 11.8 米，宽 26.4 米；东门遗迹清晰可见，呈 U 形，宽 27.8 米，西门遗迹已不明显。城内西偏北为圆形土台，俗称"点将台"，周长 40 米，中间呈凹形，内径 3 米，深 2 米。城内曾出土金代铜印"恼温必罕合扎谋克印"及金代、明代铜钱等。

瓦里霍吞古城所在之地是一座天然小山，城墙借地势而建，形状不甚规则，从城外看高大雄伟，城内则由于地势较高，与城墙落差多为 2～3 米，唯东南部城墙从城内看也颇为高大。古城周长约 3500 米，面积约为 80 万平方米，据史料记载，城址东、西、南、北分别设城门，均居城垣中间。按现存情况看，东、南二门有瓮城，大致呈半圆形，其余门址位置并不明确。古城南部有两道城墙。城内西偏北有圆丘状土台，当地俗称"点将台"，中有凹坑。遗址整体保存尚好，但外侧城墙有数处因坍塌而仅余内侧半片的情况，城墙因雨水冲刷而形成了十余处冲沟豁口；城内水土流失严重。

2016～2017 年，对城址进行了调查和试掘[①]。在城址内部选择合适地点进行小面积局部试掘以了解城内地层堆积情况；对城墙现有冲沟豁口进行剖面清整以了解城墙结构、建筑年代等问题；对城内现存"点将台"遗址、南瓮城、东瓮城遗址进行考古勘探。

通过对城墙冲沟豁口处的剖面进行清整，发现城墙经过四次较大规模的建筑和修整。第一次城墙建筑主要为借助地势对山体进行修整后于其上堆土而成，其后的三次建筑为对城墙的加高和加宽工程，第二、三次建筑可见夯打建筑方式。局部可见多次修补迹象。通过对出土采集样本进行 ^{14}C 测年判定，城墙的建筑年代不晚于唐代。

由于试掘可选位置的限制，此次试掘仅发现了明确的清代以后地层，但从采集的遗物看，城内遗存大致包含新石器—近现代各个时期。

城内现大部分区域辟为耕地。通过对城中部偏西位置"点将台"遗址的钻探，发现其为一多边形夯土台基，初步判断，"点将台"遗址可能为一带有广场的公共建筑基址。通过对南瓮城和东瓮城及其附近的钻探，发现城内有多条道路向南瓮城交会的迹象，且有的路从较早时期一直沿用至晚期，南瓮城城墙东南部发现疑似门址的迹象。

此城一直被学界认为是辽金时期所建。此次工作了解了城址的基本状况，对城墙的建筑结构和建筑年代有了新的认识，对相关遗迹的形制、性质有了初步认识。

3. 汤原固木纳城址

城址位于汤原县香兰镇双河村东南 1 千米处，松花江左岸，汤旺河右岸。即桃温

---

① 刘晓东：《桦川县瓦里霍吞隋唐时期城址调查》，《中国考古学年鉴·2018》，中国社会科学出版社，2020 年。

万户府故城遗址，也称双河城址。城址呈长方形，南北长 750 米、东西宽 500 米、周长 2500 米，面积约 37 万余平方米，城墙高约 3 米，基宽 5 米，夯土版筑[①]。现存北墙 100 米（附有马面 1 个）、西墙全部 500 米（附有马面 5 个）、西北角楼一个，以及北墙外侧的双道护城河。南城墙因河水改道已被洪水冲毁。城址内出土有铜、铁生活用具及陶质建筑构件等。

4. 绥滨奥里米城址

城址位于黑龙江省绥滨县北岗乡永泰村东南 0.5 千米，东南距绥滨县城所在地绥滨镇 9 千米。城址南濒松花江支流敖来河畔，南距松花江主航道约 1 千米。

城址呈南北向，平面略呈圆角长方形，北墙保存较完整，夯筑，存高 3～4 米，长 912 米，有马面 18 个。城墙外侧有 1～2 米深的护城壕（图 2）。以北墙、东墙计，周长约 3224 米。东墙和西墙上也残存有马面。东墙中部偏北有城门并设有瓮城。城址东西两侧原有两座小城，现遭破坏无存。

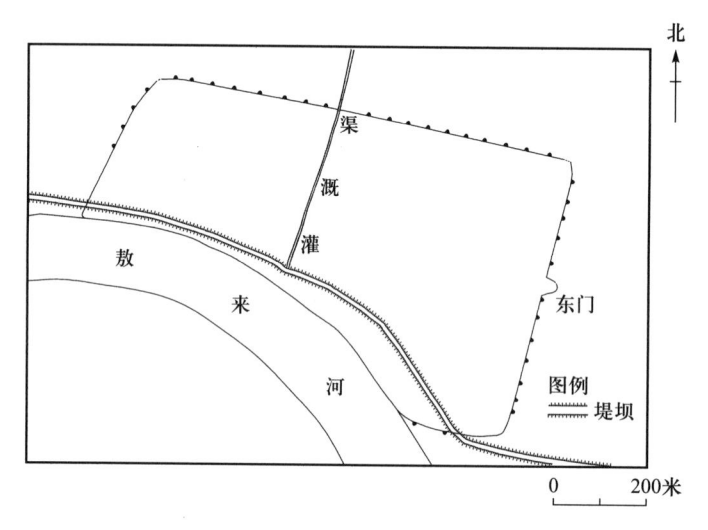

图 2　奥里米城址平面图

长期以来，学界对该城址的研究，多从文献和地理学方位的考证入手，论证其为辽代生女真五国部之一的"奥里米"部所在地。金代沿用，直至元明时期，是通往黑龙江下游重要的水路交通城站。

20 世纪 60～70 年代，考古工作者对城址进行了调查和测绘。为了防止江水对城址的进一步冲刷破坏，2000 年文物部门对城墙所在位置的堤坝进行了加固。之前由黑龙江省文物考古研究所对该城址保护所涉局部区域进行了抢救性考古试掘，试掘面积近 400 平方米。包括城外居住址、墓葬的揭露、城墙的解剖等。

---

① 黑龙江省第三次全国文物普查资料。

为配合松花江干流治理工程建设，2015年黑龙江省文物考古研究所对奥里米城址开展了相关的考古勘探和发掘工作①。本次考古主要进行了两方面工作，一是对现有堤坝和护坡位置展开钻探，寻找城址南墙走向并确认其与东墙、西墙的连接情况，了解城内南部的地层堆积情况；二是在勘探的基础上，对堤坝南侧临河区域发现的遗迹进行试掘，进一步认识城墙的形制、结构以及城内遗存的分布和特征。

通过考古勘探，大致搞清了城址南墙和东西城墙的连接部位及其基本特征。城址大致呈长方形，东西向狭长，城墙夯土版筑，墙外有壕。北墙保存最为完整，长933米，存高3~5米，有马面18个，马面的间隔20~30米；城墙外有深1~2米的护城壕，护城壕宽为10米。东北两角已遭损毁，原应有角楼设施。东墙长612米，有马面12个；中段偏北处有一豁口，当为门址所在，外有瓮城，呈半圆形，南北长34米、东西宽21米，瓮城墙西北有一10米左右宽的出口。西墙北段尚存300余米，有马面4个，其南段已被敖来河水冲毁。南墙东段尚存225米，可辨马面有2个，其余全被敖来河水侵吞无存。城内南部文化堆积厚，遗存分布密集。

本次发掘面积500余平方米，确认城址西南角城墙走向及外壕的形制，城内大坝南侧、西部区域，由于河水冲刷及常年修筑坝址，对地下遗存破坏严重。城内东南部文化层堆积厚1~1.3米。城内南部清理发现灰坑26个，房址1座。多数灰坑内出土较多的陶片、动物骨骼等包含物。此次出土遗物以陶器为主，多泥质灰陶，有丰富的纹饰组合，有罐、瓮、盆、器盖、网坠、球、半圆台形陶制品等；少量的布纹瓦、砖等建筑构件。瓷器类发现有少量瓷片，有白釉、蓝釉，应为定窑、钧窑产品。通过本次发掘，初步掌握了该城址局部区域文化层的堆积情况。根据出土的一批具有明确地层关系的陶器等遗物，基本可确定城址内包含了辽金两个时期遗存，为该区域辽金考古陶器分期研究提供了重要参考依据。

二、金代城址考古发现研究

黑龙江地区金代考古起步较早，早在19世纪末，一些中外的史地学者就对个别金代史迹做过调查活动。1885年，曹廷杰亲历阿城调查，首先考证"白城"即金上京会宁府故城②；1894年，俄国的H.P.斯特列里比茨基调查了金东北路界壕③。

进入20世纪，相关的考古活动只限于局部的调查，主要是俄、日学者做的一些工作。1909年，白鸟库吉曾调查了被称为"白城"的金上京会宁府故址④；1923年，俄国

---

① 黑龙江省文物考古研究所：《黑龙江发掘辽金生女真五国部奥里米城址》，《中国文物报》2016年7月8日第8版；刘阳、赵永军：《绥滨县奥里米辽金时期城址》，《中国考古学年鉴·2016》，中国社会科学出版社，2017年。
② （清）曹廷杰：《东三省舆地图说》，《曹廷杰集》，中华书局，1985年。
③ 黑龙江省地方志编纂委员会：《黑龙江省志·文物志》，黑龙江人民出版社，1994年。
④ 转引自秦大树：《宋元明考古》，文物出版社，2004年。

的 B. Я. 托尔马乔夫，对金上京城进行了调查试掘，并测绘出城址平面图[①]；1927 年，日本学者鸟居龙藏也调查了金上京城址[②]；1936 年，日本人园田一龟对金上京城址进行发掘[③]，其成果发表在由满洲国国务院文教部刊印的《满洲国古迹古物调查报告书（第四编）：吉林、滨江两省内关于金代的史迹》一书里；1936 年 B. C. 斯塔里科夫调查了拉林河沿岸的 4 座古城址，1940 年又调查了呼兰河口的古城址，并进行了测绘[④]；1936~1939 年，普尔热瓦尔斯基研究会的成员 B. 德斯金和 B. 马卡洛夫调查了哈尔滨至宾县一线及玉泉、平山等地，发现了石人、石狮（石虎）、石羊等石像生和龟趺及石棺等[⑤]；1939 年，L. M. 雅克弗列夫和 V. N. 阿林又调查了阿什河上游右岸一带，在此地区发现了石人、石羊、石狮（石虎）及石棺（石函）等[⑥]；1940 年，B. B. 包诺索夫调查了肇东八里城址[⑦]。在这一时期里，B. C. 斯塔里科夫和 L. M. 雅克弗列夫在调查的基础上，发表了一些介绍墓葬、城址、碑刻等方面资料的简报。

这一时期的考古活动主要是由俄、日学者进行的。开展的工作重点是围绕上京城及其周边的一些遗存进行的考察研究。

1949 年以后，考古工作逐渐步入有序的轨道。这一时期的金代考古可分为两个阶段。

第一阶段：20 世纪 50~80 年代。1958 年，在肇东县八里城出土了数百件金代铁器，其数量和种类多[⑧]；1959~1960 年，考古工作者调查了东北路界壕与边堡[⑨]；1961~1962 年，考古工作者在阿城小岭地区调查发现金代冶铁遗址[⑩]；1964 年，阿城博物馆对金上京城遗址进行了调查测绘[⑪]。1978 年，黑龙江省测绘局出版了测绘的金上京城垣遗迹[⑫]。多年来，有关研究涉及金上京城形制方面的数据，多综合沿用这一测绘成果；70 年代，发掘了绥滨县中兴[⑬]、奥里米[⑭]等墓群，出土一批瓷器、陶器、金银器

---

① 〔俄〕B. Я. 托尔马乔夫著，胡秀杰译：《满洲历史遗迹——白城》，《黑龙江考古民族资料译文集（第 1 辑）》，北方文物杂志社，1991 年。
② 〔日〕鸟居龙藏著，陈念本译：《满蒙古迹考》，商务印书馆，1935 年。
③ 满洲国国务院文教部编：《吉林、滨江两省内关于金代的史迹》，《满洲国古迹古物调查报告书（第四编）》，国书刊行会，1941 年。
④ 谭英杰：《解放前俄国人在黑龙江的学术团体及其考古活动简述》，《北方文物》1986 年第 2 期。
⑤ 〔俄〕B. C. 斯塔里科夫著，高晓梅译：《哈尔滨附近金代墓地的最初发现》，《黑龙江文物丛刊》1984 年第 1 期。
⑥ 〔俄〕L. M. 雅克弗列夫著，佟希达译：《阿什河上游的金代墓葬》，《北方文物》1995 年第 1 期。
⑦ 谭英杰：《解放前俄国人在黑龙江的学术团体及其考古活动简述》，《北方文物》1986 年第 2 期。
⑧ 肇东县博物馆：《黑龙江肇东县八里城清理简报》，《考古》1960 年第 2 期。
⑨ 黑龙江省博物馆：《金东北路界壕边堡调查》，《考古》1961 年第 5 期。
⑩ 黑龙江省博物馆：《黑龙江阿城县小岭地区金代冶铁遗址》，《考古》1965 年第 3 期。
⑪ 赵永军：《金上京城址发现与研究》，《北方文物》2011 年第 1 期。
⑫ 赵永军：《金上京城址发现与研究》，《北方文物》2011 年第 1 期。
⑬ 黑龙江省文物考古工作队：《黑龙江畔绥滨中兴古城和金代墓群》，《文物》1977 年第 4 期。
⑭ 黑龙江省文物考古工作队：《松花江下游奥里米古城及其周围的金代墓群》，《文物》1977 年第 4 期。

等；1975年和1979年试掘了克东县蒲峪路城址[①]；1988年，在阿城城子村发掘一座大型石椁墓[②]，墓主人为金齐国王夫妇，墓葬保存完好，出土大量完整华丽的服饰，堪称金代考古的重大发现。

这一时期的金代考古处于资料积累发现阶段，各方面工作都有所开展，墓葬和城址的发掘成果是主要的收获内容。

第二阶段：20世纪90年代至现今。1999～2000年，为制订金上京城皇城遗址保护规划，黑龙江省文物考古研究所对金上京皇城址再次进行全面勘探调查，进一步探明皇城城垣遗迹的准确位置、纵横范围[③]；1999年，配合公路基建工程，抢救性发掘了双城市（今双城区）兰棱镇车家城子城址，此次发掘对研究金代早期中小城址的结构、布局及社会历史状况等提供了新的资料[④]；2002～2003年黑龙江省文物考古研究所对位于阿城亚沟镇刘秀屯的一处金代大型宫殿建筑基址进行了较大规模发掘[⑤]。

这一时期的工作主要是配合基本建设工程和制定文物保护规划而开展的。虽然金代考古方面的项目数量有限，但不乏具有重大学术价值的发现，如刘秀屯大型建筑基址发掘等。同时，这一阶段，正式启动了金代早期都城——金上京会宁府遗址的科学考古工作[⑥]。大庆九间聚落遗址的发掘[⑦]，也取得了初步的重要学术收获。

（一）金上京城址

城址位于哈尔滨市阿城区南郊，东临阿什河。金上京城由毗连的南北二城及皇城组成，平面呈曲尺形（图3）。两城总周长约11千米，总面积约6.28平方千米。南城略大于北城，二城均为长方形，平面上一纵一横相互衔接，连为一体，北城南北长1828米，东西宽1553米；南城东西长2148米，南北宽1528米。两城之间筑隔墙，有门相通。城墙夯土版筑，存高3～5米，墙基宽7～10米。外垣平均每隔70～120米筑一马面。城门多处，个别带有瓮城。城墙各角上构筑角楼7处。城外及二城间的腰垣南侧，均有护城壕。

---

① 黑龙江省文物考古研究所：《黑龙江克东县金代蒲峪路故城发掘》，《考古》1987年第2期。
② 黑龙江省文物考古研究所：《黑龙江阿城巨源金代齐国王墓发掘简报》，《文物》1989年第10期。
③ 黑龙江省文物考古研究所勘探资料。
④ 黑龙江省文物考古研究所：《黑龙江双城市车家城子金代城址发掘简报》，《考古》2003年第2期。
⑤ 李陈奇、赵评春：《黑龙江亚沟刘秀屯发现宋金时期宫殿基址》，《中国文物报》2002年12月27日第1版。
⑥ 赵永军、刘阳：《大遗址保护视角下的金上京考古工作》，《北方文物》2015年第2期。
⑦ 黑龙江省文物考古研究所、黑龙江大学历史文化旅游学院：《黑龙江大庆市九间遗址2019年发掘简报》，《北方文物》2021年第6期；《黑龙江大庆市九间遗址2020年发掘简报》，《北方文物》2023年第6期。

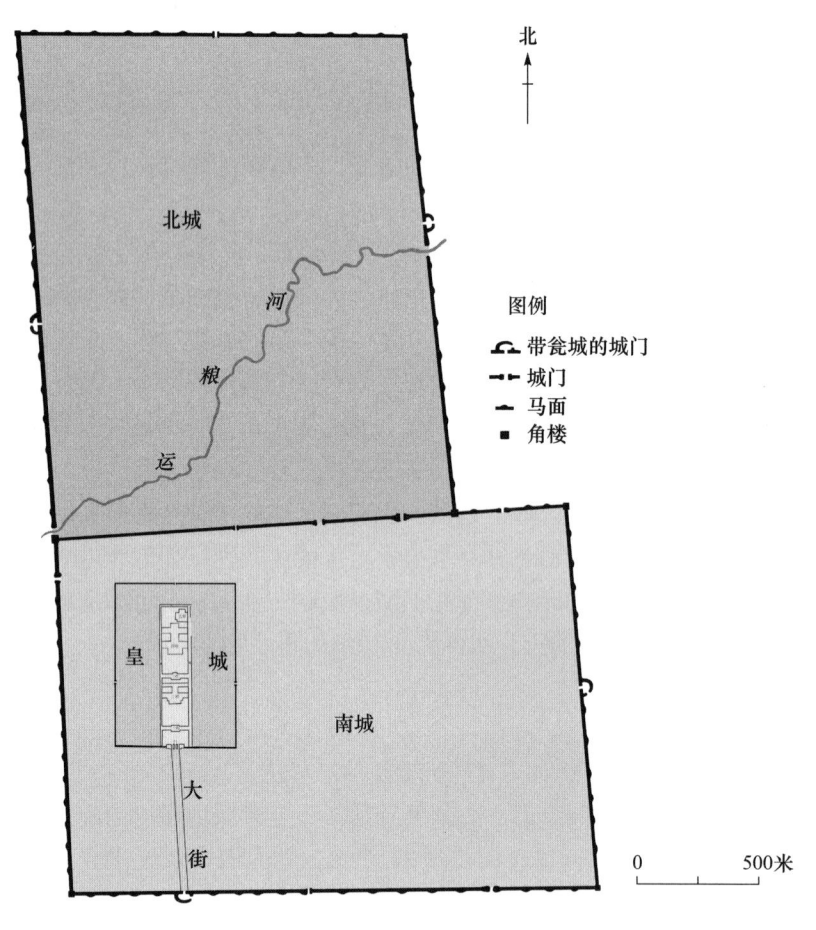

图 3　金上京遗址平面图

皇城建于南城内偏西处，南北长 645 米，东西宽 500 米。自南向北有五重宫殿建筑基址排列在皇城的南北轴线上，东西两侧还有回廊基址。皇城南门两侧有两个高约 7 米的土阜，对峙而立，称为阙。两个大土阜间又有两个小土阜，各高约 3 米。大、小土阜间是皇城南门的 3 条通道，中为正门（午门），两侧为左右阙门。

为了加强对金上京遗址的科学认识和学术研究，推进对金上京大遗址的有效整体保护，黑龙江省文物考古研究所制定了《金上京遗址考古工作计划》，该工作计划获国家文物局批复立项，于 2013 年启动实施，目前，已连续开展工作多年，取得了阶段性的成果[1]。

第一，从考古层位学上确认了城址的营建使用情况。根据城墙的地层堆积和包含遗物特征，确认城址的始建年代为金代。揭示的城墙建筑结构特征和修筑方法相同，显示出南北两城一体化构筑的情况。

---

[1] 赵永军：《金源故都：金上京遗址的考古实践和认识》，《中华民族共同体研究》2023 年第 6 期。

第二，初步明确了皇城内建筑布局使用沿革。皇城内布局大致可分为中部、东部和西部三个部分，中部主要为宫殿区建筑，自南向北有五重建筑基址分布在中轴线上，采取门址——殿址依次排列组合的布局，两侧有左右廊基址，其中第二、第四殿址规模较大，殿基平面呈"工"字形。皇城内建筑布局有序，存在大型礼制性建筑遗存，其中皇城西建筑址，是上京城首次揭示的一处重要的带院落的建筑址。

第三，通过勘探发掘，进一步证实皇城宫殿区建筑址的布局、性质及功能。宫殿区建筑采取门址——殿址依次排列组合的布局，外围有回廊分布；东西两侧建筑址由多个单元组成。皇城内建筑址至少存在金代早、晚两个时期的遗存。

第四，认识了解了南城内道路系统和建筑分布。上京城宫城内午门至南城南墙西门址之间存在一条中轴大街，该街与宫城内多重殿址处于一条轴线上。进一步明确了上京城宫殿址—宫城门址—御街—外城门址（瓮城）呈现出的轴线布局的相对应关系。

近一个阶段开展的考古工作，拓展了对金上京城址形制结构特征和历史沿革的认识，将进一步推动金上京都城遗址的考古学研究，为金上京遗址的有效保护提供学术支撑和依据。

（二）上京城东部的大型建筑址——阿城刘秀屯宫殿建筑基址

刘秀屯建筑基址位于阿城区亚沟镇刘秀屯东南约100米处，阿什河右岸约1千米，西距金上京会宁府城址3.6千米。2002年考古工作者在对绥满公路（301国道）进行基建考古勘查时发现该遗存。2002~2003年黑龙江省文物考古研究所对刘秀屯建筑基址进行了发掘。

刘秀屯大型建筑基址[①]，朝向正东南，由主殿（前殿）、过廊、后殿、正门及回廊组成，占地面积5万余平方米。正门位于东南回廊正中；主殿与正门对称，位于西北回廊正中；后殿位于主殿之后；过廊为连接主殿与后殿之通道；回廊呈正方形。主殿、过廊与后殿构成"工"字形一体建筑。主殿的面积3823平方米，由正殿、露台、两侧挟屋和后阁组成，总体布局呈对称多角形。出土遗物以灰瓦青砖等建筑构件为大宗，特别的建筑构件主要有石螭虎、石龙螭首、灰陶鸟、人面瓦当等。

刘秀屯建筑基址规模宏大，中央主体殿堂面阔九间、进深五间，其规制和中国古代建筑制度中历代皇帝所用的至尊等级规模相合。刘秀屯金代大型建筑基址，是我国迄今考古发掘所见的宋金时期规模最大、等级最高的皇家宫殿建筑基址，无论对于黑龙江考古，还是全国宋金时期考古，都是极为重要的发现。

该建筑基址朝向正东南向，与其他宫殿的方向有着显著的差异。从该建筑基址本身特点、出土文物、地理位置、周边重要遗迹考察，并结合有关文献记载，应是一处金代

---

① 黑龙江省文物考古研究所：《黑龙江阿城金上京刘秀屯建筑基址》，《2002中国重要考古发现》，文物出版社，2003年；赵评春：《金上京朝日殿宫门遗迹》，《中国考古学年鉴·2004》，文物出版社，2005年。

皇家宫殿建筑。有学者考证其为金熙宗时期所建用于郊祀的"朝日殿"。其建筑年代和使用年代均在金朝早期（1115～1153年）。

刘秀屯大型宫殿建筑基址是我国传统礼制的罕见实例，对研究宋金时期的政治体制、宗教信仰、文化习俗以及建筑风格等，提供了翔实的考古学资料，在中国古代建筑史上亦占有十分重要的地位。

（三）双城车家城子城址

城址位于哈尔滨市双城区兰棱镇车家城子村西北，地处拉林河右岸二级台地上。1999年，为配合同三公路哈双段工程建设，黑龙江省文物考古研究所对城址进行了发掘，发掘面积1000余平方米，包括城门址、城墙、城壕的解剖、城外遗存的揭露等[①]。

城址方位北偏西15°。平面近方形，南墙、北墙长约209米，东墙、西墙长约205米，周长约828米。城墙为夯土版筑，最高约4.5米。经勘查，城四角有角楼，西墙和东墙各有马面1个，北墙有马面2个，南墙已毁，相对应地，也应有马面2个。北墙正中有门址1座，宽约4.4米。城外有内外两条护城壕，宽6米余（图4）。城内地表可见布纹瓦片、陶片、青砖残块等，发掘出土有陶、石、骨、铁、铜器，还有唐、宋时期铜钱等。该城址规模不大，系金代早期东北通往中原内地的一处"驿站"性质的城址。

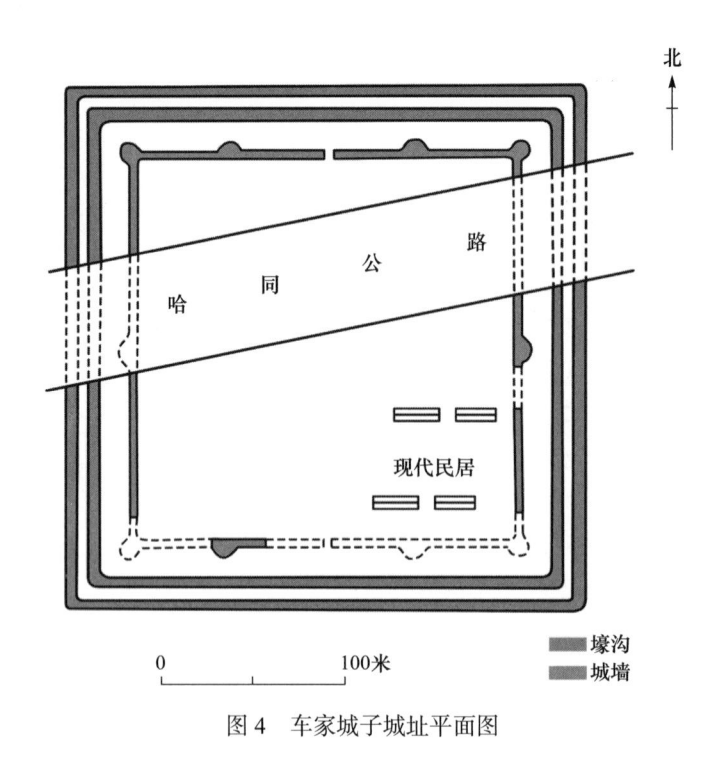

图4 车家城子城址平面图

---

① 黑龙江省文物考古研究所：《黑龙江双城市车家城子金代城址发掘简报》，《考古》2003年第2期。

（四）克东蒲峪路城址

城址位于克东县金城乡古城村西约 300 米，乌裕尔河南岸。20 世纪 30 年代有日本学者对城址进行过考察。70 年代，黑龙江省考古工作者对乌裕尔河流域的城址进行了勘查。1975 年和 1979 年黑龙江省文物考古工作队对城址进行了两次发掘，发掘面积约 700 平方米，包括对城门的揭示和城内遗存的揭露[①]。城址平面呈椭圆形，东西长 1100 米，南北宽 700 米，周长 2850 米。城墙夯土版筑，残高 3~4 米，顶宽 1.5~3 米，基宽 18~20 米。附有马面 40 个，每个间距约 70 米。城只设南、北二门，遥相对应，均附筑瓮城。城墙外 10 米处有护城壕（图 5）。

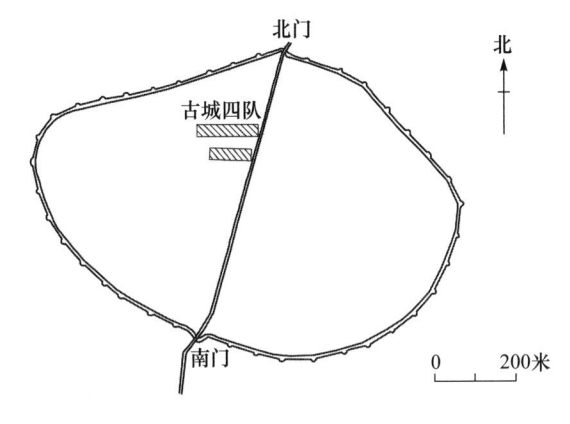

图 5　蒲峪路城址平面图

通过发掘得知，南门仅有一个门洞，正中立有挡门石，门洞两壁立有 15 根排叉柱，中间两侧还有两根大圆柱。据残存遗迹推测，城门为"过梁式"结构。出土遗物有大量的瓦当、筒瓦、板瓦、脊兽、鸱吻等建筑饰件。瓮城内的城门两侧用青砖砌筑，在城墙的转角处立有角柱。

城址内曾出土一方铜质官印，印文为汉字九叠篆书"蒲峪路印"四字。据《金史》记载："蒲与路，国初置万户，海陵例罢万户，乃改置节度使。"由此可知蒲峪路前身是万户府，海陵王为了加强中央集权制，对地方行政制度做了上述改革。从文献记载看，金代初年已建制城址。从城的规模看，属于金代中型城址。

（五）肇东八里城城址

城址位于肇东市四站镇东八里村东八里屯西北 300 米，南距松花江干流 5 千米，城址坐落于松花江左岸台地上。

---

① 黑龙江省文物考古研究所：《黑龙江克东县金代蒲峪路故城发掘》，《考古》1987 年第 2 期。

八里城近似正方形，方向135°，有四门，门皆有瓮城。沿墙外缘有马面，四隅设角楼。八里城周长3681米，东墙964、西墙923、南墙903、北墙891米。城墙为夯土版筑[1]，墙高4～5米，墙基宽12米。墙外10米处有一道护城壕绕城一周。南壕最宽最深，深约7米，上口宽23.5米，底宽5～6米，西壕最浅，深约4米。城壕外有土堤一道环护全城，高出地面1～1.5米，宽12米左右。八里城保存完整。城内遗物较多，有石器、骨器、铜器，还发现有唐、北宋铜钱及金代"大定通宝""正隆元宝"铜钱等；此外有长砖、花纹砖、兽面瓦当、陶罐、陶杯等；瓷器有黑釉双系小罐、定瓷大碗等；铁器包括兵器、车马具、生产、生活用具等。

根据城内出土遗物的特征，学界倾向性认为八里城为金代城址。有学者认为其为金代肇州[2]，隶属上京路统辖。

（六）兰西郝家城子城址

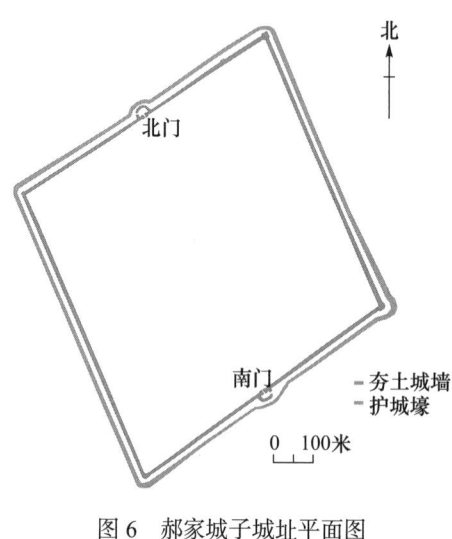

城址位于兰西县长江乡双城村郝家城子屯西，濒临泥河水库西岸。

城址略呈正方形，周长约3240米，面积约65万平方米，残墙最高处约3米，城墙为夯土版筑[3]，夯土层约8厘米。四边城墙上设有角楼和马面等防御措施，南、北城墙中部各有一座城门，并各有其瓮城，门址两侧有墩台，墩台为夯土结构，夯层厚0.08～0.1米，与两侧城墙相连，两侧有包墙砖。门道残宽4.5米，进深10～11米，城墙外有护城壕。通过对城墙和护城壕做勘探，基本掌握了城墙的大致情况，城墙基础部分宽约9.5米，护城壕宽约9米，城墙与护城壕间距约14米（图6）。

图6　郝家城子城址平面图

结合在城址内采集到大量宋金时期的陶、瓷片，基本证实了该城址应为金时期的城址，该城址是金代都城上京会宁府通往蒲裕路的一处重要节点。

（七）汤原郎君西古城

城址位于汤原县振兴乡振兴村东北1千米处，东距松花江约2千米。城址平面呈不规则长方形，城墙夯土版筑，东墙长200米、西墙长250米、北墙长450米、南墙长

---

[1] 肇东县博物馆：《黑龙江肇东县八里城清理简报》，《考古》1960年第2期。
[2] 李健才：《金元肇州考》，《北方文物》1986年第2期。
[3] 黑龙江省文物考古研究所调查勘探资料。

470米、周长约1370米。墙外有护城壕（图7）。现南墙、西墙南段、东墙南段被松花江堤坝叠压。墙垣存高2米，基部宽9米，上口宽2米。墙外有马面，北墙有5个、西墙有3个、东墙北段有1个；东墙南段与南墙因修江堤被破坏，致使马面无存。通过钻探，在南城墙外侧发现马面5个、东城墙南段发现马面3个。东北角与西北角各有角楼1座。西墙南段有带瓮城的门址一座。城址内分布着较多的布纹瓦和轮制灰陶片。

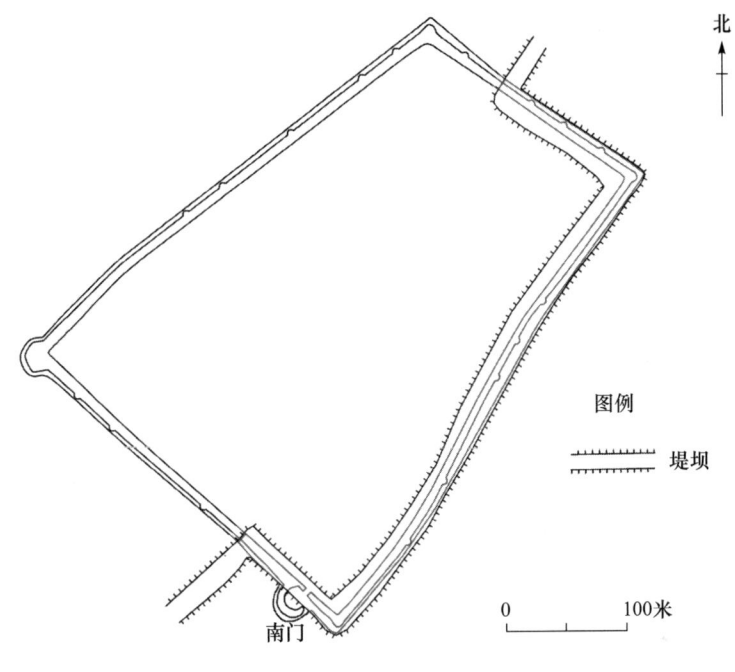

图7 郎君西古城平面图

2015年对城址的南部区域进行了考古勘探，进一步明确了城址的形制和范围；2016年对城址相关区域进行了考古发掘[①]。

郎君西古城西墙南段有一门址，外部环绕瓮城，瓮城门口南向开。瓮城墙大部分保存较好，门址位置被旧坝址叠压。此次重点发掘瓮城及西门址，以确认西门址的形制、瓮城墙走向及外壕的建构情况，清理面积约475平方米。

瓮城平面大致呈马蹄形，环绕西门址修筑城墙，南部与西城墙交接处有一缺口，应为瓮城出口。瓮城内南北长约18.1、东西宽约17.6米。经钻探，西门址宽约5.5米，瓮城出口宽约9.4米。

由于河水冲刷及修筑坝址，对瓮城内遗存破坏严重，存留的遗迹不多。所筑江堤大坝较宽，将门址叠压其下，此次未清理至门址的具体位置，仅对瓮城墙结构及修筑方式

---

① 黑龙江省文物考古研究所：《黑龙江汤原发掘辽金时期郎君西古城》，《中国文物报》2016年11月18日第8版；刘阳、赵永军：《汤原县辽金时期郎君西古城遗址》，《中国考古学年鉴·2017》，中国社会科学出版社，2018年。

有所了解。瓮城内堆积简单。瓮城墙系平地起建，在城内底部的夯土层之上夯筑城墙，宽4米，残高1.35米。夯层厚薄不均，有6层夯土堆积。

西墙南段被坝址叠压。为了解城墙的结构，对西墙被叠压的北段部分进行了发掘解剖。城墙主体为夯土版筑。城墙存高3.5米，底部宽约10米，有8层夯土堆积；墙内夯土层包含有少量泥质灰陶片；墙外侧为护城壕，紧邻城墙，开口距地表1.5~1.85米，壕宽约4.25米，深约1.4米，壕壁斜直，底部略平，壕内堆积为黑色淤土，内含少量泥质灰陶片和动物骨骼。城墙内侧有一条排水沟，紧邻城墙。城墙是在生土之上直接堆土起建夯筑，底部未见基槽；夯土土质疏松，含有细沙，夯层不甚细密。

瓮城内出土遗物以陶器为主，多为泥质灰陶，纹饰有压印纹、刻划纹、弦纹等，器类有罐、碗、盆、拍（抹具）、球（珠）等。瓷器见有少量的白釉残片、器底；其他有铁器，包括镞、刀等。依出土遗物分析，城址修筑于辽金时期。

（八）绥滨中兴城址

城址位于绥滨县忠仁镇高力村西500米，其北4千米为黑龙江主流。1973年黑龙江省文物考古工作队调查发现。城址平面近方形，周长1460米，城墙不直，北墙弯曲度尤大。南、北城墙各设一门，有瓮城。共三道城墙，一主墙，两副墙。各墙外有壕，构成三条护城壕。城墙外缘设有马面，现存14个。城外西北、西南、东南还各有一周长约200米的小方城[①]。此城尚未进行考古发掘，仅在城址及周围曾出土数件特点鲜明的遗物，有铜印、铜镜、玉马、铜饰件等。再从中兴城址所处的地理环境看，处于黑龙江和松花江环绕交汇处。因此，一般认为该城址为金代具有重要军事意义的一个城镇。

三、结　语

黑龙江地区处于东北平原的腹地，区域内河流纵横，水系发达，辽金时期，城址的分布尤为密集，反映出该地区辽金时代历史进程的兴衰更替。相关遗存，已有学者对东北地区包括该时段城址的分布、分期、规模、结构、布局及等级建制等进行了较为系统的总结性探索[②]，为进一步开展辽金城址的综合研究奠定了框架基础。

回顾百余年的考古实践，黑龙江区域辽金考古，特别是城址考古研究，取得了一定的成果，但仍处于发现与研究的起步阶段，未来的工作依然任重而道远。迄今，有两个学术问题仍是基础性的课题，也是关键性问题所在。一是辽金城址的区分问题，虽然多数城址存在沿用的年代衔接，但是辽金城址形制特征、建筑结构的区分标准，是辽金城址考古探索的核心标尺；二是辽金城址使用的建筑构件、出土陶器等遗物的区分问

---

① 黑龙江省文物考古工作队：《黑龙江畔绥滨中兴古城和金代墓群》，《文物》1977年第4期。
② 赵里萌：《中国东北地区辽金元城址的考古学研究》，吉林大学博士学位论文，2019年。

题，辽金时期遗物的类型学分期研究，是进一步确定城址等遗存相对年代的重要辅助和参考。

1）关于辽代城址考古。黑龙江省的辽代考古开展得不是很充分，工作只限于个别地区。目前而言，辽代遗存发现得不多，辽代考古研究薄弱，对于遗存面貌的认识比较模糊。工作多是早年做的，近些年基本处于停滞状态。要着眼于对城址性质的考量和考定，尤其是城址本身的面貌特征需要结合考古调查、发掘，给予一个明晰的认识。

2）关于金代城址考古。金代遗存分布厚重，类型多样。金代城址数量多，据调查，黑龙江省境内有金代城址约300处。金朝统辖政区城址的建制，都城之外，包括了府、州、县、镇及驿站等不同等级的建制。金上京路下辖蒲峪路、胡里改路、速频路和曷懒路，管辖着黑龙江和乌苏里江流域的广大地区。除曷懒路治所不在今黑龙江省辖境外，其余三路治所，均在黑龙江省境内或附近。

多年以来，对金代遗存断续地做了一些工作和研究，但缺乏整体设计、系统性的课题式的工作安排，一些成果没有及时报道公布，阻滞了研究的深化。今后工作的重点是对金代都城——上京城开展系统性田野考古工作与研究，进一步加强对金上京城及周边遗存的调查发掘，对上京城周围分布的大量不同类别的遗存进行准确定性和定位问题研究。同时，加强对金代中小城址的考古工作，搞清黑龙江区域金代城址的分布情况及基本特征和类型，深化金代城市考古研究。

北京古代城市中轴路的考古学观察
——兼论中轴路考古与中轴线考古

郭京宁
（北京市考古研究院）

北京地处华北平原北部，拥有三千多年建城史，在元、明、清三代作为大一统国家的首都，成为世界闻名的国际都会。北京城市中轴线的形成与北京城市史、都城史的发展密切相关。

成书于战国时期的《周礼·考工记》中"匠人建国""匠人营国"的记述，对后世中国都城规划与建设产生巨大影响，是北京中轴线建筑礼序的理论来源。

一

周代都城的布局从商代以宗庙为中心发展为朝堂、宗庙并重；城与市真正联系起来，体现了都城的经济中心地位。

作为北京考古发现最早的城址琉璃河西周古城东西长829、南北宽300余米，南部因被大石河冲毁而不存，宫殿区位于城内中部偏北（图1）。虽然没有发现明确的城内中轴路，但从城址布局周正、对称推断，城在规划之初已具有了中轴路的设计理念。

秦汉是中国历史上中央集权制国家的形成时期。北京现已发现明确的汉代城址至少有22座。据《汉书》《后汉书》《水经注》等史料记载，设置于西汉初年的路县隶属渔阳郡。经过全面的考古勘探，路城整体平面呈近似方形。四面城墙基址长555~606米，总面积约35万平方米。2016年在城内中北部，发掘出一条南北方向、东西宽度为8~9米的汉代道路，其上叠压着辽金时期和明清时期的道路遗存各一条（图2）。根据城市考古的经验和理论，结合该汉代道路的宽度和位置，判断其为路城内的南北向中轴路。汉代建设后，辽金、明清时期一直沿用[1]。

广阳城是汉代广阳国（郡）治所。1995年对广阳城进行勘探，基本探明了城墙、城门及城内道路的位置[2]，1997、2018年，对西城门等地进行考古发掘[3]。已知城址近方

---

[1] 北京市文物局等：《北京城市副中心考古（第一辑）》，科学出版社，2018年，第24页。
[2] 程利：《房山汉广阳城》，《中国考古学年鉴·1996》，文物出版社，1998年，第62页。
[3] 北京市文物研究所：《北京市房山广阳城遗址调查勘探简报》，《考古学集刊》（第27集），社会科学文献出版社，2022年。

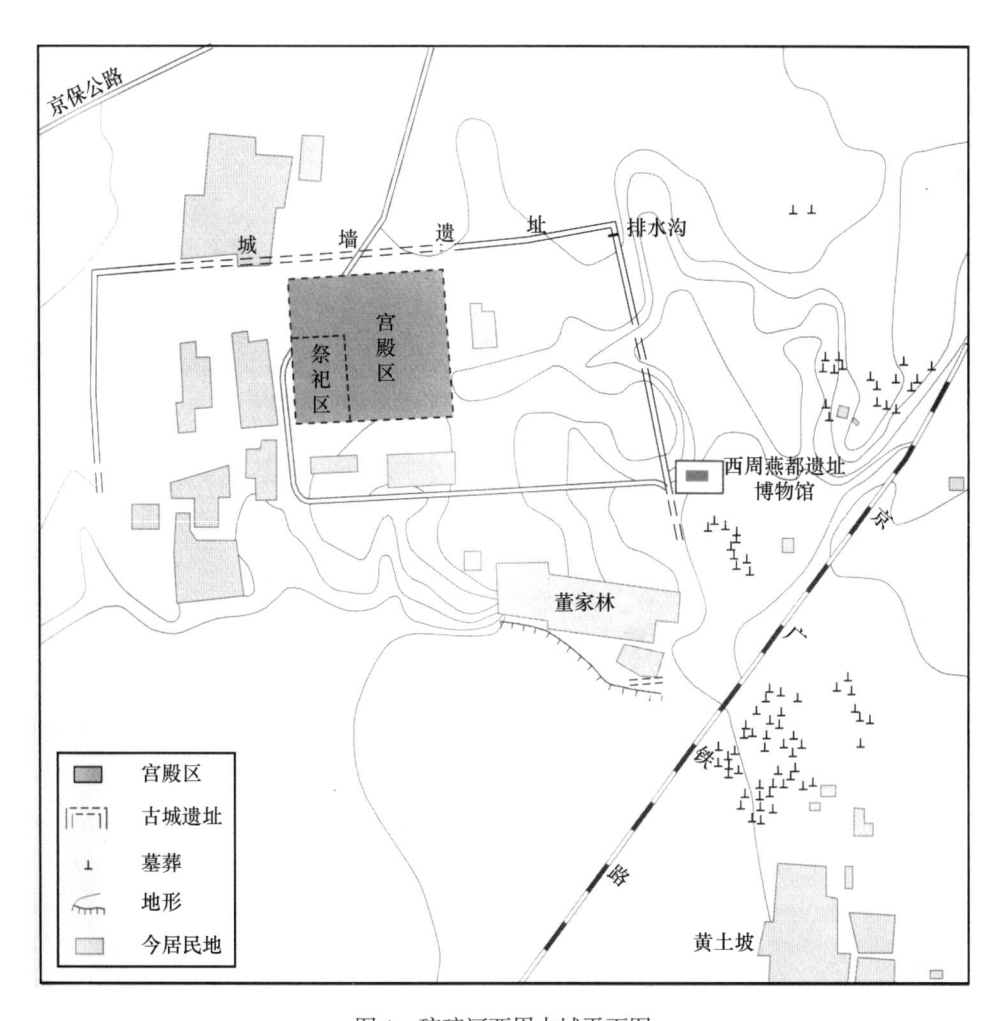

图 1　琉璃河西周古城平面图

图 2　路城内的南北向中轴路

形，四面边长 660～680 米，周长 2670 米，东、西、南、北墙各有一门，且东西、南北门两两对照。干道直通南北城门。南北向道路不在城的绝对几何正中，而是中部偏东。这种情况可能与广阳城内东、北部地势较低，以致中轴路的位置有所东移有关。南门外还探出城外道路一条，为南北向主干道南向延伸段。

汉代蔡庄古城整体呈不规则形，南北向，南宽北窄。墙长 220～360 米，周长 1250 米，在南城墙的中西部发现城门[1]，故而推测城门之北应有南北向主干道以通城门。

道路是中轴路上的主要交通遗存。都城的中轴路不仅是简单的通行设施，还在这条路上安置最重要的宫殿，以凸显其权威性，此外还往往有城门、桥梁等其他建筑遗存，从而构成了整体中轴线体系。

金中都是金代都城之一。自金海陵王迁都（1153 年）至蒙古攻陷中都（1215 年），立都 62 年。金中都中轴路有别于之前北京城市的普通道路中轴。它将皇家宫殿也置于中轴路上，标志着北京城市发展进入新的阶段，可视为北京都城中轴线之始。

从中轴路到中轴线，是不自觉"取中"，到自觉"择中"的过程，是从实体到精神的演变。

1990～1991 年为配合西厢道路的考古发掘中，在鸭子桥南里 3 号楼前发现了一处南北长 36 米的金代建筑基础夯土，在滨河路 31 号楼前发现了一处长 70 余米、东西残长 60 余米的连为整体的建筑基础夯土。结合文献，前者应是应天门遗址，后者则为大安殿所在。在两者之间的白纸坊西大街与滨河西路交叉路口发现的夯土区则为大安门遗址（图 3）。根据文献记载，金中都郭城正南门丰宜门经皇城宣阳门，与宫城正南门应天门形成明确的中轴线。宫城前有皇城和千步廊，其两侧左有太庙，右为三省六部衙署等。

至元四年（1267 年），元世祖忽必烈在金中都东北方大宁宫周围建造新都城，五年之后命名为"大都"。元大都是按照《周礼・考工记》提出的营建都城的理想模式，并结合地形、环境特点，因地制宜，营造出的一座举世闻名的宏伟都城。

元大都的规划和建设重视对儒家经典中有关都城规制的遵循，首先确定城市中心、城市规模、四至范围和城市轴线，在此基础上按"面朝后市，左祖右社"之制确定宫苑、坛庙、官署等重要空间场所。元大都的营建为明代北京城奠定了基础。

元大都的城市布局形成了一条南起外城丽正门，经皇城棂星门，过宫城南门（崇天门）和北门（厚载门），直至大天寿万宁寺的中心阁（今北京鼓楼北），纵贯宫城中央，全长约 3.8 千米的都城轴线——元大都中轴线。大内最重要的宫殿——大明殿、延春阁都居于这条轴线上，其规模远迈前代（图 4）。

20 世纪 60 年代，徐苹芳先生主持了元大都考古。在旧鼓楼大街往南没有发现路土痕迹，在景山后偏西正对旧鼓楼大街一线上再进行钻探，也没有发现路土痕迹，却在景山以北发现了一段南北向的道路遗迹，宽达 28 米，出景山北墙外还有 18 米宽，即是

---

[1] 北京市文物研究所 2018 年资料。

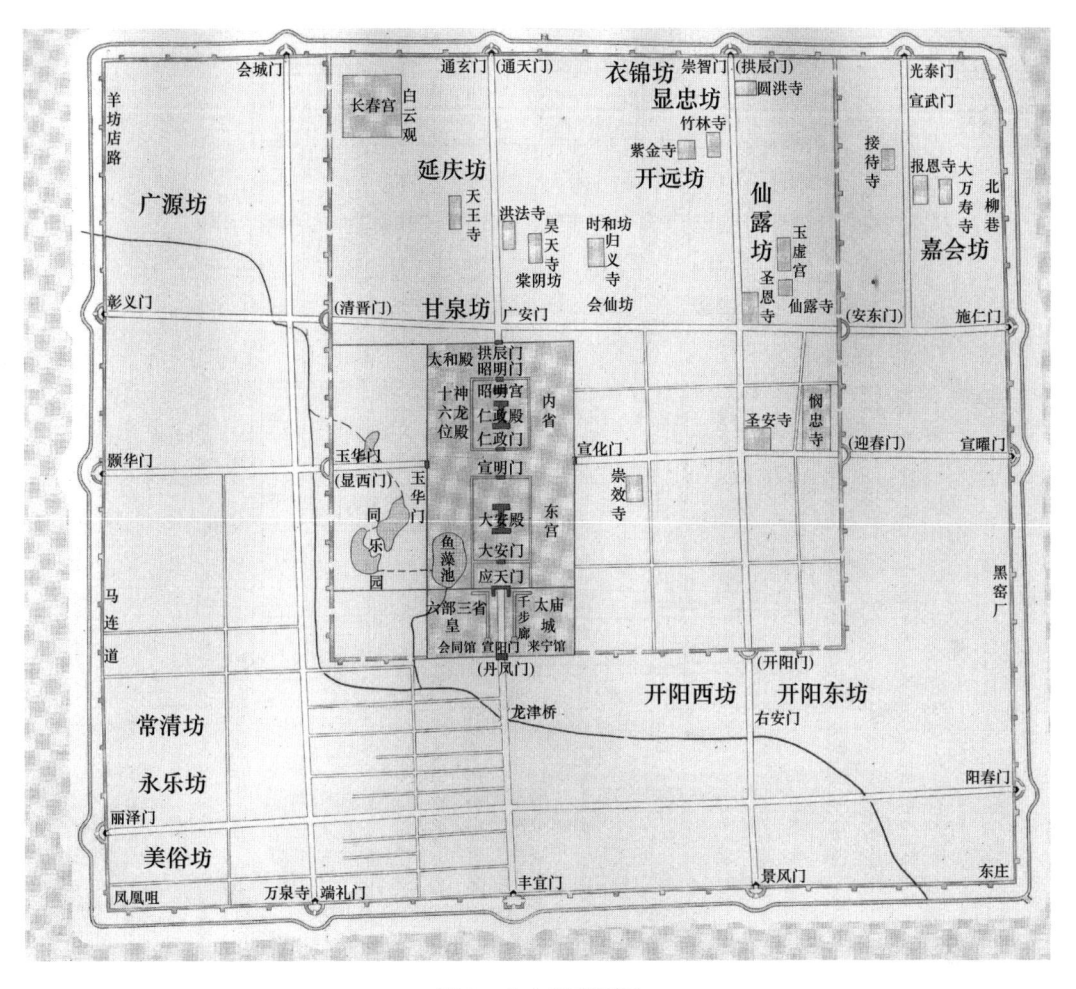

图 3　金中都平面图

元大都中轴线的一部分，证明元明两代北京城的中轴线为同一轴线，未曾变化[1]。这一观点也从历史地理研究的角度得到了支持[2]。

2000 年为配合水利部门对中轴线上的万宁桥（后门桥）遗址进行清理。桥址上有桥拱、元代镇水兽[3]（图 5）。镇水兽下发现了"至元四年（1338 年）九月"的刻字。据《析津志》记载，"万宁桥在玄武池东，名㴑清闸，至元中建，在海子东，至元后复用石重修，虽更名万宁，人惟以海子桥名之"。

---

[1] 中国社会科学院考古研究所、北京市文物管理处：《元大都1964~1974年考古报告》，文物出版社，2024年，第25页；徐苹芳：《古代北京的城市规划》，《环境变迁研究》（第一辑），海洋出版社、北京燕山出版社，1984年；徐苹芳：《元大都的勘查和发掘》，《中国城市考古学论集》，上海古籍出版社，2015年。
[2] 岳升阳：《中轴线与北京古河道》，北京出版社，2023年，第96页。
[3] 北京市文物研究所2000年工作记录。

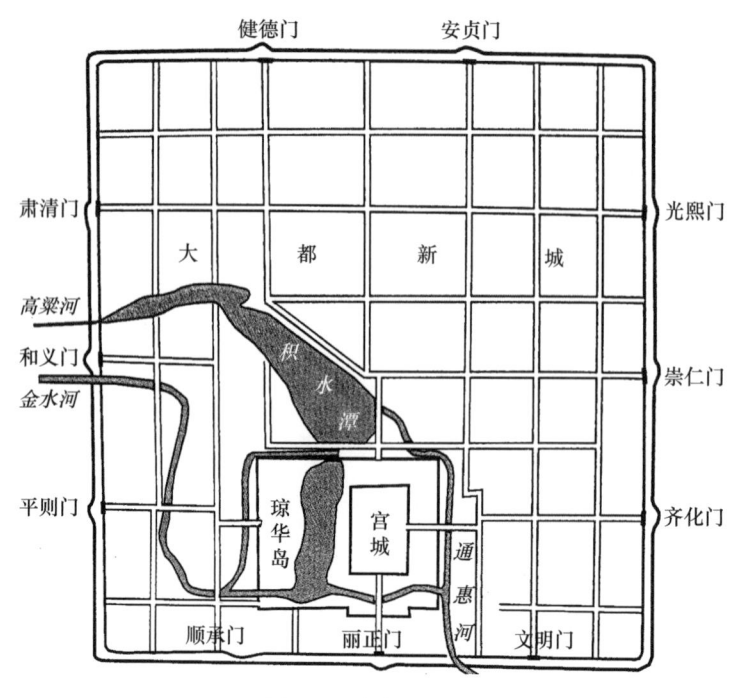

图 4　元大都平面图

图 5　万宁桥　　　　　　　　图 6　明代玉河堤岸

万宁桥是中轴线上最古老的桥梁，其位置及承担的交通功能历经 7 个多世纪始终不变，为元代以来北京中轴线的叠压提供了重要的实物证据。

2007~2008 年、2014~2015 年，对万宁桥周边的玉河遗址进行了考古发掘。发掘出的元代通惠河堤岸、明代玉河堤岸及其河道、清代玉河堤岸及其河道、东不压桥、澄清中闸和下闸遗址、玉河庵遗址等重要遗迹（图 6），对探讨中轴线与北京古河道、北京城市供排水系统、北京水环境的关系具有极其重要的意义[①]。

2021 年在紧邻中轴线东侧的地安门外大街 158 号发掘灰坑 19 座、灰沟 2 条，出土

---

① 北京市文物研究所：《北京玉河——2007 年度考古发掘报告》，科学出版社，2008 年。

陶器、瓷器、琉璃构件、砖瓦等文物。发掘地点位于元大都的中轴线附近，临近元大都积水潭（今什刹海）码头，是元代著名的商业区，为研究中轴线周边的社会生活提供了直观的资料[1]。

此外，岳升阳先生在调查过程中，在万宁桥南部找到了古河道遗迹，在地安门外大街西侧发现了元代的石砌驳岸等，对中轴线区域古河道的演变及历史形成进行了深入的探讨[2]。

永乐十八年（1420年），明朝正式迁都北京。从此以后，明清两代都以北京为京师。明嘉靖时期，为强化京城防卫，于嘉靖三十二年（1553年）展修了南郊，称外城。城垣全长二十八里，设七门。北京城遂呈"凸"字形。嘉靖四十二年（1563年）又增修外城各门瓮城，明北京城至此定型。

近年来，为深入挖掘北京中轴线蕴含的历史文化内涵，北京市文物局组织了一系列的考古工作，相继发掘了正阳桥遗址、天桥遗址、永定门内中轴道路遗存、珠市口至永安路南中轴道路及其排水沟遗存等，填补了南中轴路的发现空白，证明了中轴路的方位及规模[3]。

2021年对正阳桥遗址进行了发掘，在正阳桥东南部发掘出一具镇水兽。镇水兽以青石雕刻，形态浑厚大气[4]。根据《明英宗实录》等资料记载，桥应属明代。正阳桥是北京老城中轴线上标志性的建筑之一，是正阳门外护城河上的桥梁，因其位于都城的中轴线正南午位上，在明清都城内城九门外桥梁中规制最高、规模最大[5]（图7）。

2022年发掘出珠市口至永安路南中轴道路及排水沟遗存。这段道路是元代出丽正门外的南行道路。据明《南宫奏稿》载，南中轴路为土路，中间低洼积水，每遇郊祀均须事先整治。《大清会典则例》载，雍正七年（1729年），勘

图7 正阳桥镇水兽

查正阳门外天桥至永定门一路，道路低洼，往来通衢，遇雨难行，因此改建石路；雍正八年（1730年）又整修天桥至正阳桥道路。据清末民初老照片，当时的南中轴路中央为石道，两侧仍为土路，土路外侧局部有排水沟。此后沿用至今。永定门内中轴道路在明清时期是帝王祭祀坛庙和出京南巡及赴南苑狩猎的必经之路，在文献中被称为"御

---

[1] 张玉妍等：《北京中轴线研究成果与考古发现概况》，《北京文物与考古》（第12辑），北京出版社，2023年。
[2] 岳升阳：《中轴线与北京古河道》，北京出版社，2023年。
[3] 北京市考古研究院：《北京中轴线考古发掘报告（2021~2023）》，北京出版社，2023年。
[4] 北京市考古研究院：《北京重要考古发现2021~2022》，文物出版社，2023年。
[5] 王锐英：《北京中轴线上的桥梁》，光明日报出版社，2022年，第60页。

路""御道"。从明清至近现代，这条道路经历了由兴建到沿用，再至改建的过程，展示了明代以来中轴路一脉相承的工程做法，是北京城市变迁及道路交通变迁的真实反映，是勾勒北京中轴线走向及位置的物质见证。

2015年在故宫隆宗门发现了元明清三叠层[1]，2016年对断虹桥桥头进行了发掘[2]，2020年在故宫外朝西路慈宁宫以南、仁智殿以北、隆宗门西南的区域发掘了造办处建筑遗址[3]。以上发现的元代夯层和遗物堆积层证实紫禁城内元明清层叠型遗存的关系及演变规律，为认识中轴线区域元大内及元明之际宫殿建筑变迁提供了新的线索。

西板桥遗址位于西城区恭俭胡同南口，景山西街与景山后街交汇处。2017年发掘出西板桥桥址及河道一段。桥平面呈正方形，边长6.5米，拱圈净跨2米，高1.7米，主拱圈厚约0.35米，拱脚坐落于桥台上。侧墙用石条砌成，桥面铺砌石板。河道宽4.15米，石条砌金刚墙宽0.9米，背后砖砌拦土墙宽1.1米，拦土墙上夯筑两步三合土，每步厚10~12厘米。西板桥及河道的发掘，为探讨北京中心城区元代以来内金水河水系的历史面貌提供了新的实物资料，对丰富中轴线文化内涵具有重要意义[4]。

二

琉璃河古城的城市中轴路目前还没有明确的考古证据，但从宫殿区居中、城墙周正、城址对称三个特点来看，不排除古城有中轴对称的设计思路。纵观整城格局，隐约也可以看到轴线的影子。只是这条轴线，是对于城的整体而言，还是仅存在于宫殿区？尚不得而知。有研究者指出，单体宫殿建筑中轴对称的布局特点，夏商周三代一脉相承，并为后来历代都城所承继[5]。还有研究者推断出周代宫殿建筑群的布局极为重视整体性的南北向轴线，正殿、庭院和门庑往往遵照同一条中轴线布局[6]。建筑物对称的布局会产生强烈的中轴[7]。所以有理由相信琉璃河宫殿的规划设计已至少运用了中轴的理念，而宫殿中轴也进而影响到城市中轴。

路城、广阳城等汉代城市决定城市中轴路所在之处，是正中城门的位置。它们的

---

[1] 故宫博物院考古研究所：《故宫隆宗门西元明清时期建筑遗址2015~2016年考古发掘简报》，《故宫博物院院刊》2017年第5期。
[2] 徐海峰：《古桥一隅寻遗踪 断虹桥桥头西南侧考古》，《紫禁城》2017年第5期。
[3] 李季等：《对谈：紫禁城考古的理念、方法与实践——以故宫造办处旧址考古发现为例》，《故宫博物院院刊》2021年第10期。
[4] 北京市文物研究所：《西板桥及其河道遗址考古发掘简报》，《北京文博文丛》（第2辑），北京燕山出版社，2019年。
[5] 许宏：《先秦城市考古学研究》，北京燕山出版社，2000年。
[6] 陈筱：《中国古代的理想城市——从古代都城看〈考工记〉营国制度的渊源与实践》，上海古籍出版社，2021年，第364页。
[7] 朱祖希：《营国匠意——古都北京的规划建设及其文化渊源》，中华书局，2007年，第157页。

南北向干道，相当于"九经九纬"中的中经大道，直对城门，并与城外的野途衔接。这条主干道，就是整城的中轴路。这也是城内最便捷的交通路线。

考古所见明确北京中轴线的起源应为金中都。虽然有学者把北京最早的中轴线上溯到隋代临朔宫[①]，但目前来看，尚缺乏明确的考古实证。金中都在北京历史上第一次出现了中轴线[②]。金中都的应天门、大安殿、大安门等宫城的主要建筑物都位于中轴线上。中轴突出，成为之后都城规划的传统。"择中"方法的运用，原因之一就是为了强调主从关系，主次有序，主从有第。

至元代，据《析津志》载，总规划师刘秉忠在规划大都城时，首先依据北京的地理形势，草拟了都城、皇城、宫殿的位置，然后以什刹海东端（元时的海子桥或万宁桥）为基点，再确定南面丽正门外的一棵大树（后封为"独树将军"）为基准线，划出大内（相当于清代紫禁城）中轴线，即京城中央子午线，然后再依次确定皇城正门、大内正门、寝宫，又以"中央子午线"为标准，划出与之相平行、垂直的经纬网状的街巷、胡同，从而确立了全城的平面布局。

《吕氏春秋》载"古之王者，择天下之中而立国，择国之中而立宫，择宫之中而立庙"。中轴线是古都北京的脊梁和灵魂。经过7个世纪的累积、完善，呈现南北贯通、严谨有序的空间形态，成为中国传统都城中轴建设之杰作和典范。

明代正阳桥仿的是元大都丽正门外的龙津桥，龙津桥则是对金中都龙津桥的继承。从金中都至明清北京城，决定都城中轴线的所在，是以宫城为准，更确切地说，是以作为宫殿中主要建筑的大朝正殿为准。以此为基点，形成宫城的中轴线，进而再引申为都城的中轴线。

三

中轴路与中轴线是两个不同的概念。中轴路是物理概念，中轴线是空间概念。中轴路指的是城市的正中主干道，有南北方向的，也有东西方向的，主要的作用在于交通。中轴线指的是城池的中线。《中国建筑史》中把中国古代大建筑群平面中统率全局的轴线称为中轴线。它的核心用途是确定宫殿建筑群和相关礼制建筑的位置。因而它起初并不是贯穿整个大城，只存在于宫殿区为核心的区域。自曹魏邺城后，宫殿中轴线与城市中轴线方得以贯通[③]。北京城市中轴线的概念，是梁思成先生提出的[④]，可视为都城中轴

---

① 郭超：《北京中轴线变迁研究》，学苑出版社，2012年，第42页。
② 王岗：《北京中轴线的历史文化内涵与当代政治意义》，《北京联合大学学报（人文社会科学版）》2015年第13卷第2期。
③ 徐团辉先生认为曲阜鲁故城是中国古代都城的最早中轴线，见《中国早期都城中轴线的形成与演进》，《光明日报》2024年10月16日；王贵祥先生认为咸阳城可能已具有都城的轴线，见《浅议中国古代宫殿与都城的中轴线》，《中国紫禁城学会论文集（第八辑）》，故宫出版社，2012年。
④ 梁思成：《我国伟大的建筑传统与遗产》，《人民日报》1951年2月19~20日；《北京——都市计划的无比杰作》，《新观察》1951年4月。

线的代表。中轴线上的道路未必全线贯通，交通只是其部分职能。中轴线是都市发展的基准线、起始线、布局线，决定着城市的整体空间布局与社会秩序。除道路外，皇家建筑、坛庙祭祀、皇家园林、河湖水系、商业民俗、桥梁及附属设施等，都是都城中轴线上的组成要素，点、线、面多种遗存形态并存，且与中轴线存在互动关系。例如北京中轴线上的正阳桥、万宁桥、天桥不仅是交通设施，也是维护中轴线的重要水利设施，在节制水流、泄水行洪方面发挥了巨大的作用。而中轴路并不具有礼制含义，也没有相关的祭祀、高等级居住的建筑遗存。

中轴线，并非单纯表现空间的"中间"，同时表现精神文化的"中心"，所以不一定是通衢性质的，也不一定在城市的绝对中央或中间区域[1]。文献中记载的辽南京的中轴线就在大城偏西，但尚未见到考古实证。金中都的中轴线也在大城偏西。

中轴路与中轴线，内涵上是社会存在决定社会意识。路是客观存在的，线是在路的基础上规划设计的。中轴线，更深层次是中国古代宗法制度和礼制的反映。在建筑纵深的排列关系上，围绕着"中"的观念展开。于是，设计上的中线在观念上超出了技术的层面，成为礼制与风俗的体现者。这条线上建筑的布局强调居中的表达，体现着等级关系、宗法等级，为其远近亲疏服务，以维护它的秩序，成为儒家思想伦理规范和礼制体系的代表。注重"取中"的思想，实际反映了中国古代的礼制思维，所谓"王者必居天下之中，礼也"[2]。如果说中轴路体现的是通达性、公共性，中轴线体现的则是至尊性、等级性。

因此，通正门、穿宫殿、主干道、有祖社、对称性是都城中轴线应具备的五要素。

此外，中轴线既包括实物的建筑群，也包括非物质的文化精神。不仅是交通之轴、建筑之轴，也是文化之轴。有形的建筑与无形的文化表里如一、不可分割[3]。

所以中轴线不是虚无缥缈的线，它是中国古代都城设计的关键理念之一。利用这一设计，可以实现左祖右社的布局，有了皇上专属御路和两侧臣属所用道路的区别。特别是前者，是中轴线主题的突出显示。

由此所引申的，中轴路考古的对象是道路及门、附属建筑等相关遗存，本质上属于交通考古。中轴线考古的对象是中轴线区域的古代遗存，包括了中轴路、其他类型遗存及其形成之前更早时期的文化遗迹，本质是城市考古的内容。

都城中轴线的作用之一是协同宫殿、太庙、城池、郊坛、道路等不同类型的建筑。通过它将很多重重封闭、自成一组的基本平面组织串成一体，把整个城市连贯起来。虽然各时代都城实施规划的条件不同，各时期的都城功能和区分构成有所变化，中轴线这一设计策略却贯彻始终。不仅尽可能布置在城市的南北向几何中心上，协调皇宫、干道、祖社、官署的布局，还在轴线上安排全城的制高点——高址，形成中轴线空间的高低起伏，强调了"圣人南面而听天下"的都城朝向。

---

[1] 郭超：《北京中轴线变迁研究》，学苑出版社，2012年，第15页。
[2] （清）王先谦撰，沈啸寰、王星贤点校：《荀子》卷十九《大略》，中华书局，1988年，第485页。
[3] 姜海军：《北京中轴线承载的中华传统文化精髓研究》，北京燕山出版社，2023年，第8页。

中轴线并非城市的绝对几何中心线，它的最主要作用应为礼制建筑布局的中线，如汉长安城实际的中轴线只是在长安城的西部，宫殿轴线与宫城轴线和大城轴线并不一致。它突出左祖右社，是对政治秩序的具体体现，是对大一统理念的贯彻。

轴线的存在，赋予了城市明显的朝向，也规定了城市内部的等级秩序。梁思成先生曾说："平面布局……以多座建筑组合而成……其所最注重者，乃主要中线之成立，一切组织均根据中线以发展。"①

北京城市（都城）的中轴路（线）均为南北方向，这与北京居于北半球的地理位置有关，与中国古代的天人观念有关，也与燕山山脉以南地区南北狭长有关，更与北京起到沟通更北、更南的地区的地缘特点有关。当然，长安街这条东西轴线的作用也很重要②。

汉代以来，随着儒家思想占据统治地位，中轴线也被赋予政治文化的寓意，体现着皇权至上的治国理念。反过来，都城礼制的载体也离不开中轴线，没有它难以成纲纪。

正如葛路先生在研究中国美学问题谈道："今日能看到中国古代的城市、宫廷、民宅的建筑图画和遗物，从周至明、清，在设计思想上有一个长期延续的基本定式，即将主建筑物安排在一条笔直的中轴线上，左右取得均衡对称，加上高低起伏变化。这种建筑艺术，呈现出雄伟肃穆、开阔的气势，宫廷建筑尤其如此。"③

附记：徐光冀先生非常关心北京的考古工作，对北京市考古研究院和我本人指导良多，在此深表感谢！谨以这篇小文，恭祝徐光冀先生九十寿！

---

① 梁思成：《梁思成文集（三）》，中国建筑工业出版社，1985年，第10页。
② 侯仁之：《北京旧城平面设计的改造》，《文物》1973年第5期。
③ 葛路：《魏晋南北朝的艺术集》，《美学讲演集》，北京师范大学出版社，1981年，第205页。

中共三大会址考古与研究

朱海仁

（中共三大会址纪念馆）

1923年4月，中共中央从上海迁驻广州东山春园（现新河浦路24号）。同年6月，中共三大在东山恤孤院后街31号民房召开（现恤孤院路3号）。1938年，会址房屋毁于日军飞机轰炸，会址湮没不知。

1965~1972年，广州市组织中共三大会址专项调查工作，形成专项调查报告[1]。20世纪70年代的调查，最后是根据1972年中共三大代表徐梅坤重返广州实地察看与回忆，初步确定中共三大会址位于东山恤孤院路逵园对面。1979年，中共三大会址公布为广东省文物保护单位。

2006年1月，为配合中共三大会址纪念馆建设，广州市文物考古研究所对会址进行考古勘察，确定会址准确位置和遗址保存情况，并进行复原研究[2]。2006年7月1日，遗址广场及其西侧的中共三大会址纪念馆建成，由毛泽东同志主办的农民运动讲习所旧址纪念馆负责开放运行。

2013年3月，中共三大会址公布为全国重点文物保护单位，文物本体包括中共三大会址遗址（恤孤院路3号）、春园（新河浦路22号、24号、26号，共3栋）、逵园（恤孤院路9号）、简园（培正路13号）。

2019年5月批准成立中共三大会址纪念馆正处级公益一类事业单位，7月开始独立运行。2020年7月1日，纪念馆改扩建项目开工，至2021年6月20日竣工开馆，迎接中国共产党成立100周年。

一、中共三大会址考古与复原研究

（一）2006年会址考古与复原研究

2006年1月，考古人员根据20世纪70年代的会址调查报告、二三十年代的《广

---

[1] 广州市纪念馆博物馆革命委员会编：《关于"中共三大"会址的调查报告》及附件，1972年。1965年徐梅坤致信广州寻找中共三大会址。
[2] 广州市文物考古研究所：《中共三大旧址考古勘查与复原研究》，《华南考古（2）》，文物出版社，2008年。

州市经界图》，实地确定考古发掘区域。1月10～29日，揭露四面墙基础，对会址建筑基址内部进行清理。春节过后，2月5～12日，挖开北面瓦窑旧街混凝土路面，发现北侧院围墙基础。考古发现的建筑基址与《广州市经界图》逵园对面的建筑边线一致，与70年代调查认定的区域相符。建筑面临恤孤院路，坐西向东，面宽8.6米，进深11米，建筑基底面积约105平方米，北侧院约20平方米，总占地面积125平方米。

考古发掘结束后，对遗址采取了原址回填保护、局部展示的方式，开辟成为遗址广场，选取局部有代表性的会址墙基和红阶砖地面，将其保护在玻璃罩内，供观众瞻仰遗址、感受历史。结合考古确定的会址建筑基址和70年代有关会址建筑形式的调查记录，考古人员进行复原研究，绘制建筑复原图。

（二）2019年新发现20世纪30年代东山航拍照片

2019年底，纪念馆获得20世纪二三十年代东山航拍照片的高清扫描电子版，是目前为止唯一可见会址建筑的影像资料（图1、图2）。2021年2～3月间，对航拍照片及

图1　20世纪30年代东山航拍图
1.中共三大会址　2.中共中央机关旧址春园　3.逵园　4.简园　5.柏园　6.余园　7.恤孤院　8.培正小学　9.两广浸信会神道学校　10.两广浸信会堂　11.新河浦　12.麦庐　13.张园　14.雅园　15.东山火柴厂　16.东山公园　17.四区二分署　18.竹丝岗　19.执信中学　20.两广浸信医院　21.国立中山大学医学院　22.兴中会坟场　23.白云山

图 2 20 世纪 30 年代东山航拍图局部
1. 中共三大会址 2. 春园 3. 逵园 4. 简园

会址建筑影像进行研究。航拍照片大体是从东山培正路与新河浦交角的上空，自东南向西北拍摄。远景是白云山余脉和山岗缓坡地带，从黄花岗七十二烈士墓到越秀山一带。中部是竹丝岗、马棚岗、执信南路一带，从农林上路到中山大学医科学院。近景是东山区域，东起培正路，西至庙前西街、均益路、启明路，南起新河浦，北至广九铁路（现东华北路、中山一路）。

　　航拍照片中可确定中共三大会址建筑和春园、逵园、简园、慎园（现培正路 11 号）、柏园（又名柏庐，现恤孤院路 12 号）等东山洋楼。简园是南洋兄弟烟草公司广州负责人简琴石 1920 年代初兴建[①]。慎园是民国华成烟草公司两广及西南地区经销商曹冠英所建，据其子曹国裕回忆，慎园 1933 年始建，1936 年建成[②]。中共三大会址建筑毁于 1937 年 8 月至 1938 年 10 月日军飞机轰炸广州时期，简园北侧的慎园建于 1936 年，两者同时存在照片中，据此可确定航拍时间最早是 1936 年慎园建成以后，最晚是会址建筑被炸毁之前，不会晚于 1938 年 10 月广州沦陷之后。

---

① 曹劲：《1923 年，从杨家祠到恤孤院后街 31 号》，《重返杨匏安烈士在广州的历史时空》，中山大学出版社，2019 年。

② 曹劲：《1923 年，从杨家祠到恤孤院后街 31 号》，《重返杨匏安烈士在广州的历史时空》，中山大学出版社，2019 年。

（三）2021 年修正会址建筑复原图

在 20 世纪 30 年代东山航拍照片中发现恤孤院路逵园对面的中共三大会址建筑。中共三大会议 1923 年召开，航拍照片 1937 年前后拍摄，相隔约 15 年。根据照片可确定，建筑位于逵园南面，坐西向东，面临恤孤院路；建筑面宽两间，高两层，规模较小。照片显示建筑位置、朝向与规模均与历史地图、70 年代调查回忆、2006 年考古及复原研究一致。但复原的建筑正立面与航拍照片有些差别，第一种可能是复原研究与实际存在一些差距，第二种可能是 15 年间有人为改造。结合主要差异分析，认为第一种可能性较大，对会址建筑复原图作了局部修正。

1. 正立面调整

即朝东临恤孤院路的建筑立面。照片显示一楼东墙临马路，北间中部有门，并非 2006 年复原的敞开式的骑楼形式。这是本次调整的最主要内容，根据这个发现增加了北间正立面的外墙和入口大门。照片显示二楼外立面中间模糊可见砖柱或窄墙相隔，根据这个发现在二楼阳台中间增加了砖柱，结构上更趋合理。同时修改了二楼阳台砖砌十字形通花栏杆形式，按徐梅坤回忆改为"砖砌平直通花的围栏，栏面铺阶砖"形式。并增加了前部平屋顶南北两侧的落水管。

2. 屋面形式确认

根据照片可确定为人字形坡屋面，与调查回忆记录中的金字瓦顶一致。至于坡屋顶是辘筒瓦面还是素筒瓦面，照片无法确定。2006 年考古工作发现较多橙红色板瓦片、筒瓦片，但未确定是否属于裹灰的辘筒瓦。现在是结合徐梅坤回忆的"以普通民用的辘筒瓦造上盖"及 20 世纪二三十年代普通民居瓦面做法，推测为简易的辘筒瓦面。至于坡屋顶前面是不是有一截平屋顶，限于照片影像较小，是根据屋面前檐口隐约可见有转折，推测认为是有一截平屋顶，不带围栏或女儿墙，即徐梅坤回忆的"正面屋檐没有栏杆，是伸前平遮楼上的走廊"。

3. 平面调整

平面布局调整主要是重新研究了徐梅坤回忆的"地下门前的走廊则稍宽些，天下雨时不会受雨淋，左右两边同被屋墙伸前所截断，不能通外的"，"南北两间两个门靠近间墙左右两边，都是单扇门，向内开门"，"地下间墙也有一个通门，同是没有门扇，只有门框，它距离两个入门刚好是一个单门扇的位置"。结合考古发现情况，调整一楼平面布局，改为南北两间门前有内廊的形式，两个门靠近间墙左右两边，向内朝中间隔墙方向开。

根据以上内容调整，修改了相应的平面图、立面图和复原透视图，形成最新研究成果（图 3~图 7）。

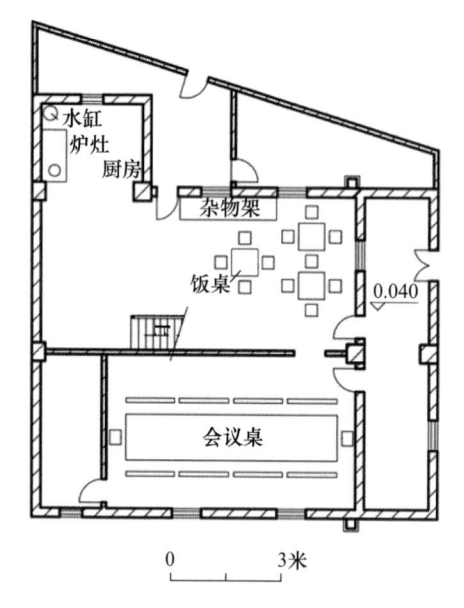

图 3　中共三大会址复原首层平面

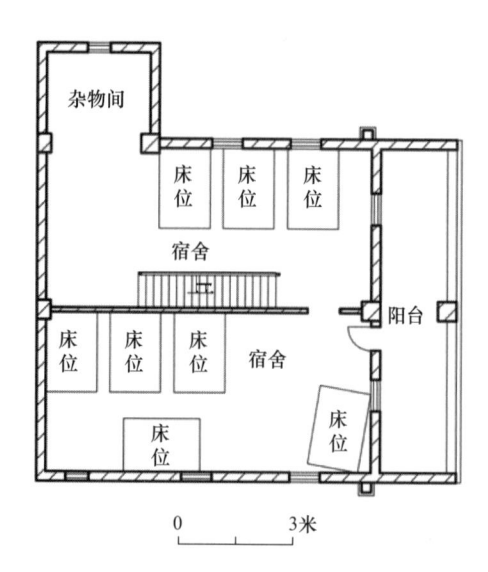

图 4　中共三大会址复原二层平面

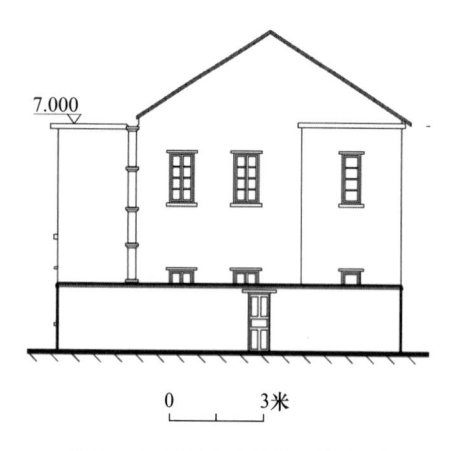

图 5　中共三大会址复原北立面

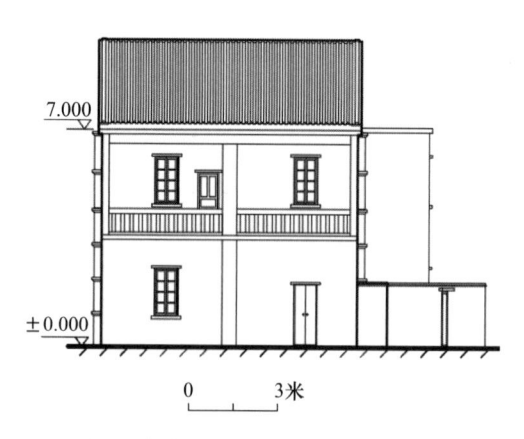

图 6　中共三大会址复原正立面（东）

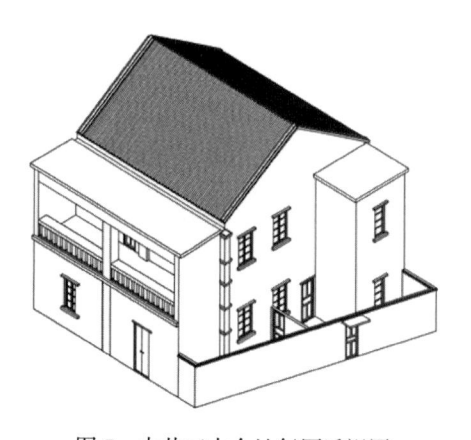

图 7　中共三大会址复原透视图

（四）会址建筑复原成果应用

复原研究最新成果直接应用于中共三大历史陈列，展览内容补充了最新的会址复原图，新发现的 30 年代东山航拍照片以及会址考古出土文物、考古工作照等。并将航拍照片与东山街巷、建筑现状进行对比研究，成果转化为"今昔东山"展项内容，生动再现东山洋楼百年变迁。多媒体视频《会址寻踪》的复原建模，《共识 1923》的场景制作，尾厅中共三大会址建筑浮雕，会址遗址说明牌，都应用了会址复原研究最新成果。2021～2022 年，又结合会址建筑复原研究成果，陆续进行文创开发和三维复原建模（图 8）。并结合 VR、AR 技术开发数字化成果，生动讲述中共三大的历史故事，让参与者能身临其境了解中共三大会址和会议过程。

图 8　中共三大会址复原模型

二、简园的相关情况

中共三大历史陈列中有一个亮点是巧妙利用展厅空间生动展现了全国重点文物保护单位中共三大会址的组成内容——春园、简园、逵园和会址建筑。涉及简园的说明都认为其是国民党元老谭延闿的寓所。改扩建竣工开馆后获悉，《谭延闿日记》显示中共三大期间谭延闿住在亚洲酒店，毛泽东是到亚洲酒店拜访谭延闿。由此，对《谭延闿日记》相关内容及相关历史地图和 20 世纪六七十年代调查回忆资料进行研究，获得了新的认识。

（1）中共三大会议前后，谭延闿住在亚洲酒店，毛泽东于 1923 年 7 月 15 日去过亚洲酒店拜访谭延闿，简园不是谭延闿寓所。

徐梅坤回忆：毛泽东在开会期间很活跃，多次发言，提出许多理由，主张国共合作，他利用休息时间经常到简园去。湖南军阀谭延闿当时就住在简园。我问过毛泽东经常到简园干什么去。他告诉我，他和谭延闿主要谈国共合作问题，谭有兵权，耐心做谭的工作，想把他争取过来。李大钊、张太雷和我也都去过简园见谭延闿[①]。

---

① 徐梅坤：《回忆中共三大》（一九八〇年三月），《"二大"和"三大"》，中国社会科学出版社，1985 年。此稿由肖甡、姜华宣根据徐梅坤关于三大的几次回忆稿综合整理而成，并经本人审阅定稿。

因为徐梅坤的这个回忆，简园与中共三大、与毛泽东有了密切关系。也因为徐梅坤回忆谭延闿当时就住在简园，后来大家就认为简园曾经是谭延闿寓所、谭延闿公馆。

获悉情况后，对中华书局 2019 年 2 月影印版的《谭延闿日记》相关内容进行了研究。谭延闿自 1923 年 2 月 21 日随孙中山先生从上海乘船到达广州，直至 6 月中共三大召开期间，都是住在亚洲酒店（即原大新公司，原楼高九层，号称九重天，高层部分作亚洲酒店，即今沿江路南方大厦）[①]，往返陆海军大元帅大本营协助孙中山处理内政部事务。2 月 21 日至 3 月 31 日，大元帅大本营设在广东农林试验场（现农林下路至农林东路、中山一路至环市东路一带），多乘车往返；3 月 31 日之后，大元帅大本营迁往士敏土厂（即今广州大元帅府旧址纪念馆），乘船往返。因此，简园不是谭延闿的寓所。

1923 年 7 月 15 日，毛泽东到亚洲酒店拜访谭延闿。7 月 25 日谭延闿离开广州，出师湖南长沙，11 月 18 日回广州。11 月 23 日移居大沙头西端李协和（李烈钧）的以太花园，12 月 1 日搬离。1924 年 1 月 27 日，毛泽东与李隆郅（李立三）拜访谭延闿，谭赞其为"青年之有志者"。

三大代表徐梅坤明确回忆毛泽东多次去简园见谭延闿。《谭延闿日记》1923 年 5~6 月间日记显示，他多次到春园杨沧白家会客。谭延闿五六月的日记提到马林，但没提及在简园会见毛泽东等共产党人，有可能是出于当时中共三大尚未召开，国共合作尚未确定，不便提及与共产党人会面。《谭延闿日记》1925 年 11 月 19 日、12 月 6 日、12 月 12 日，1926 年 1 月 7 日、1 月 15 日的内容显示简琴石多次请吃蛇羹、饮蛇酒，表明谭延闿与简琴石有密切交往。

根据以上分析，认为简园不是谭延闿寓所，但并不能否定谭延闿等国民党人与毛泽东等共产党人在简园会面的可能性。按此认识，删除了说明碑及展览说明文字中有关"简园是谭延闿寓所"的说法，以代表徐梅坤的回忆为主要依据，改为"有代表回忆，毛泽东曾在会议期间前往简园与国民党元老谭延闿商谈国共合作"。

（2）民国时期东山曾经有两处简园，都是南洋兄弟烟草公司简氏物业。

现在大家熟知的是培正路 13 号的简园，也是 1923 年陈定中测绘的《四区二分署恤孤院后街图》标示的简园位置。但 1926 年开始测绘至 1933 年出版的《广州市经界图》标示的简园是在东山江岭街，即东山火柴厂以东至恤孤院后街以西的区域，南边还标示德国马房。30 年代的航拍照片显示该处简园位置有一座规模较大、坐西向东的西式建筑，东面有大花园。这处简园位置就是后来的天心药厂范围，近年已开发为高层住宅楼盘紫薇公馆。实地调查发现了东山菜市场东北角现存的一栋红砖洋楼（江岭东 9 号）在航拍照片上能找到，证明现在菜市场北界正是当年火柴厂的北界。

2006 年发现两张历史地图标示简园的不同位置，以为是《广州市经界图》标错了，这次重新查阅了 20 世纪六七十年代广州市纪念馆博物馆革委会关于中共三大会址的调查材料，找到了答案。

[①] 广州市文物普查汇编编纂委员会等：《广州市文物普查汇编（荔湾区卷）》，广州出版社，2006 年。

1969年5月5日下午，张丽娟与新河浦路19号之一的老居民周良（1923年已住恤孤院路）的谈话记录："粤剧院（指培正路的简园，解放后由华南文工团及广东省文化厅粤剧院等单位管理使用，2018年开始由广东省文物考古研究所管理使用）是简琴石建的，但没有在这里住，他住在简园（在江岭街）。当时是一个德国人在那里住。简琴石是南洋烟草公司的经理。"

1969年5月7日，张丽娟与瓦窑后旧前街4号老居民、原逵园西边余园（现恤孤院路7号楼位置）住户卢玉环的谈话记录："简园就是现在的粤剧院，那间全部都是德国人住的。现在的药厂也叫简园。"

1969年5月8日，张丽娟与当年承建培正路简园的发昌建筑店工人、瓦窑街11号老居民邓计的谈话记录："现在的天心药厂是简园，是南洋烟草公司的老板建的。"因此，也有调查报告提到天心药厂位置的简园是南洋烟草公司老板简玉阶的物业。

这说明东山原来确实有两处南洋烟草公司简氏的物业，或者两处都是简琴石的物业，或者江岭街的简园（后来天心药厂位置）是简玉阶的物业，老居民都称之为"简园"。这表明《四区二分署恤孤院后街图》《广州市经界图》标示的两处不同位置的简园都是对的。培正路的简园建成时间应不晚于1922年。江岭街的简园建成时间不晚于《广州市经界图》测绘出版时间，即1926~1933年。

《谭延闿日记》1925年12月12日记载："赴东山山园简英甫、琴石之招，梯云、子文、傅秉常、陈公博、树人、李朗如、潘达伟。精卫以事未至。其屋乃以蓬厂搭成，云定三年，第一年五百元，二年三百五十元，三年即拆。然部置井井，满壁字画，不草草也。"简英甫，即简肇熙，是南洋兄弟烟草公司创始人简照南、简玉阶的弟弟。这一段日记中的东山山园是否就是江岭街的简园，尚未能确定。

三、春园的相关情况

（一）春园的历史情况

《广州市经界图》显示现春园位置面临新河浦并排有4个门牌号，说明有4栋房屋。对照30年代航拍照片，可见并排4栋楼，外有围墙，每栋楼的长宽、高度、外形基本一致。对照实地现状，应是现新河浦路22、24、26、28号，其中28号已改变原貌，另外3栋正立面基本保持原貌。4栋楼原来都是有前后花园，24号后部八角房是30年代以后利用后花园扩建（推测是抗战胜利后加建），26号后座的春园后街5号住宅楼、22号后座的春园后街1号幼儿园是后来利用后花园加建的。从照片可见春园大门外道路，但春园以西尚未建成沿着新河浦的马路。

根据1972年广州市纪念馆博物馆革命委员会的调查记录。春园新河浦路26号原住户黎母梅双凤及其子黎福俊，从1922年左右入住，除抗战时离开，至1972年一直在此居住。1967年10月11日、1969年5月19日、1972年11月21日，黎母梅双凤先后三次接受采访回忆：春园4栋楼是同乡一起建的，房子式样是一致的，前两间业主姓陈，后两间业主姓黎。建了大约一年时间，在他儿子 13 岁时建成，按年龄推算时间是1922 年建成。春园 4 栋楼有灰色大围墙围在一起，围墙高度不超过 2 米，上部是砖砌十字形通花，下部是砖砌围墙。22 号房前有一口井。正面围墙有三个两扇的铁门（门对着相邻两栋楼的中间），用圆铁枝做门，有通孔的花纹，其中第二三栋房子中间有个大门，铁门上有铁圆拱，上有"春园"两个字，字是绿色的，用水泥碎石砌成。东边向恤孤院路有一小侧门，日常多从侧门出入。一进门就是花园，园内每栋房子前面有棵玉兰树，并用砖砌成四方形花基，花园道路全为水泥地。每栋屋内的楼梯都设在西边。春园门前的路是泥沙地，西面有房子挡住，是不通的。门前有河涌，可走电船，对着恤孤院路桥的位置有埗头可泊船。28 号那栋原貌完全改变了，做了省委宿舍。26 号从厅入厨房的走廊是抗战胜利后扩大的，以前只有房门那么窄。

1999 年 11 月 5 日广东革命历史博物馆《关于中共三大旧址及其周围建筑情况》显示新河浦 22 号产权人是陈晓泉，24 号产权人是陈志民，26 号产权人是黎福俊、黎振德、黎圣德、黎正德 4 人，这与黎母回忆相符。逵园西边原余园（现恤孤院路 7 号楼）老住户卢玉环、原逵园工人李虾的女儿刘基回忆，第 4 栋（即新河浦路 28 号）是后建的，卢玉环回忆前 3 栋建于 1922～1923 年，刘基回忆第 4 栋建于 1930 年。结合徐梅坤、罗章龙回忆只提春园 3 栋楼，推测第 4 栋 1930 年建的可能性较大。

黎福俊 1967 年 58 岁时谈话回忆：他 11 岁即来东山读书，1923 年期间，苏联顾问加伦和鲍罗庭曾在 26 号二、三楼住，其他三幢二、三楼住有苏联人也有德国人（做生意的）。那时孙中山曾带卫士来过多次，电船直通门前埠头。他只认得孙中山，当时出于好奇，曾问卫士那两个外国人是谁，卫士说是加伦、鲍罗庭。鲍是肥肥胖胖的，大肚子，常穿西装；加伦个子较高，常穿军装。黎母也记得迁来不久，曾租给德国人，后来又租给俄国人、外省人住过。

国共合作时期曾任黄埔军校政治部主任的中共一大代表包惠僧也回忆春园住过鲍罗庭、加伦及黄埔军校顾问。

徐梅坤回忆中共三大会址南面能见到恤孤院路直通毛泽东住过的春园的东侧。当时同志们去春园多半走东边旁门进去。每次会后常见毛泽东，共产国际代表马林，三大代表张太雷、谭平山、瞿秋白等沿恤孤院路向南直走，转弯便到春园了。这是一式多幢并列的楼房，只记得四周有围墙，装上铁栏杆，门前面向一片水。有时散步到此，往往用手向楼上代表们打招呼，未进入园内。代表住的是第二幢或第三幢，不会是第一幢楼（由恤孤院路路边算起）。

罗章龙回忆中共三大期间，马林、张太雷、毛泽东是住在东山春园，春园是三栋房子组成，毛主席等人住在中间一栋的二楼。春园是公寓式的房子，其二楼室内有三房一厅，客厅的陈列，有写字台、转椅、书架。客厅没挂什么东西，在客厅举行了中共三届一中全会。

原中共广东支部成员梁复然 1972 年 5 月 6 日谈话回忆，1924 年冬，曾去过春园二楼参加苏联国庆联欢会。苏联顾问是在国共合作以后来中国，住在春园，那时廖仲恺每晚都去春园开会。

原中共广东支部成员陈式熹 1972 年 4 月 28 日（时年 71 岁）谈话回忆，春园是党经常活动的地方，我党同志常与苏联水手在此开联欢会。1924 年曾两次到春园开会，与苏联水手在三楼天台联欢。陈独秀住在春园一栋房子的二楼。

原中共广东支部成员谭天度 1969 年 4 月 21 日谈话回忆，春园也有过一段时间党在那里活动，是 1924 年以后，陈延年来之后。

革命老人李甫（中共党员，大革命时期，曾参加广州工团军，后任中共北江地委委员。南昌起义时，任工团军大队长，随军南下至广东，后转到香港九龙船坞任党支书。1972 年在广州市劳动局劳保科工作）谈话回忆：1922～1923 年初，由于广东支部扩大，原支部活动地点不够，逐渐转移到鲍罗庭公馆活动（地点在春园一号二楼），经常开会至深夜。1924 年他在黄埔军校曾与周恩来坐电船来找鲍罗庭等顾问开会，船泊在河涌埠头（侧桥的地方）。

（二）《谭延闿日记》关于春园的记载

《谭延闿日记》显示 1923 年 5 月 11 日，大元帅府秘书长杨沧白（杨庶堪）在春园临时租用住所，并明确记录马林住在三楼。1923 年 5～6 月间，时任内政部长的谭延闿与廖仲恺等国民党代表经常晚上到春园杨沧白家会客。这表明杨沧白、谭延闿等国民党要员与共产国际代表马林和陈独秀、李大钊、毛泽东等共产党人很有可能就在春园会面，同时也不排除借用附近简琴石的简园会面的可能性。

特录日记相关内容如下：

> 5 月 11 日，同廖、杨、粟、张至东山看屋，有一妾人亦附船，及船往下游乃大惊，吾请求甚久，告以登岸后再说而止。至东山，行半里许，得一屋，沧白将赁之，三层最佳，乃马林所居也。
>
> 5 月 19 日，至沧白处，方忙移家东山，不能入府，……叶、宋皆助沧白搬家去也。
>
> 5 月 20 日，（上午）与萧、宋、李及谢百城、许群立同舟至东沙，登岸行半里许，至春园杨沧白家，坐谈甚久，偕出，登舟至大本营。……晚同沧白、映波、纫秋、绍先、伯恺同舟至东沙，潮涨可直达门前，颇似西溪风景，临窗楼望，眼界空廓，殊有佳景。过数家乃杨绍基居宅，乃往访之，谈顷，映波及李、宋至，坐久之，出至沧白家，食春卷尽一碗，实未佳也。仲恺来，言博罗已三得失。（此处及 6 月 2 日"东沙"应近东山，大沙头西边现还有东堤、东沙角等地名）
>
> 5 月 24 日，余偕杨、萧乘车至有正书局，遂至东山沧白家，一少年先在，沧白之亲戚，面熟而不能举其名。晚时办具待客，邓和清来，饮勃兰地十余杯。介石、仲恺、海滨至。客去，待舟不至，乃以车归。
>
> 5 月 25 日，偕呼市车至沧白家，以船坏不能去也，沧白留食面包，仲恺

来，同至渡河处趁船至府。

6月2日，余与廖仲恺、沧白、纫秋、绍曾出，蒋亦随至，吾辈直至东沙沧白家，映波、和卿先在。……食烫面饺甚佳，令人思赵厨子，又有四川菜多种。……□□者亦在座，即前次小孩不知名者也。

6月3日，余与仲恺同渡至车站，马林亦来，乘专车，二时十分开赴石龙。原田每每一碧无际，颇似苏杭风景，三时四十分到石龙，中山先生居大车中，介石诸人皆在。

6月14日，晚同沧白、纫秋乘舟至沧家，以烫面饺款客，又近杜果，至夜复少饮，觉甚饱矣。潮退，船不得入，待至十一时乃呼汽车归。

6月23日，晚与沧、纫同至泰安栈，返郭云楼、傅友周同舟至东山，沧白约饮也，食馄饨，尚佳美。

7月13日，与沧白同车至其家，（李）荃浦先在。吾足复肿，请其诊视。……纫秋访映波，来述其言，亦有独立任事之意。吾极许之。谈至一时后乃以车归。

7月15日，宋菊生、刘果来辞行，明日行改今日矣，谈顷之，毛泽东来。

上述5月11日提到杨沧白准备租房子，马林就住在三楼；5月20日直接提到"春园杨沧白家"。这说明杨沧白租的房子应该就是春园中的一栋。当时中共中央机关租用春园24号，马林住在三楼。春园26号首层是屋主黎母梅双凤及其子黎福俊所居。则杨沧白租的房子可能就是现在22号或26号。5月11日谭延闿、杨沧白等人坐船上岸的地方如果是在东山大街对出的新河浦桥头，"至春园约半里许"也大体符合。时间、地点如此巧合，杨沧白临时租用的房子可能就是为了方便联系马林及中共中央代表。谭延闿11月回广州后的日记显示杨沧白住亚洲酒店，再无提到去东山沧白家。谭延闿会面的这些客人，"面熟而不能举其名""办具待客""烫面饺款客"，似故意隐其名，可能就是毛泽东等中共中央代表。

以上情况说明中共三大会议之前，共产国际代表马林及国共双方重要代表有可能在春园会面商谈国共合作。春园是大革命时期中共中央、中共广东区委、共产国际与苏联代表、国民党代表的重要活动场所。

附记：中共三大会址复原图由广州市文物考古研究院胡晓宇绘制，简园、春园研究得到广东省文物考古研究院曹劲和中共三大会址纪念馆吴石坚、吴敏娜、李超的协助，在此一并致谢。

条分缕析　述而不作
——记永乐宫迁建工程档案整理与研究

查　群

（中国文化遗产研究院）

2025年将迎来徐光冀先生九十周年华诞。自2003年因邺城遗址与徐光冀先生结缘，一晃已有20载有余，有幸一直与先生保持着未减的友谊，先生九十华诞论文征集，我也奉献一篇小文。

一、永乐宫迁建工程概况

永乐宫发现于1951年，因其保存规模宏大、格局完整的元代道教建筑及大面积精美的元代壁画而轰动一时。

1956年，三门峡水库建设，永乐宫位于淹没区内。鉴于永乐宫在美术史、建筑史、宗教史上的重大价值，为了保护这一弥足珍贵的文化瑰宝，当即决定将其整体搬迁保护。经大量的前期研究、现场勘察和比选，于1959年3月确定将永乐宫由原址搬迁至位于原址东北方向、距原址约20千米的芮城县北侧3千米的龙泉村附近（图1、图2）。

图1　永乐宫迁建前原址
（东北向西南望，和远山之间是黄河，1953年或1956年拍摄）

图2　永乐宫迁建后
（与图1近同一角度，无人机拍摄，2019年拍摄）

文物异地搬迁保护是不得已而为之的保护类型，是极少采取的一种保护方式。永乐宫迁建工程发生在20世纪50年代中华人民共和国成立初期百废待兴，该工程集全国之力，涉及多部门、多学科，无论从组织形式、保护理念、工程技术、工程管理诸方面均具有开创性，为我国文物保护事业的发展奠定了基础，为文物保护工程技术的发展提供了宝贵的经验和教训，尤其是壁画搬迁保护，在20世纪50年代、没有任何壁画保护方面经验可以借鉴的前提下，集思广益、自力更生、创新研发出一套完整的壁画揭取、包装、运输、加固、修复、安装的技术路线和方法，成功揭取了约1000平方米的壁画及拱眼壁，并完整安装在新址，是我国文物保护历史上的一次壮举。

永乐宫迁建工程受当时中华人民共和国文化部文物管理局的直接领导，于1956年启动，1958年底完成迁建工程开工前准备工作，1959年2月工程正式开工，至1965年底基本竣工，历时整整十年（图3～图5）。

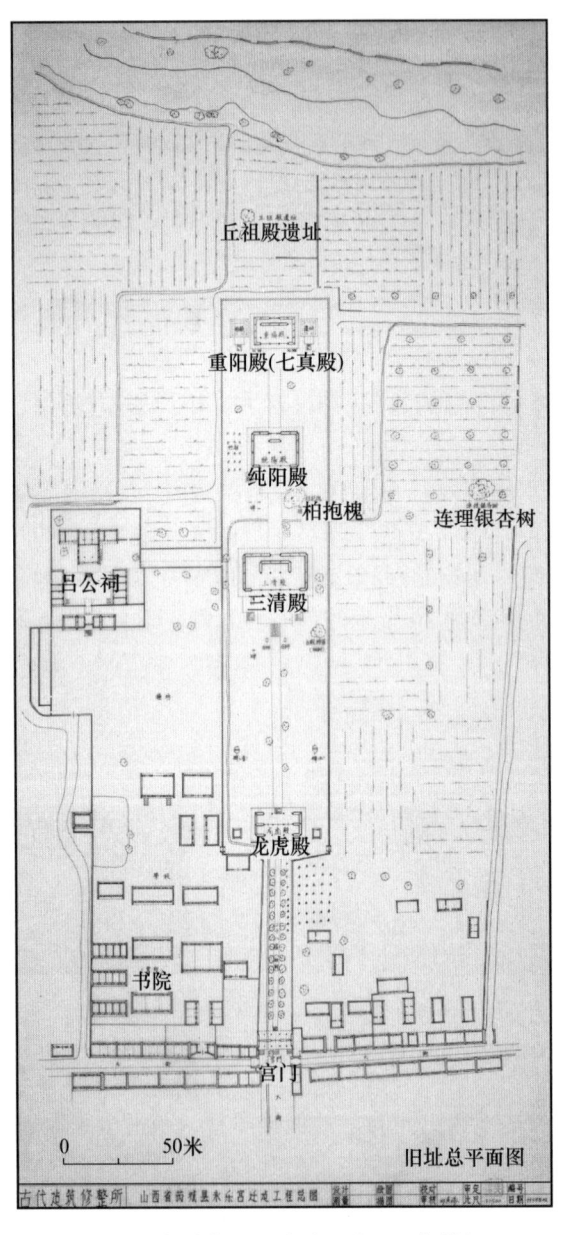

图3 永乐宫原址总平面（1958年绘）

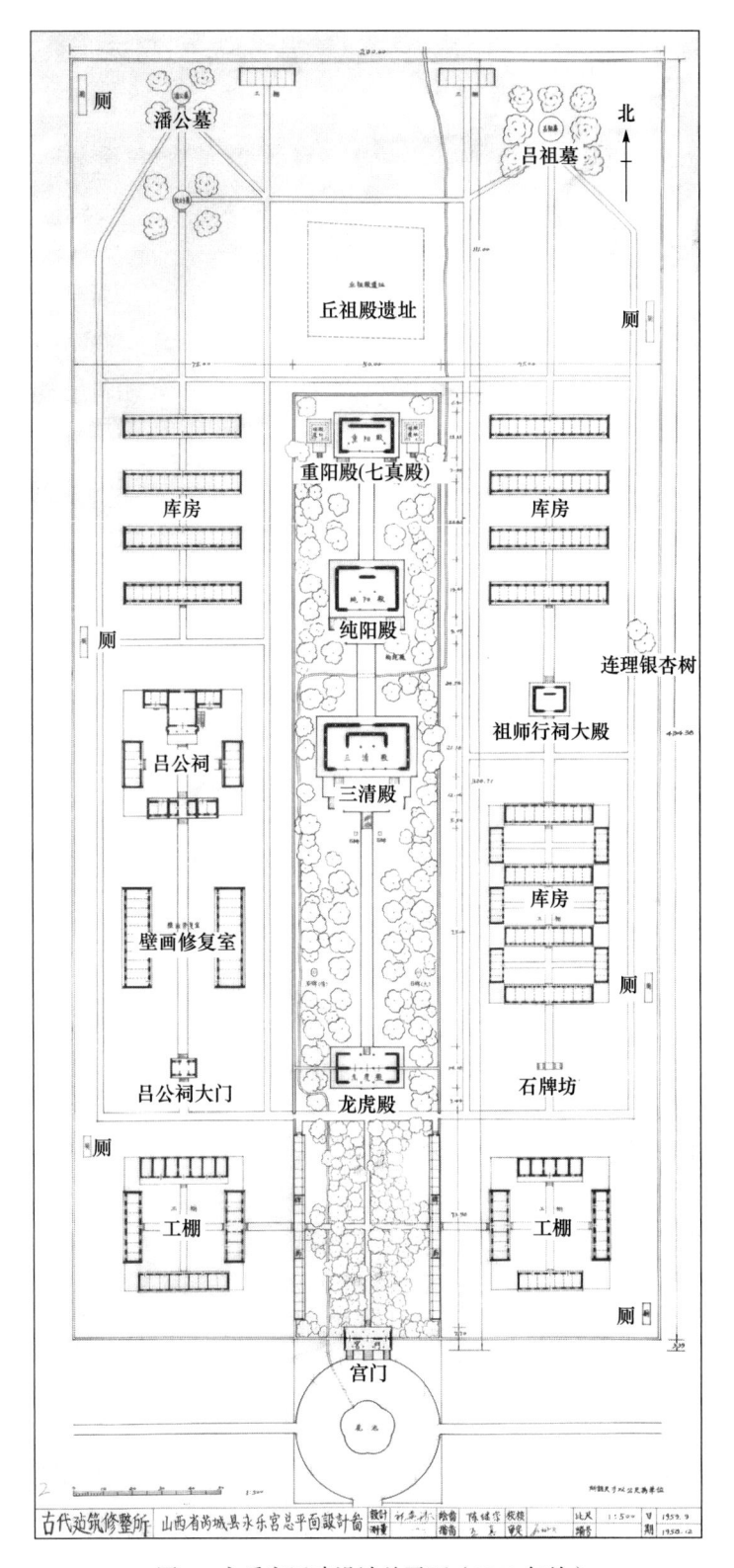

图4 永乐宫迁建设计总平面（1959年绘）

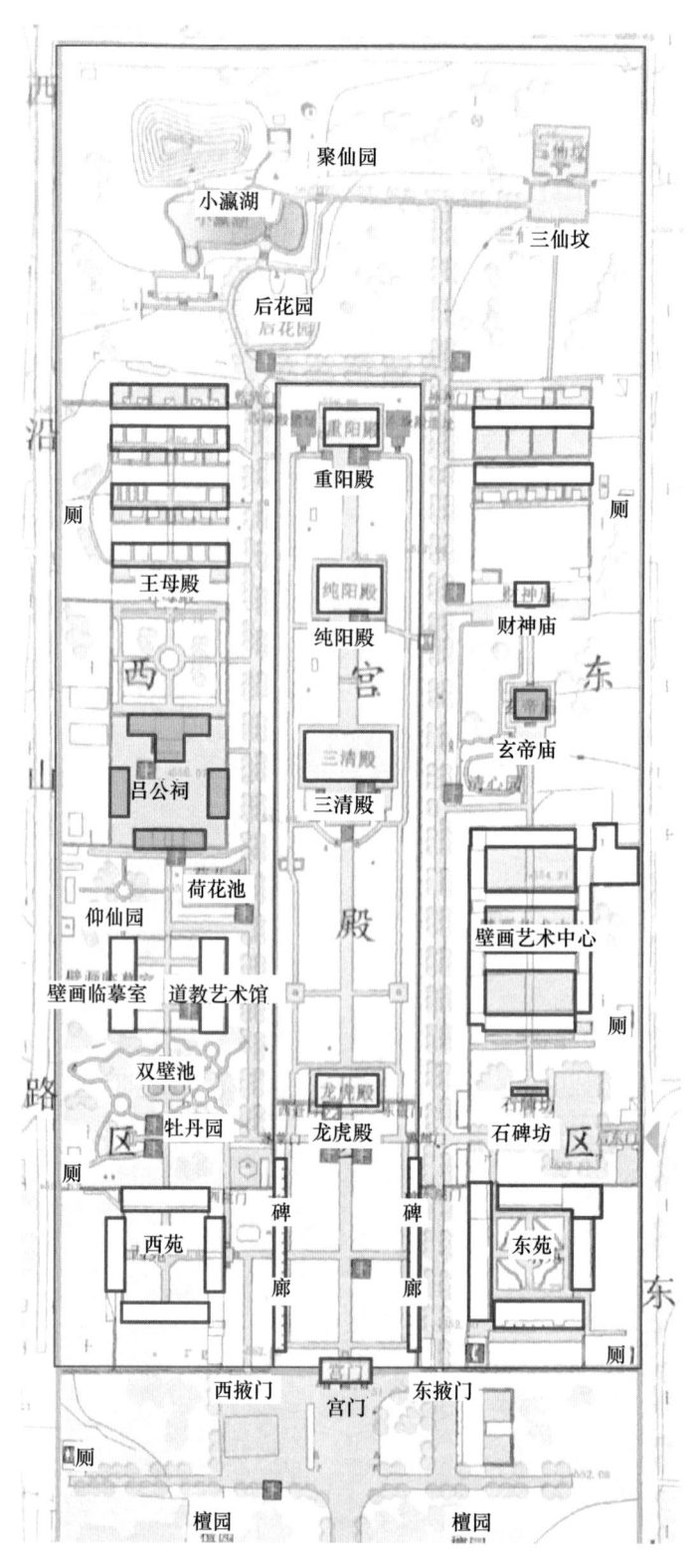

图 5　永乐宫迁建后现状总平面（2017 年绘）

永乐宫迁建工程主要技术负责人是北京古代建筑修整所（现中国文化遗产研究院）的祁英涛先生，参加人数众多，如有兴趣可在《永乐宫迁建工程档案初编》[①]上册"人物志"中查阅。

二、《永乐宫迁建工程档案初编》课题背景

永乐宫迁建工程竣工时，正值"文革"如火如荼，1966年，北京古代建筑修整所（今中国文化遗产研究院）的所有干部下放五七干校直至1973年，一切业务工作停滞，永乐宫迁建工程资料被尘封在北京古代建筑修整所的资料室里，一躺就是几十年。

2008年，一部中央电视台拍摄的《重访——神宫搬迁记》节目，掀起了一段风波：因永乐宫迁建工程完成后的大量资料未被公开而导致节目中的一些信息偏差和误解，引起了当时尚在世的永乐宫迁建工程亲历者们的强烈反响。

为客观地还原历史、梳理脉络，同时也是为了让当时轰动一时的永乐宫迁建工程资料公之于世，永乐宫迁建工程的设计方、同时也是工程资料的主要保存者——中国文化遗产研究院（即当时的北京古代建筑修整所），于2009年组织人员、设立课题，专门整理这份庞大而散乱的工程档案。

该课题于2009年立项、要求2012年结项，但对于浩大、庞杂的上万页（包括相关出版物）的相关档案资料的整理和内容的消化，岂是一蹴而就，故编者对当时的课题结项成果一直不满意，致力于进一步修改完善后再呈现。之后工作岗位的变动导致异常繁忙，一直腾不出相对集中的时间进行修改和完善，使这份工程档案又搁置了多年。在编写报告的这些年里，送走了梁超、杜仙洲、王真、孟繁兴、崔淑贞、宿白等好几位参加该工程的先生们，内心愧疚，难以言表。

宿白先生是永乐宫迁建工程的持续关注者，2016年随徐光冀先生去看望宿先生时，笔者恳请95岁高龄的宿先生为永乐宫迁建工程报告题写书名，先生欣然答应，当时与刘曙光院长多次商讨后，书名暂定为"永乐宫搬迁工程资料初编"，宿先生题写了横版和竖版两个版本。不想，2018年2月1日，宿白先生驾鹤西去，他为永乐宫搬迁工程报告的题字成为永恒（图6）。

时至今日，永乐宫迁建工程项目的亲历者大部分作古，最年轻的现在也已是暮年，怀着对历史的尊重、对文物保护事业发展的贡献，以及对参与永乐宫迁建工程所有机构和人员的缅怀，整理出版《永乐宫迁建工程报告》成为中国文化遗产研究院不可推卸的历史责任。

本文主要是针对搭建《永乐宫迁建工程档案初编》的成果框架过程中的思考和梳理。

---

① 查群编著：《永乐宫迁建工程档案初编》，文物出版社，2020年。

图6 2016年8月27日宿白先生家中（拍摄：徐光冀先生）

三、《永乐宫迁建工程档案初编》框架搭建

基于《永乐宫迁建工程档案初编》特殊的背景情况，永乐宫迁建工程档案整理工作，最重要的是通过档案，客观地还原历史的真实。

这个目标提出来之后，框架搭建的过程走了很多的弯路。不仅要对保存档案的类型进行梳理，更重要的是要熟读所有的文字档案内容，掌握工作细节，才逐渐将框架搭建成最终的成果框架。

（一）档案数量及内容

经档案整理，目前藏于中国文化遗产研究院的关于永乐宫档案总数为8610份，其中文字档案2300页（含来往文件、会议记录、工作总结、残损记录、协议、设计说明、工程技术总结等）；图纸671张（其中建筑237张，彩画236张，壁画搬迁工程图198张）；照片前前后后发现了4742张（其中含正、负片1468张，照片有重复现象）。其他还有205张壁画临摹线描图，81张拆除编号草图，611张草测稿。

通过前期的摸家底，电子化之后整理，我们先把永乐宫迁建工程档案分为文字、图纸、图像三类。

1. 文字档案

文字档案分为公文资料（来往文件、工程协议、来往信件等）、工程技术资料（现状勘察、实验报告、设计说明、阶段性技术总结、碑文记录、题刻记录、工程计划及预算投资报告等）、日常工作记录（工作计划、工程计划、工作日志、业务会议记录、工作总结等）、拓片等。

2. 图纸档案

主要分建筑和壁画两部分。

建筑图纸档案分建筑（主体建筑和附属建筑，图纸包括勘察草图、编号草图、设计草图、建筑现状勘察墨线图、建筑迁建设计图等）、彩画（临摹图和设计图，类型有线描、小样、临摹、设计草图、设计图等）两部分。

壁画图纸档案有临摹线描图、壁画揭取（分块与编号、壁画揭取工具、壁画揭取辅助工具）、包装（木笼、木架、木框）、运输（低站台、装车图）、修复（修复仓库设计、易燃药品仓库设计等）、安装（木架、铁活等）。

3. 图像档案

主要有永乐镇环境、建筑迁建、壁画揭取搬迁保护、碑刻、附属文物、会议展览及模型、工地场景、人物照片、旧址拾遗、新址名胜等。

其他还有人物专访和后期其他资料（比如迁建后的现状照片、现状总平面等）。

通过整理，掌握了永乐宫迁建工程档案内容的存储情况，根据这些资料，来搭建成果构架。

永乐宫迁建工程是整体搬迁保护工程，涉及从选址环境到寺观格局，从建筑到壁画，从结构到构件，从构造到材料，还包括彩画、泥塑、碑碣等的迁移和保护，贯穿了整个项目，不仅要在一条线索上缕清逻辑关系，更要在不同类型的保护对象、不同材料的保护思路，以及不同阶段各个不同工作特点和工种之间摸清整个工程自始至终的相互的逻辑性、关联性，作为非亲历者，极具综合性和挑战性。

（二）第一稿框架

《永乐宫迁建工程档案初编》第一稿完成于2018年6月，这一稿是按照以往约定俗成的工程报告的框架：

第一部分　概述篇

第二部分　研究篇

第三部分　维修篇

第四部分　实测图与维修图

第五部分　图版

第六部分　附录

第七部分　回忆录

这一稿各部分均是资料的组合，显得比较生硬，尤其是"研究篇"，因为要讲究真实性，所以工程设计说明里的价值论述、实验报告等，未经提炼还不能直接放在研究篇里，那么研究篇内容只能是已经出版的文章。出版的文章可以通过各种渠道找到，放在研究篇里，就好像又被粘贴了一遍，而档案里的成果却没有得到体现，所以怎么都觉得不妥当。

但这一稿通过对档案的逐页研读，让我发现了一些隐藏在档案中非一目了然就能发现的重要信息，比如迁建前龙虎殿的轴线向东偏出主轴线 1 米、迁建后西移至主轴线上；建筑搬迁工程中的以草稿形式留存的编号草图及编号说明；为了让基础更稳定，改变了方案中在新址上逐个复建建筑的做法，而是将建筑基础集中做好后有意留出沉降时间等这样一些虽然时间急迫、但依然以保证文物安全和工程质量为重的有条不紊的基础性工作；还有彩画保护及复原研究多次讨论的文字记录，题记记录和位置，以及迁建前后碑碣位置的变化等。包括"遗址也是文物""彩画也应该按文物对待"等重要的信息，也都是在详细研读后才发现的。

虽然在编辑中采用的按时序编辑的方法，使我在盘根错节的档案中，慢慢理顺了整个工程发展的脉络，认清了各个事件之间的关系，但是整个框架也是在逐页研读、摸清关系、深入了解永乐宫迁建工程以及留存的档案内容，使得我放弃了这一稿的框架，开始重新构建框架。

（三）第二稿框架

第二稿的正式修改是从 2019 年 1 月开始的，于 2019 年 5 月底基本完成。我开始有意地将有关联的信息编辑在一起，框架是：

第一部分　概述

第二部分　迁建工程（缘起、迁建委员会、新址与格局、总设计说明、建筑、壁画、碑碣、附属、总结报告）

第三部分　回忆录

第四部分　附录

这一稿虽然在"迁建工程"部分的内容显得有些臃肿，但逻辑上相较于第一稿的框架，更加合理和顺畅了，尤其是针对于现有的档案内容，把类别给分出来了，也更加凸显了工程信息。

恰在此时，2019 年 6 月，我应邀去南京参加由东南大学组织承办的文物预防性保护国际研讨会。回到母校，当面咨询一起参加会议的我的导师朱光亚先生，还有陈薇先生、黄滋、诸葛净、胡石、沈旸等诸位师友。这次交流很重要，因为有个靶子、问题也比较明确和具体，所以大家给出的意见都是有针对性、很实在的意见。在这次征求意见的基础上，进行了第三稿的调整和修改。

在形成第二稿之前，我的很大的精力用在录入档案上，因此第二稿的文字量达到了 50 万字以上，但在征求意见的过程中，听到更多的声音是对原始档案的期待，第一个给出这个信息的是天津大学的丁垚老师。因此，在第二稿的基础上，开始想办法如何既能充分真实地体现原始档案的分量、又能清晰地捋顺各部分之间的关系。由于我自己是从按时序研读，才慢慢捋清了整个工程的线索和关系，所以就想：是不是把按时序编辑的工程始末放在最前面，会让大家很快地掌握事件的来龙去脉，然后再看工程技术部分，对了解永乐宫迁建工程更有利呢？在这个思路的驱使下，开始了第三稿的框架调整。

（四）第三稿框架

经过调整的第三稿框架是：
第一部分　永乐宫迁建工程始末（大事记）
第二部分　永乐宫迁建工程解析
第三部分　永乐宫迁建工程重要档案整理
第四部分　参与人员回忆录
第五部分　附录（相关背景文献和档案）

后来又将"历史沿革""搬迁前后概况""元代壁画""价值认定"等几部分内容编成"概况"放在"工程始末"前面，图版和照片自成一章，这样就完成了初稿的框架调整。

2019年11月提交初稿，朱光亚和刘曙光两位先生是评审专家。在反馈意见中，刘院长提出扩大档案查阅范围，以及"如有可能，增加一个'人物记'，为参与永乐宫迁建工程的主要负责人和重要人员写一个偏于专业技术的小传，以利后人学习"的建议。扩大查阅范围时，在国家文物局档案室发现了永乐宫壁画复制品现存于故宫博物院、1978年山西省文物局申请经费修复栱眼壁和泥雕并于1984年原位复原、1979年永乐宫决算报告等重要信息。"人物志"的编写过程中，院内得到柴晓明等院领导的批准，允许查阅院藏永乐宫迁建工程参与者的档案，院外则是通过故宫博物院古建部赵鹏、纪立芳的努力，查阅了故宫博物院的相关档案，这些资料成为"人物志"的主要信息来源。

就这样，成果框架的最终形态便确定下来了，就是大家看到的出版的成果的框架：
第一部分　概述
第二部分　永乐宫迁建工程始末（1952~1966年）
第三部分　永乐宫迁建工程解析
第四部分　图版（图纸和图像）
第五部分　永乐宫迁建工程人物志
第六部分　回忆录
第七部分　永乐宫迁建工程专题原始档案
第八部分　永乐宫迁建工程原始档案

这个框架的特点是：不需要详细说明的内容就可以在始末中一笔带过，需要详细说明的内容，则在解析中展开，而更真实、详尽的内容，又可以在下册的原始档案中得到满足，在每一个有原始档案的地方都有索引指向相应的文件位置，这样层层递进，不仅大大缩减了工程解析的内容，使得各章节有张有弛、均衡有序，同时也满足不同学者对内容深度的需求，更重要的是所有内容都有原始档案作为真实性的依据，避免了录入带来了人为错误，达到真实还原历史的目的。

这个框架较之前的框架是颠覆性的，脱离了传统的文物保护工程报告的编写顺序，把大事记按时序编辑成"永乐宫迁建工程始末"放在最前面，作为引子，引出整个工程全貌。在"工程始末"中，跟随每个事件都有相应的原始档案或原始档案索引，以及在档案中出现的人物的照片，以加深对相关人物和事件的印象。引出了后面真实而完整、严谨而生动的永乐宫迁建工程全貌，图文并茂的"大事记"成为本书最大的突破和亮点。

当书稿调成第三稿的框架后，永乐宫迁建工程这件事不仅阐述得比较系统，而且与保存的工程档案高度贴合，每一个事件都有相应的原始材料做佐证，这个原始材料作为《永乐宫迁建工程档案初编》的下册，以影印的形式呈现，让大家看到最原始、最真实的文字记录，终于达到了真实还原永乐宫迁建工程历史的最初目标。

这可能就是朱光亚老师给本书写的《序》里所说的"述而不作"吧。

刘曙光副局长在给本书写的《序》里说："朱光亚先生夸她是述而不作，其实这又何尝不是一种创新？"

故宫博物院的陈彤老师在看完成果后的评价是："为各专业的学者搭建了一个巨大的研究平台。"

研究平台是先辈们留下来的这些宝贵的工程档案搭建起来的，而我作为非亲历者，代为整理而已。虽然是代为整理，却是至今对我的研究能力和文字功夫最大的考验，好在得到了客观、真实地还原了永乐宫迁建工程这个事件本身的反馈，初心已达。

三峡文物保护巡礼

郝国胜

（中国国家博物馆）

　　三峡文物保护工程规模与力度之大举世罕见，徐光冀先生全程参加了这项文物保护工程。在祝贺徐光冀先生诞辰九十周年之际，谨以此文祝先生生日快乐。

1992~2009年，三峡文物保护工程历时17载。这项工程是为配合三峡水利枢纽工程建设而进行的，也有观点认为，三峡文物保护工程系三峡水利枢纽工程的一部分，从规模到管理再到运行等都受到了三峡工程建设的影响，形成了既有三峡工程的管理色彩，又有专业行为规范的特色内容，这些内容既有文物保护的行业元素，又有三峡工程的建设元素。

根据三峡水利枢纽工程的建设要求，当坝前水位涨至175米时，水库淹没区的陆地面积为660平方千米，水库淹没区的库岸线（含支流）全长为5300千米。三峡文物保护的工作任务是对三峡坝区、淹没区、迁建区内的文物进行全面保护。这是中华人民共和国成立以来规模最大的文物保护工程。中央领导人多次批示和主持召开会议，具体部署和研究三峡文物保护工作，确保了三峡文物保护工作的顺利进行。

原国务院三峡工程建设委员会办公室（以下简称为"国务院三峡办"）根据三峡文物保护的实际需要，制定了十余亿元的文物保护经费预算。这是中华人民共和国成立以来对区域文物保护经费投入最多的一次。国家文物局根据原国务院三峡办的工作部署，调集了全国文物保护力量参加。据不完全统计，全国有225所文物保护研究机构和大专院校的数千名文物保护工作者参加了三峡文物保护，这是中华人民共和国成立以来由国家文物主管部门为某一地区调集单位和专业人员最多的一次文物保护工程。

在三峡文物保护初期，社会的文物保护观念正处在提升的初期阶段，对文物不可再生价值的认识还不够深入。三峡文物保护以文物不可再生价值的阐述和强调，影响到了包括相关部门及社会的不同层面。在保护工程的实践过程中，文物具有不可再生的属性及其重要性，被包括工程建设在内的相关部门广泛接受，并形成了加大保护力度的动力。

三峡文物保护工程融入了有利于文物保护的管理模式和制度，步入了规范化、制度化的管理轨道。在实施三峡文物保护期间，全国人大对《中华人民共和国文物保护法》（以下简称《文物保护法》）进行了修订，许多在三峡文物保护中得以实施的原则在修订的《文物保护法》中得到了更加明确的强调，包括"保护为主，抢救第一，合理利用，加强管理"的原文物保护方针，"文物是不可再生的文化资源"等。

在20世纪90年代初期，当社会对非物质文化遗产的保护还处在朦胧状态时，三峡文物保护率先以民族民俗的概念制订了系统的保护规划。该规划是我国第一部非物质文化遗产的保护规划，虽然因认识水平的局限没有实施，但其对于民族民俗文物的保护意向，促进了社会对非物质文化遗产保护的重视。

三峡地面文物保护是一项浩大的文物保护工程，所涉及的文物繁多，所采取的措施多样。三峡地下文物具有分布广、文物点多、埋藏量大、未知系数高等特点。三峡文物保护工程出土文物达24万余件套[①]，其中较珍贵文物6万余件套。这是我国在同一区域、同一时间内出土文物数量最多的地下文物保护工程。

三峡文物保护工程还将文物保护与学术研究相结合，运用物理勘探、电子测绘、质子激发X射线技术、DNA技术、地层提取技术、遥感考古、环境测绘等高科技手段，推动多学科共同参与，最大限度地将出土文物及研究成果向社会开放，把中国的文物保护事业推到一个新的高度。

三峡工程是一项注重文物保护的文明工程，是一项配合基本建设的典范工程。它形成的一些适合我国文物保护的管理方式和经验，已被我国许多大型文物保护工程汲取和借鉴，三峡文物保护以丰硕的保护成果落实和实践了科学保护的发展趋势。

一、为了祖国的文化遗产

三峡文物保护工程，创造了许多中国第一，包括在1997年4月的全国人大会议中，加强三峡文物保护的内容被列入政府工作报告，这是新中国成立以来首次将地区性文物保护工作写入全国人大的政府工作报告。国务院专门召开办公会议，审议《三峡文物保护规划报告》。党中央、全国人大、国务院、全国政协的领导多次指示和召开会议，部署三峡文物保护工作。

在国务院颁布的《长江三峡工程建设移民条例》和《长江三峡工程淹没处理及移民安置规划大纲》中，对三峡文物制定了有利于保护的政策和措施。三峡文物保护得到了党中央和国务院的高度重视，得到了方针政策的正确指引。

在原国务院三峡办和国家文物局的领导和组织下，文物工作者以科学的精神，高素质的专业技能及对历史和未来负责的态度，采用了高科技手段，克服了时间紧，任务重，保护区域广的困难，在规定的时间，完成了三峡文物保护任务，三峡受淹文物得到了有效保护。

---

① 此数据系各墓地、遗址发掘的基础数据，随着整理工作的深入，一些出土文物会由数件修复成为一件，总体数据会呈缩减的趋势变化。

在三峡文物保护中，文物工作者以高度的责任感和使命感保护了祖国文化遗产，贯彻和落实了我国《文物保护法》确立的文物保护方针，实行了重点保护、重点发掘的保护策略。在文物保护中，依据三峡文物状况，对地下文物采取了考古发掘、登记建档、考古勘探的保护措施，对地面文物采取了原地保护、搬迁保护、留取资料的保护方式。这些措施和方式突出了重点，贯彻了我国文物保护法赋予的保护方针，实行了"不改变文物原状"的保护策略。这是我国《文物保护法》赋予的原则，也是联合国教科文组织积极倡导和国际上普遍遵循的文物保护理念。白鹤梁原址水下保护工程、张桓侯庙搬迁复建、石宝寨仰墙护坡的保护、大昌古镇的整体搬迁、瞿塘峡石刻的升高复建等都体现了这一保护原则和理念。

三峡文物保护体现了以人为本的社会理念。在保护过程中，虽然抢救和保护是第一位的，但不是单纯为了保护，而是在保护的基础上注重发展和利用。其基本点是以人为本，为民服务。将保护下来的地下出土文物，在保障文物安全的基础上，在博物馆展出；将保护下来的地面文物选择至适宜保护的环境实行搬迁复建，兴建了10余处，复建内容包括有古民居、石刻、古桥梁、庙宇、祠堂、牌楼、古塔等文物复建区，结合传统文化的传承和旅游开发建设需要，形成新的文物保护区和文化旅游区，与白鹤梁、石宝寨、张桓侯庙、屈原祠、大昌古镇等向公众开放，达到了为民所有，为民所用的目的。

二、开创文保新模式

三峡文物保护采用了"先规划，后实施"的管理模式。从今天的视角看，"先规划、后实施"是一项非常普遍的模式。但在20世纪90年代初期，在被动的文物保护政策之下，难有大规模的文物保护项目，对于少量墓葬的发掘和古建筑的维修，往往进行相应的方案设计和经费预算即可实施。三峡工程上马后，对于如此大范围和多种类型文物的保护，传统的保护模式已不适应了。于是，"先规划、后实施"的管理模式首先在三峡文物保护中运行，其模式是在对文物进行保护之前，进行文物调查，编制规划，待规划通过了论证和审批后，再予实施。其优势是在保护之前就锁定了保护对象，确定了保护方式，规定了保护时间，核算了保护经费，避免了盲从。实践证明，"先规划、后实施"管理模式，有利于文物保护，更适合大规模和大范围的文物保护工程。目前，该模式已在全国各文物保护项目中广泛运用，成了我国文物保护工作的基本模式。

三峡文物保护是在原国务院三峡建设委员会的领导下，由国家文物局组织和调集了全国20多个省市的225所文物保护研究机构和大专院校的数千名文物工作者和文物保护专家。包括了最有实力的保护研究机构和大专院校，中国国家博物馆、中国文化遗产研究院、中国社会科学院考古研究所、中国科学院古脊椎动物与古人类研究所，及各省市文物保护研究机构和北京大学、清华大学、中央民族大学等单位参加了保护工作。也包括了享有盛名的专家学者——贾兰坡、任继愈、侯仁之、苏秉琦、宿白、张开济、吴良镛、谢辰生、罗哲文、俞伟超、吕济民、葛修润、张忠培、黄景略、徐光冀、黄克忠、苏东海等参加或参与了三峡文物保护工作。这是一项参加单位最多，专家阵容最强、保护队伍最庞大的文物保护工程，在中国乃至全世界的文物保护史上，极为罕见（图1）。

图1　1994年4月，规划组赴三峡库区检查工作，左起关强、徐光冀、俞伟超、王鲁茂、黄克忠

三峡文物保护创建了文物保护工程的管理体制。这一体制是在原国务院三峡建设委员会统一领导的大体制下运营，原国务院三峡办、原国务院三峡建设委员会移民开发局、国家文物局、湖北省和重庆市政府是大体制的职能运行单位，湖北省和重庆市的文物主管部门是基础体制的管理单位，各区县的文物管理部门是基础体制的协调和协作单位。这是适合我国国情，适合三峡文物保护需要的管理体制，在三峡文物保护中发挥了重要作用。

在三峡文物保护中，多学科的共同参与和协作，提高了文物保护工作的效率与质量，保障了三峡文物保护工程的顺利进行。这些学科包括考古学、建筑学、民族学以及水下考古、航空考古、地质勘探、地理测绘、生命科学、现代医学等。采用了高科技的技术和手段，将物理勘探、电子测绘、质子激发X射线技术、DNA技术、地层提取技术、水下考古勘探、遥感考古、环境测绘、地形地貌测探、^{14}C测年法、原子吸收光谱、原子发射光谱、X射线荧光光谱、红外照相技术、孢粉分析法等现代科学技术和方法应用在了三峡文物保护中。广泛使用了各种地球化学代用指标，将电探CT、探地雷达和重力筛分仪和光透视粒度分析仪等先进仪器应用在了考古勘探和考古发掘中。采用了田野考古计算机管理软件，有效提高了三峡库区地下文物保护的效率和质量。采用了安全环保的新材料、新工艺、新技术，加大了对文物的保护力度。

三、阶段目标逐一落实

三峡文物保护工程的地域范围包括湖北省宜昌市夷陵区三斗坪以西至重庆市市区的峡江区域，全长660千米，库区面积1084平方千米，淹没区陆路面积632平方千米，库岸线（含支流）环岸全长5300千米，涉及湖北省和重庆市区县19个。

1992～2009 年，三峡文物保护工作全面展开，保护工作涉及受三峡工程影响的全部地下和地面文物。其中，地下文物包括陆地埋藏的遗址、遗迹、墓地等；地面文物除地面保留的文物古迹外，也包括了长江三峡库区水下及河道表面保留的文物古迹。根据文物特点，将其分为 11 类，即：旧石器时期遗存、新石器时期遗存、夏商周时期遗存、秦汉及以后遗存、汉代石阙文物、宗教建筑文物、民居建筑文物、石刻文物、水文石刻文物、古桥梁文物、交通航运文物。

三峡文物保护工程经历了规划和实施两个阶段。

规划阶段（1992～2000 年），对三峡库区文物全面调查，摸清了文物家底，编制了《长江三峡工程淹没及迁建区文物古迹保护规划报告》（以下简称《三峡文物保护规划报告》），为实施阶段保护工作的顺利开展奠定了坚实基础。

实施阶段（1997～2009 年），按照规划和三峡水库蓄水进度要求，分阶段对各蓄水高程以下文物实行保护。即：

第一阶段（1997～1998 年），重点对海拔 78.2～82.28 米高程的文物进行保护。此阶段因规划尚未正式批准，只能将亟待保护的文物，按照待批准的规划提前进行保护。因 82.28 米高程以下的文物较少，也对此高程以上的重要文物实行了保护或保护前的准备工作。

第二阶段（1998～2003 年），按照规划以 82.28～135 米高程文物为保护重点。此阶段的前期，也因为规划尚未批准，对亟待保护的文物，仍按照待批准的规划提前进行保护。包括张桓侯庙的搬迁、白鹤梁水文题刻的围堰和梁体保护及其他重要遗址、墓地的发掘等。

第三阶段（2004～2006 年），按照规划完成了海拔 135～156 米高程范围的文物保护。由于大部分重要的地下和地面文物集中在此高程范围，本阶段的文物保护任务最为艰巨和复杂，保护工期也最为紧张，尤其是重庆库区，集中了全国 182 所文物保护研究机构和大专院校的数千名文物工作者，开展了文物保护的"大会战"。

第四个阶段（2007～2009 年），完成了海拔 156～177 米（含 175 米淹没线以上 2 米风浪影响）范围的文物保护。在此阶段，一些重大的考古项目和出土文物相继完成和出土，地下文物发掘工作全部结束。地面文物保护工作也基本完成，一批重要保护工程陆续竣工，大多数文物复建区也基本建成。

四、保护成果举世瞩目

1992～2009 年，三峡文物保护工程历时 17 年。

在此期间，在国家文物局的领导下，在规划组组长、考古学家俞伟超先生的主持下，调集了全国 30 所文物保护研究机构的 300 余名文物工作者对三峡库区文物进行了全面调查，根据调查成果，编制完成了 280 万字的《三峡文物保护规划报告》，该报告是我国第一部文物保护规划。

三峡文物保护工程对规划的 1087 处（湖北库区 335 处，重庆库区 752 处）三峡库区文物实行了全面保护,其中,地下文物723处,地面文物364处。对湖北库区增补的6处文物和坝区22处文物及重庆库区增补的22处文物进行了全面保护,受到保护的文物数量增至1137处,其中,地下文物772处,地面文物365处。在地下文物保护中,772处文物得到了不同方式的保护,出土文物24万余件(套)。其中,湖北库区11万余件(套)(含坝区),重庆库区13万余件(套);在这些出土文物中,出土一般文物18万余件(套)(含标本),出土较珍贵文物6万余件(套),较珍贵文物占出土文物总数的25.18%。其中,湖北库区为2万余件(套),重庆库区为4万余件(套);完成发掘面积177.8512万平方米。其中,湖北库区47.546万平方米,重庆库区130.3052万平方米;完成勘探面积1219.8408万平方米。其中,湖北库区198.6万平方米,重庆库区1021.2408万平方米。

为使公众了解三峡文物保护成果,感悟三峡文物的文化内涵,大部分文物以展出或开放的形式,得到了有效利用。

在地面文物保护中,365处(含坝区)文物得到了有效保护,其中,文物搬迁复建132处,原地保护63处,留取资料169处,仿古新建1处。兴建了"白鹤梁水下博物馆",它是世界上第一座水下博物馆,它以"无压容器"的建设方案,将水的压力释放,解决了由于水压而使水下建筑物容易移位的难题,这是一项领先于世界的方案,体现了我国高超的水下博物馆建设水平。在水下博物馆的建设中,第一次采用了水下LED光芯照明系统,第一次采用水下不燃电缆,第一次采用水下循环水系统等。

张桓侯庙的异地保护,是地面文物保护的一项重点工程。此次将张桓侯庙成功地搬至与原建筑环境相接近的磐石镇,是继"永乐宫搬迁保护工程"之后,我国规模最大的地面文物保护搬迁工程。

石宝寨仰墙护坡工程是一项因地制宜进行原地保护的典范工程,仰墙阻断了水的流入,护坡解决了水对基岩的冲击和侵蚀难题,加大了璀璨明珠石宝寨的保护力度。

此外,还在三峡沿岸兴建了10余处文物古建复建区,这是目前我国规模最大,数量最多的文物古建复建区;大昌古镇实施的整体搬迁,是目前我国规模最大的古镇搬迁。

五、将文物损失降到最低

三峡文物保护包括三峡库区、坝区、迁建区的文物保护,是在原国务院三峡办和国家文物局的领导和组织下,在湖北省、重庆市政府和文物主管部门的直接参与下,经过全国225所文物保护研究机构和大专院校的数千名文物工作者的努力,顺利完成的跨世纪文物保护工程,其规模和保护力度举世罕见。

三峡文物保护依据我国《文物保护法》确立的文物保护方针,对三峡坝区和淹没区以及迁建区的文物实现了"保护为主,抢救第一"和"重点保护,重点发掘"的保护。经过17年的保护,1137处文物得到了妥善保护,24余万件(套)文物安全出土,这是改革开放以来我国文物保护领域取得的又一重大成果。

三峡文物保护是一项配合三峡水利枢纽工程建设的文物保护工程,在保护过程中,既妥善保护了文物，又保障了三峡工程的建设，使三峡文物的损失降到了最低限度。

六、三峡重要出土文物

三峡地区出土的大量珍贵文物，见证了这一地区古文化的繁荣，为中华文明的源远流长书写了灿烂诗篇。

在三峡文物保护工程已整理的 24 万余件（套）出土文物中，有 6 万余件（套）属于较珍贵文物，它们除具有历史、科学价值外，还具有艺术价值。

（一）诸多发现与早期盐业史相关

在柳林溪遗址出土的距今 7000～6000 年的石雕人像是一件经典的古代艺术品，其优美的造型，娴熟的雕刻技法，表现了古人优美的艺术追求。

在秭归朝天嘴遗址出土了距今 7800～6900 年的小口罐等，具有极高的科学研究价值。尖底缸系新石器时代晚期中坝文化的器物，发现的数量较多，有学者认为该器物与盐业生产有关，它的发现将三峡地区的盐业生产提前到了新石器时代晚期，是研究三峡地区制盐起源及盐业发展的重要物证。

在奉节出土的新石器时期的磨制钻孔石铲，反映了距今 5000 年前后峡江地区新石器时代娴熟的石器加工技术水平。在中堡岛遗址出土了石环、玉璜等，都具有极高的史料和研究价值。

尖底杯系商周时期石地坝文化的典型器物，在成都平原的十二桥文化中有少量发现，分为弹形尖底杯和角形尖底杯两类形制。尖底杯在这一时期数量很多，特别是在干井沟遗址群分布密集，有学者认为该器物与这一时期三峡地区制盐业关系密切，是三峡库区商周时期制盐工业兴盛的重要佐证。尖底杯的发现和对其功能的识别，对于我国早期的制盐业和盐业考古研究有着重要意义，对于世界范围内早期与盐业相关遗物的识别也有着重要参考价值。

对船形杯的称谓，部分学者称之为船形陶匜，属于商周时期石地坝文化，数量较多，分布范围较广，是三峡地区这一时期特有的陶器类型。这种陶器最早发现于重庆市丰都县高家镇石地坝遗址，在 1999 年的考古发掘中出土了一批该类型陶器。早期有学者认为属于铸铜的坩埚类器具，后来学界更倾向于制盐工具。船形杯的发现对于石地坝文化的识别和确立有着重要意义，其功能的识别和确立对于了解商周时期的制盐工艺、制盐工具的发展演变意义重大，同时对于其他地区与盐业相关遗物的识别也有着重要的参考价值。

花边罐系商周时期峡江地区数量最多的陶器之一，如在瓦渣地遗址有密集分布。有学者认为这类陶器可能用于熬盐。花边罐功能的识别对于探讨制盐工艺流程和制盐工具的形制演变有着重要意义，同时为这一时期的盐业考古提供了新的研究素材。

（二）甲骨、青铜等类文物具有重大价值

在三峡库区发现的甲骨类遗存系商周时期文物，它的大量发现对于探讨这一地区的占卜习俗和宗教信仰有着重要意义，同时表明这一地区与中原地区一样，都有着用甲骨占卜的习俗，部分甲骨的形制和占卜方式与中原地区相似，表明二者有着一定的联系。大量鱼卜骨的出现与清江流域同时期或稍早的遗存相似，对于探讨二者的关系以及巴人的渊源问题、巴楚关系等有着重要参考价值。

商代的三羊尊、虎纽錞于、蟠螭纹提梁壶等都是在三峡库区出土的古代青铜器的代表作，其铸造工艺已达到了较高的水平。在涪陵出土的战国玉觽，是古代玉器中的精品。小田溪墓地是战国晚期以来的大墓，出土了大量珍贵文物，有"王"字的铜钲、编钟14件，其中有8件系错金，是目前发现最为完整的巴文化编钟组合。

丰都陶鸟出土于丰都高家镇秦家院子东汉墓群，系泥质红褐陶，造型"昂头衔石（呈球状），双翅展开平缓，翘尾直顶绶，立足，头顶一圆盘（似变形的鸟冠），并有一穿眼"。这件陶鸟采用了虚实夸张相结合的艺术手法，不仅表现出完美的艺术效果，而且体现了古人的聪明才智和艺术创造力。陶鸟在制作技艺上十分讲究，其技法细腻，形态刻画生动逼真。

鎏金佛像出土于玉溪坪遗址，系唐代，它的发现对于研究三峡地区佛教文化有着重要意义。

鸟形尊系在涪陵小田溪墓群中出土，是一尊战国时期造型怪异的鸟形青铜尊，鸟头顶有冠，嘴巴宽而短，双目圆睁前视，大耳脖子粗，体态肥硕，短尾，蹼足，身上、脖子上有羽毛状纹饰，原本镶嵌有绿松石。从整体特征上看，与中原地区的鸟兽形尊造型相似。鸟形尊制作精细，很可能是巴人根据中原已有的鸟形尊造型而自己制作出的青铜器，是巴人青铜工艺水平的代表作。它的发现对于研究当时巴人的青铜工艺水平、造型艺术、丧葬习俗等方面的研究都有着积极意义，其本身也具有很高的文物价值，不失为一件国宝级珍贵文物。

丰都东汉铜佛像出土于丰都槽房沟墓地，应为摇钱树的一部分，头后应有硕大的项光，火焰状发饰，高肉髻，蒙古人种面型，无口髭，圆领，袒右肩，右手施无畏印，左手提袈裟，底座带"延光四年五月十日作"的刻铭，"延光"为东汉安帝年号，"延光四年"为公元125年，该铜佛像系在长江流域有明确年代标记、时代最早的铜佛像，也不排除系在我国发现的最早铜佛像。该件文物的出土对于研究佛教在这一地区的传播和这一时期的佛教状况以及表现形式等有着重要价值。

（三）研究三峡文化的珍贵实物

鎏金摇钱树是在台子湾遗址的一座石墓中发现，这一发现改写了湖北没有摇钱树的历史。据分析，作为一种寄托古人祈求财富和避邪愿望的随葬器物，摇钱树在我国出土

的数量已达数百件之多。以往的发掘表明,摇钱树分布于四川、云南、贵州、陕西、甘肃、青海等6个省。而秭归台子湾遗址发现的这棵摇钱树,年代约在东汉晚期至三国,是目前三峡地区唯一一件鎏金摇钱树。这一发现,改变了以往人们对摇钱树地理分布状况的认识。

在云阳旧县坪遗址出土的汉代景云石碑是十分珍贵的文物,它有清晰隶书碑文达13行367字,是汉代石碑中的精品。

在对秦汉、六朝、唐、宋、元、明、清时期的遗址和墓地的发掘中,出土了大量有价值的文物,如小么姑沱遗址出土的六朝时期的石羊、中堡岛遗址出土的宋代瓷器等,都是出土文物中的精品。

在忠县乌杨镇出土的汉魏时期的乌杨石阙,是目前我国唯一一件通过考古发掘出土的石阙。

在开县出土的南宋粉青凤耳瓶,器型完整,釉色纯正润泽,是我国南宋中期青瓷的代表作。

雁形尊系西汉青铜器,出土于巫山,其精湛的艺术造型反映了峡江地区高超的青铜铸造水平。

麦沱出土的鎏金铜棺饰,马粪沱出土的模印仙山、神兽、星象的釉陶锺,秦家院子出土的造型奇特的神鸟座,江东嘴遗址西晋家族合葬墓出土的金银器,忠县乌杨墓地的双子母墓石阙等大量遗存物,是研究三峡文化的珍贵实物资料。

在云阳旧县坪遗址东南部发现的秦汉篆书木牍和刻度,填补了重庆地区简牍发现的空白。

李家坝遗址出土的青铜兵器多为典型巴文化兵器,是研究巴军事文化的重要实物资料。

在秭归县城元代遗址中发现的卵石摆塑龙是一件重要出土文物,它全部用河卵石摆塑,长11米,龙头朝长江上游,龙尾朝下游,龙身呈起伏状,似正在向长江中上游游弋。它生动、简洁、逼真,填补了三峡地区出土元代文物的空白。

七、考古发现填补多项空白

三峡地区发现的大量古遗址和古墓葬等,填补了多项学科空白,使诸多历史之谜得以解开,极大地丰富了人们对中华文明多源一体的认识。

在三峡文物保护实施中,发现了许多新的遗址和墓葬,出土了大量文物,解决了许多历史问题,填补了多项学科空白,使得三峡地区,特别是重庆库区的文化脉络进一步清晰,意义重大。

(一)旧石器时期考古的重大收获

大量旧石器时代中晚期遗存的发现,填补了重庆库区这一时代发现的空白,对于研究该地区旧石器时代中晚期的文化面貌具有重要作用，同时对于研究旧石器时代南北文化交流以及这一地区在中国旧石器时代的地位也起着重要作用。

冉家路口遗址是目前重庆库区发现年代最早的旧石器遗址，其地质时代可能是中更新世末期或中更新世向晚更新世过渡时期，大致相当于旧石器时代之初或早期向中期的过渡阶段。其中发现了大量的石制品和动物化石，其组合既有所谓南方砾石工业特色，又有北方旧石器文化特色，对于探讨这一时期南北文化交流有着重要意义。

丰都井水湾遗址是华南地区乃至东南亚一带发现的露天旧石器遗址中保存很好的一处。遗址出土品丰富且有不少动物化石，有助于对华南乃至东南亚地区古文化的了解，特别是对于认识华南地区缺乏地层和古生物化石依据的露天旧石器遗址具有积极的意义。

丰都烟墩堡遗址属于旧石器时代中期遗址，其功能为石器加工场所。经多年发掘，出土了大量石制品。石制品以砾石为原料，主要采用锤击法打制而成，石器以石片石器为主，这在中国南方旧石器遗址中尚属首次发现。该遗址的发掘和研究在认识南北旧石器时代石器工业传统间的关系方面具有桥梁作用。同时，为中国南方乃至东南亚地区旧石器文化的研究提供了重要的参考资料，具有很高的科学研究价值。

在奉节鱼腹浦遗址发现了距今约8000年的文化遗存，它的发现对探讨这一地区旧石器时代向新石器时代过渡的研究意义重大，对于以此为基点寻找和确认新石器时代早期遗存也有着积极意义。

通过对三峡地区旧石器剥片技术的研究，提出了扬子技术这一概念。这种技术体系的发现和研究对探讨我国长江流域和华南古人类的技术发展、传播、演变和古人类对特定环境的适应生存方略具有重要的参考价值，同时对于探讨祖国大陆与台湾的古人类文化联系等具有重要的学术价值。

在哨棚嘴遗址"生土层"2米下发现的更早阶段文化遗存，对甄别三峡地区间歇层和真正意义上的生土层及了解三峡地区古遗址的埋藏规律，具有重要的启示意义。

（二）新石器时期遗存的文化因子

大量新石器时代中晚期遗存的发现，建立了渝东地区新石器文化系统，为这一地区新石器时代考古学研究奠定了坚实的基础，也为这一地区商周时期的文化因子找到了源头。

大溪—屈家岭文化和玉溪坪—中坝文化两支不同序列的考古学文化在瞿塘峡东西多个地点的发现，打破了大溪文化不过瞿塘峡的论断，还证明了三峡天堑在新石器时代并没有阻断长江中上游两地之间的联系，而是作为一条重要的通道，承载着两地之间的文化交流。

丰都玉溪遗址是一个多时期遗存，以新石器时代遗存最为重要，新石器时代遗存可分为上下两层遗存。遗址下层多达59个文化层。其中，洪水淤积层多达27层，这种文化层的发现，为三峡地区古代环境研究提供了重要依据。玉溪遗址下层出土遗物主要有陶器、石器以及动物骨骼。这类遗存特征鲜明，是目前渝东地区最早的新石器文化，暂命名为"玉溪下层遗存"，对玉溪遗址的发掘具有重要的学术意义，开启了渝东地区新石器文化研究的新篇章。

在欧家老屋遗址发现了目前三峡地区最早的大溪文化遗存，这一发现对于探讨这一地区大溪文化和典型大溪文化的关系有着重要的参考价值。

秭归庙坪遗址是三峡湖北库区发掘面积最大的新石器遗址，它年代跨度大、层位关系丰富、遗迹单位典型、文化特征鲜明，是一处新石器龙山时期的文化遗存，它的发现填补了三峡地区这一时期考古学的空白，确定了一个新的石家河文化区域类型——峡江庙坪类型，这一重要发现为探讨三峡地区考古学遗存的编年和谱系关系以及与周邻地区考古学文化的关系提供了重要线索。

在三峡坝区鹿角包遗址中发现了属于新石器时期城背溪文化晚期的遗物，填补了三峡坝区该时期考古遗存的空白。

巴东楠木园文化以巴东楠木园遗址命名，同类遗存还见于宜昌的窝棚墩遗址，是目前在三峡库区发现最早的新石器文化。楠木园遗址的楠木园文化遗存有多处叠压于大溪文化之下的层位关系，可以证明其早于大溪文化。

云阳大地坪遗址的发掘表明这是一处新石器时代晚期至夏商时期的遗址，发现了新石器时代晚期的房址、墓葬、窑址、灰坑等遗迹，对研究三峡地区新石器时代文化谱系、长江中上游之间的文化关联以及巴文化的起源等具有重要价值（图2、图3）。

图2　1997年徐光冀先生在鉴定云阳李家坝出土文物

图3　2004年2月徐光冀先生在云阳县检查考古工地

（三）夏商周时期的文化序列

商周时期考古学遗存的发现，打破了这一地区属于笼统的巴蜀文化区的认识。约相当于成都平原的十二桥文化时期，这一地区的考古学遗存就与成都平原有了较大的差异，有学者将这类遗存命名为石地坝文化。在西周中期至春秋时期，在石地坝文化的基础上发展成瓦渣地文化。这些新的考古发现对于建立这一地区商周时期的考古学文化序列起了积极作用。

对三峡库区的地下遗址和墓葬的发掘和发现，建立了三峡地区夏商周时期考古学文化的发展序列，填补了这一时期考古学文化在认识上的空白，打破了以往将其笼统地称为巴文化或巴蜀文化的认识，推动了三峡地区夏商周时期考古学文化的研究。

双堰塘遗址出土了西周时期的陶窑、墓葬（含非正式埋葬的儿童墓葬）、卜甲等重要遗存，是西周时期分布在长江中游大宁河流域中规模最大、出土文物最丰富、遗址级别较高的巴文化遗址，以其重要的考古发现被誉为"巴墟"（图4）。

万州麻柳沱遗址主要为商周时期遗存，存在聚落活动区转移的现象，显示出聚落规模扩大和人口增加的信息，这类信息为聚落考古的研究提供了重要的参考资料。出土的占卜龟甲对于研究当时的占卜术和人们的信仰有着重要意义。出土的东周石范，是三峡库区甚至长江中上游的第一次发现，它的发现对研究这一地区金属冶铸业的发展具有重要研究价值。

图4　巫山双堰塘发掘现场

对忠县王家堡、老鸹冲遗址等商周时期墓葬的发掘，极大丰富了三峡地区这一时期的考古材料。大量战国晚期至东汉墓葬的发现，展现了这一地区社会组织结构中由大规模的民族聚落向小规模的家族聚落转化的历史画卷（图5）。

图5　2005年徐光冀先生在忠县听取忠县文物保护工作汇报

在巫山双堰塘遗址发现了西周时期有占卜痕迹的卜甲，均有凿无灼，其方形凿与香炉石遗址相似，万州麻柳沱遗址发现了大量东周卜骨，其钻、凿、灼、兆皆有自身特点，材料除龟甲外，也有用鱼鳃骨的，这和香炉石遗址相似。这些发现表明生活在三峡地区的古人在信仰上与香炉石遗址有着相似之处，这与巴人起源于清江流域的文献记载相符，这一发现为探讨巴人的起源和迁徙提供了重要的参考资料。

丰都冶锌遗址群的发现是这类遗址三峡地区的首次发现，在全国范围内也罕见，是中国乃至世界科技考古领域的一项重要发现。

涪陵小田溪墓地是战国晚期以来发现的大墓，出土了大量珍贵文物，其中带有"王"字铭文的铜钲和编钟，不仅说明其为王墓，也说明中原王朝的宗庙礼乐已影响到了巴人。该遗址的发掘对于研究巴人贵族的丧葬制度有着重要意义，同时还可以以此作为基点，寻找巴人王城所在（图6）。

图6 2004年徐光冀先生在涪陵听取涪陵文物保护汇报

重庆库区发现了大量的楚文化遗存，其中，在忠县崖脚墓地发现了楚国将士墓，对于探讨巴对于楚的征伐有着重要的学术意义；在云阳马粪沱墓群和平扎营墓群发现了大量楚贵族墓葬，特别是在平扎营墓群发现了可能为楚王级别的墓葬，具有重要的学术研究价值。

忠县中坝遗址和云阳云安遗址等与盐业考古相关遗存的出土，为研究这一地区的制盐工艺流程提供了重要的参考资料，同时也填补了这一地区盐业考古的空白，为全国盐业考古研究起到了促进作用。

（四）秦汉及以后时期的重要发现

通过对三峡地区古代枯洪水遗存的发现和识别，为研究这一地区的古环境、枯洪水水位、洪水发生频率等方面的研究提供了重要的参考依据。

在云阳旧县坪汉代县城遗址发掘中，发现了衙署、大型排水沟等公用设施遗迹，发现了保存较好的冶铸遗址，此外，还发现了封泥、"朐"刻款陶碗等可以旁证"朐忍"县的重要遗物，出土写有"东阳""四十年""五石"等文字的秦汉篆书木牍和刻度等距的尺。这些发现与文献中朐忍县城的记载相符，为研究这一地区的汉代县城提供了重要的参考资料，填补了重庆地区简牍发现的空白。

忠县乌杨将军村墓群是西南地区目前已发掘的规模最大、延续时间最长、涉及家族数量最多，且墓地材料、地面石刻构件与文献记载结合最紧密的汉晋时期家族墓群，出土了乌杨阙、泰始五年石柱等珍贵文物，对研究峡江乃至西南地区两汉至六朝时期家族墓地的选址、规划，各个时期家族墓的变迁，进一步研究家族制度的兴衰具有十分重要的意义。

对巴东旧县坪遗址的发掘，第一次全面揭示了宋代县城面貌，被列入2002年全国十大考古新发现。

丰都汇南墓群绵延6千米，分布在25个临江的山包上，是重庆地区墓葬规模最大、发现墓葬最多的汉晋墓地，对于重庆地区汉晋墓葬序列的建立有重要的标尺意义。

重庆市区南岸干溪沟遗址等汉代遗址的发掘，弥补了重庆市区过去的发掘基本都是古墓葬而没有古遗址的空白，对于研究当时人口分布规律、人们的生产生活、风俗习惯意义重大。

巫山土城坡墓地发现了从东周到明清时代的300多座古墓，其中秦汉—南朝墓葬269座，出土各类文物4590余件（套），具有很高的文物价值。此地还发现大量形制完整、类型丰富的青铜兵器，呈现出立体的古代"兵器谱"，是已发现墓葬数量、类型及出土遗物最多的重要墓地。此外，还发现汉代窑群十多个，并获得窑塘内遗留的大量汉代板瓦、罐、盆、壶等陶器，如此众多而集中的汉代窑塘的发现，在三峡库区属首次，证明了此前在库区发掘出的众多陶制文物系为"本地制造"。

忠县火电厂崖墓群是重庆地区唯一保存基本完好的崖墓群。该墓群延续时间长，从东汉中晚期到南朝刘宋时期均有发现，这对于研究崖墓的兴衰发展，崖墓的家族式分布排列，崖墓随葬品的综合研究提供了难得的实物资料。

秭归土地湾遗址发现的大量西汉晚期到东汉早期的瓮棺葬，在三峡地区尚属首次，对于研究三峡地区汉代文化的面貌和丧葬习俗有重要意义。

以奉节上关、宝塔坪，云阳明月坝遗址为代表的唐宋墓葬发现，弥补了过去发现的不足。

在秭归东门头遗址揭示的唐宋元明及以前共5个时期的北城墙体的堆积和相关的排水设施、房屋残基、石阶等遗迹（其中房址4座、排水沟3条、石阶一处），是首次在三峡库区发现的多时期古代城址。

通过对云阳明月坝唐代城镇遗址数万平方米的总体揭露，获取了唐代城镇的街道、广场、建筑等布局，弥补了我国早期市镇遗址发掘与研究几近空白的状态（图7～图13）。

图7 2009年4月徐光冀先生参加在"国二招"参加"三峡文物保护总结性研究研讨会"

图8 三峡文物保护规划会议
（左起：徐光冀、傅熹年）

图9 2004年2月徐光冀先生在奉节检查考古工地

图10 2004年2月徐光冀先生在奉节检查考古工地

图11 徐光冀先生检查明月坝考古工地

图 12　2005 年徐光冀先生参加石宝寨保护工程验收

图 13　1994 年 4 月规划组在三峡库区检查工作间
与工作在第一线文物工作者合影

参 考 书 目

［1］国务院三峡工程建设委员会办公室、国家文物局编：《长江三峡工程淹没及迁建区文物古迹保护规划报告》，中国三峡出版社，2010 年。

［2］郝国胜：《三峡文物保护研究》，科学出版社，2018 年。

徐光冀先生对先秦时期考古工作的重要贡献

董新林

（中国社会科学院考古研究所）

徐光冀先生是中国著名考古学家，曾任中国社会科学院考古研究所常务副所长，内蒙古工作队创始人之一，河北工作队队长兼邺城考古队队长。在1983年以前，徐光冀先生隶属汉唐考古研究室内蒙古工作队。考古工作重点一直是在内蒙古地区，曾为中国北方地区先秦时期考古的发掘和研究做出过重要贡献。

内蒙古工作队成立于1959年，是中国科学院考古研究所（1977年以后改称中国社会科学院考古研究所）建置最早的几个队之一[①]。首任队长为刘观民先生，徐光冀先生任学术秘书。可以说，徐光冀先生是内蒙古工作队元老，是创始人之一。在中国科学院（中国社会科学院）考古研究所有关领导的支持下，徐光冀先生侧重内蒙古东南部地区，调查和发掘了一系列重要的遗址和墓地，绝大多数属于新石器时代和夏商周时代，并撰写了一系列学术论著，提出了富有创见的新观点，推进了燕山南北长城地带先秦以前的考古学文化研究，受到了国内外学术界的广泛关注。

一、考古调查和发掘工作

徐光冀先生在中国东北地区，特别是内蒙古东南部地区进行了大量的考古调查、发掘工作，取得了一系列学术成果。

（一）新石器时代

1960年，刘观民、徐光冀等先生在昭乌达盟（今赤峰市）巴林左旗乌尔吉木伦河流域调查，同时也调查了伊克昭盟（今鄂尔多斯市）准格尔旗、伊金霍洛旗等地，为进一步有目的、有重点地开展田野发掘工作打下了坚实的基础。最后决定重点在昭乌达盟地区开展考古工作。

1957年，内蒙古自治区文化局文物工作组曾对巴林左旗富河沟门遗址进行过考

[①] 董新林：《田野考古工作四十年回顾与展望》，《内蒙古文物考古》1998年第1期。

调查[①]；1960~1961年，徐光冀先生等会同昭乌达盟文物工作站对巴林左旗富河沟门遗址进行过两次调查。1962年5~7月，徐光冀先生主持发掘了富河沟门遗址，发掘面积约600平方米[②]。富河沟门遗址共有"灰土圈"150余个，都分布在山腰，东西排列有序。本次发掘共布探方12个，共发掘12"灰土圈"，发现37座房址。房址有方形和圆形两种。房屋中央有方形灶。南向。出土陶器以夹砂黄褐色陶为主，泥片盘筑，压印"之"字形弧线纹为主，篦点纹为特色，器类有筒形罐、钵、圈足器、小杯等。此外还有石器和骨器。还发现只灼不钻的卜骨。徐光冀先生根据遗迹和遗物的新发现，敏锐地认识到富河沟门遗址的器物群独具特色，是不同于红山文化的一种新的新石器时代遗存。

（二）商周时代

1959年，刘观民、徐光冀先生等曾对昭乌达盟地区进行考古调查，初步认识到日本学者提出的"赤峰第二期文化"，可能存在内涵不同的两种文化遗存的情况。为了更好地区分不同的考古学文化类型，1960年4~6月，刘观民、徐光冀先生等对赤峰近郊的药王庙遗址和夏家店遗址进行了试掘[③]。在药王庙遗址布设4条探沟，发掘约70平方米。发现房址2座，遗物以夹砂灰陶和褐陶为主，绳纹和绳纹加划纹为主，器类主要有鬲、甗、鼎、罐、盆、尊、瓮、钵、豆等。在夏家店遗址，发掘270平方米，分4个地点。明确区分上层文化和下层文化。夏家店下层文化陶器与药王庙遗址基本相同。夏家店上层文化发现地面房址3处，半地穴房址2处，灰坑20个，墓葬10座。陶器均夹砂，陶质粗松，火候低，多呈红褐色。以素面为主，罕见纹饰，器类有鬲、甗、豆、罐、钵、盆等。根据地层叠压关系和陶器等器物群的变化，发掘者首次将当地的青铜文化明确区分为相当于夏商时期的"夏家店下层文化"和相当于西周春秋时期的"夏家店上层文化"，纠正了日本人的错误认识，从田野发掘中解决了一个十分重要的学术问题，具有深远的学术意义。1961年4~6月，刘观民、徐光冀先生等主持对宁城南山根遗址的考古发掘，发现夏家店下层文化灰坑1个和夏家店上层文化灰坑14个、墓葬9座[④]；1963年4月徐光冀先生主持对赤峰蜘蛛山遗址进行发掘，发现了红山文化、夏家店下

[①] 内蒙古自治区文化局文物工作组：《昭乌达盟巴林左旗细石器文化遗址》，《考古学报》1959年第2期。

[②] 中国科学院考古研究所内蒙古工作队：《内蒙古巴林左旗富河沟门遗址发掘简报》，《考古》1964年第1期。

[③] 中国科学院考古研究所内蒙古发掘队：《内蒙古赤峰药王庙、夏家店遗址试掘简报》，《考古》1961年第2期；中国科学院考古研究所内蒙古工作队：《赤峰药王庙、夏家店遗址试掘报告》，《考古学报》1974年第1期。

[④] 中国科学院考古研究所内蒙古工作队：《宁城南山根遗址发掘报告》，《考古学报》1975年第1期。

层文化、夏家店上层文化和战国至汉初的四种文化遗存[①]。这两处遗址的考古发掘工作，进一步确认了夏家店下层文化和夏家店上层文化的相对年代，丰富了对这两种青铜文化内涵的认识。

1974年春季至1977年，刘观民、徐光冀、刘晋祥先生等主持发掘敖汉旗大甸子墓地[②]。截至1977年，陆续发掘了夏家店下层文化墓葬700座，随葬陶器常施彩绘。所出、爵的形制与二里头文化相似，某些彩绘与商周铜器有一定联系。1983年5～6月，刘观民先生等对敖汉旗大甸子夏家店下层文化墓地进行补充发掘，连同前几年的发掘总计墓葬已达800余座，获得该墓地基本完整的资料[③]。这是目前唯一基本全面揭露且发表资料较为完整的夏家店下层文化墓地，对于探讨其社会结构和制度具有十分重要的学术价值。

此外，徐光冀先生较早关注到夏家店下层文化石城址的重要学术价值。1964年，徐光冀先生主持对赤峰英金河、阴河流域的夏家店下层文化石城址进行了调查，并做了较为详尽的测绘。这也是十分重要的考古工作。内蒙古工作队曾于1964年发掘新店石城址，1974年发掘西山根石城址。徐光冀先生共实地调查了43座石城址。在阴河和英金河沿岸，从西向东，可以明显看出有三组石城址群。其中迟家营子石城址面积约10万平方米，是43座石城址中规模最大的一座，可能是这组石城群的中心。这些石城址都是夏家店下层文化时期修建的，是具有防御性的城堡[④]。

二、主要学术研究成果

徐光冀先生对内蒙古东南部和辽西地区的先秦时期考古学一直情有独钟，撰写了诸多论著。现择要述论如下。

1980年，徐光冀和刘观民先生根据赤峰市郊水泉遗址、巴林左旗富河沟门遗址、沈阳市郊新乐遗址的发掘成果，对辽河流域新石器时代的红山文化、富河文化、新乐下层文化等三种考古学文化的文化内涵进行了概述；指出"在科学发掘的基础上，对比着概括这三种文化的各自特征，只是作为从'细石器文化'的范畴中区分不同考古文化的一次尝试"[⑤]。文中指出在巴林左旗乌尔吉沐沦河流域的红山文化早于富河文化，是一种新的认识。

---

① 中国科学院考古研究所内蒙古工作队：《赤峰蜘蛛山遗址的发掘》，《考古学报》1979年第2期。
② 中国科学院考古研究所辽宁工作队：《敖汉旗大甸子遗址1974年试掘简报》，《考古》1975年第2期。
③ 中国社会科学院考古研究所：《大甸子——夏家店下层文化遗址与墓地发掘报告》，科学出版社，1996年。
④ 徐光冀：《赤峰英金河、阴河流域的石城遗址》，《中国考古学研究——夏鼐先生考古五十年纪念论文集》，文物出版社，1986年。
⑤ 刘观民、徐光冀：《辽河流域新石器时代的考古发现与认识》，《中国考古学会第一次年会论文集（1979）》，文物出版社，1980年。

乌尔吉沐沦河（又称乌尔吉木伦河）是巴林左旗境内最重要的河流。徐光冀先生根据考古调查和发掘资料，认为乌尔吉沐沦河存在三种史前文化：金龟山一期文化、红山文化和富河文化。首次提出了金龟山一期文化的概念，并侧重对金龟山遗址进行了详细介绍，认为金龟山一期文化与兴隆洼文化时代大体相当；金龟山二期遗存为富河文化。并意识到一类陶钵（红顶钵），与红山文化、赵宝沟文化同类器极为相似，"说明三者在这个地区曾有并存相遇的机会"[①]。

内蒙古东南部地区青铜文化研究在20世纪最重要的成果，就是区分开夏家店下层文化和夏家店上层文化。徐光冀先生等专门对两种文化的文化内涵和年代进行了较为详细的论述，认为在认同考古学文化与古代族称、古史中的方国不能简单等同的观念的前提下，还是要从考古发现与古史记载的联系中去考察一定地带历史的变化。因此，认为夏商时期的夏家店下层文化可以称为"先燕"；而两周时期的夏家店上层文化与古史记载的"东胡"（山戎）的指称相当。但不能说只有与已知的夏家店上层文化面貌完全相同的才是"东胡"（山戎）[②]。

在夏家店下层文化的大甸子墓地中，一共发掘了640座有陶器随葬的墓，其中出彩绘陶器者达200多座墓，共发现彩绘陶器400多件。彩绘陶器是夏家店下层文化墓葬随葬品的重要特色之一。徐先生遵循苏秉琦先生关于大甸子墓地考古报告整理的意见，用类型学方法，从彩绘画面分析和纹饰分析两个方面，对大甸子墓地出土彩绘纹样进行了深入的研究。认为20多种有"目"纹陶器，类似"饕餮"纹，只出在16座墓葬中。除一座为二等墓外，其他墓都是圹长2.2米以上的一等墓，规模较大，大多集中在一个茔域。而且随葬陶鬶、陶爵的墓，13座中的7座也在这个茔域内；墓葬中贝的随葬数量也最多。这些特征表明这个茔域应是整个大甸子墓地中既富且贵的家族茔域。墓主人的地位是很高的。彩绘陶作为礼器，在夏家店下层文化中是普遍现象[③]。

"区系类型论和古文化、古城、古国论以及古国—方国—帝国论等学术思想，是苏秉琦先生生前对中国考古学的重要贡献。"为纪念苏秉琦先生诞辰九十周年，徐光冀先生依据现有的考古发现，对辽西地区新石器至青铜时代的古文化进行了全面的梳理。在距今8000年前，兴隆洼文化一枝独秀；同时还有一种素面陶文化，或许略早于兴隆洼文化；在距今6800～6000年，赵宝沟文化和早期红山文化并行。在西拉木伦河以北地区至少有红山文化、赵宝沟文化、富河文化、兴隆洼文化晚期四种遗存同时存在过；在距今6000～5500年，以彩陶为特色的红山文化一统天下；在距今5500～5000年，以牛河梁遗址为代表的晚期红山文化和小河沿文化并存。红山文化此时进入了"古国"阶

---

① 徐光冀：《乌尔吉木伦河流域的三种史前文化》，《内蒙古文物考古文集》（第一辑），中国大百科全书出版社，1994年。
② 刘观民、徐光冀：《内蒙古东部地区青铜时代的两种文化》，《内蒙古文物考古》创刊号，1981年。
③ 徐光冀：《夏家店下层文化彩绘纹样》，《庆祝苏秉琦考古五十五年论文集》，文物出版社，1989年。

段；此后存在一段空白期。在距今 4000~3400 年，夏家店下层文化统治此区域，既有中心性聚落，又有统一规划的"石城"群。"夏家店下层文化称为'方国'，既能体现其规模，又突出了它的古文化根基。总之，夏家店下层文化的'方国'已不同于晚期红山文化的'古国'，在它统治的范围内，结构更复杂，各区域的联结更紧密。"此后，"辽西区又经历了魏营子—夏家店上层等多种文化的并存，直至同辽西区古文化有着亲缘关系的燕文化之确立，这中间跨越了千年左右的时间，其结果是辽西区与内地的连接愈益紧密，为最终将辽西区纳入秦帝国的版图奠定了基础"[1]。

苏秉琦先生在 20 世纪 70 年代中期提出了区系理论。徐光冀先生《区系理论在辽西地区的实践》一文，概要介绍了中国科学院（中国社会科学院）考古研究所内蒙古工作队为研究边疆地区民族考古及统一多民族国家形成的课题，在辽西地区所做的考古调查和发掘工作，以及在苏秉琦先生及其考古思想指导下，为区系理论研究所做的贡献。同时，也梳理了苏秉琦先生倡导的多次专题学术会议和辽西地区考古工作成果所展现的辽西地区"古文化—古城—古国"至"古国—方国—帝国"的发展道路。最后提出了今后考古工作者的工作目标。不仅要填补这一地区的学术缺环，而且要争取编写辽西地区史前史[2]。

《新中国的考古发现和研究》是总结 1950~1980 年这三十年考古工作的集大成者，是十分重要的考古文献资料。徐光冀先生曾参与编著《新中国的考古发现和研究》一书[3]，撰写《东北地区的新石器文化》（含新乐下层文化、新开流文化、小珠山遗存）、《红山文化的新发现》、《富河文化的发现与研究》、《内蒙古和新疆原始文化的调查》等，这些都是北方地区十分重要的考古成果。其中关于富河文化，是当时最为权威、最为全面的新资料，并明确了"富河文化"的命名。富河文化是内蒙古东南部地区继红山文化之后所识别出来的又一种新的考古学文化，具有十分重要的学术意义。

徐光冀先生还参加了《中国大百科全书·考古学》词条的编写。其中《中国北方地区新石器文化》介绍了东北地区新乐文化、小珠山遗存、新开流文化、昂昂溪遗存；内蒙古东部地区的红山文化、白斯朗营子遗存和富河文化；内蒙古西部地区的阿善遗存和大口一期遗存；新疆地区的新石器文化调查资料[4]。此外还有《红山文化》《小珠山遗址》《新乐遗址》《新开流遗址》《富河沟门遗址》《白斯朗营子遗址》《大口遗址》《青铜短剑墓》等。这些都是十分重要的参考资料。

---

[1] 徐光冀：《辽西区古文化（新石器至青铜时代）综论》，《苏秉琦与当代中国考古学》，科学出版社，2001 年。
[2] 徐光冀：《区系理论在辽西地区的实践》，《苏秉琦先生百年诞辰纪念文集》，科学出版社，2012 年。
[3] 中国社会科学院考古研究所编著：《新中国的考古发现和研究》，文物出版社，1984 年。
[4] 徐光冀：《中国北方地区新石器文化》，《中国大百科全书·考古学》，中国大百科全书出版社，1986 年。

三、重要学术贡献

在 20 世纪后半叶，中国科学院（中国社会科学院）内蒙古工作队长期在内蒙古东南部地区进行先秦时期考古调查、试掘和发掘工作，识别出一系列考古学文化：小河西文化—兴隆洼文化—赵宝沟文化—富河文化—红山文化—白斯朗营子遗存（小河沿文化）—夏家店下层文化—夏家店上层文化等，基本确立了这一地区的新石器时代和青铜时代的文化序列（仅缺铜石并用时代），极大地推动了该地区先秦考古学的研究。扩而言之，在 20 世纪后半叶，在整个东北亚地区，赤峰地区的先秦考古学文化的序列最为完整清楚，无疑可以作为其他地区先秦考古学研究的参考标尺。徐光冀先生作为内蒙古工作队的创始人之一，从 1959 年至 1983 年一直耕耘在内蒙古东南部地区，为先秦时期考古发掘和研究曾做出的重要贡献是不言而喻的。其中最为重要的有以下几个方面。

（一）新发现并命名富河文化

在 20 世纪四五十年代相当长的一段时间里，我国北方的新石器时代诸遗存通常被笼统地称为"细石器文化"。内蒙古工作队的先贤们致力于对"细石器文化"的辨析和拆分。其中富河文化是我国学者继命名红山文化之后，首次依据田野考古发掘资料，从笼统的"细石器文化"中识别出来的新的考古学文化，学术意义重大。一方面从实际工作中打破"细石器文化"的不科学命名方式；另一方面为以后兴隆洼文化、赵宝沟文化、小河沿文化、新开流文化等识别提供了重要借鉴。

细读文献不难发现，除了识别出"富河文化"本身学术意义重要之外，徐光冀先生在 20 世纪 60 年代初期，就能精细地清理出多层叠压的房址，是十分难能可贵的，是精细化发掘的典范。这不仅是展示徐先生过硬的田野考古发掘技术，更重要的是，我们体悟到老一辈学者精益求精认真工作的态度。想到当下田野发掘工作中考古界浮躁的风气，更让我辈对徐光冀先生当年的工作肃然起敬。

因为特殊的历史原因，富河沟门遗址第一次发掘资料遗失不全。徐光冀先生一直致力于富河沟门遗址考古发掘报告的整理工作。在徐光冀先生的多方争取下，国家文物局批准，中国社会科学院考古研究所内蒙古第二工作队于 2013 年再次启动对富河沟门遗址进行考古发掘，项目领队为朱延平研究员。董新林作为执行领队，带着硕士研究生马小飞和巴林左旗博物馆左利军对富河沟门遗址进行了补充发掘，清理出上下叠压的房址，获得了一批新的重要考古资料。目前拟在徐光冀先生指导下，由内蒙古二队将新旧资料拟合，尽快编著巴林左旗富河沟门遗址考古发掘报告。

（二）辨析出夏家店下层文化和夏家店上层文化

19 世纪 30 年代，日本学者将赤峰地区的青铜文化笼统称为"赤峰第二期文化"。

1960年，刘观民、徐光冀先生等通过对赤峰药王庙、夏家店两遗址的试掘，认识到"所谓'赤峰第二期文化'实际上包括两种文化因素"。并根据地层叠压关系和陶器群的不同，第一次明确地将所谓的"赤峰第二期文化"区分为相当于夏商时期的夏家店下层文化和相当于西周春秋时期的夏家店上层文化，从田野发掘中解决了一个十分重要的学术问题，使这一地区青铜时代考古学文化的研究进入一个新阶段，具有深远的学术意义。考古发掘和研究资料证明，这一划分时至今日，仍然是符合客观实际的。

夏家店下层文化和夏家店上层文化是内蒙古东南部和辽西地区最为重要的青铜时期考古学文化。尚有诸多重要的学术问题有待究明。21世纪以来，关于这两种文化的考古发掘和研究略显沉寂。

（三）推进学科发展

徐光冀先生始终关注考古学学科的发展。不论是在内蒙古工作队，还是离开内蒙古工作队，徐光冀先生一直心系内蒙古东南部和辽西地区的先秦时期考古发掘和研究，并给予建议和支持。徐光冀先生践行苏秉琦先生提出的"区系类型论""古文化—古城—古国""古国—方国—帝国"等学术思想，为先秦时期东北地区考古发掘和研究的学科建设做出过重要努力。

以徐光冀先生为代表的一代考古学者热爱田野考古，辛勤耕耘，淡泊名利，甘于奉献。其诸多具有标志性的学术成果和艰苦奋斗的敬业精神为后学树立了良好的学术风范。

附记：笔者于1993年7月进入中国社会科学院考古研究所汉唐考古研究室内蒙古工作队。承蒙徐光冀、刘观民、刘晋祥、杨虎、朱延平等先生们的关爱，曾任内蒙古工作队第三任队长（1996～2003年）；后改任内蒙古第二工作队队长（2003年3月～2024年5月）。在考古研究所三十年的考古发掘和研究中，深得本所前辈学者的教诲和关心。徐光冀先生曾多次对我的考古发掘工作和学术研究给予中肯的建议和切实的关照。借此机会，对徐光冀先生表示诚挚的感谢。草拟拙文，可能没有全面体现徐光冀先生的学术成就，但我胸怀感恩之心，真诚表达敬意，恭贺徐光冀先生九十华诞。

邺城考古的开创者与奠基人
——忆徐光冀先生与邺城考古

沈丽华
（中国社会科学院考古研究所）

  邺城始筑于春秋战国，在风云际会的三国两晋南北朝时期，历经曹操、石虎、冉闵、高欢数位枭雄式人物，留下众多慷慨悲歌和风流故事。在邺城、洛阳中心地位不断轮转的过程中，宫殿建材、石经、钟簴，乃至传国玉玺等具有国家象征意义的特殊物件数次被动地往返于邺、洛之间，与之对应的则是当时社会不断在统一与分裂之间摇摆。这样一座魅力十足的古城如今静寂于河北省邯郸市临漳县西南的广袤农田之下，其西依太行、南临黄河、东望渤海、北控燕赵，曾历为曹魏、后赵、冉魏、前燕、东魏、北齐六朝故都，当时的都城规划、陵墓建制、宗教礼仪、手工业生产无不别具特色，在中国古代历史上产生了深远的影响。然而自北周大象二年（580年），大将尉迟迥叛乱被平定后，邺城居民悉数南迁至相州（今河南安阳），邺城遂遭彻底破坏，并逐渐淹没于史籍之中。

  徐光冀先生是中国著名考古学家，他自1959年从北京大学历史系考古专业毕业后即进入中国科学院考古研究所（1977年后隶属于中国社会科学院）工作，历任汉唐考古研究室学术秘书、副主任，所学术秘书组成员、常务副所长、学术委员会副主任，中国考古学会秘书长、常务理事，《中国考古学年鉴》主编等职。

  徐光冀先生和邺城遗址联系到一起始于20世纪80年代初。"文革"十年动乱结束后，具有国际视野的学术观点在中国汉唐考古学研究中日趋活跃，与之不谋而合的是日本学术界也开始关注东亚古代都城的比较研究。宿白在1978年发表的论文中指出，日本早期都城如藤原京、难波京、平城京等的共同性是模仿了隋唐长安城和洛阳城的制度，而不应仅仅模仿了长安城[1]。同年，岸俊男在复原研究藤原京时，对日本早期都城模仿长安城之说提出了异议，认为藤原京的源流可以上溯到中国南北朝时期都城的形制[2]。20世纪80年代初，东亚古代都城比较研究逐渐成为历史学、考古学的学术热点。1981年8月，以岸俊男教授为团长的第一次中国都城制研究学术友好访华团对洛阳、西安等地的都城遗址进行了实地考察。25日上午，日本访华团与中方学者在中国

---

[1] 宿白：《隋唐长安城和洛阳城》，《考古》1978年第6期。
[2] 岸俊男：《日本の宮都と中国の都城》，《都城》，社会思想社，1978年。

社会科学院考古研究所举行了座谈会，并就东亚之间的都城关系进行了讨论，与会的中方学者有：世界史所汪向荣，考古所夏鼐、王仲殊、张长寿、徐苹芳、王世民、徐光冀、殷玮璋等①。1982 年，日本学者秋山日出雄在对日本早期都城藤原京进行复原研究时，明确提出邺南城与藤原京应当有前后的承袭关系②。同年 5 月，在日本举行的第六次古代史学术讨论会上，王仲殊针对岸俊男提出的日本早期都城源流是南北朝的观点，发表了不同的意见，并在《关于日本古代都城制度的源流》③一文中全面阐述了他的观点。

在这样的宏观国际学术形势下，20 世纪 80 年代前半叶，为加强都城考古学研究布局，考古研究所决定在包括魏晋至北朝邺城、隋唐扬州城、南宋临安城等遗址开展工作，邺城考古队应运而生。除了邺城考古队以外，扬州唐城队和南宋临安城队也相继成立并开始工作。

一、初 到 邺 城

1983 年，中国社会科学院考古研究所与河北省文物研究所联合组建邺城考古队，由徐光冀先生担任首任队长，此后邺城考古工作一直持续至今。邺城考古队是考古研究所最早一批由中央和地方联合组建的考古队，创立了一种全新的合作模式。之所以由徐光冀先生担任考古队长，按照徐先生本人的说法是"一生从事考古，都以工作需要为主。如在内蒙古地区工作正要取得重要成果之时，因工作需要，服从所领导的安排到了河北邺城工作，跨度是很大的。到邺城有两个原因，一是我在考古所担任的工作比较多，比如担任过考古所的学术秘书、第三研究室学术秘书、《中国大百科全书·考古学卷》的编委会秘书等，往返北京比较方便。另一个就是当年考古所进入邺城受阻，所里就动员我去，我直接找到河北省文物管理处处长董增凯同志，谈成了，并确定学术上以社科院考古所为主导。当时双方签订了一份合作协议书，这份合作协议书是经过仔细推敲的，对以后这类协议书有所借鉴"④。协议书并不复杂，只有 1 页纸，但非常清楚地界定了合作模

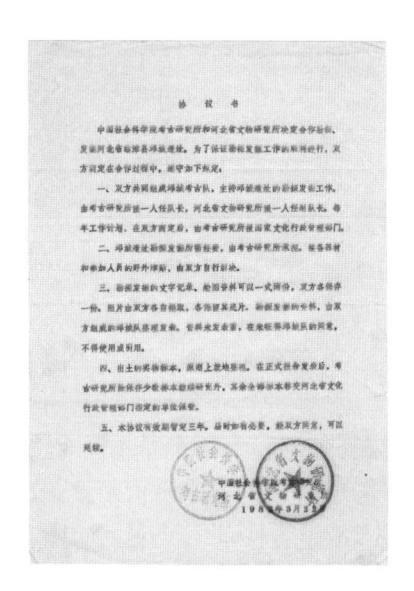

图 1　1983 年签订的合作协议书

---

① 岸俊男编：《中国の都城遺跡——日本都城制の源流を探る》，同朋社·京都，1982 年；《夏鼐日记》卷九第 64 页；《夏鼐日记》卷九第 64 页。
② 秋山日出雄：《日本の古代都城の原型——鄴京復原再考》，《神女大史学》2，1982 年。
③ 王仲殊：《关于日本古代都城制度的源流》，《考古》1983 年第 4 期。
④ 徐光冀、沈丽华、郭薛：《废墟上的足迹——徐光冀先生访谈》，《南方文物》2022 年第 1 期。

式、队伍组成、经费配备使用、勘探发掘资料及出土文物标本管理等（图1）。这份协议签订的落款时间是1983年3月22日，协议有效期三年，到1986年2月底再度续签。

徐光冀先生第一次到邺城是1983年10月3日。临漳县文物保管所原所长张子欣先生是这样记录的："北京来电报，中国社科院考古所徐光冀教授一行来三台（图2）。交通不便，只能从邯郸乘汽车到讲武城，让去接。乔所长派我和王存金骑自行车去接。存金带了徐先生，顾智界女士坐在我的自行车后架上，沿漳河北堤一路坎坷走来。……第二天傍晚，又从北京来了一辆大汽车，满载货物、工作用品和生活用品。……随车又来了蒋忠义先生和屈如忠先生。随后，河北省文物研究所又来了孟繁峰先生和姚明先生。江达煌先生是副队长……邯郸地区文化局派罗平先生来参加，县文保所派我跟着学习。"[①]从国家到省、市、县，一支近十人的考古队迅速成型，邺城考古的大幕也便就此拉开。

图2 1986年金凤台前合影
（右二：徐光冀、右三：刘观民，左一：朱岩石）

尽管邺城平面规划在中国古代城市发展史上地位独特，一直受到中外学术界的广泛关注，但是由于邺城遗址长期经受自然与人为的破坏，其准确位置、都城格局、文化面貌等在1983年之前基本没有较为详细的科学认知。1957年，著名考古学家俞伟超曾到邺城遗址进行短期地面踏查。他在邺城遗址范围内共发现8处夯土台基，其中就包括后来经发掘确认的赵彭城北朝佛寺塔基。此外，还发现不少较具时代特点的遗物，如矩尺形铺首石饰、螭首、方形石础，以及各类砖瓦、陶片。在确认三台位置后，俞伟超根据西晋尺度对邺北城城垣进行了复原，并发表了概略复原图[②]。由于当地在20世纪70年代曾经历多次大规模的平整土地运动，俞伟超调查发现的夯土台基目前仅存三台和赵彭城北朝佛寺塔基。1976~1977年，河北省、临漳县文物考古机构在邺城遗址培训文物干

---

① 张子欣：《邺城考古札记》，中国文史出版社，2013年，第15页。
② 俞伟超：《邺城调查记》，《考古》1963年第1期。

部的同时，也对遗址进行过部分实地调查与勘探[①]。此外，在历年农田基建中，临漳县文物保管所在邺南城附近还征集到十余件东魏、北齐时期石质佛教造像[②]。虽然早年工作开展极为有限，但上述调查与勘探所获发现依旧成为此后邺城考古工作的重要基础。

徐光冀先生出生于1935年，幼年正值抗战时期，四处颠沛流离，1948年方回到北京读中学。1954年以第一志愿进入北京大学历史系就读考古专业，1959年大学毕业后分配进入中国科学院考古研究所（1977年后隶属中国社会科学院）工作。在徐光冀先生的考古职业生涯中，大致可以分为三个阶段。以1983年为界，从1959年入所（时年24岁）到1983年（时年48岁）的24年间主要从事史前及青铜时代考古，先后主持或参加了药王庙、夏家店、南山根、富河沟门、蜘蛛山、金龟山、大甸子等重要遗址的发掘；主持阴河—英金河流域、乌尔吉木伦河流域等地段的调查发掘工作。这一时段最大的贡献无疑是富河文化和夏家店两种文化的发现。作为富河沟门遗址的发掘者，徐先生在详细分析富河和红山两种文化的内涵后，主张两者"各有来源"，为日后进一步廓清西拉木伦河流域新石器时代多种文化并存这一重要地域特色揭开了序幕。夏家店下层文化和夏家店上层文化的揭示则是20世纪50年代末期的一项重要建树，基于对这两种文化分布特点以及赤峰、辽西一带石城遗址属性的摸索，他通过扎实工作的开展建立起了内蒙古辽西地区史前至青铜时代年代序列[③]。

48岁，正是一个人文学者个人精力与学术积累结合最佳的时候，在这个年龄服从研究所的安排，从东北到邺城，从史前至青铜时代研究专项历史时期考古，无疑是项极为艰巨的挑战，更何况是面对邺城遗址这样一个研究基础和考古工作都几乎为零的重要都城遗址。

二、十年强基

正如先生所坦言："困难是肯定的，到邺城工作对我来说意味着重新学习，因为史前考古、夏商周考古、和历史时期考古的工作方法不同，需要重新琢磨怎么做。邺城作为都城历时较久，城市沿革复杂，又历经后代多次严重破坏，是个需要长期工作的大遗址。面对这样一座大面积的都城遗址，怎么下手？必须讲求田野工作方法，这样才能事半功倍。"[④]

（一）邺城城址的勘探与发掘

面对这样一个面积广大，但却历经人为和自然破坏，毁废严重，且研究基础薄弱的

[①] 河北省临漳县文物保管所：《邺城考古调查和钻探简报》，《中原文物》1983年第4期。
[②] 河北省临漳县文物保管所：《河北邺南城附近出土北朝石造像》，《文物》1980年第9期。
[③] 朱岩石：《徐光冀》，《20世纪中国知名科学家学术成就概览·考古学卷》，科学出版社，2015年。
[④] 徐光冀、沈丽华、郭薛：《废墟上的足迹——徐光冀先生访谈》，《南方文物》2022年第1期。

古代都城，对于如何有计划、有步骤地开展勘查发掘工作，如何运用何种有效的工作方法才能适合邺城遗址等问题，徐光冀先生带领邺城考古队通过不断摸索和尝试，创造出一套行之有效的都城考古研究方法。结合邺城地区地层堆积以黄黏土、漳河流沙为主的地质特点以及古代遗迹保存不佳之现状，邺城考古队确定了"全面勘探与重点发掘相结合"的工作思路，从点—线—面逐步铺开，在短短十余年内即基本廓清了邺城平面布局，并建立起基础年代序列，取得了开创性的成果。

目前所了解到的邺城遗址最大范围达100平方千米，当时的工作主要集中在邺北城和邺南城合计约15平方千米的范围内。徐光冀先生带领邺城考古队花了差不多三年时间便基本弄清了邺北城和邺南城的分布范围和基本结构，其中邺北城在1983~1992年仅通过探方和探沟的形式发掘了29处地点，合计发掘面积1777.5平方米（图3、图4）；邺南城自1985年至1989年也仅发掘了16处地点，合计发掘面积1197平方米，大规模发掘的仅邺南城的正南门——朱明门遗址一处（图5），1986年合计发掘3691平方米。上述发掘面积累计不过6665.5平方米，相对于城址总面积的占比极低，这与现在动辄数千甚至上万平方米的发掘相比，其付出与收获之反差有目可见。对于城市考古的深入开展，徐先生认为不宜一味进行大面积发掘，而应注意"见缝插针、积少成多"，要在大比例的地图上统筹测绘和记录进行的工作，及时将考古发现的各类遗迹标示于其上，这样通过长期积累就会取得突破性认识。

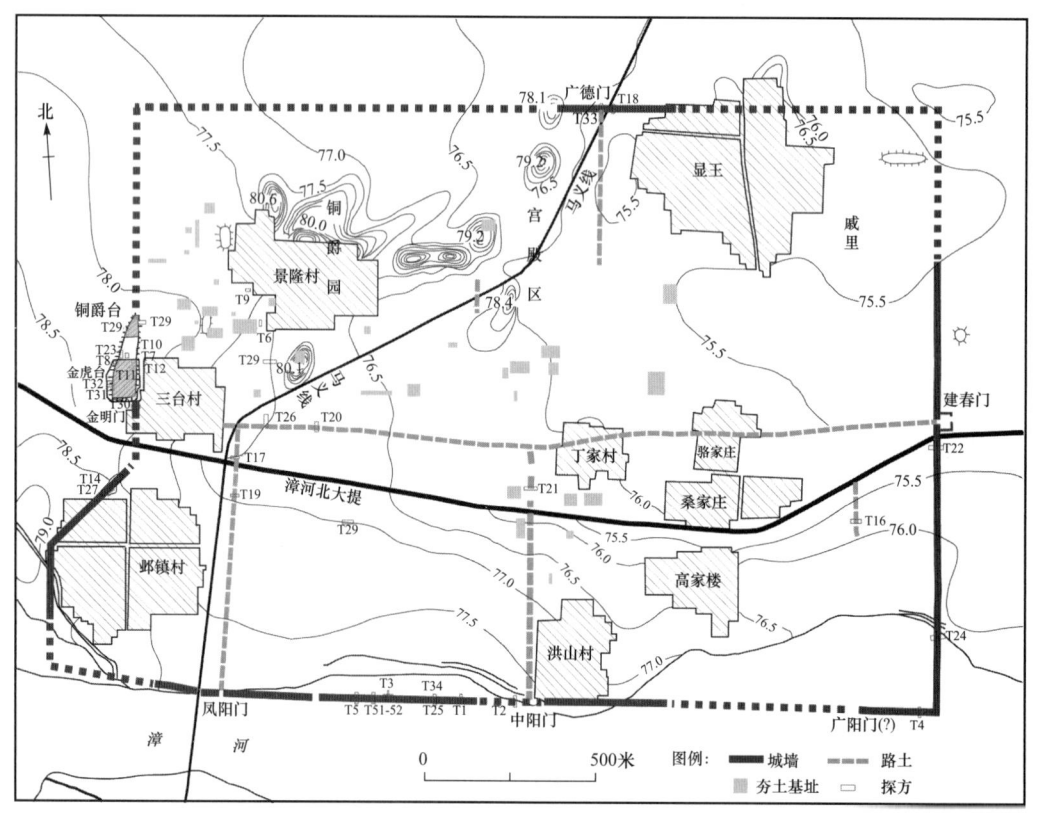

图3　邺北城实测图（沈丽华2022年改绘）

图4　1983年考古发掘执照　　图5　1986年于邺城朱明门遗址工地（中：徐光冀）

曹魏邺城（即邺北城）古城遗迹几乎全部埋没于地下，现地表仅存铜雀三台局部。邺城考古队通过普遍勘探结合探沟发掘的方法，逐步确认了曹魏邺城的城墙、城门、道路、主要宫殿等遗迹。邺北城平面大致呈横长方形，东西2400~2620米，南北1700米[①]。曹魏邺城的规划严谨合理，创立了贯穿全城中轴线的规划思想、单一宫城制度、区划规整、功能有别的设计理念，曹魏邺城从正南城门中阳门经过中阳门内大道、宫城正南门到宫城正殿文昌殿，构成了贯穿全城的中轴线。这是封建王朝都城统一规划的产物，深深地影响了此后的历代都城。整座都城突出统一规划，突出中轴线，更加凸显了单一宫城的核心地位，在已知的都城考古资料中曹魏邺城是目前可以确认的最早实例，这种都城规划思想也为以后历代都城规划所承袭。

对于东魏北齐邺城（邺南城）的勘探发掘也采取了上述工作方法，逐步确认了城墙、城门、马面、城壕、道路、宫城与宫殿基址等遗迹。邺南城平面呈纵长方形，东西2400~2800米，南北3460米。该城池弯曲的城墙、均匀分布的"马面"、弧形城墙拐角、宽阔护城河等构成独特的防御体系，城池中央偏北坐落纵长方形宫城[②]（图6）。东魏北齐邺城人口众多、文化面貌多元，西方文化、佛教艺术等因素影响深远。都城的规划建造，沿袭了曹魏邺城中轴对称、单一宫城、区域规整、功能有别的都城规划思想精髓，并以精湛创新的建筑技术，突出封建帝都的威严礼仪，兼顾经济、文化、生活、实用之需要，对隋大兴、唐长安城规划建设产生了直接影响。重点发掘的朱明门遗址被确认为带双阙形式，是至今为止被确认都城内城（皇城）设有双阙最早的考古实例，为唐宋以后历代都城乃至明清故宫的午门等所承袭。

---

① 中国社会科学院考古研究所、河北省文物研究所 邺城考古工作队：《河北临漳邺北城遗址勘探发掘简报》，《考古》1990年第7期。
② 中国社会科学院考古研究所、河北省文物研究所 邺城考古工作队：《河北临漳县邺南城遗址勘探与发掘》，《考古》1997年第3期。

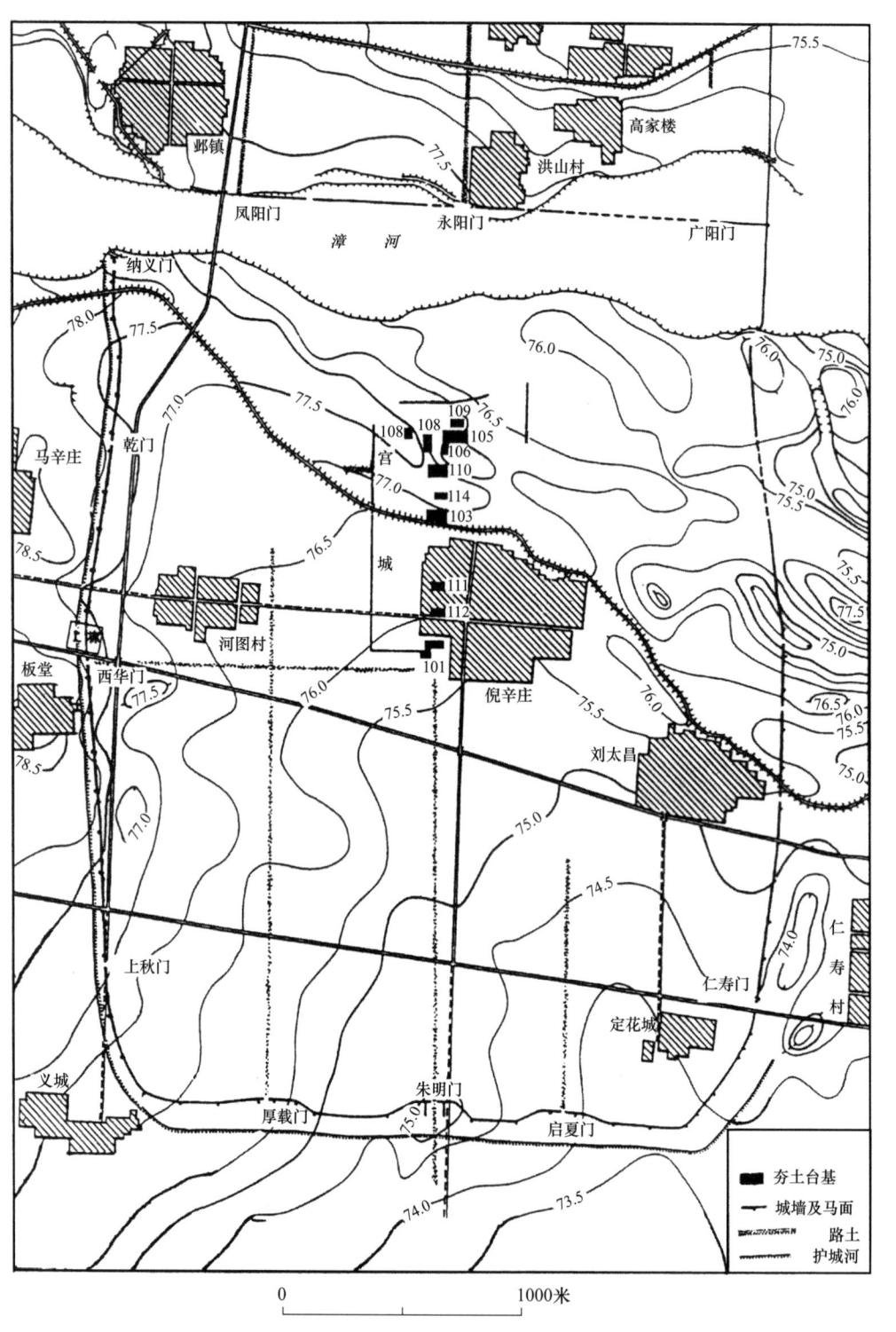

图 6　邺南城实测图（1997 年）

基于考古工作，徐光冀先生结合文献对曹魏邺城和东魏北齐邺城平面布局均进行了复原研究[①]，至今仍是有关邺城的最佳复原方案，并被广为引用。他也进一步证实曹魏邺城具有整齐而科学的城市格局，直接影响了魏晋北朝洛阳城；东魏北齐邺城是模写北魏洛京的全新都城，直接影响了隋唐长安城的都城规划。上述都城建设的规划实践对东亚地区如日本、韩国等国的都城乃至后世的元大都、明清北京城的城市建设都产生了深远的影响。

（二）大邺城遗址视野下的陵墓考古

徐光冀先生在邺城开展工作，不是仅就都城论都城，而是以"大邺城遗址考古"的宏观视野，同时开展了磁县北朝皇陵区的调查，并重点发掘了湾漳北朝壁画墓（推测为北齐文宣帝武宁陵）。以往在都城考古中同时兼顾陵墓区的工作，并不多见。

先生曾指出："都城考古所要关注的对象不仅是城址本体，还需从广大地域的视角关注与城址紧密相依的陵墓区，以及分布于城址周围的手工业、宗教等相关遗迹。我们在邺城遗址开展工作的第三年，就对都城周边区域的陵墓群进行了寻找与调查（复查）。首先着手的是1986年磁县北朝墓群的考古调查，共调查确认了123座墓葬，并于次年开始针对该陵墓群中被破坏严重的M106号墓进行了抢救发掘，后来发表的《磁县湾漳北朝壁画墓》专刊[②]就是关于这座墓葬的。湾漳北朝壁画墓是迄今以来在磁县北朝墓群发掘过的规模最大的墓葬……同时对瓷窑址调查，对南北响堂山石窟进行考察，也是邺城考古工作的重要组成部分。"[③]

磁县湾漳北朝壁画墓是三国两晋南北朝时期经正式考古发掘的为数不多的帝陵级墓葬，是建立在对陵墓区全面调查、详细记录基础上的扎实工作。1987年开始发掘时，由徐光冀先生担任队长并主持工作（图7），河北省文物研究所江达煌任副队长。至1989年因徐先生已担任考古研究所的常务副所长，所务繁重，故此改由时任汉唐考古研究室主任刘观民先生现场主持工作，刘观民先生也是徐先生在内蒙古队的老搭档，他们一道于20世纪60年代初组建了内蒙古工作队（这是考古所组建的第一支边疆考古队，建队时刘任队长，徐任学术秘书），开创了北方考古的新局面。参加湾漳墓发掘工作的阵容目前看来是极为强大的，其中不仅有邺城队后来的中坚力量顾智界、朱岩石、赵永洪，考古所的资深技术骨干屈如忠、郭义孚、张孝光、曹国鉴、李森、刘方、

---

① 徐光冀：《曹魏邺城的平面复原研究》，《中国考古学论丛——中国社会科学院考古研究所建所40年纪念》，科学出版社，1993年；《东魏北齐邺南城平面布局的复原研究》，《宿白先生八秩华诞纪念文集》，文物出版社，2002年。后均收入《废墟上的足迹——徐光冀考古与文物保护文集》，科学出版社，2018年。
② 中国社会科学院考古研究所、河北省文物研究所：《磁县湾漳北朝壁画墓》，科学出版社，2003年。
③ 徐光冀、沈丽华、郭薛：《废墟上的足迹——徐光冀先生访谈》，《南方文物》2022年第1期。

图 7 1989 年于河北磁县湾漳北朝壁画墓接待参观考察
（从右至左：罗哲文、郑孝燮、徐光冀、朱岩石、杜仙洲）

薛玉尧、黄大路、王振江、左崇新、李存信、王浩天等，还有河北所的雷金铭、郝建文，邯郸地区文管所罗平，磁县文物保管所张子英、王春雨、张利亚等。

对于湾漳墓的发掘，徐光冀先生不仅关注墓葬本体的发掘，还充分注意到墓葬与地上陵园、墓葬与陵墓区整体布局等问题。在他的指导下，邺城考古队除了发掘湾漳墓的墓葬本体和坟丘之外，还勘探调查了神道、地面石刻、墓园建筑等，注意理清墓葬地下部分与地上部分之间的相互关系，他认为墓葬地上部分也是古代墓葬制度的重要组成部分，需要与墓葬地下部分结合起来，作为一个整体进行考量。湾漳壁画墓的发掘前后历时三年，出土了大量陶俑（1800 余件）及其他各类遗物（400 余件），还发现了极为丰富的壁画（近 500 平方米），特别是斜坡墓道上发现的地画（约 120 平方米），更是世所罕见，令人叹为观止。

由于被盗和自然损害等原因，湾漳壁画墓的出土资料较为杂乱无序，加之出土遗物数量众多，使得整理工作量巨大，前后历时近十年。在湾漳北朝壁画墓的发掘报告编写过程中，徐光冀先生及其团队秉持了极为严谨的科学态度，他们自始至终坚持运用考古学的方法，达到以简驭繁的效果，并恪守用实物说话的基本原则，以全面、准确地报告客观现象为己任，将相关认识和推论限定在与报告发生直接关系的范畴内。如对壁画的仪仗队列，两壁各 53 人，其手持仪仗，难以与文献记载吻合，他们用考古学的方法，将其分为 22 类公布出来，提供给学者和读者研究解读。虽然经过资料分析研究，湾漳壁画墓的墓主人很可能就是北齐开国皇帝文宣帝高洋，但是在报告的命名和结语推论中，仍然坚持客观报道与主观推测严格分开的原则，既没有以"北齐文宣帝高洋武宁陵发掘报告"名之，也没有将倾向性推论强加给读者。韦正曾这样评价：徐光冀先生主持编写的《磁县湾漳北朝壁画墓》是北朝墓葬发掘报告的样板，对陶俑的描述、对壁画内容的详定这些基础性工作已成为标准术语，为其他学者提供了巨大的方便。作为一名严谨的考古学家，他在对湾漳墓墓主人的推论中谨慎地表述：湾漳墓是高洋陵墓的可能性大，并认为"随着对磁县东魏北齐陵区考古工作的深入，或可进一步确定湾漳墓的主人"。这样审慎的态度也表现在徐先生对安阳西高穴 2 号（曹操高陵）墓主确认上所持继续探讨的态度。

三、离不开的邺城

1994 年，考古研究所安排朱岩石接替徐光冀先生担任邺城考古队的队长，新老交接不仅是队伍的变化，也是时代的变化。1994 年以后，邺城考古逐渐进入到一个新的阶段，这一阶段的突出特点是进一步扩大了对邺城遗址都城格局的宏观认识。通过外郭城问题的提出，邺城遗址主动考古发掘项目进入到郭城区，取得了一系列与外郭城相关联的重要发现，其中既有一定数量的东魏北齐时期的道路、沟渠、建筑基址，还包括令人瞩目的赵彭城北朝佛寺、北吴庄佛教造像埋藏坑、核桃园北齐佛寺、曹村窑址等多个重要遗迹。此外，同步开展的东魏北齐邺城宫城区和邺北城的勘探调查工作，则进一步丰富了对邺城平面布局的认知。

虽然因为年龄的缘故，徐光冀先生卸任了邺城考古队队长、考古所常务副所长等职务，但他仍然持续关注着邺城的考古工作，并开始更多从事大遗址保护与规划研究工作，同时作为国家文物局考古专家组成员指导着全国的考古工作。笔者第一次见到徐先生是在 2006 年的冬天，那次受朱岩石老师委托陪同先生从北京赴河南检查南水北调中线工程安阳固岸墓地的发掘工作（图 8）。

图 8　2007 年 1 月河南安阳固岸墓地检查工作
（右起：潘伟斌、徐光冀、朱岩石）

徐光冀先生不仅参与制订了三峡工程库区和迁建区文物保护规划，还参加了南水北调工程中线、东线文物保护规划编制、评审和论证工作，并曾荣获重庆市政府"三峡工程先进个人"。从考古到文保的转变与其年轻时做过的大量的学术组织工作，比如《中华人民共和国文物保护法》起草、《中国大百科全书·考古学卷》编写等都有着深厚渊源。陈同滨曾经感慨：徐光冀作为老一代考古学家，在国家重大文化遗产保护方面体现出了强烈的责任感、鲜明的保护立场和严谨的实践理念。在他指导下完成的《邺城遗址保护规划》不仅是我国首批大遗址保护规划（图9），还以其重要保护理念、原则和方法以及规划成果获得了2007年度"全国十佳文物保护工程勘察设计方案及文物保护规划"。之后伴随邺城遗址保护工作的不断推进，徐先生的身影始终不时出现在邺城一线（图10）。

图9 2003年4月为编制邺城遗址保护规划与傅清远（左）、查群（右）考察铜雀三台遗址

图10 2018年4月13日邺城考古遗址公园专题研讨会

除了邺城遗址的保护工作外，徐先生一直牵挂的还有《邺城：1983～1994年发掘报告》的编写工作（图11、图12）。受湾漳壁画墓报告编写及其他诸多工作的影响，邺城报告的编写始终在推进，但进展不快。进入21世纪以后，邺城考古工作开展迅速，伴随大量新资料的发现，徐先生始终非常重视新发现对既往工作认识的挑战，对于报告整理编写过程中出现的问题也力图及时纠正。试如邺北城南城墙有条早年发掘的探沟，因时间久远及研究所搬家等缘故，该探沟的平、剖面图一时找不到，于是2020年我们重新对该地点进行了发掘，一方面找到当年探沟，重新补绘了平、剖面图，另一方面又

扩大发掘寻找新的发现。再如东魏北齐邺城宫城区早年受限于流沙堆积和地下水位高，只是进行了有限的勘探工作，2015 年工作条件改善后我们可以进行大规模勘探与发掘，于是便有了 206 号大殿[①]、宫城西门（214 号基址）等全新的考古发现和认识[②]。在宫城考古开展的近十年光景里，八十余高龄的徐光冀先生几乎每年都要到发掘现场走走看看（图 13～图 15）。

图 11　2005 年 7 月于河北临漳邺城遗址整理邺城报告

图 12　2014 年 8 月与邺城考古队新老队员于邺城博物馆
（左起：何利群、顾智界、徐光冀、赵永洪、朱岩石、朱海仁、沈丽华）

---

① 中国社会科学院考古研究所、河北省文物考古研究院邺城考古队：《河北临漳县邺城遗址东魏北齐宫城区 206 号大殿基址及附属遗迹》，《考古》2023 年第 2 期。
② 沈丽华：《东魏北齐邺城宫城布局新识》，《中国中古史研究》（第十一卷），中西书局，2024 年。

图 13　2015 年 11 月 16 日于东魏北齐邺城宫城区工地
（左起：何利群、孙利文、徐光冀、朱岩石）

图 14　2017 年 10 月 28 日于东魏北齐邺城宫城区工地
（左起：赵永洪、徐光冀、沈丽华、王煜玲、马福堂）

图 15　2018 年 10 月 17 日于东魏北齐邺城宫城区工地验收
（左：沈丽华，右：徐光冀）

2023年9月23日，在邺城遗址持续开展考古工作达四十周年之际，邺城国家考古遗址公园正式揭牌（图16），88岁高龄的徐光冀在学术研讨会闭幕式上进行了长达16分钟的学术总结（图17），内容翔实、逻辑清晰，赢得了与会学者们一致敬佩与感慨。他饱含深情地表示："邺城的考古工作到今年正好40年，当时开始工作时是很困难的，现在条件好多了。……中国就一个邺城，全世界也就一个邺城，所以在临漳县要打这个牌。……除了城址本身，我们还要继续从大处着眼，大邺城包括陵墓区、手工业遗存、石窟寺等都在内，这是很重要的一点。"

图16　2023年9月22日邺城国家考古遗址公园揭牌仪式

图17　2023年9月23日邺城论坛总结发言

韩立森用"一座城、一生情"形容徐光冀先生与邺城的深厚渊源，并将邺城考古视为先生考古事业的第二次高峰①。先生近知天命之年开始主持邺城考古工作，一晃就是

---

① 韩立森：《一座城、一生情——徐光冀先生与河北考古》，《庆贺徐光冀先生八十华诞论文集》，科学出版社，2015年，第698～701页。

十年光景。如今邺城考古已逾四十年，徐光冀先生仍然时刻深切关怀着邺城考古工作，如果单纯以时间长短而论，先生的后半生都与邺城紧密联系在了一起。

笔者自 2009 年正式加入邺城考古队，迄今已有 10 余年，和先生结识已近 20 年。2024 年 6 月接受考古研究所的工作安排，开始负责主持邺城考古队的工作。十余年来在徐光冀、朱岩石、何利群诸位先生的无私指导和帮助下，一路走来感慨颇深，在邺城队听到最多的话语就是"我们始终是站在前人的肩膀上在开展工作"，"当前的认识还只是阶段性的"。邺城考古注定是一项长期而艰巨的工作，是需要一代又一代人不断努力去接续的工作（图 18），我们在工作中不仅要秉承前辈们的光荣传统和优良作风，还要怀着对遗址的敬畏之心，在实际工作中时刻保持警醒，审慎对待。2025 年 6 月即将迎来徐光冀先生九十大寿，谨以此文恭祝先生身体健康，福如东海、寿比南山！

图 18　2023 年 9 月 21 日与邺城考古队新老队员于邺城工作站
（左起：沈丽华、何利群、赵永洪、徐光冀、朱岩石、张子欣、郭济桥、俞乐琦）

编 后 记

2014年夏，信立祥、朱岩石等经联合商议并得到学界同仁的响应，为徐光冀先生献上了《庆贺徐光冀先生八十华诞论文集》，以表达对先生长年从事文物考古工作所作出贡献的祝贺与敬意。岁月如梭，转眼又是10年光阴。2025年6月11日将迎来徐光冀先生九十华诞，为此我们着手了策划《庆贺徐光冀先生九十华诞论文集》，以示庆贺。

徐光冀先生是我国著名考古学家，自1954年进入北京大学历史系学习考古专业至今已达70年之久。1959年大学毕业后，他进入中国科学院考古研究所（1977年后变更为中国社会科学院考古研究所）从事考古事业，不仅主持或参加了如夏家店、富河沟门、大甸子、邺城遗址、湾漳北朝壁画墓等重要遗址或墓葬的考古发掘工作，还持续关注国家大遗址保护、考古遗址公园建设等文化遗产保护工作，具体学术研究涉及中国北方考古、三国两晋南北朝都城与陵寝制度研究、国家大遗址保护理论与实践等多个方面，为中国考古学的繁荣发展、学科组织建设、国家大遗址保护等方面做出了卓越的贡献。同时，徐先生还曾担任考古研究所的常务副所长、学术委员会副主任、中国考古学会秘书长及常务理事、国家文物局考古专家组成员等职务，为考古研究所和中国考古学会的建设和发展，以及文物保护事业殚精竭虑、无私奉献。

2015年以来，年逾八旬的徐光冀先生并没有停下脚步，仍然饱含学术热情，以旺盛的精力奔波在田野一线，指导全国各地考古工作和文化遗产保护工作的开展。2023年9月23日，在邺城遗址持续开展考古工作达四十周年之际，邺城国家考古遗址公园正式揭牌，88岁高龄的徐光冀先生在学术研讨会闭幕式上进行了长达16分钟的学术总结，内容翔实、逻辑清晰，引得了与会学者们一致敬佩与感慨。

筹备期间，我们曾就文集涉及的内容与方向等问题向徐先生汇报，他指出文集的目的旨在"学术交流，以文会友"，他也一再强调要坚持"学术自由、百家争鸣"。本文集共收录45篇论文，包括史前考古、夏商周考古、汉唐至宋元明考古等各时段的研究文章，还有革命文物研究、文化遗产保护、回忆散记等方面的文章。论文排序综合性研究在前，专题性论文按年代排列。多年以来，由于历史的原因，虽然直接教授的弟子不多，但先生在工作中，足迹遍布长城内外、大江南北。在具体的工作中，很多学人都曾得到先生的热情指导与悉心教诲。这部文集的作者们多数都活跃在考古发掘与研究或是文化遗产保护的第一线，其中既有与先生长期交往年逾六旬、七旬的资深学者，也有时常得到先生提携与照顾的中青年学者，他们都愿向先生执弟子之礼。其实，在截稿日期之后还有学人联系希望献上研究文章，不过限于时间的缘故，已无法再次纳入，深感遗憾。

本文集筹备组由朱岩石（召集人）、朱延平、杜金鹏、杭侃、董新林、刘国祥、朱海仁、何利群、沈丽华等组成。英文翻译由黄珊负责，出版编辑工作得到了科学出版社领导闫向东及孙莉等考古分社同仁的大力支持，在此一并表示感谢。

最后，在本论文集即将付梓之际，让我们一起衷心祝愿徐光冀先生生日快乐，健康长寿！

编辑委员会

2024 年 12 月